汽车构造

（上册）

◎ 冯晋祥 主 编
◎ 王林超 陈德阳 副主编

QICHEGOUZAO

人民交通出版社

内 容 提 要

本书从使用和维修的观点出发，介绍了汽车发动机、底盘、车身等主要总成的作用、组成与工作原理。全书分上、下两册，上册介绍了曲柄连杆机构、配气机构、汽油机燃料供给系、柴油机燃料供给系、发动机的进排气系统、汽车排放控制、发动机增压中冷、发动机冷却系、发动机润滑系、车用其他动力源。

本书可作为高等院校汽车工程类(车辆工程、汽车车身设计、汽车服务工程、汽车运用与维修等)专业教材，也可供汽车制造、汽车维修等行业工程技术人员参考。

图书在版编目(CIP)数据

汽车构造.上册/冯晋祥主编.—北京:人民交通出版社,2007.8
ISBN 978-7-114-06712-9

I.汽... II.冯... III.汽车-构造-高等学校-教材
IV.U463

中国版本图书馆CIP数据核字(2007)第113464号

书　　名： 汽车构造（上册）
著 作 者： 冯晋祥
责任编辑： 林宇峰
出版发行： 人民交通出版社股份有限公司
地　　址： （100011）北京市朝阳区安定门外外馆斜街3号
网　　址： http://www.ccpress.com.cn
销售电话： （010）59757973
总 经 销： 人民交通出版社股份有限公司发行部
经　　销： 各地新华书店
印　　刷： 北京市密东印刷有限公司
开　　本： 787×1092　1/16
印　　张： 18.25
字　　数： 451千
版　　次： 2007年8月第1版
印　　次： 2015年7月第6次印刷
书　　号： ISBN 978-7-114-06712-9
定　　价： 33.00元

编写工作委员会

（排名不分先后）

主　任： 冯晋祥

副主任： 李祥贵

委　员： 万　征　刘佃瑞　王慧君　李建民　于明进　王新生
冉广仁　李清民　刁立福　吴芷红　陈　雯　戴汝泉
慈勤篷　王林超　吴春民　陶莉莉　陈德阳　陈秀梅
赵长利　赵培全　张桂荣　王志萍　赵斐娜　衣丰艳
张竹林　班孝东　张育贤　贾　倩　姜华平

前言 Qianyan

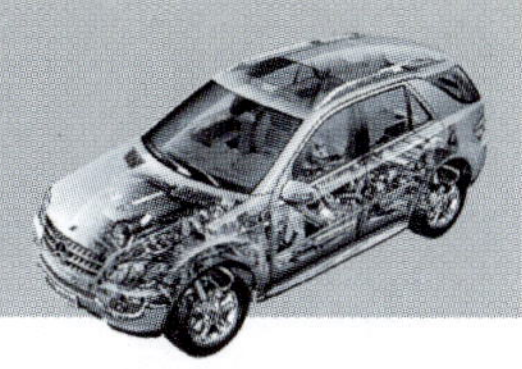

随着汽车工业和汽车技术的快速发展，我校 1978 年主编的《汽车构造》教材虽已经过四次改版还是有必要对该书进行全面的修改和增删。本书可作为高等院校汽车及相关专业的教材或参考书，也可作为从事汽车行业的工程技术人员、使用与维修人员的参考书。

汽车品种繁多，构造复杂，更新频繁，发展迅速。随着经济社会特别是汽车电子技术的发展，加速了汽车工业的发展，以环保、节能、安全为主旋律的新文化、新理论、新技术、新材料、新工艺、新结构使汽车发展为人们生活的重要组成部分。该书传承以叙述基本结构和基本原理为主，通过典型车型和结构的分析，以期使读者在掌握基本原理和基本规律的基础上，对汽车各类车型结构具有举一反三、触类旁通的能力，为其从事汽车技术与管理工作打下坚实的基础。

本书力求系统性、针对性、实用性和前瞻性，注意了内容的取舍及主次的选择。

本书由冯晋祥任主编，王林超、陈德阳任副主编，编写组成员（分工）是：冯晋祥（第一、二、九、十章及第二十三章第六节）、王林超（第三、四、五、六、七、十五章）、戴汝泉（第八、十三、二十五章）、张桂荣（第十一、十二、十七、十八章及第十六章第五节）、王志萍（第十四章）、贾倩（第十九章）、陈德阳（第十六、二十二、二十三、二十四章）、姜华平（第二十、二十一章）。

本书由山东交通学院吴际璋教授主审，他对本书进行了认真的审阅，并提出了许多宝贵的意见。本书在编写过程中，得到了许多相关企业单位、专家和工程技术人员的大力支持与帮助，援引了有关技术资料，在此表示由衷的感谢。本书疏漏与不妥之处，恳请专家和读者指正。

作　者

2007 年 6 月

目录 Mulu

第一篇　总　　论

第二篇　汽车发动机

第一篇　总　论

第一章　汽车的历史与发展

第一节　汽车的产生

车是人类文明、社会发展的产物，中国是世界上最早使用车的国家之一。中国人早在大约4600年前已经创造了车。远古时期，人类依靠其特有的聪明才智以及在长期的生产活动中所积累的知识和经验，创造了由人力推挽，逐步发展为畜力牵引的车，对人类社会的发展曾起着重大的促进作用。1876年德国科学家奥托研制成功了四冲程内燃机。1886年德国人卡尔·奔驰和戴姆勒分别成功地将内燃机装在三轮车和四轮车上，1886年1月29日卡尔·奔驰以一辆0.65kW单缸汽油机为动力的三轮车申请了汽车发明专利(图1-1为世界上第一辆汽车)，人们将这一天作为世界第一辆汽车的诞生日。

图1-1　世界上第一辆汽车

第二节　汽车的作用

汽车是一种快速而机动的陆路运输或专项作业的工具。汽车的诞生开辟了人类交通发展的新纪元。汽车的作用使人们超越自身体力的局限，跨入了“汽车时代”，而汽车工业的迅猛发展，为人类的行走艺术赋予了新的内涵，它改变了人们的生活方式，也变革了世界经济、文化……渗透到了人类生产、生活等各个领域，直接影响着经济社会的发展进程，激励着社会向更高更强更快迈进，特别是轿车的普及极大地扩大了人们的活动时空，加快了人们生活节奏，提高了人们的生活品质；汽车不仅是数量最多、应用最广、运量最大的现代化交通工具，也是其他任何方式所难以替代的运输或专项作业工具，已经成为当代文明与经济社会发展的重要标志。

随着经济社会的发展，人们对汽车的使用功能不断提出新的要求，使汽车在社会商品、信息、人员三种流通中起着重要的作用。汽车的经济效益不只在于汽车生产的本身，而是更集中体现在汽车使用和流通的全过程。经济的发展对汽车运输工具在各种功能和性能方面要求越来越高，对运输服务的品质以及运输服务的多元化、个性化要求越来越强，从而推动着各类汽车的迅速发展，使汽车更好地满足用户的使用要求，更有效地发挥汽车运输的经济效益和社会效益。

第三节　汽车的发展

汽车这个最具影响力的重大发明，它是改变世界的机器。百余年来，人们不断地将自己智慧的结晶凝聚于汽车工业技术之中，使这个以单缸汽油机为动力的简单的三轮车发展到现在由几万个零部件组合的智能行走机器，它迸发出的社会文化的意念，凝结着人类智慧的结晶，闪耀着当代科学技术、造型艺术、人机工程的光芒，诠释着当今人类的文明与骄傲。

汽车的地位与作用激励着汽车工业的发展，汽车工业的发展促进了人类文明与社会进步，而社会的进步、科技的崛起加速了汽车工业的发展。汽车工业从无到有、从小到大迅猛发展，由小作坊、小规模的单件生产，通过激烈的竞争与合作发展为大规模、现代化的国际合作、跨国经营的大集团运作；汽车技术日新月异，使汽车成为新文化、新理论、新技术、新材料、新工艺的集中体现；汽车产品日益普及，世界汽车年产量超过 6 400 万辆，世界汽车的保有量超过 8 亿辆；目前，中国汽车保有量约为 3 800 万辆，汽车已发展成为人们生活的重要组成部分。

我国工业生产的第一辆汽车于 1925 年 5 月在沈阳问世。该车由张学良掌管的辽宁迫击炮厂以美国“瑞雪”牌车为样车，采用原车的发动机、后桥、电器和轮胎等重新设计制造而成，1930 年研制成 75 型及 100 型民生牌载货汽车。

我国解放初期 25 年（1953 ~ 1978 年），我国汽车工业在计划经济的指导下，集中力量首先于 1953 年 7 月开始在长春兴建第一汽车制造厂，1956 年 7 月 13 日第一辆解放 CA10 型载货汽车（图 1-2）下总装线，由工业流水线生产的第一辆国产汽车诞生了。随后又于 1958 年 5 月 5 日新中国第一辆东风 CA71 轿车在第一汽车制造厂研制成功，相继又开始小批量生产红旗 CA7560 牌高级轿车。继我国第一汽车制造厂投产之后，先后建成了南京汽车制造厂、上海汽车制造厂、济南汽车制造厂、北京汽车制造厂、陕西汽车制造厂等。第二汽车制造厂是于 1967 年 4 月在湖北省十堰镇兴建，1975 年 7 月 1 日第一辆东风 EQ240 越野汽车下线，1978 年 7 月 15 日东风 EQ140 汽车下线。上海汽车制造厂也于 1958 年开始小批量生产上海 SH760 牌轿车。但此时的汽车工业完全依赖国家计划供应原材料，由国家统配包销汽车产品，企业缺乏自主权和内动力，汽车产品单一，汽车工业发展缓慢，而且只重视中型货车，导致我国汽车工业“缺重少轻”、“轿车基本是空白”的畸形发展。1977 年我国的汽车年产量仅为 12.54 万辆。

图 1-2　第一辆解放 CA10 型载货汽车

我国改革开放15年(1978~1993年),汽车工业进入了大发展时期。汽车行业开始以各大型骨干企业为主,联合一批相关的中小型企业组建汽车集团。国家“六五”计划期间,汽车工业加快了主导产品更新换代的步伐,注重提高产品质量、增添汽车品种。1985年,中央在“七五”计划建议中提出了要把汽车工业作为支柱产业的方针;1987年,国务院又确立了发展轿车工业来振兴我国汽车工业的战略。这就确立了汽车工业在我国国民经济中的重要地位和发展重点,并有计划、有重点地引进国外先进技术和整车项目,发展我国的轿车工业,确定了“三大三小”基地(即一汽、二汽、上海和天津、北京、广州)。在此期间,我国的汽车工业在项目引进、合资协作、产品产量和国产化等方面均取得了长足的发展,汽车产量从1978年的14.9万辆到1983年的23.99万辆、1988年的64.7万辆,于1993年达到了129.7万辆而跃居世界第12位。

我国快速发展10年(1993~2003年),汽车工业跨入了快速发展时期。我国的汽车工业以国家经济计划委员会1994年2月颁布的《汽车工业产业政策》为发展纲领,重点支持2~3家汽车企业集团迅速成长为具有相当实力的大型企业,支持6~7家汽车企业成为国内的骨干企业;解决重复引进低水平产品的问题,花大气力增强汽车产品自主开发能力,从与国外联合开发逐步走向成熟的自主开发,提高产品质量和技术装备水平,迅速赶上国际先进水平。国民经济翻两番的战略为汽车工业创造了快速增长的市场条件,汽车工业发展势头更加强劲,已经连续四年保持两位数以上的增长幅度,为推动国民经济的持续增长做出了突出的贡献,成为中国第三大产业。2003年汽车产量444万辆,增长35.2%,稳居世界第四。其中轿车产量201万辆,增长83.25%;载货车123万辆,增长10%;客车119.5万辆,增长12%。当年销售新车439万辆,二手车交易100万辆。成为继美国、日本、德国之后的世界第四大汽车生产国和世界第三汽车销售市场。截止2006年底,中国民用汽车保有量已达4 985万辆(包括三轮汽车和低速货车1 399万辆),其中私人汽车保有量2 925万辆。

我国汽车工业经过50年的发展,其加速趋势越来越明显:从1953~1992年,汽车工业达到年产量100万辆产量,用了近40年时间;从1992~2000年,年产量完成了从100万辆到200万辆的增长,用了8年时间;从2000~2002年底,年产量实现了从200万辆到300万辆的增长,用了2年时间;而2005年一年汽车年总产量就达到570.7万辆;2006年我国的汽车年总产量又达到728万辆。

现代汽车工业具有世界性,是开放型的综合工业,竞争越来越激烈。我国目前只是汽车产销大国而不是汽车产业强国,特别是轿车,自主品牌、专有技术和自主知识产权匮乏,整体竞争力不强。而国民经济的腾飞和汽车工业的快速发展以及世界新技术革命和世界经济一体化进程的加快,奠定了21世纪我国汽车工业由大到强发展的基础,中国汽车工业已经跟上了世界汽车工业前进的步伐,并正在朝着世界汽车生产强国的目标迈进。为适应不断完善社会主义市场经济体制的要求以及加入世贸组织后国内外汽车产业发展的新形势,推进汽车产业结构调整和升级,全面提高汽车产业国际竞争力,满足消费者对汽车产品日益增长的需求,促进汽车产业健康发展,经国务院批准,2004年6月1日国家发展改革委正式颁布实施《汽车产业发展政策》。通过本政策的实施,发挥市场配置资源的基础性作用与政府宏观调控相结合的原则,创造公平竞争和统一的市场环境,健全汽车产业的法制化管理体系;促进汽车产业与关联产业、城市交通基础设施和环境保护协调发展;创造良好的汽车使用环境,培育健康的汽车消

费市场,保护消费者权益,推动汽车私人消费;激励汽车生产企业提高研发能力和技术创新能力,鼓励开发具有自主知识产权的产品。使我国汽车产业在2010年前发展成为国民经济的支柱产业,为实现全面建设小康社会的目标做出更大的贡献。

中国从汽车制造大国向产业强国迈进,科技创新是关键、人才培养是根本。未来汽车工业的竞争关键是人才的竞争。未来的汽车将具有以下七大特点:安全、价廉、环保、实用、高效、省时以及提供与外部世界的联系。这就意味着汽车行业必须围绕低价位、实用性、设计和技术进行创新,充分体现"人、车、环境"的有机结合。总之,汽车的发展趋势是对环境的污染越来越小,燃油经济性越来越好,安全舒适性越来越高,车辆专业性越来越强,以人为本体现的越来越充分。

第二章　汽车的基本知识

第一节　汽车的组成与分类

1. 汽车的组成

汽车由发动机、底盘、车身、电气设备四大部分组成，图2-1是轿车的总体构造示意图。

(1)发动机是汽车的动力装置。汽车上广泛使用的发动机大都是往复活塞式内燃机，它的作用是使燃料燃烧而发出动力。它一般是由机体、曲柄连杆机构、配气机构、燃料供给系、冷却系、润滑系、点火系、起动系等组成。

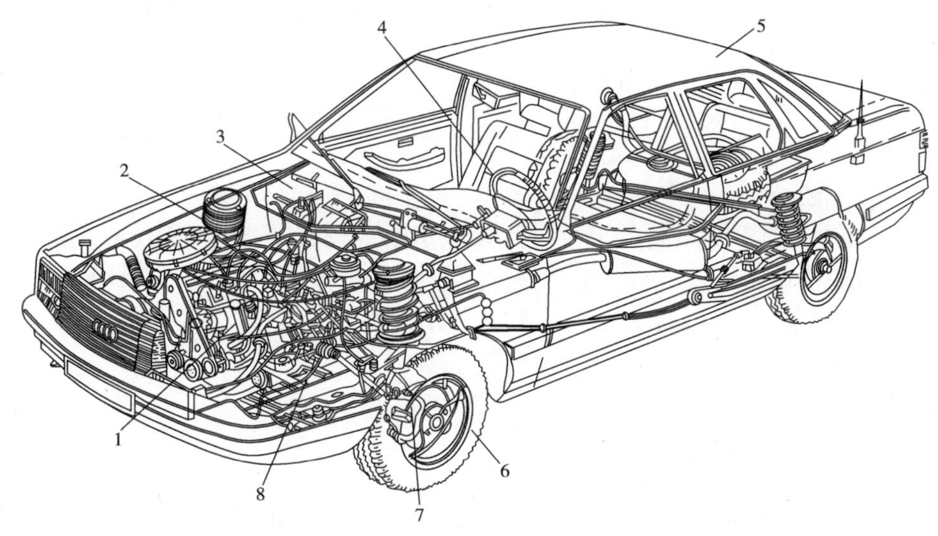

图2-1　轿车的总体构造

1-发动机;2-悬架;3-空调装置;4-转向盘;5-车身;6-转向驱动轮;7-制动器;8-变速器

(2)底盘是在动力装置驱动下使汽车按驾驶员的操纵正常行驶部分的总称，它包括传动系、行驶系、转向系和制动系。

(3)车身是容纳驾驶员、载运乘客和货物部分的总称，它包括驾驶室和各种形式的车厢。

(4)电气设备是保证汽车动力性、经济性、安全性和可靠性，提高汽车品质的重要组成部分，包括汽车电源、用电设备和电子控制装置。

2. 汽车的分类

汽车一般可按汽车的用途、发动机排量、乘客座位数、汽车总质量、汽车总长度、车身或驾驶室特点的不同等来分类，也可以取上述特征量中的两个指标作为分类的依据。

(1)国标GB/T 15089—2001对汽车作如表2-1所示的分类。

(2)国标GB/T 3730.1—2001将汽车分为乘用车和商用车。

汽车的分类(GB/T 15089—2001) 表 2-1

汽车类型			乘客座位数	厂定汽车最大总质量(t)	说明
M类	至少有4个车轮,并且用于载客的机动车辆	M_1类	≤9	—	包括驾驶员座位在内,座位数不超过9座的载客车辆
		M_2类	≤9	≤5.0	包括驾驶员座位在内,座位数不超过9个,且最大设计总质量不超过5.0t的载客车辆
		M_3类	>9	>5.0	包括驾驶员座位在内,座位数不超过9个,且最大设计总质量超过5.0t的载客车辆
N类	至少有4个车轮,并且用于载货的机动车辆	N_1类	—	≤3.5	最大设计质量不超过3.5t的载货车辆
		N_2类	—	>3.5~12	最大设计质量超过3.5t,但不超过12t的载货车辆
		N_3类	—	>12	最大设计质量超过12t的载货车辆
O类	挂车(包括半挂车)	O_1类	—	≤0.75	最大设计质量不超过0.75t的挂车
		O_2类	—	>0.75~3.5	最大设计质量超过0.75t,但不超过3.5t的挂车
		O_3类	—	>3.5~10	最大设计质量超过3.5t,但不超过10t的挂车
		O_4类	—	>10	最大设计质量超过10t的挂车

注:1. 乘客座位数包括驾驶员在内;

2. 该标准还包括两轮或三轮机动车辆(L类)和满足特定要求的M类、N类的越野车(G类)的分类。

乘用车是指在设计和技术特性上主要用于载运乘客及其随身行李和(或)临时物品的汽车,包括驾驶员座位在内最多不超过9个座位。它也可以牵引一辆挂车。乘用车又有多种,我们习惯把部分乘用车(图2-1)称为轿车。乘用车分类如图2-2所示。

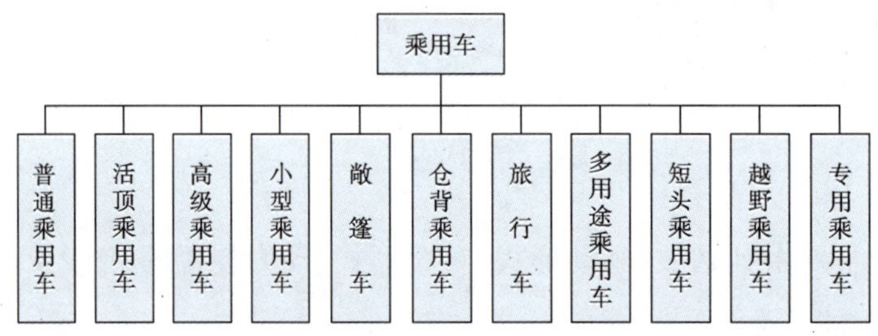

图2-2 乘用车分类

商用车是指在设计和技术特性上用于运送人员及其随身行李和货物的汽车,并且可以牵引挂车。商用车又有客车、半挂牵引车、货车之分,商用客车的座位数包括驾驶员座位在内一般超过9座。当座位数不超过16座时,称之为小型客车。商用车的详细分类如图2-3所示。

(3)按动力装置类型分为内燃机汽车、电动汽车、混合动力汽车、太阳能汽车等。

①往复活塞式内燃机汽车。是当前应用最为广泛、占绝大多数的车辆,其内燃机又以燃用汽油的或柴油的汽油机和柴油机为绝大多数。为解决能源和环境的问题,液化石油气(LPG)、压缩天然气(CNG)、醇类等各种代用燃料汽车不断发展。

②电动汽车。是指由电动机驱动且自身装备供电电源(不包括供电线架)的车辆。主要有蓄电池电动汽车和燃料电池电动汽车。电动汽车具有零排放、高效率、低噪声、结构简单、维

修使用方便的优点。但由于电池的功率密度和能量密度低、充电时间长、使用寿命及续驶里程短等技术、性能和价格的原因，还不能广泛使用；燃料电池电动汽车，简称燃料电池汽车，是将外界供给的活性物质的化学能通过电化学方式直接转换为电能，持续推动车辆，燃料电池是一种能量转换装置，如果在耐久性和成本方面有所突破的话将有美好的前景。

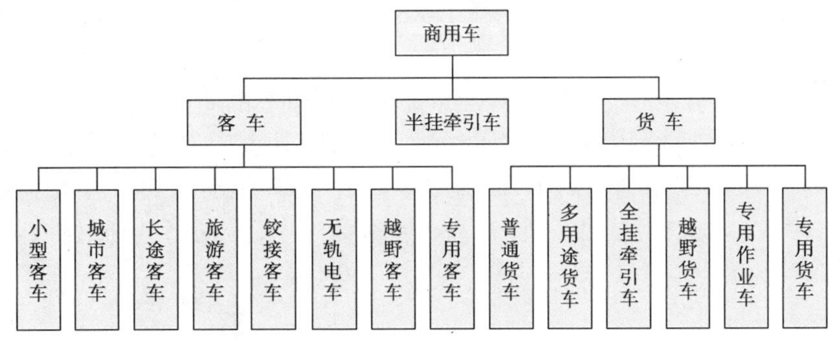

图 2-3　商用车分类

还有电容电动汽车，其储能装置是一种具有高功率密度、充放电时间短、效率高、寿命长、适温宽等特点的超级电容，可利用公交电车停靠站乘客上下车时快速充电，保证车辆区间行驶 3 ~5km。

③混合动力汽车。又称混合动力电动汽车，是指具有两种及以上车载动力源并协调工作的车辆。它是鉴于电动汽车存在的问题，综合考虑环保节能的需要，混合动力汽车是一种现实的选择，是将电驱动系统与汽油机、柴油机、代用燃料发动机等另一种动力系统在同一车辆上使用，可以充分利用各动力源的优点，降耗节能。

④太阳能汽车。取自太阳能的车载动力源的车辆具有绿色能源的优点，但有动力不足、价格高等问题，难以推广应用。太阳能汽车是真正意义上的无公害无能源消耗的绿色汽车。

第二节　汽车总体结构

汽车总体结构主要由其轴数、驱动形式、布置形式、动力装置等(图 2-1)。

1．轴数

汽车轴数有两轴、三轴、四轴甚至更多之分。影响选用汽车轴数的因素主要有汽车总质量、道路法规对轴载质量的限制和轮胎的负荷能力以及汽车的结构等。

随着汽车技术和经济社会的发展，汽车的使用范围不断拓宽，整车整备质量和总质量不断增大，质量系数即汽车装运质量与整车整备质量的比值不断提高(通常整备质量每减少 10%，燃油消耗可降低 6% ~8%)。在汽车轴数不变的情况下，汽车总质量增加以后，使道路承受的负荷增加，车辆的通过性降低。当这种负荷超过了公路的承载能力以后，导致公路和轮胎的使用寿命缩短，甚至被破坏。因此在公路上行驶车辆的轴载质量应符合道路法规的规定。当车辆的总质量增加到轴荷不符合道路法规的限定值时，可增加汽车轴数。随着车辆轴数增加，车轮、制动器、悬架等均相应增多，使整车结构变得复杂，整车整备质量以及制造成本增加。若转向轴数不变，车辆的最小转弯直径也增大，后轴轮胎的磨损加剧。

汽车总质量小于19t的公路运输车辆和轴荷不受道路、桥梁限制的不在公路上行驶的车辆，如矿用自卸车等，均采用结构简单、制造成本低廉的两轴方案。总质量在19～26t的公路运输车采用三轴形式，总质量更大的汽车宜采用四轴和四轴以上的形式。

2. 驱动形式

汽车驱动形式有4×2、4×4、6×2、6×4、6×6、8×4、8×8等，"×"前的数字表示汽车车轮总数，"×"后的数字表示驱动轮数。汽车的用途、总质量和对车辆通过性能的要求等是影响选取驱动形式的主要因素。增加驱动轮的数量能够提高汽车的通过能力，驱动轮数越多，汽车的结构越复杂，整车整备质量和制造成本也随之增加，同时也使汽车的总体布置工作变得困难。总质量小的车辆，多采用结构简单、制造成本低的4×2驱动形式。总质量在19～26t的公路用车辆，采用6×2或6×4驱动形式。对于越野汽车，为提高其通过性，可采用4×4、6×6、8×8的驱动形式。

3. 布置形式

汽车布置形式是指动力装置、驱动桥、上装部分和车身(或驾驶室)的相互关系和布置特点。汽车的使用性能取决于整车和各总成的有关参数，其布置形式对使用性能也有重要影响。

1)发动机布置和驱动形式

发动机布置和驱动形式主要有发动机前置前驱动、发动机前置后驱动、发动机后置后驱动、发动机中置后驱动，少数汽车采用四轮驱动或全轮驱动，如图2-4所示。

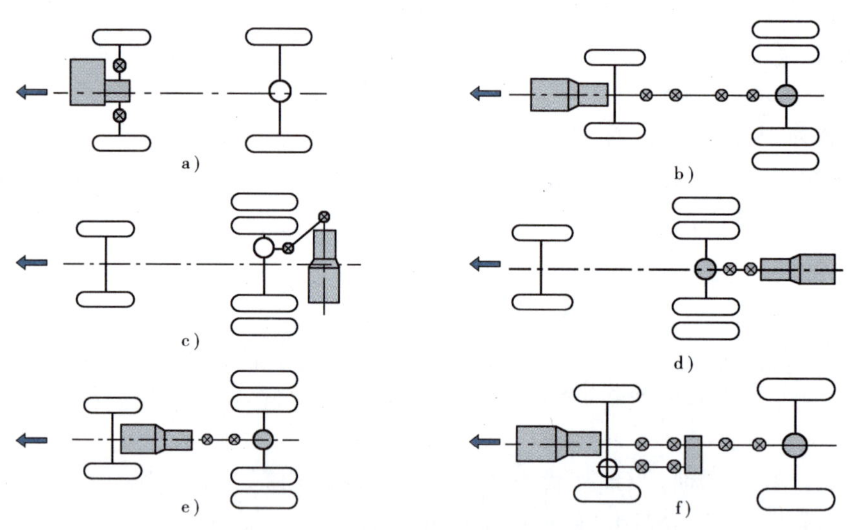

图2-4 发动机布置和驱动形式

a)发动机前置前驱动；b)发动机前置后驱动；c)、d)发动机后置后驱动；e)发动机中置后驱动；f)四轮驱动

(1)发动机前置前驱动(FF)。发动机可以横置或纵置，也可以布置在轴距外、轴距内或前桥的上方。发动机的布置对前排座椅的位置、汽车总长、轴距、车身造型、轴荷分配、整车整备质量、主减速器齿轮形式以及发动机的接近性等均有影响。前置前驱动可提高前驱动桥的轴荷，易获得明显的不足转向；前轮驱动可提高越过障碍的能力；主减速器与变速器装在一个壳体内，因而动力总成结构紧凑，且不再需要在变速器与主减速器之间设置传动轴，车内地板凸起高度可降低(此时地板凸起仅用来容纳排气管和加强地板刚度)，有利于提高乘坐舒适性；

发动机布置在轴距外或布置在前轴上方时，可使轴距缩短，有利于提高汽车的机动性；散热器布置在汽车前部，散热条件好，发动机可得到足够的冷却；行李厢布置在汽车后部，故有足够大的行李厢空间；容易改装为客货两用车或救护车；供暖机构简单，管路短使供暖效率高；因为发动机、离合器、变速器与驾驶员位置近，所以操纵机构简单；发动机横置能缩短汽车的总长，加上取消了传动轴等因素的影响，汽车消耗的材料明显减少，使整备质量降低；发动机横置时，主减速器可用圆柱齿轮取代锥齿轮，降低了制造成本，省去了复杂的锥齿轮装配调整，变速器和主减速器也可用同一种润滑油，如图2-4a）所示。

发动机前置前驱动的主要缺点是：前轮驱动并转向需要采用等速万向节，其结构和制造工艺均复杂；前桥的负荷较后轴重，前轮既驱动又转向，故其工作条件恶劣，前轮胎寿命较短；上坡行驶时因前驱动轮上的附着力减小，汽车爬坡能力降低，特别是在爬越泥泞的坡道时，前驱动轮容易打滑并使汽车丧失操纵稳定性。由于后轴负荷小而且在制动时轴荷要前移，后轮容易抱死并引起汽车侧滑；发动机横置受空间限制，总体布置较困难，维修与维护时的接近性变差；汽车一旦发生正面碰撞事故，发动机及其附件损失较大。

（2）发动机前置后驱动（FR）。发动机前置后驱动的汽车的底盘通用性好，动力总成操纵机构的结构简单；轴荷分配合理，有利于提高轮胎的使用寿命；前轮不驱动，不需要采用等速万向节，有利于降低制造成本；采暖机构简单，保温条件好，且管路短，供暖效率高；发动机冷却条件好；上坡行驶时，驱动轮的附着力增大，爬坡能力强；变速器与主减速器分开，容易布置，拆装、维修容易；发动机的接近性良好，如图2-4b）所示。

发动机前置后驱动的主要缺点是：汽车的总长、轴距均较长，整备质量增大，同时影响到汽车的燃油经济性和动力性；若采用平头式驾驶室，而且将发动机布置在前轴之上，处于驾驶员、副驾驶员座位之间时，驾驶室内部比较拥挤，隔绝发动机工作噪声、气味、热量和振动较困难，离合器、变速器等操纵机构复杂；若采用长头式驾驶室，在增加整车长度的同时，为保证驾驶员有良好的视野，需将座椅布置得高些，这又会增加整车和质心高度等。

（3）发动机后置后驱动（RR）。可使车辆的发动机、离合器、变速器和主减速器易布置成一体而使结构紧凑；能较好地隔绝发动机的气味和热量，发动机噪声和振动的影响小；整车整备质量小；检修发动机方便；轴荷分配合理，上坡行驶时，由于后驱动轮上附着力增加，爬坡能力提高；当发动机布置在轴距之外时，汽车轴距短，机动性能好；由于后桥的簧上质量与簧下质量之比增大，可改善车厢后部的乘坐舒适性，如图2-4d）；发动机横置时，车厢面积利用好，座椅布置受发动机影响较少；作为长途客车使用时，能够在地板下方和客车的全宽范围内设立很大的行李厢；作为客车不需要行李厢时，因后桥前面的地板下方没有传动轴，则可以降低地板高度，乘客上、下车方便；传动轴长度较短，如图2-4c）所示。

发动机后置后驱动的主要缺点是：后桥负荷重，使汽车具有过度转向的倾向，操纵性变坏；前轮附着力小，高速行驶时转向不稳定，影响操纵稳定性；发动机的冷却条件不好，必须采用冷却效果好的散热器；动力总成的操纵机构复杂；驾驶员不容易发现发动机故障。

（4）发动机中置后驱动（MR）。发动机中置后驱动一般是将水平对置式发动机布置在货厢或地板下方，在前轴与后桥之间，如图2-4e）所示。该形式的优点是：轴荷分配合理；传动轴的长度短；车厢内面积利用最好，并且布置座椅不会受发动机限制；乘客车门能布置在前轴之前，有利于实现单人管理。

中置后驱动的发动机需用水平对置式的,因布置在货厢或地板下部,不容易发现和检修发动机故障;发动机的冷却条件和保温条件较差;发动机的工作噪声、气味、热量和振动易传入车厢,影响乘坐舒适性;动力总成的操纵机构复杂;受发动机所在位置影响,地板平面距地面较高;汽车质心位置高;在泥泞路上行驶时,发动机极易被污染。

(5)四轮驱动(4WD)与全轮驱动(nWD)。四轮驱动或全轮驱动可提高车辆的通过性和安全性,提高路面的适应性。一般发动机前置,在变速器后面装有分动器,将动力输送到全部车轮上。图2-4f)所示为发动机前置四轮驱动的形式。

2)驾驶室的布置形式

汽车按照驾驶室相对位置的不同,可分为平头式、短头式、长头式和偏置式4种形式。

(1)平头式。发动机位于驾驶室内或下面时,称为平头式汽车。发动机可以布置在驾驶员和副驾驶员座位中间,因此驾驶室的前端不必外凸,没有独立的发动机舱,如图2-5a)所示;也可以布置在驾驶室座椅下后部,此时中间座椅处没有很高的凸起,可以布置三人座椅,故得到广泛应用。

平头式汽车总长和轴距尺寸短,最小转弯直径小,机动性能良好;不需要发动机罩和翼子板,加上总长缩短等因素的影响,整车整备质量减小;驾驶员视野得到明显改善;采用翻转式驾驶室时能改善发动机及其附件的接近性;平头式货车的面积利用率(汽车货厢与整车的俯视面积之比称为面积利用率)较高。

平头式汽车空载时前轴负荷大,在较差路面上的汽车通过性差;驾驶室有翻转机构和锁止机构,使结构复杂;进、出驾驶室不如长头式汽车方便;离合器、变速器等操纵机构复杂;发动机的工作噪声、气味、热量和振动对驾驶员等均有较大影响;汽车发生正面碰撞时,特别是驾驶室高度较低的平头汽车易使驾驶员和前排乘员受到严重伤害的可能性增加。

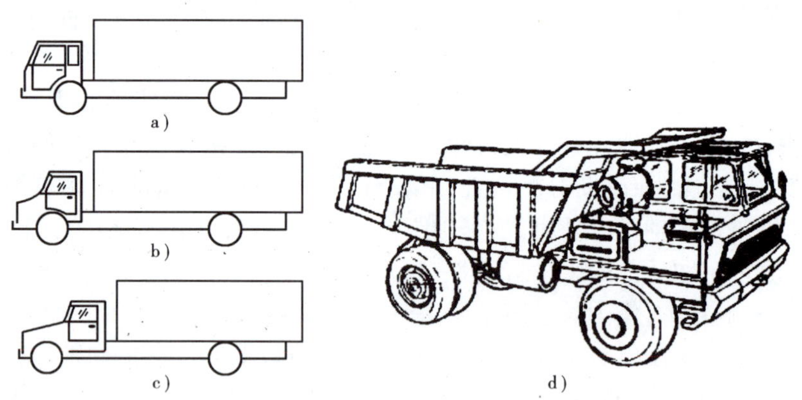

图2-5 专用汽车的布置形式

a)平头式;b)短头式;c)长头式;d)偏置式

(2)短头式。发动机的大部分在驾驶室前部,少部分位于驾驶室内的汽车,称为短头式汽车,如图2-5b)所示。发动机大部分突出在驾驶室前部,发动机有独立的发动机舱和单独的罩盖,发动机舱与驾驶室共同形成汽车的车头部分。

短头式汽车与长头式汽车相比,其总长和轴距较短,最小转弯直径小,机动性能好,驾驶员视野也得到改善,但都不如平头式汽车;动力总成操纵机构简单;发动机的噪声、气味、热量和

振动对驾驶员的影响比平头式汽车有很大改善,但不如长头式汽车;位于驾驶室内的发动机后部的接近性不好,并且导致驾驶室内部空间拥挤,给踏板的布置带来困难,同样给前轮后移也带来类似的问题,通过增加地板高度可以改善踏板的布置,不过这又导致上、下车不方便;汽车发生正面碰撞时,驾驶员和前排乘员受到的伤害程度比平头式汽车轻得多。

(3)长头式。发动机位于驾驶室前部,称为长头式货车,如图 2-5c)所示。这种形式的汽车车身部分的结构特点与短头式汽车相同,只是发动机舱和车头部分更长些。

长头式汽车的发动机及其附件的接近性好,便于检修工作;汽车满载时前轴负荷小,有利于提高在较差路面上的汽车通过性;地板低,驾驶员上、下车方便;离合器、变速器等操纵机构简单,易于布置;汽车发生正面碰撞时,驾驶员和前排乘员受到的伤害程度最小;长头式重型货车较平头式的迎风面积和迎风阻力较小。

长头式汽车的总长与轴距均较长,因而最小转弯直径较大,机动性差;整车整备质量大;驾驶员的视野不如短头,更不如平头式汽车好;面积利用率低。

(4)偏置式。驾驶室偏置于发动机的侧面,称为偏置式汽车,如图 2-5d)所示。偏置式驾驶室多用于重型矿用自卸车、起重汽车等专用汽车上。它具有平头式汽车轴距短,视野良好,驾驶室通风条件好,发动机的噪声、气味、热量对驾驶员的影响很小,维修发动机方便等优点。

3)越野车的布置形式

越野车特别是多轴的越野车,主要是在传动系、轴距和采用转向轮的方案上有较大的区别,它对传动系的复杂程度、汽车的通过能力、最小转弯直径以及零部件的互换性等有影响。根据驱动桥数不同,越野车分为 4×4、6×6、8×8 等形式。

图 2-6a)为具有非贯通式驱动桥的 6×6 越野汽车。其布置特点是动力由发动机传至分动器,然后从分动器传给各桥时,是经分动器的 3 个输出轴和万向节传动轴分别传给 3 个桥。

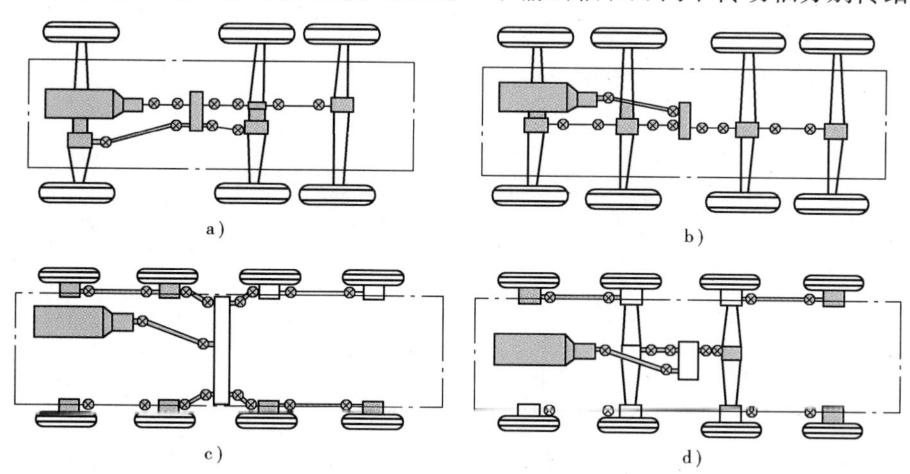

图 2-6 越野汽车多驱动桥布置方案

a)非贯通式驱动桥 6×6 汽车;b)贯通式驱动桥 8×8 汽车;c)侧边传动 8×8 汽车; d)混合传动 8×8 汽车

图 2-6b)为具有贯通式驱动桥的 8×8 越野汽车。其布置特点是从分动器输出的动力传至各桥时所经过的各传动轴,皆布置在同一纵向铅垂平面内,且通往一或四驱动桥的传动轴要穿过第二或第三驱动桥。这种布置方案的万向节不仅可使传动轴数少而且桥壳、半轴等零部

件有互换的可能。

图2-6c）所示为侧边传动8×8汽车。除此之外，还有采用混合传动的8×8汽车（图2-6d））。

当越野汽车桥数多且轴距长时，采用多桥转向能减小最小转弯直径，有利于减少轮胎磨损，但是随着转向轮数的增加，等速万向节的数量也相应增多，转向传动机构也更复杂、转向更沉重，此时必须采用动力转向。4×4越野汽车结构简单、机动灵活、制造成本低，在总质量比较小的越野汽车上得到广泛的应用。

第三节　汽车主要参数

汽车的主要参数包括尺寸参数、质量参数和性能参数等。

1. 汽车主要尺寸

汽车主要尺寸是指汽车的外廓尺寸、轴距、轮距、质心高度、前后悬、车头长度和车厢尺寸等。

1）外廓尺寸

汽车的长、宽、高称为汽车外廓尺寸，它的大小直接与轴距、轮距、驾驶室、车身和专用设备的布置有关。一般是根据汽车的功能、吨位、容量、外形、专用设备、结构布置和使用条件等因素确定的。在满足使用要求的前提下，力求减小汽车外廓尺寸，以减轻其整车整备质量，降低制造成本，提高其动力性、经济性和机动性。减小汽车长度尺寸可以增加车流密度，减小停车面积；减小汽车宽、高度尺寸可减小迎风面积，降低空气阻力。汽车外廓尺寸必须适应公路、桥梁、涵洞和铁路运输的标准，保证其安全行驶。各国对公路运输车辆的外廓尺寸均有法规限制，而非公路行驶的车辆可以不受此限制，如矿用自卸车、机场摆渡车等。

我国对公路运输汽车列车的外廓尺寸限制是按国家标准GB 1589—2004《道路车辆外廓尺寸、轴荷及质量限值》规定：汽车总宽（不包括后视镜）不大于2.5m，左、右后视镜等突出量不大于250mm；汽车总高（空载、顶窗关闭状态）不大于4m，顶窗、换气装置开启时不得超出车高300mm；汽车总长：货车、整体式客车不大于12m，单铰接式客车不大于18m，半挂汽车列车不大于16.5m（2008年1月1日起，厢式半挂汽车列车的车长限值放大到18.1m），全挂汽车列车不大于20m。

2）轴距

汽车轴距的长短直接影响汽车的长度、质量和许多使用性能。在保证汽车功能的前提下，轴距设计得越短，其长度就越短，质量越小，最小转弯直径和纵向通过半径也越小，机动性好。轴距还影响轴荷分配，所以轴距不能过短，轴距过短，车辆的后悬太长，行驶时纵摆较大，车辆制动、加速以及坡道行驶时质量转移过大，使操纵性和稳定性变坏。此外，轴距过短还会导致万向节传动的夹角增大，从而造成较大的传动不均匀性。

3）轮距

汽车轮距的大小对汽车的宽度、质量、横向通过半径、横向稳定性和机动性影响较大。轮距越大，则横向稳定性越好，悬架的角刚度也越大。但轮距宽了，汽车的宽度和质量一般也要增大，改变汽车轮距还会影响车厢或驾驶室内宽、侧倾刚度、最小转弯直径等，轮距过宽机动性

变坏,还易导致车轮向车身侧面甩泥。

4)质心高度

汽车质心高度主要影响汽车的使用性能。包括其纵向稳定性和侧向稳定性,也包括其制动、驱动和坡道行驶时的轴质量转移系数,因此希望质心较低为好。一般车辆的纵向稳定性都能满足要求,而侧向稳定性对厢式汽车、罐式汽车和集装箱运输车等质心较高的汽车来说,由于诸多条件的限制,使其质心比较高。质心过高,很易导致车辆横向失稳,特别是弯道行驶时,易造成侧向倾翻。

5)前悬与后悬

汽车前悬尺寸对汽车通过性、轴载质量、碰撞安全性、驾驶员视野、前钢板弹簧长度、上车和下车的方便性以及汽车造型等均有影响。前悬尺寸增加,汽车的接近角减小,通过性降低,视野变坏。长前悬有利于采用长钢板弹簧,有利于在撞车时对乘员起保护作用。对平头汽车,前悬还会影响从前门上、下车的方便性。前悬尺寸应在保证设计要求、能布置下各总成和部件的同时尽可能短些。

汽车后悬尺寸对汽车通过性、汽车追尾时的安全性、车厢长度或上装尺寸、轴距和轴荷分配等有影响。后悬加长,汽车的前轴载质量减小,后轴载质量增大,汽车的离去角减小,使通过性降低;而后悬缩短,汽车的车厢长度或上装尺寸减小。

2. 汽车质量参数

1)整车整备质量

汽车整车整备质量就是汽车经过整备后在完备状态下的自身质量,即指汽车上带有全部装备(包括随车工具、备胎等),加满燃料、水,但没有装货和载人时的整车质量。

整车整备质量对汽车的制造成本和燃油经济性有影响。通过优化结构、采用高强度钢结构件以及铝合金、非金属复合材料等尽可能减少整车整备质量(通常整车整备质量每减少10%,燃油消耗可降低6% ~8%),提高质量系数,即提高汽车装运质量与整车整备质量的比值。

2)装运质量

汽车装运质量是指汽车在良好硬路面上行驶时的最大限额(客车用座位数,货车用吨位数)。当汽车在非良好硬路面上行驶时装运质量应适当减少。越野汽车装运质量是指它在越野路面上行驶的最大限额。

3)最大总质量

汽车最大总质量是汽车装运质量与整车整备质量之和。它是保证汽车运输安全和运输效率的重要指标,车辆制造厂和行政主管部门都有明确的规定。

4)轴载质量

汽车轴载质量的合理分配,可以提高汽车的稳定性、通过性和制动性,延长轮胎和道路的使用寿命。

理想的轴载质量分配是满载时每个车轮的负荷大致相等。但实际上,还要考虑汽车的动力性、操纵性、通过性、制动性等使用性能。例如,为了提高汽车的驱动力,增加附着质量,常常提高驱动轴的负荷;为了保证汽车在泥泞道路上的通过能力,常常降低前轴的负荷,从而减小前轮的滚动阻力,使后驱动轮有足够的驱动力;为了保证汽车有良好的操纵稳定性,又要求转向轴的负荷不应过小；为了避免转向沉重，前轮的负荷也不能过大，特别是质心高、轴距短的汽车更应考虑；而有些汽车的行驶车速比较低，轴载质量可以根据使用要求适当地增大，这是由于轮胎的承载能力随着车速的降低而增加。

世界各国根据道路表面的坚固性和耐磨性决定公路运输车辆的轴载质量。我国公路工程技术标准 JT 01—2003 规定：总质量为 20t 的汽车，单后轴载质量为 13t；总质量为 30t 的汽车，双后轴载质量为 12t × 2。

3．汽车动力性

汽车的动力性是指汽车以最高车速行驶的能力、迅速提高车速的能力和爬坡的能力。它主要取决于发动机的性能和传动系的特性参数，是汽车使用性能最基本和最重要的性能。

用汽车满载时在良好路面上的最大坡度阻力系数来表示汽车的爬坡能力。不同汽车的使用条件不同，对它们的爬坡能力要求也不一样。通常要求货车能克服 30% 坡度，越野汽车能克服 60% 坡度。此外，还可以用汽车单位总质量的发动机最大功率和发动机最大转矩，即比功率和比转矩来评价汽车的动力性。汽车动力性的好坏主要取决于发动机的性能。一般地讲，发动机的有效功率和有效转矩越大，汽车的动力性越好。为保证路上行驶车辆的动力性不低于一定的水平，防止某些动力性能差的车辆阻碍交通，对车辆的最小比功率作出规定。汽车动力性参数见表 2-2。

汽车动力性参数范围　　表 2-2

汽车类别			最高车速 v_{amax}/km·h^{-1}	比功率 P_b/kW·t^{-1}	比转矩 T_b/N·m·t^{-1}
乘用车	发动机排量 V/L	$V \leqslant 1.0$	110 ~ 150	30 ~ 60	50 ~ 110
		$1.0 < V \leqslant 1.6$	120 ~ 170	35 ~ 65	80 ~ 110
		$1.6 < V \leqslant 2.5$	130 ~ 190	40 ~ 70	90 ~ 130
		$2.5 < V \leqslant 4.0$	140 ~ 230	50 ~ 80	120 ~ 140
		$V > 4.0$	160 ~ 280	60 ~ 110	100 ~ 180
货车	最大总质量 m_a/t	$m_a \leqslant 1.8$	80 ~ 135	16 ~ 28	30 ~ 44
		$1.8 < m_a \leqslant 6.0$		15 ~ 25	38 ~ 44
		$6.0 < m_a \leqslant 14.0$	75 ~ 120	10 ~ 20	33 ~ 47
		$m_a > 14.0$		6 ~ 20	29 ~ 50
客车	车辆总长 L_a/m	$L_a \leqslant 3.5$	85 ~ 120	—	—
		$3.5 < L_a \leqslant 7.0$	100 ~ 160	—	—
		$7.0 < L_a \leqslant 10.0$	95 ~ 140	—	—
		$L_a > 10.0$	85 ~ 120	—	—

4．汽车制动性

汽车的制动性能用制动效能和制动稳定性来评价。制动效能是指汽车迅速降低行驶速度直至停车的能力；制动稳定性是指汽车在制动过程中维持直线行驶或按预定弯道行驶的能力。

汽车制动性能特别重要。它不仅是安全行车的保证，也是下长坡行车车速的主要制约因素，能维持安全车速并有在一定坡道上长期驻车的能力，直接影响其使用性能和生产效率。汽

车除了装有必备的行车制动和驻车制动装置以外，有的还装有应急制动装置和辅助制动装置。应急制动是在行车制动气压不足，制动失灵或制动力减弱的时候，迅速发挥作用将车辆制动住，从而使汽车免于发生事故；而辅助制动常常是采用发动机排气制动、液力缓速、电力缓速等装置，以减轻车轮制动器的负担，使汽车更加安全可靠地行驶，提高运输效率。

5. 汽车通过性和机动性

汽车的通过性参数主要有：最小离地间隙、纵向通过半径（现称纵向通过角）、接近角和离去角。

汽车最小转弯直径是其机动性的主要参数之一，其数值主要根据汽车用途、道路条件和结构特点选取。大型半挂汽车列车的最小转弯直径一般在 11 ~ 15m 以内，也可达 20m 左右。

第四节 汽车行驶基本原理

汽车行驶必须具备两个基本的行驶条件：驱动条件和附着条件。

1. 驱动条件

汽车必须具有足够的驱动力，以克服各种行驶阻力。这些阻力主要包括滚动阻力、空气阻力、坡度阻力和加速阻力。

1）驱动力

汽车的驱动力来自发动机，如图 2-7 所示。发动机发出的转矩经过汽车传动系统施加给驱动车轮的转矩，力图使驱动车轮旋转。在驱动车轮的转矩的作用下，由于车轮与路面的附着作用，驱动车轮与路面接触处对路面施加一个驱动力，其方向与汽车行驶方向相反。同时，路面对车轮施加一个大小相等、方向相反的反作用力。驱动力 F_t 克服滚动阻力 F_f（$F_{f1}+F_{f2}$）、空气阻力 F_w、坡度阻力 F_i、加速阻力 F_j 等各种行驶阻力而正常行驶。

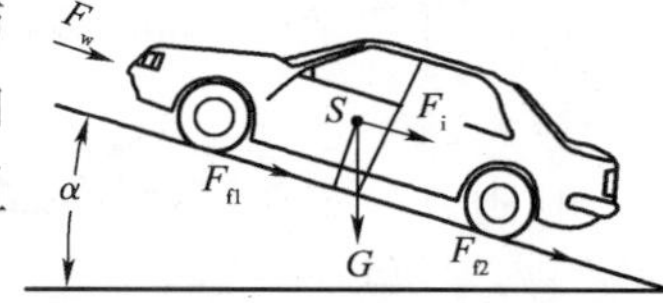

图 2-7 汽车的驱动力与行驶阻力

2）滚动阻力

滚动阻力是由于车轮滚动时轮胎与路面两者在其接触区域发生变形而产生的。车轮在硬路面上滚动时，驱动汽车的一部分动力消耗在轮胎变形的内摩擦上，而路面变形很小；车轮在软路面（松软的土路、沙地、雪地等）上滚动时，由于路面变形较大，所产生的阻力就成为滚动阻力的主要部分。滚动阻力以 F_f 表示，其数值与汽车的总质量、轮胎的结构与气压以及路面的性质有关，它等于车轮负荷与滚动阻力系数之积。

3）空气阻力

汽车在空气中向前行驶时，前部承受气流的压力而后部抽空，产生压力差。此外，空气与车身表面以及各层空气之间存在着摩擦，再加上引入车内冷却发动机、室内通风以及外伸零件引起气流的干扰，就形成空气阻力。空气阻力以 F_w 表示，它与汽车的形状、汽车的正面投影面积、汽车与空气相对速度的平方成正比。可见，汽车速度很高时，空气阻力将成为总阻力的主要部分。

4）坡度阻力

汽车在坡道上行驶时，其总重力沿坡道方向的分力称为坡度阻力，以 F_i 表示。汽车只有在上坡时才存在坡度阻力，但汽车上坡所作的功可转化为重力势能。当汽车下坡时，重力势能就转化为动能。

5）加速阻力

汽车加速行驶时，需要克服其自身质量加速运动的惯性力，即加速阻力，以 F_j 表示。

6）驱动力与行驶阻力的关系

汽车的驱动力 F_t 等于各种行驶阻力之和，即

$$F_t = F_f + F_w + F_i + F_j$$

当 $F_j = 0$ 时，汽车匀速行驶；当 $F_j > 0$ 时，汽车加速行驶，但随着速度的增加，空气阻力也随着增加，在某个较高的车速达到新的平衡，然后匀速行驶；当 $F_j < 0$ 时，汽车将减速行驶或停止。当汽车在平直的路面上以最高车速匀速行驶时，只需克服滚动阻力和空气阻力。

2. 附着条件

汽车驱动力能否有效地发挥，还受到车轮与路面之间附着作用的限制。在平整的干硬路面上，汽车附着性能的好坏决定于轮胎与路面间摩擦力的大小。这个摩擦力阻碍车轮的滑动，使车轮能够正常的向前滚动并承受路面的驱动力。如果驱动力大于轮胎与路面间的最大静摩擦力时，车轮与路面之间就会发生滑转。在松软的路面上，除了轮胎与路面间的摩擦阻碍车轮滑转外，嵌入轮胎花纹凹处的软路面凸起部还起一定的抗滑作用。通常把车轮与路面之间的相互摩擦以及轮胎花纹与路面凸起部的相互作用综合在一起，称为附着作用。由附着作用所决定的阻碍车轮滑转的最大力称为附着力 F_φ。附着力 F_φ 等于驱动轮所承受的垂直于路面的法向力 G（称为附着重力）与附着系数 φ 的乘积。附着系数 φ 与轮胎的类型及路面的性质有关。

由此可知，汽车所能够获得的驱动力受附着力的限制，即 $F_t \leqslant F_\varphi$ 为汽车行驶的驱动-附着条件。

在附着力很小的冰雪或泥泞路面上，由于汽车的驱动力受附着力的限制而不能克服较大的阻力，导致汽车减速甚至不能前进。即使再增大汽车的输出功率和输出转矩，车轮也只能滑动而不能增大驱动力。为了增加附着力，可采用特殊花纹轮胎或在普通轮胎上绕装防滑链，以提高其对冰雪路面的抓着能力。非全轮驱动汽车的附着重力只是分配到驱动轮上那部分汽车重力；而全轮驱动汽车的附着重力则是汽车的总重力，因而其附着力显著增大。

第五节　汽车产品型号

为了在汽车生产、使用、维修、管理等工作中便于识别不同汽车型号，用简单的编号来表示各种不同汽车的厂牌、类型和主要特征参数等是十分必要的。为了使全国汽车产品型号编制统一，我国于 1959 年和 1988 年先后两次颁布标准，现在除部分在用旧汽车仍沿用旧标准外，1988 年以后生产的新车一律采用新标准，即 GB 9417—88《汽车产品型号编制规则》。

1. 1959 年标准

我国于 1959 年颁布了汽车专业标准 130—59《汽车产品编号规则》，1961 年国家原第一机械工业部又提出了《关于汽车产品编号规则的补充意见》，具体规定了中国汽车产品型号采用两个汉语拼音字母和编排。

（1）前两个汉语拼音字母为企业名称代号，一般为汽车制造厂的拼音编号，如：BJ（北京）、

NJ(南京)、JN(济南)、SH(上海)、SX(陕西)、EQ(二汽)等。而第一汽车制造厂的企业代号用“CA”表示。其中,“C”为拉丁文“汽”字的拼音 Che 的第一个字母,用来表示“汽车制造厂”之意,“A”为拉丁文字母 A、B、C、D……的第一个,用来表示第一的意思。该代号从 1955 年沿用至今。也有的汽车改装企业采用商标的汉语拼音编号。

(2)三位阿拉伯数字的前两位是汽车特征代号,见表 2-3。表中参数代号根据种类代号的不同,其含义也不同。客车表示乘客座位数;轿车表示发动机排量(L);其余汽车均表示允许最大装载质量。

越野汽车为越野条件下的允许最大装载质量,自卸汽车为设计允许最大装载质量,其余则为公路条件下的允许最大装载质量。

客车的座位数为定型号时的参考数据,若主要是采用货车的发动机和底盘改装,其参数代号也可参照相应货车的参数代号来确定。

(3)三位阿拉伯数字的末位是汽车产品序号。

汽车特征代号　　表 2-3

名称	参数代号 / 种类代号	1	2	3	4	5	6	7	8	9
三轮汽车	0	~0.25	>0.25 ~0.5	>0.5 ~1.0	>1.0 ~1.5	>1.5 ~2.0				
货车	1	~0.6	>0.6 ~1.5	>1.5 ~3.0	>3.0 ~5.0	>5.0 ~9.0	>9.0 ~15			
越野汽车	2	~0.6	>0.6 ~1	>1 ~2	>2 ~4	>4 ~7	>7 ~12	>12 ~15		
自卸汽车	3			~2.5	>2.5 ~4.5	>4.5 ~7.5	>7.5 ~15	>15 ~30	>30 ~50	>50
特种用途车	4									
牵引汽车	5									
客车	6	(~8)	(>8 ~15)	(>15 ~22)	(>22 ~30)	(>30 ~40)	(>40)			
轿车	7	(~0.4)	(>0.4 ~0.7)	(>0.7 ~1.3)	(>1.3 ~2)	(>2 ~3)	(>3 ~4.5)	(>4.5 ~6)		
挂车	8	~0.5	>0.5 ~1	>1 ~2	>2 ~3	>3 ~4	>4 ~7.5	>7.5 ~25	>25 ~70	
半挂车及长货挂车	9	~5	>5 ~7.5	>7.5 ~10	>10 ~18	>18 ~32	>32 ~50	>50 ~80	>80 ~120	>120 ~200

2. 1988 年标准

我国于 1988 年重新颁布了 GB 9417—88《汽车产品型号编制规则》。该标准的基本内

容为：

1）主题内容与适用范围

本标准规定了编制各类汽车产品型号的术语及构成。

本标准适用于新设计定型的各类汽车和半挂车，不适用于军事特种车辆（如装甲车、水陆两用车、导弹发射车等）。

2）术语

（1）汽车的产品型号。为了识别车辆而给一种车辆指定的一组汉语拼音字母和阿拉伯 数字组成的编号。为了避免拼音字母和数字混淆，不应采用拼音字母中的"I"和"O"。

（2）企业名称代号。识别车辆制造企业的代号。

（3）车辆类别代号。表明车辆所属分类代号。

（4）主参数代号。表明车辆主要特性的代号。

（5）产品序号。表示一个企业的车辆类别代号和主参数代号相同的车辆的投产顺序号。

（6）专用汽车分类代号。识别专用汽车的结构类别和用途的代号。

（7）企业自定代号。企业按需要自定的补充代号。

3）汽车产品型号的结构

汽车产品型号由企业名称代号、车辆类别代号、主参数代号、产品序号组成，必要时附加企业自定代号（图2-8）。对于专用汽车及专用半挂车还应增加专用汽车分类代号（图2-9）。

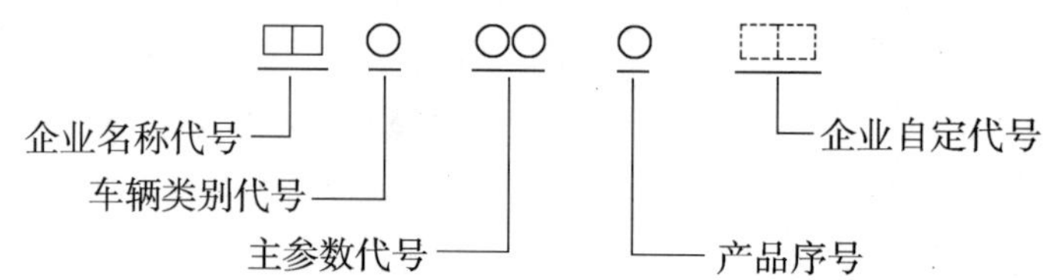

图2-8　汽车产品型号示意

□-用汉语拼音字母表示；○-用阿拉伯数字表示；⬚ —用汉语拼音或阿拉伯数字表示均可

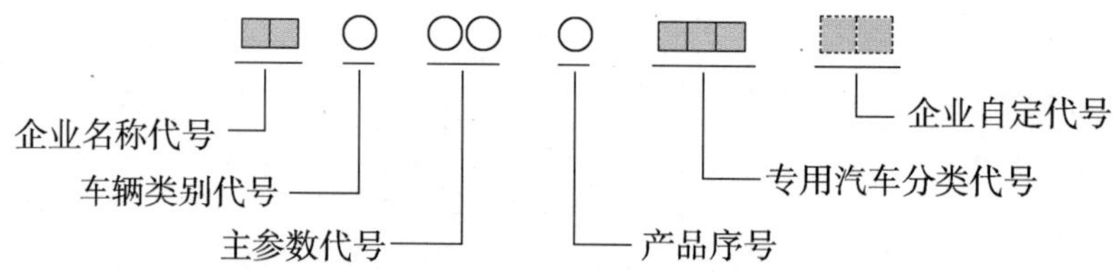

图2-9　专用汽车产品型号示意

□-用汉语拼音字母表示；○-用阿拉伯数字表示；⬚ —用汉语拼音或阿拉伯数字表示均可

（1）企业名称代号。位于产品型号的第一部分，用代表企业名称的两个或3个汉语拼音字母表示。

（2）车辆类别代号。位于产品型号的第二部分，用一位阿拉伯数字表示，见表2-4。

（3）主参数代号。位于产品型号的第三部分，用阿拉伯数字表示。

①载货汽车、越野汽车、自卸汽车、牵引汽车、专用汽车与半挂车的主参数为车辆的总质量（t），牵引汽车的总质量包括牵引座上的最大质量。当总质量在100t以上时，允许用3位数表示。

汽车型号中部4位阿拉伯数字的含义 表2-4

<table>
<tr><th colspan="2">第一位数字表示车辆的类别</th><th>第二、三位数字表示各类汽车的主要特征参数</th><th>第四位数字表示</th></tr>
<tr><td>1</td><td>载货汽车</td><td rowspan="5">表示汽车的总质量(t)①数值</td><td rowspan="9">企业自定产品序号:
0——第一代产品
1——第二代产品
2——第三代产品
……</td></tr>
<tr><td>2</td><td>越野汽车</td></tr>
<tr><td>3</td><td>自卸汽车</td></tr>
<tr><td>4</td><td>牵引汽车</td></tr>
<tr><td>5</td><td>专用汽车</td></tr>
<tr><td>6</td><td>客车</td><td>表示汽车的总长度(0.1m)②数值</td></tr>
<tr><td>7</td><td>轿车</td><td>表示发动机的排量(0.1L)数值</td></tr>
<tr><td>8</td><td></td><td></td></tr>
<tr><td>9</td><td>半挂车及专用半挂车</td><td>表示汽车的总质量(t)①数值</td></tr>
</table>

注:①当汽车的总质量大于100t时,允许用3位数字;

②当汽车总长度大于10m时,计算单位为m。

②客车及半挂车的主参数代号为车辆长度(m)。当车辆长度小于10m时,应精确到小数点后一位数,并以长度(m)值的10倍数值表示。

③轿车的主参数代号为发动机排量(L),应精确到小数点后一位,并以其值的10倍数值表示。

④专用汽车及专用半挂车的主参数代号,当采用定型汽车底盘或定型半挂车底盘改装时,若其主参数与定型底盘原车的主参数之差不大于原车的10%时,则应沿用原车的主参数代号。

⑤主参数的数字修约按《数字修约规则》的规定设定。

⑥主参数不足定位数时,在参数前以"0"占位。

⑦当车辆主参数有变化,但不大于原定型设计主参数的10%时,其主参数代号不变;大于10%时,应改变主参数代号,若因为数字修约而主参数代号不变时,则应改变其产品序号。

(4)产品序号。位于产品型号的第四部分,用阿拉伯数字表示,数字由0、1、2、…… 依次使用。

(5)专用汽车分类代号。位于产品型号的第五部分,用反映车辆结构特征和用途特征的3个汉语拼音表示。结构特征代号按表2-5的规定(同时适用于专用半挂车),用途特征代号另行规定。

专用汽车分类代号 表2-5

厢式汽车	罐式汽车	专用自卸汽车	特种结构汽车	起重举升汽车	仓栅式汽车
X	G	Z	T	J	C

(6)企业自定代号。位于产品型号的最后部分,同一种汽车结构略有变化需要区别时(如汽油、柴油发动机,长、短轴距,单、双排座驾驶室,平、长头驾驶室,左、右置转向盘等),可用汉语拼音字母和阿拉伯数字表示,位数由企业自定。供用户选装的零部件(如暖风装置、收音机、地毯、绞盘等),不属结构特征变化.应不给予企业自定代号。

例如:中国第一汽车集团公司生产的第二代载货汽车,总质量为9310kg,其型号为CA1091;中国上海汽车厂生产的第二代轿车,发动机排量为2.2321L,其型号为SH7221。

第六节　车辆识别代号

汽车产品型号是便于识别不同的汽车，用简单的编号来表示各种不同汽车的厂牌、类型和主要特征参数的，是车辆的类别代号，是批量的。汽车产品型号是对于一种形式车辆的高度概括性说明，它在政府各部门的管理和统计中、在制造厂的内部管理中发挥着重要的作用。

车辆识别代号英文为 Vehicle Identification Number，简称为 VIN。车辆识别代号是为识别车辆而指定的一组字码组成的代号，这个代号是由制造厂按照一定的规则，依据本厂的实际而指定的，是车辆的身份证，是唯一的。车辆识别代号的基本目的是识别每一辆车，并利用它的这个特性，应用在各个方面的统计和计算机检索，因而它与汽车产品型号有着不同的基本目的和用途。车辆识别代号不会也不能取代汽车产品型号。

国家标准《道路车辆—车辆识别代号（VIN）》（GB 16735—2004）于 2004 年 7 月 12 日由国家质检总局、国家标准化管理委员会正式批准，于 2004 年 10 月 1 日实施。国家标准《道路车辆—车辆识别代号（VIN）》（GB 16735—2004）与《道路车辆—世界制造厂识别代号（WMI）》（GB 16737—2004）标准配套使用，在全国范围内规范车辆的生产，为管理提供依据。车辆识别代号由一组字母和阿拉伯数字组成，共 17 位，又称 17 位编码，它是识别一辆汽车不可缺少的标志。VIN 的每位字母或数字代表汽车某一方面的信息参数，其中包括生产国别、制造公司或生产厂家、车的类型、品牌名称、车型系列、车身形式、发动机型号、车型年款、安全防护装置型号、检验数字、装配工厂名称和出厂顺序号码等。

该标准参照了 ISO 3779—1983《道路车辆—车辆识别代号（VIN）内容与构成》（英文版）、ISO 4030：1983《道路车辆—车辆识别代号（VIN）位置与固定》（英文版）和美国联邦法典第 49 卷 CFR49 §565《车辆识别代号—内容要求》、CFR49 §568《按两阶段或多阶段制造的车辆》、CFR49 §571.115《车辆识别代号基本要求》的技术内容，同时根据我国车辆制造厂的车辆识别代号实际使用状况，对技术要求和管理要求进行了补充和删改。

1. 车辆识别代号的基本构成

车辆识别代号由世界制造厂识别代号（WMI）、车辆说明部分（VDS）、车辆指示部分（VIS）三部分组成，共 17 位字码。

（1）对完整车辆和/或非完整车辆年产量≥500 辆的车辆制造厂，车辆识别代号的第一部分为世界制造厂识别代号（WMI）；第二部分为车辆说明部分（VDS）；第三部分为车辆指示部分（VIS）（图 2-10）。

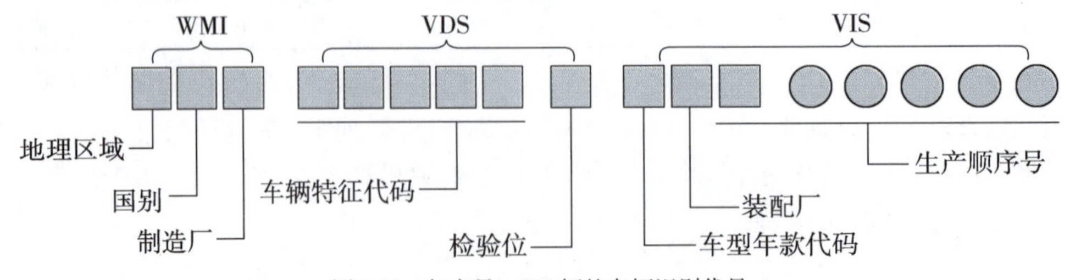

图 2-10　年产量≥500 辆的车辆识别代号

□-代表字母或数字；○-代表字母或数字

(2)对完整车辆和/或非完整车辆年产量 <500 辆的车辆制造厂,车辆识别代号的第一部分为世界制造厂识别代号(WMI);第二部分为车辆说明部分(VDS);第三部分 VIN 的第十二、十三、十四位与第一部分 VIN 的一、二、三位字码一起构成世界制造厂识别代号(WMI),其余五位为车辆指示部分(VIS)(图 2-11)。

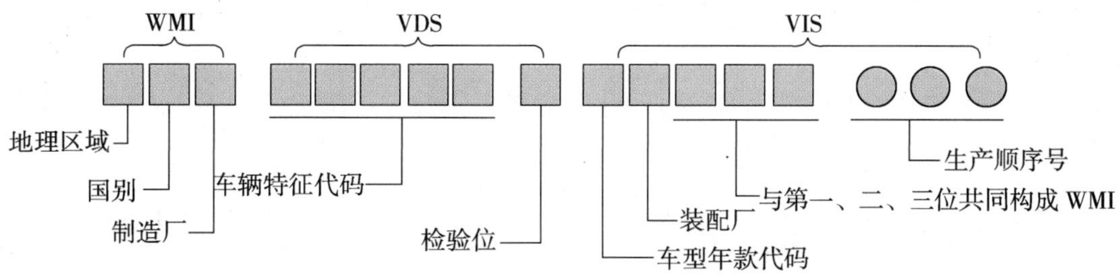

图 2-11　年产量 <500 辆的车辆识别代号

□-代表字母或数字;○-代表字母或数字

2. 世界制造厂识别代号(WMI)

世界制造厂识别代号(WMI)是车辆识别代号的第一部分,WMI 应符合 GB 16737—2004 的规定。

3. 车辆说明部分(VDS)

(1)车辆说明部分(VDS)是车辆识别代号的第二部分,由六位字码组成(即 VIN 的第四 ~ 九位)。如果车辆制造厂不使用其中的一位或几位字码,应在该位置填入车辆制造厂选定的字母或数字占位。

(2) VDS 第一 ~ 五位(即 VIN 的第四 ~ 八位)应对车型特征进行描述,其代码及顺序由车辆制造厂决定。

①VDS 可从以下方面对车型特征进行描述(具体描述方法参见附录 B)。

车辆类型;

车辆结构特征(如:车身类型、驾驶室类型、货厢类型、驱动类型、轴数及布置方式等);

车辆装置特征(如:约束系统类型、发动机特征、变速器类型、悬架类型、制动形式等);

车辆技术特性参数(如:车辆最大总质量、车辆长度、轴距、座位数等)。

②对于以下不同类型的车辆,在 VDS 中描述的车型特征应包括表 2-6 中规定的内容。

车 型 特 征　　表 2-6

乘 用 车	车身类型、发动机特征①
载货车(含牵引车)	车身类型、车辆最大总质量、发动机特征①
客车	车辆长度、发动机特征①
挂车	车身类型、车辆最大总质量
摩托车和轻便摩托车	车辆类型、发动机特征①
非完整车辆	车身类型②、车辆最大总质量②、发动机特征③

注:①发动机特征至少应包括对燃油类型、排量和/或功率的描述;

②用于制造成为货车的非完整车辆的描述项目;

③用于制造成为客车的非完整车辆的描述项目,此时发动机特征至少应包括对燃油类型、发动机布置形式、排量和/或功率的描述。

(3)VDS的最后一位(即VIN的第九位字码)为检验位。检验位可为“0～9”中任一数字或字母“X”,用以核对车辆识别代号记录的准确性,检验位应按照检验位计算方法的规定计算。

4. 车辆指示部分(VIS)

(1)车辆指示部分(VIS)是车辆识别代号的第三部分,由八位字码组成(即VIN的第十～十七位)。

(2) VIS的第一位字码(即VIN的第十位)应代表年份。年份代码按表2-7规定使用(30年循环一次)。

VIN的年份代码 表2-7

年份	代码	年份	代码	年份	代码	年份	代码
2001	1	2011	B	2021	M	2031	1
2002	2	2012	C	2022	N	2032	2
2003	3	2013	D	2023	P	2033	3
2004	4	2014	E	2024	R	2034	4
2005	5	2015	F	2025	S	2035	5
2006	6	2016	G	2026	T	2036	6
2007	7	2017	H	2027	V	2037	7
2008	8	2018	J	2028	W	2038	8
2009	9	2019	K	2029	X	2039	9
2010	A	2020	L	2030	Y	2040	A

(3)VIS的第二位字码(即VIN的第十一位)应代表装配厂。

(4)如果车辆制造厂生产的完整车辆和/或非完整车辆年产量≥500辆,此部分的第三～八位字码(即VIN的第十二～十七位)用来表示生产顺序号。如果车辆制造厂生产的完整车辆和/或非完整车辆年产量<500辆,则此部分的第三、四、五位字码(即VIN的第十二～十四位)应与第一部分的三位字码一同表示一个车辆制造厂,第六、七、八位字码(即VIN的第十五～十七位)用来表示生产顺序号。

(5)字码。在车辆识别代号中仅能采用下列阿拉伯数字和大写的罗马字母:

1 2 3 4 5 6 7 8 9 0

A B C D E F G H J K L M N P R S T U V W X Y Z(字母I、O及Q不能使用)

(6)分隔符。分隔符的选用由车辆制造厂自行处理,但不得使用以上(5)所述车辆识别代号所用的任何字码,或可能与车辆识别代号中的字码混淆的任何字码,例如:☆、★。

5. 车辆识别代号的固定方式与标示位置

(1)车辆识别代号的固定方式。为了固定VIN,车辆制造厂可以在以下两种固定方式中进行选择。

①车辆识别代号可直接打刻在车架上,对于无车架车身而言,可以直接打刻在不易拆除或

更换的车辆结构件上。

②车辆识别代号还可打印在标牌上，但此标牌应同样是永久固定在以上①所述的车辆结构件上。

(2)车辆识别代号的标示位置。

①每一辆车辆都必须具有唯一的车辆识别代号，并标示于车辆的指定位置。

②车辆识别代号应尽量标示在车辆右侧的前半部分、易于看到且能防止磨损或替换的车辆结构件上(玻璃除外)，如受结构限制，亦可放在便于接近和观察的其他位置。

③车辆识别代号还应标示在产品标牌上(两轮摩托车和轻便摩托车可除外)。

④M_1、N_1 类车辆的车辆识别代号还应永久地标示在仪表板上靠近风窗立柱的位置，在白天不需移动任何部件从车外能够分辨出车辆识别代号。

⑤车辆制造厂至少应在一种随车文件中标示车辆识别代号。

(3)车辆识别代号的标示要求。

①车辆识别代号的字码高度：若直接打刻在车辆结构件上，则字高应不小于7 mm，深度应不小于0.3 mm；对于摩托车和轻便摩托车，若直接打刻在车辆结构件上，则字高应不小于5mm，深度应不小于0.2 mm；其他情况字高应不小于4 mm。

②车辆识别代号的字码在任何情况下都应是字迹清楚、坚固耐久和不易替换的。

③车辆识别代号可采用人工可读码形式或机器可读的条码形式进行标示。若采用条码，应符合 GB/T 18410—2001 的要求。

④车辆识别代号标示在车辆或标牌上时，应尽量标示在一行，此时可不使用分隔符。特殊情况下，由于技术原因必须标示在两行时，两行之间不应有空行，每行的开始与终止处应选用一个分隔符。

⑤车辆识别代号在文件上标示时应标示在一行，不允许有空格，不允许使用分隔符。

6. 车辆制造厂的标示责任

(1)每个完整车辆和/或非完整车辆制造厂应负责按本标准规定的标示位置和标示形式在每辆车上标示车辆识别代号，并应在随车文件中对车辆识别代号的标示位置、标示方式加以说明。

(2)中间阶段制造厂和最后阶段制造厂进行改装产品生产时，应保留完整车辆或非完整车辆原有的车辆识别代号，将该车辆识别代号完整地标示在自己改装的部件或产品标牌上，不得更改。并应在随车文件中对车辆识别代号的标示位置、标示方式加以说明。

①如果最后阶段制造厂在非完整车辆上进行制造作业，改装后的车身部件使原车的车辆识别代号不易被观察到，最后阶段制造厂应负责按照符合本标准规定的标示位置和标示形式将原车的车辆识别代号标示出来。

②如果最后阶段制造厂在无完整驾驶室的非完整车辆上进行制造作业，且改装后的车辆属于 M_1、N_1 类车辆，最后阶段制造厂应负责按照符合本标准对 M_1、N_1 类车辆规定的标示位置和标示形式将原车的车辆识别代号标示出来。

7. 车辆识别代号编制规则

(1)车辆制造厂应按照本标准的规定制定本企业的车辆识别代号编制规则，车辆识别代号编制规则应包括对车辆识别代号各位字码的编码规则、车辆识别代号的标示位置及标示方式等内容的详细规定。

(2)车辆制造厂的车辆识别代号编制规则应提交经国家汽车主管部门授权的备案机构审核和备案。

(3)车辆制造厂应按照通过审核和备案的车辆识别代号编制规则,为每一个车辆产品标示车辆识别代号。

(4)在中华人民共和国境内车辆制造厂生产的出口车辆,可按照车辆进口地的规定编制车辆识别代号。

(5)进口车辆制造商应符合以上(1)、(2)、(3)的规定。

第二篇　汽车发动机

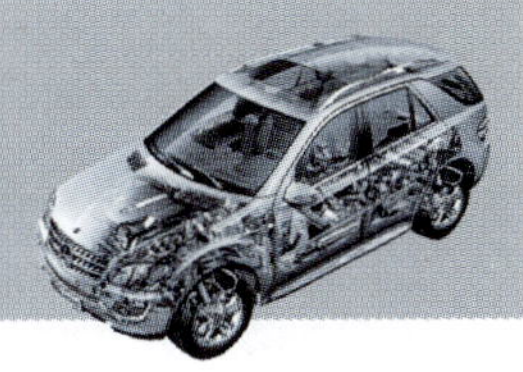

第三章　发动机的基本知识

第一节　发动机的分类与基本构造

将热能转变为机械能的发动机称为热力发动机(简称热机),包括内燃机和外燃机。内燃机是通过燃料与空气混合在发动机内部燃烧而产生的热能转变为机械能的装置;外燃机是燃料在机器外部的锅炉内燃烧,将锅炉内的水加热,使之变为高温、高压的水蒸汽,送到机器内部,使所含的热能转变为机械能,如蒸汽机等。内燃机与外燃机相比,具有热效率高,体积小,便于移动,起动性能好等优点,因而广泛应用于飞机、船舰以及汽车拖拉机、坦克等各种车辆上。

1. *发动机的分类*

目前车用发动机主要是内燃机,根据内燃机结构形式等不同大致分类如下:

(1)按活塞的运动形式分为:往复活塞式发动机和旋转活塞式发动机。

汽车所用的发动机主要是往复活塞式。由于它在设计、制造、安装、修理及使用中各种技术已达到相当完善的程度,今后在相当长的时间内,仍是汽车的主要动力形式,也是本书的主要介绍对象。旋转活塞式发动机(也称转子发动机),在国外汽车上(主要是日本汽车)也有所应用,尽管还有一些关键技术仍在研究中,而作为发动机的前景还是存在的。

(2)按发动机完成一个工作循环的行程数分为四冲程发动机和二冲程发动机。

在发动机内每一次将热能转化为机械能,都必须经过进气、压缩、作功和排气这样一系列连续过程,此为发动机的一个工作循环。

活塞每两个行程完成一个工作循环的称为二冲程发动机。

活塞每四个行程完成一个工作循环的称为四冲程发动机。

(3)按发动机使用燃料种类的不同可分为汽油发动机(简称汽油机)和柴油发动机(简称柴油机)等。以汽油为燃料的发动机称为汽油机;以柴油为燃料的发动机称为柴油机。

按汽油机供油系统的不同可分为化油器式发动机和汽油喷射式发动机。

化油器式发动机是将汽油与空气在化油器中以一定的比例混合成可燃混合气,然后被吸入汽缸并加以压缩,点火燃烧作功。

汽油喷射式发动机是把燃料通过喷射系统,以一定的数量喷入进气管或汽缸内与空气混合形成可燃混合气,再点火、燃烧、膨胀而作功。由于汽油喷射式发动机(特别是电控汽油喷射式发动机)具有一系列的优点,故在汽车上广泛采用。

(4)按发动机的冷却方式分为水冷发动机和风冷发动机。

用冷却水冷却的发动机称为水冷发动机;用风冷却的发动机称为风冷发动机。

(5)按发动机汽缸数分为单缸发动机和多缸发动机。

仅有一个汽缸的称为单缸发动机;有两个以上汽缸的称为多缸发动机。多缸发动机还可根据汽缸的具体数目及其排列形式进一步分类。

2. 基本构造

单缸汽油发动机的基本构造如图 3-1 所示。

汽缸 19 内装有活塞 17,活塞通过活塞销、连杆 16 与曲轴 12 相连接。活塞在汽缸内作往复运动,通过连杆推动曲轴转动。为了吸入气体和排出废气,设有进气门 6 和排气门 23。

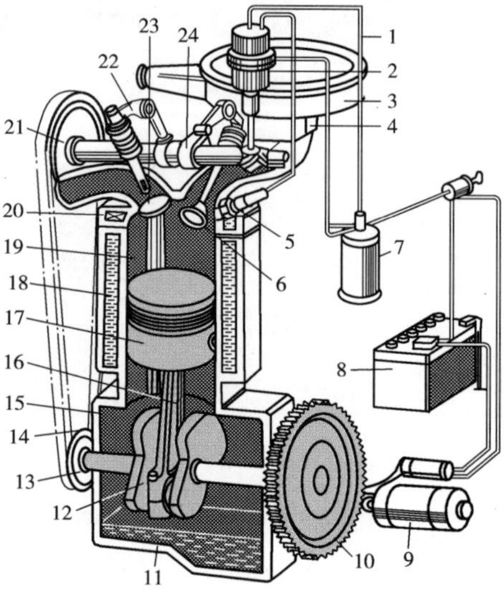

图 3-1 单缸汽油发动机的基本构造

1-高压线;2-分电器;3-空气滤清器;4-化油器;5-火花塞;6-进气门;7-点火线圈;8-蓄电池;9-起动机;10-飞轮;11-油底壳;12-曲轴;13-曲轴正时带轮;14-正时齿形带;15-曲轴箱;16-连杆;17-活塞;18-冷却水套;19-汽缸;20-汽缸盖;21-凸轮轴正时带轮;22-摇臂;23-排气门;24-凸轮轴

3. 发动机的常用术语

图 3-2 为单缸发动机构造简图,描述发动机工作的基本术语有:

上止点(*TDC*):活塞顶部离曲轴回转中心最远处。

下止点(*BDC*):活塞顶部离曲轴回转中心最近处。

活塞行程(S):上、下止点间的距离(mm)。

曲柄半径(R):与连杆下端(即连杆大头)相连的曲柄销中心到曲轴回转中心的距离(mm)。

显然,$S = 2R$。曲轴每转一周,活塞移动两个行程。

汽缸工作容积(V_h):活塞从上止点到下止点所让出的空间容积(L)。

$$V_h = \pi D^2 S/4 \times 10^6 \qquad (L)$$

式中:D—— 汽缸直径(mm)。

发动机排量(V_L):发动机所有汽缸工作容积之和(L)。设发动机的汽缸数为 i,

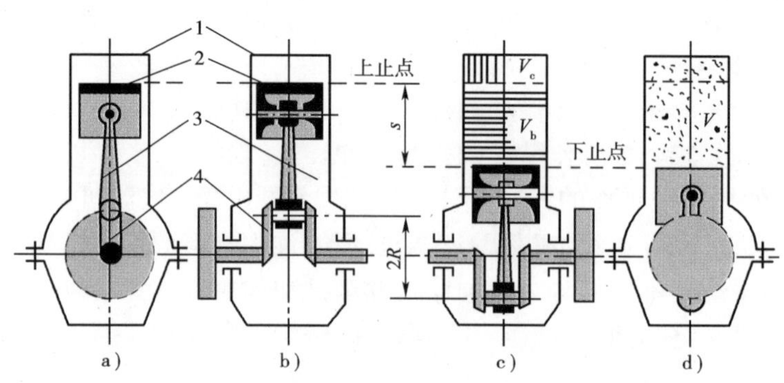

图 3-2 发动机基本术语

a)、b)活塞位于上止点;c)、d)活塞位于下止点

1-汽缸盖;2-活塞;3-连杆;4-曲轴

$$V_L = V_h i \quad (L)$$

燃烧室容积(V_C):活塞在上止点时,活塞上方的空间叫燃烧室,它的容积叫燃烧室容积(L)。

汽缸总容积(V_a):活塞在下止点时,活塞上方的容积称为汽缸总容积(L)。它等于汽缸工作容积与燃烧室容积之和,即

$$V_a = V_h + V_C$$

压缩比(ε):汽缸总容积与燃烧室容积的比值,即

$$\varepsilon = V_a / V_C = 1 + V_h / V_C$$

它表示活塞由下止点运动到上止点时,汽缸内气体被压缩的程度。压缩比越大,压缩终了时汽缸内的气体压力和温度就越高,因而发动机发出的功率就越大,经济性越好。一般车用汽油机的压缩比为8~10,柴油机的压缩比为15~22。

发动机的工作循环:在汽缸内进行的每一次将燃料燃烧的热能转化为机械能的一系列连续过程(进气、压缩、作功和排气)称为发动机的工作循环。

第二节 发动机的基本工作原理

1. 四冲程发动机的基本工作原理

1)四冲程汽油机的工作原理

四冲程汽油机是由进气、压缩、作功和排气完成一个工作循环的,如图3-3所示为单缸四冲程汽油机工作原理示意图。

进气行程:活塞由曲轴带动从上止点向下止点运动。此时,进气门打开,排气门关闭(图3-3a))。由于活塞下移,活塞上腔容积增大,形成一定真空度。空气与汽油的混合物,经进气门被吸入汽缸,至活塞运动到下止点时,进气门关闭,停止进气,进气行程结束。

进气行程结束时,由于进气过程中进气管和进气门等有进气阻力,汽缸内压力低于大气压力,约为75~90kPa。由于汽缸壁、活塞等高温机件及残留高温废气的加热,气体温度约为370~440K。

压缩行程:进气行程结束时,活塞在曲轴的带动下,从下止点向上止点运动(图3-3b))。此时,进、排气门均关闭,随着活塞上移,活塞上腔容积不断减小,混合气被压缩,至活塞到达上止点时,压缩行程结束。

在压缩行程过程中,气体压力和温度同时升高,混合气进一步混合,形成可燃混合气。压缩比越大,压缩终了可燃混合气的压力和温度越高,燃烧速度越快,热效率越高,发动机的动力性和经济性越好。

但是,对汽油机来说,压缩比的提高要受到爆燃的限制,在汽油机中,爆燃是一种不受控制的不正常燃烧,它是由于汽缸内压力和温度过高,在燃烧室内离火花塞较远处的可燃混合气在正常的火焰传播的前锋面到达前就自燃而引起的。爆燃时,燃烧室内压力和温度急剧升高,产生具有音速的压力波,冲击燃烧室壁面,产生尖锐的金属敲缸声,它会导致发动机功率下降,转速下降,工作不稳定,发动机过热,排气冒黑烟,NO_x 排放量增加等,严重时,会导致活塞、缸盖、排气门烧坏,轴承碎裂,火花塞绝缘破坏等严重事故。因此,汽油机的压缩比通常要控制在一定的范围内。汽油机压缩终点时,汽缸内压力为1~1.6MPa,可燃混合气的平均温度为625~725K,远高于汽油的点燃温度,因而很容易点燃。

作功行程:压缩行程末(图 3-3c)),火花塞产生电火花,点燃汽缸内的可燃混合气,并迅速着火燃烧,气体产生高温、高压,在气体压力的作用下,活塞由上止点向下止点运动,再通过连杆驱动曲轴旋转向外输出作功,至活塞运动到下止点时,作功行程结束。

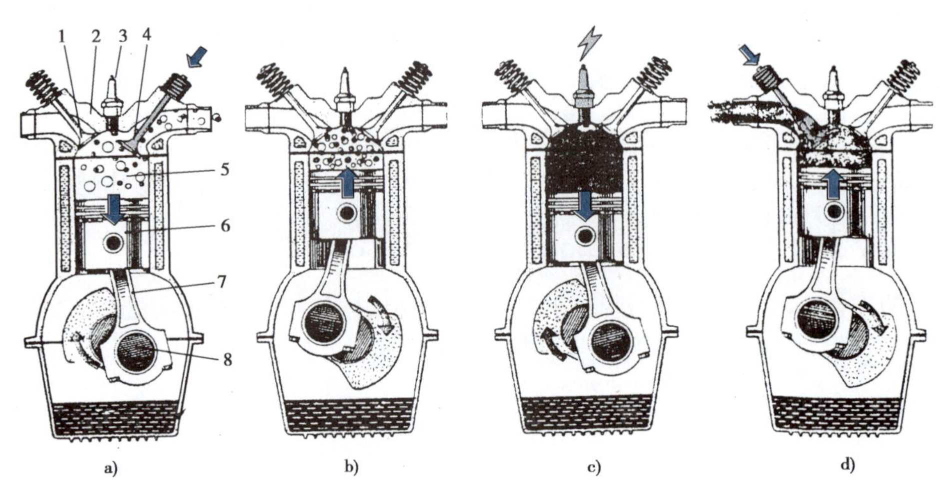

图 3-3 单缸四冲程汽油机工作原理

a)进气行程;b)压缩行程;c)作功行程;d)排气行程

1-排气门;2-汽缸盖;3-火花塞;4-进气门;5-汽缸;6-活塞;7-连杆;8-曲轴

在作功行程中,开始阶段汽缸内气体压力、温度急剧上升,瞬时压力可达 3 ~ 5MPa,瞬时温度可达 2 200 ~ 2 800K。随着活塞的下移,压力、温度下降,作功行程终了时,压力约为 300 ~ 500kPa,温度约为 1 500 ~ 1 700K。

排气行程:在作功行程终了时,排气门被打开,活塞在曲轴的带动下由下止点向上止点运动(图 3-3d))。废气在自身的剩余压力和活塞的驱赶作用下,自排气门排出汽缸,至活塞运动到上止点时,排气门关闭,排气行程结束。

排气终了时,由于燃烧室的存在,汽缸内还存有少量废气,气体压力也因排气门和排气道等有阻力而高于大气压力。此时,压力约为 105 ~ 125kPa,温度约为 900 ~ 1 200K。

排气行程结束后,进气门再次开启,又开始了下一个工作循环,如此周而复始,发动机就自行运转。

2)四冲程柴油机的工作原理

四冲程柴油机和四冲程汽油机工作原理一样,每个工作循环也是由进气、压缩、作功和排气 4 个行程所组成。但柴油和汽油性质不同,柴油机在可燃混合气的形成,着火方式等与汽油机有较大区别。下面主要介绍与汽油机工作原理不同之处。如图 3-4 所示为单缸四冲程柴油机工作原理示意图。

进气行程:进气行程如图 3-4a)所示。它不同于汽油机的是进入汽缸的不是混合气,而是纯空气。

由于进气阻力比汽油机小,上一行程残留的废气温度比较低等原因,进气终了压力和温度与汽油机稍有不同,压力为 800 ~ 900kPa,温度为 320 ~ 350K。

压缩行程:压缩行程如图 3-4b)所示。不同于汽油机的是压缩纯空气,且由于柴油机压缩

比大,压缩终了的温度和压力都比汽油机高,压力可达 3 ~ 5MPa,温度可达 800 ~ 1 000K。

作功行程:作功行程如图 3-4c)所示。此行程与汽油机有很大不同,压缩行程末,喷油泵将高压柴油经喷油器呈雾状喷入汽缸内的高温空气中,迅速汽化并与空气形成可燃混合气。因为此时汽缸内的温度远高于柴油的自燃温度(约 500K),柴油自行着火燃烧,且以后的一段时间内边喷边燃烧,汽缸内的温度、压力急剧升高,推动活塞下行作功。

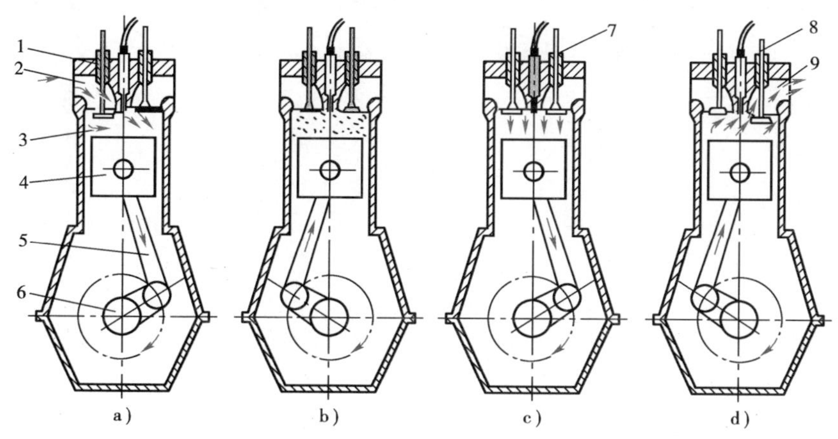

图 3-4　单缸四冲程柴油机工作原理

a)进气行程;b)压缩行程;c)作功行程;d)排气行程

1-进气门;2-进气管;3-汽缸;4-活塞;5-连杆;6-曲轴;7-喷油器;8-排气门;9-排气管

此行程中,瞬时压力可达 5 ~ 10MPa,瞬时温度可达 1 800 ~ 2 200K;作功终了,压力约为 200 ~ 400kPa,温度约为 1 200 ~ 1 500K。

排气行程:排气行程如图 3-4d)所示。与汽油机排气行程基本相同。排气终了,汽缸压力约为 105 ~ 125kPa,温度约为 800 ~ 1 000K。

四冲程汽油机和柴油机的基本原理相似,其共同的特点是:

每个工作循环曲轴转两圈,每个行程曲轴转 180°,进气行程是进气门打开,排气行程是排气门打开,其余两个行程进、排气门均关闭。

四冲程发动机,在其一个工作循环的 4 个行程中,只有作功行程产生动力,其余 3 个行程是为作功行程做准备工作的辅助行程,虽然作功行程是主要的,但其他的 3 个行程也是必不可少的。

发动机运转的第一个循环,必须有外力使曲轴旋转完成进气、压缩行程,着火后,完成作功行程,依靠曲轴和飞轮储存的能量便可自行完成以后的行程。以后的工作循环发动机无需外力就可自行完成。

两种发动机工作循环的主要不同之处是:

汽油机的汽油和空气在汽缸外混合,进气行程进入汽缸的是可燃混合气。而柴油机进气行程进入汽缸的是纯空气,柴油是在作功行程开始阶段喷入汽缸,在汽缸内与空气混合,即混合气形成方式不同。

汽油机用电火花点燃混合气,而柴油机是用高压将柴油喷入汽缸内,靠高温气体加热自行着火燃烧,即着火方式不同。所以,汽油机有点火系,而柴油机则无点火系。

2. 二冲程发动机工作原理

1)二冲程汽油机工作原理

二冲程汽油机的工作循环是在两个活塞行程内,即曲轴旋转一周的时间内完成的。图3-5是一种用曲轴箱扫气的二冲程汽油机的工作原理示意图。

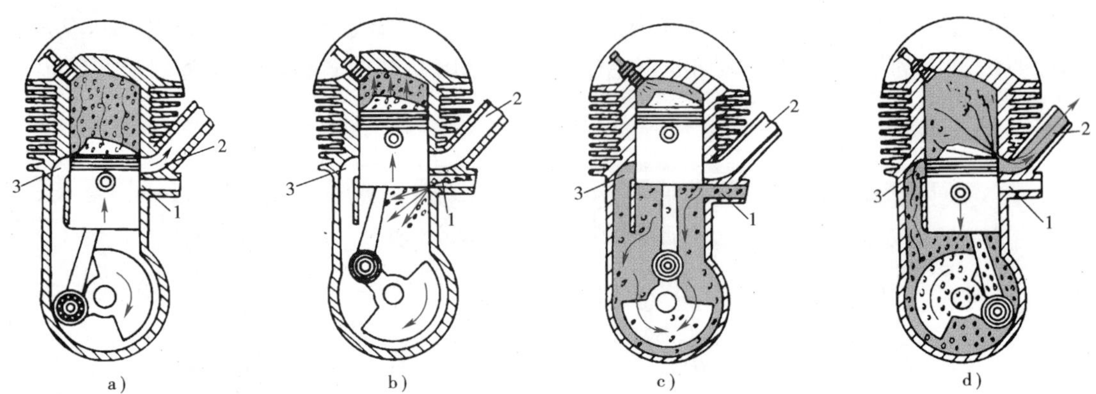

图 3-5 二冲程汽油机工作原理

a)压缩;b)进气;c)作功;d)换气

1-进气孔;2-排气孔;3-扫气孔

与四冲程汽油机不同的是没有进气门、排气门,分别以进气孔 1 和排气孔 2 代之,由活塞圆柱面控制其开闭。另外,还有扫气孔 3,扫气时曲轴箱和汽缸相连通。

第一行程(换气—压缩行程):活塞自下止点向上止点移动,到活塞圆柱面将排气孔 2 和扫气孔 3 都关闭时,开始压缩上一循环吸入汽缸内的汽油与空气混合气,如图 3-5a)所示。同时在活塞下面的曲轴箱内形成真空度(曲轴箱是密封的)。当活塞继续上行时,进气孔 1 打开,新的汽油与空气可燃混合气经进气孔 1 被吸入活塞下方的曲轴箱内,如图 3-5b)所示。

第二行程(作功—换气行程)。活塞接近上止点时,火花塞点火,点燃被压缩的混合气,高温、高压气体急剧膨胀,推动活塞向下运动,对外作功,如图 3-5c)所示。当活塞下行至关闭进气孔 1、露出排气孔 2 时,汽缸开始排气,同时压缩活塞下方的可燃混合气;活塞继续下行到露出扫气孔 3 时,受到预压的新鲜混合气自扫气孔流入缸内,并扫除废气,如图 3-5d)所示。

为了防止新鲜混合气大量与废气混合并排出汽缸而造成浪费,活塞顶做成特殊形状,使新鲜混合气的气流被引向上部,还可以利用新鲜混合气来扫除废气,使排气更干净。

理论上二冲程比四冲程汽油机升功率大一倍,但实际上由于排气、换气占去了 1/3 行程,使作功行程缩短,导致实际单位汽缸工作容积的功率只比四冲程汽油机大 50% ~60%。由于排气行程短,废气排不尽,部分新鲜可燃混合气在扫气时随废气外流,造成燃油消耗率高,经济性差,HC 排放增加。同时,由于作功频繁,机械负荷和热负荷大,润滑困难,导致发动机寿命短。因此,二冲程化油器式汽油机在现代汽车上已不采用,在摩托车上很少采用。

近年来,随着发动机的混合气形成和燃烧方面的研究进展以及电子控制技术的进步,采用汽油缸内直喷技术,解决了二冲程汽油机在扫气过程中混合气逃逸的最大弊端,使其能够适应当今降低排放和节约能源的社会要求。

2)二冲程柴油机工作原理

二冲程柴油机的工作过程和二冲程汽油机的工作过程相似,所不同的是:进入柴油机汽缸的不是可燃混合气,而是纯空气。在第一行程活塞接近上止点时,汽缸内的压力增到 3MPa,温

度约升至 850 ~ 1 000K，燃油在高压（17 ~ 20MPa）下喷入汽缸内。这时燃油自行着火燃烧，使汽缸内压力增高，活塞受燃烧气体的膨胀作用自上止点向下止点移动而作功。

3. 多缸发动机的工作

从单缸发动机工作原理可知，只有作功行程产生动力，其他 3 个行程都要消耗动力。为了维持运动，单缸发动机必须有一个储备能量较大的飞轮。即使如此，发动机运转仍然是不平稳的，作功行程快，其他行程慢。另外，单缸发动机还有其他缺点，使其在汽车上的应用受到了限制。

汽车上实际应用的是多缸发动机，它是由若干个相同的单缸排列在一个机体上共用一根曲轴输出动力所组成。现代汽车上用的较多是四缸、六缸、八缸发动机。

多缸发动机是在曲轴转角 720°内（四冲程发动机）或曲轴转角 360°内（二冲程发动机），各缸都要像单缸发动机一样完成一个工作循环。为了使发动机运转平稳，除少数发动机因结构限制外，各缸作功间隔角大都均等。如四冲程六缸发动机各缸作功间隔角为：

$$\phi = 720°/6 = 120°$$

即曲轴每转 120°就有一个缸作功，各缸作功行程略有搭接，这样发动机运转较单缸发动机平稳得多。另外，由于各缸的作功行程为其他缸的准备行程提供动力，所以储存能量的飞轮也较单缸发动机小得多。

多缸发动机各缸作功行程发生的顺序，称为发动机的工作顺序或点火顺序，应遵守一定的规律。

第三节 发动机总体构造

现代汽车发动机是一部由许多机构和系统组成的复杂机器，其结构形式多种多样，其具体构造也千差万别，但由于基本工作原理相同，所以其基本结构也就大同小异。就往复活塞式发动机而言通常由曲柄连杆、配气两大机构和燃料供给、润滑、冷却、起动四大系统组成，如果是汽油机还应有点火系统；如果是增压发动机则还应有增压系统。汽油机和柴油机的结构如图 3-6、图 3-7、图 3-8、图 3-9 所示。

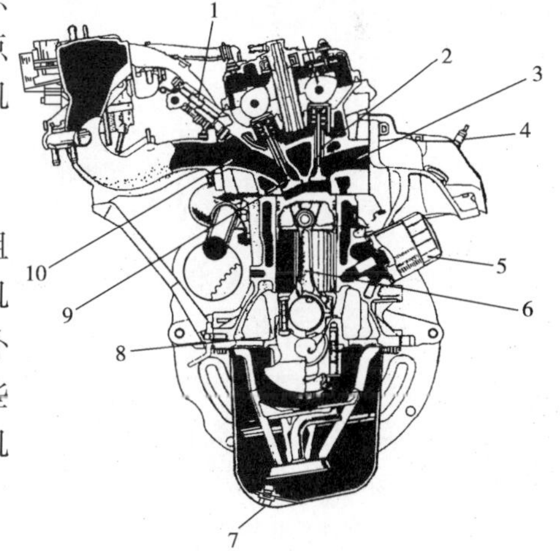

图 3-6 汽油机结构图

1-喷油器；2-排气门；3-排气道；4-氧传感器；5-润滑油滤清器；6-连杆；7-放油螺塞；8-曲轴箱；9-进气门；10-进气道

1. 曲柄连杆机构

曲柄连杆机构是由机体、活塞连杆组和曲轴飞轮组三部分组成，其作用是将燃料燃烧所产生的热能，经机构由活塞的直线往复运动转变为曲轴旋转运动而对外输出动力。机体还是发动机各个机构、各个系统和一些其他部件的安装基础，并且机体许多部分还是配气机构、燃料供给系、冷却系和润滑系的组成部分。

2. 配气机构

配气机构是由气门组和气门传动组两部分组成。其作用是按照发动机各缸工作顺序和工作循环的要求，定时地将各缸进排气门打开或关闭，以便发动机进行换气过程。

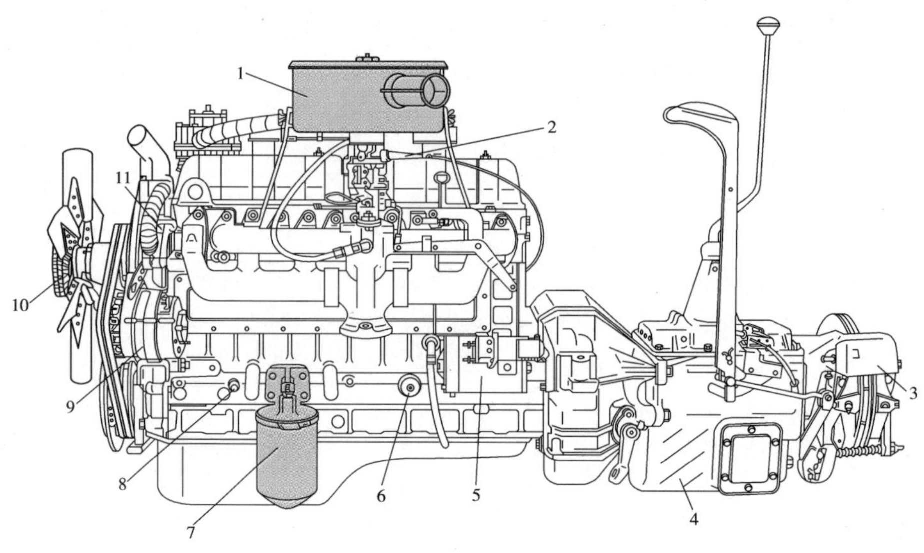

图 3-7　CA6102 型汽油机总成(左侧)

1-空气滤清器;2-化油器;3-驻车制动器;4-变速器;5-起动机;6-润滑油警报感应器;7-润滑油粗滤器;8-润滑油压力感应塞;9-交流发电机;10-硅油风扇离合器;11-水泵

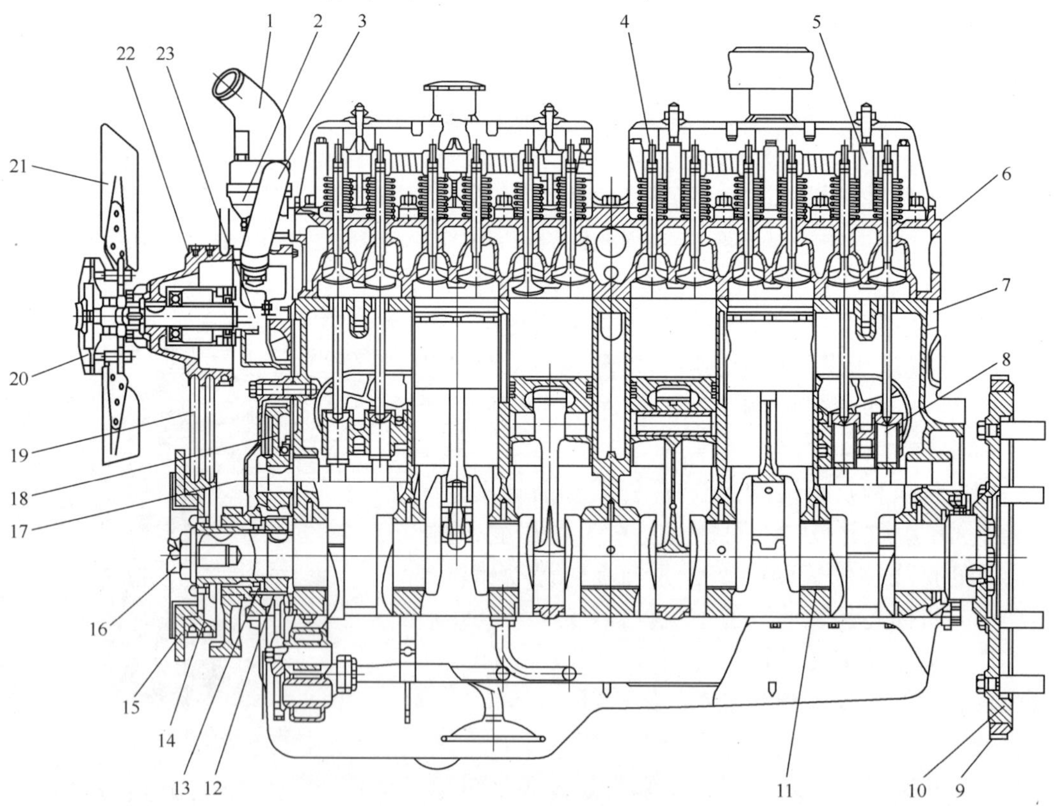

图 3-8　CA6102 型汽油机纵剖面

1-节温器出水管;2-节温器;3-小循环连接软管;4-排气门;5-摇臂轴座;6-汽缸盖;7-汽缸体;8-挺柱;9-飞轮齿圈;10-飞轮(用于双片离合器);11-主轴承;12-曲轴正时齿轮;13-曲轴前油封;14-曲轴皮带轮;15-扭转减振器;16-起动爪;17-正时齿轮室盖;18-凸轮轴正时齿轮;19-传动皮带;20-风扇离合器;21-风扇;22-风扇皮带轮;23-水泵

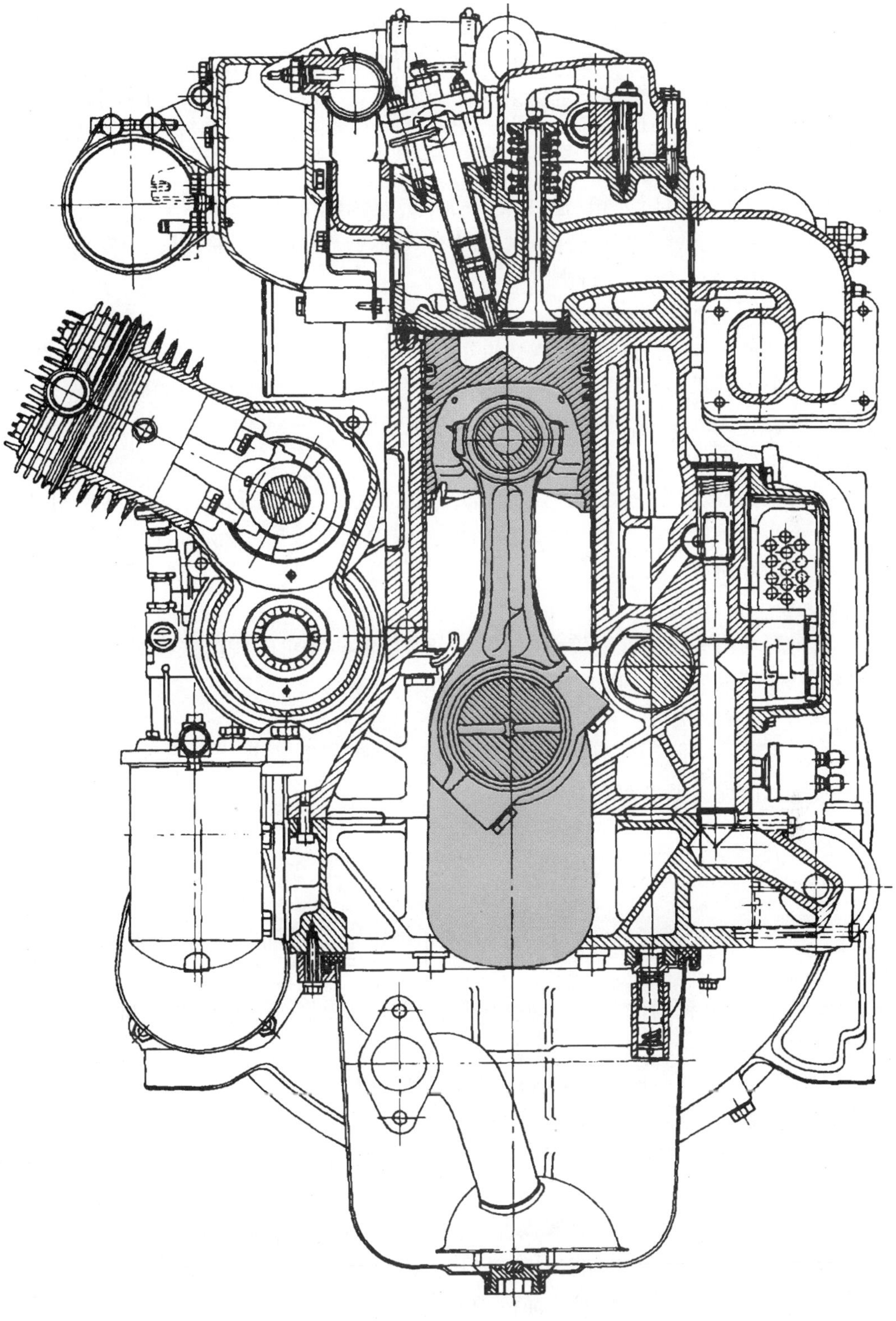

图 3-9　斯太尔 WD615 柴油机横剖面

3. 燃料供给系

汽油机燃料供给系和柴油机燃料供给系由于供油系和燃烧过程不同，在结构上有很大区别，汽油机燃料供给系又分化油器式和电子控制汽油喷射式两种，化油器式燃料供给系已逐渐淘汰；电子控制汽油喷射式燃料系是由空气供给系统、燃油供给系统和电子控制系统组成，其作用是根据发动机不同工况的要求，配制一定数量和浓度的可燃混合气，供入汽缸，并在燃烧作功后将燃烧后的废气排至大气中。

柴油机燃料供给系由燃油箱、输油泵、喷油泵、柴油滤清器、进排气管和排气消声器等组成，其作用是向汽缸内供给纯空气并在规定时刻向缸内喷入定量柴油，以调节发动机输出功率和转速。最后，将燃烧后的废气排出汽缸。

4. 冷却系

冷却系有水冷式和风冷式两种，现代汽车一般都采用水冷式。水冷式由水泵、散热器、风扇、分水管、节温器和水套（在机体内）等组成，其作用是利用冷却水冷却高温零件，并通过散热器将热量散发到大气中去，从而保证发动机在正常温度状态工作。

5. 润滑系

润滑系由机油泵、限压阀、集滤器、机油滤清器、限压阀、油底壳等组成。其作用是将润滑油分送至各个摩擦零件的摩擦面，以减小摩擦力，减少机件磨损，并清洗、冷却摩擦表面，从而延长发动机使用寿命。

6. 起动系

起动系由起动机和起动继电器等组成，其作用是带动飞轮旋转以获得必要的动能和起动转速，使静止的发动机起动并转入自行运转状态。

7. 点火系（汽油机）

汽油机点火系由电源（蓄电池和发电机）、点火线圈、分电器和火花塞等组成，其作用是按一定时刻向汽缸内提供电火花以点燃缸内可燃混合气。

第四节　内燃机产品型号

1991 年我国对内燃机名称和型号编制方法重新审定，并颁布了国家标准 GB 725—91。该标准的主要内容如下：

（1）内燃机产品名称均按所采用的燃料命名，例如柴油机、汽油机、煤气机、沼气机、双（多种）燃料发动机等。

（2）内燃机型号由阿拉伯数码和汉语拼音字母组成。

（3）内燃机型号由下列四部分组成（图 3-10）：

①首部：产品特征代号，由制造厂根据需要自选相应字母表示，但需经行业标准化归口单位核准、备案。

②中部：由缸数符号、汽缸布置形式符号、冲程符号和缸径符号组成。

③后部：结构特征和用途特征符号，分别按上表规定。

④尾部：区分符号。同一系列产品因改进等原因需要区分时，由制造厂选用适当符号表示。

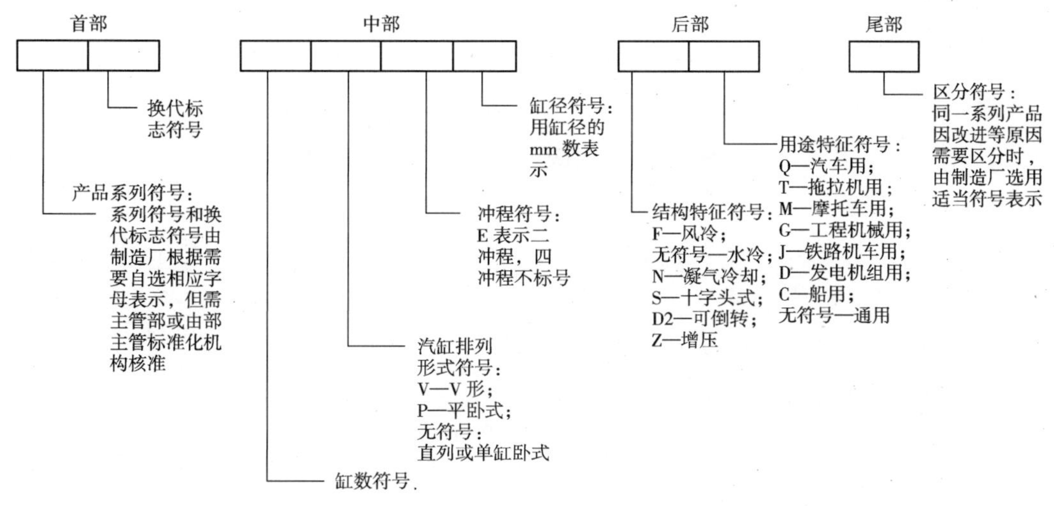

图 3-10　内燃机型号示意

型号编制示例：

EQ 6100—1 表示东风汽车工业公司生产，六缸，四冲程，直列，缸径 100mm，水冷汽油机，区分符号 1 表示为第一种类型产品。

4100Q——四缸、四冲程、缸径 100mm、水冷、汽车用汽油机。

1E65F——单缸，二冲程，缸径 65mm，风冷，通用型汽油机。

CA6110——表示第一汽车集团公司生产，六缸，四冲程，直列，缸径 110mm，水冷，基本型柴油机。

YZ6102Q——表示扬州柴油机厂生产，六缸，四冲程，直列，缸径 102mm，水冷，汽车用，基本型柴油机。

12VE230ZCZ——12 缸，二冲程，V 型，缸径 230mm，水冷，增压，船用主机，左机基本型式柴油机。

第四章 曲柄连杆机构

第一节 概 述

1. 功用与组成

曲柄连杆机构是内燃机完成工作循环、实现能量转换的传动机构。它在作功行程中把活塞的往复运动转变成曲轴的旋转运动;而在进气、压缩、排气行程中又把曲轴的旋转运动转变为活塞的往复直线运动。因此曲柄连杆机构的功用是:将燃料燃烧时产生的热能转变为活塞往复运动的机械能,再通过连杆将活塞的往复运动变为曲轴的旋转运动而对外输出动力。

曲柄连杆机构由以下 3 部分组成:

机体组:主要包括汽缸盖、汽缸垫、汽缸体、汽缸套、曲轴箱和油底壳等不动件。

活塞连杆组:主要包括活塞、活塞环、活塞销和连杆等运动件。

曲轴飞轮组:主要包括曲轴、飞轮和扭转减振器、平衡轴等机构。

2. 工作条件及受力分析

曲柄连杆机构是在高温、高压、高速以及有化学腐蚀的条件下工作的。在发动机作功时,汽缸内的最高温度可达 2 500K 以上,最高压力可达 5 ~9MPa,现代汽车发动机最高转速可达 3 000 ~6 000r/min,则活塞每秒钟要行经约 100 ~200 个行程,可见其线速度是很大的。此外,与可燃混合气和燃烧废气接触的机件(如汽缸、汽缸盖,活塞等)还将受到化学腐蚀。

由于曲柄连杆机构是在高压下作变速运动,因此它在工作时的受力情况是很复杂的。在此只对受力情况作简单分析。

曲柄连杆机构受的力主要有气体压力,往复惯性力,旋转运动件的离心力以及相对运动件接触表面的摩擦力。

1)气体压力

在每个工作循环的 4 个行程中,汽缸内气体压力始终存在而且是不断变化的。作功行程压力最高,其瞬间最高压力汽油机可达 3 ~5MPa;柴油机可达 5 ~9MPa,这意味着作用在曲柄连杆机构上的瞬间冲击力可达数万牛顿(N)。下面分析各机件作功行程的受力情况。

如图 4-1a)所示,气体压力对汽缸盖和活塞顶作用有大小相等、方向相反的力,分别用集中力 P'_p 和 P_p 表示。作用力 P_p 经活塞传到活塞销上,分解为 N_p 和 S_p 两个力。N_p 垂直于汽缸壁,它使活塞的一个侧面压向汽缸壁,称为侧压力。该力以 O 为支点形成一个与曲轴转向相反的力矩 M_p,有使发动机向左翻倒的倾向,故被称为翻倒力矩。力 S_p 通过活塞销推压连杆,并沿连杆方向传到曲柄销上,使曲柄销处受压。S_p 又可分解为沿曲轴方向的法向力 R_p 和垂直于曲柄方向的切向力 T_p。力 R_p 使曲轴主轴颈处受压并使曲轴弯曲;力 T_p 除了也具有力 R_p 的类似作用外,它以曲柄半径为力臂产生的转矩 M 还可使曲轴扭转变形,但也正是此转矩能够对外输出动力,因而它是分解后唯一有效的力。

依此法分析，气体压力较小的压缩行程的受力状况（见图 4-1b））。在压缩行程中，气体压力是阻碍活塞向上运动的阻力。这时作用在活塞顶的气体总压力 P_p，也可以分解为两个分力 N_p 和 S_p，而 S_p 又分解为 R_p、S_p。R_p 使曲轴主轴颈与主轴承间产生压紧力；S_p 对曲轴造成一个旋转阻力矩 M_p，企图阻止曲轴旋转。而 N_p 则将活塞压向汽缸的另一侧壁。

进、排气行程气体压力很小，可以忽略。

综上所述，气体压力使汽缸盖承受向上的推力，活塞顶承受向下的推力、活塞侧面与汽缸壁间有侧压力，活塞销处、连杆杆身、曲柄销处及曲轴主轴颈处，均受压力，曲轴还承受弯曲力矩和扭转力矩。

在工作循环的任何行程中，气体作用力的大小都是随活塞的位移而变化的，再加上连杆在左右摇摆，因而作用在活塞销和曲轴轴颈的表面以及二者的支撑表面上的压力和作用点不断变化，造成各处磨损的不均匀性。同样，汽缸壁沿圆周方向的磨损也不均匀。

2）往复惯性力和离心力

往复运动的物体，当运动速度变化时，就要产生往复惯性力。物体绕某一中心作旋转运动时，就会产生离心力。这两种力在曲柄连杆机构的运动中都是存在的。

为了分析方便，将其产生的惯性力简化为往复惯性力和离心惯性力。

（1）往复惯性力。是指活塞组件和连杆小头在汽缸内作往复运动所产生的惯性力，用 P_j 表示。其大小与机件的质量及加速度成正比，其方向总与加速度的方向相反。

活塞在汽缸内从上止点向下止点运动时，速度由零开始作加速运动，至接近中部时速度最大，这一段惯性力向上（图 4-2a））。然后作减速运动，则惯性力变为向下（图 4-2b）），至下止点时速度减为零。活塞从下止点向上运动时，前半行程作加速运动，惯性力向下，后半行程作减速运动，惯性力向上。

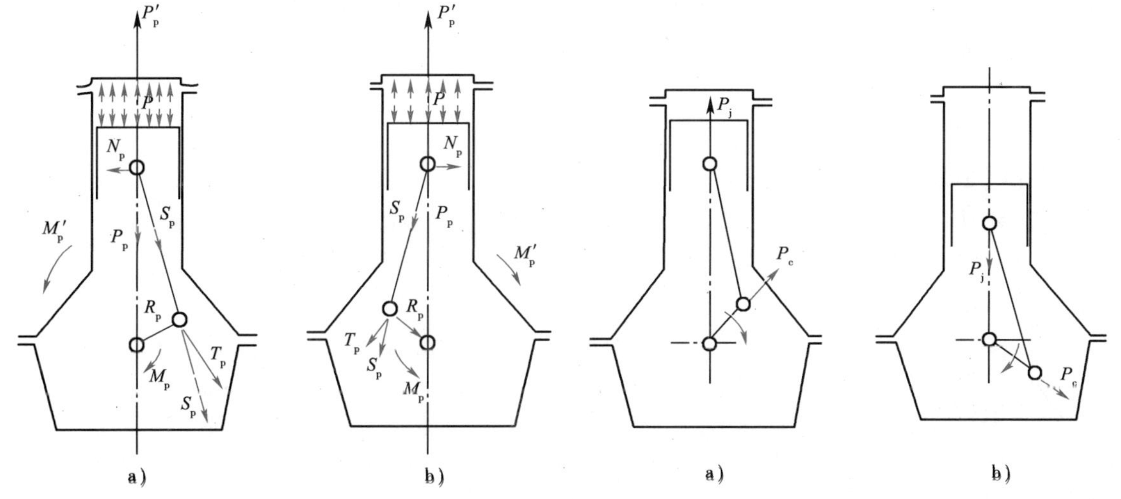

图 4-1　气体压力作用简图
a）作功行程受力情况；b）压缩行程受力情况

图 4-2　往复惯性力和离心力作用简图
a）活塞上半行程；b）活塞下半行程

于是可知，活塞上半行程时，惯性力都向上，下半行程时，惯性力都向下。在上下止点处，活塞运动方向改变，速度为零，加速度最大，惯性力也最大；在行程中部附近，活塞运动速度最大，加速度等于零，惯性力也等于零。

由于往复惯性力与汽缸压力都可认为作用于汽缸中心线上,只是上下方向有时不同,因此,惯性力分解后会引起各传动机件受力而使机件损坏,与气体压力大致相似,不再赘述。

但惯性力不作用于汽缸盖上,它在单缸发动机内部是不平衡的,会引起发动机上下振动。多缸发动机有可能在各缸之间相互平衡(有的活塞在上半行程,有的活塞在下部行程),引起发动机振动的倾向大为减小。

(2)离心惯性力。是指曲柄、连杆轴颈、连杆大头等围绕曲轴轴线作圆周运动产生的离心惯性力,用 P_c 表示,简称离心力。其大小与运动件的质量、旋转半径、角速度的平方成正比,其方向总是背离曲轴中心向外(图4-2),它给主轴颈及主轴承以附加力。连杆下端质量的离心力还给连杆轴颈和连杆轴承以附加力,而加速了这些部位的磨损。另外,离心力也可引起发动机的振动。

由上可知,发动机的振动,绝不是汽缸内燃烧气体的爆炸压力引起的,而是未加平衡的往复惯性力和离心力所致。当发动机高速运转时,后两者叠加在一起,可引起发动机剧烈地振动。为此发动机在结构上采取了各种平衡措施(如附加的平衡轴和平衡重等),要注意其装配位置。

3)摩擦力

曲柄连杆机构中相互接触的表面作相对运动时都存在有摩擦力,其大小与正压力和摩擦系数成正比,其方向总与相对运动的方向相反。摩擦力的存在是造成配合表面磨损的根源。

为了方便,上述各力是分别分析的,实际上这些力不是单独存在的,各机件所受的力是各种力的综合。

曲柄连杆机构产生的惯性力和摩擦力都是有害的,现代高速发动机尽量减少运动件的质量和活塞的行程,以减小惯性力;同时,保证运动件有较高的加工精度和装配精度,并采取加强润滑等措施,以减小摩擦力。

上述各种力,作用在曲柄连杆机构和机体的各有关零件上,使它们受到压缩、拉伸、弯曲和扭转等不同形式的载荷,为了保证工作可靠,减小磨损,在结构上必须采取相应的措施。

第二节　机　体　组

机体组是发动机的骨架,也是发动机各机构和各系统的安装基础,其内、外安装着发动机的所有主要零件和附件,承受各种载荷。机体组主要由汽缸体、曲轴箱、油底壳、汽缸套、汽缸盖和汽缸垫等组成。

1. 汽缸体

汽缸体是汽缸的壳体,曲轴箱是支撑曲轴作旋转运动的壳体,二者组成了发动机的机体。水冷式发动机的汽缸体和曲轴箱常铸成一体,称为缸体。汽缸体上半部有若干个为活塞在其中运动导向的圆柱形空腔,称为汽缸。下半部为支撑曲轴的曲轴箱,其内腔为曲轴运动的空间。作为发动机各个机构和系统的装配基体,还要承受高温高压气体作用力,活塞在其中作高速往复运动,因而要求汽缸体应具有足够的刚度和强度。汽缸内壁经过精加工,其工作表面的粗糙度、形状和尺寸精度都比较高,如图4-3 所示。

根据其具体结构形式,汽缸体可分为3 种:一般式汽缸体、龙门式汽缸体和隧道式汽缸体,如图4-4 所示。

发动机的曲轴轴线与曲轴箱分开面在同一平面上的为一般式汽缸体,其特点是便于机械

加工，但刚度较差，曲轴前后端的密封性较差，多用于中小型发动机，如图 4-4a）所示。

若发动机的曲轴轴线高于曲轴箱分开面的则称为龙门式汽缸体。其特点是结构刚度和强度较好，密封简单可靠，维修方便，但工艺性较差，如图 4-4b）所示。

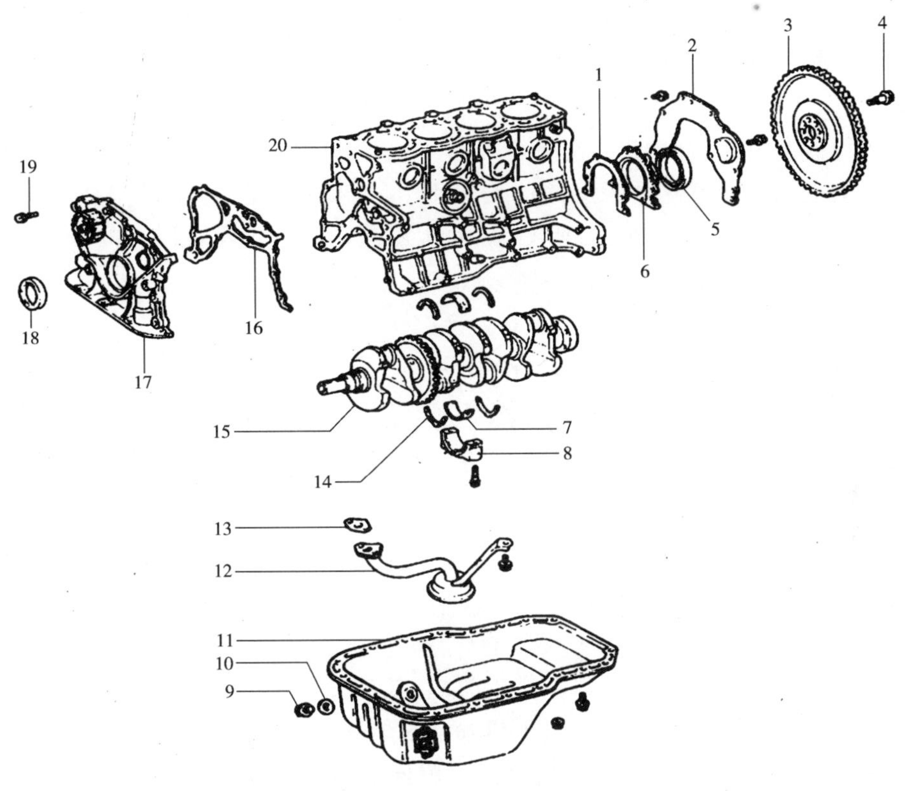

图 4-3　汽缸体总成

1、10、13、16-衬垫；2-后端板；3-飞轮；4-螺栓；5-曲轴后油封；6-后油封挡圈；7 主轴承；8-主轴承盖；9-放油塞；11-油底壳；12-机油集滤器；14-止推垫；15-曲轴；17-正时齿轮罩；18-曲轴前油封；19-螺栓；20-汽缸体

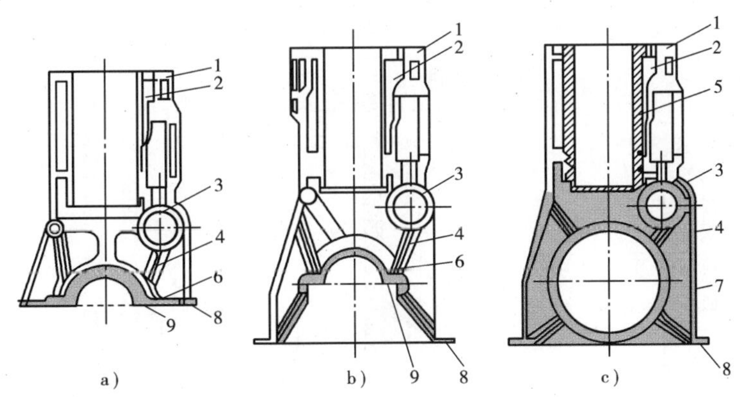

图 4-4　汽缸体

a）一般式汽缸体；b）龙门式汽缸体；c）隧道式汽缸体

1-汽缸体；2-水套；3-凸轮轴孔座；4-加强筋；5-湿缸套；6-主轴承座；7-主轴承座孔；8-安装油底壳的加工面；9-安装主轴承盖的加工面

隧道式汽缸体的主轴承孔不分开，其特点是其结构刚度比龙门式的更高，主轴承的同轴度易保证，但拆装比较麻烦，多用于主轴承采用滚动轴承的组合式曲轴，如图 4-4c）所示。

汽车用多缸发动机汽缸的排列形式如图 4-5 所示。其中常见的有直列式、V 形和对置式 3 种。

图 4-5a）所示为直列式，发动机的各个汽缸排成一列，一般是垂直布置。直列式汽缸体机构简单，加工容易，但发动机长度和高度较大，一般六缸以下的发动机多采用直列式。有些汽车为了降低发动机的高度，有时也将汽缸布置成倾斜的。

图 4-5b）所示为 V 形，发动机汽缸排成两列，左右两列汽缸中心线夹角 $\gamma<180°$。

V 形汽缸体与直列式汽缸体相比，缩短了机体的长度和高度，增加了汽缸体的刚度，减轻了发动机的重量，但加大了发动机的宽度，且形状复杂。多用于六缸以上的发动机。目前有 V6、V8、V12 和 V16 等机型。

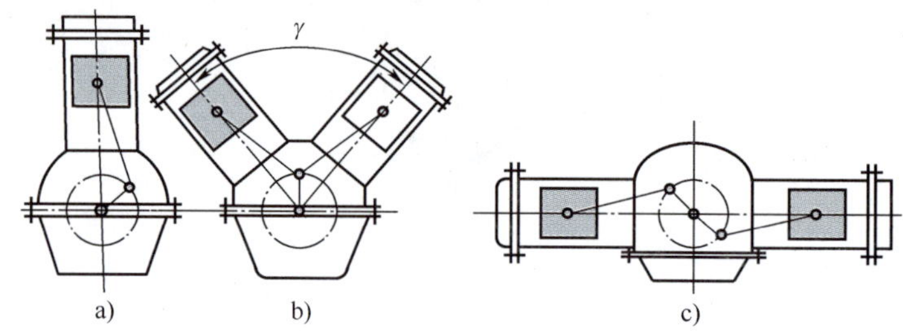

图 4-5　汽缸的排列形式

a）直列式；b）V 形；c）对置式

图 4-5c）所示为对置式，发动机汽缸排成两列，左右两列汽缸中心线的夹角 $\gamma=180°$，其高度比其他形式的小，使得汽车（特别是轿车和大型客车）的总布置更为方便。

根据工作条件和结构特点，汽缸体的材料一般采用优质灰铸铁、球墨铸铁，为提高耐磨性，有时在铸铁中加入少量合金元素如镍、钼、铬、磷等，有些汽缸进行了表面处理，如表面淬火、镀铬、磷化等；有的则可从材料、加工精度和结构等方面来考虑。在有些负荷比较轻，缸径又不大的汽油机中，在汽缸体上直接加工出汽缸内壁。铝合金缸体耐磨性不好，必须在汽缸体内镶入汽缸套，形成汽缸工作表面。

汽缸套有干式和湿式两种，如图 4-6 所示。

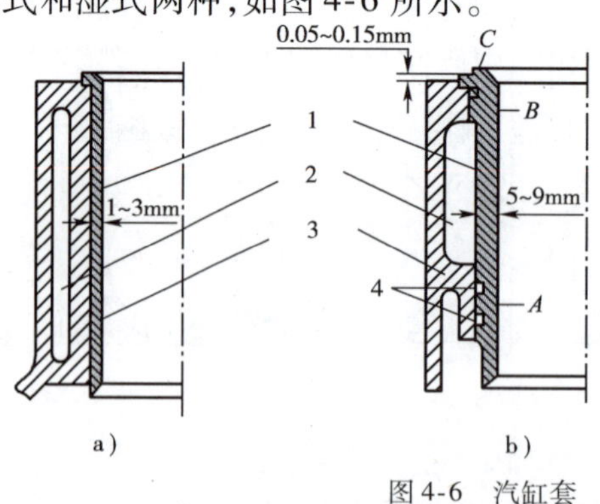

图 4-6　汽缸套

a）干式；b）、c）湿式

1-汽缸套；2-水套；3-汽缸体；4-橡胶密封圈

A-下支撑密封带；*B*-上支撑定位带；*C*-缸套凸缘平面

干式缸套不直接与冷却水接触,如图4-6a)所示。镶干式缸套,它是在汽缸体上压入特殊耐磨性好的合金铸铁的缸套或合金钢缸套,壁厚一般为1～3 mm。

湿式汽缸套(图4-6b))则与冷却水直接接触,壁厚一般为5～9 mm。汽缸套的外表面有两个保证径向定位的凸出的圆环带 A 和 B,分别称为上支撑定位带和下支撑密封带。汽缸套的轴向定位是利用上端的凸缘 C。为了密封气体和冷却水,有的汽缸套凸缘 C 下面还有紫铜垫片。

汽缸套的上支撑定位带直径略大,与汽缸套座孔配合较紧密。下支撑密封带与座孔配合较松,通常装有1～3道橡胶密封圈来封水。常见的密封结构形式有两种。一种形式是将密封环槽开在缸套上,将具有一定弹性的橡胶密封圈4装入环槽内,如图4-6b)所示。另一种形式是将安置密封圈的环槽开在汽缸体上,这种结构的工艺性较差,故应用较少,如图4-6c)所示。

汽缸套装入座孔后,通常汽缸套顶面略高出汽缸体上平面0.05～0.15 mm。这样当紧固汽缸盖螺栓时,可将汽缸盖衬垫压得更紧,以保证汽缸的密封性,防止冷却水和汽缸内的高压气体窜漏。湿式汽缸套的优点是在汽缸体上没有封闭的水套,铸造方便,容易拆卸更换,冷却效果较好。其缺点是汽缸体的刚度差,易出现漏气漏水。

为保证汽缸表面能在高温下正常工作,必须对汽缸和汽缸盖及时加以冷却。冷却方式有两种:一种用水来冷却(水冷);另一种直接用空气来冷却(风冷)。

汽车发动机较多采用水冷发动机,用水冷却时汽缸周围和汽缸盖中均有用以充水的空腔,称为水套。汽缸体和汽缸盖上的水套是相互连通的。利用水套中的冷却水流过高温零件的周围而将热量带走。

发动机用空气冷却时,在汽缸体和汽缸盖外表面铸有许多散热片,以增加散热面积,保证散热充分,如图4-7所示。一般风冷发动机的汽缸体与曲轴箱是分开铸造的。

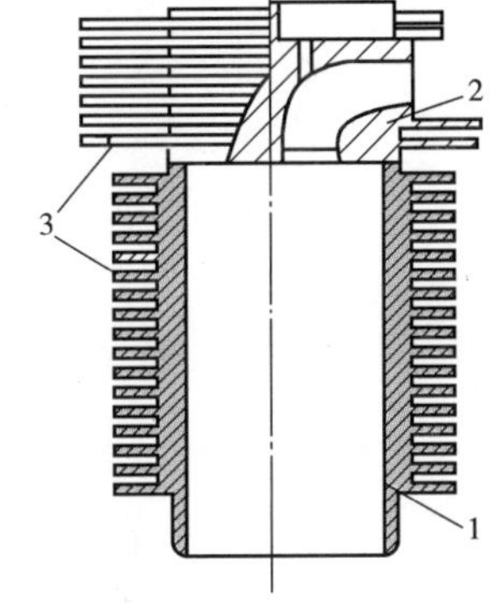

图4-7　风冷发动机的汽缸体和汽缸盖
1-汽缸体;2-汽缸盖;3-散热片

2. 汽缸盖

1)汽缸盖

汽缸盖用来密封汽缸的上部,与活塞、汽缸等共同构成燃烧室。汽缸盖的燃烧室壁面同汽缸一样承受燃气所造成的热负荷及机械负荷,由于它接触温差很大的燃气时间较缸体时间长,因而汽缸盖承受的热负荷更甚于汽缸体。

汽缸盖的结构随气门的布置、冷却方式以及燃烧室的形状而异。顶置气门式汽缸盖设有冷却水套(水冷式发动机)或散热片(风冷式发动机)、燃烧室、进、排气道及气门导管孔和进排气门座等,汽油机汽缸盖还设有火花塞孔,而柴油机的汽缸盖设有安装喷油器的座孔。上置凸轮轴式发动机的汽缸盖上还有用以安装凸轮轴的轴承座。图4-8为汽缸盖总成分解图。

在多缸发动机中,只覆盖一个汽缸的汽缸盖,称为单体汽缸盖;能覆盖部分(两个以上)汽缸的称为块状汽缸盖;能覆盖全部汽缸的汽缸盖则称为整体汽缸盖,采用整体汽缸盖可以缩短汽缸中心距和发动机的总长度,其缺点是刚性较差,在受热和受力后容易变形而影响密封;损坏时须整个更换。整体式汽缸盖多用于缸径小于105 mm的汽油发动机上。缸径较大的发动机常采用单体汽缸盖或块状汽缸盖。由于汽缸盖形状复杂,一般都采用灰铸铁或合金铸铁铸成,CA6102 型发动机采用铜钼低合金铸铁铸造的整体式汽缸盖。目前,铝合金铸造的缸盖,有取代铸铁的趋势,如桑塔纳、捷达等轿车发动机均采用铝合金材料铸造而成的整体式汽缸盖。因铝的导热性比铸铁好,有利于提高压缩比,以适应高速高负荷强化汽油机散热及提高压缩比的需要。铝合金汽缸盖的缺点是刚度低,使用中容易变形。

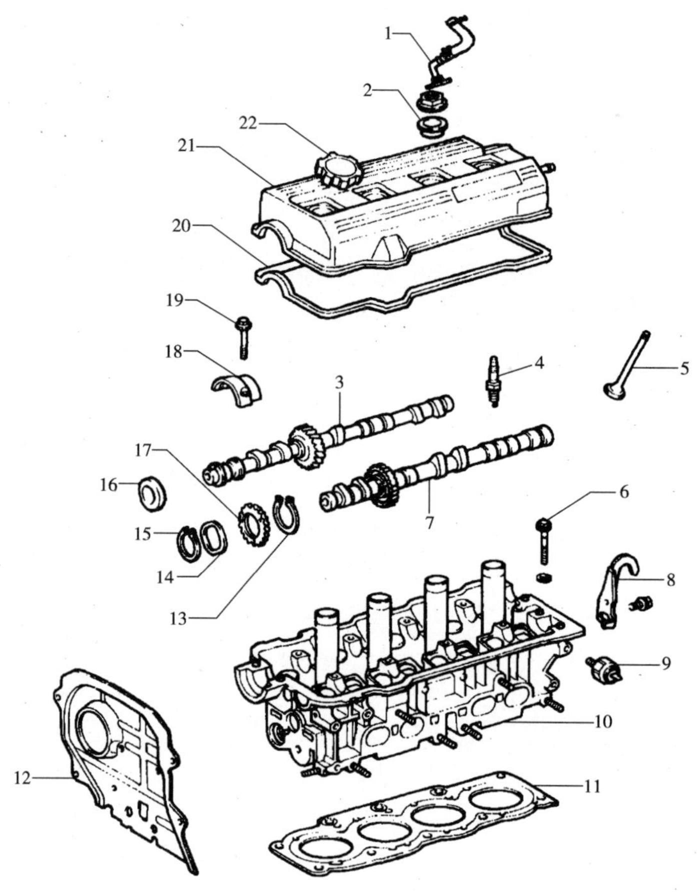

图 4-8 汽缸盖总成

1-橡胶密封垫;2-曲轴箱通风阀和软管;3-进气凸轮轴;4-火花塞;5-气门;6-缸盖螺栓;7-排气凸轮轴;8-发动机吊钩;9-机油压力传感器;10-汽缸盖;11-汽缸垫;12-正时齿形带罩;13、15-卡簧;14-波形垫圈;16-油封;17-凸轮轴齿形带轮;18-凸轮轴轴瓦;19-螺栓;20-衬垫;21-气门室罩;22-加机油盖

2)燃烧室

汽油机的燃烧室是由活塞顶部及缸盖上相应的凹部空间组成。对燃烧室有如下基本要求:一是结构尽可能紧凑,充气效率要高,以减小热量损失及缩短火焰行程;二是使混合气在压缩终了时具有一定涡流运动,以提高混合气燃烧速度,保证混合气得到及时和充分燃烧;三是表面要光滑,不易积炭。

汽油机常用燃烧室形状有以下几种,如图 4-9 所示。

(1)楔形燃烧室(图 4-9a))结构较简单、紧凑。在压缩终了时能形成挤气涡流,因而燃烧速度较快,经济性和动力性较好。解放 CA6102 型发动机采用楔形燃烧室。

(2)盆形燃烧室(图 4-9b))结构也较简单、紧凑。捷达 EA113 型发动机采用了这种燃

烧室。

(3)半球形燃烧室(图4-9c))结构较前两种更紧凑。但因进排气门分别置于缸盖两侧,故使配气机构比较复杂。但由于其散热面积小,有利于促进燃料的完全燃烧和减少排气中的有害气体,对排气净化有利。轿车发动机多采用了这种燃烧室。

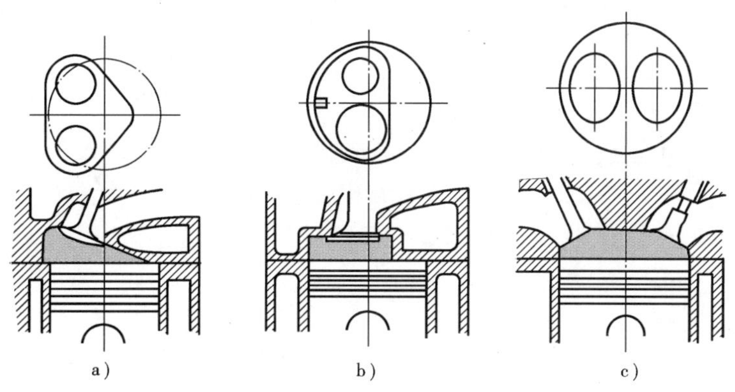

图4-9 汽油机的燃烧室形状

a)楔形燃烧室;b)盆形燃烧室;c)半球形燃烧室

3. 汽缸垫

汽缸盖与汽缸体之间置有汽缸盖衬垫。其功用是填补汽缸体与缸盖结合面上的微观孔隙,保证结合面处有良好的密封性,进而保证燃烧室的密封,防止汽缸漏气和水套漏水。

随着内燃机的不断强化,热负荷和机械负荷均不断地增加,汽缸垫的密封性越来越重要,其对结构和材料要求是:在高温高压和高腐蚀的燃气作用条件下具有足够的强度,耐热;不烧损或变质,耐腐蚀;具有一定弹性,能补偿接合面的不平度,以保证密封;使用寿命长。

目前应用较多的有以下几种汽缸垫,一种是金属—石棉汽缸垫,如图4-10a)所示。石棉中间夹有金属丝或金属屑,且外覆铜皮或钢皮。水孔和燃烧室周围另用镶边增强,以防被高温燃气烧坏,这种汽缸垫压紧厚度为1.2~2 mm,有很好的弹性和耐热性,能重复使用,但强度较差,厚度和质量也不均匀。另一种汽缸垫采用实心金属片制成,如图4-10d)所示。这种汽缸

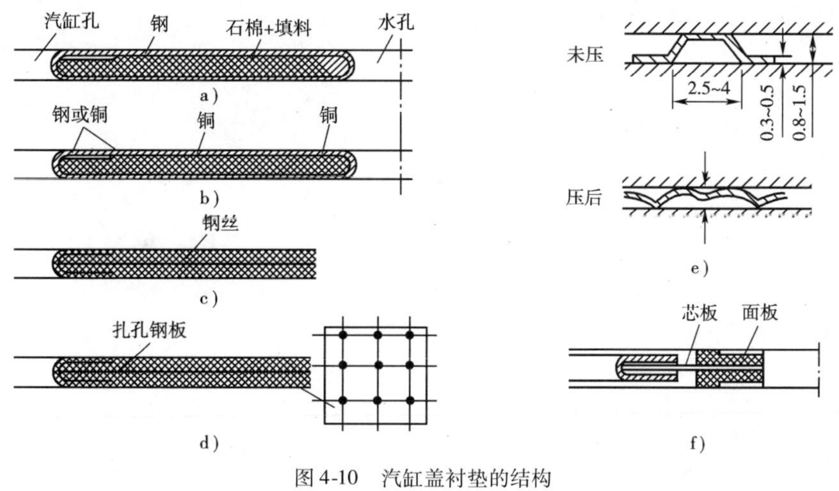

图4-10 汽缸盖衬垫的结构

a)、b)、c)、d)金属—石棉板;e)冲压钢板;f)无石棉汽缸垫

垫多用在强化发动机上,轿车和赛车上较多采用这种汽缸垫。这种汽缸垫由单块光整冷轧低碳钢板制成,很多强化的汽车发动机采用实心的金属片作为汽缸盖衬垫,例如,红旗轿车发动机即采用如图 4-10e)所示的钢板衬垫。这种衬垫在需要密封的汽缸孔和水孔、油孔周围冲压出一定高度的凸纹,利用凸纹的弹性变形实现密封。

有的发动机采用中心用编织的钢丝网(图 4-10c))或有孔钢板(冲有带毛刺小孔的钢板)(图 4-10d))为骨架,两面用石棉及橡胶黏结剂压成的汽缸盖衬垫。近年来,国内正在试验采用膨胀石墨作为衬垫的材料。

有的发动机采用了较先进的加强型无石棉汽缸垫结构(如图 4-10f)),在汽缸口密封部位采用五层薄钢板组成,并设计成正圆形,没有石棉夹层,从而消除了气囊的产生,在油孔和水孔处均包有钢护圈以提高密封性。CA6102Q 发动机就采用了这种汽缸垫,安装汽缸盖衬垫时,应注意安装方向。一般是衬垫卷边的一面朝汽缸盖,光滑面朝汽缸体安装,也可根据标记或文字要求进行安装,如衬垫上的文字标记"TOP"'表示朝上,"FRONT"表示朝前。

汽缸盖用螺栓紧固在汽缸体上,拧紧螺栓时,必须按由中央对称地向四周扩展的顺序分几次进行,最后一次要用扭力扳手按工厂规定的拧紧力矩值拧紧,以免损坏汽缸衬垫和发生漏水现象。如果汽缸盖由铝合金制成,因为铝制汽缸盖的膨胀程度比钢制螺栓的大,最后必须在发动机冷态下拧紧,这样在热机状态时能增加密封的可靠性。铸铁汽缸盖则应该在发动机热时最后拧紧。

4. 气门室罩

在汽缸盖上部有起到封闭和密封作用的气门室罩,如图 4-8 所示,气门室罩结构比较简单,一般用薄钢板冲压(或铸铝)而成,上设有加注机油用的注油孔。气门室罩与汽缸盖之间设有一密封垫。

5. 油底壳

油底壳(图 4-11)的主要功用是储存和冷却机油并封闭曲轴箱。在最低处设有放油螺塞,以便放出润滑油,有的放油螺塞还带有磁性,可以吸附润滑油中的铁屑,以减小发动机的磨损。为了防止汽车振动时油底壳油面产生较大的波动,在油底壳的内部设有稳油挡板。

由于油底壳受力很小,一般用薄钢板冲压而成,有些铝合金油底壳还带有散热片。曲轴箱与油底壳之间为了防止漏油,其之间装有软木衬垫,也有涂密封胶的。

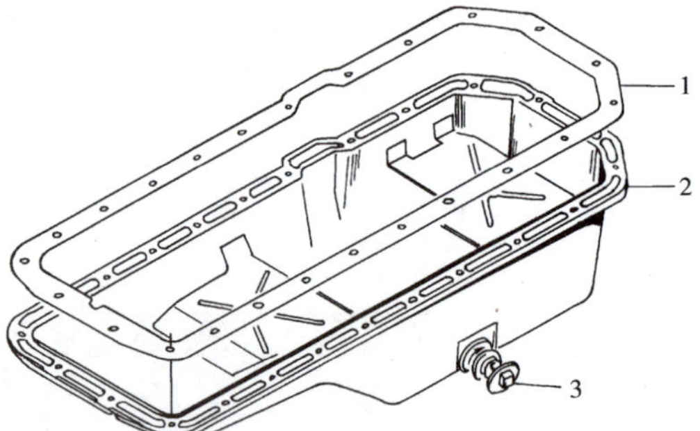

图 4-11 油底壳

1-衬垫;2-稳油挡板;3-放油螺塞

6. 发动机的支撑

发动机一般通过汽缸体和飞轮壳或变速器壳上的支撑来支撑在车架或车身上。发动机的支撑方法一般有 3 点支撑和 4 点支撑两种,如图 4-12 所示。

3 点支撑可布置成前二后一或前一后二;采用 4 点支撑法时,前后各有两个支撑点。

发动机在车架上的支撑是弹性的,这是为了消除在汽车行驶中车架的扭转变形对发动机的影响,以及减少传给底盘和乘员的振动和噪声。

弹性支撑的发动机运转时,特别是在工作不稳定(如低转速或超载荷)时,可能发生横向角振动,因此与发动机相连的各种管子和杆件等结构必须保证在发动机振动时不致破坏它的正常工作,如采用软管。为了防止当汽车制动或加速时由于弹性元件的变形而产生的发动机纵向位移,有时装用专门拉杆。拉杆的一端与车架纵梁相连,另一端与发动机连接,两端连接处有橡胶垫。不少高档乘用车的支撑件为油液减振件。

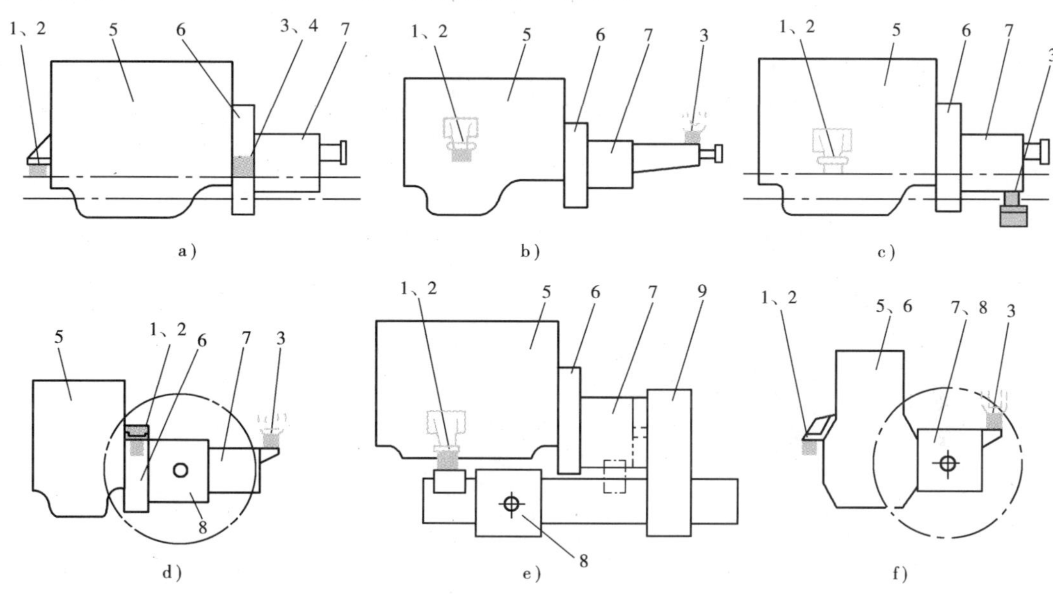

图 4-12　发动机支撑

a)3 点和 4 点支撑;b)、c)、d)、f)3 点支撑;e)2 点支撑

1、2、3、4-支撑;5-发动机;6-离合器壳;7-变速器;8-主减速器;9-分动器

第三节　活塞连杆组

活塞连杆组的功用是将活塞的往复运动转变为曲轴旋转运动,同时将作用于活塞上的力转变为曲轴对外输出的转矩,以驱动汽车车轮转动。它由活塞、活塞环、活塞销和连杆等主要机件组成(图 4-13)。

1. 活塞

活塞的功用是与汽缸盖及汽缸壁等共同组成燃烧室,承受气体压力,并将此力通过活塞销传给连杆,以推动曲轴旋转。

活塞是在高温、高压、高速、润滑不良和散热困难的条件下工作的,其工作条件如下:

由于活塞顶部直接与高温燃气接触,燃气的最高温度可达 2 500 K 以上。因此,活塞的温度也很高,其顶部的温度通常高达 600 ~ 700K。高温一方面使活塞材料的机械强度显著下降,另一方面会使活塞的热膨胀量增大,容易破坏活塞与其相关零件的配合。

活塞顶部在作功行程时,承受着带有冲击性的高压气体冲击力。对于汽油机活塞,瞬时的压力最大值可达 5MPa。对于柴油机活塞,其最大值可达 9MPa。增压发动机的最高燃烧压力可达 14 ~ 16 MPa,这样大的机械负荷突然作用到活塞顶上,高速时每秒钟要发生 20 ~ 40 次,导致活塞的侧压力大,加速活塞外表面的磨损,也容易引起活塞的变形。

活塞在汽缸内做高速运动,一般汽车用汽油机转速为 4 000 ~ 6 000r/min,活塞的平均速度为 8 ~ 12 m/s,其瞬间速度会更高。由受力分析可知,活塞运动速度的大小和方向在不断地变化,故可引起大的惯性力,它将使曲柄连杆机构的各零件和轴承承受附加载荷。

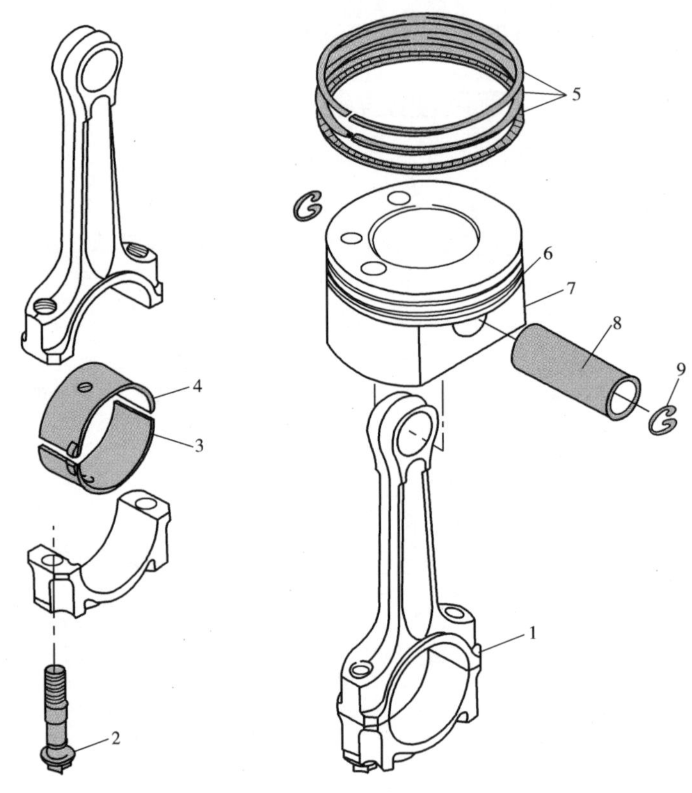

图 4-13 活塞连杆组

1-连杆; 2-连杆螺栓;3、4-连杆轴瓦;5-活塞环;6-活塞环槽;7-活塞裙部;8-活塞销;9-卡簧

由于活塞直接与高温燃气接触,同时还受周期性变化的气体压力和惯性力的作用,要求活塞应具有:足够的强度和刚度;质量要尽量小,以保持最小的惯性力;导热性要好,有充分的散热能力;足够的耐热性;活塞与汽缸壁间应有较小的摩擦系数;温度变化时,尺寸和形状变化要小;和汽缸壁间要保持最小的间隙。

汽车发动机目前广泛采用的活塞材料是铝合金。铝合金活塞具有质量小(为同样结构的铸铁活塞的 50% ~70%),导热性好(约为铸铁的 3 倍)的优点。因此铝合金活塞工作温度低,温度分布均匀,对减小热应力、改善工作条件和延缓机油变质都十分有利。铝合金的缺点是热膨胀系数大,另外当温度升高时,其机械强度和硬度下降较快。通过结构设计和调整材料配方等措施可以弥补这些缺陷。

目前铝合金活塞多用含硅 12% 左右的共晶铝硅合金和含硅 18% ~23% 的过共晶铝硅合金制造,外加镍和铜,以提高热稳定性和高温机械性能。在铝合金中增加硅的含量,可以提高活塞表面的耐磨性。铝合金活塞毛坯可用金属型铸造、锻造和液态模锻等方法制造。用后一种方法制得的毛坯组织细密,无铸造缺陷,可以实现少切削或无切削加工,使金属利用率大为

提高。缺点是热膨胀系数较大，在温度升高时，强度和硬度下降较快。为了克服这些缺点，在结构设计、机械加工或热处理上采取各种措施加以弥补。

近年来柴油机活塞有采用灰铸铁材料，以发挥铸铁的优势（成本低、耐热性好，且膨胀系数小，能减少装配间隙）。新设计的灰铸铁活塞的质量比铝合金的还轻，它完全跳出了一般活塞的结构形式（如薄顶、楔形单销座，只在侧压力的方向保留裙部，再加上喷机油冷却等）。

活塞的基本构造可分为顶部、环槽部、裙部和活塞销座4部分（图4-14），其中顶部和环槽部也统称头部。

（1）活塞顶部。活塞顶部是燃烧室的组成部分，用来承受气体压力。为了提高刚度和强度，并加强散热能力，背面多有加强筋。根据不同的目的和要求，活塞顶部制成各种不同的形状，汽油机活塞顶部的几种常见形状如图4-15所示。

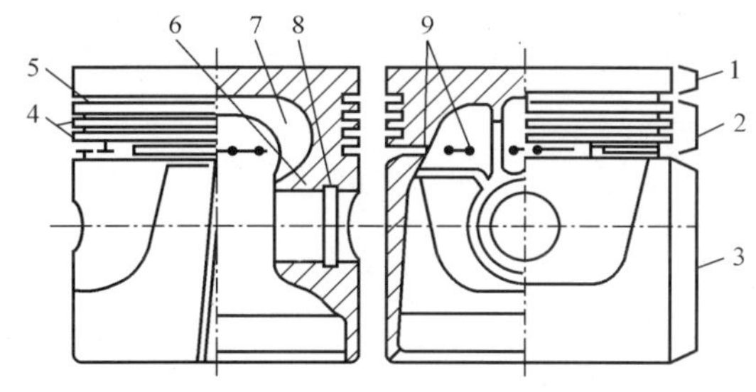

图4-14 活塞

1-顶部；2-环槽部；3-裙部；4-环岸；5-环槽；6-销座；7-加强筋；8-卡环槽；9-泄油孔及泄油槽

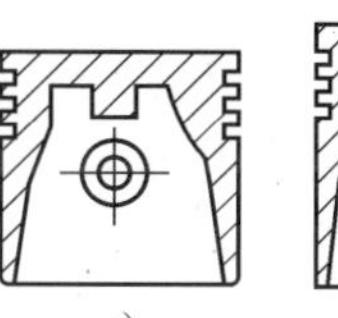

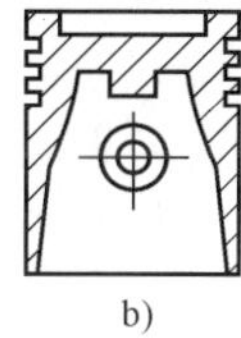

图4-15 活塞顶部形状

a）平顶；b）凹顶；c）凸顶

平顶活塞结构简单，且受热面积小温度低，在汽油机上被广泛采用；凸顶活塞是为了组成半球形燃烧室和增强挤气涡流；凹顶活塞主要是高压缩比发动机为了防止碰气门，也可用凹坑的深度来调整发动机压缩比。有些发动机在活塞顶上设置形状不规则的浅碗形凹坑，是为了与汽缸盖上的凹坑组成结构紧凑的多球形燃烧室。

柴油机活塞顶部形状和燃烧室，将在柴油机燃料供给系中叙述。

（2）环槽部。活塞的环槽部切有若干环槽，用以安装活塞环，它是活塞的防漏部分，两环槽之间称为环岸。

环槽的形状与活塞环断面形状相适应，通常为矩形或梯形。靠顶部的环槽装压缩环（气环），一般为2~3道，下面的环槽装油环，一般为1~2道，油环槽的槽底圆周上制有若干贯通的泄油孔或泄油槽，以便油环从缸壁上刮下的多余润滑油经此流回油底壳。第一道环槽工作条件最恶劣，一般应离顶部较远些。

为了减少摩擦损失，在竞赛汽车发动机的活塞上只安装一道气环和一道油环。

活塞顶部吸收的热量有70%~80%是经过环槽部通过活塞环传给汽缸壁，再由冷却水传出去。

活塞环槽的磨损是影响活塞使用寿命的重要因素。在强化程度较高的发动机中，第一道环槽温度较高，磨损严重。为了增强环槽的耐磨性，通常在第一环槽或第一、二环槽处镶嵌耐热护圈。

（3）裙部。活塞的裙部指从油环下端面起至活塞最下端的部分。裙部的形状应该保证活塞在汽缸内得到良好的导向，汽缸与活塞之间在任何工况下都应保持均匀的、适宜的间隙。此外，裙部应有足够的实际承压面积，以承受侧向力。因而裙部要有一定的长度，以保证可靠的导向；又要有足够的面积，以防止活塞对汽缸壁的单位面积压力过大，破坏润滑油膜、加大磨损。

裙部的基本形状为一薄壁圆筒，完整的称为全裙式（图4-14）。高速发动机趋于大缸径短行程，并降低发动机的高度，为了避免活塞与曲轴平衡重块相碰，有时也为了减少质量，在保证有足够承压面积的情况下，在活塞不受作用力的两侧，即沿销座孔轴线方向的裙部去掉一部分，形成拖板式裙部（图4-16），拖板式裙部弹性较大，可以减小活塞与汽缸壁间的装配间隙。

（4）活塞销座。活塞销座是活塞通过活塞销与连杆的连接部分，位于活塞裙部的上部，为厚壁圆筒结构，用以安装活塞销。活塞所承受的气体压力、惯性力都是通过销座传给活塞销的。为了限制活塞销的轴向窜动，大部分活塞在销座孔内接近外端面处车有卡环槽。用以装卡环，两卡环之间的距离大于活塞销的长度，使卡环与活塞销端面之间留有足够的间隙，以防冷却过程中活塞的收缩大于活塞销的收缩而将卡环顶出。

销座孔有很高的加工精度，并且与活塞销分组选配，以达到更高精度的配合，销座孔的尺寸分组通常用色漆标于销座下方的外表面。

为了销座孔的润滑，有些销座上钻有收集润滑油的小孔。

为了保证活塞的正常工作，活塞各部与汽缸壁之间必须保持一定的间隙，其中起导向作用的裙部与汽缸之间的间隙尤为重要，若间隙过小，将因活塞膨胀而出现拉缸、卡死等故障；间隙过大，又将出现敲缸、窜气、上机油等故障。

活塞工作时的变形主要原因是热膨胀，其次是侧压力，另外，气体压力也会引起活塞顶部弯曲变形。在气体压力和侧压力的作用下，其裙部直径在活塞销轴线方向上增大；而热变形是指活塞销座处金属堆积，并在受热后膨胀致使裙部直径在活塞销轴线方向增加。这两种变形的最后结果就是使活塞裙部横断面变成长轴在活塞销轴线方向上的椭圆，如图4-17所示。

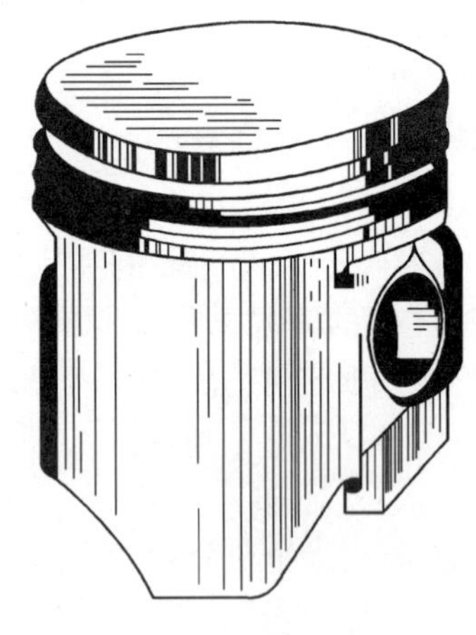

图4-16 拖板式活塞

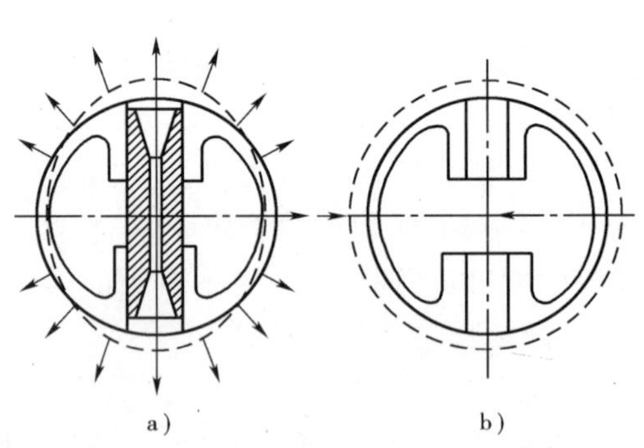

图4-17 活塞裙部的变形
a）热变形；b）侧压力变形

为了使活塞在正常温度下与汽缸壁间保持有比较均匀的间隙，以免在汽缸内卡死或引起局部磨损，必须预先在冷态下把活塞加工成其裙部断面为长轴垂直于活塞销方向的椭圆形。为了减少销座附近处的热变形量，有的活塞将销座附近的裙部外表面制成下陷0.5～1.0mm。

由于活塞沿轴线方向温度分布和质量分布都不均匀。因此各个断面的热膨胀量是上大下小，铝合金活塞的这种差异尤其显著。为了使铝合金活塞在工作状态（热态）下接近一个圆柱形，有的活塞将其头部的直径制成上小下大的截锥形或阶梯形（图4-18），或将活塞裙部制成上小下大的截锥形。有的活塞为了更好地适应其热变形，把活塞裙部制成变椭圆，即在裙部的不同部位其椭圆度不同，椭圆度由下而上逐渐增大，即裙部横截面越往上越扁，如解放CA6102型发动机的活塞裙部就是这种结构。在高速发动机上还采用腰鼓形裙部，这种形状不仅适应活塞的温度分布，而且在活塞上下运动时易形成"油楔"能保证裙部有良好的润滑条件及较高的承载能力。

为了限制活塞裙部的膨胀量，目前在汽车上广泛采用双金属活塞。根据其结构和作用原理不同，双金属活塞可分为筒形钢片式、恒范钢片式等。铸铝活塞的裙部有的镶铸圆筒式钢片，如图4-19所示。这是在浇铸时，将钢筒夹在铝合金中，由于铝合金的膨胀系数大于钢，冷却后位于钢筒外的铝合金就紧压在钢筒上，使外层铝合金的收缩量受到钢筒的阻碍而减小，同时产生预应力（铝合金为拉应力，钢筒为压应力）。钢筒内侧铝合金层由于与钢筒没有金属结合，就无阻碍地向里收缩，在二者之间形成一道"收缩缝隙"。当温度升高时，内层合金的膨胀先要清除"收缩缝隙"，而后推动钢筒外胀，外层合金与钢筒的膨胀则首先要消除预应力，从而减小了活塞的膨胀量。

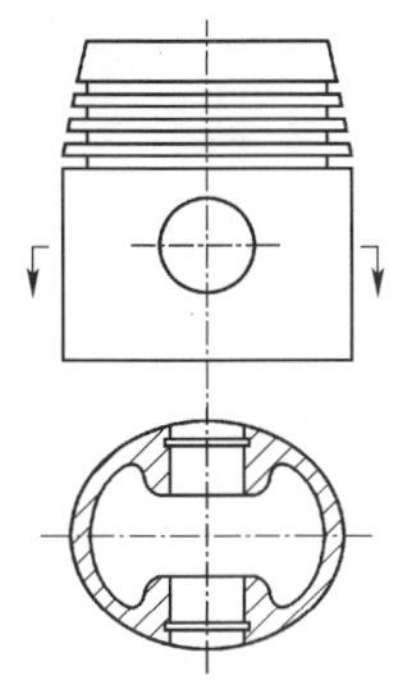

图4-18　椭圆活塞示意图

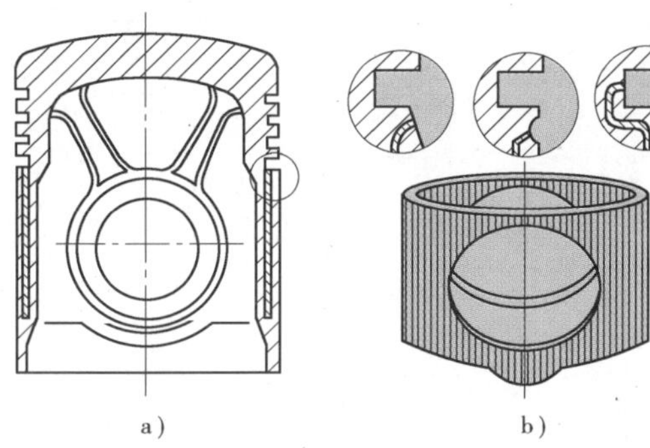

图4-19　镶筒形钢片的活塞

a)活塞裙部镶筒形钢片；b)筒形钢片的形状

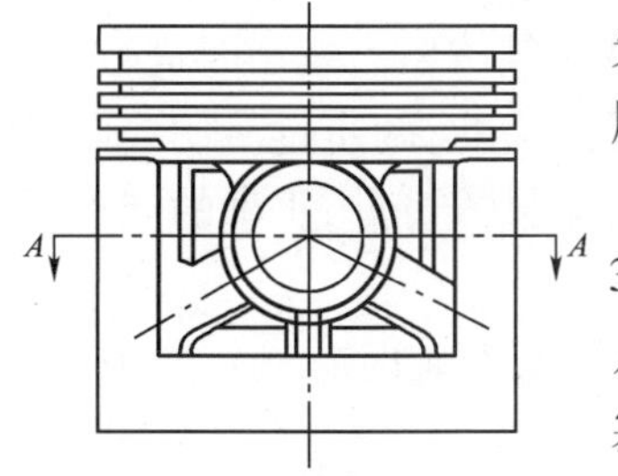

图4-20　恒范钢片活塞

在活塞销座中镶铸恒范钢片的活塞，恒范钢是含镍33%～36%的合金钢，其线膨胀系数仅为铝合金的1/10左右，以"恒范钢片"来牵制活塞裙部的热膨胀。图4-20所示为镶铸恒范钢片的活塞的结构。

另外，有些发动机还采用温控结构，以降低活塞的温度，减少膨胀量。如通过连杆中心油道或在润滑油道处设专用喷嘴对活塞顶部背面喷油冷却。

采取了上述结构措施以后，活塞裙部与汽缸壁之间的冷态装配间隙便可减小，使发动机不产生冷"敲缸"现象。对于新装配的活塞裙部和汽缸表面，为了改善其磨合性，通常都对活塞裙部进行表面处理。汽油机铸铝活塞的裙部外表面镀锡；柴油机铸铝活塞的裙部外表面磷化；对于锻铝活塞，在裙部的外表面上可涂以石墨。

活塞裙部的销孔是用以安装活塞销的，位于活塞裙部的上部，为厚壁圆筒结构，用以安装活塞销。故活塞销座的作用是将活塞顶部气体作用力经活塞销传给连杆。销座通常有筋片与活塞内壁相连，以提高其刚度。销座孔内接近外端面处车有安放弹性卡环的卡环槽，卡环用来防止活塞销在工作中发生轴向窜动。加工时，销座孔要求有很高的精度，并与活塞销进行分组选配，以达到高精度的配合，销座孔的尺寸分组通常用色漆标于销座孔下方的外表面。

一般发动机活塞的销座轴线与活塞的中心线垂直相交，当活塞在上止点改变运动方向时，由于侧压力瞬间换向，使活塞与缸壁的接触面突然由一侧平移至另一侧（图 4-21a)），便产生活塞对汽缸壁的"拍击"（俗称敲缸），增加了发动机的噪声。因此，高速发动机，将活塞销座朝向承受膨胀作功侧压力的一面（图中左侧）偏移 1 ~ 2mm（图 4-21b 中 e））。这样，在接近上止点时，作用在活塞销座轴线以右的气体压力大于左边，使活塞倾斜，裙部下端提前换向。然后在活塞越过上止点侧压力反向时，活塞以左下端接触处为支点，顶部向左转（不是平移），完成换向。可见偏置销座使活塞换向延长了时间且分为两步，第一步是在气体压力较小时进行，且裙部弹性好，有缓冲作用；第二步虽气体压力大，但它是个渐变过程。为此，两步过渡使换向冲击力大为减弱。过渡应早于最高压力形成时刻，过早的点火会引起敲缸。可见，正确的点火提前角是平稳过渡的保证。

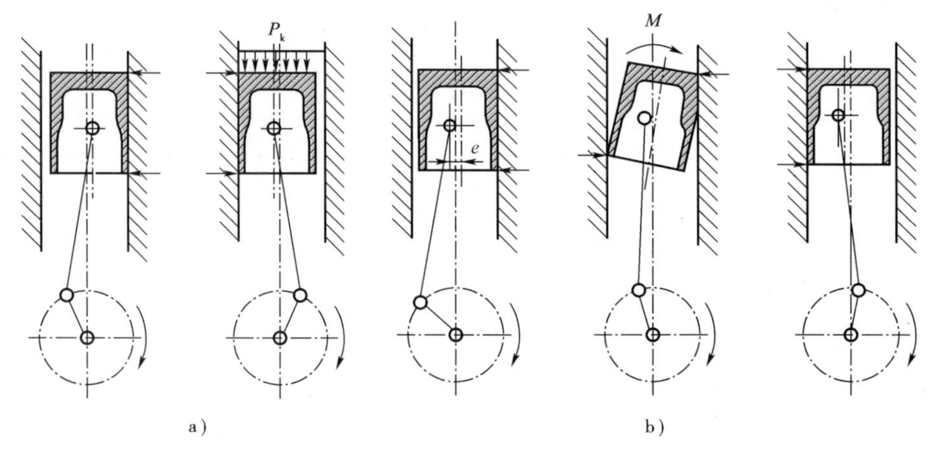

图 4-21　销座的位置与活塞的换向过程

a）销座对中布置；b）销座偏置

由于某些活塞顶部形状不对称、气门坑或偏置销座等原因，使活塞安装时有一定的方向，为了防止装错，这种活塞顶面上一般都有方向标记，安装时加以注意。

为了保证发动机的工作平稳，一台发动机一组活塞的尺寸和重量偏差都用分组选配的方法控制在一定范围内。活塞顶面除有方向标记外，还有尺寸分组和重量分组标记，以及加大尺寸的数字和缸号数码。

2. 活塞环

按照功用，活塞环可分为气环和油环两类（图 4-22）。

气环也叫压缩环（图 4-22a)），用来密封活塞与汽缸壁的间隙，防止汽缸内的气体窜入油底壳，以及将活塞头部的热量传给汽缸壁，再由冷却水或空气带走。如果密封不良，不但发动机起动困难、功率下降，燃油和机油的消耗量增加，机油老化变质，而且还由于活塞环外圆与汽

缸壁贴合不严密，活塞顶部接受的热传不出去，而导致活塞及活塞环温度升高，甚至被烧坏。另外还起到刮油、布油的辅助作用。一般发动机的每个活塞装有2～3道气环。

油环（图4-22b)），用来刮走汽缸壁上多余的机油，并在汽缸壁上涂一层均匀的机油膜，这样可以防止机油窜入燃烧室燃烧，又可以减小活塞、活塞环与汽缸的磨损和摩擦阻力。此外，油环也起到密封的辅助作用。通常发动机有1～2道油环。

近年来随发动机转速的提高，活塞环的数目日趋减少，多为两道气环一道油环。这样不仅减少了摩擦损失，还缩短了活塞高度，进而降低了发动机高度。

活塞环是在高温、高压、高速和润滑困难的条件下工作的，它的运动情况很复杂，不仅与缸壁间有相对高速的滑动摩擦，还与环槽侧面的上下撞击，以及由于环的径向胀缩而产生的与环槽侧面相对的摩擦，因此，活塞环的磨损是发动机中磨损最快的零件之一。另外，高温热负荷不仅使环的耐磨性能下降，而且能使环的弹性下降。尤其是第一道气环的工作条件最为恶劣，因而其弹力下降和磨损速度最快。

根据活塞环的功用和工作条件，要求环的材料应具有好的耐磨性、导热性、耐热性、磨合性、冲击韧性和足够的弹性等。一般活塞环多用优质灰铸铁，球墨铸铁或合金铸铁制造，这是因为它们能够基本满足上述要求，且含有固体润滑剂石墨，可改善其润滑条件。也有一些发动机的组合油环采用弹簧钢片制作。

不少发动机的第一道活塞环，甚至所有的环，其外表面进行多孔镀铬或喷钼，以减缓活塞环和汽缸的磨损。这是因为多孔镀铬硬度高且能储存少量润滑油；钼熔点高，且也具有多孔性、能存油，所以抗拉毛能力强。

因为活塞环槽侧面的磨损往往是活塞早期损坏的主要原因，新的趋向是对活塞环三面镀铬，这样使汽缸、活塞，特别是活塞环的寿命大为提高。

除第一道环外，其他活塞环大都采用镀锡、磷化或硫化处理，以改善其磨合性能。

发动机工作时，活塞、活塞环等都会发生热膨胀。活塞环既要相对于汽缸上下运动，活塞又要相对于活塞环相对横向移动，因此活塞在安装时应留有端隙、侧隙、背隙三处间隙（图4-23），以防止胀死于槽内，卡死于缸内，以保证其密封性能。

端隙Δ_1又称为开口间隙，是活塞环装入汽缸后开口处的间隙。多在0.25～0.50mm之

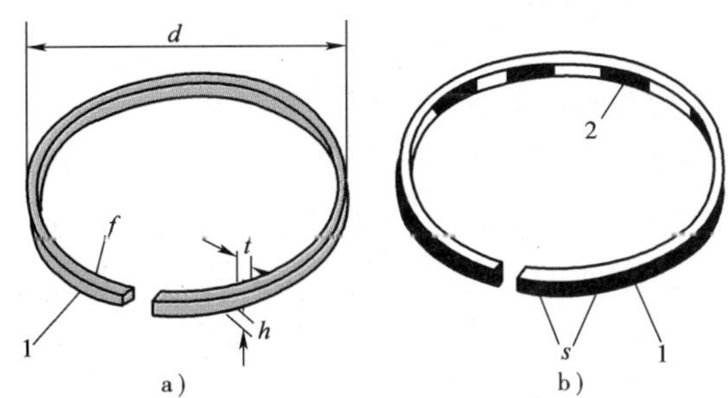

图4-22　活塞环

a)气环；b)油环

1-槽；2-回油孔

d-环径；*t*-环厚；*h*-环高（或环宽）；*s*-环面；*f*-环侧

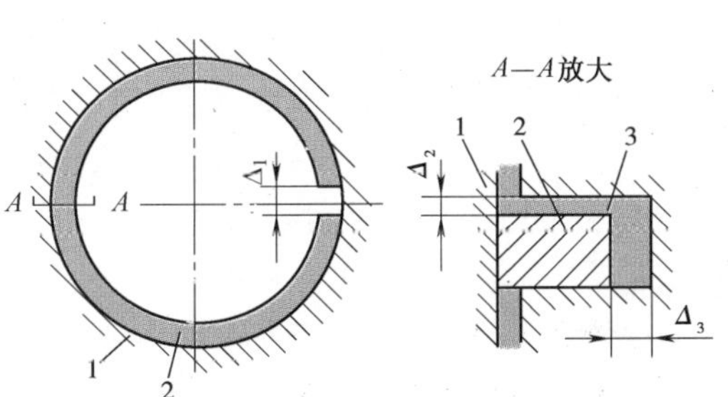

图4-23　活塞环的间隙

1-汽缸；2-活塞环；3-活塞；

Δ_1-开口间隙；Δ_2-侧隙；Δ_3-背隙

间，此数值随缸径增大而增大，柴油机略大于汽油机，第一道气环略大于第二、三道环。为了减少气体的泄漏，装环时，各道环口应互相错开，如有 3 道活塞环，各环应沿圆周成 120°夹角互相错开；如有 4 道活塞环，第一、二道互错 180°，第二、三道互错 90°，第三、四道互错 180°，从而获得较长的迷宫式漏气路线，增加漏气阻力，减少漏气量。

侧隙 Δ_2 又称边隙，是环高方向上与环槽之间的间隙。第一道环因工作温度高，一般为 0.04 ~0.10mm；其他气环一般为 0.03 ~0.07mm。油环的侧隙较小，一般为 0.025 ~0.07mm。

背隙 Δ_3 是活塞及活塞环装入汽缸后，活塞环背面与环槽底部间的间隙，一般为 0.50 ~1mm，油环的背隙较气环大，目的是增大存油间隙，以利于减压泄油。为了测量方便，维修中以环的厚度与环槽的深度差来表示背隙，此值比实际背隙要小。

1）气环

（1）气环的密封原理。气环可能有 3 条漏气的通道：环面与汽缸壁间；环与环槽的侧面间；开口端隙处。前两处是能够密封的，其密封原理如图 4-24 所示。

①第一密封面的建立。活塞环在自由状态下，其外圆直径略大于缸径，所以装入汽缸后，环就产生一定的弹力，与缸壁压紧，形成了第一密封面。

②第二密封面的建立。由于活塞头部与缸壁间有间隙，活塞环还有侧隙和背隙，汽缸内未被密封的气体不能通过第一密封面下窜，便窜入侧隙和背隙。由于侧隙的阻力及背隙内空腔较大，气体压力降为 P_1 和 P_2（背压力）。另外，如前所述，活塞环在运动时产生惯性力 P_j，并与缸壁间产生摩擦力 F。因而环与环槽侧面密封的压紧力是 P_1、P_j 和 F 3 个沿汽缸轴线方向力的代数和。作功与压缩行程，对密封的要求高，此时气体压力一般起主导作用，使活塞环紧推压在环槽的下侧，形成第二密封面。一般情况下，排气行程第二密封面也在环的下侧，而进气行程在环槽的上侧，另外，在某临界转速和一定的工作状态下，3 个力可能互相平衡，即合力为零，环即暂时在槽内浮动而跳上跳下，并可引起环的径向振动，使一个或两个密封面都失去密封作用，漏气量大增，此即为环的颤振。如果通过端隙的气流大于环和缸壁的摩擦力时，环会转动而对口漏气。可见环在汽缸中有 3 种运动状态，即跳动浮起、径向颤振、旋转对口，使其密封性能恶化。

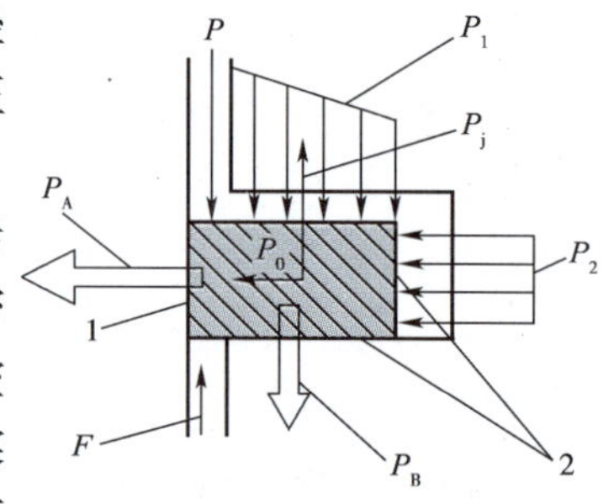

图 4-24　气环的密封原理（作功的前半行程）

1-第一密封面；2-第二密封面；P_A-第一密封面的压紧力；P_B-第二密封面的压紧力；P-汽缸内气体压力；P_1-环侧气体压力；P_2-背压力；P_0-环的弹力；P_j-环的惯性力；F-环与缸壁的摩擦力

③气环的第二次密封。窜入活塞环背隙和侧隙的气体，产生背压力 P_2 和侧压力，使环对缸壁和环槽进一步压紧，显著加强了第一、二密封面的密封。此即为气环的第二次密封。作功行程时，环的背压力远大于环的弹力，所以此时第一密封面的密封，主要是靠第二次密封。但是，如果环的弹力不好或接触面贴合不良，而在环面和缸壁间出现了缝隙，此缝隙就要首先漏窜气体，且其单位压力大于单位背压力，就将削弱或形不成第二密封面。因此，靠活塞环弹力产生的密封，是第一密封面第二次密封的前提。

不难看出，两个密封面密封都必须在其密封面有良好贴合的情况下才能实现。因此，环与环槽侧面都必须加工平整，并且粗糙度应较低。然而对于环面来说，新环形状复杂，难以与缸壁相适应，因而环面一般车有细微纹路，以及镀锡等表面处理，以加速磨合。

有了两个密封面的密封，理论上只有开口处是唯一的漏气通道。由于开口很小，并且相互按一定位置错开，形成迷宫式封气路线，气体通过各道环口以后，压力显著下降（图4-25），其漏气量在高速发动机上是很微小的，一般仅为进气量的0.2%～1.0%。这也是往复活塞式发动机至今有巨大生命力的原因之一。

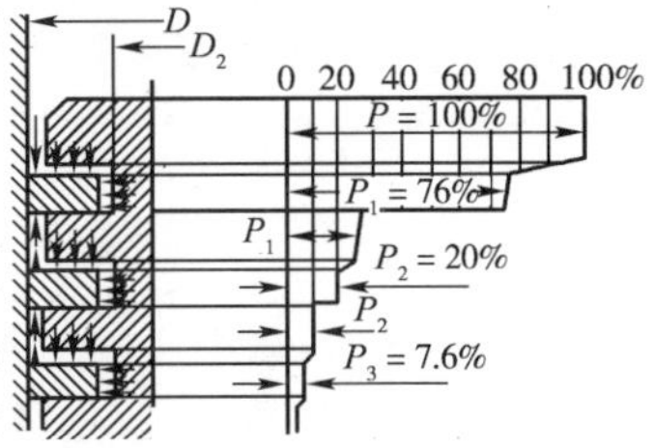

图4-25　环槽中气体压力的下降

（2）活塞环的泵油作用及危害。由于侧隙和背隙的存在，当发动机工作时，活塞环便产生了泵油作用（图4-26）。环在气压力、惯性力、摩擦力的作用下，反复地靠在环的上、下沿，其过程是：当活塞带着活塞环下行（进气行程）时，环靠在环槽的上方，环从缸壁上刮下来的润滑油充入环槽下方（图4-26a））；当活塞又带动活塞环上行（压缩行程）时，环又靠在环槽的下方，同时将油挤压到环槽的上方（图4-26b）），如此反复运动，就将润滑油泵到活塞顶。

活塞环的泵油作用，一方面对润滑困难的汽缸壁是有利的，另一方面随发动机转速的日益提高，泵油作用加剧，不仅增加了润滑油的消耗，而且可能使火花塞因沾油而不能产生电火花，并使燃烧室内积炭增多，甚至环槽内形成积炭，挤压活塞环而失去密封性。另外还加剧了汽缸等件的磨损。

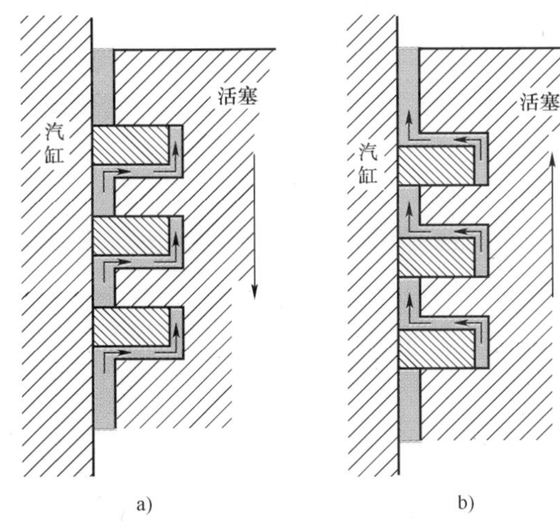

图4-26　活塞环的泵油作用
a）活塞下行；b）活塞上行

为此，多在结构上采取如下措施：即尽量减小环的质量，气环采取特殊断面形状，油环下设减压腔，气环下面的油环加衬簧或用组合式油环等方法。

（3）气环的断面形状。气环的断面形状有多种，如图4-27所示。矩形环断面（图4-27a））结构简单、制造方便、散热性好。但磨合性能差，有泵油作用，使机油的消耗量增加、活塞顶及燃烧室壁面积炭。

锥面环（图4-27b））可以改善环的磨合，这种环在汽缸内向下滑动时刮油，向上滑动时由于斜面的油楔作用，环可在油膜上浮起，减少磨损。锥面环传热性能差，所以不用作第一道环。由于锥角很小，一般不易识别，为避免装错，在环的上侧面标有向上的记号。

梯形环（图4-27g））的主要作用是使得当活塞受侧压力的作用而改变位置时，环的侧隙相应发生变化，使沉积在环槽中的结焦被挤出，避免了环被粘在环槽中而引起折断。在作功行程中，作用在梯形环上的燃气作用力的径向分力，加强了环的密封作用。因此，梯形环即使在弹力丧失一些的情况下，仍能与汽缸贴合良好，延长了环的使用寿命。它的主要缺点是上、下两面的精磨工艺比较复杂。这种环常用于热负荷较高的柴油机的第一环。楔形环（图4-27h））的工作特点与梯形环相似，而且由于断面不对称，装入汽缸后也会发生扭曲。

桶面环（图4-27i））是近年来兴起的一种新型结构，目前已普遍地在强化柴油机中用作第一环。其特点是活塞环的外圆面为凸圆弧形。当桶面环上下运动时，均能与汽缸壁形成楔形空间，使机油容易进入摩擦面，从而使磨损大为减少。桶面环与汽缸是圆弧接触，故对汽缸表

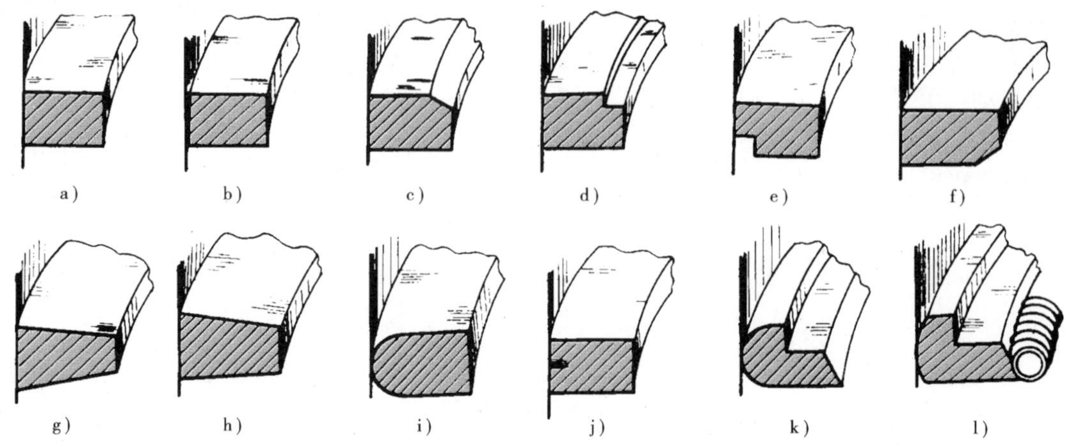

图 4-27 气环的断面形状

a)矩形环;b)锥面环;c)、d)上侧面内切正扭曲环;e)下侧面外切正扭曲环;f)下侧面内切反扭曲环;g)梯形环;h)楔形环;i)桶面环;j)开槽环;k)、l)顶岸环

面的适应性和对活塞偏摆的适应性均较好,有利于密封。它的缺点是凸圆弧表面加工较困难。

开槽环(图 4-27j)),在外圆面上加工出环形槽,在槽内填充能吸附机油的多孔性氧化铁,有利于润滑、磨合和密封。

顶岸环(图 4-27k)、l)),断面为"L"形。因为顶岸环距活塞顶面近,作功行程时,燃气压力能迅速作用于环的上侧面和内圆面,使环的下侧面与环槽的下侧面、外圆面与汽缸壁面贴紧,有利于密封;由于同样的原因,顶岸环可以减少汽车尾气 HC 的排放量。

扭曲环是在矩形的内圆上边缘或外圆下边缘切去一部分。若将内圆面的上边缘或外圆面的下边缘切掉一部分,称为正扭曲环(图 4-27c)、d)、e));若将内圆面的下边缘切掉一部分,称其为反扭曲环(图 4-27f))。将这种环随同活塞装入汽缸时,由于环的弹性内力不对称作用产生明显的断面倾斜,其作用原理如图 4-28 所示。活塞环装入汽缸后,其外侧拉伸应力的合力 F_1,内侧压缩应力的合力 F_2 有一力臂 e,于是产生了扭曲力矩 M。它使环外圆周扭曲成上小下大的锥形,从而使环的边缘与环槽的上下端面接触,提高了表面接触应力,防止了活塞环在环槽内上下窜动而造成的泵油作用,同时增加了密封性。扭曲环还易于磨合,并有向下刮油的作用。扭曲环目前在发动机上得到广泛的应用。它在安装时,必须注意环的断面形状和方向,应将正扭曲环用于第二、三道气环,反扭曲环用于油环上面那道环。

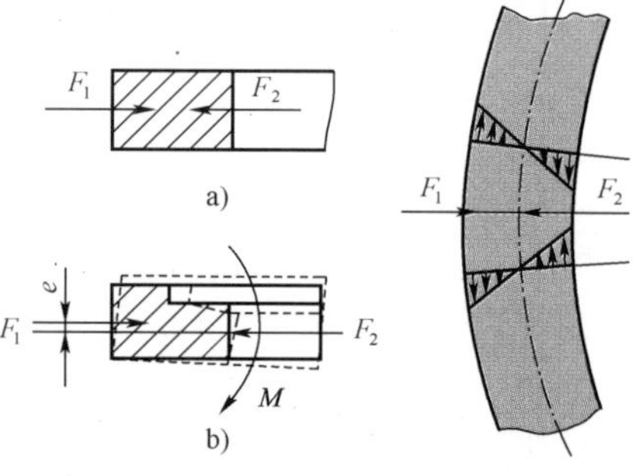

图 4-28 扭曲环作用原理

a)矩形断面环;b)扭曲环

2)油环

油环分为普通油环和组合油环两种,如图 4-29 所示。普通油环的结构(图 4-29a)),一般是用合金铸铁制造的。其外圆面的中间切有一道凹槽,在凹槽底部加工出很多穿通的排油小孔或狭缝。组合环(图 4-29b))由上、下刮片和产生径向、轴向弹力作用的衬簧组成。这种油环刮片很薄,对汽缸壁的比压大,刮油作用强;上下刮片各自独立,对汽缸的适应性好;质量小;

回油通路大。因此,组合油环在高速发动机上得到较广泛的应用。一般活塞上装有1~2道油环。采用两道油环时,下面一道多安置在活塞裙部的下端。油环的工作原理如图4-30所示。

3. 活塞销

活塞销(图4-13之8)用来连接活塞和连杆小头,并把活塞所受的气体压力传给连杆。

活塞销是在承受大小和方向都不断变化的冲击性载荷下工作的。同时,由于是作低速摆转运动,不易建立油膜,故润滑条件较差。

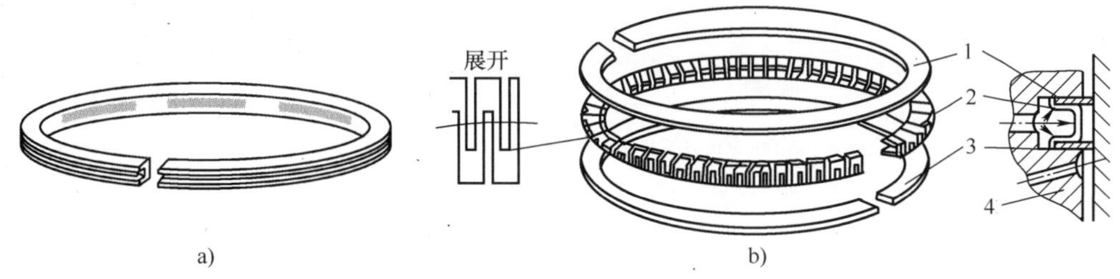

图4-29　油环

a)普通油环;b)组合油环

1-上刮片;2-衬簧;3-下刮片;4-活塞

活塞销的基本结构为一厚壁管状体(图4-31a)),也有的按等强度要求作成变截面结构(图4-31b)、c))。

活塞销的材料一般为低碳钢或低碳合金钢,如20或20Cr、20MnV等,再经表面渗碳或氰化处理,这样既有较高的表面硬度,耐磨性好,刚度、强度高,又有软的心部,耐冲击性能好。

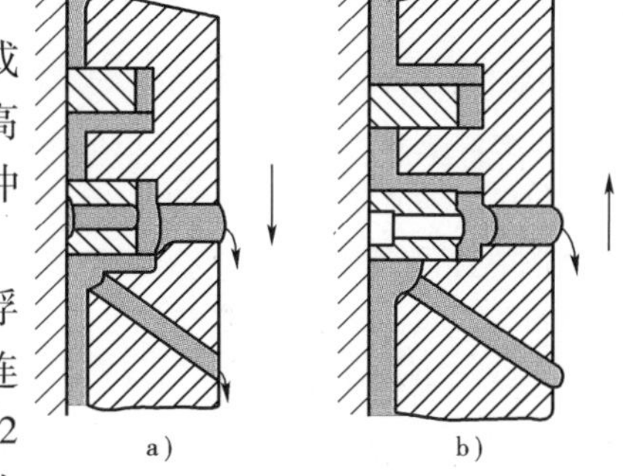

图4-30　油环的刮油作用

a)活塞下行;b)活塞上行

活塞销与活塞销座孔和连杆小头衬套一般多采用全浮式连接配合,即在发动机运转过程中,活塞销不仅可以在连杆小头衬套孔内,还可以在销座孔内缓慢地转动,如图4-32所示。活塞销磨损比较均匀。由于铝合金的活塞销座的热膨胀量大于钢活塞销,为了保证发动机正常工作时有合适的工作间隙(0.01~0.02 mm),在冷态装配时活塞销与活塞销座孔为过渡配合。装配时,应先将铝合金活塞放在温度为70~90℃的水或油中加热,再将销装入。为了防止活塞销工作时轴向窜动而刮伤汽缸壁,在活塞销座两端用卡环嵌在销座凹槽中加以轴向定位。

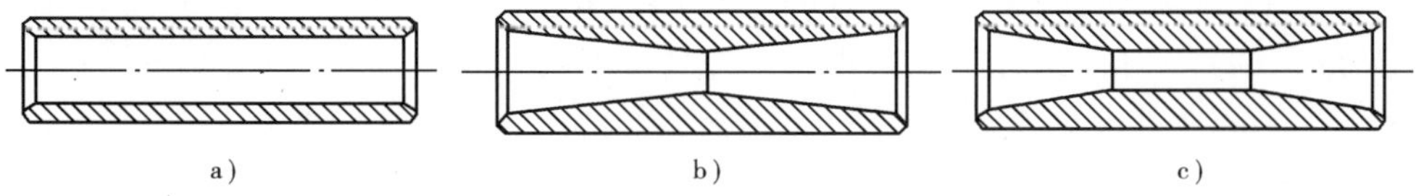

图4-31　活塞销

a)管状体;b)、c)变截面体

半浮式连接方式指的是销与销座孔和连杆小头两处,一处固定,一处浮动,销座孔内无卡环,连杆小头处无衬套。其中大部分是采用销与连杆小头固定的方式,这种固定方式有两种:

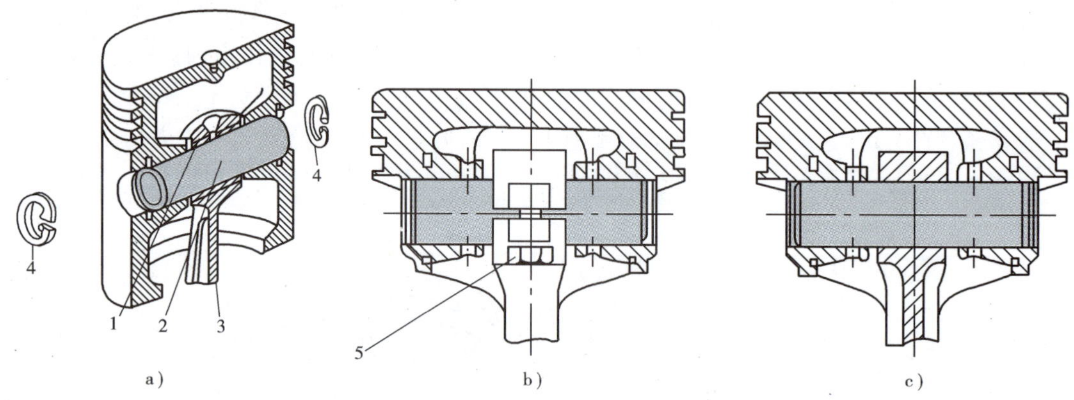

图 4-32　活塞销连接方式

a)全浮式;b)、c)半浮式

1-连杆小头衬套;2-活塞销;3-连杆;4-卡环;5-小头紧固螺栓

一种是用螺栓将活塞销夹紧在连杆小头孔内,如图 4-32b)所示;另一种是销与小头孔以过盈配合的方式固定,如图 4-32c)所示。半浮式活塞销可以降低发动机噪声并消除卡环可能引起的事故,多用于轻型高速发动机,如切诺基和猎豹发动机等。

4. 连杆

连杆的功用是连接活塞与曲轴,将活塞承受的力传给曲轴,把活塞的往复运动变为曲轴的旋转运动。

连杆与连杆盖用螺栓紧固为一体,在工作时承受气体压力和往复惯性力所产生的冲击性拉压交变负荷,以及连杆摆动时产生的横向惯性力使连杆承受弯曲交变载荷,因而连杆应有足够的刚度和强度。

为了满足上述要求,连杆体和盖一般用 45、40Cr 等中碳钢或中碳合金钢制成,也有少数的用球墨铸铁制造。为了提高强度,通常再进行表面喷丸处理。

连杆可分为小头、杆身和大头 3 部分,如图 4-33 所示。

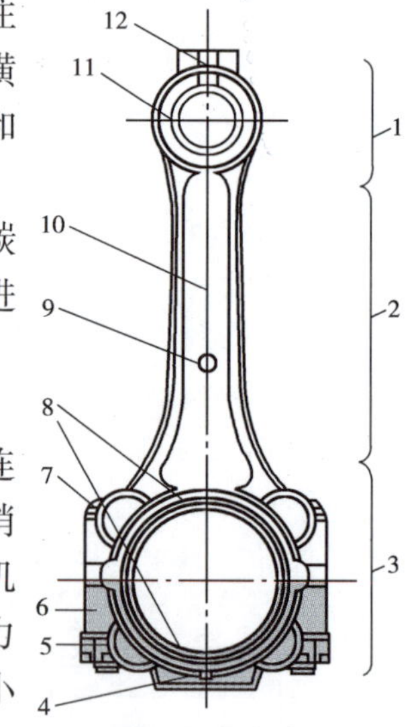

图 4-33　连杆组

1-小头;2-杆身;3-大头;4、9-装配记号(朝前);5-螺母;6-连杆盖;7-连杆螺栓;8-轴瓦;10-连杆体;11-衬套;12-集油孔

连杆小头用来安装活塞销,以连接活塞。活塞销为全浮式的连杆小头孔内,压有青铜衬套或铁基粉末冶金衬套。为了润滑活塞销和衬套,在小头和衬套上设有集油孔或铣出集油槽用来收集发动机运转时飞溅上来的机油,以便润滑。有的发动机连杆小头采用压力润滑,在连杆杆身内钻有纵向的压力油道。半浮式活塞销与连杆小头是紧配合,所以小头孔内不需要衬套,也不需要润滑。

全浮式活塞销与衬套之间是间隙配合,配合精度较高,是在装配前通过对衬套内孔加工来达到的。

连杆杆身通常做成“工”字形断面,以求在强度和刚度足够的前提下减小质量。

连杆大头与曲轴的连杆轴颈相连,为便于安装,连杆大头一般做成剖分式的,被分开的部

分称为连杆盖,用连杆螺栓紧固在连杆大头上。连杆盖与连杆大头是组合加工的,为了防止装配时配对错误,在同一侧刻有配对记号。大头孔表面有很高的光洁度,以便与连杆轴瓦(或滚动轴承)紧密贴合。连杆大头上还铣有连杆轴瓦的定位凹坑。

连杆大头按剖分面的方向可分为平切口和斜切口两种。平切口连杆的剖分面垂直于连杆轴线,如图4-34b)所示。一般汽油机连杆大头尺寸都小于汽缸直径,可以采用平切口。柴油机的连杆,由于受力较大,其大头的尺寸往往超过汽缸直径。为使连杆大头能通过汽缸,便于拆装,一般采用斜切口连杆,如图4-34a)所示。

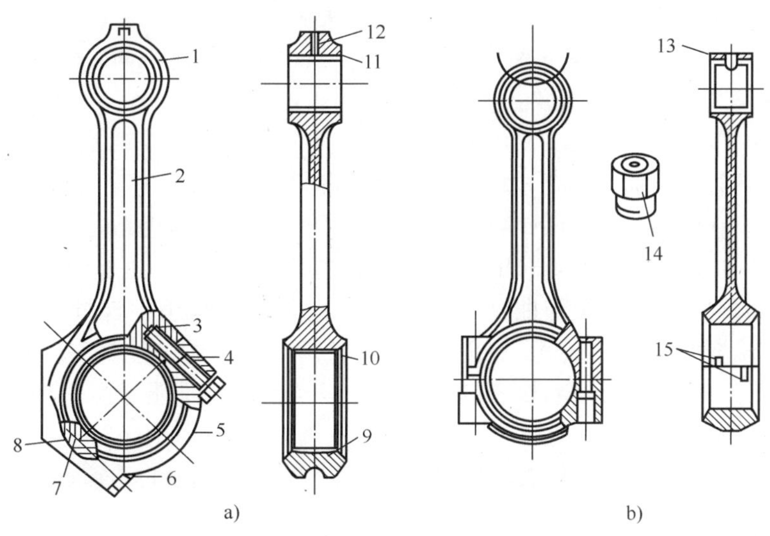

图4-34　连杆结构图

a)斜切口;b)平切口

1-连杆小头;2-连杆杆身;3-连杆大头;4、6-连杆螺栓;5-连杆盖;7-锯齿;8-定位销;9-连杆下轴承;10-连杆上轴承;11-连杆衬套;12-集油孔;13-集油槽;14-自锁螺母;15-轴瓦定位槽

斜切口式连杆的大头剖分面与连杆轴线成30°~60°(常用45°)夹角。平切口的连杆盖与连杆的定位,是利用连杆螺栓上精加工的圆柱凸台或光圆柱部分,与经过精加工的螺栓孔来保证的。斜切口连杆在工作中受到惯性力的拉伸,在切口方向也有一个较大的横向分力。因此在斜切口连杆上必须采用可靠的定位措施。斜切口连杆常用的定位方法有:

止口定位(图4-35a))优点是工艺简单;缺点是定位不太可靠,只能单向定位,对连杆盖止

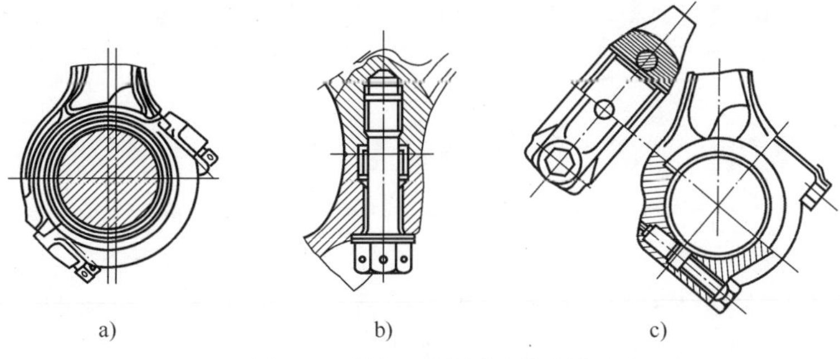

图4-35　斜切口连杆的定位方式

a)止口定位;b)套筒定位;c)锯齿定位

口向外变形或连杆大头止口向内变形均无法防止。

套筒定位(图4-35b))是在连杆盖的每一个螺栓孔中压配一个刚度大,而且剪切强度高的短套筒。它与连杆大头有精度很高的配合间隙,故装拆连杆盖时也很方便。它的缺点是定位套筒孔的工艺要求高,若孔距不够准确,则可能因为定位(定位干涉)而造成大头孔严重失圆,此外,连杆大头的横向尺寸也必然因此而加大。

锯齿定位(图4-35c))这种定位方式的优点是锯齿接触面大,贴合紧密,定位可靠,结构紧凑。缺点是对齿节距公差要求严格,否则连杆盖装在连杆大头上时,中间会有几个齿脱空,不仅影响连杆组件的刚度,并且连杆大头孔也会立即失圆。

V型发动机由于左右两缸的连杆装在同一个曲柄销上,故其结构随安装布置而不同,V型发动机的连杆布置有如下3种形式:

(1)并列式连杆布置(图4-36a))。两个相同的连杆一前一后并列地安装在同一个曲柄销上,这种连杆可以通用,结构与单列式发动机的连杆相同,只是大头宽度一般要稍小一些。这种布置因左右汽缸要在轴向错开一段距离,致使发动机的长度增加,曲轴的长度增加,刚度降低。

(2)主副连杆布置形式(图4-36b))。它是在左右两缸中,一缸采用主连杆(图4-36b))中,右缸采用主连杆。它的大头与曲柄销相配装),而另一缸采用副连杆,它的大头与主连杆上的大头(或连杆盖)上的两个凸耳用销座铰链连接。这种结构的连杆在同一个平面上运动,故汽缸中心线位于一平面内,发动机长度不增加。缺点是连杆不能互换。

(3)叉形连杆布置形式(图4-36c))。左右两列汽缸的对应两个连杆中,一个连杆的大头做成叉形,跨于另一个连杆的厚度较小的片形大头两端。叉形连杆式布置的优点是:两列汽缸中的活塞连杆组的运动规律相同;左右对应的两汽缸轴心线不需要在曲轴轴向上错位。其缺点是叉形连杆大头结构和制造工艺比较复杂,而且大头的刚度也较低。

轿车V型发动机大都采用并列连杆布置形式。

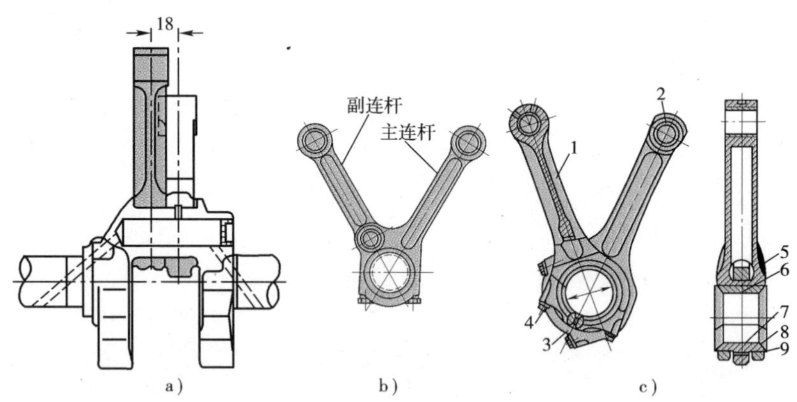

图4-36 主副连杆、叉形连杆和并列连杆

a)并列连杆;b)主副连杆;c)叉形连杆

1-叉形大头连杆;2-片形大头连杆;3-销;4-叉形连杆大头与连杆盖的紧固螺钉;5-片式大头轴瓦;6、7-叉形大头轴瓦;8-片形大头连杆盖;9-叉形大头连杆盖

连杆螺栓是一个经常承受交变载荷的重要零件,一般采用韧性较高的优质合金钢或优质碳素钢锻制或冷镦成型。连杆大头的两部分用连杆螺栓紧固在一起,连杆大头安装时,必须紧固可靠。连杆螺栓必须以原厂规定的拧紧力矩,分2~3次均匀地拧紧。为防止工作时自动松

动，必须用其他锁紧装置紧固，以防止工作时自动松动。常采用的锁止装置有：开口销、双螺母、螺纹表面镀铜、自锁螺母、防松胶等。

现代发动机用连杆轴承是由钢背和减摩层组成的分开式薄壁轴承。钢背由厚 1 ~ 3 mm 的低碳钢制成，是轴承的基体，减摩层是由浇铸在钢背内圆上厚为 0.3 ~ 0.7 mm 的薄层减摩合金制成，减摩合金具有保持油膜，减少摩擦阻力和易于磨合的作用。为适应连杆轴承的工作条件，要求减摩合金有足够的疲劳强度，有良好的抗咬性、顺应性、嵌藏性，有足够的结合强度和良好的耐磨性。如图 4-37 所示。

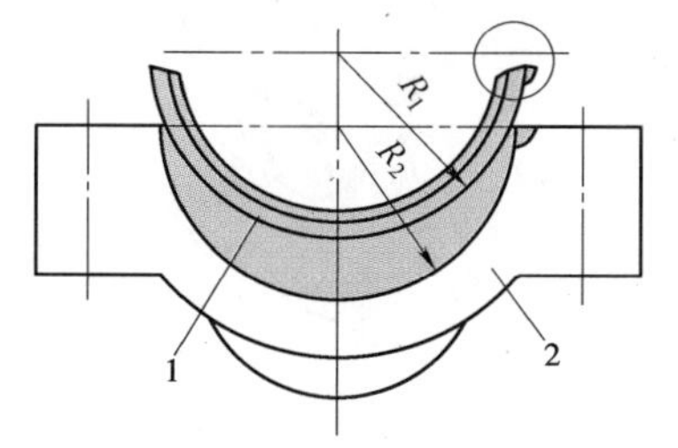

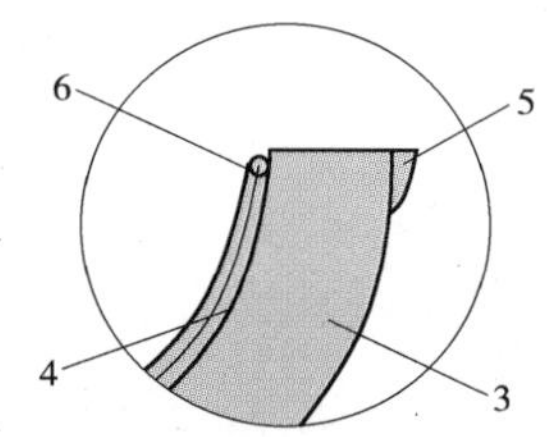

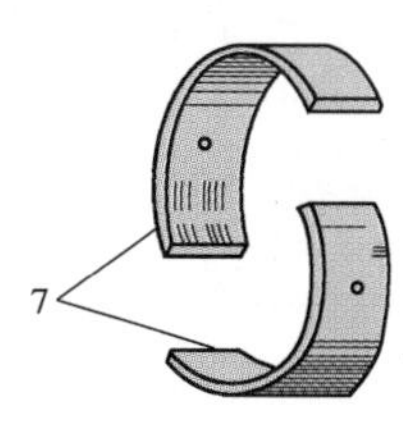

图 4-37　连杆轴承

1-轴承；2-连杆盖；3-钢背；4-减摩合金层；5-定位凸唇；6-倒角；7-垃圾槽

目前汽车发动机的轴承减摩合金主要有白合金（巴氏合金）、铜铅合金和铝基合金，其中巴氏合金轴承的疲劳强度较低，只能用于负荷不大的汽油机，而铜铅合金或高锡铝合金轴承均具有较高的承载能力与耐疲劳性。含锡量 20% 以上的高锡铝合金轴承，在汽油机和柴油机上均得到广泛应用。

连杆轴承的背面应有很高的光洁度。半个轴承在自由状态下并不是半圆形即 $R_1 > R_2$。

当它们装入连杆大头孔内时，又有过盈，故能均匀地紧贴在大头孔壁上及连杆盖上，具有很好的承受载荷和导热的能力。这样可以提高其工作可靠性和延长使用寿命。为了防止连杆轴承在工作中发生转动或轴向移动，在两个连杆轴承的剖分面上，分别冲压出高于钢背面的两个定位凸唇。装配时，这两个凸唇分别嵌入在连杆大头和连杆盖上的相应凹槽中。在连杆轴承内表面上还加工有油槽，用以储油，保证可靠润滑。当薄壁轴承在使用中性能变坏，间隙过大时，应直接更换新轴承。

第四节　曲轴飞轮组

曲轴飞轮组主要由曲轴、飞轮、扭转减振器、带轮、正时齿轮（或链条）等组成。如图 4-38 所示是曲轴飞轮组的总体结构。

1. 曲轴

曲轴是发动机中最重要的机件之一。曲轴的功用是承受连杆传来的力，并将其转变为转矩，然后通过飞轮输出。另外，还用来驱动发动机的配气机构及其他辅助装置（如发电机、风扇、水泵、转向油泵、平衡轴机构等）。

在发动机工作中，曲轴承受周期性变化的气体压力、旋转质量的离心力和往复惯性力以及它们的力矩的共同作用，使曲轴承受弯曲与扭转载荷，产生疲劳应力状态。为了保证工作可靠,因此要求曲轴具有足够的刚度和强度,各工作表面要求耐磨而且润滑良好,还必须有很高的动平衡要求。

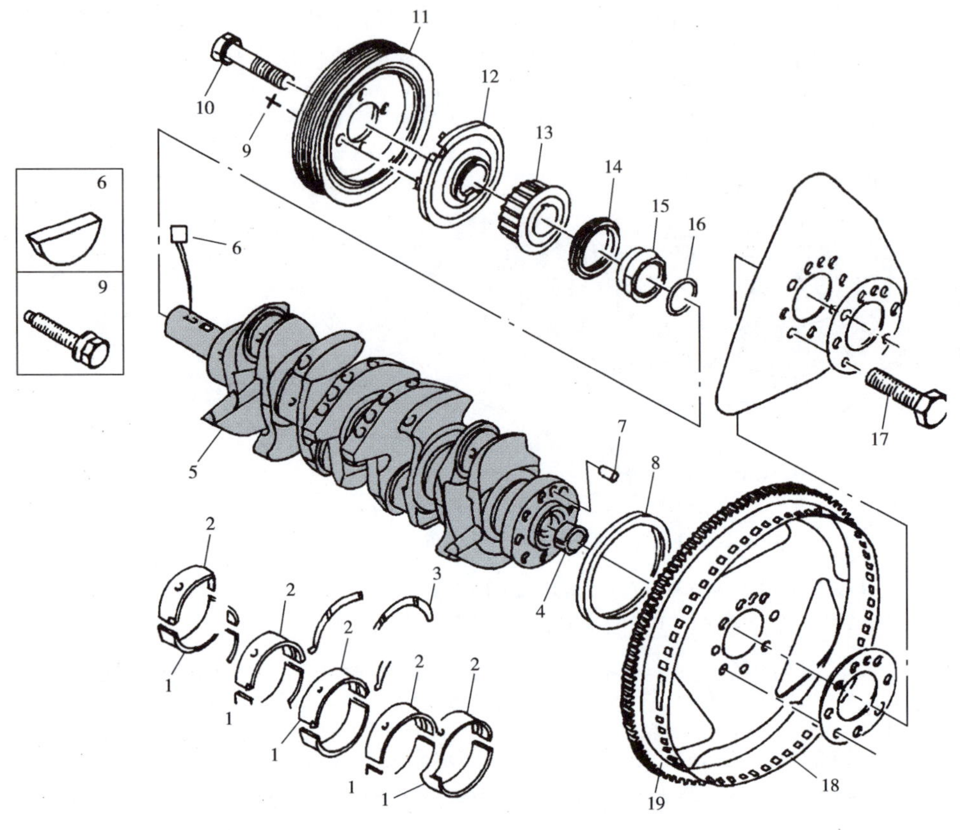

图 4-38 曲轴飞轮组

1、2-主轴瓦;3-止推片;4-轴承;5-曲轴;6-半圆键;7-定位销;8-曲轴后油封;9、10、17-螺栓;11-带轮;12-扭转减振器总成;13-正时齿轮;14-油封;15-密封环;16-密封圈;18-曲轴位置和转速传感器脉冲盘;19-飞轮

1)曲轴的结构

曲轴一般由前端(自由端)、主轴颈、曲柄、平衡重、连杆轴颈(曲柄销)和后端(动力输出)组成。由一个连杆轴颈和它左右主轴颈组成一个曲拐。曲轴的曲拐数取决于汽缸的数目和排列方式。直列式发动机曲轴的曲拐数等于汽缸数;V 型发动机曲轴的曲拐数等于汽缸数的一半。

按照曲轴的主轴颈数;可以把曲轴分为全支撑曲轴和非全支撑曲轴两种。在相邻的两个曲拐之间,都设置一个主轴颈的曲轴,称为全支撑曲轴(图 4-39a));否则称为非全支撑曲轴(图 4-39b))。设汽缸数为 i,则全支撑的主轴颈数为 $i+1$。主轴颈数少于此数者都称为非全

图 4-39 曲轴的支撑形式示意图

a)全支撑式;b)非全支撑式

支撑曲轴。全支撑曲轴的优点是可以提高曲轴的刚度,并且可减轻主轴承的载荷。其缺点是曲轴长度较长使发动机机体长度增加。

直列式发动机的全支撑曲轴,其主轴颈总数(包括曲轴前端和后端的主轴颈)比汽缸数多一个;V 型发动机的全支撑曲轴,其主轴颈总数比汽缸数的一半多一个。上海桑塔纳、一汽奥迪轿车均采用全支撑曲轴。柴油机也多采用全支撑曲轴,这是因为其载荷较大的缘故。

2)曲轴的材料

曲轴一般都采用优质中碳钢(如 45 号钢)或中碳合金钢(如 45Mn2、40Cr 等)模锻。为了提高曲轴的耐磨性,其主轴颈和连杆轴颈表面上均需高频淬火或氮化。例如,上海桑塔纳发动机曲轴采用优质 50 号中碳钢模锻而成。有部分发动机采用了高强度的稀土球墨铸铁铸造曲轴,但这种曲轴必须采用全支撑以保证刚度。

3)曲轴的构造

多缸发动机的曲轴一般做成整体式的。某些小型汽油机或采用滚动轴承作为曲轴主轴承的发动机,必须采用组合式曲轴,即将曲轴的各部分分段加工,然后组合成整个曲轴,其主轴承可为滚动轴承,相应地汽缸体必须是隧道式的(图 4-4c))。轿车发动机多为整体式曲轴。

有些曲轴的曲柄销和主轴颈做成空心的,其目的是为减小质量和离心力,如图 4-40 所示。主轴颈、曲柄销和轴瓦上都钻有径向油孔,这些油孔由斜向的油道 6 相连。这样机油就可以进入主轴颈和曲柄销的工作表面进行润滑。当曲柄销上的油孔与连杆大头上的油孔对准时,机油可以从中喷出,对配气机构和汽缸壁进行飞溅润滑。

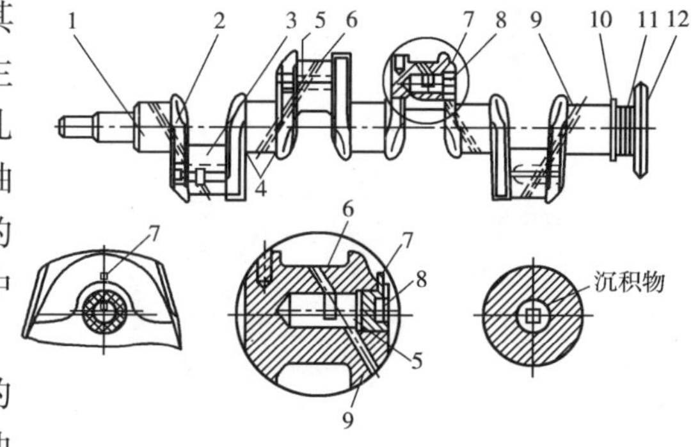

图 4-40　曲轴油道

1-主轴颈;2-曲柄;3-连杆轴颈;4-圆角;5-积污腔;6、9-油道;7-开口销;8-螺塞;10-挡油盘;11-回油螺纹;12-凸缘盘

有些连杆轴颈做成中空式(图 4-40),空腔的开口用螺塞 8 封闭,在连杆轴颈的油道内插有油管 6,管口伸入空腔,并弯成图示形状。这种中空式连杆轴颈,既减小了重量和离心力,又构成了积污腔,使从主轴承来的润滑油中的机械杂质,由于离心力而甩向腔壁,使流入连杆轴承的润滑油得到离心滤清而净化。维修时应清除积污,以保证连杆轴承的润滑。此外,常把连杆轴颈空心部分的中心线稍向外偏移(图 4-40),这是为了进一步减小离心力。

平衡重的作用是平衡连杆大头、连杆轴颈和曲柄等产生的离心惯性力及其力矩,有时也平衡活塞连杆组的往复惯性力及其力矩,以使发动机运转平稳,并且还可减小曲轴轴承的负荷。四缸以上的直列发动机,虽从整体来说,其惯性力及其力矩是平衡的,但曲轴局部却受弯矩作用,如图 4-41a)所示。图中惯性力 $F_1 = F_2 = F_3 = F_4$,$M_{1-2} = M_{3-4}$,所以整体上曲轴受力和力矩是平衡的。

但从局部上看,1、2 缸曲轴和 3、4 缸曲轴分别受弯矩 M_{1-2} 和 M_{3-4} 的作用,两个力矩给曲轴造成了弯曲负荷,会造成曲轴弯曲并加重轴承的负荷。为了减轻主轴承负荷、改善其工作条件,一般都在曲柄的相反方向上设置平衡重,分别在曲柄的背面设置平衡重使其产生的力矩与上述惯性力矩 M_{1-2}、M_{3-4} 相平衡(图 4-41b))。

对于四缸、六缸、八缸和十二缸等偶数缸发动机,如图 4-42 所示,由于曲拐是对称布置的,往复惯性力和离心力是平衡的,从整体上看能相互抵消,但曲轴的局部却受到弯矩的作用。图序号 6 所示,部分曲柄设置平衡重,如果曲轴支撑刚度好,也可不设置平衡重,CA6102 型发动机曲轴不设平衡重。

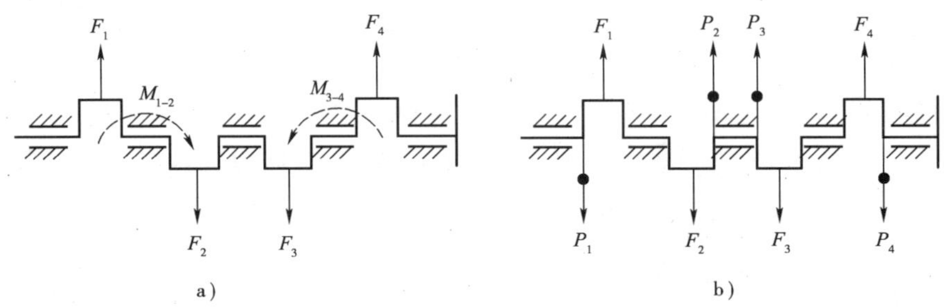

图 4-41 曲轴的平衡

a)无平衡重;b)加平衡重

F_1、F_2、F_3、F_4-曲拐和活塞连杆组的惯性力;P_1、P_2、P_3、P_4-平衡重的离心力

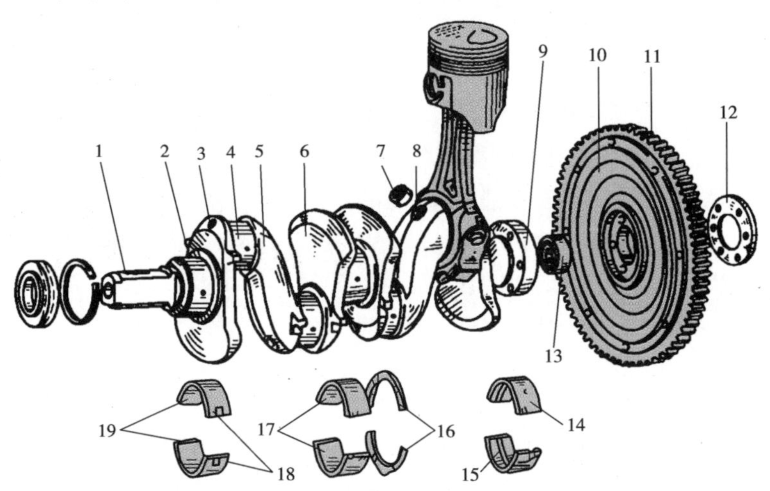

图 4-42 发动机曲轴飞轮组

1-曲轴前端;2-前主轴颈;3-油道孔;4-连杆轴颈(曲柄销);5-曲柄;6-平衡重;7-油塞;8-油道孔;9-曲轴法兰;10-飞轮;11-飞轮齿圈;12-飞轮螺栓锁紧板;13-变速器第一轴轴承;14-后主轴承轴瓦;15-油槽;16-曲轴止推环;17-中间主轴承轴瓦;18-轴瓦定位键;19-前主轴承轴瓦

有的平衡重与曲轴制成一体,如图 4-42 所示。有的单独制成后再用螺栓固定在曲轴上,称为装配式平衡重如图 4-43 所示。曲轴不论有无平衡重,都要求进行动平衡试验,对不平衡

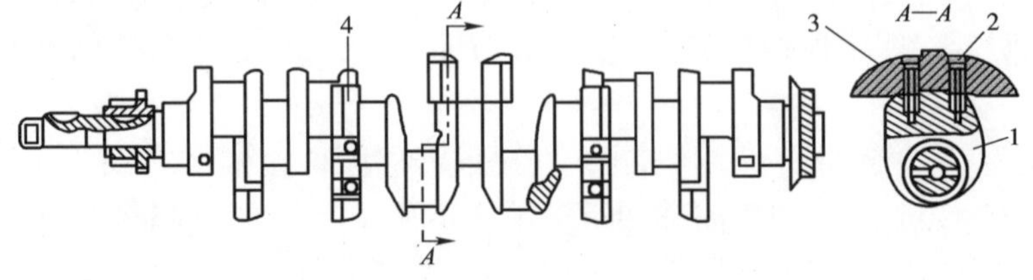

图 4-43 装配式平衡重曲柄

1-曲轴;2-螺栓;3-平衡重;4-紧固螺栓焊缝

的曲轴常在其偏重一侧钻孔，除去些质量。

曲轴前端是第一道主轴颈之前的部分，其上装有驱动配气凸轮轴的正时齿轮或正时齿形带轮或链轮，驱动风扇和水泵的带轮 7 以及止推片 3 等，如图 4-44 所示。为了防止机油沿曲轴轴颈外漏，在曲轴前端上有一个甩油盘，随着曲轴旋转，当被齿轮挤出和甩出来的机油落到盘上时，由于离心力的作用，被甩到齿轮室盖的壁面上，再沿壁面流下来，回到油底壳中。即使还有少量机油落到甩油盘前面的曲轴段上，也被压配在齿轮室盖上的油封挡住，甩油盘的外斜面应向后，如果装错，效果将适得其反。曲轴前端为了减小扭振而装有减振器，在中、小型发动机的曲轴前端还装有起动爪，以便必要时用人力转动曲轴，使发动机起动。

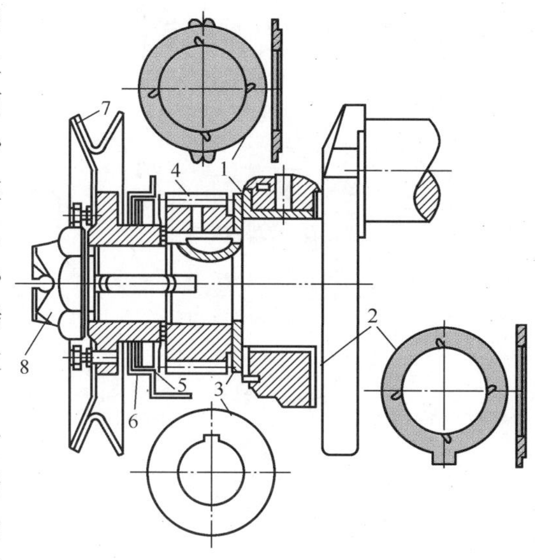

图 4-44　曲轴前端的结构

1、2-滑动推力轴承；3-止推片；4-正时齿轮；5-甩油盘；6-油封；7-带轮；8-起动爪

曲轴后端是最后一道主轴颈之后的部分，有安装飞轮用的凸缘（图 4-45）。为防止机油向后漏出，在曲轴后端通常切出回油螺纹或其他封油装置。回油螺纹可以是梯形的或矩形的，其螺旋方向应为右旋。回油螺纹的工作原理如图 4-46 所示。当曲轴旋转时，流到回油螺纹槽中的机油也被带动旋转。因为机油本身有黏性，所以受到机体后盖孔壁的摩擦阻力 F_r。F_r 可分解为平行于螺纹的分力 F_{r1} 和垂直于螺纹的分力 F_{r2}。机油在 F_{r1} 的作用下，顺着螺纹槽道被推送向前，流回油底壳。

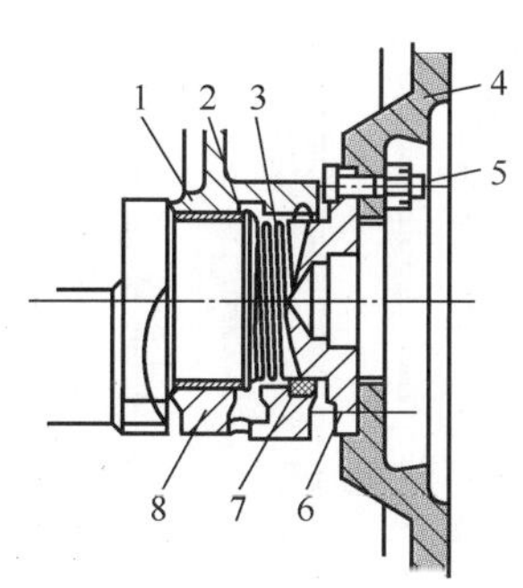

图 4-45　EQ6100—1 型汽油机曲轴的后端结构

1-轴承座；2-甩油盘；3-回油螺纹；4-飞轮；5-飞轮螺栓；6-曲轴凸缘盘；7-填料油封；8-轴承盖

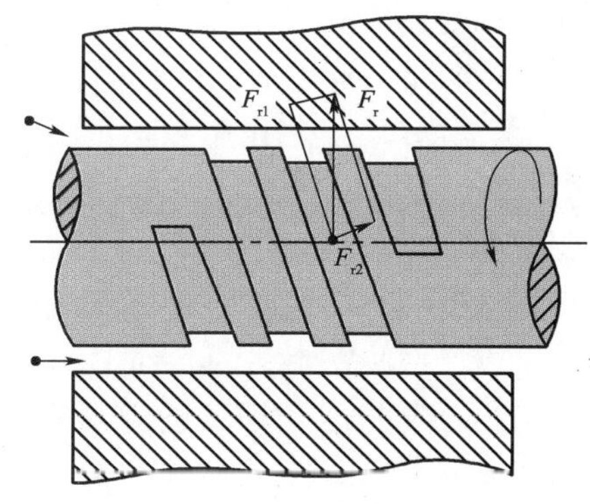

图 4-46　回油螺纹的封油工作原理

4）曲轴轴向定位

为阻止车辆行驶时，离合器经常接合与分离和带锥齿轮驱动时施加于曲轴上的轴向力以及在上、下坡行驶或突然加速、减速出现的轴向力作用而使曲轴有轴向窜动的趋势，曲轴必须有轴向定位，以保证曲柄连杆机构的正常工作。但也应允许曲轴受热后能自由膨胀。曲轴作

为转动件，必须与其固定件之间有一定的轴向间隙。曲轴轴向定位是通过止推装置实现的，只能有一处设置轴向定位装置。

止推装置有翻边轴瓦、止推片、止推环和轴向止推滚珠轴承等多种形式如图4-47a)、b)、c)、d)。

翻边轴瓦(图4-47a))放在曲轴的某一主轴承内，靠翻边轴瓦两外侧表面的减摩合金层(与轴瓦内表面的合金层相同)减低与轴颈端面相对运动时的摩擦阻力并可挡住曲轴的左、右窜动。翻边轴瓦工艺复杂，成本高，现已很少采用。

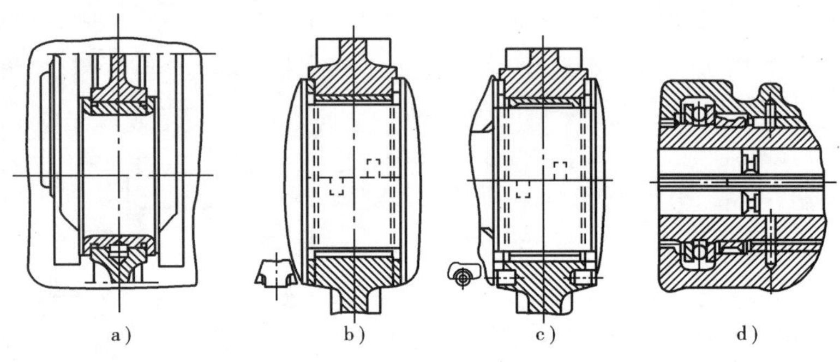

图4-47　曲轴的止推

a)翻边轴瓦；b)止推片；c)止推环；d)轴向止推滚珠轴承

止推片(图4-47b))是外侧有减摩合金层的半环状钢片，装在机体或主轴承盖的槽内。为防止止推片的转动，止推片上有凸起卡在槽内，止推片用4片，也可用2片。

当止推装置放在曲轴第一主轴颈(曲轴自由端)上时，可采用两个带有减摩合金层的止推钢环的形式(图4-47c))。因为它可从曲轴端部直接套入主轴颈上。为防止止推环转动，止推环上有止转销孔与主轴承盖上的止转销相配合。安装止推环时钢背应面向机体与轴承盖。

止推片与止推环广泛用于内燃机曲轴止推。

5)曲轴径向密封

曲轴径向密封环安放在曲轴的自由端(前端)和飞轮端(功率输出端)。其作用是防止内燃机机体内的机油外溢和水(汽)与灰尘进入机体内。

典型的车用内燃机曲轴径向密封环如图4-48所示，由金属保持架1，橡胶密封体12和拉力弹簧圈11三部分组成。橡胶密封体的几何形状及尺寸必须精心设计与制造。它与曲轴轴颈的密封宽度，即密封唇为0.1~0.2 mm，空气侧密封角β约为25°，油侧密封角α比外侧角约大20°。拉簧作用平面与密封剩余边的外偏距离，即弹簧杠杆臂$h=0.05\sim1$ mm。

保护唇的作用是防止水(或汽)与灰尘进入机体内。平时，它处于闭合状态。当曲轴受热时，保护唇张开，使保护唇与密封唇之间不会出现负压。橡胶密封体靠自身的弹力与拉簧的拉力将密封唇压在曲轴轴颈上，以保证一定的径向密封力。

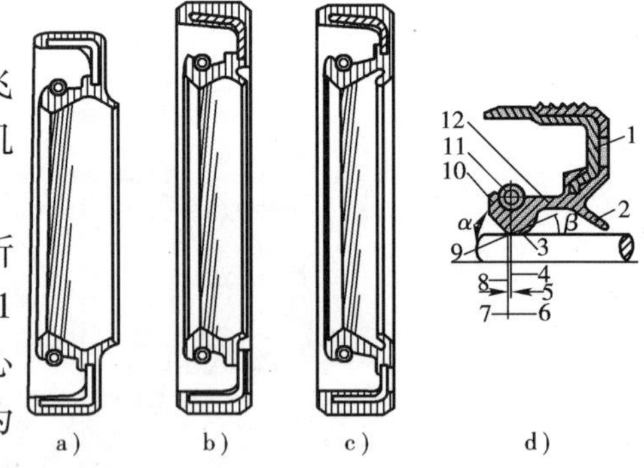

图4-48　曲轴径向密封环及结构参数

a)保护唇在外；b)保护唇在内(逆向)；c)保护唇在内(顺向)；d)结构细部

1-金属保持架；2-保护唇；3-辅助密封棱边；4-弹簧作用平面；5-弹簧杠杆臂；6-空气侧；7-机油侧；8-密封面；9-密封棱边；10-密封唇；11-拉力弹簧圈；12-密封体

α-油侧密封角；β-空气侧密封角

当轴旋转时，机油通过密封处的环隙流向机体内，反之则不能。密封环装反不但不能密封，反而往外泵油。密封环除了密封作用外，它还能在接触处动态积存机油，起到冷却与自润滑作用。常用的橡胶密封体有硅橡胶、氟橡胶和密封性能更佳的聚四氟乙烯（PTFE）径向密封环。

6）多曲拐的布置

曲轴的形状和各曲拐的相对位置取决于缸数、汽缸排列方式和发火次序。在安排多缸发动机的发火次序时，应使连续作功的两缸相距尽可能远，以减轻主轴承的载荷，同时避免可能发生的进气重叠现象（即相邻两缸进气门同时开启）以免影响充气；发火间隔应力求均匀，在发动机完成一个工作循环的曲轴转角内，每个汽缸应作功一次，而且各缸发火的间隔时间（以曲轴转角表示，称为发火间隔角）应力求均匀。对缸数为 i 的四冲程发动机而言，发火间隔角为 720°/i 时，即曲轴每转 720°/i，就应有一缸作功，以保证发动机运转平稳。

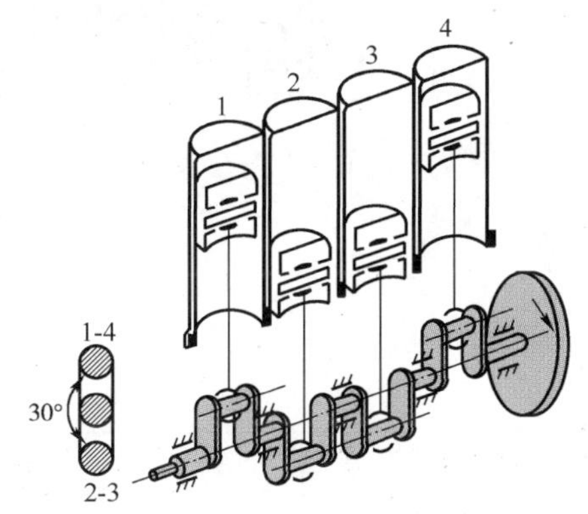

图 4-49 直列四冲程发动机的曲拐布置

常用的多缸发动机曲拐布置和发火次序如下：

四冲程直列四缸发动机发火次序——发火间隔角应为 720°/4 = 180°。其曲拐布置如图 4-49 所示，4 个曲拐布置在同一平面内。发火次序有两种可能的排列法，即 1—2—4—3 或 1—3—4—2，它们的工作循环见表 4-1、表 4-2。

四缸机工作循环表（发火次序：1—2—4—3） 表 4-1

曲轴转角（°）	第一缸	第二缸	第三缸	第四缸
0 ~ 180	作功	压 缩	排 气	进 气
180 ~ 360	排 气	作功	进 气	压 缩
360 ~ 540	进 气	排 气	压 缩	作功
540 ~ 720	压 缩	进 气	作功	排 气

四缸机工作循环表（发火次序：1—3—4—2） 表 4-2

曲轴转角（°）	第一缸	第二缸	第三缸	第四缸
0 ~ 180	作功	排 气	压 缩	进 气
180 ~ 360	排 气	进 气	作功	压 缩
360 ~ 540	进 气	压 缩	排 气	作功
540 ~ 720	压 缩	作功	进 气	排 气

四冲程直列六缸发动机发火次序——发火间隔角应为 720°/6 = 120°。这种曲拐布置如图 4-50 所示，6 个曲拐分别布置在 3 个平面内，各平面夹角为 120°。曲拐的具体布置有两种方案，第一种发火次序是：1—5—3—6—2—4，这种方案应用较普遍，国产汽车的六缸发动机的点火次序都用这种，其工作循环在表 4-3 列出。另一种发火次序是：1—4—2—6—3—5。

四冲程 V 型八缸发动机发火次序——发火间隔角应为 720°/8 = 90°。这种曲轴只有 4 个曲拐,结构形式有正交于两平面内的空间曲拐(见图 4-51)和平面曲拐(同图 4-49 直列四缸发动机曲拐布置)两种。因空间曲拐平衡性较好,应用较多。空间曲拐发动机汽缸中线的夹角均为 90°,V 型发动机的工作顺序,随汽缸序号的排列方法而定。8V100 型汽油机的结构与工作循环如图 4-51 与表 4-4 所示。

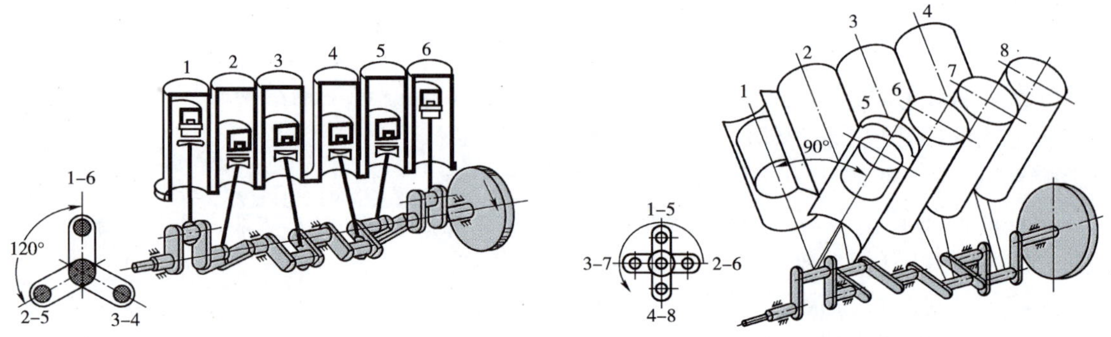

图 4-50 直列六缸发动机连杆轴颈布置(曲拐布置)　　图 4-51 V 型八缸发动机的空间曲拐

六缸机工作循环表(发火次序:1—5—3—6—2—4)　　表 4-3

<table>
<tr><th colspan="2">曲轴转角(°)</th><th>第一缸</th><th>第二缸</th><th>第三缸</th><th>第四缸</th><th>第五缸</th><th>第六缸</th></tr>
<tr><td rowspan="3">0 ~ 180</td><td>0</td><td rowspan="3">作 功</td><td rowspan="2">排 气</td><td>进 气</td><td>作功</td><td rowspan="2">压 缩</td><td rowspan="3">进 气</td></tr>
<tr><td>60</td><td rowspan="3">压 缩</td><td rowspan="3">排 气</td></tr>
<tr><td>120</td><td rowspan="3">进 气</td><td rowspan="3">作 功</td></tr>
<tr><td rowspan="3">180 ~ 360</td><td>180</td><td rowspan="3">排 气</td><td rowspan="3">压 缩</td></tr>
<tr><td>240</td><td rowspan="3">作 功</td><td rowspan="3">进 气</td></tr>
<tr><td>300</td><td rowspan="3">压 缩</td><td rowspan="3">排 气</td></tr>
<tr><td rowspan="3">360 ~ 540</td><td>360</td><td rowspan="3">进 气</td><td rowspan="3">作 功</td></tr>
<tr><td>420</td><td rowspan="3">排 气</td><td rowspan="3">压 缩</td></tr>
<tr><td>480</td><td rowspan="3">作 功</td><td rowspan="3">进 气</td></tr>
<tr><td rowspan="3">540 ~ 720</td><td>540</td><td rowspan="3">压 缩</td><td rowspan="3">排 气</td></tr>
<tr><td>600</td><td rowspan="2">进 气</td><td rowspan="2">作 功</td></tr>
<tr><td>660
720</td><td>排 气</td><td>压 缩</td></tr>
</table>

四冲程 V 型八缸发动机工作循环表(工作顺序:1—5—4—8—6—3—7—2)　　表 4-4

<table>
<tr><th colspan="2">曲轴转角(°)</th><th>第一缸</th><th>第五缸</th><th>第四缸</th><th>第八缸</th><th>第六缸</th><th>第三缸</th><th>第七缸</th><th>第二缸</th></tr>
<tr><td rowspan="2">0
↓
180</td><td rowspan="2">90—</td><td rowspan="2">作功</td><td>压缩</td><td rowspan="2">压缩</td><td>进气</td><td rowspan="2">进气</td><td>排气</td><td rowspan="2">排气</td><td>作功</td></tr>
<tr><td rowspan="2">作功</td><td rowspan="2">压缩</td><td rowspan="2">进气</td><td rowspan="2">排气</td></tr>
<tr><td rowspan="2">180
↓
360</td><td rowspan="2">270—</td><td rowspan="2">排气</td><td rowspan="2">作功</td><td rowspan="2">压缩</td><td rowspan="2">进气</td></tr>
<tr><td rowspan="2">排气</td><td rowspan="2">作功</td><td rowspan="2">压缩</td><td rowspan="2">进气</td></tr>
<tr><td rowspan="2">360
↓
540</td><td rowspan="2">450—</td><td rowspan="2">进气</td><td rowspan="2">排气</td><td rowspan="2">作功</td><td rowspan="2">压缩</td></tr>
<tr><td rowspan="2">进气</td><td rowspan="2">排气</td><td rowspan="2">作功</td><td rowspan="2">压缩</td></tr>
<tr><td rowspan="2">540
↓
720</td><td rowspan="2">630—</td><td rowspan="2">压缩</td><td rowspan="2">进气</td><td rowspan="2">排气</td><td rowspan="2">作功</td></tr>
<tr><td>压缩</td><td>进气</td><td>排气</td><td>作功</td></tr>
</table>

2. 主轴承和主轴承盖

主轴承(俗称大瓦)的基本结构与连杆轴承相同。不同之处在于主轴承一般开有周向油

槽和主油孔，对于负荷不太大的发动机，为了通用化，上下两片轴瓦都加工有油槽，而有些负荷大的发动机只在上瓦开油槽或油孔，这种瓦上下不能装反。在拆装时，使用过的主轴承不能互换。

主轴承盖通过螺栓与主轴承座相连。为了保证孔形，主轴承盖与主轴承座实行配对加工，为了防止装配错误，在主轴承盖上标有记号。现代发动机为了增大曲轴的支撑刚度和汽缸体刚度，尤其是铝合金汽缸体，将各个主轴承盖制成一体，形成主轴承盖梁，有利于改善汽缸体刚度，并加强曲轴抗弯强度，如图4-52所示。

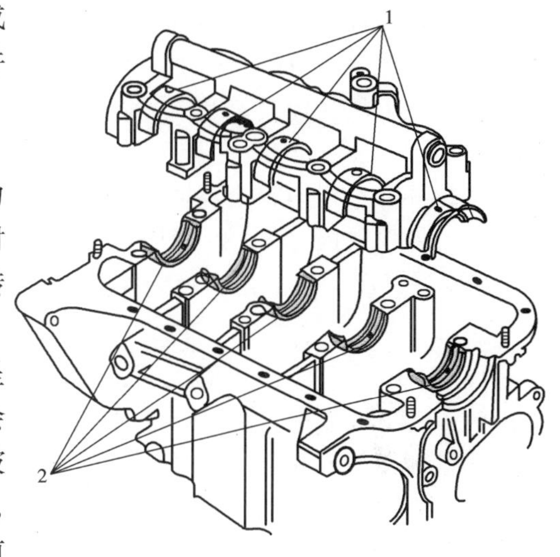

图4-52　主轴承及主轴承盖
1-整体式主轴承盖；2-主轴承

3. 曲轴扭转减振器

在发动机工作过程中，连杆作用在曲轴上的力呈周期性变化。这样就会使质量较小的曲拐相对于质量较大的飞轮有扭转摆动（曲拐转速较飞轮转速忽快忽慢），这就是曲轴的扭转振动。

当这种扭转振动的自振率频与连杆传来的呈周期性变化的激振频率成整数倍关系时，曲轴便会产生共振。这种现象既损失发动机的功率，也会破坏曲轴和装在上面的驱动齿轮、链轮、链条等附件，严重时甚至将曲轴扭断。为消除这种现象，曲轴前端装有扭转减振器。

汽车发动机最常用的曲轴扭转减振器是摩擦式扭转减振器，其可分为橡胶式扭转减振器和硅油式扭转减振器两类。

在橡胶摩擦式扭转减振器中如图4-53所示，转动惯量较大的惯性盘5用一层橡胶垫和由薄钢片冲压制成的盘3相连。盘3和惯性盘5都与橡胶垫4硫化粘接。盘3的毂部用螺钉固定在装于曲轴前端的风扇带轮上。当曲轴发生扭转振动时，曲轴前端的角振幅最大，而且通过带轮毂带动圆盘3一起振动。惯性盘5则因转动惯量较大而实际上相当于一个小型的飞轮，其转动瞬时角速度也就比圆盘3均匀得多。这样，惯性盘5就同盘3有了相对角振动，而使橡胶垫4产生正反方向交替变化的扭转变形。这时由于橡胶垫变形而产生的橡胶内部的分子摩擦，消耗扭转振动能量，整个曲轴的扭转振幅将减小，把曲轴共振转速移向更高的转速区域内，从而避免在常用转速内出现共振。上海桑塔纳轿车发动机的曲轴上也采用了橡胶扭转减振器。

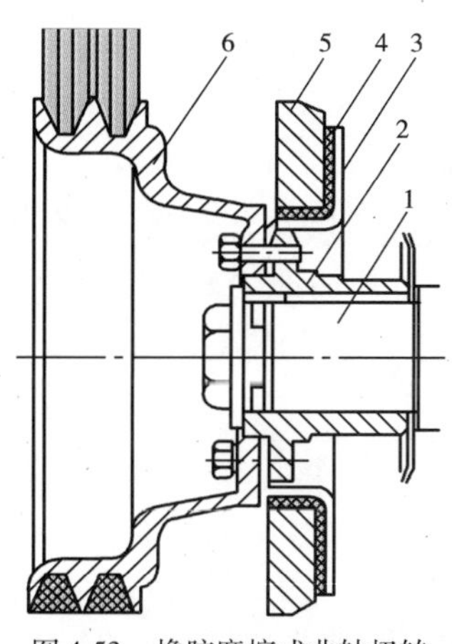

图4-53　橡胶摩擦式曲轴扭转减振器结构
1-曲轴前端；2-带轮毂；3-减振器盘；4-橡胶垫；5-惯性盘；6-带盘

橡胶减振器结构简单，工作可靠，可选择获得最大减振效果的固有频率，也可系列化。此外，还有干摩擦式扭转减振器和黏液式减振器。扭转减振器常放在扭转振幅最大的曲轴自由端。为节省空间或传动上的方便，很多小轿车内燃机上常利用带轮作为减振体。在一些高级轿车内燃机上，还采用双重减振器，它是在带轮的外圆柱面和内侧端面分别用橡胶与一个扭转减振体和一个弯曲减振体硫化成整体，它可抑制曲轴的扭转振动和弯曲振动。

4. 飞轮

飞轮是一个转动惯量很大的圆盘,其主要功用是将在作功行程中输入于曲轴的动能的一部分储存起来,用以在其他行程中克服阻力,带动曲柄连杆机构越过上、下止点,保证曲轴的旋转角速度和输出转矩尽可能均匀,并使发动机有可能克服短时间的超载荷。此外,飞轮又往往用作摩擦式离合器的驱动件。

为了在保证有足够的转动惯量的前提下,尽可能减小飞轮的质量,应使飞轮的大部分质量都集中在轮缘上,因而轮缘通常做得宽而厚。

飞轮多采用灰铸铁制造,当轮缘的圆周速度超过 50 m/s 时,要采用强度较高的球铁或铸钢制造。

飞轮外缘上压有一个齿圈,可与起动机的驱动齿轮啮合,供起动发动机用。飞轮上通常刻有第一缸发火正时记号,以便校准发火时间。CA6102 型发动机的正时记号是"上止点/1—6",当这个记号与飞轮壳上的刻线对正时,即表示 1—6 缸的活塞处在上止点位置,如图4-54a)所示。

EQ6100—1 型发动机的飞轮上的这一记号为一个镶嵌的钢球,当钢球与飞轮壳上的刻线对准时,为 1—6 缸的活塞处于上止点位置,如图 4-54b)所示。

多数轿车发动机 1 缸上止点记号在曲轴发动机曲轴前端带轮上,当带轮边缘的缺口与正时齿轮罩上记号对准时,为 1 缸的活塞处于上止点位置,如图 4-54c)所示。

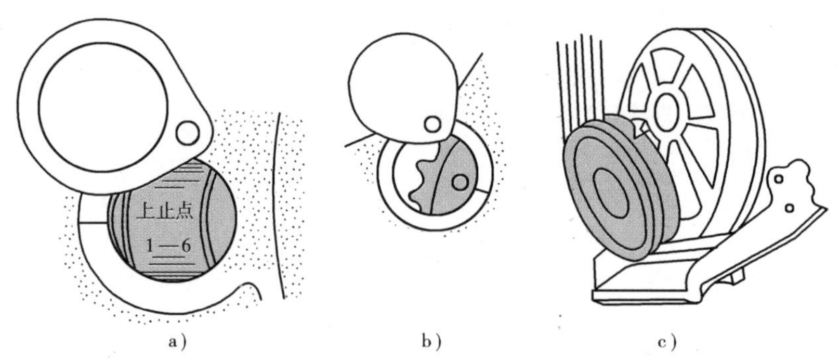

图 4-54 汽车发动机点火正时记号

a) CA6102 型发动机;b) EQ6100—1 型发动机;c) 轿车发动机

飞轮与曲轴装配后应进行动平衡试验,所以在某些发动机飞轮上和曲轴上能看到有钻过的孔。否则在旋转时因质量不平衡而产生离心力,将引起发动机振动并加速主轴承的磨损。为了在拆装时不破坏它们的平衡状态,飞轮与曲轴之间应有严格的相对位置,用定位销或不对称布置螺栓予以保证。

第五节 平 衡 轴

现代轿车特别重视乘坐的舒适性和噪声水平,为此必须将引起汽车振动和噪声的发动机不平衡力及不平衡力矩减小到最低限度。在曲轴的曲柄臂上设置的平衡重只能平衡旋转惯性力及其力矩,而往复惯性力及其力矩的平衡则需采用专门的平衡机构。

如前所述:发动机工作时,曲柄连杆机构的往复运动质量将产生往复惯性力 F_j。它可视作由一阶往复惯性力 F_{jI} 与二阶往复惯性力 F_{jII} 组成,即 $F_j = F_{jI} + F_{jII}$。当发动机的结构和转速一定时,一阶往复惯性力与曲轴转角的余弦成正比,二阶往复惯性力与二倍曲轴转角的余弦成正比。发动机往复惯性力的平衡状况与汽缸数、汽缸排列形式及曲拐布置形式等因素有关。

现代中级和普及型轿车普遍采用四冲程直列四缸发动机。平面曲轴的四缸发动机的一阶往复惯性力、一阶往复惯性力矩和二阶往复惯性力矩都平衡,唯二阶往复惯性力不平衡(图 4-55)。为了平衡二阶往复惯性力需采用双轴平衡机构。两根平衡轴与曲轴平行且与汽缸中心线等距,旋转方向相反,转速相同,都为曲轴转速的二倍。两根轴上都装有质量相同的平衡重,其旋转惯性力在垂直于汽缸中心线方向的分力互相抵消,在平行于汽缸中心线方向的分力则合成为沿汽缸中心线方向作用的力,与 F_{jII} 大小相等,方向相反,从而使 F_{jII} 得到平衡。图 4-56 所示为两根平衡轴一高一低在汽缸中心线左右等距布置,上方的平衡轴与曲轴旋转方向相同,下方的平衡轴旋向相反,上下平衡轴的垂直距离等于连杆长度的 0.7 倍。这种平衡机构可以显著地降低由二阶往复惯性力和气体力所造成的振动和噪声。图 4-57 所示为齿轮传动的双轴平衡装置。整个装置置于油底壳内,两个平衡轴高度相同,相对汽缸中心线左右对称。

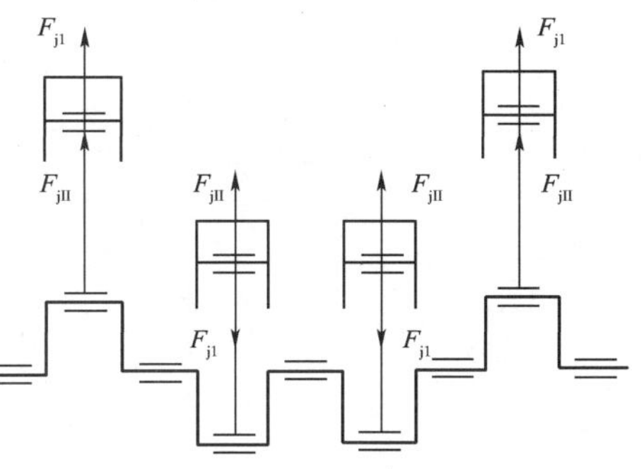

图 4-55 作用在曲轴上的一、二阶往复惯性力

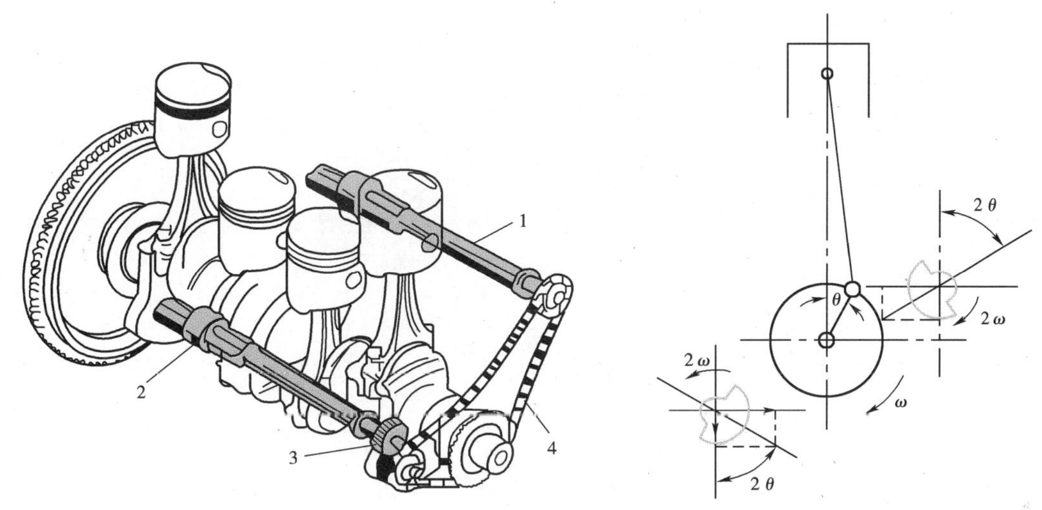

图 4-56 链传动双轴平衡机构(三菱汽车公司)

1-右平衡轴及平衡重;2-左平衡轴及平衡重;3-传动齿轮;4-传动链

四冲程直列三缸发动机的曲轴为 3 个曲拐互成 120°夹角的空间曲轴,其一阶和二阶往复惯性力矩不平衡。采用单轴平衡机构(图 4-58)将一阶往复惯性力矩平衡。平衡轴与曲轴转速相同,旋向相反。二级往复惯性力矩没有平衡,可通过合理设计发动机悬置系统将其产生的

振动吸收。为了保证平衡效果，安装在曲轴上的平衡轴驱动齿轮和安装在平衡轴上的从动齿轮均刻有对正记号，装配平衡轴时，必须将对正记号对齐。

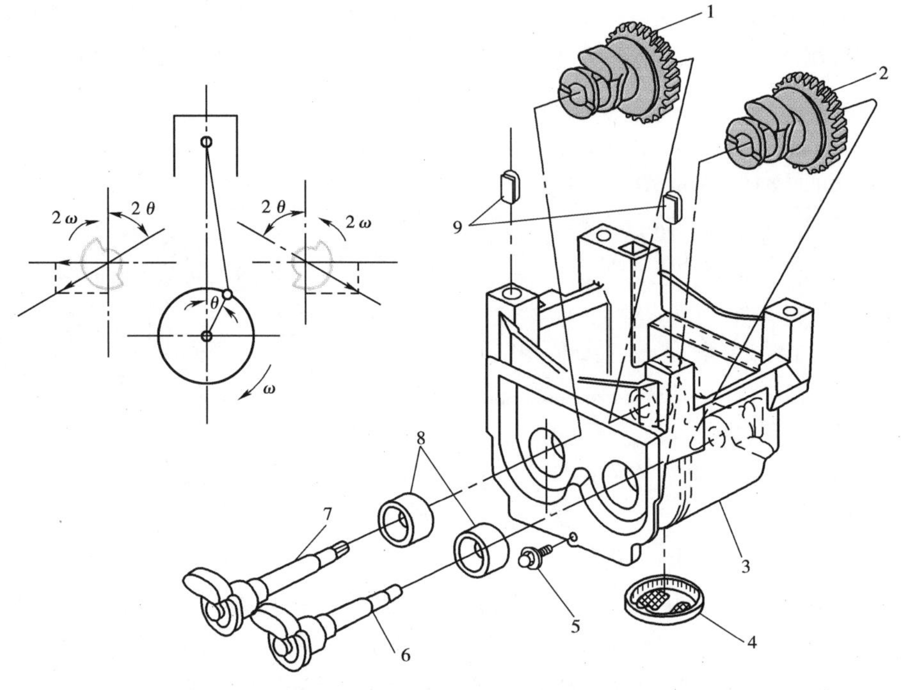

图 4-57　齿轮传动双轴平衡装置（通用汽车公司）

1、2-左、右传动齿轮及平衡重；3-平衡装置壳体；4-滤网；5-螺栓；6、7-左、右平衡轴及平衡重；8-衬套；9-定位销

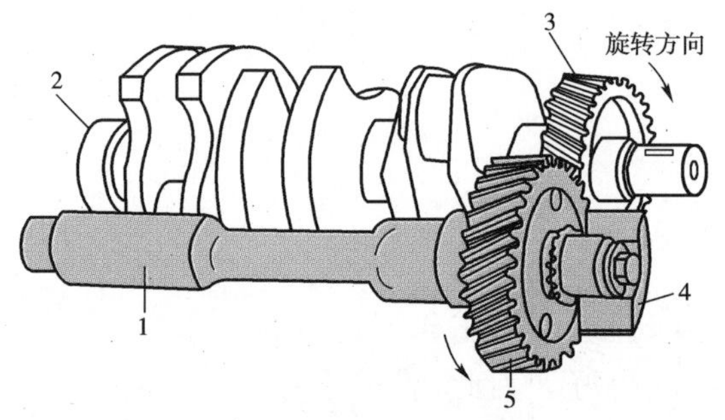

图 4-58　单轴平衡机构

1-平衡轴；2-曲轴；3-平衡轴驱动齿轮；4-平衡重；5-平衡轴从动齿轮

第五章 配气机构

第一节 概 述

配气机构的功用是按照发动机各缸工作过程的需要，定时地开启或关闭进、排气门，使可燃混合气或空气及时进入汽缸，废气及时排出汽缸。

吸入的可燃混合气或空气越多，发动机发出的功率和转矩越大。可燃混合气或空气充满汽缸的程度，常用充气效率表示，也称充气系数。对于一定工作容积的发动机而言，充气效率与进气终了时汽缸内的压力和温度有关。进气终了压力越高，温度越低，则一定容积的气体质量就越大，表明充气效率越高。

由于充气时间短促，进气系统对气流的阻力，造成进气终了时缸内气体压力降低，又由于上一循环中残留在汽缸内的高温废气，以及燃烧室、活塞顶、气门等高温零件对进入汽缸的新气加热，使进气终了时气体温度升高，实际充入汽缸的新鲜气体的质量总是小于在大气状态下充满汽缸工作容积的新鲜气体的质量。也就是说，充气效率总是小于1，一般为0.80～0.90。

影响发动机充气效率的因素很多，要求配气机构的结构有利于减小进气和排气的阻力，而且进、排气门的开启时刻和持续开启的时间要适当，使进气和排气都尽可能充分。

发动机在全负荷下工作时，需获得最大功率和转矩，这就要求配气机构应保证获得最大的可燃混合气或空气量。在发动机部分负荷下工作时，这时配气机构应保证混合气形成得好。为此，许多乘用车发动机已经采用可变配气机构技术，以满足各工况和各转速条件下对新鲜空气或可燃混合气质和量的要求。

1. 气门式配气机构的组成和工作情况

气门式配气机构多采用顶置式气门，即进、排气门位于汽缸盖内，倒挂在汽缸顶上（顶置式气门）。气门式配气机构由气门组和气门传动组两部分组成，如图5-1所示。气门组包括：气门锁片9、气门弹簧座10、气门11、气门弹簧13、气门导管14、气门座15等零件；气门传动组包括：正时齿轮1、凸轮轴2、

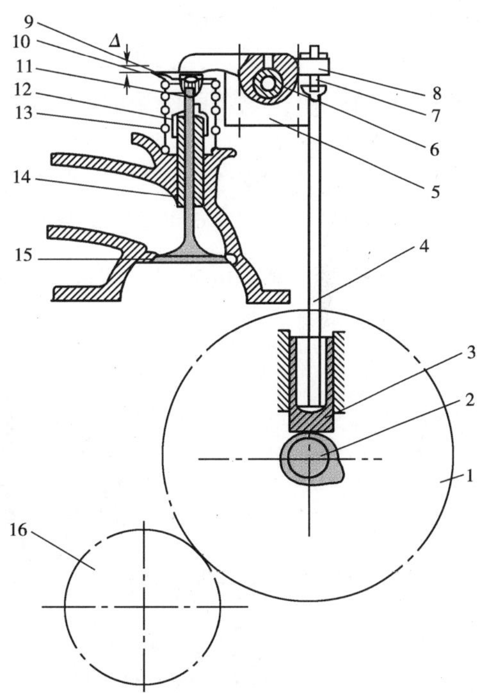

图5-1 配气机构的组成

1-凸轮轴正时齿轮；2-凸轮轴；3-挺柱；4-推杆；5-摇臂轴支架；6-摇臂轴；7-调整螺钉及锁紧螺母；8-摇臂；9-气门锁片；10-气门弹簧座；11-气门；12-防油罩；13-气门弹簧；14-气门导管；15-气门座；16-曲轴正时齿轮；Δ-气门间隙

气门挺柱3、推杆4、调整螺钉和锁紧螺母7、摇臂8、摇臂轴6、摇臂轴支架5等零件。当汽缸的工作循环需要将气门打开进行换气时，由曲轴通过正时齿轮驱动凸轮轴旋转，使凸轮轴上的凸轮凸起部分通过挺柱、推杆、调整螺钉，推动摇臂摆转，摇臂的另一端便向下推开气门，同时使弹簧进一步压缩。当凸轮的凸起部分的顶点转过挺柱以后，便逐渐减小了对挺柱的推力，气门在其弹簧张力的作用下，开度逐渐减小，直至最后关闭，进气或排气过程即告结束。压缩和作功行程中，气门在弹簧张力作用下严密关闭，使汽缸密闭。

车用发动机的高速、强化、低排放，要求配气机构不断改善换气性能和提高高速适应性。配气机构随着内燃机的发展，出现了多种配气机构形式。

2. 气门式配气机构的布置形式

(1)按凸轮轴的布置位置，可分为凸轮轴下置式、凸轮轴中置式和凸轮轴上置式。

(2)按曲轴和凸轮轴的传动方式，可分为齿轮传动式、链条传动式和齿形带传动式。

(3)按每缸气门数目，有二气门式、三气门式、四气门式和五气门式。

顶置气门、下置凸轮轴配气机构(OHV)如图5-1所示。顶置气门、下置凸轮轴配气机构的凸轮轴位于汽缸体侧部，或位于V型发动机汽缸体的V形夹角内。气门通过挺柱、推杆、摇臂传递运动和力。下置凸轮轴离曲轴近，凸轮轴的驱动常通过一对齿轮实现。这种配气机构因传动环节多、路线长，在高速运动下，整个系统容易产生弹性变形，影响气门运动规律和开启、关闭的准确性。因此多用于转速较低的发动机。

顶置气门、中置凸轮轴式配气机构中的凸轮轴位于汽缸体的上部，与凸轮轴下置式配气机构的组成相比，减少了推杆，从而减轻了配气机构的往复运动质量，增大了机构的刚度，更适用于较高转速的发动机。

顶置气门、上置凸轮轴配气机构(OHV/OHC)如图5-2所示。顶置气门、上置凸轮轴配气机构的凸轮轴安装在汽缸盖上，它可以直接驱动沿汽缸体纵向排成一列的两个气门，也可以通过摇臂驱动气门，如图5-2b)所示。为了减小气门的侧向力，凸轮轴与气门杆顶部间设有气门导筒或摇臂。

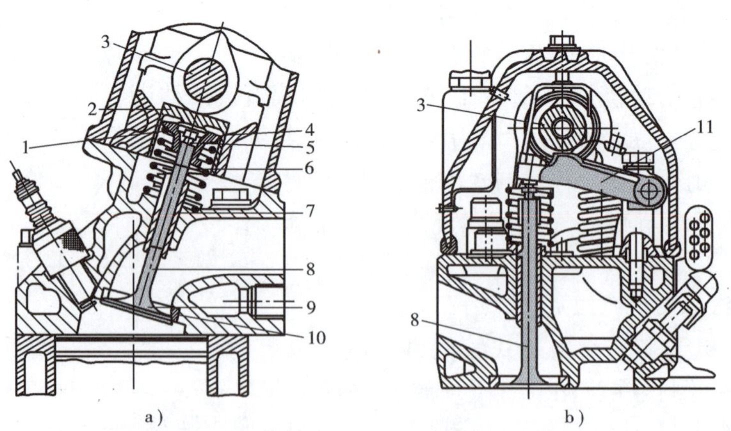

图5-2 顶置气门、上置凸轮轴配气机构

a)凸轮直接驱动气门；b)凸轮通过摇臂驱动气门

1-垫片；2-挺柱；3-凸轮轴；4-气门弹簧座；5-锁片；6-气门弹簧；7-气门导管；8-气门杆；9-气门头部；10-气门座圈；11-摇臂

如果两个气门沿汽缸体纵向分别排成两列，则可采用顶置气门、双摇臂、上置凸轮轴的配气机构，如图5-3所示。该配气机构用一个凸轮轴通过进、排气凸轮和两个摇臂分别控制进、排气门。

上述两种配气机构布置紧凑，减少了传动环节，高速性能很好。但凸轮轴离曲轴较远，如用齿轮传动则较复杂。在中小功率发动机上，由于齿形带的开发，可容易解决远距离的凸轮轴驱动。每缸2个气门的发动机，虽然尽量加大气门，特别是进气门头部直径，但因受燃烧室空间的限制，气门直径一般不能超过汽缸直径的一半，因而不能保证高速内燃机良好的换气品质。目前在一些汽缸直径小于100 mm的内燃机，特别是高速汽油机中，较多的采用每缸四气门结构或三气门、五气门结构。采用多气门结构后，能够让尽可能多的新鲜混合气或空气进入汽缸内，使单位汽缸工作容积发出更多的功；同时每个气门直径的减小，可适当降低气门的温度，有利于减轻气门的热负荷与机械负荷，提高了气门的刚度与工作可靠性。试验证明，四气门比二气门能增大功率和转矩15%，油耗可降低5%。由于气门的相位角和重叠角减小，有害废气排放可减少。

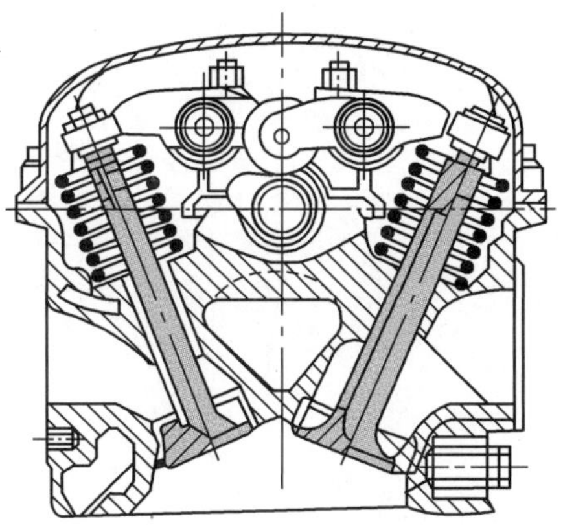

图5-3 顶置气门、双摇臂、上置凸轮轴配气机构

如奥迪1.8T四缸汽油机，每缸从两个气门增加为4个气门（二进二排），进气面积增加30%，排气面积增加50%，功率增大25%。

顶置气门、上置双凸轮轴配气机构（OHV/DOHC），如图5-4所示。顶置气门、上置双凸轮轴配气机构是放在汽缸盖上的两根凸轮轴通过气门导筒或气门调整盘，分别控制汽缸盖上两列进气门和排气门（即同名气门是沿汽缸体纵向排列）的。这种配气机构没有传动环节，其高速性最佳。

对于每缸采用三气门（2个进气门，1个排气门）和五气门（3个进气门和2个排气门）的发动机，其气门的驱动方式与四气门驱动方式类似。

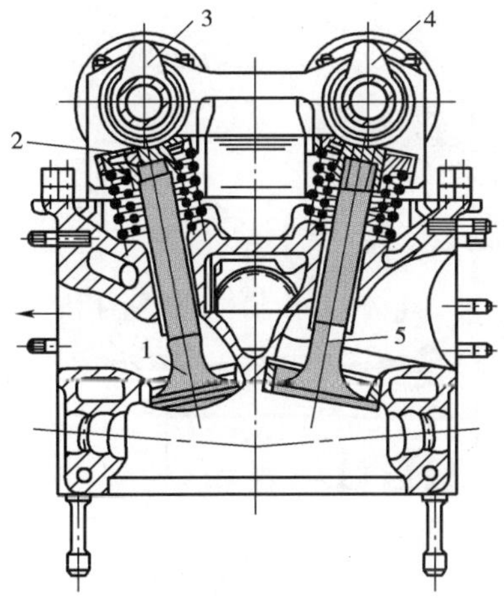

3. 配气机构的传动

曲轴通过齿轮副或链传动或齿形带传动来驱动凸轮轴，凸轮轴再带动摇臂或直接推动进、排气门。

由于曲轴与凸轮轴之间驱动方式不同，配气机构的传动有齿轮驱动、链条驱动和齿形带驱动3种。四冲程发动机每完成一个工作循环，曲轴旋转两周，凸轮轴只旋转1周，各缸的进、排气门各开启1次，故曲轴与凸轮轴转速之比（即传动比）应为2∶1。

1）齿轮驱动形式

采用齿轮副来驱动凸轮轴，凸轮轴正时齿轮的齿数为曲轴正时齿轮齿数的两倍。凸轮轴下置时，两轴距离较近，一般都采用齿轮副驱动。若两轴距离稍远时，可加装中间齿轮。为了啮合平稳，减小噪声，在中、小功率发动机上，采用斜齿轮传动，曲轴正时齿轮用钢来制造，而凸轮轴正时齿轮

图5-4 顶置气门、上置双凸轮轴配气机构

1-排气门；2-气门调整盘；3-排气凸轮轴；4-进气凸轮轴；5-进气门

则用铸铁或夹布胶木制造,如图 5-5 所示。

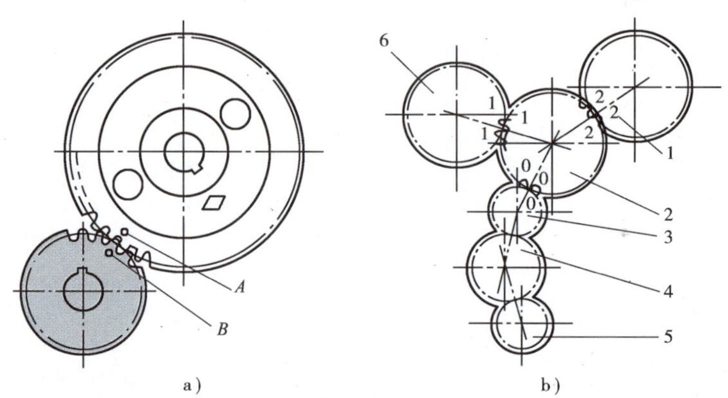

图 5-5　齿轮传动及正时记号

a)一对正时齿轮的传动;b)加中间惰轮的齿轮传动

1-喷油泵正时齿轮;2、4-中间惰轮;3-曲轴正时齿轮;5-机油泵传动齿轮;6-凸轮轴正时齿轮

A-凸轮轴正时齿轮记号;*B*-曲轴正时齿轮记号

2)链条驱动形式

链条式驱动,是指曲轴通过链条来驱动凸轮轴,如图 5-6 所示。这种驱动形式一般多用于凸轮轴上置的远距离传动。为使在工作时链条具有一定的张力而不致脱链,通常装有导链板 14,张紧轮装置 2、11 等。

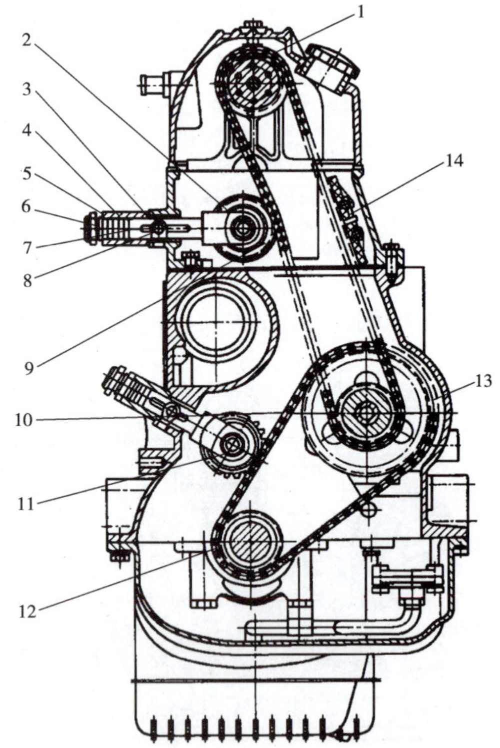

图 5-6　汽油机凸轮轴的链条传动装置

1-凸轮轴链轮;2-上链条张紧轮;3-张紧轮导向套筒;4-压紧弹簧;5-锁紧螺母;6-张力调整螺钉;7-张紧轮导向销;8-导向销锁紧螺母;9-上链条;10-下链条;11-下链条张紧轮;12-曲轴链轮;13-中间链轮;14-导链板

3)齿形带驱动形式

这种驱动形式与链驱动的原理相同。只是链轮改为齿轮,链条改成齿形带,如图 5-7、图 5-8 所示。这种齿形带用氯丁橡胶制成,中间夹有玻璃纤维和尼龙织物,以增加强度。齿形带驱动与链条驱动相比具有齿形带伸长量小、噪声低、质量轻、成本低、工作可靠和不需要润滑等优点。因此,现代轿车高速发动机大多数采用齿形带传动。为了确保传动可靠,齿形带保持一定张紧力,为此,在齿形带传动机构中设置张紧装置。

4. 每缸气门数及其排列方式

1)每缸两个气门方式

一般发动机较多地采用每缸两个气门,即一个进气门和一个排气门。这种结构在可能的条件下应尽量加大气门的直径,特别是进气门的直径,以改善汽缸的换气。但是,由于燃烧室尺寸的限制,从理论上讲,最大气门直径一般不超过汽缸直径的一半。

当汽缸直径较大，活塞平均速度较高时，每缸一进一排的气门结构就不能满足发动机对换气的要求。当每缸用两气门时，大多数采用所有气门沿机体纵向轴线排成一列的方式。这样，相邻

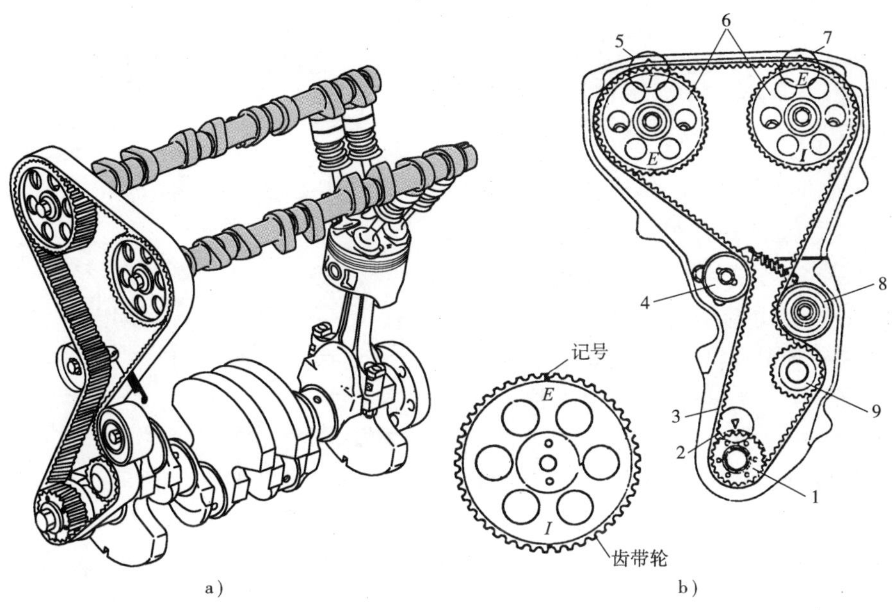

图 5-7 双顶置凸轮轴的传动布置(一)

a)空间布置；b)平面布置

1-曲轴正时齿带轮；2-正时对正记号；3-齿形带；4-张紧轮；5-进气凸轮正时记号；6-凸轮轴正时齿带轮；7-排气侧正时记号；8-导向轮；9-水泵齿带轮

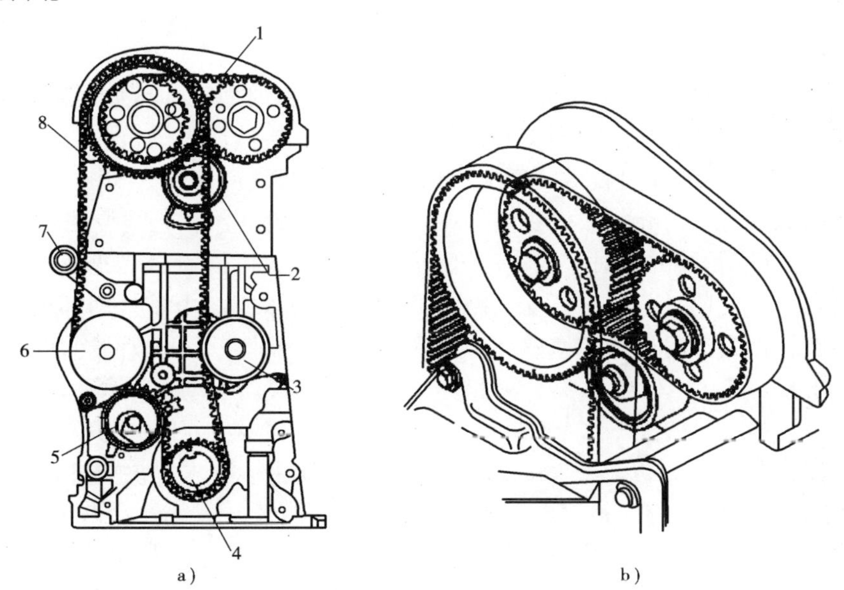

图 5-8 双顶置凸轮轴的传动布置(二)

a)平面布置；b)空间布置

1-连接齿形带；2-连接齿形带张紧轮；3-导向轮；4-曲轴正时齿带轮；5-主齿形带张紧轮；6-水泵齿带轮；7-导向轮；8-主齿形带

两缸的同名气门就有可能合用一个气道,以使气道简化并得到较大的气道通过截面;另一种是将进、排气门交替布置,每缸单独用一个气道,这样有助于汽缸盖冷却均匀。

2)每缸4个气门方式

在很多新型汽车发动机上采用每缸4个气门的结构,即两个进气门和两个排气门,采用这种形式后,进气门总的通过断面较大,充气效率较高,排气门的直径可适当减小,使其工作温度相应降低,提高了工作可靠性。采用直接喷射式燃烧室或预燃室燃烧室的大功率高速柴油机,如果采用每缸4个气门的结构特别有利。它可将喷油器或预热室布置在汽缸的中央位置,使混合气形成和燃烧更好,汽缸盖的结构布局更为合理。此外,采用4气门后还可适当减小气门升程,改善配气机构的动力性,四气门的汽油机还有利于改善排放,如图5-9所示。

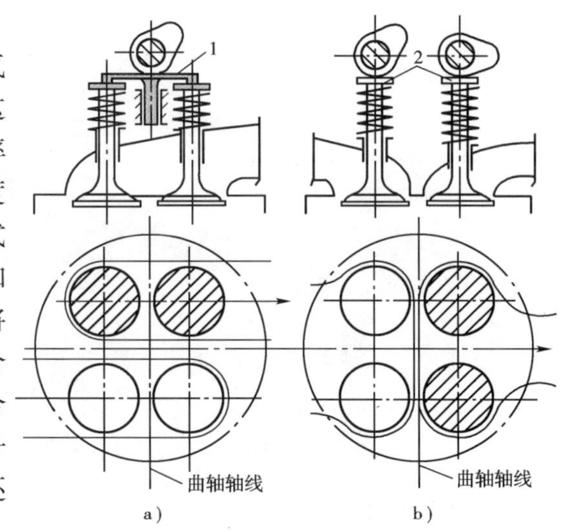

图5-9 汽缸四气门的布置
a)同名气门排成两列;b)同名气门排成一列
1-T形杆;2-气门尾端的从动盘

当每缸采用4个气门时,气门排列的方案有两种:①同名气门排成两列(图5-9a)),由一个凸轮通过T形驱动杆同时驱动,并且所有气门都可以由一根凸轮轴驱动。在这种布置中,两同名气门在气道中的位置不同,可能会使二者的工作条件和工作效果不一致。②同名气门排成同一列(图5-9b))则弥补了上述缺点,但一般要用两根凸轮轴。

3)每缸5个气门方式

现代轿车发动机设计面临的主要任务是进一步降低燃油消耗和排放污染,提高动力性和减少噪声,另外还要降低成本。新型奥迪轿车的V型六缸五气门发动机和捷达EA113型四缸五个气门发动机就采用五气门技术,如图5-10所示。与四气门相比,采用每缸5个气门的发动机其气门流通截面更大,充气效率更高。在四气门发动机缸盖和五气门发动机缸盖上,气门可能的最大直径是不相同的。对于四气门缸盖,气门的最大可能直径受火花塞和气门之间棱宽的限制,而对于五气门缸盖则主要受气门自身间棱宽的限制。由于气门和火花塞的间距增大,就有可能在铸件设计时把火花塞座和排气道分开,从而使整个区域的冷却得到显著改善,这就确保五气门发动机尽管汽缸充气效率高,而爆燃敏感性却极小。因此每缸采用5个气门,为满足高性能指标要求提供了机会,可以实现燃油消耗低、转矩大及排污少,比四气门发动机达到的性能指标更好。此外,如果将五气门技术与增压技术相结合,其性能指标的优势将更加明显。

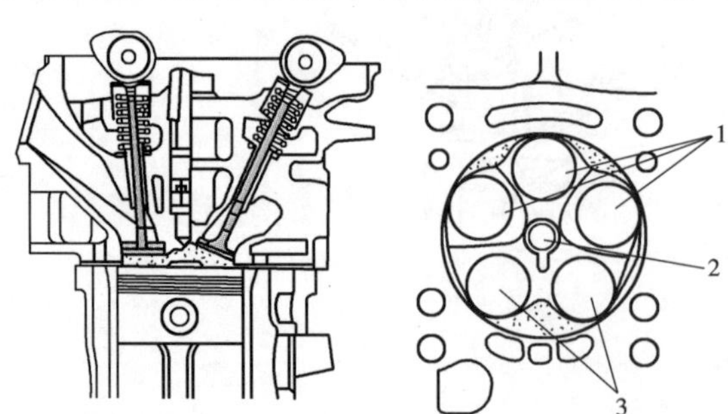

图5-10 五气门发动机燃烧室断面和气门布置
1-进气门(3个);2-火花塞门;3-排气门(2个)

当每缸采用5个气门时,气门排列的方案通常是同名气门排成一列,分别用进气凸轮轴和排气凸轮轴驱动。捷达EA113型发动机的5个气

门是采用铝合金材料铸造而成的整体式缸盖;燃烧室采用了紧凑浴盆式,火花塞位于燃烧室中心,如图 5-10 所示。

5. 气门间隙

发动机工作时,气门将因温度升高而膨胀,如果气门及其传动件之间,在冷态时无间隙或间隙过小,则在热态时,气门及其传动件的受热膨胀势必引起气门关闭不严,造成发动机在压缩和作功行程中漏气,而使功率下降,严重时甚至不易起动。为了消除这种现象,通常在发动机冷态装配时,在气门与其传动机构中,留有适当的间隙,以补偿气门受热后的膨胀量,这一间隙通常称为气门间隙。有的发动机采用液力挺柱,挺柱的长度能自动变化,随时补偿气门的热膨胀量,故不需要预留气门间隙。

气门间隙的大小由发动机制造厂根据试验确定。一般在冷态时,进气门的间隙为 0.25 ~ 0.35mm,排气门的间隙为 0.30 ~ 0.35mm。如果气门间隙过小,发动机在热态下可能因气门关闭不严而发生漏气,导致功率下降,甚至气门烧坏。如果气门间隙过大,则使传动零件之间以及气门和气门座之间产生撞击响声,并加速磨损。同时,也会使气门开启的持续时间减少,汽缸的充气以及排气情况变坏。

第二节 配 气 相 位

在前述四冲程发动机的简单工作循环时,为了方便,曾把进、排气过程都看作是在活塞的一个行程(即曲轴转 180°)内完成的,即气门开关时刻是在活塞的上、下止点处。但实际情况并非如此。由于发动机转速很高,一个行程的时间极短,如四冲程发动机转速 3 000r/min 时,一个行程时间只有 0.01s,再加上用凸轮驱动气门开启需要一个过程,气门全开的时间就更短了,这样短的时间难以做到进气充分,排气彻底。为了改善换气过程,提高发动机性能,实际发动机的气门开启和关闭并不恰好在活塞的上下止点,而是适当的提前和迟后,以延长进排气时间。也就是说,气门开启过程中曲轴转角都大于 180°。

用曲轴转角表示的进、排气门开闭时刻和开启持续时间,称为配气相位。配气相位的各个角度可用配气相位图(图 5-11)来表示。

1. 进气门的配气相位

(1)进气提前角。在排气行程接近终了,活塞到达上止点之前,进气门便开始开启。从进气门开始开启到上止点所对应的曲轴转角称为进气提前角(或早开角),用 α 表示。α 一般为 10° ~ 30°。进气门早开,使得活塞到达上止点开始向下运动时,因进气门已有一定开度,所以可较快地获得较大的进气通道截面,减少进气阻力。

(2)进气迟后角。在进气行程下止点过后,活塞又重新上行一段,进气门才关闭。从下止点到进气门关闭所对应的曲轴转角称为进气迟后角(或晚关角),用 β 表示,β 一般为 40° ~ 80°。进气门晚关,是因为活塞到达下止点时,由于进气阻力的影响,汽缸内的压力仍低于大气压,且气流还有相当大的惯性,仍能继续进气。下止点过后,随着活塞的上行,汽缸内压力逐渐增大,进气气流速度也逐渐减小,至流速等于零时,进气门便关闭的 β 角最适宜。若 β 过大便会将进入汽缸内的气体重新又压回进气管。

由上可见,进气门开启持续时间内的曲轴转角,即进气持续角为 $\alpha + 180° + \beta$。

2. 排气门的配气相位

(1)排气提前角。在作功行程的后期,活塞到达下止点前,排气门便开始开启。从排气门开始开启到下止点所对应的曲轴转角称为排气提前角(或早开角),用 γ 表示,γ 一般为 40° ~ 80°。恰当的排气门早开,汽缸内还有大约 300 ~ 500kPa 的压力,作功作用已经不大,可利用此压力使汽缸内的废气迅速地自由排出,等活塞到达下止点时,汽缸内只剩约 110 ~ 120kPa 的压力,使排气冲程所消耗的功率大为减小。此外,高温废气的早排,还可以防止发动机过热。但 γ 角若过大,则将得不偿失。

(2)排气迟后角。在活塞越过上止点后,排气门才关闭。从上止点到排气门关闭所对应的曲轴转角称为排气迟后角(或晚关角),用 δ 表示,δ 一般为 10° ~ 30°。由于活塞到达上止点时,汽缸内的压力仍高于大气压,且废气气流有一定的惯性,所以排气门适当晚关可使废气排得较干净。

由此可见,排气门开启持续时间内的曲轴转角,即排气持续角为 $\gamma + 180° + \delta$。

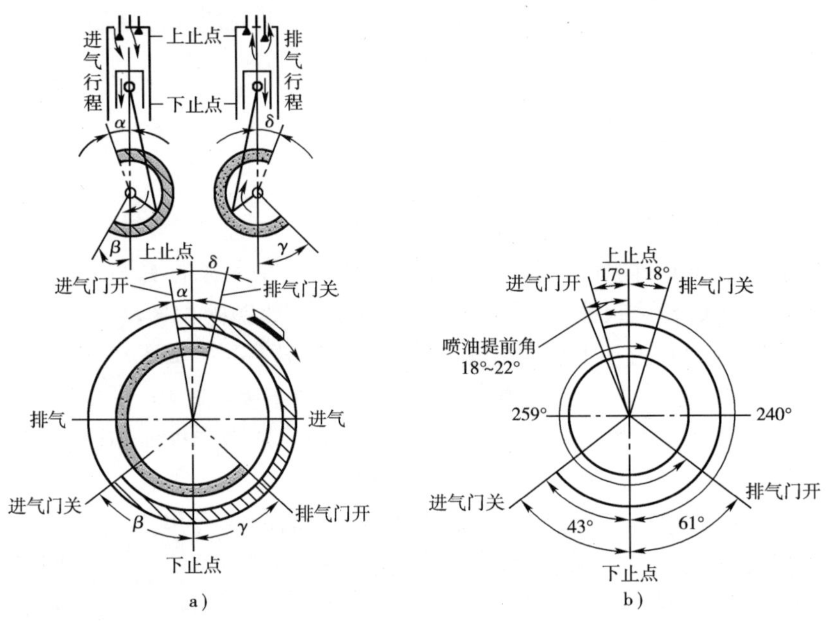

图 5-11 配气相位图

a)配气相位表示法;b)YC6105 配气相位图

由于进气门关闭时,活塞上行距下止点已较远,其速度已相当大,因而进气迟后角的变化对汽缸内的容积及充气量的影响较大。所以,在配气相位的 4 个角中,进气迟后角的大小,对发动机性能的影响最大。

3. 气门的叠开

由于进气门早开和排气门晚关,就出现了一段进排气门同时开启的现象,称为气门叠开。同时开启的角度,即进气门早开角与排气门晚关角的和($\alpha + \delta$),称为气门叠开角。

由于气门叠开时开度较小,且新鲜气体和废气流的惯性要保持原来的流动方向,所以只要叠开角适当,就不会产生废气倒排回进气管和新鲜气体随废气排出的问题。发动机的结构不同、转速不同,配气相位也就不同。

有些增压柴油机的配气相位,其叠开角度较一般柴油机要大得多。这是因为进气压力高,一方面不会发生废气倒流进入进气管的现象,另一方面除可使充气量更大外,新鲜空气可将汽缸内的废气扫除干净。虽有一部分新鲜空气会从排气门排出,并不消耗燃油。

同一台发动机转速不同也应有不同的配气相位,转速越高,提前角和迟后角也应越大,然而这在结构上很难满足。现在都是按发动机的性能要求,通过试验来确定某一常用转速下较合适的配气相位,自然它也只能对这一转速最为有利。

随着电子技术的发展,一些可变配气相位和可变气门升程的控制机构已在轿车发动机上得到应用。

第三节　气门传动组

气门传动组的主要机件有凸轮轴及其驱动装置,包括挺柱、推杆、摇臂及摇臂轴等(图5-1 ~ 图5-4)。

1. 凸轮轴

1)凸轮轴的功用与材料

凸轮轴是气门传动组中最主要的零件,用来驱动和控制各缸气门的开启和关闭,使其符合发动机的工作顺序、配气相位及气门开度的变化规律等要求。此外,有些汽油机还用它来驱动汽油泵、机油泵和分电器等。

凸轮是凸轮轴的主要工作部分,它在工作时承受气门弹簧的张力和传动件的惯性力。由于它与挺柱(或摇臂)接触近于线接触,接触面积小,单位压力很大,磨损较快,因而应有较高的耐磨性,并要特别注意两者之间材料及其热处理的组合,否则很容易在这对摩擦副的工作面上发生刮伤和剥落等损伤。为了保证气门开闭规律的正确性,还应有足够的刚度。

为了满足工作条件的要求,凸轮轴多用优质碳钢或合金钢锻制,也可采用合金铸铁和球墨铸铁铸造。凸轮轴上的轴颈和凸轮工作表面经表面高频淬火(中碳钢)或渗碳淬火(低碳钢)处理后精磨,以改善其耐磨性。

2)凸轮轴的构造

凸轮轴主要由凸轮、凸轮轴轴颈等组成。对于下置式凸轮轴的汽油机还具有用以驱动机油泵、分电器的螺旋齿轮和驱动汽油泵的偏心轮(图5-12)。

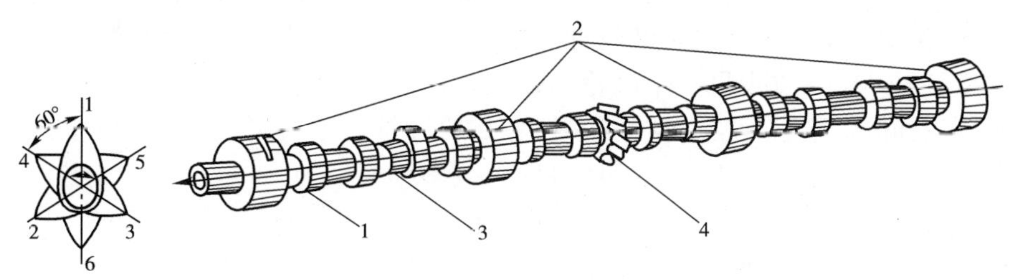

图5-12　六缸发动机凸轮轴

1-凸轮;2-凸轮轴轴颈;3-驱动汽油泵的偏心轮;4-驱动分电器等的螺旋齿轮

(1)凸轮。凸轮的轮廓应保证气门开启和关闭的持续时间符合配气相位要求,且有合适的升程及其升降过程的运动规律。凸轮的轮廓形状如图5-13所示。O为凸轮轴的轴心,圆弧

EA 为凸轮的基圆,圆弧 *AB* 和 *DE* 为凸轮的缓冲段,缓冲段中凸轮的升程(升程即轮廓型线上某点较基圆半径凸出的量)变化速度较慢,圆弧 *BCD* 为凸轮的工作段,此段升程较快,*C* 点时升程最大(图中 *A* 值),它决定了气门的最大开度。不同机型凸轮的升程变化规律不同。

以下置式凸轮轴为例,凸轮的工作过程如下:当凸轮按图中方向转过 *EA* 时,挺柱处于最低位置不动,气门处于关闭状态。凸轮转至 *A* 点时,挺柱开始移动。继续转动,在缓冲段 *AB* 内的某点 *M* 处消除气门间隙,气门开始开启,至 *C* 点时气门开度最大,而后逐渐关小,至缓冲段 *DE* 内某点 *N* 时,气门完全关闭。

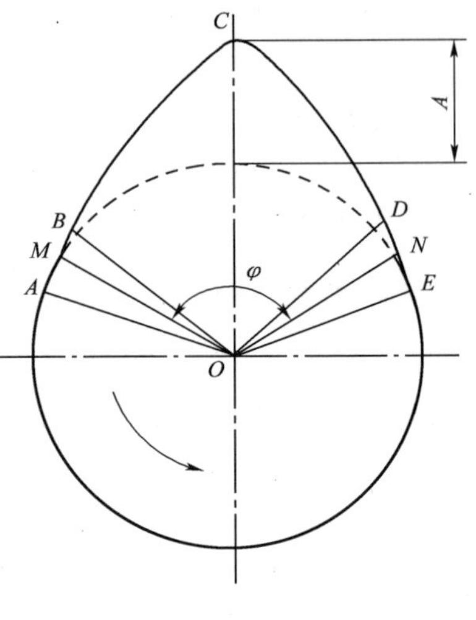

图 5-13　凸轮轮廓

此后,挺柱继续下落,出现气门间隙,至 *E* 点时挺柱又处于最低位置。

由于气门开始开启和最后关闭时均在凸轮升程变化较慢的缓冲段内,这就使气门杆尾端在消除气门间隙的瞬间和气门头落座的瞬间的冲击力均较小,有利于减小噪声和磨损。*MCN* 所夹的角 φ 为气门开启持续过程中凸轮轴的转角,它等于配气相位中气门开启持续角的一半。

由上可知,当气门间隙变小时,*M* 和 *N* 两点下移,φ 角增大,配气相位增大,反之亦然。

由图 5-12 可以看出,同一汽缸的进、排气凸轮的相对角位置是与既定的配气相位相适应的。发动机各个汽缸的进气(或排气)凸轮的相对角位置应符合发动机各汽缸的发火次序和发火间隔时间的要求。因此,根据凸轮轴的旋转方向以及各进气(或排气)凸轮的工作次序,就可以判定发动机的发火次序。六缸四冲程发动机每完成一个工作循环,曲轴须旋转两周而凸轮轴只旋转一周,在这一期间内,每个汽缸都要进行一次进气(或排气),且各缸进气(或排气)的时间间隔相等,即各缸进(或排)气门的凸轮彼此间的夹角均为 60°。图 5-12 为发火次序为 1—5—3—6—2—4 的六缸四冲程发动机的凸轮轴,从前端向后看凸轮轴旋转方向,任何两个相继发火的汽缸进(或排)气凸轮间的夹角为 360°/6 = 60°。

(2)凸轮轴轴颈。由于凸轮轴是通过凸轮轴轴颈支撑在凸轮轴轴承孔内的,因此凸轮轴轴颈数目的多少是影响凸轮轴支撑刚度的重要因素。如果凸轮轴刚度不足,工作时将发生弯曲变形,这会影响配气定时。下置式凸轮轴每隔 1 ~ 2 个汽缸设置一个凸轮轴轴颈。上置式凸轮轴基本上是每隔一个汽缸设置一个凸轮轴轴颈。

上置式凸轮轴的轴承若为剖分式结构时,各凸轮轴轴颈的直径均相等。下置式凸轮轴轴颈的直径由风扇端向飞轮端依次减小,目的是便于安装。

(3)凸轮轴轴承。凸轮轴轴承一般做成衬套压入整体式的座孔内,最后再加工,与轴颈配合。其材料多与曲轴轴承相同,由低碳钢背内浇减摩合金制成,也有的用粉末冶金衬套或铜套。

(4)凸轮轴的轴向限位。为了防止凸轮轴在工作中产生轴向窜动和承受斜齿轮产生的轴向力,凸轮轴都有轴向限位装置。

上置式凸轮轴通常利用凸轮轴轴承盖的两个端面和凸轮轴轴颈的两侧的凸肩进行轴向定

位(图5-14a))。其间隙$\Delta=0.1\sim0.2$mm,也就是凸轮轴的最大许用轴向移动量。

对于中置式和下置式凸轮轴的轴向定位通常采用止推板式限位装置如图5-14b)所示。在凸轮轴前轴颈与正时齿轮之间,压装有调节环4,调节环外面松套一止推板5,止推板用螺钉固定于汽缸体前端面,调节环4的厚度大于止推板5的厚度,二者之差称为凸轮轴的轴向间隙,其间隙约为0.08~0.20mm(图中为某机型的值)。这种装置使止推板既能限制凸轮轴的轴向窜动,又使凸轮轴能自由转动。但轴向间隙过大时,除一般限位效能降低外,对于斜齿轮传动的凸轮轴来说还会由于轴移量过大,使轴产生角移动,而影响配气正时的正确性。

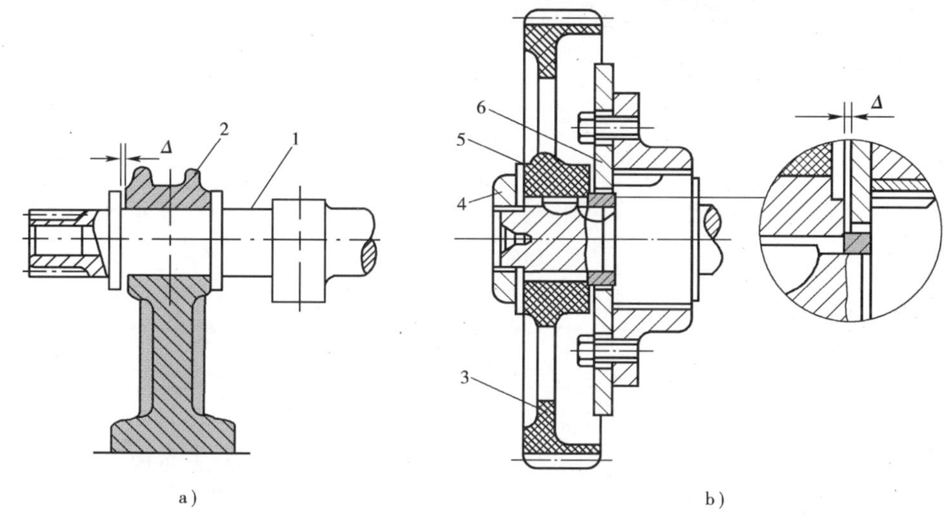

图5-14 凸轮轴轴向定位方式

a)两侧凸肩定位;b)止推板定位

1-凸轮轴;2-凸轮轴承盖;3-凸轮轴正时齿轮;4-螺母;5-调整环;6-止推板

2. 气门挺柱

挺柱的功用是将凸轮的推力传给推杆或气门,并承受凸轮轴旋转时所施加的侧向力。气门顶置式配气机构的挺柱一般制成筒式(图5-15a)),以减轻质量。图5-15b)所示为滚轮式挺柱,其优点是可以减小摩擦所造成的对挺柱的侧向力。这种挺柱结构复杂,重量较大。一般多用于大缸径柴油机上。挺柱常用镍铬合金铸铁或冷激合金铸铁制造。其摩擦表面应经热处理后精磨。有的发动机的挺柱直接装在汽缸体上相应处镗出的导向孔中,也有的发动机的挺柱装在可拆式的挺柱导向体中。

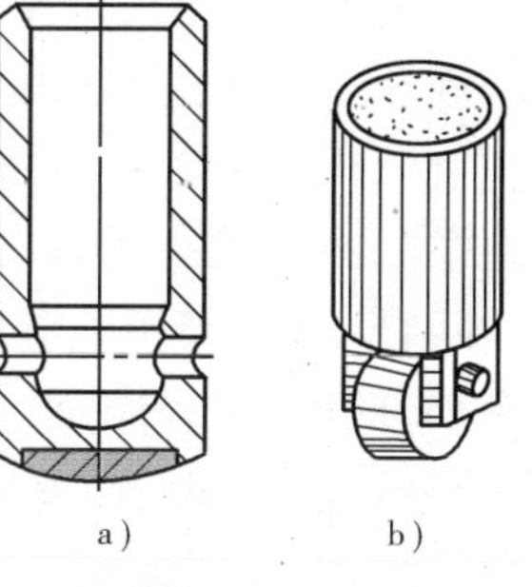

图5-15 挺柱

a)筒式;b)滚轮式

CA6102型发动机装配有挺柱导向体,前后挺柱导向体按各自的记号装于发动机上,每个挺柱导向体上有两个定位环3,以保证安装精度,然后用两个螺栓4均匀地拧紧在汽缸体上,如图5-16所示。在挺柱工作时,由于受凸轮侧向推力的作用,会稍有倾斜,并且由于侧向推力方向是一定的,这样就会引起挺柱与导管之间单面磨损,同时挺柱与凸轮固定不变地在一处接触,也会造成磨损不均匀。为了避免这种现象的产生,有些汽车发动机挺柱底部工作面制成球面(图5-15),而且把凸轮面制成带锥度形状。这样在工作时,由于凸轮与挺柱的接触点偏离挺柱轴线,当挺柱被凸轮顶起上升时,接触点的摩擦力使其绕本身轴线转动,以达到磨损均匀之目的。

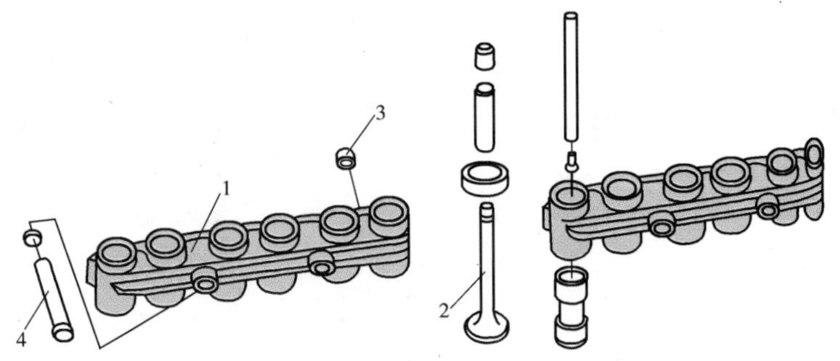

图5-16 可拆式挺柱导向体

1-挺柱导向体;2-气门;3-定位环;4-螺栓

有气门间隙的配气机构,解决了材料热膨胀对气门工作的影响,但在发动机工作时发生撞击而产生噪声。为了解决这一矛盾,有些发动机采用了液力挺柱,如桑塔纳、捷达和奥迪轿车的发动机上采用的液力挺柱,如图5-17所示。其结构特点是采用倒置的液力挺柱,直接推动气门的开启;挺柱体是由上盖和圆筒,经加工后再用激光焊接成一体的薄壁零件;单向阀采用钢球、弹簧式结构。

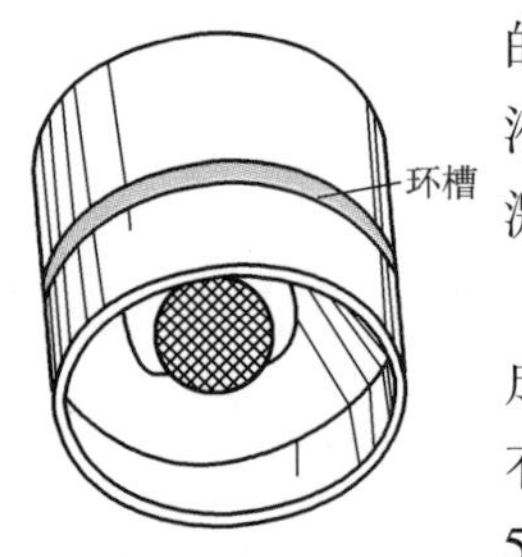

图5-17 液力挺柱总成外形

液力挺柱结构由挺柱体、油缸与柱塞、柱塞回位补偿弹簧等几部分组成。挺柱体是液力挺柱的基础,由低碳合金钢制造而成。挺柱体上加工有环形油槽,缸盖上的上油道通过量油孔3和斜油孔4与该油槽对齐(图5-18),机油可沿该油路经过挺柱体9背面的键形槽进入柱塞11上面的低压油腔。这时缸盖主油道2与液力挺柱的低压油腔形成一个通路。油缸12和柱塞11是一对精密偶件。柱塞下端是一个球形阀座,外径与油缸内孔相配合,顶部与挺柱体背面接触。

柱塞和球阀的开闭可将挺柱分成两个油腔。球阀开启,两油腔相通,球阀关闭,两油腔分开,上部是低压腔,下部是高压腔。柱塞回位补偿弹簧13的作用是使挺柱顶面对凸轮轮廓线保持接触,当凸轮基圆与挺柱顶面接触时,可消除并补偿气门间隙。

液力挺柱的工作原理:当凸轮由基圆部分与挺柱接触逐渐转到凸轮尖与挺柱接触时,机油通过缸盖上油道2、量油孔3、斜油孔4进入挺柱的环形油槽,再由环形油槽中的一个油孔进入挺柱低压油腔,挺柱向下移动,柱塞随之下移,高压油腔的油压升高,使球阀紧压在柱塞座上,低压油腔与高压油腔完全隔离。由于机油的不可压缩性,油缸和柱塞就形如一个刚性整体。随着凸轮轴的转动,气门便逐渐被打开。在凸轮的回程,在气门弹簧和凸轮的共同作用下,高压油腔依然关闭直至凸轮回程结束。当凸轮基圆再次与挺柱顶端相遇时,缸盖主油

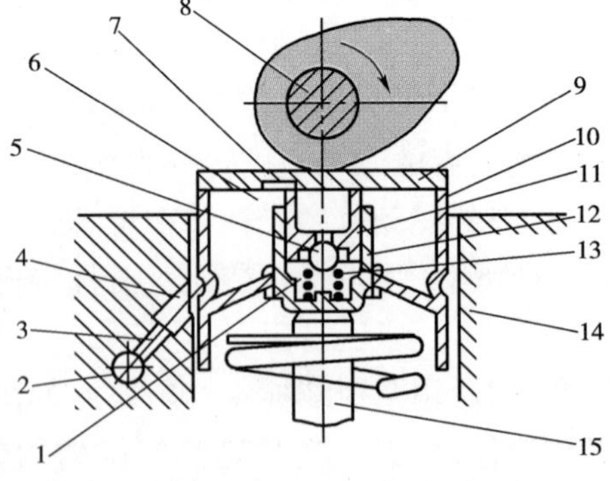

图5-18 液力挺柱

1-高压油腔;2-缸盖油道;3-量油孔;4-斜油孔;5-球阀;6-低压油腔;7-键形槽;8-凸轮轴;9-挺柱体;10-柱塞焊缝;11-柱塞;12-油缸;13-补偿弹簧;14-缸盖;15-气门杆

道中的压力油经量油孔、斜油孔、挺柱环形槽中的进油孔进入挺柱低压油腔。气门在气门弹簧的作用下将气门关闭。这时在高压油和柱塞回位补偿弹簧的作用下，柱塞向上移动，高压油腔的压力下降，球阀打开，高、低压腔相通，高压油腔的油得到了补充，即起到了补偿气门间隙的作用。

液力挺柱的工作过程：气门开始开启，当凸轮转到图 5-19a）所示位置时，凸轮开始压下液力挺柱，单向阀（球阀）封闭，高压油腔内形成高压。此时，液力挺柱犹如一刚性部件推动气门运动。当气门开启时，由于凸轮直接将力作用于液力挺柱上，会使高压油腔少量高压油沿配合间隙泄漏，由于这一原因，挺柱在升起时会被压缩 0.1 mm。这是专门设计的，以使液力挺柱能自身调节凸轮轴与气门间的尺寸大小，这一过程一直持续到图 5-19b）所示的凸轮位置。

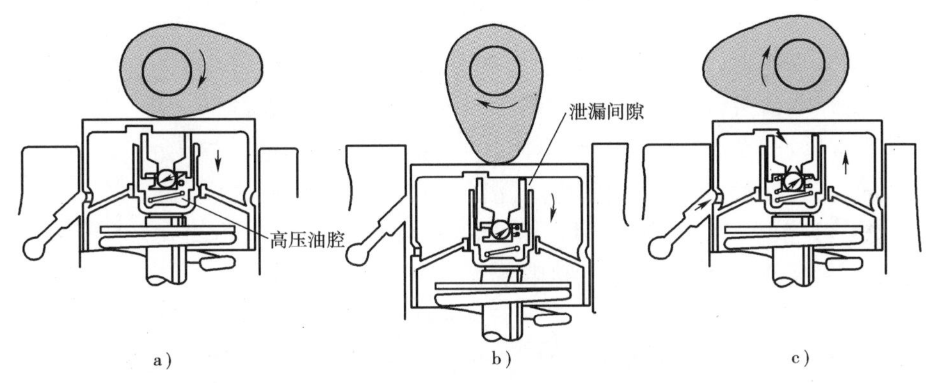

图 5-19 液力挺柱的工作过程

a）气门开始开启；b）气门开度最大位置；c）气门关闭位置

气门间隙的平衡：气门关闭后（图 5-19c）的凸轮位置）气门间隙的平衡开始，凸轮不再给液力挺柱作用力，高压油腔的油压随之下降。补偿弹簧 13（图 5-18）迫使挺柱上移，直到凸轮与挺柱间无间隙存在。单向阀开启后，液力油从储油室进入高压油腔，其流入量取决于气门间隙的大小。当发动机达到正常工作温度时，在气门开启周期内，挺柱与凸轮完全保持平衡状态。

为防止发动机在停机状态下汽缸盖油道中出现空油的现象，在汽缸盖上设有一回油道，以确保发动机重新起动时挺柱内立即充油。

由此可知，若气门、推杆受热膨胀，挺柱回落后向挺柱体腔内的补油过程便会减少补油量（工作过程中）或使挺柱体腔内的油液从柱塞与挺杆体间隙中泄漏一部分（停车时），从而使挺柱自动“缩短”；因此可不留气门间隙而仍能保证气门关闭。相反，若气门、推杆冷缩，则向挺柱体腔内的补油过程，便会增加补油量（工作过程中）或在柱塞弹簧作用下将柱塞上推，吸开单向阀向挺柱体腔内补油（停车时），从而使挺柱自动“伸长”，因此仍能保持配气机构无间隙传动。

采用液力挺柱，可消除配气机构中的间隙，减小各零件的冲击载荷和噪声。同时凸轮轮廓可设计得比较陡些，气门开启和关闭更快，以减小进排气阻力，改善发动机的换气，提高发动机的性能，特别是高速性能。

3. 推杆

推杆的作用是将从凸轮轴经过挺柱传来的推力传给摇臂,它是气门机构中最易弯曲的零件。要求有很高的刚度,在动载荷大的发动机中,推杆应尽量地做得短些。

对于缸体与缸盖都是铝合金制造的发动机,其推杆最好用硬铝制造。推杆的两端焊接成压配有不同形状的端头,下端头通常是圆球形,以使与挺柱的凹球形支座相适应;上端头一般制成凹球形,以便与摇臂上的气门间隙调整螺钉的球形头部相适应。推杆可以是实心或空心的。钢制实心推杆(图5-20a)),一般同球形支座锻成一个整体,然后进行热处理。图5-20b)表示硬铝棒制成的推杆,推杆两端配以钢制的支撑。图5-20c)、d)都是钢管制成的推杆。前者的球头直接锻成,然后经过精磨加工。后者的球支撑则是压配的,并经淬火和磨光,以提高其耐磨性。

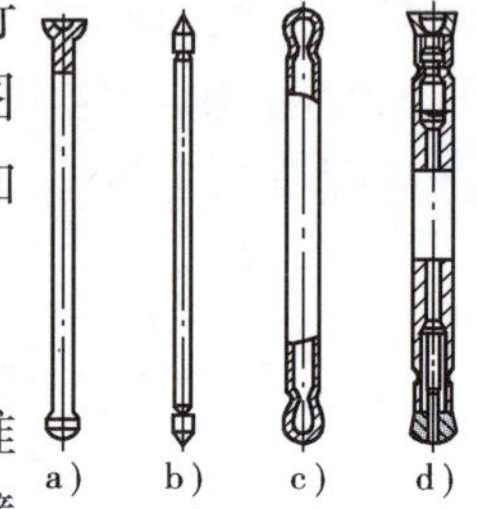

图5-20 推杆

a)钢制实心推杆;b)硬铝棒推杆;c)、d)钢管制成的推杆

4. 摇臂

摇臂的功用是改变推杆和凸轮传来的力的方向,作用到气门杆端以推开气门。摇臂实际上是一个双臂杠杆,如图5-21b)所示。摇臂6的两边臂长的比值(称为摇臂比)为1.2~1.8,其中长臂一端是推动气门的。端头的工作表面一般制成圆柱形,当摇臂摆动时可沿气门杆端面滚滑,这样可使两者之间的力尽可能沿气门轴线作用。摇臂内还钻有润滑油道和油孔。在摇臂的短臂一端装有用以调节气门间隙的调节螺钉14及锁紧螺母13(图5-21a)),螺钉的球头与推杆顶端的凹球座相接触。

摇臂通过衬套空套在摇臂轴5上,而后者又支撑在支座2上,摇臂上还钻有油孔。摇臂轴为空心管状结构,机油从支座的油道经摇臂轴内腔和摇臂中的油道流向摇臂两端进行润滑。为了防止摇臂的窜动,在摇臂轴上每两摇臂之间都装有定位弹簧7。

摇臂多是用45钢锻压而成,也有用铸铁或铸钢精铸而成的。

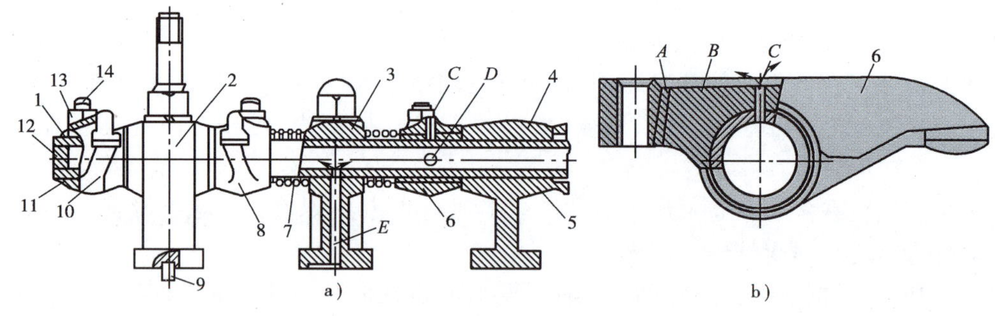

图5-21 摇臂及摇臂组结构

a)摇臂组;b)摇臂

1-垫圈;2、3、4-摇臂轴支座;5-摇臂轴;6、8、10-摇臂;7-弹簧;9-定位销;11-锁簧;12-堵头;13-锁紧螺母;14-调节螺钉;*A*、*C*、*D*、*E*-油孔;*B*-油槽

另外还有一种浮动式摇臂,这种摇臂如图5-22所示。摇臂是单臂杠杆,其支点在摆臂的一端。为了减小摩擦和磨损,可将凸轮与摇臂的接触方式由滑动改为滚动。

摇臂的一端安装在汽缸盖的液力挺柱上,另一端坐落在气门杆的端部,凸轮则抵在摇臂的中部。

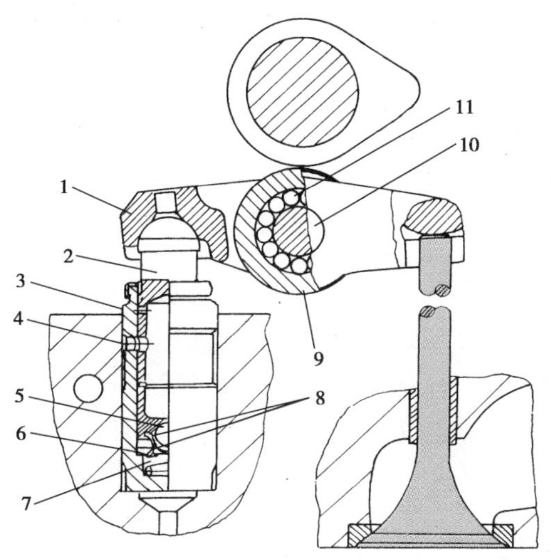

图 5-22 浮动式摇臂

1-浮动摇臂;2-柱塞;3-壳体;4-进油孔;5-单向阀;6-柱塞弹簧;7-高压腔;8-单向阀保架及单向阀弹簧;9-滚轮;10-销轴;11-滚针

第四节 气 门 组

气门组的主要机件有气门、气门弹簧、弹簧座、气门座圈、气门导管及锁片等零件(图5-23)。

1. 气门

气门是由头部2和杆部1组成的(图5-24)。头部用来封闭汽缸的进、排气通道,杆部则主要为气门的运动导向。

1)气门的工作条件与材料

气门的头部直接与汽缸内燃烧的高温气体接触,受热严重,而散热(主要靠头部落座时由气门座传递散失,其次通过与杆部接触的气门导管传递散失)很困难,因而工作温度较高,排气门由于高温废气的冲刷可达800~1100K,进气门由于新鲜气体的冲刷冷却,温度较低,但也可达600~700K;气门头部承受落座时受到惯性冲击力;接触汽缸内燃烧生成物中的腐蚀介质;润滑困难。因此要求气门必须具有足够的强度、刚度、耐热和耐磨能力。

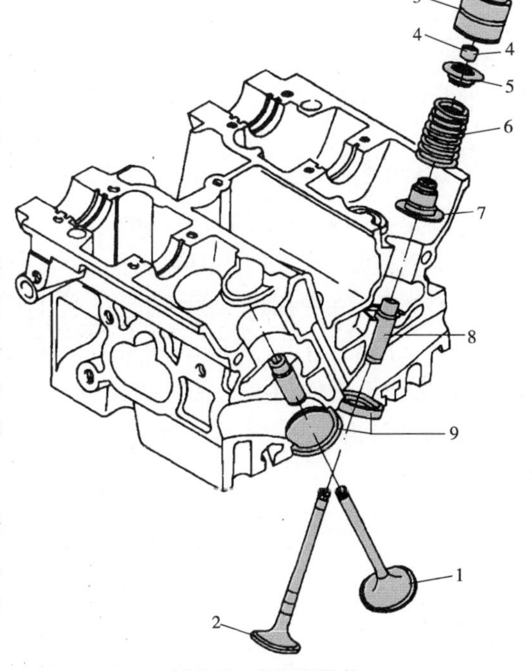

图 5-23 气门组结构

1-进气门;2-排气门;3-液压挺柱;4-气门锁片;5-气门弹簧座;6-气门弹簧;7-气门弹簧垫;8-气门导管;9-进、排气门座圈

进气门通常用中碳合金钢,如铬钢、镍铬钢、铬钼钢等;热负荷较大的进气门也采用耐热钢,如硅铬钢。排气门由于热负荷大,一般采用耐热钢,

如硅铬钢、硅铬钼钢、硅铬锰钢等。有的排气门为了降低成本,头部采用耐热钢,而杆部用较便宜的和进气门一样的合金钢,二者对焊而成,尾部再加装一个耐磨合金钢(CA6102发动机)。还有些排气门在头部锥面堆焊或等离子喷涂一层钨钴等特种合金覆盖层,以提高耐腐蚀性和耐高温性,延长其使用寿命。

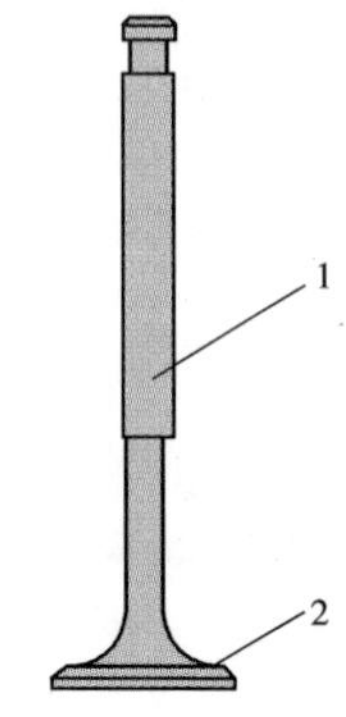

图5-24 气门
1-杆部;2-头部

2)气门的一般构造

气门头部的形状有凸顶、平顶和凹顶。图5-25a)所示为凸顶气门,其刚度大,受热面积也大,用于某些排气门;图5-25b)所示为平顶气门,其结构简单、制造方便,受热面积小,应用最多;图5-25d)所示为凹顶气门,也称漏斗形,其质量小、惯性小,头部与杆部有较大的过渡圆弧,使气流阻力小,以及具有较大的弹性,对气门座的适应性好(又称柔性气门),容易获得较好的磨合,但受热面积大,易存废气,容易过热及受热易变形,所以仅用作进气门;图5-25c)所示的凹顶气门,其刚性和弹性居于平顶和漏斗形顶之间,对气门座口也有较好的适应性,应用也较多。

气门头部与气门座接触的工作面,是与杆部同心的锥面。通常将这一锥面与气门顶平面的夹角称为气门锥角(图5-26)。常用的气门锥角为30°和45°。当气门升程相同时,气门锥角

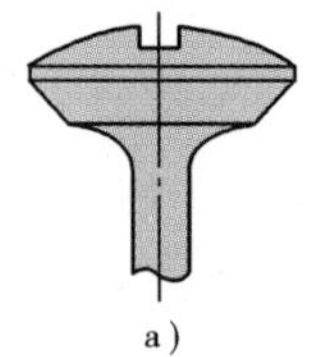

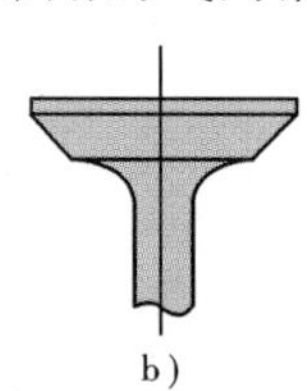

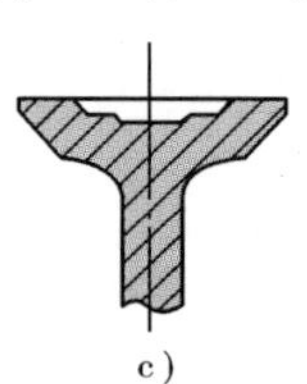

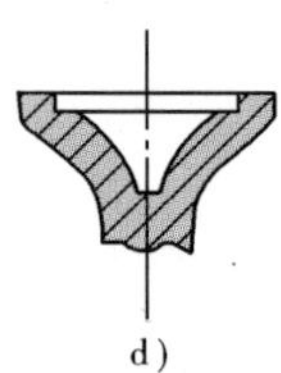

图5-25 气门的顶部形状
a)凸顶;b)平顶;c)凹顶;d)漏斗顶

越大,气流通过的截面就越小。但是锥角越大,落座压力越大,密封和导热性也越好。另外,锥角大时,气门头部边缘的厚度大,不易变形。进排气门的工作情况不同,往往锥角也不同。进气门主要是为了获得大的通道截面,其本身热负荷较小,往往采用较小的锥角,多用30°,有利于提高充气效率;排气门则因热负荷较大而用较大的锥角,通常为45°。也有的发动机为了制造和维修方便,二者都用45°。气门头部的边缘应保持一定厚度,一般为1~3 mm,以防止工作中由于气门与气门座之间的冲击而损坏或被高温气体烧蚀,为了减少进气阻力,提高充气效率,多数发动机进气门的头部直径比排气门的大。为保证良好密封,装配前应将气门头与气门座二者的密封锥面互相研磨,研磨好的零件不能互换。为了改善气门头部的耐磨性和耐腐蚀

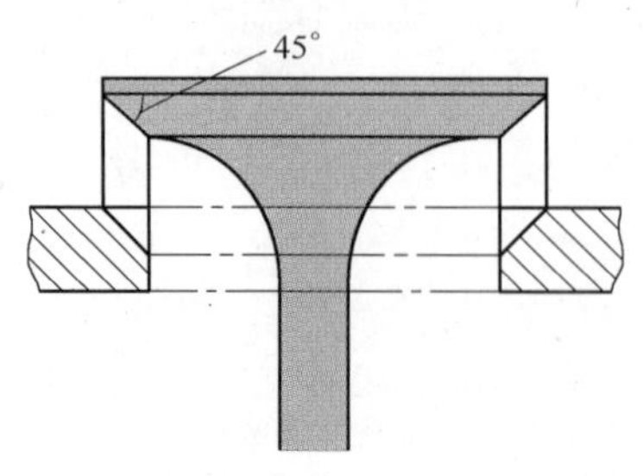

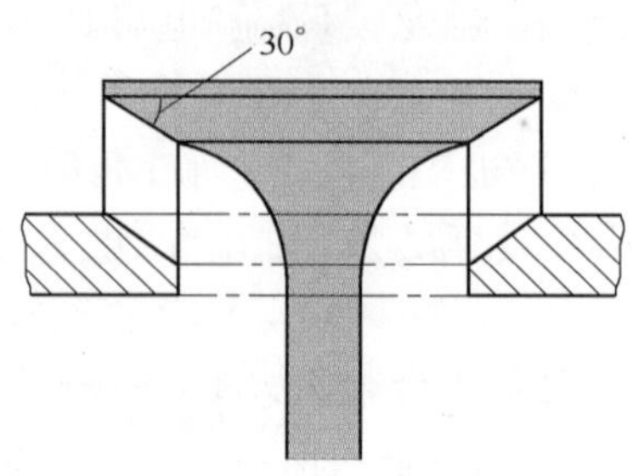

图5-26 气门锥角

性,有的发动机在排气门密封锥面上堆焊一层含有大量的镍、铬、钴等金属元素的特种合金,以提高硬度。

3)气门的杆部

气门杆部有较高的加工精度和较低的粗糙度,与气门导管保持较小的配合间隙,以减小磨损,并起到良好的导向和散热作用。

气门尾端的形状决定于上气门弹簧座的固定方式。采用剖分成两半且外表面为锥面的气门锁片来固定上气门弹簧座(图5-27a)),结构简单,工作可靠,拆装方便,因此得到了广泛的应用。解放CA6102型发动机采用圆柱销来固定上气门弹簧座(图5-27b)),相应地在气门尾端钻有安装圆柱销的径向孔。

发动机高速化后,进气管中的真空度显著地增高,气门室中的机油会通过气门杆与导管之间的间隙被吸入进气管和汽缸内,除增加机油的消耗外,还会造成缸内积炭,因此发动机的气门杆上部都设有机油防漏装置。

在某些高度强化的发动机上采用中空气门杆的气门,旨在减轻气门质量和减小气门运动的惯性力。为了降低排气门的温度,增强排气门的散热能力,在许多汽车发动机上采用钠冷却气门(图5-28)。在排气门封闭内腔充注钠,钠在约为1243 K时变为液态,具有良好的热传导能力,通过液态钠的来回运动,热量很快从气门头部传到根部,从而可使温度降低约100℃,排气门的这种内部冷却方式同时也降低了混合气自燃的危险,从而提高了气门的使用寿命。使用中值得注意的是:为了保护环境,不允许将排气门直接作为废品扔掉,必须在排气门中部用铁锯锯开一个缺口,在此期间不用水接触气门。将这样处理过的排气门扔入一个充满水的桶中,排气门中的钠一旦与水接触,就会立即发生化学反应,充注在其内部的钠发生燃烧,经过上述处理后的排气门才能作为普通废品处理。

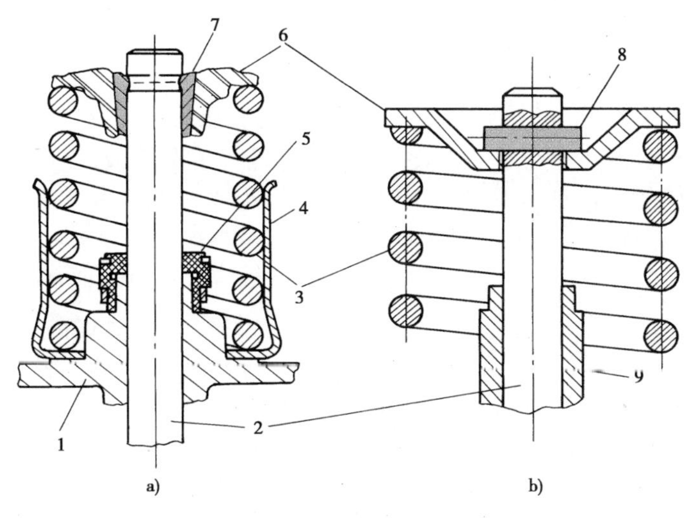

图5-27　气门弹簧座的固定方式

a)气门锁片固定;b)圆柱销固定

1-汽缸盖;2-气门杆;3-气门弹簧;4-气门弹簧振动阻尼器;5-气门油封;6-气门弹簧座;7-气门锁片;8-圆柱销;9-气门导管

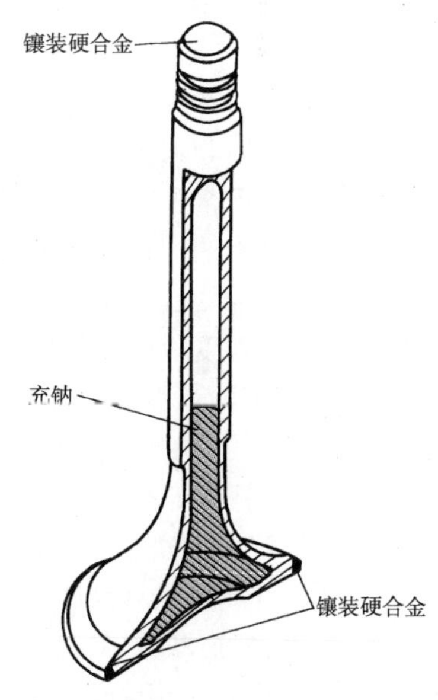

图5-28　充钠排气门(捷达EA1135V1.6L)

2. 气门导管

气门导管的功用是给气门的运动导向，并为气门杆传热。气门导管通常单独制成零件，再压入缸盖（或缸体）的孔中。由于润滑较困难，导管一般用含石墨较多的铸铁或粉末冶金制成，以提高自润滑性能。

气门导管的外形如图5-29所示。其外表面有较高的加工精度、较低的粗糙度，与缸盖的配合有一定的过盈量，以保证良好地传热和防止松脱。有的发动机对气门导管用卡环定位。气门杆与气门导管之间一般留有0.05～0.12mm间隙，使气门杆能在导管中自由运动。

3. 气门座

汽缸盖的进、排气道与气门锥面相结合的部位称为气门座。气门座的锥角是与气门锥角相适应的，以保证二者紧密座合，可靠地密封。

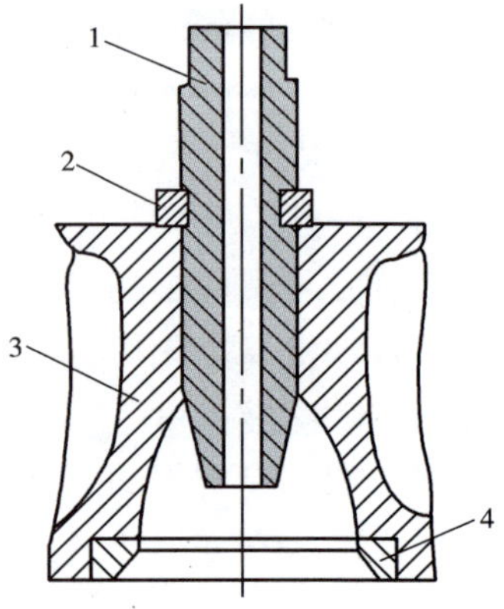

图5-29 气门导管和气门座

1-气门导管；2-卡环；3-汽缸盖；4-气门座

有些发动机的气门座是在缸盖上直接加工出来的，而大多数发动机的气门座是用耐热合金钢或合金铸铁单独制成座圈，然后压入汽缸盖中，以提高使用寿命和便于修理更换（图5-29）。为使压入导向，有的座圈还制有一定的锥度，还有的汽油机只镶排气门座。这是因为，一方面排气门座热负荷大，另一方面发动机常在部分负荷下工作，进气管中真空度大，会从气门导管间隙内吸进少量机油，对进气门座进行润滑。相反，有的柴油机只镶进气门座，这是由于柴油机的废气往往在排气过程中还有未燃完的柴油，可对排气门座进行润滑。因为柴油机没有节气门，所以无论负荷大小，进气管内真空度都比较小，难以从进气门导管处吸进机油对进气门座润滑。增压柴油机则完全排除了这种可能，进气门就更需要镶座。对于铝合金汽缸盖来说，由于其耐磨、耐热性差，双座必须都镶气门座圈。

4. 气门弹簧

气门弹簧的作用是使气门自动回位关闭，并保证气门与气门座的座合压力。另外，还用于吸收气门在开启和关闭过程中各种传动零件所产生的惯性力，以防止各种传动件彼此分离而破坏配气机构正常工作。气门弹簧是圆柱形螺旋弹簧（图5-30），其一端支撑在汽缸盖上，而另一端则压靠在气门杆端的弹簧座上，弹簧座用锁片固定在气门杆的末端。

气门弹簧承受着频繁的交变载荷。为保证可靠地工作，气门弹簧应有合适的弹力，足够的强度和抗疲劳强度。因此气门弹簧是采用优质冷拔弹簧钢丝制成，并经热处理。为提高抗疲劳强度，钢丝表面一般经抛光或喷丸处理。弹簧的两端面经磨光并与弹簧轴线相垂直。此外，为了避免弹簧的锈蚀，弹簧的表面应进行镀锌、镀铜、磷化或发蓝处理。

当气门弹簧的工作频率与其自然振动频率相等或成某一倍数时，将会发生共振。为了防止这一现象的发生，在安装弹簧时，应使两根弹簧的旋向相反。当一根弹簧折断时，另一根可维持工作，还可防止折断的弹簧圈卡入另一个弹簧圈内，还能使气门弹簧的高度减小。也可采取提高气门弹簧的自然振动频率，即提高气门弹簧自身刚度；或采用不等螺距的圆柱弹簧，这种弹簧在工作时，螺距小的一端逐渐叠合，有效圈数逐渐减小，自然频率逐渐提高，避免共振现象发生。

为了改善气门和气门座密封面的工作条件，可设法使气门在工作中能相对气门座缓慢旋

转。这样可使气门头沿圆周温度均匀,减小气门头部热变形。气门缓慢旋转时在密封锥面上产生轻微的摩擦力,有阻止沉积物形成的自洁作用。气门旋转机构如图 5-31 所示。在图 5-31a)所示的自由旋转机构中,气门锁片并不直接与弹簧座接触,而是装在一个锥形套筒中。后

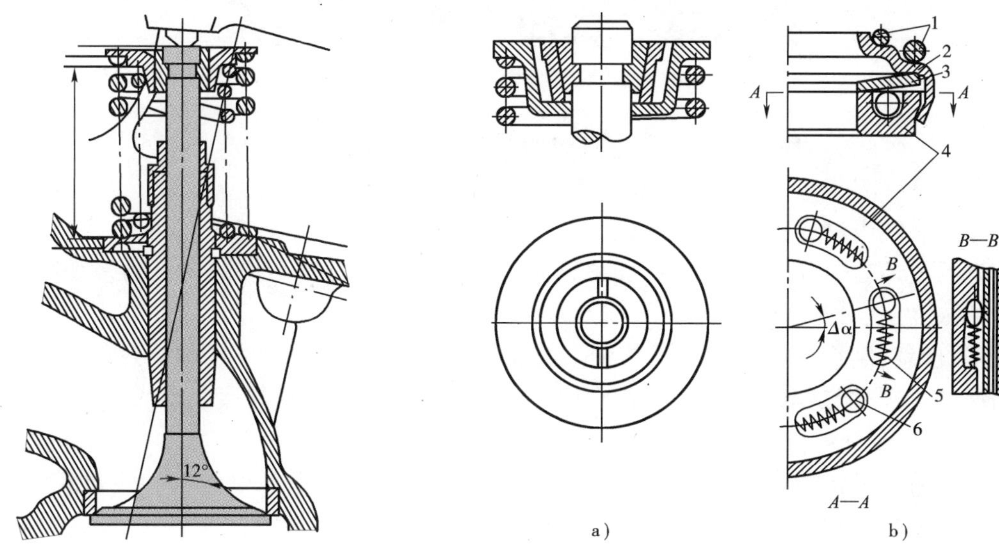

图 5-30　双气门弹簧

图 5-31　气门旋转机构

a)低摩擦型自由旋转机构;b)强制旋转机构

1-气门弹簧;2-支撑板;3-碟形弹簧;4-壳体;5-复位弹簧;6-钢球

者的下端支撑在弹簧座平面上,套筒端部与弹簧座接触面上的摩擦力不大。而且在发动机运转振动力作用下,在某一短时间内可能为零。这就使气门有可能自由地作不规则的转动。有的发动机采用图 5-31b)所示的强制旋转机构,使气门每开一次便转过一定角度。在壳体 4 中,有 6 个变深度的槽,槽中装有带复位弹簧 5 的钢球 6。当气门关闭时,气门弹簧的力通过支撑板 2 与碟形弹簧 3 直接传到壳体 4 上。当气门升起时,不断增大的气门弹簧力将碟形弹簧压平而迫使钢球沿着凹槽的斜面滚动,带着碟形弹簧、支撑板、气门弹簧和气门一起转过一个角度。在气门关闭过程中,碟形弹簧的载荷减小而恢复原来的碟形,钢球即在复位弹簧 5 作用下回到原来位置。

第六章　汽油机燃料供给系

第一节　汽油机燃料供给系的分类与组成

汽油在汽缸内燃烧,须先形成雾状,并进行适当蒸发,与适量空气均匀混合。这种按一定比例混合的汽油与空气的混合物,称为可燃混合气。可燃混合气中燃油含量的多少称为可燃混合气的浓度(成分)。

汽油机燃料供给系的作用是:不断地输送滤清的燃油和清洁的空气,根据发动机各种不同工作情况的要求,配制出不同的可燃混合气,进入汽缸燃烧,作功后将废气排入大气。

1. 汽油机燃料供给系的分类

按汽油机燃料供给方式的不同可分为:化油器式燃料供给系和电控汽油喷射式(电子控制汽油喷射系统、EFI)燃料供给系。

由于化油器式燃料供给系是依靠压力差的方式将汽油吸出,经过雾化、蒸发并与空气混合形成混合气,必然会造成汽油分配不均匀,过渡与冷态运行混合气成分控制质量差以及难以实现反馈控制,无法根据各缸的进气量对汽油进行精确计量和控制等缺点,难以满足排放法规和对动力性、经济性的要求,逐渐被淘汰。

电控汽油喷射式燃料供给系是利用安装在发动机不同部位上的各种传感器所测得的信号,按电子控制单元(电控单元、ECU)中设定的控制程序,通过对汽油喷射时间的控制,调节喷入进气管或汽缸中的喷油量,从而改变混合气成分,使发动机在各种工况下都能获得与所处工况相匹配的最佳混合气,发动机功率得到提高,燃油消耗降低,废气排放量减少,使汽车冷车起动更容易,暖机更迅速,应用广泛。

2. 电控汽油喷射系统的分类

1)按控制方式不同可分为流量型喷射系统和压力型喷射系统

(1)流量型喷射系统(L-Jetronic)是指在空气滤清器与节气门体之间装有计量空气量的空气流量计,通过它将空气量的物理量转变成电信号输送到电控单元,电控单元依此信号控制喷油量。L 型汽油喷射系统的空气流量计有热线式、热膜式、卡门涡流式,如图 6-1 所示。

(2)压力型喷射系统(D-Jetronic,“D”来源于德文“Druck(压力)”的第一个字母)是电控单元根据进气管压力和发动机转速计算出每一循环的进气空气量,并由此计算出循环基本喷油量。这种方式测量方法简单,喷油量调整精度容易控制,如图 6-2 所示。

2)按喷射位置分

(1)节气门体喷射系统(TBI)。也称为单点喷射系统(SPI),是指在节气门体上安装 1 个或两个喷油器,如图 6-3 所示,向进气总管中喷油,形成可燃混合气,在进气行程中,被吸入汽缸内。这种喷射系统因喷油器位置在节气门体上集中喷射,所以也称为集中喷射系统(Ford 公司 CFI)。

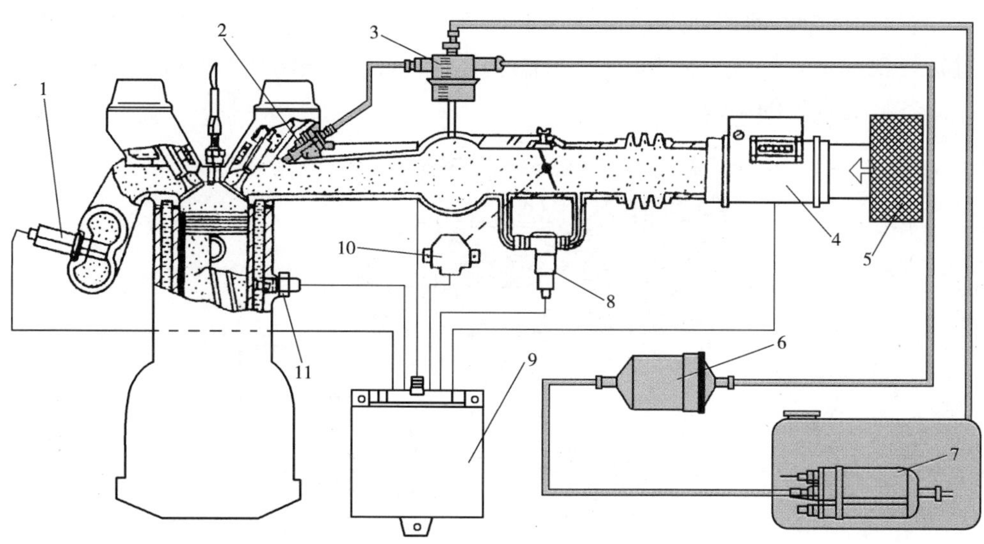

图 6-1　L 型电控汽油喷射系统

1-氧传感器;2-喷油器;3-油压调节器;4-热线式空气流量计;5-空气滤清器;6-汽油滤清器; 7-电动汽油泵; 8-怠速空气调节器;9-电控单元;10-节气门位置传感器;11-冷却液温度传感器

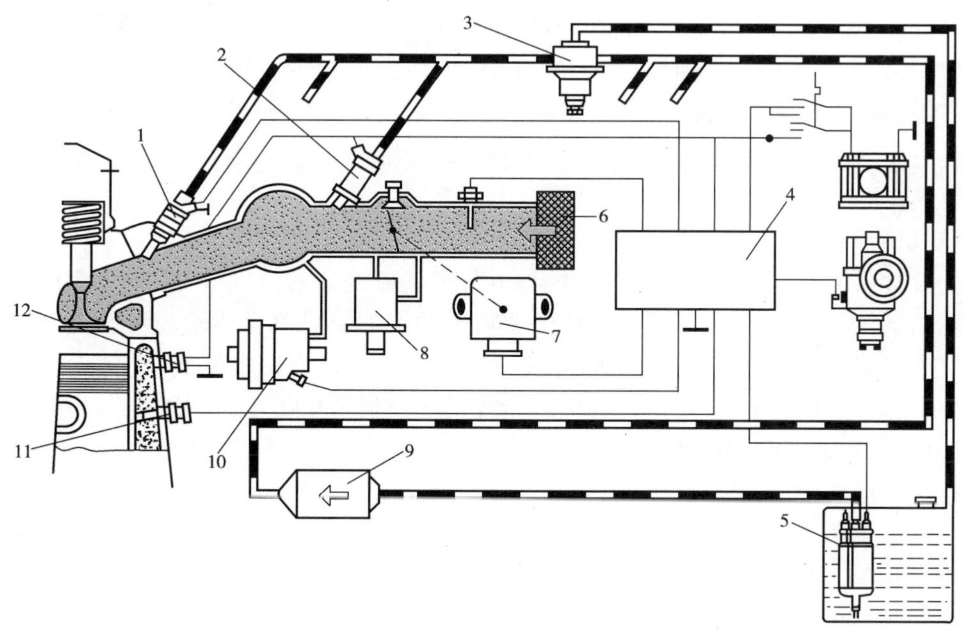

图 6-2　D 型电控汽油喷射系统

1-喷油器;2-冷起动喷油器;3-油压调节器;4-电控单元;5-电动汽油泵;6-空气滤清器;7-节气门位置传感器; 8-怠速空气调节器; 9-汽油滤清器;10-进气压力传感器;11-冷却液温度传感器;12-热控正时开关

(2)进气管喷射系统。也称为多点喷射系统(MPI),是指在每一个汽缸的进气门前都安装一个喷油器,各缸喷油器按照发动机点火顺序在一定的曲轴转角内分别进行喷油(也称为顺序喷射),燃油喷射在进气门外侧,形成可燃混合气,如图 6-1、图 6-2 所示。这种喷射系统能较好地保证各缸混合气的均匀。

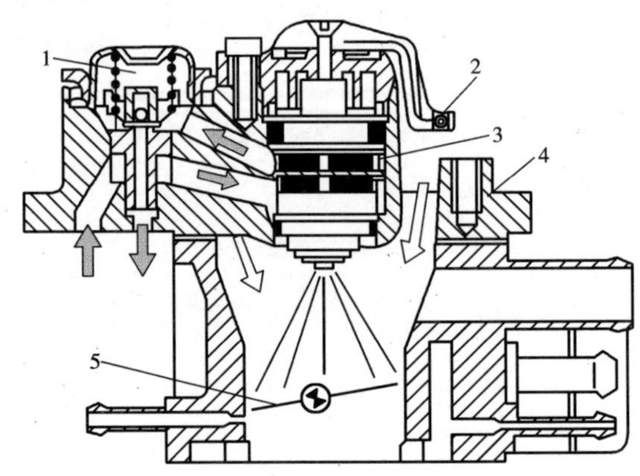

图 6-3　节气门体喷射系统

1-油压调节器;2-进气温度传感器;3-喷油器;4-节气门体;5-节气门

(3)缸内直喷系统。在压缩行程开始前或刚开始时将汽油直接喷入汽缸内。这项技术用于稀薄燃烧的汽油机。喷射压力较高(3 ~ 5MPa),因此对供油装置要求较高。

3. 电控汽油喷射系统的组成

电控汽油喷射尽管形式多样,但它们都具有相同的控制原则,即以电子控制单元(ECU)为控制核心,以空气流量和发动机转速为控制基础,以喷油器为控制对象,保证发动机在各种工况下获得最佳的混合气浓度,以满足发动机动力性、经济性和排放要求。相同的控制原则决定了各类电控汽油喷射系统具有相同的组成和类似的结构。电控汽油喷射系统都由以下 3 个子系统组成:空气供给系统、燃油供给系统和电子控制系统。

1)空气供给系统

空气供给系统的作用是向发动机提供与负荷相适应的清洁空气,同时测量和控制进入发动机汽缸的空气量,使它们在系统中与喷油器喷出的汽油形成符合要求的可燃混合气。主要包括空气滤清器、空气流量计(进气压力传感器)、节气门体、怠速控制阀、进气支管等。在节气门体中有一正圆形的节气门,由驾驶员直接或间接控制其开度大小,改变进入发动机控制空气量的多少,达到改变发动机动力性的目的。

2)燃油供给系统

燃油供给系统的功用是用电动汽油泵向喷油器提供足够压力的汽油,喷油器根据来自 ECU 的控制信号,向进气支管内进气门上方喷射定量的汽油。主要包括汽油箱、电动汽油泵、汽油滤清器、压力调节器、分配管、喷油器、油管等。

3)电子控制系统

电子控制系统的主要作用是根据发动机和汽车不同的运行工况,对喷油时刻、喷油量以及点火时刻等进行确定和修正,检测各传感器的工作,并将工作参数储存和输出。主要包括传感器、开关信号、电控单元和执行器等,如图 6-4 所示。

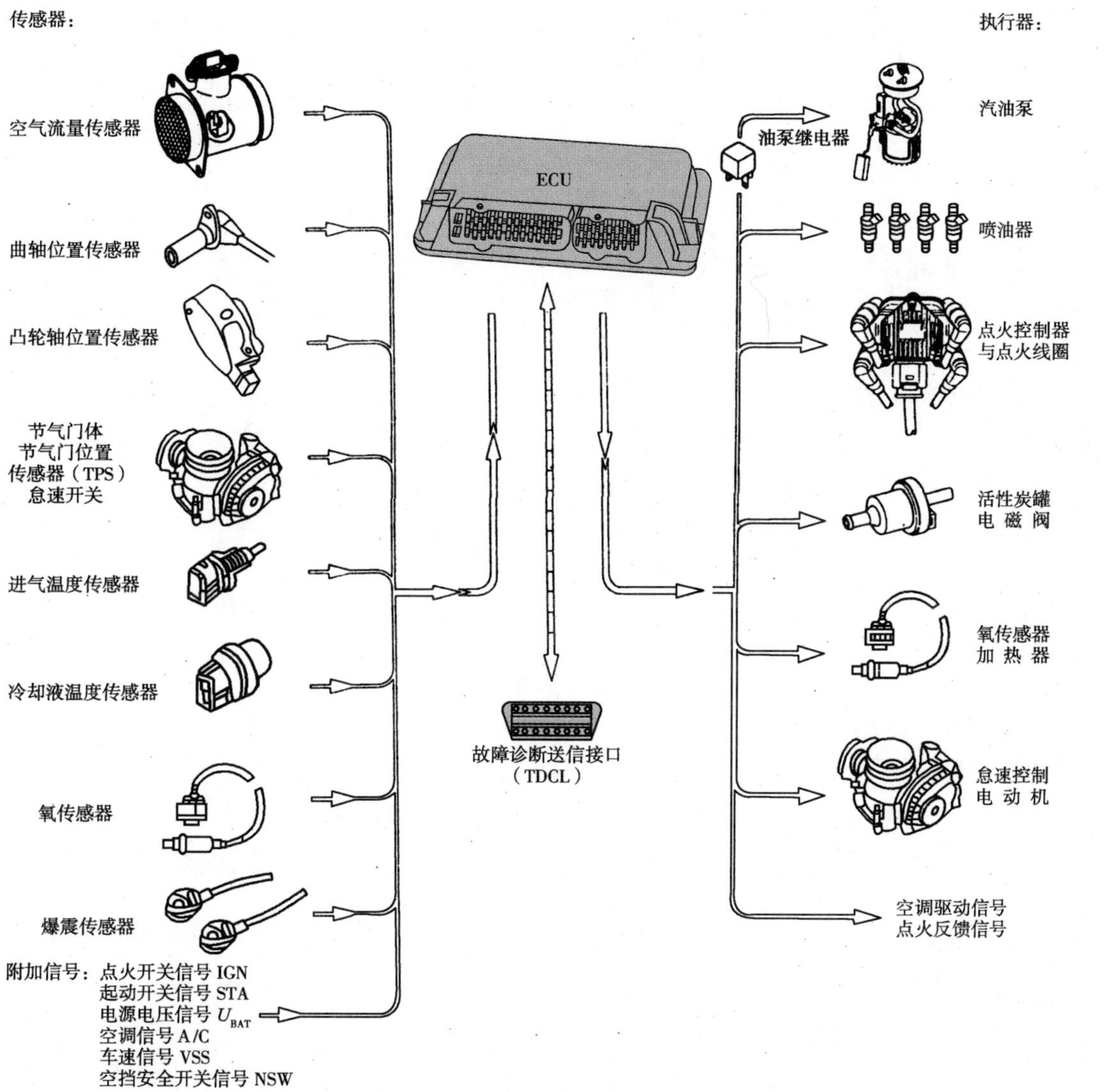

图 6-4 电子控制系统的组成

第二节 汽油及其使用性能

汽油是汽油机的主要燃料。汽油是由石油提炼而得的密度小又易于挥发的液体燃料。汽油一般为黄色或橙色(国外的汽油有些为蓝色、天蓝、红或绿色),汽油的相对密度约为 0.72 左右。手上蘸有汽油后有发凉的感觉,蒸发后皮肤变白。汽油由多种碳氢化合物组成,其基本成分是:碳的体积分数为 85%,氢的体积分数为 15%。按照提炼的方法,汽油可分为直馏汽油和裂化汽油等。将石油加热,在 40 ~ 50℃ 至 175 ~ 210℃ 的温度范围内蒸发出来的轻馏分蒸气冷凝后即成为直馏汽油。汽油裂化法有热裂化、催化裂化等,目前使用较多的是催化裂化法。催化裂化汽油是在催化剂的作用下使石油中的大分子烃受热裂化为小分子烃并改变其分子结构而得。利用催化裂化法可以从石油中获得更多的优质汽油。

汽油性能的优劣,对于汽油发动机的动力性、经济性、可靠性及使用寿命等均有很大影响。汽油的使用性能指标主要是蒸发性、抗爆性、安定性、防腐性、清洁性和热值。

1. 汽油的蒸发性及其评价指标

汽油由液体状态转化为气体状态的性能,称为汽油的蒸发性。在发动机内,汽油必须首先经过汽化,同一定比例的空气均匀混合后进入燃烧室被点燃燃烧。因此,汽油良好的蒸发性,可保证发动机在各种条件下易于起动、加速及正常运转。汽油的蒸发性越好,就越易汽化,在冷车或低温条件下就能使发动机顺利起动和正常工作。反之,若汽油的蒸发性差,会使汽油汽化不完全,难以形成具有足够浓度的混合气,不但使发动机起动性变差,而且混合气中有一些悬浮的油滴进入燃烧室中。这就将导致发动机工作不稳定、燃烧不完全,使油耗升高、排放污染增加。此外,没有完全燃烧的油滴,还会因活塞环密封不严而附于汽缸壁上,破坏润滑油膜,甚至渗入曲轴箱内,稀释润滑油,增加机件的磨损。

同时汽油的蒸发性过强也是不合适的,一方面,会使汽油在储运过程中轻质馏分损耗过多。再则是在温度较高时,汽油在油道中,易于蒸发形成油气,使得油泵、输油管等曲折处或在油管较热部位产生气泡,阻滞汽油流通,使供油不畅甚至中断,造成发动机熄火,这种现象通常称之为“气阻”。因此,所用汽油的蒸发性应适中。

通常,评价汽油蒸发性的指标有:馏程与饱和蒸气压。

(1)馏程。馏程是油品在规定条件下蒸馏所得到的,以初馏点和终馏点表示其蒸发特征的温度范围。馏程用来判定石油产品轻、重馏分含量的多少。

初馏点与10%馏出温度表示汽油中含低沸点轻质馏分的多少。当初馏点与10%馏出温度过低时,汽油蒸发性强,易产生气阻现象;过高时,汽油蒸发性差,冬季或冷车不易启动。GB 484—93中要求汽油10%馏出温度不高于70℃。

50%馏出温度是表示汽油的平均蒸发性,它能影响发动机的加速性。50%馏出温度低,汽油的蒸发性就好,发动机的加速性也就好且工作稳定。GB 484—93中要求汽油50%馏出温度不高于120℃。

90%馏出温度与终馏点表示汽油中不易蒸发和不能完全燃烧的重质馏分的含量。这两个温度低,表示其中不易蒸发的重质组分少,能够燃烧完全。反之,则表明汽油中重质组分多,汽油不能完全蒸发与燃烧。这样,就会增大油耗,排放污染增加且工作不稳定,甚至还会使未充分燃烧的燃油流入曲轴箱稀释润滑油,加剧机件磨损。因此,对汽油的90%馏出温度与终馏点均作了严格限制,GB 484—93中要求90%馏出温度不高于190℃,终馏点不高于205℃。

汽油的残留量指标表示汽油中最不易蒸发的重质成分与储存过程中生成的氧化胶状物含量的多少。残留量指标高,会使燃烧室及气门组件积炭增加,进气系统与气门结胶严重,从而影响发动机的正常工作。GB 484—93中规定残留量不大于2%。

(2)饱和蒸气压。在规定条件下,油品在适当的试验装置中,气液两相达到平衡时,液面蒸气所显示的最大压力称为饱和蒸气压。饱和蒸气压用来评定汽油的蒸发强度。饱和蒸气压指标值高说明汽油中轻质馏分含量高,其蒸发性好,使用时,发动机产生气阻的可能性就大,储运时轻质馏分损失的趋向也就大,但发动机起动性好。因此,大气压力与环境温度不同时,对汽油的饱和蒸气压的要求也不同。GB 484—93规定汽油蒸气压从9月16日至次年3月15日

不大于 88kPa，从 3 月 16 日至 9 月 15 日不大于 74kPa。

2. 汽油的抗爆性及其评价指标

(1)汽油的抗爆性。是指汽油在发动机中燃烧时，不发生爆燃的能力。爆燃是发动机工作时的一种不正常现象。

汽油在发动机中正常燃烧时，火焰的传播速度大致在 50m/s 左右，汽缸内温度与压力都呈均匀上升。但当使用抗爆性差的汽油时，燃烧情况就不同了，当混合气被点燃后，火焰前锋以一定速率扩散传播，但火焰前锋尚未到达的那部分混合气，在汽缸内高温、高压的作用下，生成大量的过氧化物。过氧化物是一种极不稳定的化合物，积聚量达一定值时，不等火焰前锋传播到，它就会自行分解，导致爆炸燃烧，形成压力冲击波，使汽缸内产生清脆的金属敲击声，这种不正常燃烧现象就称之为爆燃。

(2)汽油抗爆性的评价指标。汽油抗爆性可用汽油的辛烷值来评价。辛烷值是代表点燃式发动机燃料抗爆性的一个约定数值。在规定条件下，在一台连续可变压缩比的单缸发动机试验上，把试样与已知辛烷值的参比燃料的爆震倾向进行比较。参比燃料是由异辛烷(辛烷值为 100)和正庚烷(辛烷值为 0)混合而成的。与试样中爆震强度相当的参比燃料中所含的异辛烷的体积百分数，就是该试样的辛烷值。汽油的辛烷值越高，它的抗爆性就越好，发动机的动力性与经济性就越能得以体现。

3. 汽油的安定性及其评价指标

(1)汽油的安定性及其对发动机工作的影响。汽油在其正常的储存与使用过程中，保持其性质不发生永久变化的能力，称为汽油的安定性。安定性差的汽油，在储存及运输过程中易发生氧化反应，生成胶状与酸性物质，使辛烷值降低，酸值增加。汽油中生成的胶质过多时，会使发动机工作时，油路易被阻塞，供油不畅，混合气变稀，气门被粘着而关闭不严；还会使积炭增加，导致散热不良而引起爆震和早燃；沉积于火花塞上的积炭，还可能造成点火不良，甚至不能产生电火花。以上所述，都会造成发动机工作不正常，油耗增加。

影响汽油氧化安定性的因素就汽油本身而言，主要是汽油的烃组成和性质，沉积物一般随烯烃含量、芳烃含量、胶质和 90% 蒸发温度的升高而增加。

(2)评定汽油安定性的指标。评定汽油安定性的指标主要有实际胶质与诱导期。

4. 汽油的防腐性及其评价指标

汽油成分中的各种烃类，都是没有腐蚀性的，而引起腐蚀的物质是硫、硫化物、有机酸、水溶性酸、碱等。由于汽油要与各种金属器件接触，如有腐蚀性，就会对储油容器及发动机机件产生腐蚀。所以，在汽油的国家标准中，对汽油的腐蚀性有严格的要求。汽油防腐性一般用硫含量、铜片腐蚀试验、水溶性酸或碱、酸度、博士试验等指标来评定。

5. 汽油的清洁性及其判定指标

汽油的清洁性主要指汽油中是否含有机械杂质及水分。炼油厂炼制出的成品汽油中是不含机械杂质与水分的，但在储运及使用过程中，汽油不可避免地受到外界污染，使得机械杂质及水分进入汽油中。

检查汽油中是否含有机械杂质及水分，一般是将试样注入 100mL 的玻璃量筒中静置 8 ~ 12h 后观察，应当透明，没有悬浮和沉降的机械杂质及水分。

6. 燃料的热值

燃料的热值是指 1kg 燃料完全燃烧后所产生的热量，汽油的热值约为 44 000kJ/kg。

我国车用无铅汽油标准如表 6-1 所示。

车用无铅汽油标准 表 6-1

项目		质量指标			试验方法
		90 号	93 号	95 号	
抗爆性：					GB/T 5487
研究法辛烷值（RON）	不小于	90	93	95	GB/T 5487
抗爆指数（RON + MON）/2	不小于	85	88	90	GB/T 503
铅含量（g/L）	不大于	0.005			GB/T 8020
馏程：					GB/T 6536
10% 蒸发温度（℃）	不高于	70			
50% 蒸发温度（℃）	不高于	120			
90% 蒸发温度（℃）	不高于	190			
终馏点（℃）	不高于	205			
残留量（%）（V/V）	不大于	2			
蒸气压（kPa）					GB/T 8017
从 9 月 16 日至 3 月 15 日	不大于	88			
从 3 月 16 日至 9 月 15 日	不大于	74			
实际胶质（mg/100mL）	不大于	5			GB/T 8019
诱导期（min）	不大于	480			GB/T 8018
硫含量（%）（m/m）	不大于	0.10			GB/T 380
硫醇（需满足下列要求之一）：					
博士试验		通过			SH/T 0174
硫醇硫含量（%）（m/m）	不大于	0.001			GB/T 1792
铜片腐蚀（50℃，3h）（级）	不大于	1			GB/T 5096
水溶性酸或碱		无			GB/T 259
机械杂质及水分		无			目测
苯含量（%）（V/V）	不大于	2.5			本标准附录 A
芳烃含量（%）（V/V）	不大于	40			GB/T 1132
烯烃含量（%）（V/V）	不大于	35			GB/T 1132

第三节 汽油机可燃混合气

1. 可燃混合气成分的表示法

可燃混合气中空气与燃油的比例称为可燃混合气成分或可燃混合气浓度，通常用过量空气系数和空燃比表示。

1)过量空气系数

燃烧1kg燃油实际供给的空气质量与理论上完全燃烧1kg燃油所需空气质量之比为过量空气系数,记作中 α 即

α = 燃烧1kg燃油实际供给的空气质量理论上/完全燃烧1kg燃油所需的空气质量

$\alpha=1$ 的可燃混合气称为理论混合气;$\alpha<1$ 称为浓混合气;$\alpha>1$ 称为稀混合气。

2)空燃比

可燃混合气中空气的质量与燃油质量之比为空燃比,记为 λ。即

$$\lambda = \text{空气质量/燃油质量}$$

按照化学反应方程式的当量关系,可求出1kg汽油完全燃烧所需空气质量约为14.7kg。显然,$\lambda=14.7$ 的可燃混合气为理论混合气;$\lambda<14.7$ 的为浓混合气;$\lambda>14.7$ 的为稀混合气空燃比。空燃比 $\lambda=14.7$ 称为理论空燃比或化学计量空燃比。

2. 不同成分的混合气对发动机性能的影响

(1)标准混合气($\alpha=1$)。这只是理论上完全燃烧的混合比,实际上这种成分的混合气在汽缸中不能得到完全的燃烧,这是由于:

①汽缸中混合气的成分,由于混合时间和空间的限制,不可能是均匀的分布,有可能使部分燃料来不及和空气化合就排出汽缸。

②由于汽缸中总有一小部分的废气排不出去,它阻碍了汽油分子与空气分子的结合,影响了火焰中心的形成和火焰的传播。

(2)稀混合气($\alpha>1$)。为实际上可能完全燃烧的混合气,它可保证所有汽油分子获得足够的空气而完全燃烧。因而经济性最好,故称经济成分混合气,α 值多在1.05~1.15范围内。但是空气过量后燃烧速度减小,热量损失加大,平均有效压力和发动机功率稍有下降。若混合气过稀时($\alpha>1.05\sim1.15$),因空气量过多,燃烧速度减小,热量损失加大,导致发动机过热、加速性能变坏、排气管中出现突噜声。

(3)浓混合气($\alpha<1$)。因汽油的含量较多,汽油分子密集,火焰传播快,它可保证汽油分子迅速找到空气中的氧分子相结合而燃烧。α 值在0.85~0.95范围内时,燃烧速度最快,热量损失小,平均有效压力和发动机功率大。因此,又称功率成分混合气。但是,浓混合气燃烧不完全,经济性降低。

过浓的混合气($\alpha<0.85$),由于燃烧不完全,产生大量的一氧化碳,在高温高压的作用下析出自由碳,导致发动机排气管冒黑烟(碳渣)、放炮、燃烧室积炭、功率下降、耗油量显著增大,排放污染严重。

(4)燃烧极限。可燃混合气太浓($\alpha<0.4$)或太稀($\alpha>1.4$)时,虽能着火,但火焰无法传播,将导致发动机熄火,此 α 值为燃烧上极限和下极限。

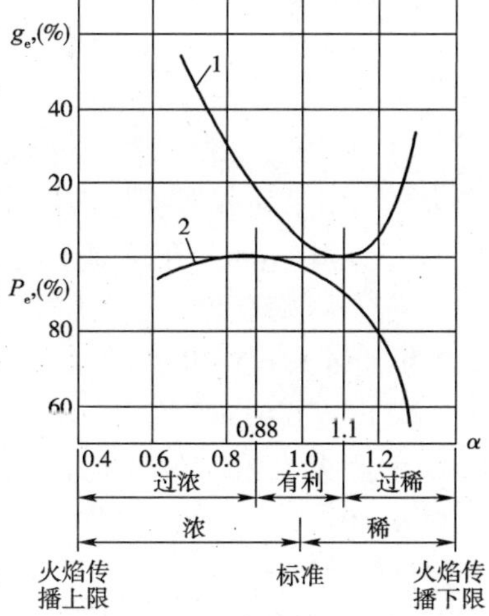

图6-5　可燃混合气成分对发动机性能的影响(发动机转速不变,节气门全开)
1-发动机耗油率(g_e);2-发动机功率(P_e)

通过试验表明:在发动机转速一定和节气门全开的条件下,改变可燃混合气的成分,测绘出相应的发动机功率(P_e)和耗油率(g_e)曲线(图6-5)。曲线的形状,就是 P_e 和 g_e 随 α

变化的规律。它直观的表明了以下3点:

①功率点和经济点是不对应的,动力性和经济性存在着矛盾,不能同时得到;

②混合气过浓或过稀动力性和经济性都不理想;

③混合气成分在0.88~1.11范围内最有利,不获得动力性就获得经济性,或两者都较好。

3. 发动机工况和负荷的概念

发动机“工况”是其工作情况的简称,它包括发动机的转速和负荷情况。发动机的负荷就是汽车所施加给发动机的阻力矩M_Q。这一阻力矩包括匀速运转的阻力矩和变速运转的惯性阻力矩,它随汽车工作情况(如道路状况、车速、装载量等)的变化而变化,发动机发出等量的转矩与之平衡。而发动机的转矩(M_e)是随节气门的开度而变化的,所以节气门开度的大小就代表了负荷的大小。负荷的大小多用百分数表示,如节气门全关负荷为零,全开负荷为100%,半开为中等负荷,其间有无限个工况(负荷)。

汽车用的发动机工作特点是:

(1)工况变化范围很大,负荷可以从0变化到100%,转速可以从最低稳定转速变到最高转速,有时工况变化非常迅速。

(2)工况间的变化是连续的,中间并没有一个实际界限,工况的变换过程只是表现在节气门的开度和发动机转速高低的过程中。

(3)在汽车行驶的大部分时间内,发动机是在中等负荷下工作的。轿车发动机负荷经常是40%~60%,而货车则为70%~80%。

发动机多种工况要求有多种混合气成分,以满足其不同工况对其动力性、经济性和排放的不同要求。

4. 不同工况对可燃混合气成分的要求

1)正常工况

发动机的正常工况是指发动机已经完成预热,转入了正常运转。按负荷大小可分为:怠速和小负荷、中等负荷、大负荷和全负荷3个范围。它在发动机全部工作时间内占的比重最大,对发动机的动力性和经济性要求也较高。

(1)怠速。怠速是指发动机对外无功率输出的工况。这时可燃混合气燃烧后对活塞所作的功全部用来克服发动机内部的阻力,使发动机以低转速稳定运转。目前,汽油机的怠速转速为700~900r/min。在怠速工况,节气门接近关闭,吸入汽缸内的混合气数量很少。在这种情况下汽缸内的残余废气量相对增多,混合气被废气严重稀释,使燃烧速度减慢甚至熄火。为此要求供给$\alpha=0.6\sim0.8$的浓混合气,以补偿废气的稀释作用。

(2)小负荷。小负荷工况时,节气门开度在25%以内。随着进入汽缸内的混合气数量的增多,汽油雾化和蒸发的条件有所改善,残余废气对混合气的稀释作用相对减弱。因此,应该供给$\alpha=0.7\sim0.9$的混合气。虽然,比怠速工况供给的混合气稍稀,但仍为浓混合气,这是为了保证汽油机小负荷工况的稳定性,如图6-6中曲线3的小负荷段所示。

(3)中等负荷。中等负荷工况节气门的开度在25%~85%范围内。汽车发动机大部分时间在中等负荷下工作,因此应该供给$\alpha=1.05\sim1.15$的经济混合气,以保证发动机有较好的燃油经济性。从小负荷到中等负荷,随着负荷的增加,节气门逐渐开大,混合气逐渐变稀(图6-6曲线3的中负荷段)。

(4)大负荷和全负荷。发动机在大负荷或全负荷工作时,节气门接近或达到全开位置。这时需要发动机发出最大功率以克服较大的外界阻力或加速行驶。为此应该供给 $\alpha=0.85\sim0.95$ 的功率混合气。从中等负荷转入大负荷时,混合气由经济混合气加浓到功率混合气,如图6-6中曲线3的大负荷段所示。

2)过渡工况

(1)冷起动工况。发动机在冷起动时,因温度低汽油不容易蒸发汽化,再加上起动时转速低(50~100r/min),致使进入汽缸的混合气中汽油蒸气太少,混合气过稀,不能着火燃烧。为使发动机能够顺利起动,要求供给 α 约为0.2~0.6的浓混合气,以使进入汽缸的混合气在火焰传播界限之内。

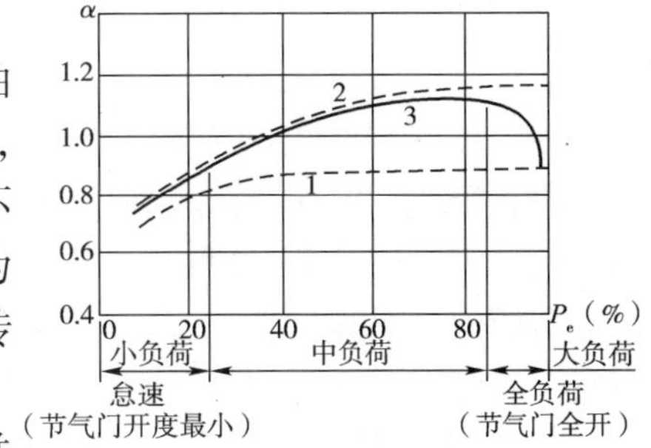

图6-6 混合气浓度与负荷的关系

1-相应于最大功率时的 α 值;2-相应于最低燃油消耗率时的 α 值;3-理想 α 值曲线

(2)暖机工况。发动机低温起动后,转速逐渐升高并趋于稳定,但由于此时发动机的温度还比较低,仍存在汽油蒸发不良等问题,为了使发动机正常运转,仍需继续提供较浓的混合气。随着发动机温度的逐渐升高,混合气的浓度逐渐变稀,转速逐渐降低,最终到正常怠速。

(3)加速工况。汽车在行驶过程中,有时需要在短时间内迅速提高车速(急加速,如超车)。为此,驾驶员要猛踩加速踏板,使节气门突然开大,以期迅速增加发动机功率。考虑到检测空气流量信号的滞后及节气门开大,进气支管的压力增加,不利于汽油的蒸发汽化。因此,在节气门突然开大时,将会出现混合气瞬时变稀的现象。这不仅不能使发动机功率增加、汽车加速,反而有可能造成发动机熄火。为了避免发生此种现象,在节气门突然开大空气流量迅速增加的同时,额外快速地供给一定数量的汽油(异步喷射),使变稀的混合气得到重新加浓。

(4)急减速工况。汽车急减速时,节气门在短时间内快速关闭,进气量迅速减小,要求减少喷油量,甚至停喷(急减速断油)。避免发动机有害物排放量增加和增加催化转换器的负担。

综上所述,对于经常在中等负荷下工作的汽车发动机,为了保持其正常的运转,从小负荷到中等负荷要求能随着负荷的增加,供给由浓逐渐变稀的混合气,直到供给经济混合气,以保证发动机工作的经济性。从大负荷到全负荷阶段,又要求混合气由稀变浓,最后加浓到功率混合气,以保证发动机发出最大功率。

第四节 电控汽油喷射的空气供给系统

空气供给系统是由空气滤清器、空气流量计(压力型是进气压力传感器)、节气门体、怠速控制阀、进气支管等组成。发动机工作时,驾驶员通过操作加速踏板控制节气门的开度,以此来改变进气量,控制发动机的转速。空气供给系统结构如图6-7所示。

1. 空气计量装置

空气计量装置的作用是对进入汽缸的空气质量进行直接或间接地计量,并把空气流量的信息输送到 ECU。在电控汽油喷射系统中有空气流量计和进气压力传感器两种方式测量进入汽缸的空气量。

1)空气流量计

在电控汽油喷射发动机中使用的空气流量计主要有:热线式、热膜式和卡门涡流式。

(1)热线式空气流量计。其构造如图 6-8 所示。测试管 2 置于空气流道的中央,空气流道装有金属防护网 1,并用卡环固定在壳体 7 上。在测试管内的支撑环上固定一根直径为 70μm 的金属丝 3,在工作中铂金属丝被电流加热至 100℃ 以上,故称之为热线。在支撑环前端装有铂薄膜温度补偿电阻 4,支撑环后端黏结有精密电阻,而在控制电路板上则装有高阻值电阻。铂热线、温度补偿电阻、精密电阻和高阻值电阻构成惠斯登电桥电路中的 4 个臂(图 6-9)。混合电路用来调节供给 4 个臂的电流使电桥保持平衡。

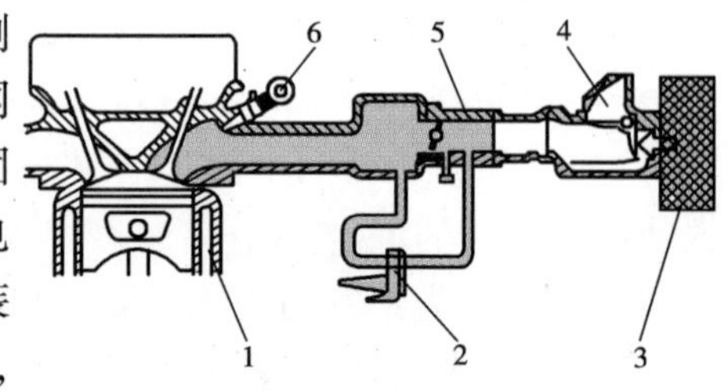

图 6-7 电控汽油喷射发动机的空气供给系统
1-发动机;2-辅助空气阀;3-空气滤清器;4-空气流量计;5-节气门体;6-喷油器

当空气流过热线式空气流量计时,铂热线向空气散热,温度降低,铂热线的电阻减小,使电桥失去平衡。这时混合电路将自动增加供给铂热线的电流,以使其恢复原来的温度和电阻值,直至电桥恢复平衡。流过铂热线的空气流量越大,混合电路供给铂热线的加热电流也越大,即加热电流是空气流量的单值函数。加热电流通过精密电阻产生的电压降作为电压输出信号传输给电控单元,电压降的大小即是对空气流量的度量。

温度补偿电阻的阻值也随进气温度的变化而变化,起到一个参照标准的作用,用来消除进气温度的变化对空气流量测量结果的影响。一般将铂热线通电加热到高于温度补偿电阻温度 100℃。

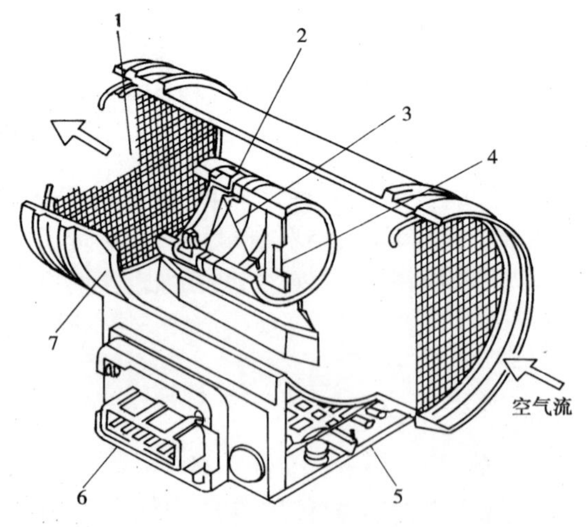

图 6-8 热线式空气流量计
1-金属防护网;2-测试管;3-铂热线;4-温度补偿电阻;5-控制电路板;6-电源插座;7-壳体

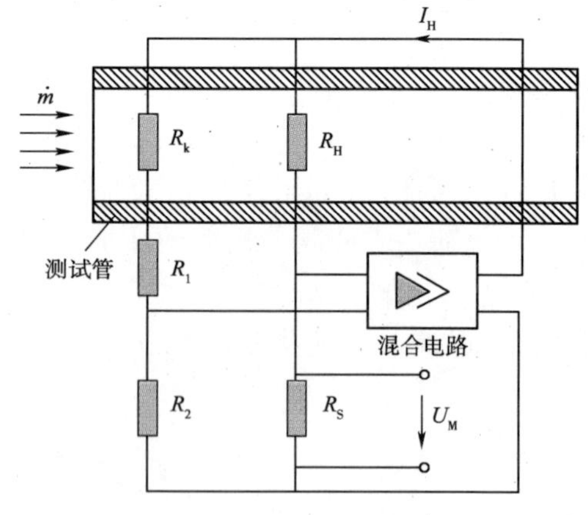

图 6-9 热线式空气流量计电路
R_H-铂热线;R_K-温度补偿电阻;R_1、R_2-高阻值电阻;R_s-精密电阻;U_M-电压输出信号;I_H-加热电流;m-空气流量

热线式空气流量计无机械运动件,进气阻力小,反应快,测量精度高。但在使用中,铂热线

表面受空气中灰尘的污染而影响测量精度。为此,在电控单元中装有自洁电路,在发动机熄火后,自动将铂热线加热至1 000℃并维持1s时间,烧掉沾附在铂热线上的灰尘。

(2)热膜式空气流量计。其测量原理与热线式空气流量计相同,它是利用热膜与空气之间的热传递现象来测量空气流量的。热膜是由铂金属片固定在树脂薄膜上而构成的。用热膜代替热线提高了空气流量计的可靠性和耐用性,并且热膜不会被空气中的灰尘沾附。

热膜式空气流量计及其桥式电路如图6-10所示。

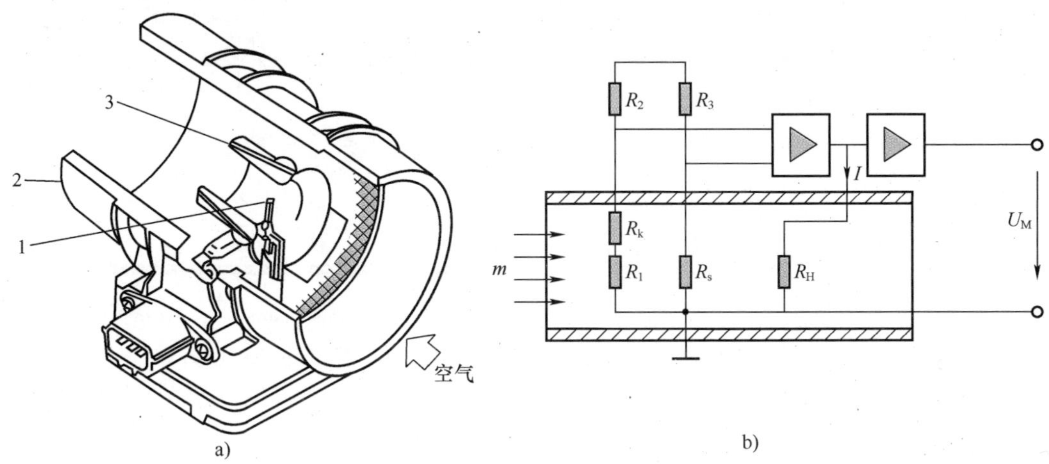

图6-10 热膜式空气流量计及其桥式电路

a)热膜式空气流量计;b)桥式电路

1-热膜;2-空气流量计壳体;3-测量管;R_H-热膜;R_K-温度补偿电阻;R_1、R_2、R_3-高阻值电阻;R_s-精密电阻;U_M-电压输出信号;I-加热电流;m-空气流量

(3)卡门涡流式空气流量计。卡门涡流式空气流量计是利用卡门涡流理论来测量空气流量的。在卡门涡流式空气流量计进气气道的正中间有一个流线形或三角形涡流发生体。当空气流过这个涡流发生体时,在发生体后方的气流中会产生一系列不对称却十分规则的空气旋涡。根据卡门理论旋涡是依次沿气流流动的方向向后移动,其移动速度与空气流速成正比。因此,在单位时间内通过发生体后方某点的旋涡数量与空气流速成正比,即通过测量单位时间内旋涡的数量就可以计算出空气流速和流量。

测量单位时间内旋涡数量的方法有两种。一种是在卡门涡流式空气流量计的后半部分的两侧设置一对超声波发生器和接收器,如图6-11所示,简称超声波检测方式。发动机运转时,超声波发生器不断地向接收器发出一定频率的超声波。当超声波通过进气气流到达接收器时,由于受到气流中旋涡的影响,使超声波的频率的相位发生变化。接收器测得这一相位的变化,电脑根据相位的变化的频率计算出单位时间内产生旋涡的数量,从而计算出空气的流速和流量。

另一种方法是在流量计内设置一对发光二极管和光敏三极管,如图6-12所示,简称光电式。发光二极管发出的光束被一个反光镜发射到光敏三极管,使三极管导通。反光镜安装在很薄的金属簧上,簧片在进气气流旋涡的压力作用下振动,其振动的频率与单位时间内产生的涡流数量相同。由于簧片随簧片一同振动,因此被反射的光束方向有以相同的频率变化,使光敏三极管也随光束的变化以同样的频率导通和截止。频率直接反映出单位时间内涡流产生的数量,电脑根据光敏三极管导通和截止的频率即可计算出进气量。

卡门涡流式空气流量计的响应速度在几种空气流量计中最快,它能几乎同步地反映出涡流流速的变化;此外,它还有测量精度高,进气阻力小、无磨损等优点。但它的成本高,只有少数高挡车型使用这种空气流量计。

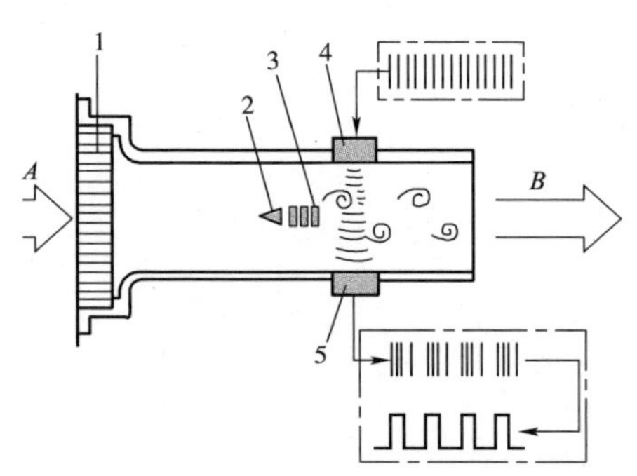

图6-11 超声波检测方式工作原理

1-导流罩;2-涡流发生体;3-涡流稳定板;4-超声波发生器;5-超声波接收器

A-来自空气滤清器;B-流向发动机

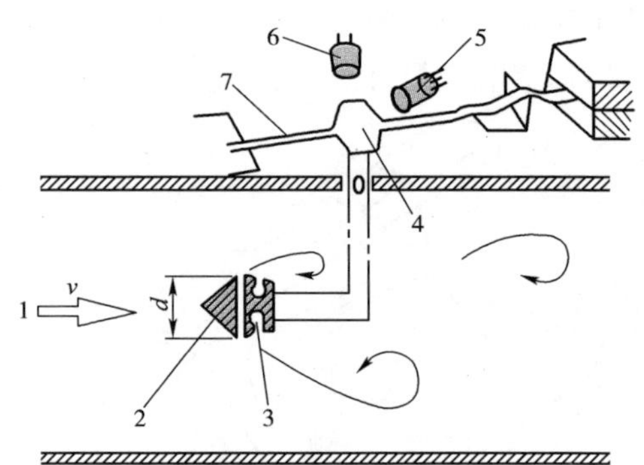

图6-12 反光镜检测方式工作原理

1-来自空气滤清器;2-涡流发生体;3-导压孔;4-反光镜;5-光敏三极管;6-发光二极管;7-板弹簧

2)进气压力传感器 MAP (Manifold Absolute Pressure Sensor)

在D型汽油喷射系统不设空气流量计,而是采用进气压力传感器测量节气门后进气管内的绝对压力,利用该绝对压力和发动机转速来计算吸入汽缸的空气量并以此作为电控单元计算喷油量的主要参数。在发动机工作时,节气门开大,进气量增多,进气管压力相应增加。因此,进气管压力的大小反映了进气量的多少。

进气压力传感器是由压力转换元件和把转换元件输出信号进行放大的集成电路(IC)及真空室构成。压力转换元件是利用半导体的压电效应制成的硅膜片,如图6-13所示。硅膜片的

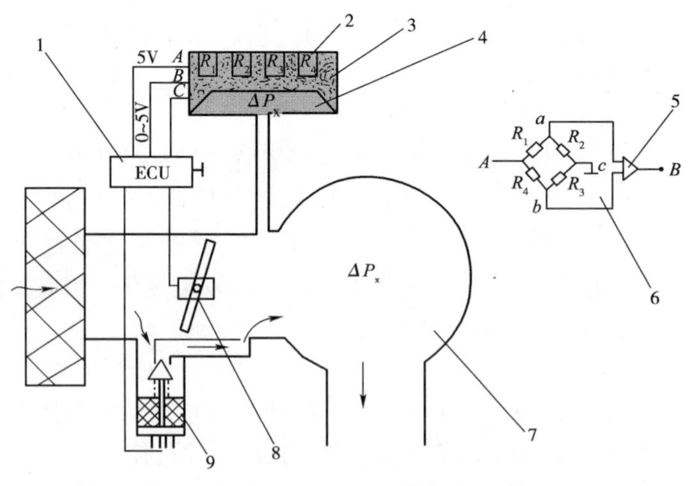

图6-13 进气压力传感器

1-电控单元(ECU);2-压敏电阻;3-硅膜片;4-压力室;5-差动放大器;6-桥式电路;7-进气主管;8-节气门位置传感器 TPS;9-怠速空气调节器 IAC

一面是真空室,另一面导入进气压力。由于硅膜片的一侧是真空室,因此在进气压力作用下硅膜片产生变形,使扩散在硅膜片上电阻的阻值发生变化。进气管内压力越高,硅膜片的变形量越大。利用惠斯登电桥将硅膜片的电阻变化转换成电压信号。因为输出的电压信号很微小,所以需用集成电路进行放大。经IC放大处理后的电信号,作为进气压力信号送到ECU,ECU根据此信号和转速信号,即可计算进气量。

进气压力传感器一般是通过真空软管与节气门后方的进气管相通,也有些车直接装在节气门体上,这样可以避免真空软管漏气而造成的故障。

2. 节气门体

节气门体位于空气流量计之后的进气管上,它包括节气门、节气门位置传感器及怠速控制机构。

1)节气门

节气门是正圆形,怠速时节气门完全关闭,所需要的空气由怠速控制机构提供。

2)节气门位置传感器(TPS)

节气门位置传感器用来检测节气门开度。它安装在节气门体上,通过节气门轴与节气门联动。节气门位置传感器将节气门开度转换成电信号输送到ECU,ECU根据节气门不同的开度决定控制方式和对喷油时间进行修正。

电控汽油喷射系统中的节气门位置传感器广泛采用线性输出型。其主要特点是,表示节气门开度的输出电压与节气门开度成线性关系。传感器的结构和电路如图6-14所示。

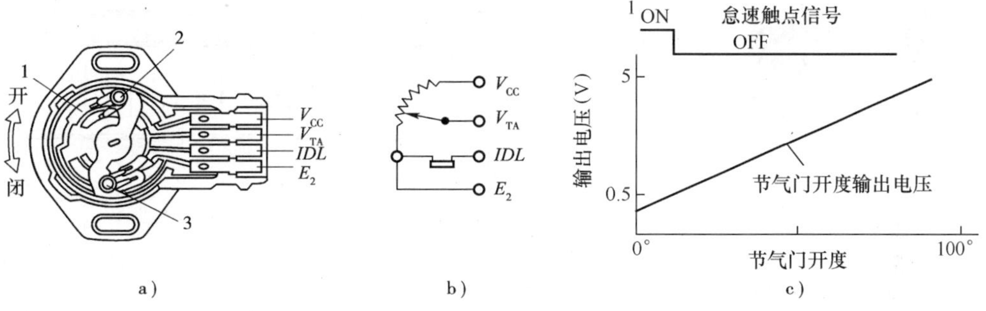

图6-14 线性输出型节气门位置传感器

a)构造;b)电路;c)输出特性

V_{cc}-电源;V_{TA}-节气门开度输出信号;IDL-怠速触点信号;E_2-搭铁;1-电阻体;2-检测节气门开度的动触器;3-检测怠速位置的动触点

传感器有两个与节气门联动的可动电刷触点。一个触点在电阻体上滑动,利用变化的电阻值,测得与节气门开度对应的线性输出电压,根据输出的电压值,可知节气门开度。另一个电刷触点在节气门全关闭时与怠速触点接触,给ECU提供怠速信号,用于发动机急减速时断油控制和点火提前角的修正。图6-14c)传感器输出特性可看出传感器输出电压随节气门开度增大而成线性地增大。有些发动机上的节气门位置传感器输出电压与节气门开度成反比。

3)怠速控制机构

怠速控制机构通常安装在节气门体上,其作用是自动控制发动机怠速;在发动机热机、有额外负荷(如开空调、动力转向起作用、自动变速器P/N挡开关进入运行挡位、全车电器投入使用等)时,调节进气量,从而调节发动机转速和动力。怠速控制机构有两种控制形式:怠速旁通道式和节气门直动式。

（1）控制怠速旁通道式。控制怠速旁通道式广泛采用步进电机式和旋转滑阀式怠速控制阀，它安装在节气门体上或进气总管上，控制节气门前后的怠速旁通道的开度大小来增减怠速进气量，以达到调整怠速的目的。怠速控制阀是由电控单元控制，能自动将怠速保持在设定的最佳转速。

①步进电机式怠速控制阀。步进电机式怠速控制阀是将步进电机与怠速控制阀做成一体，由步进电机、旁通气阀阀芯、阀座以及把旋转运动变成直线运动的进给丝杆等组成，如图 6-15 所示。步进电机是一种非连续转动的转角控制执行机构，并且可根据控制信号实现正、反转。

如图 6-16 所示，步进电机的转子用永久磁铁制成，N 极和 S 极在圆周上相间排列，形成八对磁极。定子有 A、B 两个，上下重叠，内绕 A、B 两组线圈。每个定子各有八对爪极，每对爪极之间的间距为一个爪极宽度，A、B 两定子爪极相差一个爪极宽度，构成一体安装在外壳上，如图 6-17 所示。

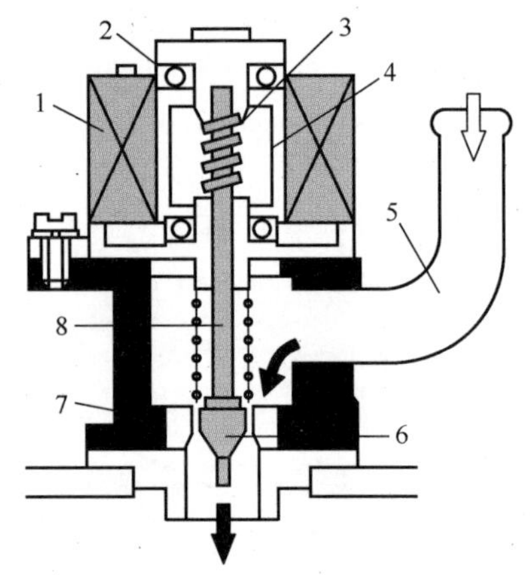

图 6-15　步进电机式怠速控制阀

1-定子线圈；2-轴承；3-进给丝杆；4-转子；5-旁通空气道；6-阀芯；7-阀座；8-阀轴

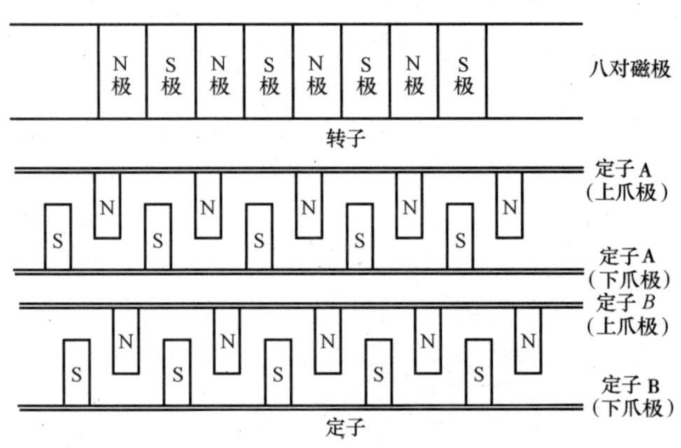

图 6-16　定子爪极的位置

相线绕组的控制电路见图 6-18，A、B 两个定子绕组分别由 1、3 相绕组和 2、4 相绕组组成，ECU 通过晶体三极管控制各相绕组的搭铁，交替变换定子爪极极性，使步进电机转子产生步进式转动，如欲使步进电机正转，相线控制脉冲按 1—2—3—4 相序滞后 90°相位角，使定子上的 N 极向右移动，则转子正转，如图 6-19、图 6-20 所示。如欲使步进电机反转，相线控制脉冲按 1—2—3—4 相序依次超前 90°相位角，定子上的 N 极向左向移动，则转子反转。

转子的转动是为了使定子线圈电磁铁和转子永久磁铁的 N 极和 S 极互相吸引到最近距离。

当定子的爪极极性由于相线控制脉冲的变化而改变时，转子也随之转动，始终保持转子的

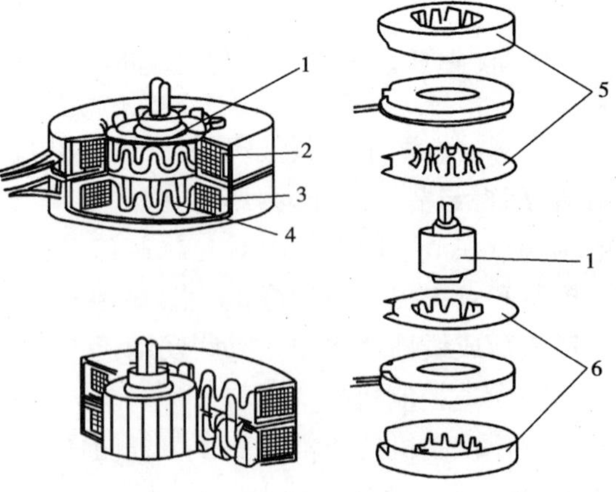

图 6-17　定子爪极结构

1-转子；2-线圈 A；3-线圈 B；4-爪极；5-定子 A；6-定子 B

N 极与定子的 S 极对齐。转子转动 1 圈需 32 个步级，每一个步级转动 1 个爪的角度（即 11.25°），步进电机的正常工作范围为 0～125 个步级。锥阀的直线行程为 0.8mm，125 步级锥阀总行程为 10mm，旋转圈数为 3.9 圈，转速调节范围为 300r/min。应该说明：它的实际工作范围多为 50 步级以内，这是为了不同的发动机排量系列化使用。

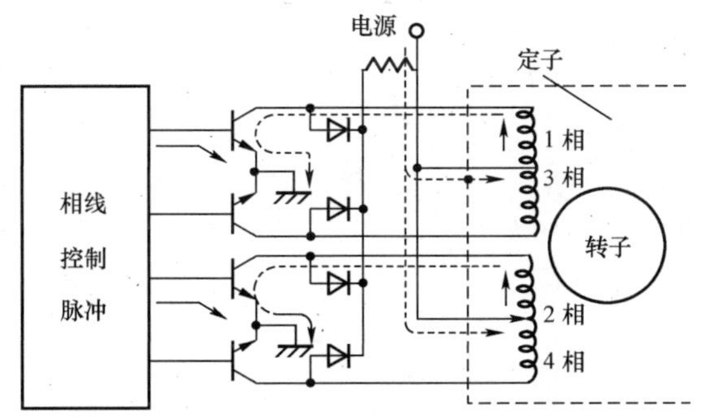

图 6-18　相线绕组的控制电路

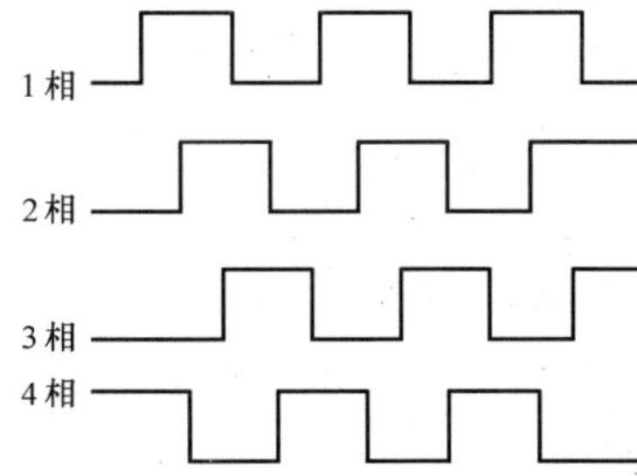

图 6-19　相线控制脉冲（正转）

当步进电机转动时，进给丝杆作轴向移动。丝杆上固定着阀芯，丝杆上下移动时，带动阀芯关小或开大旁通气道。ECU 通过控制步进电机的转动方向和转角，就可以控制丝杆的移动方向和移动距离，从而达到控制旁通气阀开度，调整怠速进气量的目的。

热机过程中，ECU 控制步进电机转动，使怠速控制阀从刚起动时的最大开度逐渐减小。当冷却液温度达到 70℃时，暖机控制结束，怠速控制阀恢复到正常怠速开度。

②旋转滑阀式怠速控制阀。如图 6-21 所示，旋转滑阀式怠速控制装置由永久磁铁转子 3、电枢 4、旋转滑阀 6、回位弹簧和电刷等组成。旋转滑阀与电枢轴固连，随电枢轴一起转动，改变旁通气道截面的大小，调节怠速时的空气量。其接线图见图 6-22，永久磁铁转子安装在装置壳体上，形成固定的磁场。电枢位于永久磁铁的磁场中，电枢铁心上缠有两组绕向相反的电磁线圈 L_1 和 L_2，当线圈 L_1 通电时，电枢带动旋转滑阀顺时针偏转，空气旁通气道截面变小。当线圈 L_2 通电时，电枢带动旋转滑阀逆时针偏转，空气旁通气道截面变大。L_1 和 L_2 的两端与电刷滑环相连，经电刷引出与 ECU 相连接。

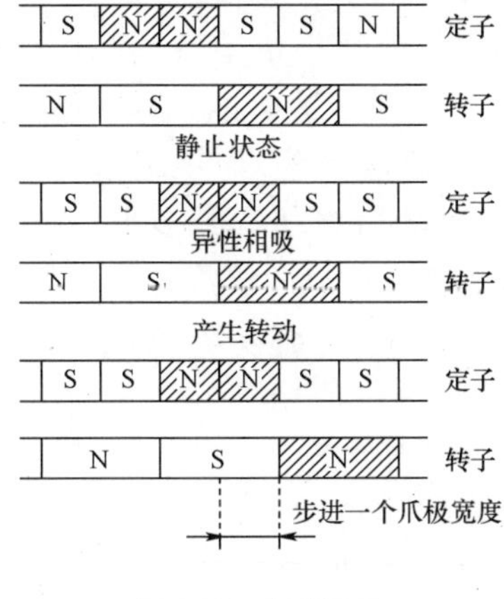

图 6-20　步进原理

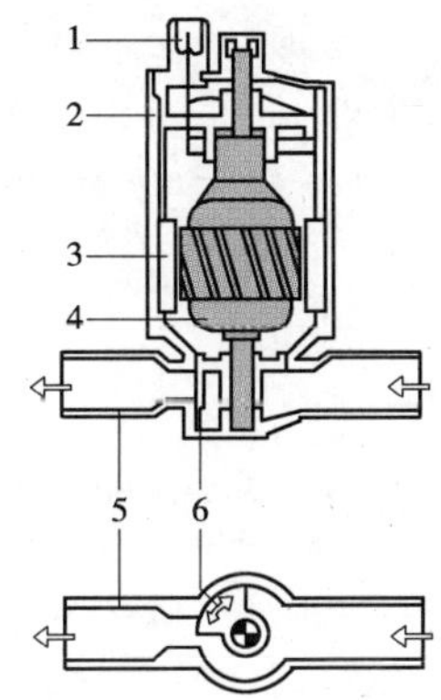

图 6-21　旋转滑阀式怠速控制阀

1-电接头；2-外壳；3-永久磁铁转子；4-电枢；5-旁通气道；6-旋转滑阀

电枢轴上的电刷滑环与电机换向器结构类似，它由三段滑片围合而成，分别与一个电刷相接触。电枢绕组 L_1 和 L_2 的两端分别焊接在相应的滑片上。当点火开关打开时，怠速控制装置接线插头“2”上即受蓄电池电压，电枢绕组 L_1 和 L_2 是否通电，由 ECU 控制两线圈的搭铁三极管 VT_2 和 VT_1 的通断决定。由于占空比（一个脉冲周期高电平的时间与一个脉冲周期所经历的时间之比）控制信号和三极管 VT_1 的基极之间接有反向器，所以三极管 VT_1 和 VT_2 集电极输出相位相反，使两个电枢绕组总是交替地通过电流，又因两组线圈绕向相反，致使电枢上交替地产生方向相反的电磁力矩。由于电磁力矩交变的频率（约 250Hz）较高，且电枢转动具有一定的惯性，所以旋转滑阀根据控制信号的占空比，摆到一定的角度即处于稳定状态。当占空比为 50% 时，L_1 和 L_2 线圈的平均通电时间相等，二者产生的电磁力矩抵消，电枢轴停止偏转。当占空比小于 50% 时，线圈 L_1 的平均通电时间长，其合成电磁力矩使电枢带动旋转滑阀顺时针偏转，空气旁通气道截面变小，怠速降低；反之，当占空比大于 50% 时，空气旁通气道截面变大，怠速升高。占空比的范围为 18%（旋转滑阀关闭）至 82%（旋转滑阀达到最大开度）之间，滑阀的最大偏转角度限制在 90° 以内。对旋转滑阀式怠速控制装置，滑阀的偏转角度，由两组线圈的通电时间比例，即由控制脉冲的占空比确定。ECU 对旋转滑阀式怠速控制装置的控制内容与步进电机式基本相同，在此不再重复。

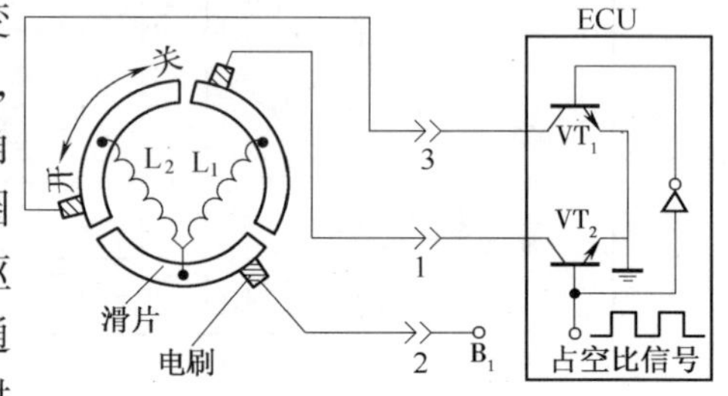

图 6-22　旋转滑阀式怠速控制阀连接电路

（2）节气门直动式怠速控制机构。怠速转速的控制方式为节气门直动式，取消了节气门旁通道，由节气门控制组件对发动机的怠速进行综合控制。

节气门控制组件由怠速开关、怠速节气门位置传感器、怠速控制电机和节气门位置传感器等组成，如图 6-23 所示。

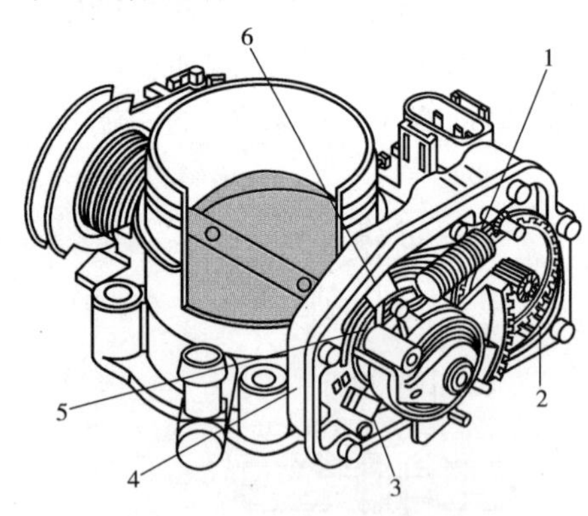

图 6-23　节气门直动式怠速控制机构

1-应急弹簧；2-怠速控制电机；3-节气门位置传感器怠速开关信号输出端子；4-整体式怠速空气调节装置；5-怠速开关；6-怠速节气门位置传感器

节气门位置传感器和怠速节气门位置传感器都起着节气门位置传感器的作用。怠速控制电机起着控制怠速的作用，能适当开大或关小节气门开度。

怠速开关、怠速节气门位置传感器以及节气门位置传感器的功用是向电控单元提供节气门当前位置信息。在怠速范围内，电控单元根据这些信息以及转速信号、冷却液温度信号、额外负荷信号等，与规定值比较后，得到偏差修正量，调节喷油量和空气量的多少。空气量是由怠速控制电机（可正反转）经过两级降速后直接驱动节气门动作，完成快怠速和低怠速空气量的调节。节气门控制组件是智能化节气门体的原始雏形。

节气门位置传感器直接连接在节气门轴上，与驾驶员操纵的加速踏板联动。通过安装在节气门轴一端的电刷触点在电位计电阻上滑动，将节气门开度转换为电信号输送给电控单元，在发动机工作转速范围内，向电控单元提供当时的节气门位置信号，作为电控单元判断发动机运转工况的依据。

怠速节气门位置传感器安装在节气门体内，与怠速控制电机连接在一起，可将节气门的开度、怠速控制电机的位置信号输送给电控单元，当怠速节气门位置传感器到达调节范围极限时，不再移动，节气门仍可继续开启。当怠速节气门位置传感器的信号中断时，节气门控制组件将利用应急弹簧进入应急状态工作，将节气门拉开到固定位置，使怠速转速升高。

怠速开关与节气门位置传感器一起安装在节气门轴上，向电控单元提供怠速状态信息。当节气门关闭时，怠速开关触点闭合，电控单元判定发动机处于怠速状态，从而按怠速工况要求控制喷油量；当节气门打开时，怠速开关触点断开，电控单元根据这一信号控制从怠速到小负荷的过渡工况的喷油量。怠速开关信号还可作为电控单元判断是否进行怠速自动控制和急减速断油控制的依据。当怠速开关信号中断时，电控单元将把节气门位置传感器的信号与怠速节气门位置传感器的信号进行比较，根据两个电位计的相互位置来判别出节气门的怠速位置。

怠速控制电机在怠速调节范围内，通过齿轮传动机构来操纵节气门，使其开度增大或减小。当发动机怠速工作时，怠速节气门位置传感器将其阻值变化转换为电信号输入电控单元，电控单元接收到该信号后，根据信号电压高低确定节气门的位置，再控制怠速控制电机，通过怠速电机微量调节节气门开度来调节发动机的怠速转速。

当怠速控制电机发生故障或电控单元对怠速电机的控制失灵时，应急弹簧将把节气门拉到一个特定的应急位置，使怠速处于应急状态运转，怠速转速将升高。

第五节　电控汽油喷射的燃油供给系统

电控汽油喷射的燃油供给系统是由汽油箱、电动汽油泵、汽油滤清器、燃油分配管、回油管、油压调节器、喷油器等组成，如图 6-24 所示。

发动机工作时，电动汽油泵把汽油从油箱中泵送出去，经汽油滤清器除去杂质和水分后，流入燃油分配管，然后分送到各个喷油器。燃油分配器上装有油压调节器，根据进气管内气体的压力对燃油压力进行调整，多余的燃油经油压调节器流回油箱。有些发动机在燃油输送通道中还装有燃油压力脉动衰减器，用以削减燃油的脉动现象。

另外有许多车辆发动机采用无回油管路的单管路供油系统，将燃油滤清器、压力调节器、燃油油位传感器和燃油切断阀一体的模块式燃油泵总成安装在汽油箱中，如图 6-25 所示。该

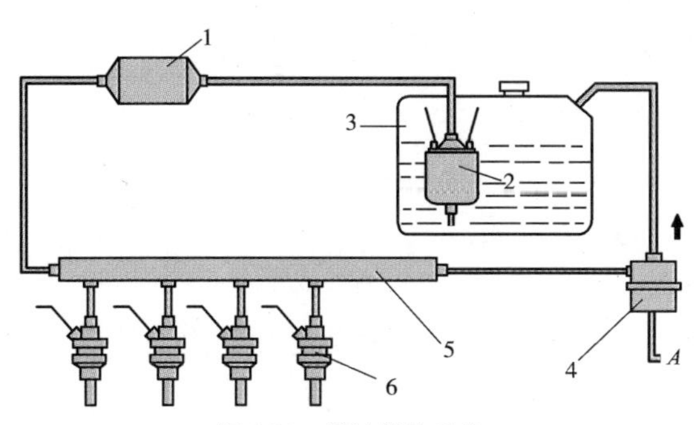

图 6-24　燃油供给系统

1-汽油滤清器；2-电动汽油泵；3-汽油箱；4-油压调节器；5-燃油分配管；6-喷油器

A-接进气支管

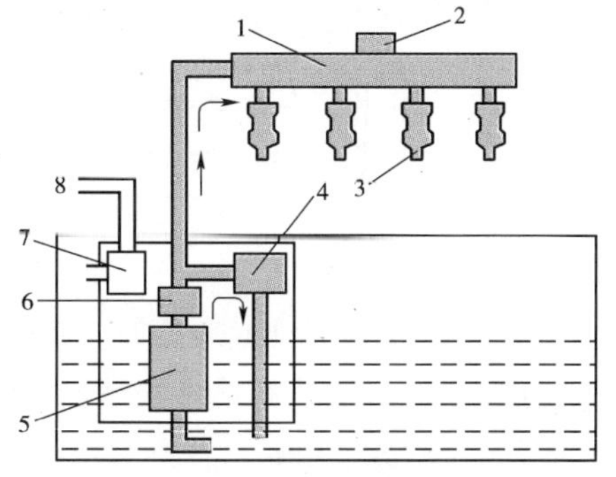

图 6-25　单管路供油系统

1-燃油分配管；2-脉动衰减器；3-喷油器；4-油压调节器；5-电动汽油泵；6-汽油滤清器；7-单向阀；8-至炭罐

系统燃油分配管内的压力是恒定的,喷油器两端的压力是变化的,多余的燃油在油箱内就完成了回流,能防止燃油箱内部温度升高,减少燃油蒸气排放量。在固定的喷射时间内喷油量是变化的,但发动机电控单元根据进气压力传感器和氧传感器的信号,对喷油量进行修正和补偿,因此喷油量同样会精确。

1. 汽油箱

汽油箱用以储存汽油。普通汽车只有一个汽油箱,越野汽车则常有主、副两个汽油箱。货车的油箱通常装在车架外侧、驾驶员座下或货厢下面。轿车的油箱多装在后备厢下。

油箱体的材料有两种,一种是用高分子高密度聚乙烯吹塑制成,具有重量轻、强度高、密封性好、防爆以及易制成异形件,充分利用空间的优点,因此被轿车广泛采用。另一种是用薄钢板冲压件焊接而成。

各种不同型号的汽车上,油箱的结构形式基本相同,其构造如图6-26所示。为防止油液面由于行车振荡而外溢,在油箱内部装有隔板10。油箱上表面装有液面传感器4,底部有辅助油箱7,内有滤网9。为了便于排除箱内的杂质,有的车在油箱底部装有放油螺塞8。油箱加油口用带阀门的油箱盖1封闭。

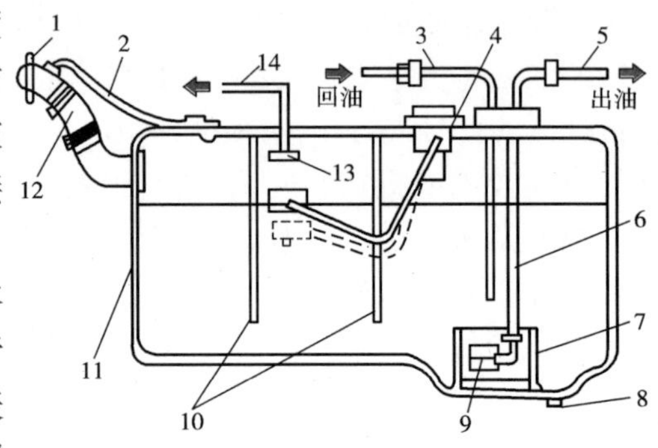

图6-26 汽油箱

1-油箱盖;2-通气软管;3-回油管;4-液面传感器;5-出油管;6-燃油连接管;7-辅助油箱;8-放油螺塞;9-滤网;10-隔板;11-油箱体;12-燃油进口软管;13-单向阀;14-通活性炭罐

油箱盖(图6-27)用以防止汽油的溅出及减少汽油挥发,它由空气阀4和蒸气阀6组成。空气阀用较弱的空气阀弹簧5压住,当油箱内油面下降,压力低于某一数值时,空气阀打开,使空气进入汽油箱,确保汽油箱内不致产生真空,避免受到内外空气压力差的作用而损坏。蒸气阀用较硬的蒸气阀弹簧3压住,仅在汽油箱内因温度过高、压力超过规定值时才开启,因而有利于减少油箱内汽油蒸气挥发。

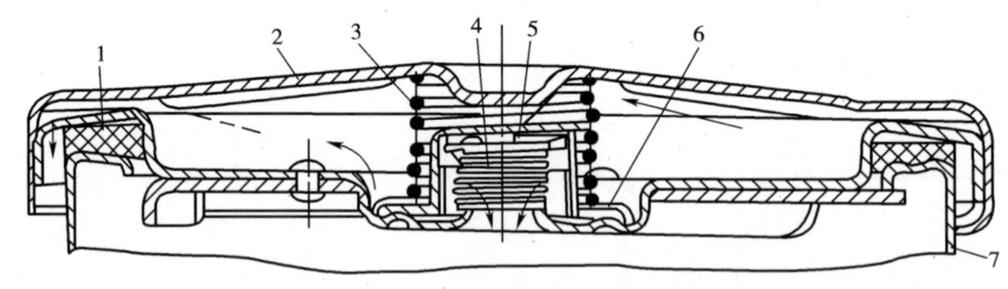

图6-27 闭式汽油箱盖

1-密封垫圈;2-盖壳;3-蒸气阀弹簧;4-空气阀;5-空气阀弹簧;6-蒸气阀;7-汽油箱加油口

有些发动机上装有活性炭罐,以吸收汽油箱内产生的燃油蒸气,这种形式的汽油箱盖上只有空气阀,没有蒸气阀。

2. 电动汽油泵

电动汽油泵的作用是将汽油从油箱内吸出,加压后经喷油器供入发动机进气管。电动汽油泵主要有滚柱式、内齿轮式、涡轮式等,有些采用双级油泵。

1)滚柱式电动汽油泵

滚柱式电动汽油泵主要由电动机、滚柱泵、单向阀、限压阀、滤网和阻尼稳压器等组成,其结构如图6-28a)所示。

滚柱泵主要由转子、与转子偏心的定子(即泵体)以及在转子和定子之间起密封作用的滚柱等组成,如图6-28b)所示。泵体的一端是进油口,另一端是出油孔。进油口一侧的滚柱式油泵由泵壳中间的直流电机驱动。当油泵旋转工作时,由于离心力的作用,转子槽内的滚柱紧靠在偏心设计的泵体内壁上。滚柱随转子一同旋转时泵腔容积发生变换,燃油进口处容积越来越大,出口处容积越来越小,使燃油经过入口的滤网被吸入油泵,加压后经过电机周围的空间从出口泵出。油泵出口处有一单向阀,在油泵不工作时阻止燃油倒流回油箱。若因汽油滤清器堵塞等原因使油泵出口一侧油压上升,与油泵一体的限压阀即被顶开,使部分燃油回到进油口一侧,以防止电动汽油泵输出油压过高。

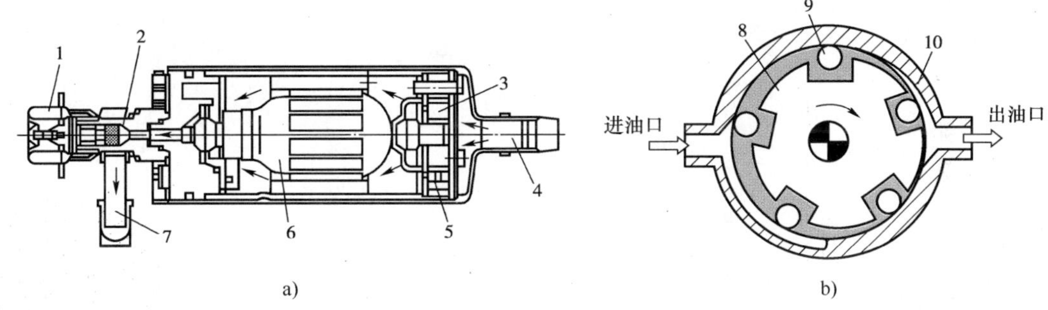

图6-28　滚柱式电动汽油泵

a)结构;b)滚柱泵工作原理

1-脉动衰减器;2-单向阀;3-滚柱;4-进油管;5-滚柱泵;6-电动机;7-出油管;8-转子;9-滚柱;10-壳体

滚柱式电动汽油泵的特点是:泵油压力高,流量大;油压脉动大,必须与燃油压力脉动衰减器配合使用;运转噪声大,滚柱和定子磨损快。

2)内齿轮式电动汽油泵

内齿轮式齿轮泵主要由主动齿轮、从动齿轮和泵体组成,如图6-29所示。

直流电动机带动主动齿轮旋转,并由其带动从动齿轮旋转。由于主、从动齿轮的齿数不同且旋转中心不重合(存在偏心距),两齿轮转动时就会产生速度差和容积差。在进油口处内、外齿轮所围合的油腔容积逐渐变大,成为低压吸油腔,将汽油自吸油口吸入;而出油口处的容积逐渐减小,成为高压泵油腔,将汽油从出油口排出。

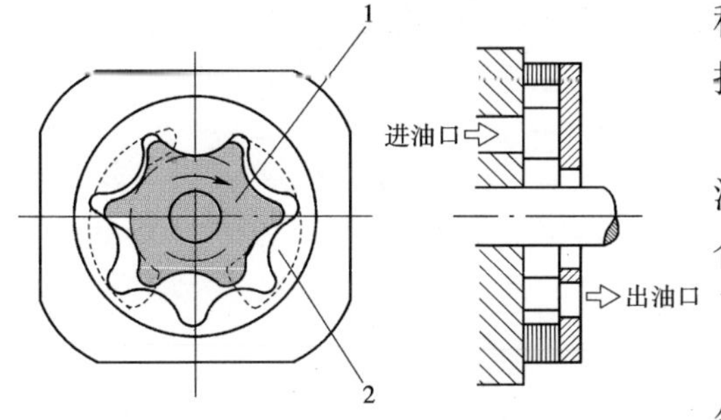

图6-29　内齿轮式电动汽油泵

1-主动齿轮;2-从动齿轮

内齿轮式电动汽油泵的特点是:泵油压力高、流量大;燃油压力脉动大;磨损和噪声较小,比较适合在乘用车上使用。

3)涡轮式电动汽油泵

涡轮泵由电机、涡轮泵、单向阀、限压阀及滤网等组成,如图6-30所示。其涡轮泵大都采用叶片式的,故也叫叶片式电动汽油泵。

电机驱动油泵运转时，涡轮泵转子圆周槽内的燃油随转子一起高速旋转，在离心力作用下，使燃油出口处油压增高，同时在进口处产生一定的真空，从而使燃油从进口被吸入并经单向阀泵向出口。设置单向阀可使发动机熄火后油路内燃油仍保持一定压力，减少气阻现象，便于发动机热起动。而限压阀是一种保护装置。在电动汽油泵中，当出口及下游油路出现堵塞，油泵工作压力大于0.4MPa时，安全阀自动打开，使油泵的高压侧与吸入侧连通，燃油仅在泵和电动机内部循环，避免发生管路破损和燃油泄漏事故。多点喷射系统为200～350kPa；单点喷射系统为100kPa。

这种电动汽油泵的优点是：运转噪声小、出油压力脉动小、转子无磨损、使用寿命长。

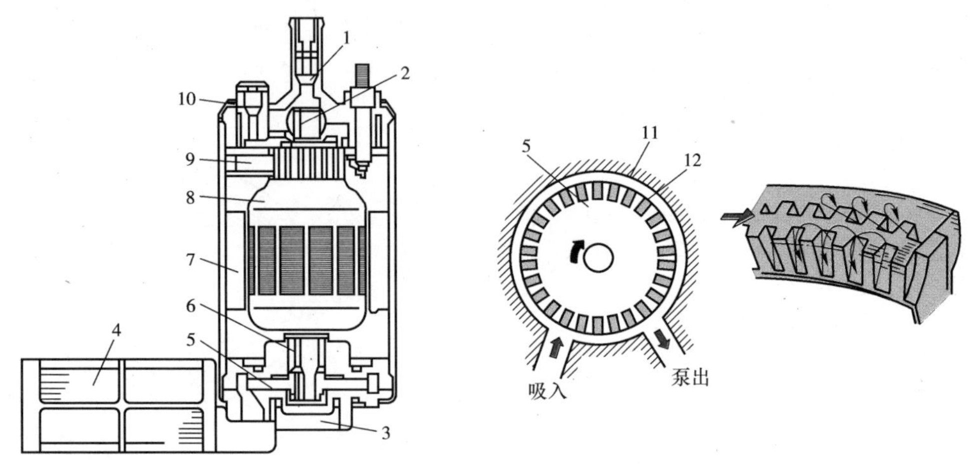

图6-30 叶片式电动汽油泵

1-单向阀；2-轴承；3-橡胶缓冲垫；4-滤网；5-涡轮；6-轴承；7-磁铁；8-电枢；9-电刷；10-限压阀；11-泵体；12-叶片沟槽

4）双级电动汽油泵的应用

为了提高汽油泵的泵油压力和降低压力脉动，有许多汽车采用双级电动汽油泵，简称双级泵，如图6-31所示。这种油泵由初级泵和主输油泵组成，两个油泵相互独立并轴向串联，由同一直流电动机驱动。初级泵通常采用涡轮泵，主输油泵通常采用内齿轮泵。初级泵用于分离蒸气，主输油泵用于提高压力。

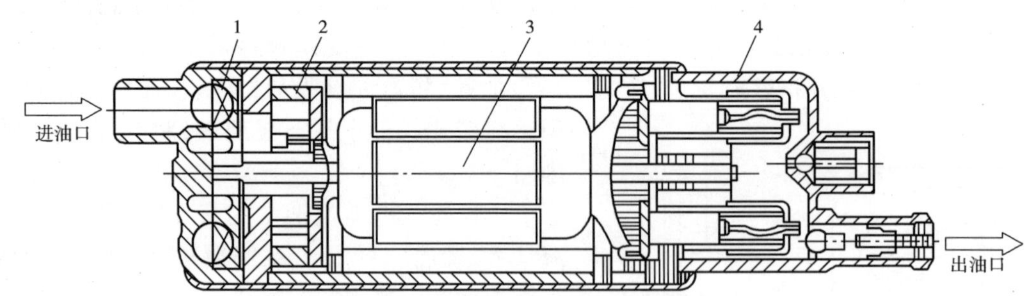

图6-31 双级电动汽油泵

1-初级泵；2-主输油泵；3-直流电动机；4-壳体

在装有大排量发动机的汽车上，通常使用两个独立的汽油泵总成。一个装在汽油箱内部，另一个装在汽油箱外部的燃油管路上。内装式汽油泵通常使用单级涡轮泵，而外装式汽油泵

通常使用内齿轮泵。

电控汽油喷射系统对汽油泵运转控制基本要求是：只有当发动机处于运转状态时，汽油泵才运转，若发动机不工作，即使接通点火开关，汽油泵也不工作。电控汽油喷射系统油泵控制电路有多种形式，以 ECU 控制的汽油泵控制电路为例说明：

ECU 控制的油泵控制电路由 ECU 和断路继电器对油泵的运转进行控制，其工作原理如图 6-32 所示。当点火开关 IG 接通时，主继电器闭合，电控系统受电。此时若发动机起动，则 ST 端闭合，断路继电器线圈 L_2 通电，产生吸力使断路继电器油泵开关闭合，油泵开始运转。同时，由于发动机已开始运转，分电器即有输出触发信号使 ECU 中的晶体管 VT 导通，断路继电器线圈 L_1 通电，汽油泵仍然保持运转状态。发动机起动结束，ST 端断开，线圈 L_2 断电，但由于线圈 L_1 仍然通电，故油泵开关仍保持闭合，汽油泵继续工作。

发动机停止工作，分电器不输出触发信号，晶体管 VT 截止，断路继电器线圈 L_1 断电，汽油泵开关断开，油泵停止工作。

这种油泵运转控制方式在使用热线式、热膜式、卡门涡流空气流量计的电控汽油喷射系统中广泛应用。

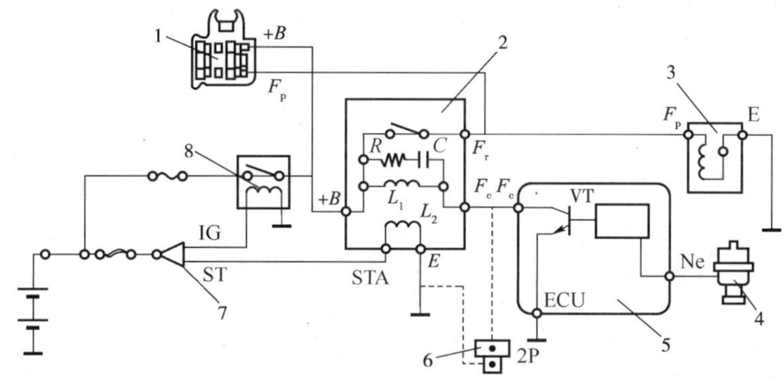

图 6-32　ECU 控制的油泵控制电路

1-检查插座；2-电路断路继电器；3-汽油泵；4-分电器；5-ECU；6-油泵检查开关；7-点火开关；8-主继电器

3. 汽油滤清器

汽油滤清器的作用是滤去汽油中的杂质。它是一次性使用，定期更换，一般是 15 000km 里程。

如图 6-33 所示，它为内压式纸制滤芯，双层袋状卷筒，套在芯管上，有 12 ~ 16 圈，袋口在进油端，袋底在出油端。

内压式袋状滤芯的滤清面积，远大于外压式波折状滤芯，滤清面积达 1 500cm^2，过滤面积增大 40 倍，保证了畅通供油。它对安装方向有严格的要求，防止挤扁滤芯，造成供油不畅，加速无力。并对油泵造成负载过大，绕组发热，丧失泵油能力。

4. 脉动衰减器

燃油在分配管内呈脉动状态，原因有三：一为，泵油时油泵内容积的变化，形成“泵油脉动”。二为回油时调压器阀门开闭形成的“回油脉冲”。三为，喷油器间歇喷油，形成的“喷油脉冲”。为此，在燃油分配管进口处或油泵处的出油口设有脉动衰减器，利用其膜片和弹簧的变形使容积随压力的大小而变化，缓和衰减分配管内油压的脉动，使油压稳定，保证了燃油准确的计量,如图 6-34 所示。

5. 油压调节器

喷油器喷油量的大小取决于针阀开启时间的长短,对于采用有回油管的供油系统,其前提是喷油压力保持不变。这里的喷油压力是指喷油器喷孔内外的压力差,即:

喷油压力 = 燃油压力 - 进气支管压力

实际上,进气支管压力随节气门开度不同而改变,则造成喷油压力不断变化,导致 ECU 无法通过控制喷油时间的长短来精确地控制喷油量。

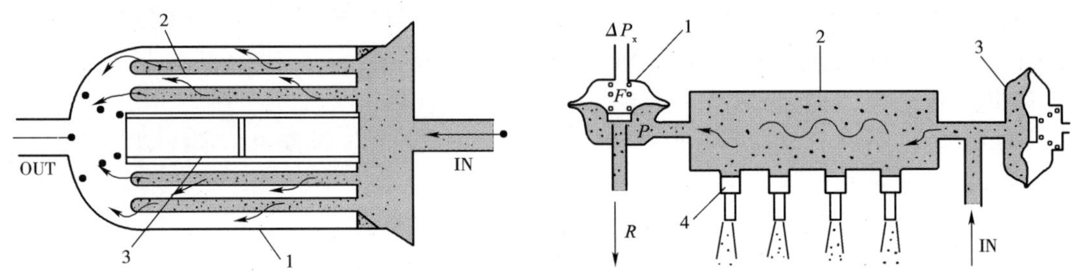

图 6-33 袋状汽油滤清器

1-外壳;2-袋状滤芯;3-芯管

图 6-34 脉动衰减器

1-油压调节器;2-分配管;3-脉动衰减器;4-喷油器

油压调节器的作用就是根据进气支管压力的变化来调节进入喷油器的燃油压力,使燃油压力与进气支管压力之差保持不变,使喷油压力在不同的节气门开度下保持定值。

油压调节器一般安装在分配油管的一端。它的一个进油口 8 和分配油管相通,下方的回油口 9 接回油管,上方的接口通过一根软管和进气支管相通,结构如图 6-35 所示。

油压调节器壳体内腔被膜片分成两个小室。上方内有一弹簧紧压在膜片上,使回油阀关闭。当膜片下方燃油压力超过膜片上方压力时,就推动膜片向上压缩弹簧,打开回油阀,使超压的燃油经回油管流回油箱。

由于膜片上方除了弹簧压力之外还作用着进气支管压力(负压),因此燃油向上推动膜片打开回油阀所需的燃油压力:弹簧压力 + 进气支管压力,即喷油器的喷油压力等于数值为定值的油压调节器弹簧预紧力。也就是说:不论进气支管真空度如何变化,油压调节器都能使喷油燃油压力保持恒定,喷油压力一般为 0.25 ~ 0.35MPa。

对于无回油管路的单管路供油系统压力调节器安装在汽油箱中模块式燃油泵总成上,其结构上没有真空管接口,燃油分配管内的压力是恒定的。

6. 喷油器

喷油器是电控汽油喷射系统中一个重要的执行元件,在 ECU 的控制下,将汽油呈雾状喷入进气总管或支管内。

电控汽油喷射系统中都使用电磁式喷油器。按用途可分为单点喷射系统用和多点喷射系统用;按燃料的进入位置可分为上方供油式和侧方供油式;按喷口形式分为轴针式和孔式;按电磁线圈阻值可分为低阻式和高阻式;按驱动方式分为电流驱动和电压驱动两种。

单点喷射系统的喷油器位于节气门后方进气总管处;多点喷射系统的喷油器安装在各进气支管或进气道附近的缸盖上,并用输油管固定。

多点喷射系统采用的轴针式喷油器结构如图 6-36 所示。它的一端为进油口,与分配油管

连接;另一端为喷油口,插入进气支管中,两端分别用O形密封圈密封。喷油器是由喷油器体、衔铁、针阀、电磁线圈、复位弹簧等组成。

喷油器内部有一个电磁线圈,经线束与电控单元连接。喷油器头部的针阀与衔铁连接为一体。当电磁线圈有电流通过时,便产生吸力,将衔铁和针阀吸起,打开喷孔,燃油经针阀头部的轴针与喷孔之间的环形间隙高速喷出,并被粉碎成雾状。喷入进气支管,与空气混合,在进气行程中被吸入汽缸。电磁线圈无电流通过时,磁力消失,弹簧将衔铁和针阀下压,关闭喷孔,停止喷油。ECU利用脉冲的宽度来控制喷油器每次打开喷油的时间,从而控制喷油量。一般喷油器每次打开喷油的时间为2~10ms。时间越长,喷油量就越大。

孔式喷油器的针阀端部有锥形或球形(图6-37)两种形状,采用球形端部的喷油器,通常称为球阀式喷油器。孔式喷油器一般采用1~2个喷孔,喷孔直径0.15~0.30mm。孔式喷油器由于喷孔较小,因此汽油的雾化质量较好,有利于提高汽油汽化速度,但由此带来的不足是喷孔容易堵塞。另外,球形端部针阀的质量仅为轴针式针阀的一半左右,因此具有很好的动态响应特性。

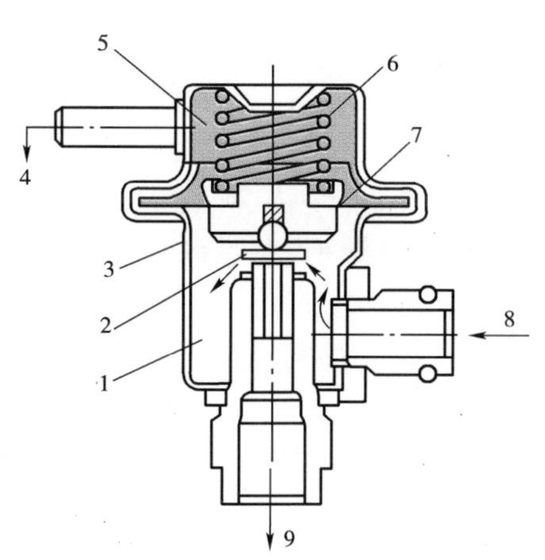

图6-35　油压调节器

1-燃油室;2-回油阀;3-壳体;4-真空接口;5-弹簧室;6-弹簧;7-膜片;8-进油口;9-回油口

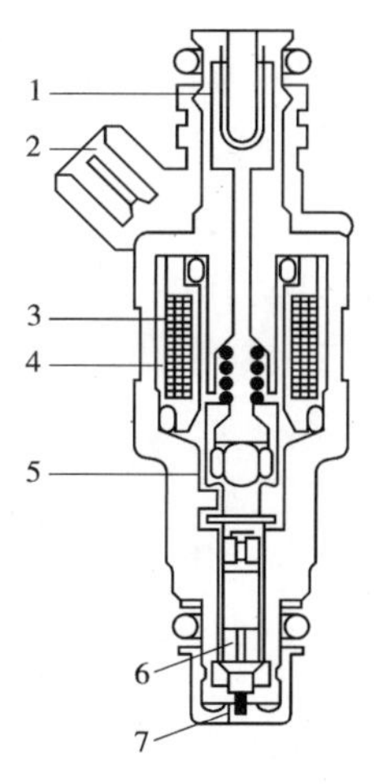

图6-36　轴针式喷油器

1-滤网;2-接线座;3-电磁线圈;4-复位弹簧;5-衔铁;6-针阀;7-轴针

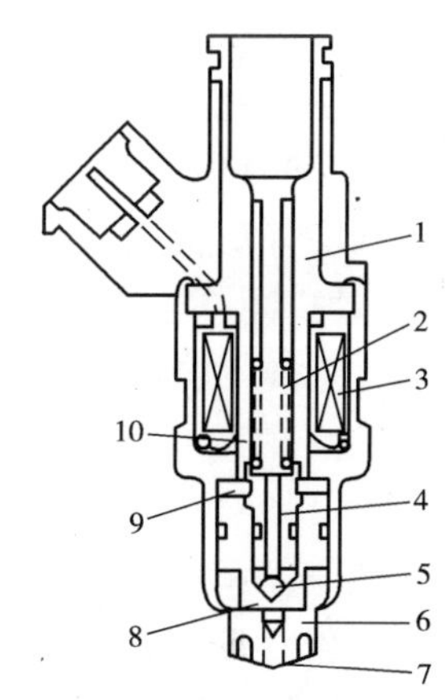

图6-37　孔式喷油器

1-喷油器体;2-弹簧;3-电磁线圈;4-针阀;5-钢球;6-护套;7-喷孔;8-阀座;9-挡块;10-衔铁

喷油器按电磁线圈的控制方式不同,可分为电压驱动式和电流驱动式两种。

电压驱动是指ECU驱动喷油器喷油电脉冲的电压是恒定的。这种喷油器又可分为高阻型和低阻型两种。低阻型喷油器是用5~6V的电压驱动;其电磁线圈的电阻较小,约3~4Ω;不能直接和12V电源连接,否则,会烧坏电磁线圈,如图6-38a)所示。高阻抗型喷油器是用12V电压驱动;其电磁线圈电阻较大,约为12~16Ω;在检修时,可直接和12V电源连接。

在电流驱动回路中无附加电阻,低阻喷油器直接与蓄电池连接,如图6-38b)所示,通过电控单元中的晶体管对流过喷油器电磁线圈的电流进行控制。电流驱动脉冲开始时是一个较大的电流,使电磁线圈产生较大的吸力,以打开针阀,然后再用较小的电流保持针阀的开启。

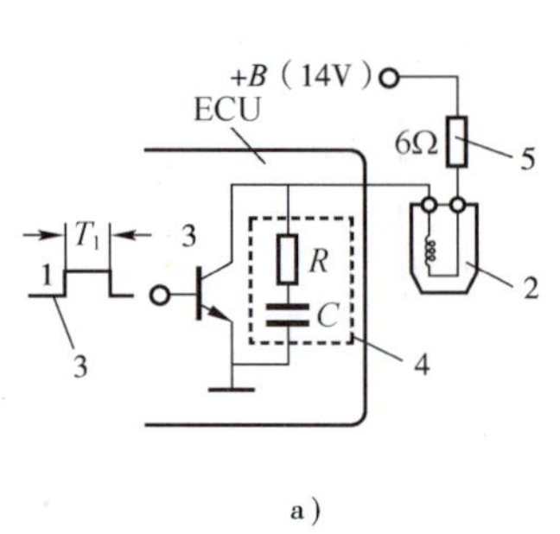

a)

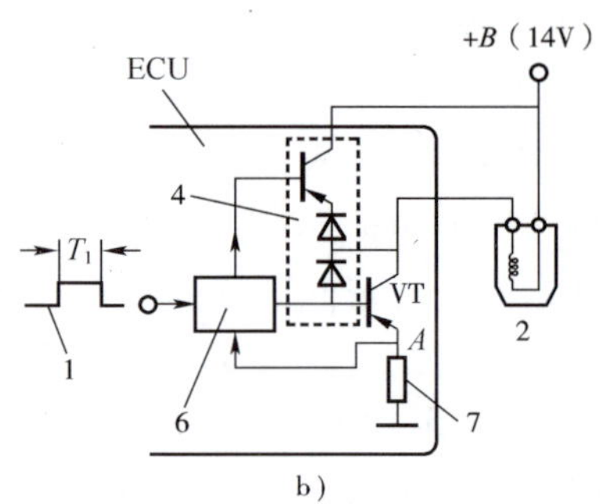

b)

图6-38 喷油器驱动回路

a)电压驱动回路;b)电流驱动回路

1-输入脉冲;2-喷油器;3-VT_1 功率三极管;4-消弧回路;5-附加电阻;6-电流控制回路;7-电流反馈电阻

第六节 电控汽油喷射的控制系统

控制系统包括检测发动机运行状况的各种传感器、电控单元(ECU)和执行器。电子控制系统的作用是接收来自表示发动机工作状态的各个传感器输送来的信号,根据ECU预置的程序,对喷油时刻、喷油量以及点火时刻等进行确定和修正。

随着计算机控制功能的不断扩展,其控制项目也在不断增加,如怠速控制、废气再循环控制、发动机闭环工作控制、二次空气控制等,形成多功能控制的集中管理控制系统。

1. *检测发动机运行状况的传感器*

检测发动机运行状况的传感器包括:空气流量计(或进气压力传感器)、节气门位置传感器、发动机曲轴位置及转速传感器、发动机的热状态、进气温度、汽车的车速和发动机是否处于起动状态等。

1)发动机曲轴位置及转速传感器

空气流量计检测的是单位时间内的空气流量,为确定每次循环符合最佳空燃比的喷油量,应求得每次循环吸入的空气量。即在已知单位时间空气流量的基础上,还需检测发动机转速。另外,为确定各缸的喷射时刻和顺序,还需知道基准汽缸的活塞位置。在电控汽油喷射系统中,这两个参数的检测是由转速传感器和曲轴位置传感器来完成的,是主控参数之一。

有些发动机上还安装凸轮轴位置传感器,它的作用是向ECU提供关于发动机基准汽缸所处的工作行程和活塞运动方向的信号,一般称为判缸信号。在采用顺序喷射方式的电控汽油喷射系统中,表明基准汽缸所处工作行程和活塞位置的判缸信号是ECU进行喷油正时和顺序控制的惟一依据。

电控汽油喷射系统中使用的曲轴位置传感器和凸轮轴位置传感器,按它们的结构有电磁脉冲式、霍尔效应式和光电感应式3种类型,这3种类型的传感器可以不同的组合方式,完成各自承担的参数采集任务。

(1)电磁脉冲式传感器。它是由电磁感应式传感器和脉冲盘等组成,其安装位置有的在曲轴前端的皮带盘上,或曲轴后端的飞轮处,也有装在分电器内,如图6-39所示。电磁感应式传感器内部装有绕在永久磁铁上的感应线圈。它安装在缸体一侧靠近飞轮处,用来检测曲轴

转角和发动机转速。脉冲盘安装在曲轴后端,位于飞轮与曲轴之间,脉冲盘在圆周上等分地布置着60个转子齿,其中空缺2个转子齿,供ECU识别曲轴位置,作为喷油、点火正时的参照基准。发动机运转时,脉冲盘上的转子齿每通过传感器一次,便在传感器内的感应线圈中感应出一个交变电压信号,而在缺齿处产生一个畸变的交变电压信号,如图6-39b)所示。ECU根据这些交变电压信号和畸变的电压信号就可计算出发动机的转速和曲轴位置。

(2)霍尔效应式传感器。霍尔效应式曲轴位置传感器是利用霍尔效应原理对曲轴位置进行检测的一种传感器。

霍尔式传感器的基本原理是:当电流 I_V 通过放在磁场中的半导体基片,且电流方向与磁场方向垂直时,在垂直于电流与磁场的半导体基片的横向侧面上,即产生一个与电流和磁场强度成正比的霍尔电压 U_H,如图6-40a)所示。霍尔电压 U_H 与霍尔半导体材料的特性、基片厚度、通过电流的大小及磁场强度等因素有关。对于一定的结构,当电流为定值时,霍尔电压与磁场强度成正比。

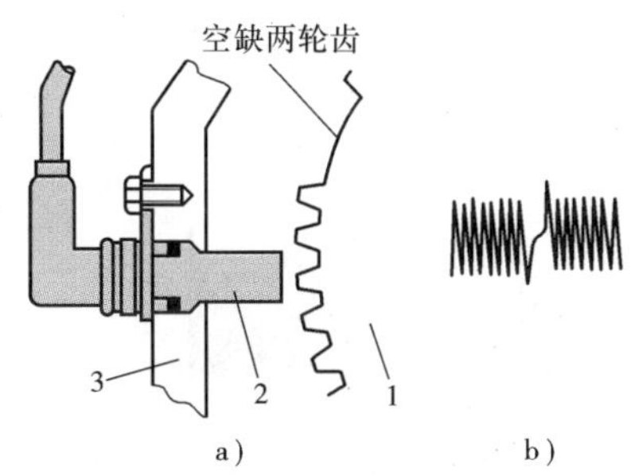

图6-39 电磁脉冲式传感器

a)曲轴位置传感器;b)输出电压信号

1-脉冲盘;2-传感器;3-发动机机体

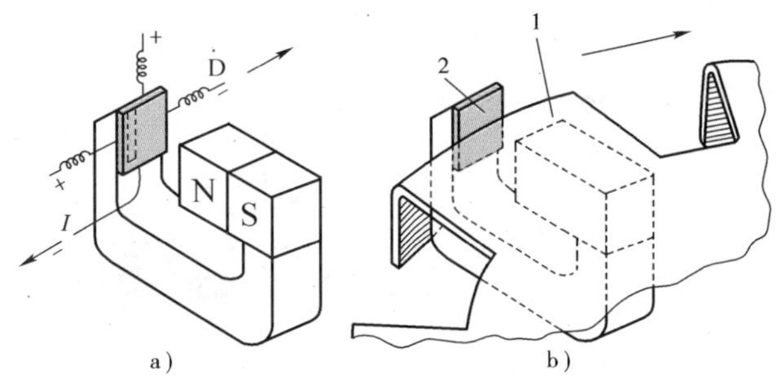

图6-40 霍尔效应式曲轴位置传感器

1-霍尔组件;2-叶轮

I-霍尔元件上所加的电流

利用霍尔效应原理制成的霍尔效应式传感器的基本结构,如图6-40b)所示。传感器由带有叶片或触发轮齿的信号轮(叶轮)2和包括永久磁铁、导磁板及霍尔集成电路的霍尔信号发生器(霍尔组件)1组成。霍尔效应式传感器具有输出电压不受发动机转速高低影响的优点,但由于叶片或触发轮齿数量受自身结构的限制,存在分度较粗的不足。

(3)光电感应式传感器。光电感应式传感器的基本结构及工作原理如图6-41所示。传感器由带有叶片的信号轮和包括发光二极管1、光敏二极管2及放大整形电路的信号发生器3所组成。信号轮转动时,每当叶片进入发光二极管和光敏二极管之间的空隙,发光二极管射向光敏二极管的光束被遮挡,光敏二极管的电压为零。当叶片离开两者之间的空隙时,发光二极管的光束照射到光敏二极管上,光敏二极管因感光而产生电压。随着信号轮的旋转,信号发生器向ECU输出与叶片数相等的电压脉冲信号。光电感应式传感器具有分度精度高、输出数字脉冲信号的优点,但也存在对使用环境要求较高的不足。

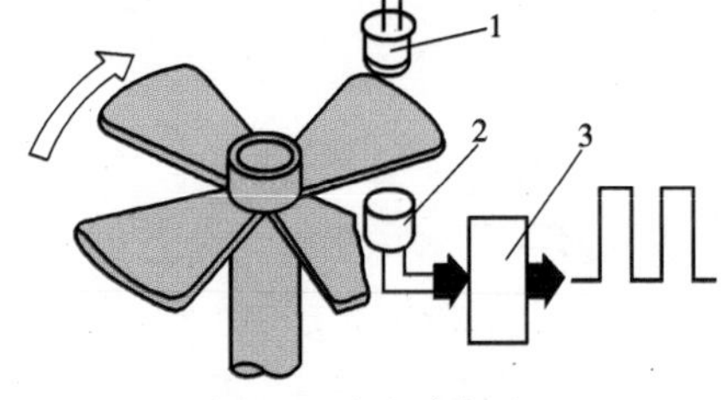

图6-41 光电感应原理

1-发光二极管;2-光敏二极管;3-信号发生器

2)温度传感器

(1)冷却液温度传感器。它安装在发动机缸体水套或冷却液管路中，与冷却液接触，用来检测发动机的冷却液温度，如图 6-42a）所示。

ECU 中的电阻与冷却液温度传感器的负温度系数热敏电阻值串联。热敏电阻阻值变化时，其分电压值随之改变。

冷却液温度较低时，燃油蒸发性差，应供给较浓的混合气。由于冷却液温度低，负热敏电阻阻值大，ECU 检测到的分压值就高。根据这一信号，ECU 增加燃油喷射量，使发动机的冷机运转性能得以改善。

冷却液温度高时，发动机已达正常工作温度，混合气形成条件较好，可燃用较稀混合气。这时，ECU 检测到相应的分压值较小，并依此信号减少喷油量。

（2）进气温度传感器。无论 D 型 EFI 系统，还是采用卡门涡旋式空气流量计的 L 型 EFI 系统中，均应考虑空气密度对实际进气量的影响。空气密度是随空气的温度和压力而变化的。进气温度传感器的作用就是检测进气温度，并将检测信息输送给 ECU 作为修正喷油量的参考依据之一。进气温度传感器的原理结构与冷却液温度传感器相同，也是采用负温度系数的热敏电阻，如图 6-42b）所示。

D 型 EFI 系统中进气温度传感器安装在空气滤清器之后的进气总管上；L 型 EFI 系统中的进气温度传感器装在进气总管或空气流量计内。

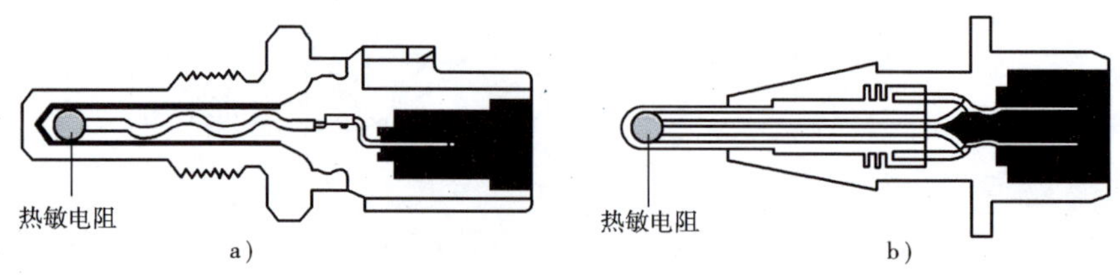

图 6-42　温度传感器

a）冷却液温度传感器；b）进气温度传感器

3）氧传感器

氧传感器又称 λ 传感器，它安装在排气管上。氧传感器是发动机燃油喷射闭环控制的重要检测元件。它探测排气中氧浓度，并转化为电信号输入 ECU。主要有氧化锆式和氧化钛式两种形式。

（1）氧化锆式氧传感器。这种传感器体内有一个由氧化锆陶瓷制成的一端封闭的管状体，称为锆管，如图 6-43 所示。锆管的内外表面各自覆盖着一层透气的多孔性薄铂层，作为电极。锆管内表面电极与大气相通，外表面则与废气接触。锆管外部套有一个带缝槽的耐热金属套管，对锆管起保护作用。

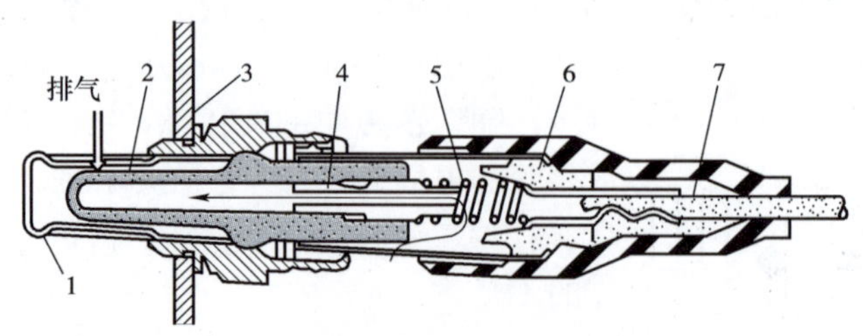

图 6-43　氧化锆式氧传感器

1-导入排气孔罩；2-锆管；3-排气管；4-电极；5-弹簧；6-绝缘套；7-导线

发动机运转时，排出的废气从氧传感器锆管外表面流过，在高温状态下氧分子发生电离。由于锆管内外表面上氧分子浓度不同，因而使氧离子从浓度大的锆管内表面向浓度小的锆管外表面移动，从而在锆管内外表面的两个电极之间产生一个微小的电压。当混合气的实际空燃比小于理论空燃比，即发动机以较浓的混合气运转时，排气中缺氧，锆管中氧离子移动较快，并产生0.9V左右的电压；当混合气的实际空燃比大于理论空燃比，即发动机以较稀的混合气运转时，废气中有一定的氧分子，使锆管中氧离子的移动能力减弱，只产生约0.1V的电压。因此，这种氧传感器输出的电压信号是随混合气成分不同而变化的，并以理论空燃比（约0.45V）为界产生突变，如图6-44所示。

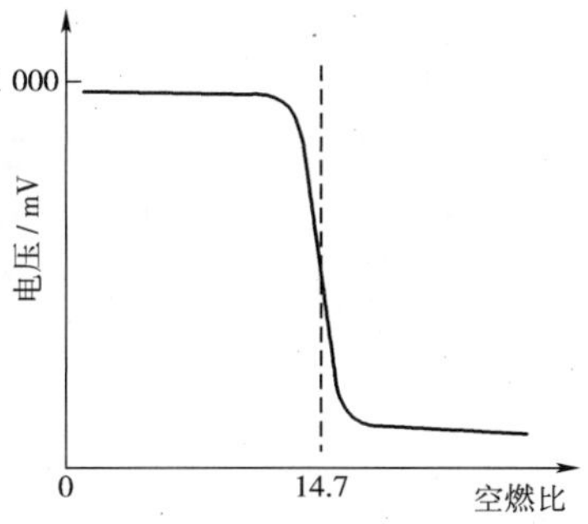

图6-44　氧化锆式氧传感器特性

氧化锆在温度超过300℃后，才能进行正常工作。大部分汽车使用带加热器的氧传感器。在这种传感器内有一个电加热元件，可在发动机起动后的20～30s内迅速将氧传感器加热至工作温度。这种传感器有四根接线：一根接ECU，一根接电加热元件，另外两根分别搭铁。

（2）氧化钛式氧传感器。氧化钛式氧传感器是利用二氧化钛材料的电阻值随排气管中氧的浓度变化的特性制成的一种氧传感器，二氧化钛材料是在室温下具有很高电阻值的半导体，随排气中氧含量减少（混合气变浓时）材料电阻值随之下降。该传感器电阻特性除了与氧的浓度有关外，还与工作温度有关。在300～900℃排气温度中连续使用时，必须进行温度补偿，即内装加热器，增设温度修正回路，使高温下二氧化钛式氧传感器性能比较稳定。

氧化钛式氧传感器结构如图6-45所示。它具有两个氧化钛元件，一个是多孔性二氧化钛陶瓷，用来检测排气中氧侧含量，另一个为实心二氧化钛陶瓷，用来作为加热调节，补偿温度的误差。在传感器外端加装具有孔槽的金属保护层，可以让废气自由进出同时可防止二氧化钛元件受到外物撞击，传感器接线端用橡胶材料密封，以防外界气体渗入。

因此，通过氧传感器探测废气中含氧量的多少，能获得上次喷油时间过长或不够的信号，供ECU对本次喷油时间的修正。在发动机混合气闭环控制过程中，氧传感器相当于一个氧浓度开关，根据混合气空燃比向ECU输出脉冲变化的电压脉冲信号。ECU根据氧传感器输入信号控制喷油量的增减，把空燃比精确地控制在理论值空燃比附近。

氧化钛式氧传感器的特性如图6-46所示。

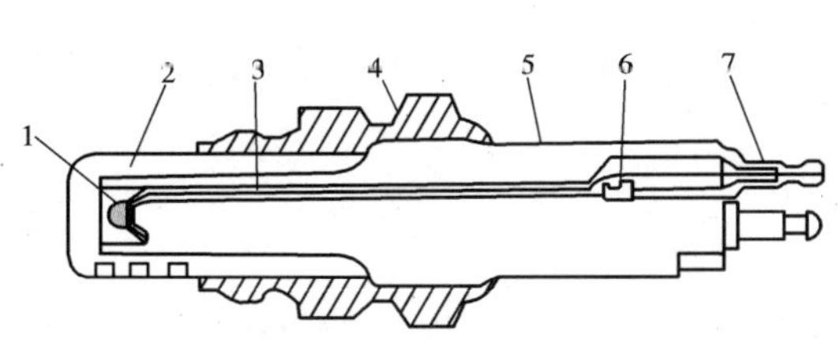

图6-45　氧化钛式氧传感器

1-二氧化钛元件；2-金属保护管；3-导线；4-金属外壳；5-陶瓷绝缘材料；6-陶瓷元件；7-接线头

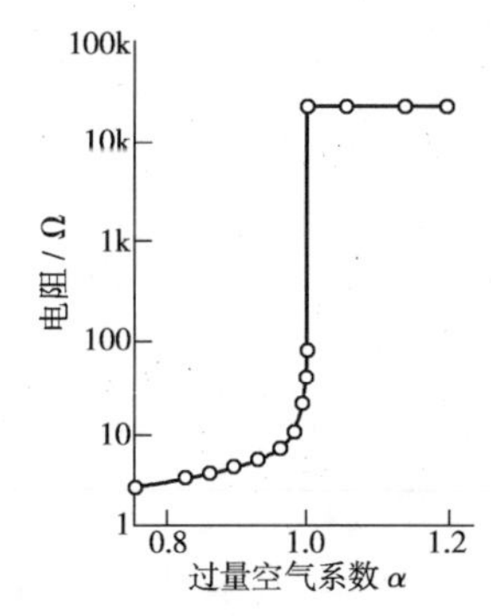

图6-46　氧化钛式氧传感器特性

氧化钛式氧传感器的信号电压变化范围为 0～5V，宽带功能好，对空燃比调节范围大，最适合调整汽油机采用缸内直接喷射的极稀混合气。

4）车速传感器（VSS）

用以检测汽车行驶速度。车速信号主要用于发动机怠速和汽车加减速时的空燃比控制。车速传感器主要有舌簧开关型和光电耦合型两种，一般安装在变速器输出轴或组合仪表内。

2. 开关信号

1）起动信号

起动信号（STA）用来判断发动机是否处于起动状态。起动时，进气管内混合气流速慢，温度低，燃油雾化不良，为改善起动性能，必须增加喷油量以加浓混合气。STA 信号与起动开关连在一起，起动开关接通，ECU 便检测到 STA 信号，确认发动机处于起动状态，并自动增加喷油量。

2）空调信号

空调信号（A/C）用来检测空调压缩机是否工作。该信号与空调压缩机电磁离合器的电源接在一起，ECU 根据 A/C 信号控制发动机怠速时的点火提前角和进行怠速喷油量修正等。

3）空挡起动开关信号

空挡起动开关信号（NSW）主要用于怠速系统的控制。在装有自动变速器的汽车中，ECU 用空挡起动开关信号判定变速器的挡位。识别变速器是处于空挡或停车（N 或 P 挡位）状态，还是处于行驶（OD、D、2、1 或 R 挡位）状态。ECU 通过对 NSW 信号的识别，对怠速系统进行控制，在发动机过渡工况时，修正喷油量。

4）其他开关信号

主要包括点火开关 IGN 信号、蓄电池电压信号 U_{BATT}等。

3. 电控单元

电控单元（ECU）的作用是按照预置程序对各个传感器输入的信息进行运算、处理、判断，然后发出指令，控制有关执行元件（如喷油器等）动作，以达到快速、准确、自动控制发动机工作的目的。

1）电控单元的组成

它主要由中央处理器（CPU）、随机存储器（RAM）、只读存储器（ROM）、输入和输出接口电路、驱动电路和固化在 ROM 中的发动机控制程序和原始数据等组成（图 6-47）。

（1）输入回路。它对各种输入信号进行预处理，一般包括除去杂波、把正弦波转换成矩形波及电平转换等。

（2）A/D 转换器。数字计算机只能处理数字信号，A/D 转换器将模拟信号转换成数字信号，再输入给电控单元进行处理。

（3）微机。微机是发动机电控系统的神经中枢，它主要由中央处理器（CPU）、随机存储器（RAM）、只读存储器（ROM）、输入/输出接口（I/O）等组成。

微机根据需要把各种传感器送来的信号用内存的程序和数据进行运算处理，并把处理结果（如喷油脉冲信号、点火控制信号等）送往输出回路。

（4）输出回路。输出电路是微机与执行器之间的连接部分，它将微机发出的控制指令，转变成控制信号来驱动执行器工作，起着控制信号生成和放大等功能。微机输出的是数字信号；

而且输出信号很小，用这种信号一般不能直接驱动执行器工作，需要输出电路将其转换成可以驱动执行器工作的控制信号，如喷油器驱动信号、点火控制信号、燃油泵控制信号等。

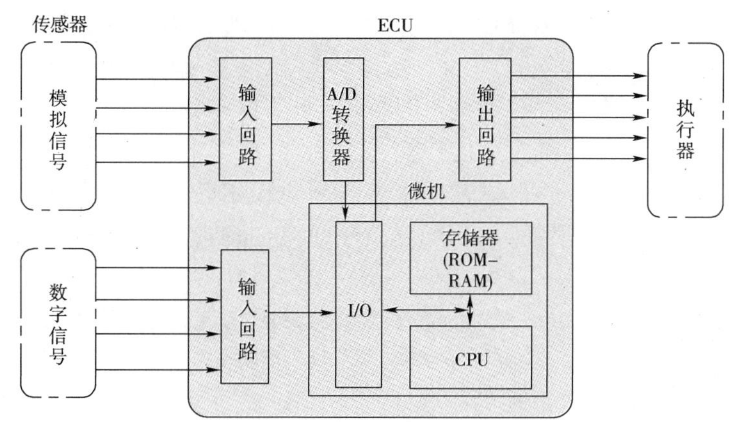

图 6-47　发动机电子控制单元的基本组成

2）汽油喷射的控制过程

电控汽油喷射系统的工作过程就是对喷油正时和喷油持续时间（即喷油量）的控制过程。

（1）喷油正时控制喷油。正时控制就是对喷油器开始喷油时刻的控制。多点间歇喷射汽油机的喷油时刻控制分为同步喷射和异步喷射两种方式。

同步喷射是指汽油的喷射与发动机运转同步，ECU 根据曲轴的转角位置来控制开始喷射的时刻。在发动机稳定工况的大部分运转时间里，汽油喷射控制系统以同步方式工作。

异步喷射是指 ECU 只是根据传感器的输入信号控制开始喷油时刻，与曲轴转角位置无关。异步喷射方式是一种临时的补偿性喷射，发动机处于起动、加速等非稳定工况时，汽油喷射控制系统以异步喷射方式工作或增加异步喷射对同步喷射的喷油量进行补偿。

（2）喷油持续时间（即喷油量）控制。电控汽油喷射系统对喷油量精确控制就是通过精确地确定和控制喷油的持续时间来实现的。根据发动机的运行特点，喷油持续时间控制分为起动时喷油持续时间的控制和起动后喷油持续时间的控制。

发动机起动时的基本喷油时间不是根据进气量（或进气支管绝对压力）和发动机转速确定的，这与发动机起动后的控制方式不同。发动机起动时，由于转速低且波动大，因此，ECU 不能用进气量来计算喷油量，而是根据发动机的热状态而定。即 ECU 根据发动机当时的冷却液温度，从预存的水温——喷油时间数据图表中找出相应的基本喷油时间，然后进行进气温度和蓄电池电压修正，得到起动时的喷油持续时间。

有些电控汽油喷射系统为改善发动机起动性能，在起动时，除同步喷射外，还根据起动开关接通状态，ECU 自曲轴位置传感器检测到的第一个转速信号开始，以一个固定的喷油 持续时间，同时向各缸进行异步喷射，以补充冷起动过程中对燃油量的额外要求。

发动机起动后喷油持续时间由发动机转速和进气量确定的基本喷油持续时间、由发动机运行状态参数决定的修正喷油持续时间构成。

（3）断油控制。断油控制是指 ECU 停止向喷油器驱动电路发送喷油信号，喷油器暂时停止工作。电控汽油喷射系统中，ECU 断油控制基于两种情况：以降低燃油消耗，改善排气污染为目的的减速断油控制;以防治发动机超速运转为目的的超速断油控制。

减速断油控制:发动机在高速运行时,节气门突然关闭而处于急减速状态,为避免混合气过浓、燃料经济性和排放性能变坏,ECU 停止喷油。当发动机转速降至预定转速之下或节气门重新打开时,ECU 才使喷油器恢复喷油。断油转速和恢复喷油转速与冷却液温度、空调是否工作、用电器情况等因素有关。发动机水温越低,断油转速越高。

超速断油控制:为避免发动机超速运行而造成损坏,ECU 执行发动机超速断油控制,对发动机的最高转速进行限制。发动机运行时,当转速超过设定转速时,ECU 停止输出喷油信号,转速下降至设定转速时再恢复喷油,如此反复循环,防止发动机转速继续上升。

3)故障自诊断系统

现代汽车发动机电控系统中,一般都设有故障自诊断功能,该系统还可监测诊断发动机控制系统工作情况及工作中出现的故障。它一般具有如下功能:

(1)及时地检测出电控系统出现的故障。

(2)将故障信息以代码形式存储在 ECU 的存储器内。

(3)发出故障指示或警告信息,如点亮仪表板上的“故障指示灯”。

(4)维修人员可以读取故障码,为诊断故障原因提供参考。

一般在仪表板下方或发动机舱内设有一个专用接口(简称 OBD—II),即故障诊断接口,该接口直接与 ECU 相连。将解码器或检测设备插入此专用接口,便可将故障码或诊断的传感器、执行器等信号的数据流由此读出,以便在控制系统出现故障时,能及时、快速地查找和排除。

4)安全保险功能

安全保险功能又叫故障保险功能,它是电控单元检测出故障后,采取的一种保险措施。当某个传感器或执行器出现故障时,如果发动机 ECU 仍然按照正常方式继续控制发动机运转,就有可能使发动机或有关部件出现更严重的问题。安全保险功能主要依靠 ECU 内的软件来实现。当系统诊断出有故障出现时,一方面发出故障警告信号、保存故障码;另一方面 ECU 会自动启用安全保险功能,按照存储器内设定的程序和数据,使控制系统继续工作或强制停机。

5)后备系统

后备系统也叫后备功能,它是当 ECU 内电控单元控制程序出现故障时,ECU 把燃油喷射和点火正时控制在预定水平上,作为一种备用功能使车辆仍能继续慢速行驶,回到修理厂,所以,也称之为跛行系统。

图 6-48 是发动机 ECU 后备系统的原理框图。其后备系统为一专用后备电路,由集成电路组成。监视回路中装有监视计数器,正常工作情况下,电控单元定时进行清零。出现异常情况时,例行程序不能正常运行。如果这时计数器的定期清零工作不能进行,计算机显示溢出。当监视器发现计算机溢出,就能检测出异常情况。当监视器监测出电控单元出现异常情况而满足启用后备系统的条件时,首先点亮“发动机故障灯”,提示驾驶员发动机已出现故障,需要进行维修;与此同时,ECU 自动转换成简易控制的后备功能。

后备系统只是简易控制,只能维持基本功能,使车辆能够慢速行驶,而不能保证发动机运行在最佳状态,不宜在“后备”状态下长时间行驶,应及时检查修理。

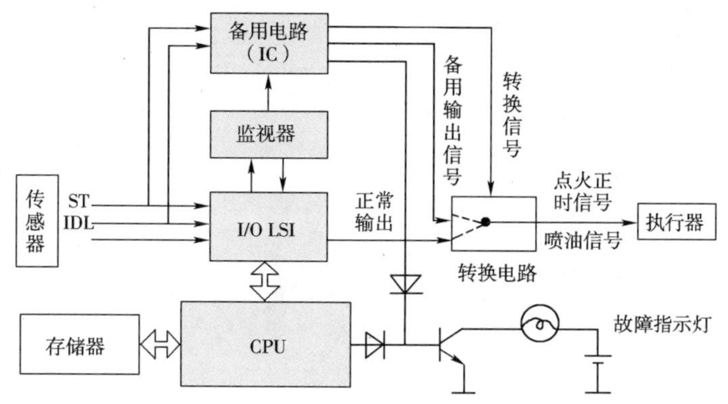

图 6-48 ECU 后备系统原理

第七节 智能电子节气门控制系统

智能电子节气门控制系统简称 ETCS-i(Electronic Throttle Control System-intelligent)。它是为了满足人们对汽车的动力性、经济性、净化性、舒适性、安全性和方便性提出了更高的要求应运而生的多样化、智能发动机管理系统。发动机采用无拉索式节气门总成,节气门开启角度不再由加速踏板拉索直接控制,驾驶员通过加速踏板位置传感器把需要的力矩指令,以电压信号的形式输送到电控单元,然后通过电子节气门总成控制节气门的开启角度。使发动机的转速和功率调节进入了多功能智能化控制领域,如图 6-49 所示。

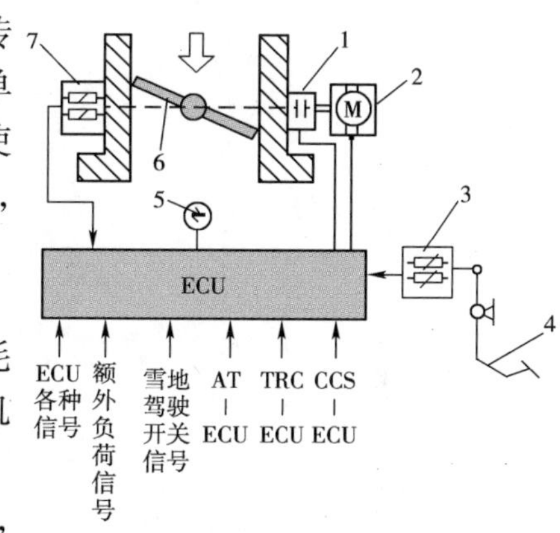

图 6-49 智能电子节气门控制系统的基本原理
1-电磁离合器;2-节气门位置控制电机;3-加速踏板位置传感器;4-加速踏板;5-故障灯;6-节气门; 7-节气门位置传感器

1. 智能电子节气门控制系统的优点

(1)避免了钢丝拉索与其导管间的润滑油质一旦耗尽,会犯卡失去复位能力,使发动机转速失控,产生意外机械事故(飞车或换挡困难)。

(2)避免了发动机与车身的弹性连接一旦元件损坏,会造成相对位置发生变化,会影响加速踏板"全程控制"能力,动力性和经济性及净化性变坏。

(3)采用智能电子节气门控制系统,可简化各控制系统的整体结构,综合控制功能得到提高,进入优化智能领域,省掉了机械部位的维护、调整内容。

取消了怠速旁通气道和各式怠速阀(IAC);取消了防滑转 TRC 系统的转矩控制用副节气门;取消了巡航控制系统的"巡航真空拉力器"或"巡航控制电机";进行反馈控制,ECU 根据当前车速、道路情况、发动机工况这 3 个逻辑条件,决定节气门优化开度,控制和调节喷油量的多少和点火提前角的大小。

(4)提高了发动机的经济性(油耗降低了)和净化性(排放污染减小了)及适应性(对道路状况)。如图 6-50 所示。

2. 智能电子节气门系统的组成和工作原理

它由加速踏板位置传感器、电子节气门总成等电元件组成。它受 ECU 控制,ECU 并和多个控制系统联网工作,具备了综合智能控制能力。

1)加速踏板位置传感器

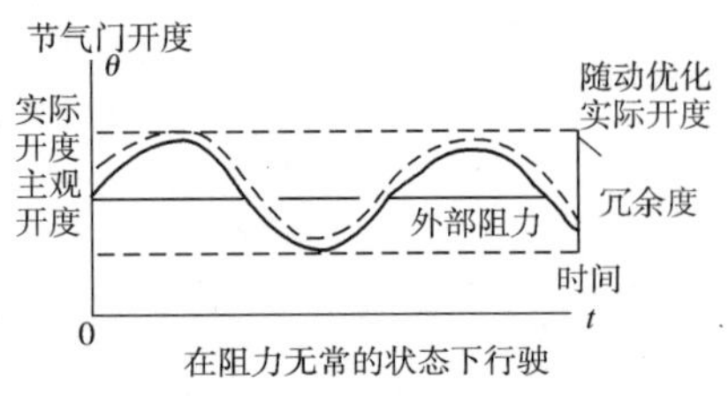

图 6-50 智能电子节气门对道路的适应能力

加速踏板位置传感器产生加速踏板的开度和速率变化的电压信号给 ECU。

加速踏板位置传感器的外形如图 6-51a)所示。有的加速踏板位置传感器直接安装在驾驶室内加速踏板轴处,有的安装在发动机舱内,通过一根拉索接在加速踏板上。

加速踏板位置传感器是一个无触点的双电位器传感器,由电控单元提供 5V 电压,传感器向电控单元发出两路反映加速踏板位置的电压信号,一路是另一路的两倍。电控单元根据此信号可进行驾驶员期望的转矩需求计算,经电控单元内部统一协调后控制电子节气门总成工作。

电控单元收到加速踏板位置传感器信号后,管理如下功能:怠速、加速、减速、中断喷射、临时转速等。

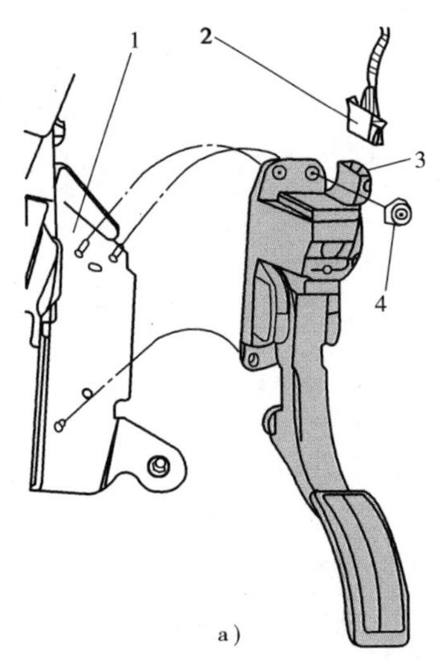

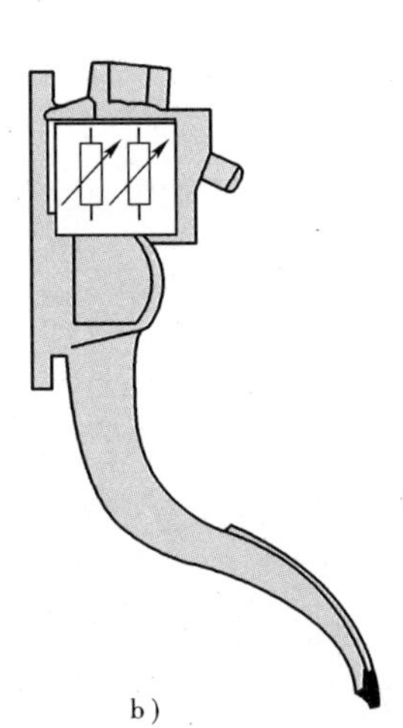

图 6-51 加速踏板位置传感器

a)在驾驶室的位置;b)内部结构

1-轴承座;2-连接插头;3-加速踏板位置传感器;4-传感器螺母

2)电子节气门总成

电子节气门(ETC)的结构和外形如图 6-52 所示。电子节气门一方面执行来自电控单元的指令调节节气门开度以控制进气量,同时还可以输出反映节气门位置的信号,供系统监控节气门的实际开度。

电子节气门轴上的双轨道节气门电位计用来检测节气门的准确开度和变化速率,反馈给 ECU,成为是否满足要求的比较数据,以便 ECU 对节气门的实际开度进行监控和优化调节修正。如图 6-53 所示。节气门的实际优化开度,并不等同于主观指令开度(应有一定期望范围

的冗余度),它是 ECU 根据行驶工况中各种传感器信号,通过负荷管理系统计算出来的优化实际开度控制参数。它也是双轨道电位器,保持不间断的电压信号反馈输出,使 ECU 及时的验证、修正、调节。因而,它是智能化的反馈控制系统。

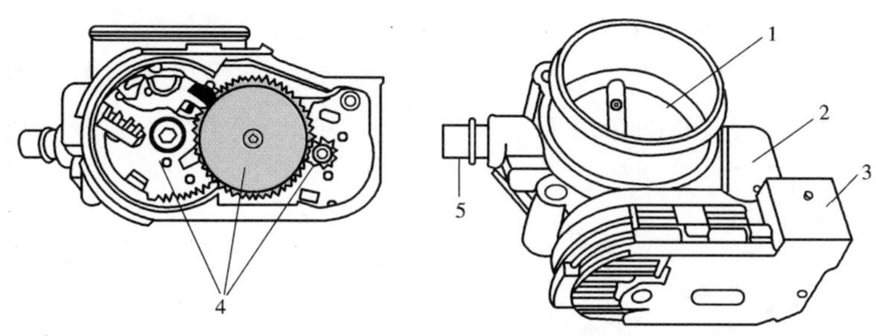

图 6-52　电子节气门总成结构

1-节气门;2-电动机;3-双轨道节气门位置传感器;4-传动齿轮;5-燃油蒸气吸入口

节气门位置控制电动机为正反转直流电机,由电脑 ECU 以"占空比"的方式,控制电流的大小和驱动方向,再经减速齿轮组来驱动节气门的开度大小和速率值的高低。

节气门开度完全由 ECU 控制,它会根据运行情况计算出最低稳定怠速、快怠速及其他工况所需的进气量,然后调整节气门开度,油耗量和排放污染值自然会达到法规的要求。

电磁离合器在正常状态时,电磁离合器为通电常接合驱动状态,起连接作用。当系统有故障时,故障灯即点亮,电磁离合器即应急断电分离。节气门在复位扭簧的作用下关闭(微开 7°),维持快怠速状态,以便汽车能缓慢回家,起失效保护作用。

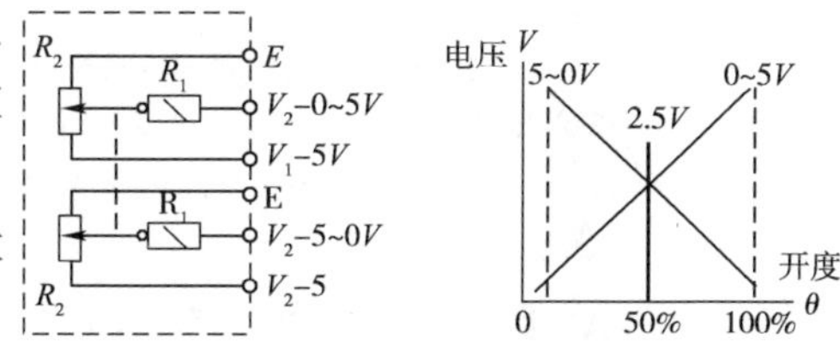

图 6-53　节气门位置传感器

R_1-固定电阻;R_2-可变电阻;V_1-输入电压;V_2-输出电压;E-搭铁

因节气门的控制不是直接地机械驱动,因此节气门的初始位置需要设定,是让 ECU 准确的得知加速踏板位置传感器、与节气门开启程度,所对应的实际关系位置是否相符。以便保证系统的"全程控制,恢复原设定的记忆功能"。

第八节　汽油机缸内直喷系统

汽油机缸内直喷系统简称 GDI(Gasoline Direct Injection);又因为燃油是分层燃烧,又称 FSI 系统(Fuel Stratified Injection)。

传统式的电控汽油喷射发动机,是将汽油喷射在进气门外侧的进气支管中,在进气过程和压缩过程中,利用时间和空间的混合方式,完成可燃混合气的形成,再点火燃烧作功。这样,燃油在汽缸内滞留时间过长(接近 360°曲轴转角),燃油的黏结损耗较大,加速响应性低,极易产生"爆燃",汽缸磨损也加大。

在汽油机中采用缸内直接喷射后,能有效提高缸内充气系数,降低爆震极限,提高压缩比,改善发动机性能,使其燃油经济性提高 25% 左右,动力输出也比进气道喷射的汽油机增加了将近 10% 。

缸内喷射的关键技术在于产生与传统发动机不同的缸内气流运动状态,通过技术手段使喷射入汽缸的汽油与空气形成一种多层次的旋转涡流。因此,采用了立式吸气口、弯曲顶面活塞、高压旋转喷射器三种技术手段。

1. 缸内直喷主要结构

缸内直喷式汽油机是在传统的电控喷射系统的基础上,改进研发的。在其他结构方面无过多的变化,只是在可燃混合气的形成方法上和燃烧过程方面发生了改变,如图 6-54、图 6-55 所示。为此,仅就主要结构粗略的介绍如下:

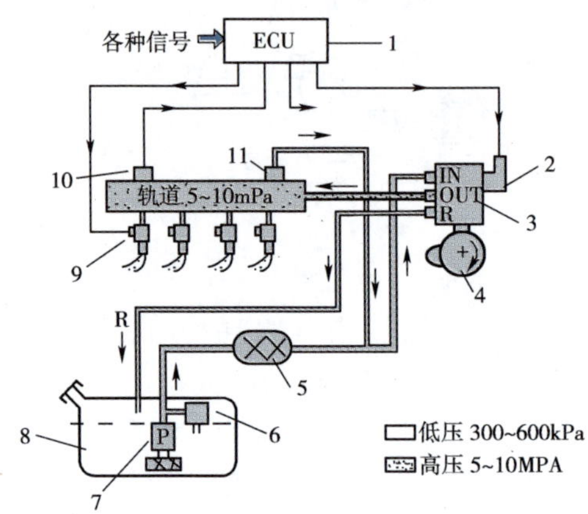

图 6-54 缸内直喷式汽油机燃油供给系统

1-电控单元 ECU;2-停供电磁阀;3-单柱塞高压泵;4-凸轮轴;5-汽油滤清器;6-油压调节器;7-电动汽油泵;8-汽油箱;9-喷油器;10-轨道燃油压力传感器;11-限压阀

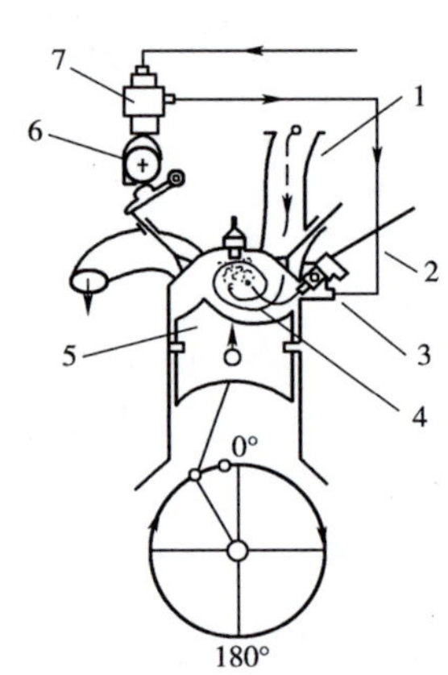

图 6-55 缸内直喷式原理

1-直立进气管;2-高压油管;3-高压旋流式喷油器;4-涡流;5-顶面弯曲活塞;6-凸轮轴;7-单柱塞高压泵

(1)轨道燃油压力传感器。为 ECU 提供轨道压力的高低,当压力达 5MPa 时,ECU 指令停供电磁阀动作,推开高压油泵的片状进油阀,使高压油泵停止吸油而停供。此时,低压油泵也同步停止供油,维持规定的油压。

(2)停供电磁阀。根据 ECU 通电发令,使其推杆动作,高压油泵的进油片阀即常开,停止供油。

(3)限压阀。为柱塞式溢流阀,当轨道油压高于规定值时,即泄油降压,维持轨道油压,起保护作用。

(4)柱塞式高压燃油泵。为往复柱塞泵,由凸轮轴驱动,使燃油轨道的油压不断堆积,产生 5MPa 的喷射油压,经喷油器高速喷入汽缸,提高雾化质量,形成旋转的燃气涡流。

(5)高压旋流式喷油器。安装在发动机缸盖上,采用 65V 高电压控制喷油,为强劲高频量化控制方式,频率响应性高。由 ECU 直接用脉冲电流控制喷油量的多少,利用特殊的喷孔形状,喷出旋转的燃油雾,与挤压涡流快速的混合,以便点火燃烧。

(6)直立式进气管。产生大进气流,直接流入汽缸,充气效果好。与传统的横向进气管相比,它的进气涡流方向是相反旋转,喷油后能在火花塞处形成浓油雾区。

(7)顶面弯曲活塞。引导空气产生进气涡流和挤压高速旋转涡流,以便形成理想地分层燃烧的可燃混合气。

2. 缸内直喷汽油机燃烧模式

(1)汽缸内涡流的运动。在进气过程中,通过"直立式进气管",在汽缸吸力的作用下,产

生强大的下降气流，使充气效率得到提高。又在“顶面弯曲活塞”的作用下，形成比传统汽油机更强大的“滚动涡流”。这个滚动涡流，将压缩后期喷射出的旋转油雾，带到燃烧室中央的火花塞附近，然后及时点火燃烧。

(2)高压旋转油雾的产生。高压旋转式喷油器，在压缩冲程的后期(此时，缸内压力为0.6～1.5MPa)，以5MPa的高压喷射出旋转的油雾，卷入“滚动涡流”中，迅速吸热汽化，以层状混合状态，被卷到火花塞附近。此时，火花塞附近为“高浓度”混合气，极易点燃，缸内的燃气呈“稀包浓”状态(O_2 分子包围HC分子)，在旋转中逐层的剥离，并从内向外稳定地、彻底的分层燃烧，如图6-56。超稀薄的混合气，空燃比 A/F 可达30∶1～40∶1，与传统的汽油机相比，节油率可达40%，可使排气中的CO、HC、NO_x 等有害物质大幅度降低。

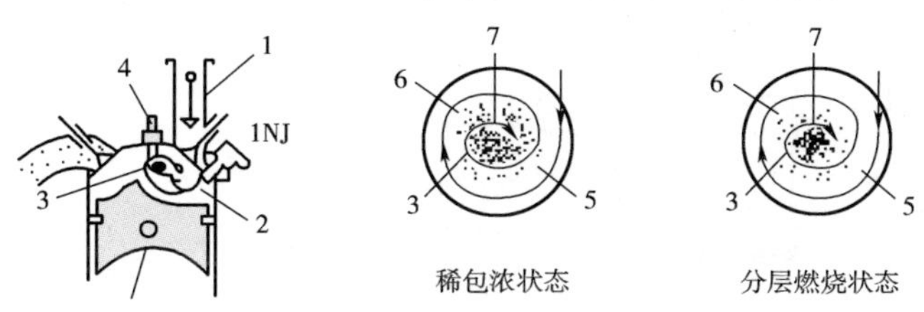

图6-56　分层燃烧过程

1-直立进气管；2-旋转涡流；3-浓区；4-火花塞；5-涡流；6-稀区；7-火焰

(3)空燃比与负荷的关系。中小负荷工况时，在压缩行程后期喷油，以经济超稀薄混合气成分为主。在大负荷工况时，一个工作循环中，ECU对喷油器发出两次喷油脉冲信号，一次在进气行程时完成，一次在压缩行程后期完成，脉冲宽度各不相同，以加浓可燃混合气。“二次喷射”的功能，也可在起动工况、急加速工况出现，以调节空燃比 A/F 的大小，改善使用性能，如图6-57。此时，还可利用燃油的汽化热，来降低进气温度，提高充气效率。

(4)高压缩比的实现。提高汽油机输出功率的措施是加大进气量、提高压缩比、控制燃烧过程。传统式的电控喷射系统，因燃油质量的制约，压缩比已难突破10∶1的大关，还需要使用辛烷值97#的汽油。而缸内直喷式汽油机可使压缩比提高到12∶1～13∶1，对汽油的辛烷值无过高要求：

①喷入缸内的燃料汽化，可降低气体温度和增大空气密度，因而不易产生“爆燃”。

②由于吸入的空气量大幅度增加，进气冷却效果较好，有抑制“爆燃”的作用。

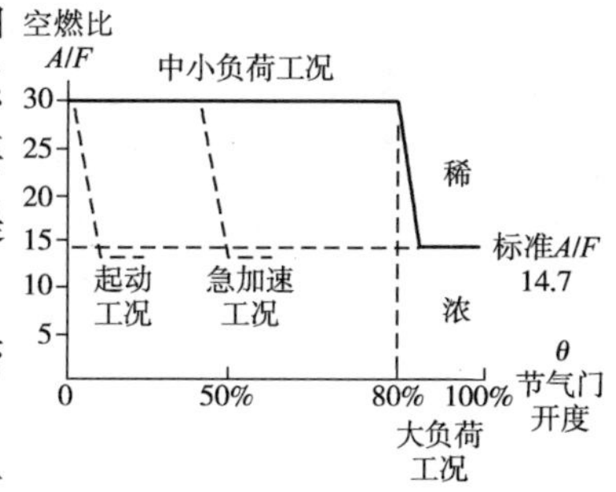

图6-57　空燃比 A/F 变化特性

③采用缸内直喷是在压缩行程后期喷油，燃油在燃烧室内滞留时间极短，使大幅度的提高压缩比成为可能。

(5)如果增装废气涡轮增压系统(如：奥迪A6L-2.0T-FSI乘用车)，充气效率将进一步提高，空气密度加大，氧含量提高，燃烧条件进一步改善，动力性、经济性和净化性将明显提高。

近年来缸内直喷式二冲程汽油机已开始得到应用。图6-58为缸内直喷式二冲程稀燃汽油机原理图，其特点是：经曲轴箱扫气进入汽缸的是空气；采用空气辅助电磁阀或喷嘴，使汽油在喷油嘴中与少量空气混合后，以0.62MPa的低压喷入缸内，喷雾粒度平均达到5μm，而且粒度分布均匀。通过喷雾特性与燃烧室形状及气流运动的巧妙配合,可在空燃比为 50 的条件下稳定运转,而一般在空燃比为 20 的状态下工作。

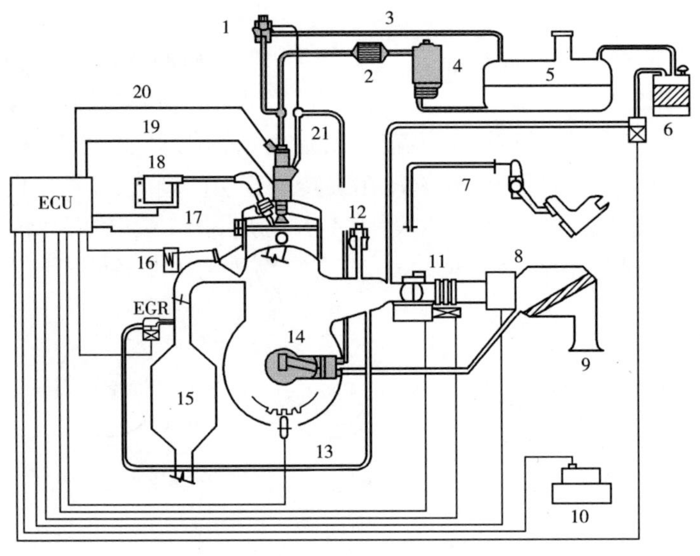

图 6-58　缸内直喷式二冲程汽油机原理图

1-燃油压力调节器;2-燃油滤清器;3-回油管;4-燃油泵;5-油箱;6-炭罐;7-加速踏板;8-进气质量流量计;9-进气口;10-润滑油泵;11-节气门位置;12-调压器;13-转角信号;14-压气机;15-催化转化器;16-排气阀;17-水温传感器;18-点火线圈;19-低压空气喷嘴;20-低压燃油喷嘴;21-空气

第七章　柴油机燃料供给系

第一节　柴油机燃料供给系的分类与组成

柴油与汽油相比具有黏度大，蒸发性差的特点。柴油机采用高压喷射的方法，在压缩行程接近终了时把柴油喷入汽缸，直接在汽缸内部形成均匀的混合气，并借汽缸内空气的高温自行发火燃烧。柴油机燃料供给系的功用是完成燃料的储存、滤清和输送工作，按柴油机各种不同工况的要求，定时、定量、定压并以一定的喷油质量喷入燃烧室，使其与空气迅速而良好地混合和燃烧，最后使废气排入大气。

1. 柴油机燃料供给系的分类与组成

根据喷油的控制方式不同，柴油机燃料供给系分为机械式燃料供给系和电控式燃料供给系。

1）机械式燃料供给系

柴油机机械式燃料供给系由燃油供给、空气供给、混合气形成及废气排出四部分组成。

（1）燃油供给。由柴油箱、输油泵、低压油管、滤清器、喷油泵、高压油管和喷油器及回油管等组成。

（2）空气的供给。由空气滤清器、进气管等组成。有的还装有增压器。

（3）混合气的形成。燃烧室。

（4）废气的排出。由排气管及排气消声器组成。

空气的供给与废气的排出部分，其构造、功用、原理与汽油机燃料供给系相同，本章不再赘述。

图 7-1 是常见的一种汽车柴油机燃油供给系统组成简图。整个系统由低压油路（油箱 8、输油泵 5、燃油滤清器 3 及低压油管）、高压油路（喷油泵 6、高压油管 13、喷油器 12）和调速器 9、供油提前角调节装置 7 组成。其核心部分是高压油路所组成的喷油系统，人们也把这种传统的燃油供给系统称之为泵—管—嘴系统。柴油箱 8 储存有经过沉淀和滤清的柴油。输油泵 5 将柴油箱内的柴油吸入并泵出，经柴油滤清器 3 滤去杂质后，进入喷油泵 6。自喷油泵输出的高压柴油经高压油管 13 进入喷油器 12，并被喷油器呈雾状喷入燃烧室，与空气混合形成可燃混合气。由于输油泵的供油量比喷油泵供油量大得多，过量的柴油便经回油管 10 流回到柴油箱。

从柴油箱到喷油泵入口的这段油路中的油压是由输油泵建立的，而输油泵的出油压力一般为 0.15 ~ 0.3 MPa，这段油路称为低压油路。从喷油泵到喷油器这段油路中的油压是由喷油泵建立的，一般在 10MPa 以上，故这段油路称为高压油路。

2）电控式燃料供给系

电控式燃料供给系的原理是根据安装在柴油机上各种传感器采集转速、温度、压力、流量和加速踏板位置等信号,并将实时检测的参数输入电控单元;电控单元将来自传感器的信息同储存的参数值进行比较、运算,确定最佳运行参数;对喷油压力、喷油量、喷油时间、喷油规律等进行控制,使柴油机工作状态达到最佳。

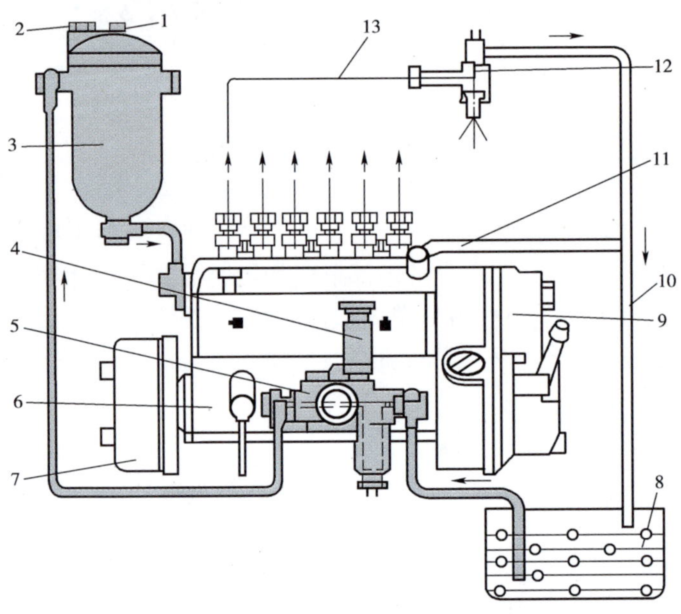

图 7-1　机械式燃料供给系统组成

1-放气螺塞;2-加油螺塞;3-燃油滤清器;4-手油泵;5-输油泵;6-喷油泵;7-供油提前角调节装置;8-柴油箱;9-调速器;10-回油管;11-回油阀;12-喷油器;13-高压油管

电控式燃料供给系可分为两大类,即位置控制方式和时间控制方式。

位置控制方式:不改变传统的喷油系统的工作原理和基本结构,只是采用电控组件,代替调速器和供油提前器,以控制喷油量和喷油定时。

时间控制方式:在高压油路中,利用电磁阀直接控制喷油开始时间和结束时间,以改变喷油量和喷油定时。它具有直接控制、响应快等特点。

时间控制方式又有电控泵喷油器系统和共轨式电控燃油喷射系统两类。

2. 对柴油机燃料供给系的要求

(1)根据柴油机的不同转速和不同负荷,供给相应的燃油量,即定量。当工况不变时,每一工作循环的供油量不变;当工况改变时,应能相应地改变供油量。多缸柴油机每一缸所获得的燃油量应尽可能相等,以免个别汽缸负荷过大。

(2)燃油要在规定的时刻喷入汽缸内,即定时喷油,而且最好能使该定时喷油随转速和负荷自动改变。喷油过早或过迟都将导致功率不足、排气温度增高、燃油消耗率增大的后果。

(3)喷入汽缸(或燃烧室)的燃油应呈良好的雾状,并满足规定的喷雾形状和角度,且以高压喷入。在喷油结束时,应断油干脆,不应产生“滴漏”等现象。

(4)根据不同柴油机的需要,提供与之相应的供油规律和供油持续时间,即保证燃烧过程最经济、功率最大且运转平稳,同时对柴油机零部件寿命和运行安全有利。

(5)柴油机运转时,根据负荷变化能自动调节供油量,以保证柴油机在最低转速下不熄

火，最高转速运行稳定且不“飞车”。

第二节　柴油及其使用性能

柴油是一种轻质石油制品，为压燃式发动机(柴油机)燃料，是复杂的烃类(碳原子数约10～20)混合物。在石油蒸馏过程中，温度在200～350℃之间的馏分即为柴油。柴油分为轻柴油和重柴油。轻柴油用于高速柴油机，重柴油用于中、低速柴油机。汽车柴油机均为高速柴油机，所以使用轻柴油。

1. 轻柴油的牌号和规格

轻柴油按其质量分为优等品、一等品和合格品3个等级，每个等级又按柴油的凝点分为10、5、0、-10、-20、-35和-50等7种牌号，其规格见表7-1。

轻柴油技术要求　　表7-1

项　目	10号	5号	0号	-10号	-20号	-35号	-50号	试验方法
色度，号　不大于	3.5							GB/T 6540
氧化安定性，总不溶物(mg/100mL)　不大于	2.5							SH/T 0175
硫含量(%)(m/m)　不大于	0.2							GB/T 380
酸度(mgKOH/100mL)　不大于	7							GB/T 258
10%蒸余物残炭(%)(m/m)　不大于	0.3							GB/T 268
灰分(%)(m/m)　不大于	0.01							GB/T 508
铜片腐蚀(50℃，3h)，级　不大于	1							GB/T 5096
水分(%)(V/V)　不大于	痕迹							GB/T 260
机械杂质	无							GB/T 511
运动黏度(20℃)(mm^2/s)	3.0～8.0				2.5～8.0	1.8～7.0		GB/T 265
凝点(℃)　不高于	10	5	0	-10	-20	-35	-50	GB/T 510
冷滤点(℃)　不高于	12	8	4	-5	-14	-29	-44	SH/T 0248
闪点(闭口)(℃)　不低于	55					45		GB/T 261
十六烷值　不小于	45							GB/T 386
馏程：								GB/T 6536
50%回收温度(℃)　不高于	300							
90%回收温度(℃)　不高于	355							
95%回收温度(℃)　不高于	365							
密度(20℃)(kg/m^3)	实测							GB/T 1884 GB/T 1885

2. 轻柴油的使用性能

为了保证高速柴油机正常、高效地工作，轻柴油应具有良好的着火性、雾化和蒸发性、低温流动性、化学安定性、防腐性和适当的黏度等诸多的使用性能。

(1)着火性。要求柴油喷入燃烧室后迅速与空气形成均匀的混合气,并立即自动着火燃烧,因此要求燃料易于自燃。一般以十六烷值作为评价柴油着火性的指标。柴油的十六烷值大,发火性好,容易自燃。国家标准规定轻柴油的十六烷值不小于45。

(2)雾化和蒸发性。它决定了混合气形成的速度和质量。用柴油馏出某一百分比的温度范围即馏程和闪点表示。比如,50%馏出温度即柴油馏出50%的温度,此温度越低,柴油的蒸发性越好。国家标准规定此温度不得高于300℃,但没有规定最低温度限值。

为了控制柴油的蒸发性不致过强,标准中规定了闪点的最低数值。柴油的闪点指在一定的试验条件下,当柴油蒸气与周围空气形成的混合气接近火焰时,开始出现闪火的温度。闪点低,雾化和蒸发性好。

(3)低温流动性。用柴油的凝点和冷滤点评定低温流动性。凝点是指柴油失去流动性开始凝固时的温度,而冷滤点则是指在特定的试验条件下,在1 min内柴油开始不能流过过滤器20mL时的最高温度。一般柴油的冷滤点比其凝点高4~6℃。

(4)黏度。是评定柴油稀稠度的一项指标,与柴油的流动性有关。黏度随温度而变化,当温度升高时,黏度减小,流动性增强;反之,当温度降低时,黏度增大,流动性减弱。

GB/T 252—2000中规定的实际胶质、10%蒸余物残炭和氧化安定性,总不溶物等三项指标,是柴油安定性的评定指标。柴油的防腐性则用硫含量、酸度、铜片腐蚀及水溶性酸或碱等指标来评定。柴油中的灰分、水分和机械杂质,是评定柴油清洁性的指标。

汽车柴油机应使用各项指标均符合国家标准的柴油,轻柴油技术要求如表7-1所示。

3. 轻柴油的选择

按照当地当月风险率为10%的最低气温选用轻柴油牌号,见表7-2。

轻柴油牌号的选择 表7-2

轻柴油牌号	适用于风险率为10%的最低气温在下列范围内的地区
0号	4℃以上
-10号	-5℃以上
-20号	-5~-14℃
-35号	-14~-29℃
-50号	-29~-44℃

第三节 柴油机可燃混合气

1. 可燃混合气形成的特点

(1)混合空间小、时间短。可燃混合气是在燃烧室内形成的,喷油、汽化、混合和燃烧都是在这个小空间内重叠进行,一边喷油,一边燃烧。

由于是在压缩终了时才喷油,混合气的形成时间也极短,供油的持续时间只有汽油机的1/20~1/10,只占曲轴转角的15°~35°。而汽油机混合气形成是从进气持续到压缩终了,占曲轴转角的360°左右。相比之下,可以认为汽油机的混合气的形成是比较均匀的。

(2)混合气不均匀,α值变化范围很大。由于混合气形成的空间和时间的限制,因而混合气成分在燃烧室各处的分布是很不均匀的。α值只表示进入汽缸中柴油和空气的一个总的比

例数,而燃烧室各局部区域的 α 值相差是很大的。有的地方(油雾喷射区)可能只有油滴而没有空气($\alpha=0$),有的地方可能只有空气而没有柴油($\alpha=\infty$)。

(3)边喷边燃,成分不断变化。柴油机在每一循环中,都要重复地进行着喷油、雾化、汽化、混合、燃烧等过程,是边喷油、边燃烧。这样,造成了燃烧室内的混合气成分不断变化,这种变化不仅有空间方面的,也有时间方面的原因。在空间方面:混合气浓的地方,柴油因缺氧而燃烧不完全,引起了"排气冒烟"。而在稀的地方,空气将得不到充分利用,在高温作用下产生 NO_x,增大了排放污染。在时间方面:喷油和燃烧的前期氧多、油少,α 值过大,不易着火,使着火落后期(备燃期)加长。喷油和燃烧的后期,由于前期燃烧的结果,氧少、废气多,燃烧条件变坏,燃烧产物将未燃的油粒包围分割,混合气的质量变差,造成一部分油分子恶化燃烧,排气也冒黑烟。

2. 可燃混合气的形成方式

燃油能否完全燃烧,主要取决于两个方面:一是进入汽缸的空气量对喷油量的比例是否合适;二是燃油和空气的混合是否良好。柴油机形成良好混合气的方法有两种:

1)空间雾化混合方式

将柴油喷向燃烧室的空间,形成雾状混合物,再在空间蒸发形成混合气。为了使混合物分布均匀,要求喷出一个或数个油束与燃烧室形状配合,并利用燃烧室中的空气运动促进混合。其办法有两种:

(1)使进气产生涡流。利用弱涡流切向进气道或强涡流螺旋进气道,可以在进气行程中使空气绕汽缸轴线旋转运动,它能一直持续到燃烧膨胀过程中。

(2)产生挤压涡流。利用活塞顶部的特殊形状在压缩过程中和膨胀行程开始时,使空气在燃烧室中产生强烈的旋转运动,它存在于上止点附近,持续时间较短。当活塞接近上止点时,活塞顶部环形空间中的空气被挤入 ω 形燃烧室,气体产生挤压流动。当活塞下行时,由于容积增大,燃烧室中的气体向外流到环形空间,气体产生膨胀流动。

空气流动可以促使油束分散,增大混合范围。转速越高,涡流也越强,气流对油束的吹散作用也越大。油束的吹散是使空气流先将油束外围质量小的油粒带走,使油粒分散到更大的容积里去,再逐层将油束中心的油粒吹散混合。此外,空气涡流运动还可以加速火焰的传播,促使燃烧及早地结束。

2)油膜蒸发混合方式

它是将柴油喷向球形油膜燃烧室的壁面上,在强烈的空气涡流作用下,燃油的大部分(95%)形成油膜,如图 7-2 所示。由于油束贯穿空气和室壁的反射,必然有少量油粒(5%)悬浮在空间,形成着火源。油膜在空间火源的热能作用下,逐层蒸发、逐层卷走、逐层燃烧,产生了燃气涡流,其燃烧速度是前期慢、后期快,使燃烧过程加速进行到终点。

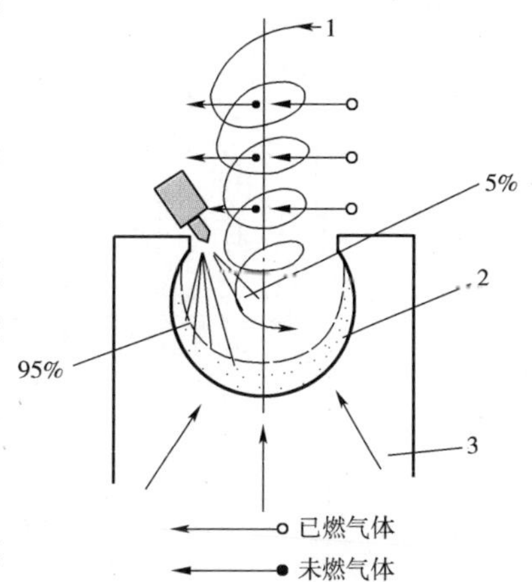

图 7-2　油膜的形成和气体的分离运动
1-空气涡流;2-油膜;3-冷却油

此种燃烧过程,工作柔和、燃烧完全。这是因为:在燃烧的中后期,燃烧生成物温度高,密度变小,则随着燃气涡流轨道向燃烧中心移动。而新鲜气体因温度低、密度大即

离心力大,旋转中向外移动而换位,自动形成气体的分离运动。因而可连续不断地使油膜蒸气得到新鲜的氧气而完全燃烧。

3. 燃烧室

柴油机燃烧室的种类较多,通常分为统一式(直接喷射式)和分隔式燃烧室两类。

1)统一式燃烧室

这种燃烧室一般使用多孔喷油器将燃油直接喷射到燃烧室中,借助喷射出的油雾形状和燃烧室形状的配合以及燃烧室内的空气涡流运动,迅速形成可燃混合气。这种形式的燃烧室主要有ω形燃烧室、球型燃烧室和U形燃烧室等,如图7-3所示。

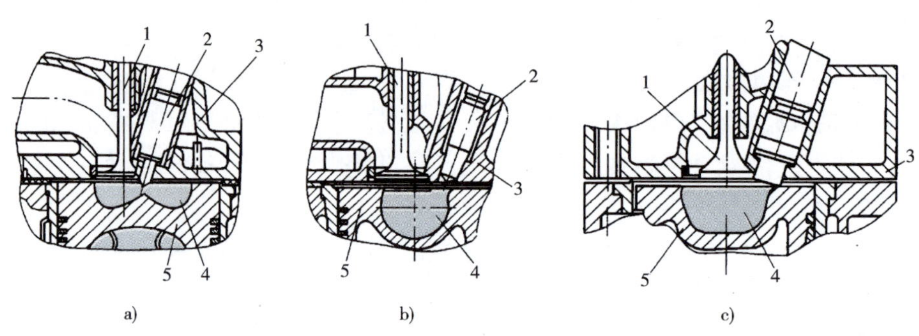

图7-3 统一式燃烧室

a)ω形;b)球形;c)U形

1-气门;2-喷油器;3-汽缸盖;4-燃烧室;5-活塞

2)分隔式燃烧室

分隔式燃烧室被分隔成两部分,一部分位于汽缸盖底面与活塞顶之间,称为主燃烧室;另一部分在汽缸盖内,称为辅助燃烧室,二者之间由一个或多个通道相通。这种形式的燃烧室一般有涡流室式和预燃室式两种,如图7-4所示。

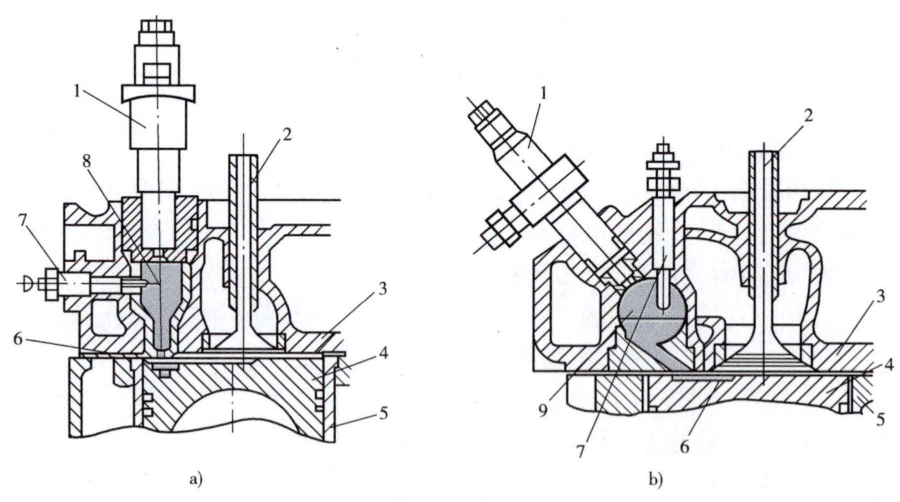

图7-4 分隔式燃烧室

a)预燃室式;b)涡流室式

1-喷油器;2-气门;3-汽缸盖;4-活塞;5-汽缸体;6-主燃烧室;7-起动电热塞(预热塞);8-预燃烧室;9-涡流室

分隔式燃烧室主要依靠强烈的空气运动形成可燃混合气，对空气的利用要比统一式燃烧室充分，采用这种形式燃烧室的柴油机可选用比较浓的可燃混合气工作，因此小型高速柴油机多用这种燃烧室，但它的起动性和经济性较差，多采用更高的压缩比，而且在辅助燃烧室中装起动电热塞。

第四节　喷　油　器

喷油器是柴油机燃料供给系中实现燃油喷射的重要部件。喷油器安装在汽缸盖的座孔内，其喷油嘴直接和高温燃气接触，工作条件恶劣，是极易出现故障和损坏的部件之一。

喷油器的功用是：使一定数量的燃油得到良好的雾化，以促进燃油着火和燃烧；使燃油的喷射按燃烧室类型合理分布，以便使燃油与空气迅速而完善的混合，形成均匀的可燃混合气。喷油器应满足以下要求：应具有一定的喷射压力和射程，合适的喷雾锥角和雾化质量；喷停要迅速，不发生燃油滴漏，以免恶化燃烧过程；最好的喷油特性是在每一循环的供油量中，开始喷油少，中期喷油多，后期喷油少，以便工作柔和、改善后期燃烧条件。

喷油器分为开式和闭式两种。开式喷油器的高压油腔通过喷孔直接与燃烧室相通，而闭式则在两者之间加装针阀隔断。车用柴油机多采用闭式喷油器。闭式喷油器按其结构又可分为孔式和轴针式两类，孔式喷油器多用于统一式燃烧室，轴针式喷油器则多用在分隔式燃烧室中。

1. 孔式喷油器

孔式喷油器喷出的油束锥角不大，但射程较远。喷孔数一般为 1 ~ 8 个，喷孔直径为 0.25 ~ 0.5mm，喷孔的数目与方向取决于不同形状的燃烧室对喷雾质量的要求和喷油器在燃烧室内的布置。

孔式喷油器结构如图 7-5 所示，它是由喷油嘴、喷油器壳体和调压装置三部分组成。

喷油嘴由针阀 12 和针阀体 13 组成，它们是一对精密偶件，其间隙为 0.002 ~ 0.004mm。针阀下端有一环形锥面与针阀体下端的环形锥面共同起密封作用，此环形锥面称为密封锥面，用于打开或切断高压燃油与燃烧室的通路。针阀下部还有一环形锥面位于针阀体的高压油腔中，该锥面承受燃油压力推动针阀向上运动，此环形锥面称为承压锥面。针阀上部有一凸肩，当针阀关闭时与喷油器壳体 9 的下端面有一定的距离，该距离即为针阀最大升程。针阀顶部通过推杆 8 承受调压弹簧 7 的预压力，使针阀处于关闭状态。该预压力决定针阀的开启压力或称为喷油压力，调整调压螺钉 5 可改变喷油压力的大小（拧入时压力增大，拧出时压力减小），调整后用调压螺钉护帽 3 锁紧固定。喷油器工作时，从针阀偶件间隙中泄漏的燃油经回油管螺栓 1 流回回油管。为防止细小杂物堵塞喷孔，在喷油器进油管接头中装有滤芯 16，一般滤芯具有磁性，可吸住金属磨屑。

柴油机工作时，从喷油泵来的高压燃油经进油管接头 17 进入喷油器，再经喷油器壳体 9 和针阀体 12 中的油道进入针阀体中部的环状空间——高压油腔（或称为压力室）。油压作用在针阀 12 的承压锥面上形成一个向上的轴向推力，此推力克服调压弹簧的预压力及针阀偶件之间的摩擦力使针阀向上移动，针阀下端密封锥面离开针阀体环形锥面，打开喷孔，于是燃油就以高压喷入燃烧室中。喷油泵停止供油时，高压油路内压力迅速下降，针阀在调压弹簧作用

下及时复位,将喷孔关闭。

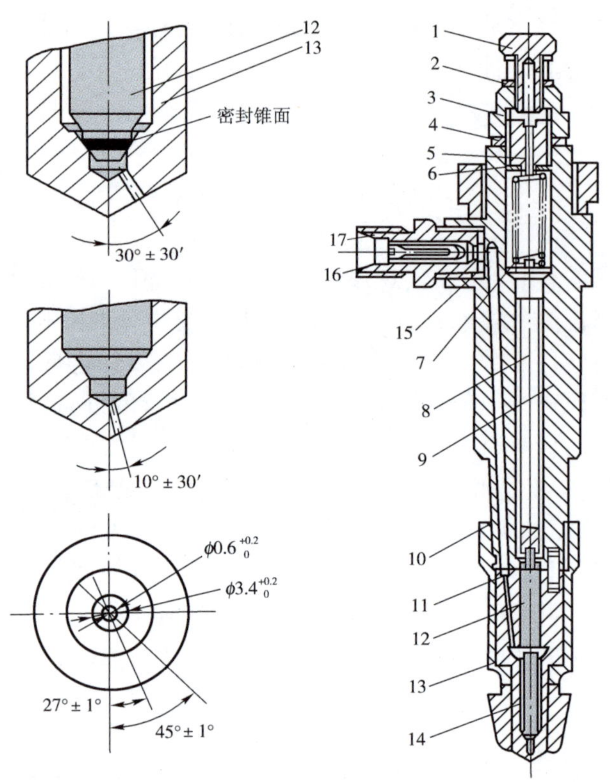

图 7-5 孔式喷油器

1-回油管螺栓;2-回油管衬垫;3-调压螺钉护帽;4-调压螺钉垫圈;5-调压螺钉;6-调压弹簧垫圈;7-调压弹簧;8-推杆;9-喷油器壳体;10-紧固螺套;11-定位销;12-针阀;13-针阀体;14-密封铜锥体;15-进油管接头衬垫;16-滤芯;17-进油管接头

图 7-6 所示是两种最常用的孔式喷油嘴的结构形式。

长形孔式喷油嘴的导向部分高而远离燃烧室,针阀导向部分下部是一段非配合的细长杆。杆与针阀体之间有间隙(约 0.5 mm 左右),使燃油在其中流动,起冷却作用,因此可大大减少针阀卡滞的可能。另外,由于细长杆有很好的弹性,在微小变形的情况下仍能保证针阀的密封性。这种喷油嘴可适应热负荷较高的柴油机。

短体形孔式喷油嘴的针阀只有导向部分,而没有接近燃烧室的细长杆。由于导向部分直接靠近燃烧室,因此它的工作条件不如长形孔式喷油嘴。多数短体形针阀在其导向部分有两道储油槽,以减少泄漏及加强润滑。由于喷嘴下部的燃油在高压下一部分喷出,还有少量的燃油从针阀与针阀体间挤到了上部,然后才经喷油器的泄油孔或回油孔溢出,因此针阀与针阀体的配合面是经常浸在燃油中的。

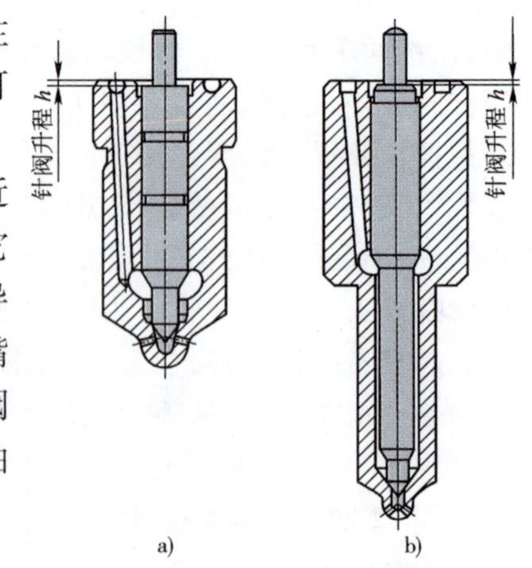

图 7-6 孔式喷油嘴的结构形式
a)短体形;b)长形

2. 轴针式喷油器

轴针式喷油器结构如图 7-7 所示,喷油嘴结构如图 7-8

所示。从图中可以看出，其结构和作用与孔式喷油器大致相同，只是针阀偶件不同。该喷油器针阀前端有一段圆柱或倒锥体，称为轴针。倒锥体的一部分伸出针阀体的喷孔外，圆柱形部分位于喷孔中并与喷孔之间有一定间隙（一般为 0.005～0.025 mm）。圆柱形部分上方是起阀门作用的环形锥面，环状喷孔间隙的长度一般称为节流升程。如果将针阀前端的轴针加长，并且将喷孔的圆柱表面积增大，这种喷油嘴称为节流轴针式喷油嘴，如图 7-9 所示。喷孔的截面积随针阀的升程增大，其通过断面是先小后大又变小，因而喷油量前、后期少，而中期多，满足柴油机燃烧的要求。普通轴针式喷油嘴与节流轴针式喷油嘴的区别在于后者节流升程较大。

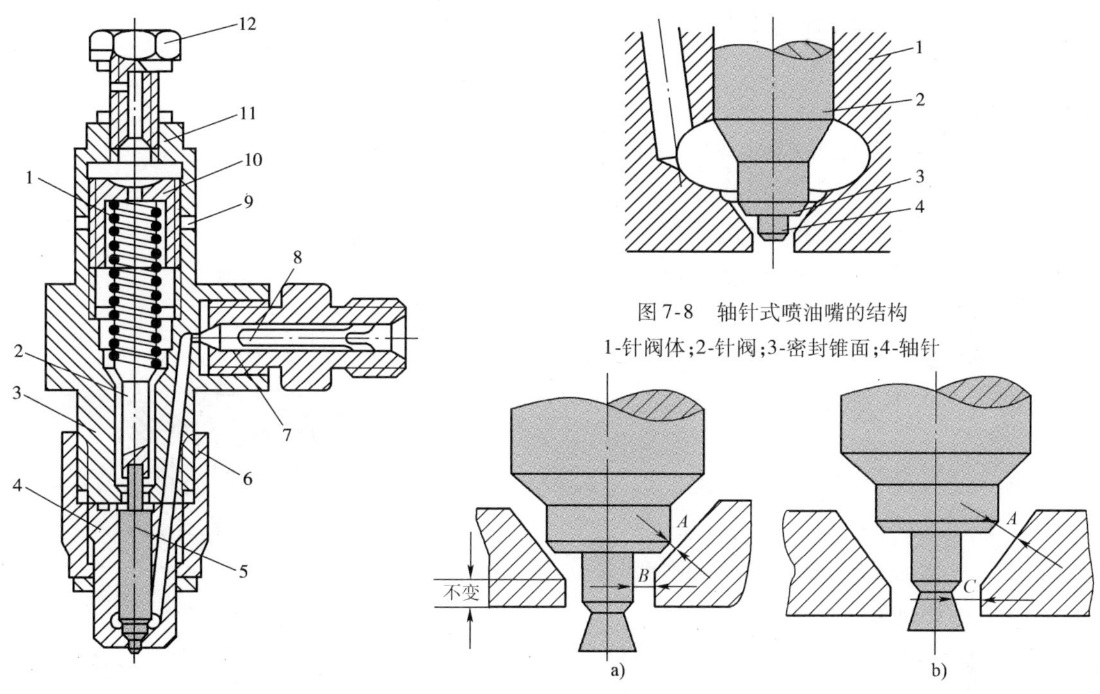

图 7-7　轴针式喷油器

1-调压弹簧；2-顶杆；3-喷油器体；4-针阀体；5-针阀；6-紧固螺套；7-进油管接头；8-滤芯；9-垫圈；10-调压螺钉；11-护帽；12-回油管接头螺栓

图 7-8　轴针式喷油嘴的结构

1-针阀体；2-针阀；3-密封锥面；4-轴针

图 7-9　轴针式喷油器的节流作用

a）升程较小时；b）升程较大时

A-密封锥面处的节流断面；*B*-喷油初期的节流断面；*C*-喷油中期的节流断面（主喷射期）

轴针式喷油器喷孔直径一般在 1～3 mm 之间，喷油压力为 10～13 MPa，喷孔直径大，加工方便，工作时由于轴针在喷孔内往复运动，能清除喷孔内的积炭和杂物，工作可靠。

第五节　喷　油　泵

喷油泵是柴油机燃料供给系的关键部件，它的工作好坏直接影响柴油机的动力性、经济性和净化性能。

1. 喷油泵的作用

喷油泵接收输油泵送来的低压柴油，并将柴油输送到喷油器中。在输送过程中，完成下列任务：

（1）提高油压（定压）。为使燃油高速喷入燃烧室中，获得好的喷雾质量，须将喷油压力提高到10～20MPa。

（2）控制喷油时间（定时）。按规定的时间喷油和停止喷油。为此，喷油泵凸轮轴的转速和配气机构凸轮轴的转速是一致的。这样，在接近压缩终了时喷油，并持续一定时间停止喷油。

（3）控制喷油量（定量）。根据柴油机的工作情况，改变喷油量的多少，以调节柴油机的转速和功率。

2. 对喷油泵的要求

为了完成定压、定时、定量的任务，喷油泵应满足如下要求：

（1）按柴油机工作顺序供油，而且各缸供油量均匀。在额定供油量时各缸供油的不均匀度不得大于3%～4%。

（2）各缸供油提前角要相同，相差不得大于0.5°曲轴转角。

（3）各缸供油延续时间要相等。

（4）油压的建立和供油的停止都必须迅速，以防止滴漏现象的发生。

上述要求是由其结构和合理地装配与调整来保证的。

3. 喷油泵的类型

车用柴油机的喷油泵按作用原理的不同，大体可分为三类：

（1）柱塞式喷油泵。发展和应用的历史较长，为大多数车用柴油机所采用。

（2）泵—喷油器式。将喷油泵和喷油器结合为一体，省掉了高压油管。

（3）转子分配式喷油泵。它只用一对柱塞副产生高压，依靠转子的旋转或柱塞的旋转，实现燃油的分配。

4. 柱塞式喷油泵的工作原理

柱塞式喷油泵是由分泵、油量调节机构、驱动机构和泵体（壳体）四部分组成。

柱塞式喷油泵利用柱塞在柱塞套内的往复运动进行吸油和压油，每一副柱塞与柱塞套只向一个汽缸供油。对于单缸柴油机，由一套柱塞偶件组成单体泵；对于多缸柴油机，则由多套泵油机构分别向各缸供油。中、小功率柴油机大多将各缸的泵油机构组装在同一壳体中，称为多缸泵，而其中每组泵油机构则称为分泵。

1）分泵

图7-10是一种分泵的构造图。泵油机构主要由柱塞偶件（柱塞7和柱塞套6）、出油阀偶件（出油阀

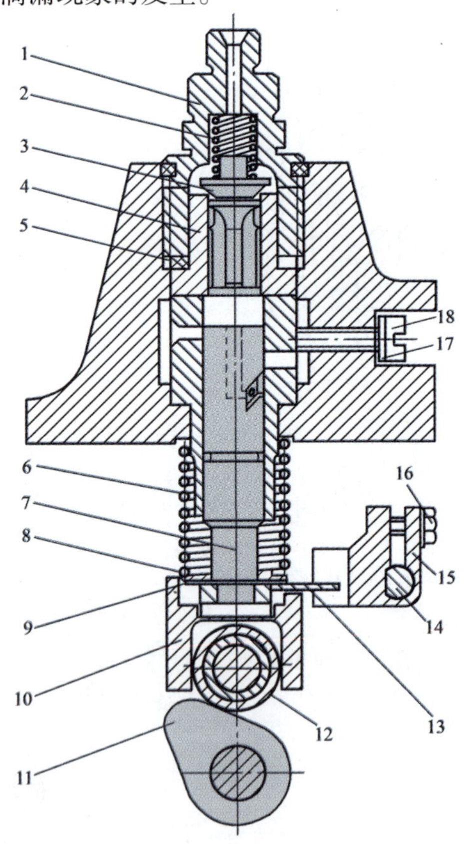

图7-10　柱塞式喷油泵分泵

1-出油阀压紧座；2-出油阀弹簧；3-出油阀；4-出油阀座；5-垫片；6-柱塞套；7-柱塞；8-柱塞弹簧；9-弹簧座；10-滚轮体；11-凸轮；12-滚轮；13-调节臂；14-供油拉杆；15-调节叉；16-锁紧螺钉；17-垫片；18-定位螺钉

3 和出油阀座 4）等组成。柱塞的下部固定有调节臂 13，用来调节和转动柱塞的位置。柱塞上部的出油阀 3 由出油阀弹簧 2 压紧在出油阀座 4 上，柱塞下端与装在滚轮体 10 中的垫块接触。柱塞弹簧 8 通过弹簧座 9 将柱塞推向下方，并使滚轮 12 保持与凸轮轴上的凸轮 11 相接触。柱塞套 6 用定位螺钉 18 固定，以防止其周向转动。喷油泵凸轮轴由柴油机曲轴通过传动机构来驱动。对于四冲程柴油机，曲轴转两周，喷油泵凸轮轴转一周。

柱塞式喷油泵供油原理如图 7-11 所示。柱塞 1 的圆柱表面上铣有直线形（或螺旋形）斜槽 3，斜槽内腔和柱塞上面的泵腔用孔道连通。柱塞套 2 上有两个油孔 4 和 8，都与喷油泵泵体上的低压油腔相通。柱塞由凸轮驱动，在柱塞套内作往复直线运动，此外它还可以绕本身轴线在一定角度范围内转动。

当柱塞下移到如图 7-11a）所示位置时，燃油自低压油腔经油孔 4 和 8 被吸入并充满泵腔。在柱塞自下止点上移的过程中，起初有一部分燃油被从泵腔挤回低压油腔，直到柱塞上部的圆柱面将两个油孔 4 和 8 完全封闭时为止。此后，柱塞继续上升（图 7-11b）），柱塞上部的燃油压力迅速增高到足以克服出油阀弹簧 7 的作用力，出油阀 6 即开始上升。当出油阀的圆柱形环带离开出油阀座 5 时，高压燃油便自泵腔通过高压油管流向喷油器。当燃油压力高出喷油器的喷油压力，喷油器开始喷油。当柱塞继续上移到如图 7-11c）所示位置时，斜槽 3 同油孔 8 开始接通，于是泵腔内的油压迅速下降，出油阀在出油阀弹簧压力的作用下立即复位，喷油泵供油停止。此后，柱塞仍继续上行，直到凸轮达到最高升程为止，但不再供油。

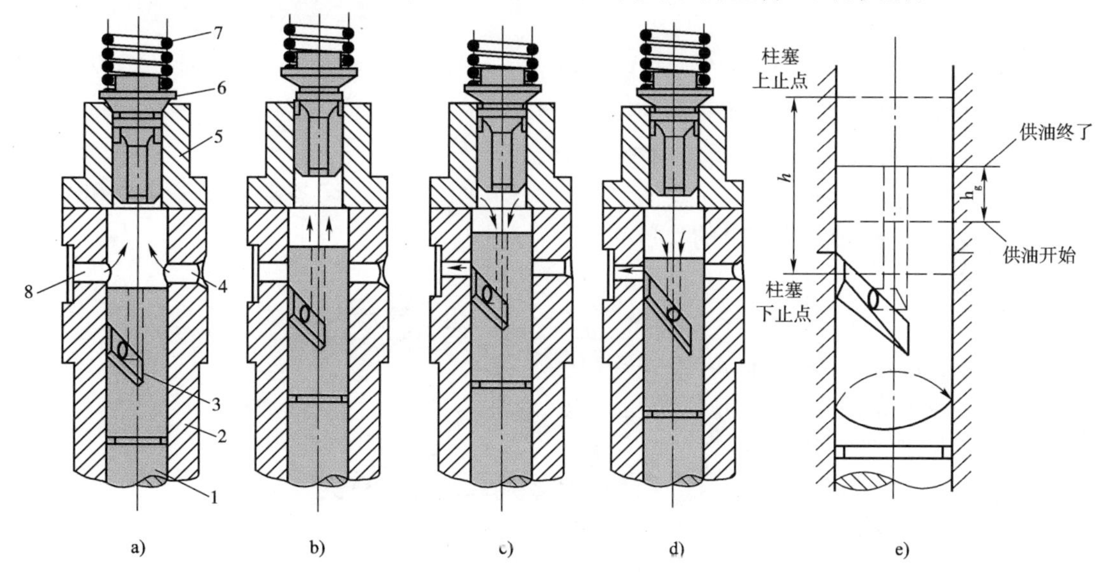

图 7-11　柱塞式喷油泵供油原理

a）吸油；b）出油阀开始上升；c）斜槽与油口接通；d）柱塞未完全封闭油孔；e）柱塞完全封闭油孔

1-柱塞；2-柱塞套；3-斜槽；4、8-油孔；5-出油阀座；6-出油阀；7-出油阀弹簧

由上述供油过程可知，由驱动凸轮轮廓曲线决定的柱塞行程 h（即柱塞的上、下止点间的距离，图 7-11e）是一定的，但并非在整个柱塞上移行程 h 内都供油，喷油泵只在柱塞完全封闭油孔 4 和 8 之后到柱塞斜槽 3 和油孔 8 开始接通之前的这一部分柱塞行程 h_g 内才供油，h_g 称为柱塞有效行程。显然，喷油泵每次供出的油量取决于柱塞有效行程的长短，因此欲使喷油泵能随柴油机工况不同而改变供油量，只需改变柱塞有效行程。一般借改变柱塞斜槽与柱塞套

油孔8的相对位置来实现,将柱塞转向如图7-11e)中箭头所示的方向,柱塞有效行程和供油量即增加,反之则减少。当柱塞转到如图7-11d)中所示位置时,柱塞根本不可能完全封闭油孔8,因而柱塞有效行程为零,即喷油泵处于不供油状态。

出油阀的结构如图7-12所示。出油阀2的圆锥面是密封表面,称为密封锥面,阀的尾部同出油阀座内孔作滑动配合,为出油阀的运动导向。为了留出油流通道,阀尾具有切槽4,形成十字形横截面。出油阀中部的圆柱面3称为减压环带,其作用是在喷油泵停止供油后迅速降低高压油管中的燃油压力,使喷油器立即停止喷油。

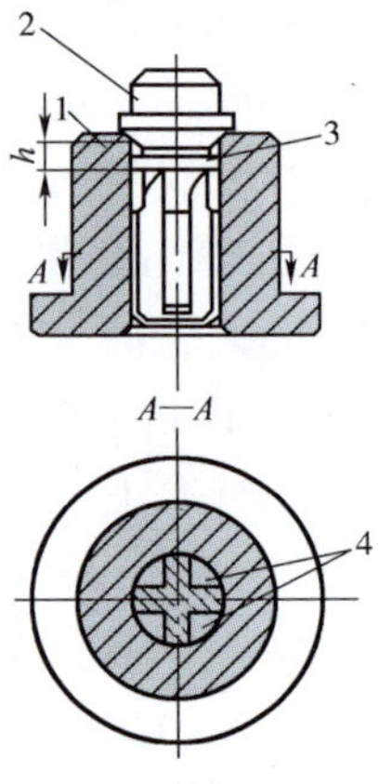

图7-12 出油阀

1-出油阀座;2-出油阀;3-减压环带;4-切槽

当柱塞上升到封闭两油孔时,泵腔油压升高,克服出油阀弹簧的预压力后,出油阀开始上升,阀的密封锥面离开出油阀座。这时还没有立即供油,一直要等到减压环带3完全离开阀座的导向孔时,即出油阀要上升一段距离后,才有燃油进入高压油管,使管路油压升高。同样,在出油阀落下时,减压环带一经进入导向孔,泵腔出口便被切断,燃油停止进入高压油管。再继续下降直到密封锥面完全贴合时,由于出油阀本身所让开的容积,使高压管路的压力迅速降低,喷油可以立即停止。如果没有减压环带,则出油阀与阀座的密封锥面贴合之后,高压油管中瞬时内仍存在着很高的余压,导致喷油器滴油、二次喷射等不良现象的发生。

2)油量调节机构

油量调节机构的作用是执行驾驶员或调速器的动作,转动柱塞改变喷油泵的各个分泵的供油量,以适应柴油机负荷和转速变化的需要,同时还可以通过它来调整各缸供油的均匀性。油量调节机构主要有拨叉式和齿杆式两种。

(1)拨叉式油量调节机构。拨叉式油量调节机构(图7-13)由调节臂3、调节叉2和供油拉杆1等零件组成。调节叉(拨叉)的数目和分泵数相同。

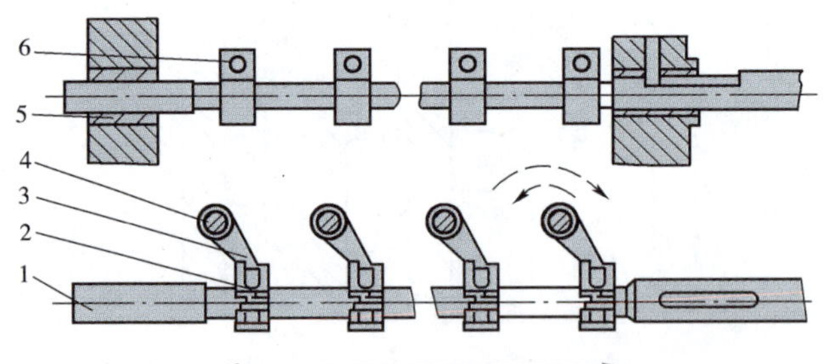

图7-13 拨叉式油量调节机构

1-供油拉杆;2-调节叉;3-调节臂;4-柱塞;5-衬套;6-锁紧螺钉

在柱塞的下端压装着调节臂,调节臂的端头插在调节叉的凹槽内,调节叉用锁紧螺钉固定在供油拉杆上,供油拉杆两端支撑在泵体的衬套中,并用定位导向槽防止转动。供油拉杆的轴向位置由驾驶员或调速器来控制。移动供油拉杆时,调节叉就带动调节臂及柱塞相对于柱塞套转动,从而调节了供油量。由于各分泵的调节叉均用锁紧螺钉固定在同一供油拉杆上,当供油拉杆移动某一距离时,各分泵柱塞旋转的角度相同,各缸供油量的改变值也就相同,保证了各缸供油的均匀性。当各缸供油量不等时,可以松开锁紧螺钉通过改变调节叉在供油拉杆上

的位置予以调整。

(2)齿杆式油量调节机构。齿杆式油量调节机构(图7-14)是由齿杆4、齿扇3和传动套2等零件组成。柱塞1下端的十字凸块(或凸爪)套装在传动套2的切槽中,传动套2松套在柱塞套上。在传动套上部套有齿扇3,并用螺钉紧固,齿扇3与齿杆4相啮合。齿杆的轴向位置由驾驶员或调速器控制,并用定位导向槽防止齿杆的转动。当齿杆移动时,齿扇通过传动套带动柱塞相对于柱塞套转动,便可调节供油量。各缸供油均匀性的调整是通过改变齿扇与传动套圆周方向的相对位置来实现的。由于齿杆式油量调节机构的零件较多,为了保证各分泵柱塞和齿杆同步转动且相对位置一致,以便在试验台上顺利地进行计量调试,各分泵的传动套、齿扇、齿杆、柱塞等运动件的装配位置必须有相应的记号,记号的位置因泵而异,装配时需注意。

(3)供油拉杆的轴向限位器。供油拉杆(或齿杆)的移动位置必须限制在一定的范围内,常用的移动范围是怠速到全负荷的工况,而熄火和起动加浓工况必须有专门的限位措施。目前,多采用弹性限位器(防冒烟限位器)。它装在喷油泵供油拉杆或(齿杆)前端的泵体上或调速器的盖上,如图7-15所示。调整套1内装有弹簧2和限位塞4,并用卡环5挡住,调整套与本体7用螺纹连接,并用锁紧螺母3锁紧。当齿杆移动到全负荷位置时,弹簧通过限位塞给齿杆一个阻力,以防止齿杆越过全负荷油量位置使供油量增加过多而冒黑烟。当柴油机起动时,齿杆在驾驶员的操纵下将弹簧2压缩,到达起动加浓位置,也可在超负荷转速降低时加大供油量,使柴油机转矩有所提高。

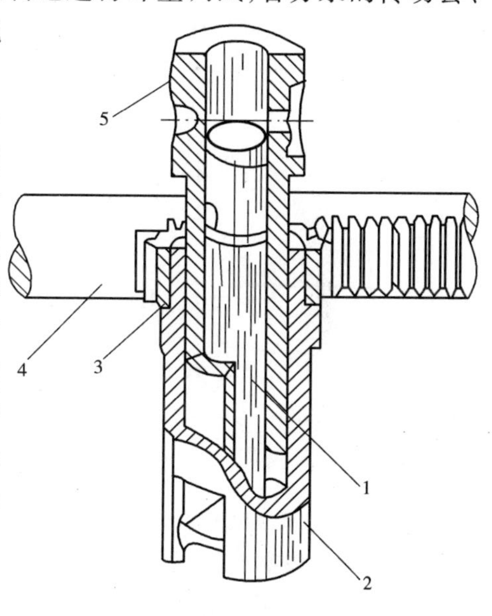

图7-14　齿杆式油量调节机构

1-柱塞;2-传动套;3-齿扇;4-齿杆;5-柱塞套

3)驱动机构

喷油泵的驱动机构由喷油泵凸轮轴和滚轮体传动部件等组成,其作用是推动柱塞运动,并保证供油正时。它与泵体外驱动机构配合工作(图7-10)。

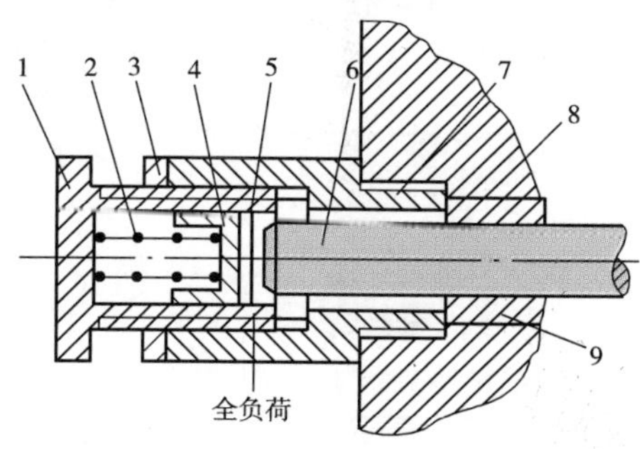

图7-15　弹性(齿杆)限位器

1-调整套;2-弹簧;3-锁紧螺母;4-限位塞;5-卡环;6-齿杆;7-本体;8-泵体;9-衬套

(1)凸轮轴。喷油泵凸轮轴的结构如图7-16所示,其功用是传送动力以强制柱塞上行使燃油产生高压,同时还保证各分泵按柴油机的工作顺序和一定的规律供油。凸轮轴上的凸轮数目与汽缸数相同,排列顺序与柴油机的工作顺序相同。四冲程柴油机喷油泵的凸轮轴转速和配气机构凸轮轴转速一样,都等于曲轴转速的1/2,也就是曲轴转两周,凸轮轴转一周,各分泵供油一次。由于两轴间距较大,多加入中间传动齿轮,喷油泵凸轮轴的旋转方向即与曲轴相同。凸轮轴上有一或两个输油泵偏心轮,其作用是驱动输油泵工作,将柴油从柴油箱输送到喷油泵的低压油腔。

(2)滚轮体传动部件。滚轮体的作用是将凸轮的旋转运动转变为自身的直线往复运动,推动柱塞上行供油。此外,滚轮体还可以用来调整各分泵的供油提前角和供油的间隔角。为了保持供油间隔角的正确性,滚轮体的高度一般都是可调的。目前,滚轮体多为调整垫块式和调整螺钉式两种形式。

①调整垫块式滚轮体。图7-17所示为带有滑动配合滚轮衬套的滚轮松套在滚轮轴上,滚轮轴也松套在滚轮架的座孔中,因此相对运动发生在三处,相对滑动的速度相应降低。由于转动灵活,从而使磨损减轻且磨损均匀。这样也改善了滚轮与凸轮表面的工作条件,避免了相对滑磨的产生。滚轮体在泵体导孔中上下往复运动时,要求不能转动,否则就会和凸轮相互卡滞而造成损坏。因此,对滚轮体要有导向定位措施。其定位的方法有两种:一是在滚轮体圆柱面上开轴向长槽,用定位螺钉的端头插入此槽中;二是利用加长的滚轮轴使其一端插入泵体导向孔一侧的滑槽中。

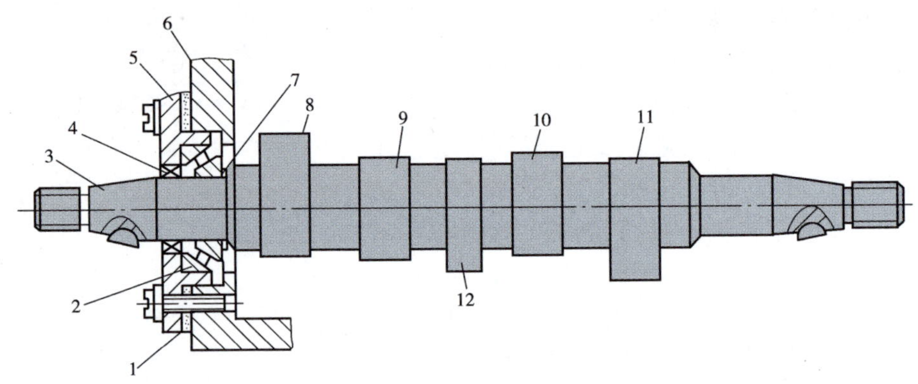

图7-16 喷油泵凸轮轴的构造(四缸)

1-密封调整垫;2-圆锥滚子轴承;3-连接锥面;4-油封;5-前端盖;6-泵体;7-调整垫片;8、9、10、11-凸轮;12-输油泵偏心轮

调整垫块安装在滚轮架的座孔中,它的上端面到滚轮下沿的距离 h 称为滚轮体的工作高度。调整垫块用耐磨材料制成。磨损后可将垫块翻转继续使用。在使用过程中由于滚轮、凸轮、柱塞下端和垫块间的磨损,供油提前角即发生变化。为此制有不同厚度的垫块,厚度差为0.1mm,相应凸轮轴转角为0.5°,反映到曲轴上相差1°。更换时,需拆开泵体,按规定的高度选用所需厚度的垫块。厚垫块可使 h 值增大,供油提前角增大;反之,h 值减小,则供油提前角减小。

②调整螺钉式滚轮体。调整螺钉式滚轮体如图7-18所示,其特点是在滚轮架上端装有工作高度可调节的调整螺钉。拧出螺钉,h 值增大,供油提前角增大;拧入螺钉,h 值减小,供油

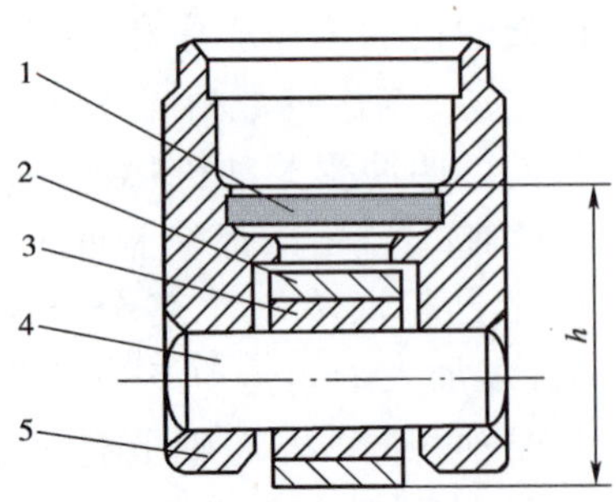

图7-17 调整垫块式滚轮体传动部件

1-调整垫块;2-滚轮;3-滚轮衬套;4-滚轮轴;5-滚轮架

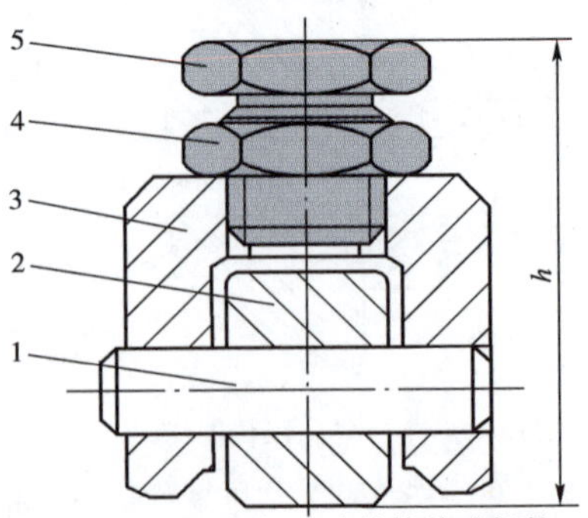

图7-18 调整螺钉式滚轮体传动部件

1-滚轮轴;2-滚轮;3-滚轮架;4-锁紧螺母;5-调整螺钉

提前角减小。

调整时不必拆散泵体,但必须注意螺钉拧出的最大高度和及时地锁紧,因为柱塞上止点距出油阀座只有0.4 mm的空隙,以防顶撞损坏。

4)泵体

泵体(壳体)是喷油泵的基础件,所有的零件通过它组合在一起构成喷油泵整体。泵体分组合式和整体式两种,多用铝合金铸成。有的组合式泵体上体用灰铸铁制成,以增加泵体上部的刚度和强度。

组合式泵体分上体和下体两部分,用螺栓连接在一起,中间置有一定厚度的密封垫,拆装与维修比较方便。有些喷油泵的泵体采用整体式(不开侧窗口),这样不仅改善了密封性,而且更重要的是大大增强了泵体的刚度,从而可以减小它在工作中的变形,这对使用较高喷油压力的喷油泵是很重要的,因为泵体过大的变形会引起柱塞套的歪斜和偶件间隙的变化,结果是加剧了偶件的磨损,同时还可能产生漏油现象。

5. 柱塞式喷油泵典型结构

1)A型喷油泵

(1)泵体。如图7-19所示,泵体26是整体式的铝合金铸件,刚度显著提高。喷油泵在较高的喷油压力下不易变形,改善了工作的可靠性。

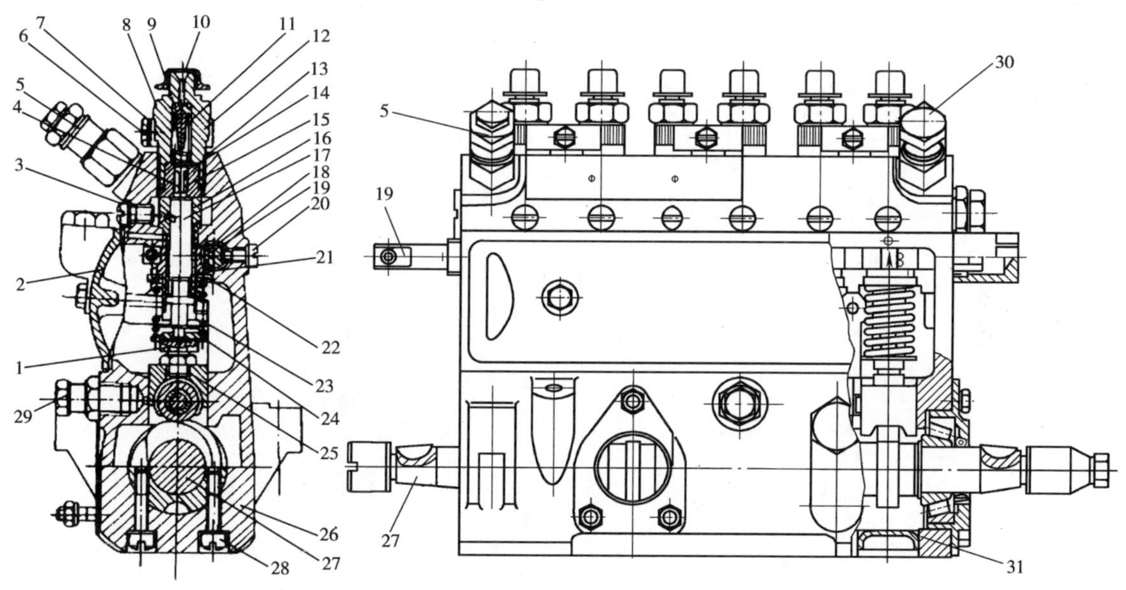

图7-19　A型喷油泵

1-调整螺钉;2-检查窗盖;3-挡油螺钉;4-出油阀;5-限压阀部件;6-槽形螺钉;7-前夹板;8-出油阀压紧座;9-减容器;10-护帽;11-出油阀弹簧;12-后夹板;13-O形密封圈;14-垫圈;15-出油阀座;16-柱塞套;17-柱塞;18-扇齿;19-齿杆;20-齿杆限位螺钉;21-控制套筒;22-弹簧上支座;23-柱塞弹簧;24-弹簧下支座;25-滚轮架部件;26-泵体;27-凸轮轴;28-紧固螺钉;29-润滑油进油空心螺栓;30-燃油进油空心螺栓;31-堵塞

(2)柱塞。柱塞17的上部圆柱体表面上开有用以调节供油量的螺旋形斜槽,而不是45°直线斜槽,连通泵腔和斜槽的轴向直槽代替了柱塞轴心孔道。

(3)油量调节机构。油量调节机构为齿杆式。

(4)喷油泵的供油时刻调节。供油时刻调节通过调节滚轮体传动部件高度的螺钉来实现。

2)B 型喷油泵

B 型泵与 A 型泵在工作原理和结构上相似,只是结构参数有所不同,以适应不同缸径的柴油机。

3)P 型喷油泵结构特点

P 型喷油泵的工作原理与 A 型喷油泵基本相同,但在结构上却脱离了柱塞式喷油泵的传统结构,具有一些明显的特点。

(1)箱形封闭式喷油泵体。P 型喷油泵采用不开侧窗口的箱形封闭式喷油泵体,大大提高了喷油泵体的刚度,可以承受较高的喷油压力而不发生变形,以适应柴油机不断向大功率、高转速强化发展的需要。

(2)吊挂式柱塞套。如图 7-20 所示,喷油泵柱塞 5 和出油阀偶件 3 都装在有连接凸缘的柱塞套 4 内,当拧紧柱塞套顶部的出油阀紧座 1 之后,构成一个独立的组件;然后用柱塞套紧固螺栓 14 将柱塞套凸缘紧固在泵体的上端面上,形成吊挂式结构。这种结构改善了柱塞套和喷油泵体的受力状态。

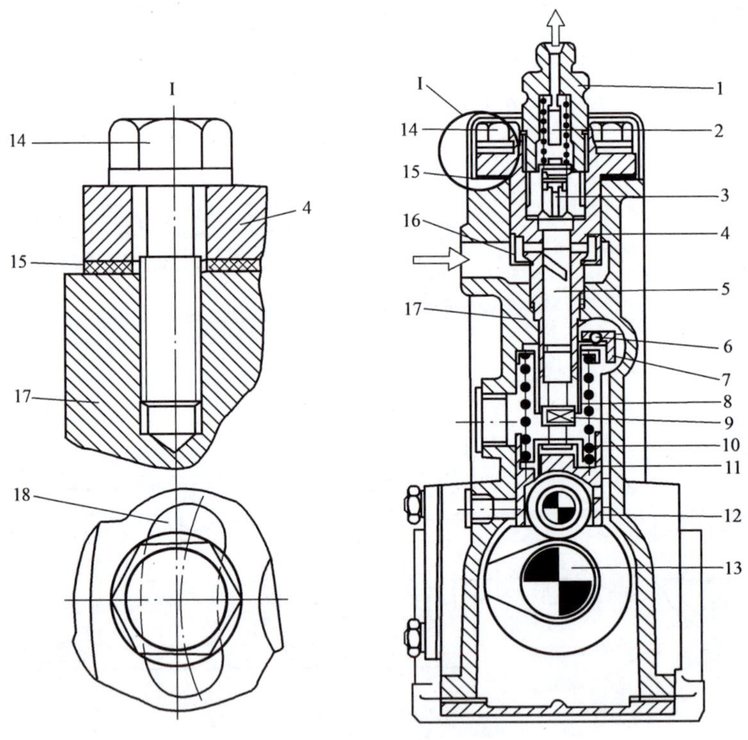

图 7-20　P 型喷油泵

1-出油阀紧座;2-减容器;3-出油阀偶件;4-柱塞套;5-柱塞;6-钢球;7-调节拉杆;8-控制套筒;9-柱塞榫舌;10-柱塞弹簧;11-弹簧座;12-挺柱;13-凸轮轴;14-柱塞套紧固螺栓;15-调节垫片;16-导流罩;17-喷油泵体;18-柱塞套凸缘上的螺栓孔

另外,柱塞套内孔上端的孔径略大(图 7-21),可防止柱塞在上端卡死。柱塞套内孔的中部加工有集油槽 2,从柱塞偶件间隙泄漏的柴油集中于此槽内,经回油孔 1 流回喷油泵的低压油腔。

P 型喷油泵的柱塞顶部开有起动槽 3。当柱塞处于起动位置时,此槽与柱塞套油孔相对,在柱塞上移到起动槽的下边缘封闭油孔时开始供油。由于起动槽的下边缘低于柱塞顶面,因

此供油迟后，供油提前角减小，这时汽缸温度较高，柴油喷入汽缸容易着火燃烧，有利于柴油机低温起动。

在柱塞套油孔的外面装有导流罩16（图7-20）。当柱塞供油结束时，高压柴油以很高的速度经柱塞套油孔流回低压油腔，并强烈地冲击喷油泵体，使其发生穴蚀。导流罩可以防止喷油泵体穴蚀的发生。

（3）钢球式供油量调节机构。P型喷油泵的供油量调节机构包括调节拉杆7、控制套筒8和嵌入调节拉杆凹槽中的钢球6。柱塞榫舌9嵌入控制套筒的豁口中（图7-20）。移动调节拉杆，通过钢球带动控制套筒使柱塞转动，从而改变供油量。这种供油量调节机构结构简单，工作可靠，配合间隙小。

（4）压力润滑。利用柴油机润滑系统主油道内的机油，可对各润滑部位施行压力润滑。

P型泵各缸供油提前角或供油间隔角是利用在柱塞凸缘下面增减调节垫片15（图7-20）的方法来进行调节的。调匀各缸供油量则通过转动柱塞套4来实现。柱塞套凸缘上的螺栓孔是长圆孔，拧松柱塞套紧固螺栓14，柱塞套可绕其轴线转动10°左右。当转动柱塞套时，改变了柱塞套油孔与柱塞的相对位置，从而改变了柱塞的有效行程，即改变了循环供油量。

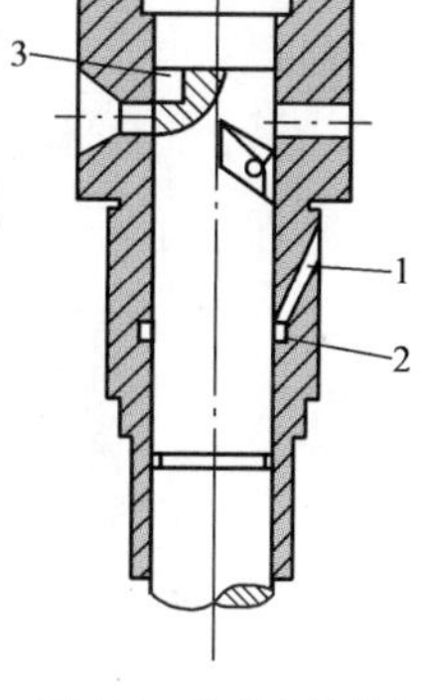

图7-21　柱塞偶件结构
1-回油孔；2-集油槽；3-起动槽

6. 喷油泵的驱动与供油正时

1）喷油泵的驱动

喷油泵是由柴油机曲轴前端的正时齿轮，通过一组齿轮来驱动的（图7-22）。喷油泵驱动齿轮2和中间齿轮上都刻有正时记号，必须按规定位置装配才能保证喷油泵的供油正时。

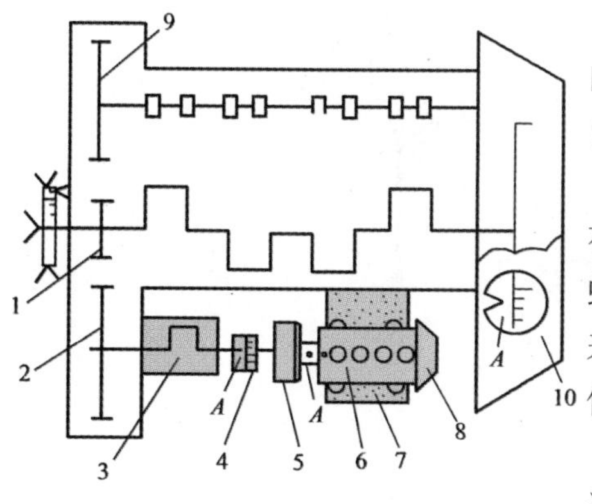

图7-22　喷油泵的驱动与供油正时
1-曲轴正时齿轮；2-喷油泵驱动齿轮；3-空气压缩机曲轴；4-联轴器；5-供油提前角自动调节器；6-喷油泵；7-托板；8-调速器；9-配气机构驱动齿轮；10-飞轮上的喷油正时标记；*A*-各处标记位置

喷油泵固装在托板7上，用联轴器4连接传力，有的柴油机在其间又串联了空气压缩机3和供油提前角自动调节器5。

有的喷油泵直接利用其前端壳体上的凸缘盘固定在驱动齿轮后面的箱体上，省去了联轴器等部件，固定螺栓处是弧形槽联接，可利用壳体相对于凸轮轴的转动来调节供油提前角的大小。此种结构在动态下即可使供油提前角变化。

正确的喷油正时，是喷油泵调试完毕后在柴油机上进行的，图中各处正时标记都必须处于相应的位置，才能保证正确的喷油时刻。

2）供油提前角调节装置

（1）供油提前角调节的必要性。供油提前角的大小对柴油机燃烧过程影响很大，过大时由于燃油是在汽缸内空气温度较低的情况下喷入，混合气形成条件差，燃烧前集油过多，会引起柴油机工作粗暴，怠速不稳和起动困难；过小时，将使燃料产生过后燃烧，燃烧的最高温度和压力下降，燃烧不完全和功率下降，甚至排气冒黑烟，柴油机过热，导致动力性和经济性降低。因此，柴油机必须有一个在各转速下最佳的供油提前角。

最佳的供油提前角不是一个常数,必须随柴油机负荷(供油量)和转速的变化而变化,即随转速的增高而加大。

车用柴油机是根据其常用的某个供油量和转速范围来确定一个供油提前初始角。这个初始角在喷油泵安装到柴油机上时已固定。又因其转速变化范围较大,还必须使供油提前角在初始角的基础上随转速而变化。因此,车用柴油机都装有供油提前角自动调节器。

供油提前初始角的获得,可通过联轴器或转动喷油泵的壳体来进行微量的变化(如泵体为直接固定在箱体上的连接方式)。

(2)供油提前角自动调节器的构造和工作原理。如图7-23所示,它装于喷油泵凸轮轴的前端,用联轴器来驱动。它是一个密封体,内腔充满润滑油。

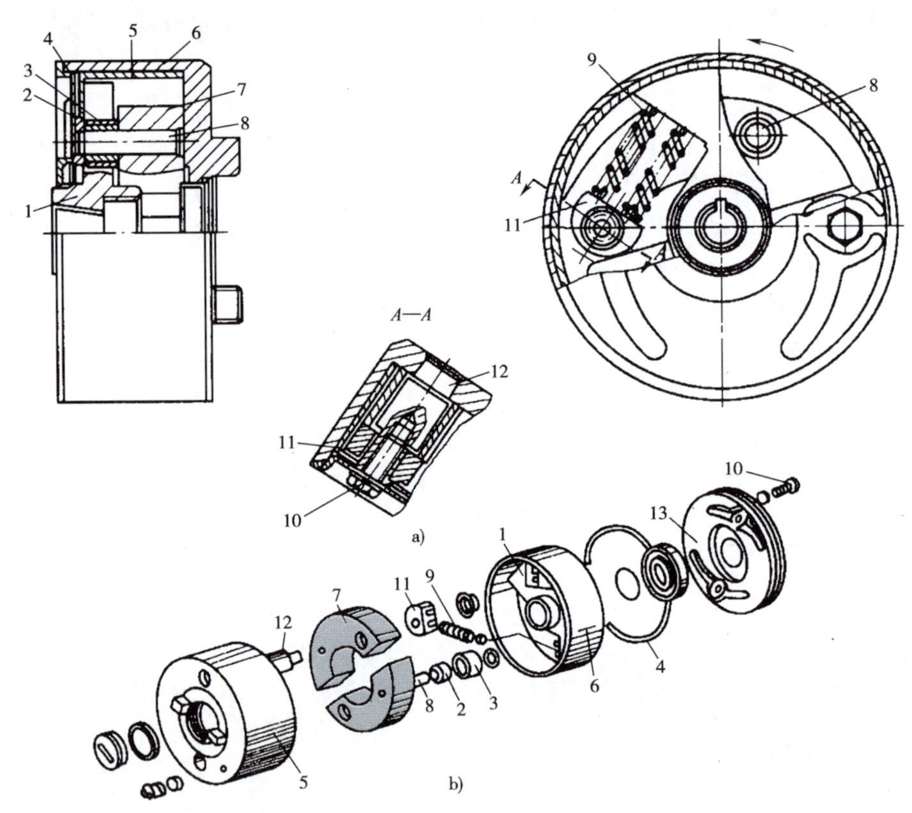

图7-23 供油提前角自动调节器

a)视图;b)结构图

1-从动盘;2-内座圈;3-滚轮;4-密封圈;5-主动盘;6-筒状盘;7-飞块;8-销钉;9-弹簧;10-螺钉;11-弹簧座圈;12-销轴;13-调节器

当柴油机转速达到设定值时,两个飞块在离心力的作用下绕其轴销向外甩开转动,滚轮迫使从动盘使凸轮轴沿箭头方向转动一个角度$\Delta\theta$(图7-24),直到弹簧的张力与飞块的离心力平衡为止,这时主动盘便又与从动盘同步旋转。此时,供油提前角等于初始角加上$\Delta\theta$。

当柴油机转速再升高时飞块便进一步张开,从动盘相对于主动盘又沿旋转方向前转动一个角度,直到弹簧力平衡新的离心力为止。这样,随转速的升高,提前角不断增大,两力不断平衡,直到最大转速。

当柴油机转速降低时飞块收拢，从动盘便在弹簧力的作用下相对于主动盘后退一个角度，供油提前角便相应减小。

应该说明，由于柴油机燃烧室的形式不同，供油提前初始角多在15°～35°范围内设定，而$\Delta\theta$值随转速的变化范围多为0°～10°。

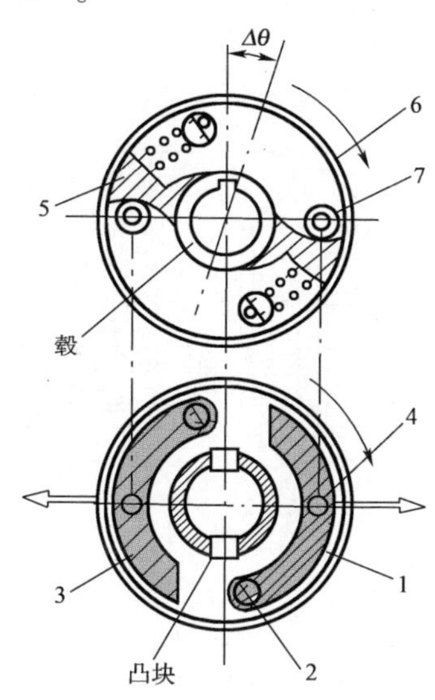

图7-24　供油提前角自动调节器的工作原理

1-主动盘；2-弹簧座；3-飞块；4-飞块销钉；5-从动盘臂；6-从动盘；7-滚轮

第六节　转子分配式喷油泵

目前在柴油机的燃料系中广泛使用的VE泵就是德国波许公司生产的单柱塞、轴向压缩的转子分配式喷油泵（简称转子分配泵）。它与直列式喷油泵相比较，具有如下的特点：

（1）体积小、重量轻。与直列式喷油泵中每缸一套柱塞偶件不同，转子分配式喷油泵由一套柱塞偶件完成各缸柴油的分配与供给。

（2）结构紧凑。调速器、供油提前角调节装置均包含在泵体内部。此外在泵体内还有一输油泵以及断油电磁阀等。

（3）能在较高转速下工作。

（4）对燃油质量要求较高，特别对燃油中的杂质十分敏感。

1. VE型转子分配泵结构

VE型转子分配泵由驱动机构、二级滑片式输油泵、高压分配泵头和电磁式断油阀等部分组成。此外，机械式调速器和液压式喷油提前器也安装在分配泵体内（图7-25）。

驱动轴19由柴油机曲轴定时齿轮驱动。驱动轴带动二级滑片式输油泵1工作，并通过调速器驱动齿轮2带动调速器轴旋转。在驱动轴的右端通过联轴器21（图7-26）与平面凸轮盘4连接，利用平面凸轮盘上的传动销带动分配柱塞7（图7-25）。柱塞弹簧6将分配柱塞压紧在平面凸轮盘上，并使平面凸轮盘压紧滚轮22（图7-26）。滚轮轴嵌入静止不动的滚轮架20上。当驱动轴19旋转时，平面凸轮盘与分配柱塞同步旋转，而且在滚轮、平面凸轮和柱塞弹簧的共同作用下，凸轮盘还带动分配柱塞在柱塞套9内作往复运动。往复运动使柴油增压,旋转运动进行柴油分配。

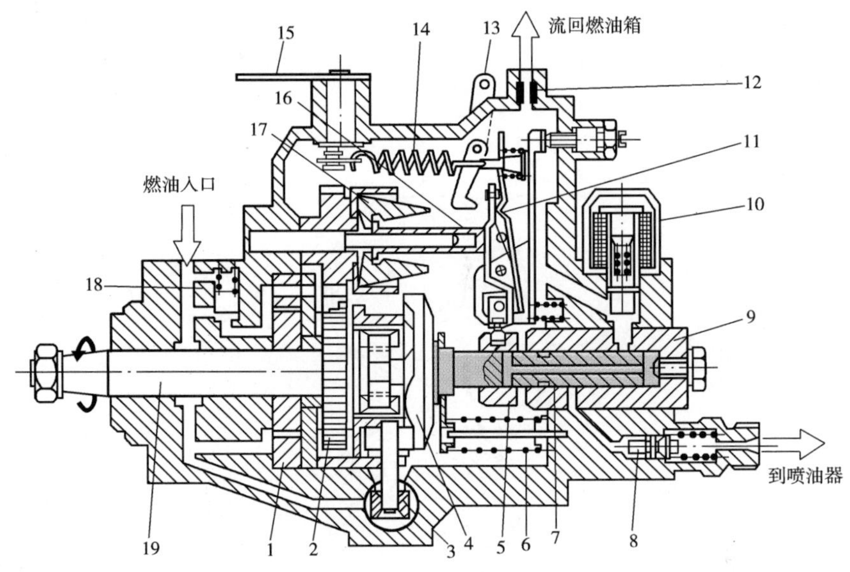

图7-25 VE型转子分配泵

1-二级滑片式输油泵;2-调速器驱动齿轮;3-液压式喷油提前器;4-平面凸轮盘;5-油量调节套筒;6-柱塞弹簧;7-分配柱塞;8-出油阀;9-柱塞套;10-断油阀;11-调速器张力杠杆;12-溢流节流孔;13-停车手柄;14-调速弹簧;15-调速手柄;16-调速套筒;17-飞锤;18-调压阀;19-驱动轴

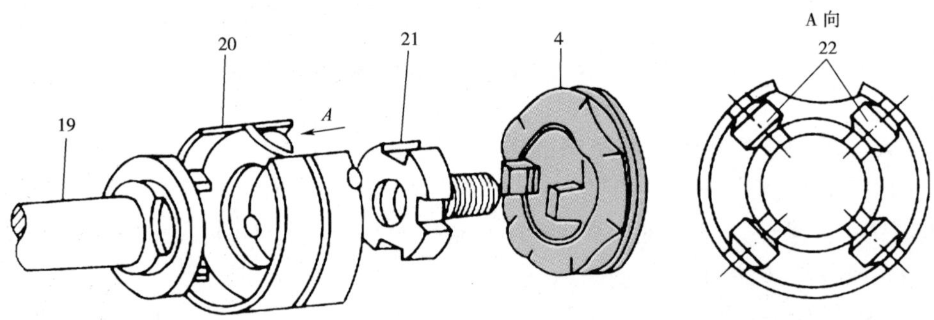

图7-26 滚轮、联轴器及平面凸轮

20-滚轮架;21-联轴器;22-滚轮(其余图注同图7-25)

凸轮盘上平面凸轮的数目与柴油机汽缸数相同。分配柱塞的结构如图7-27所示。在分配柱塞1的中心加工有中心油孔3,其右端与柱塞腔相通,而左端与泄油孔2相通。分配柱塞上还加工有燃油分配孔5、压力平衡槽4和数目与汽缸数相同的进油槽6。

柱塞套9(图7-25)上有一个进油孔和数目与汽缸数相同的分配油道,每个分配油道都连接一个出油阀8和一个喷油器。

2. VE型转子分配泵工作过程

VE型转子分配泵的工作过程如图7-28所示。

(1)进油过程(图7-28a))。当平面凸轮盘12的凹下部分转至与滚轮13接触时,柱塞弹

簧将分配柱塞 14 由右向左推移至柱塞下止点位置，这时分配柱塞上的进油槽 3 与柱塞套 20 上的进油孔 2 连通，柴油自喷油泵体 19 的内腔经进油道 17 进入柱塞腔 4 和中心油孔 10 内。

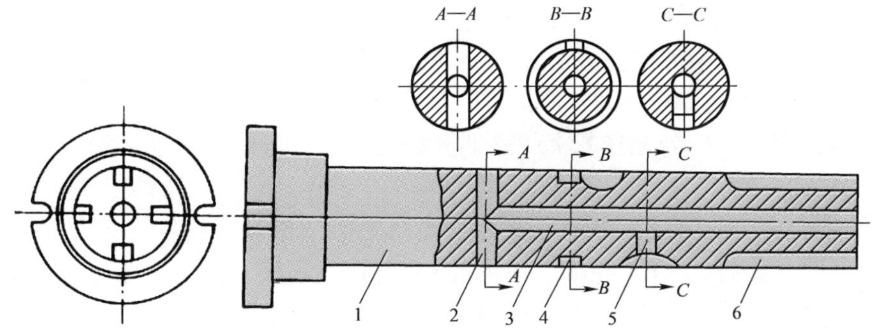

图 7-27　分配柱塞

1-分配柱塞；2-泄油孔；3-中心油孔；4-压力平衡槽；5-燃油分配孔；6-进油槽

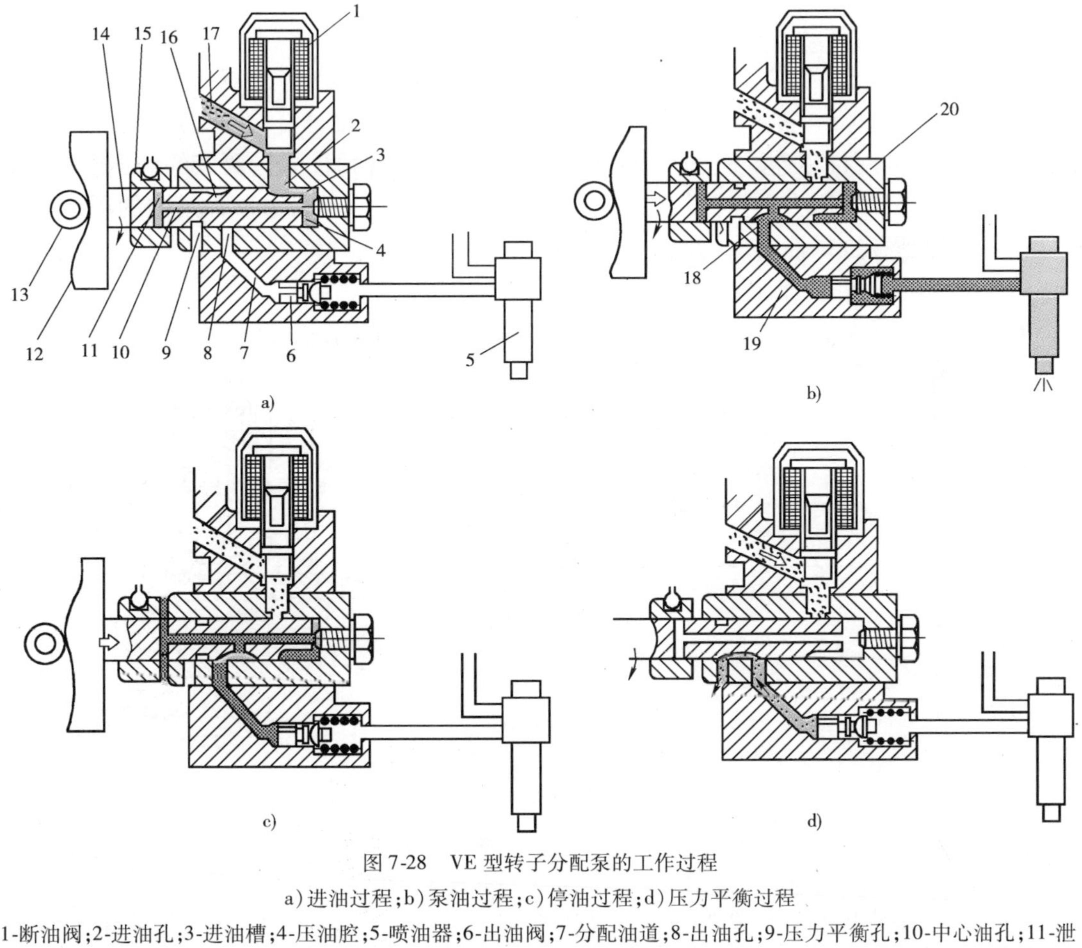

图 7-28　VE 型转子分配泵的工作过程

a）进油过程；b）泵油过程；c）停油过程；d）压力平衡过程

1-断油阀；2-进油孔；3-进油槽；4-压油腔；5-喷油器；6-出油阀；7-分配油道；8-出油孔；9-压力平衡孔；10-中心油孔；11-泄油孔；12-平面凸轮盘；13-滚轮；14-分配柱塞；15-油量调节套筒；16-压力平衡槽；17-进油道；18-燃油分配孔；19-喷油泵体；20-柱塞套

(2)泵油过程(图7-28b))。当平面凸轮盘由凹下部分转至凸起部分与滚轮接触时,分配柱塞在凸轮盘的推动下由左向右移动。在进油槽转过进油孔的同时,分配柱塞将进油孔封闭,这时柱塞腔4内的柴油开始增压。与此同时,分配柱塞上的燃油分配孔18转至与柱塞套上的一个出油孔8相通,高压柴油从柱塞腔经中心油孔、燃油分配孔、出油孔进入分配油道7,再经出油阀6和喷油器5喷入燃烧室。

平面凸轮盘每转一周,分配柱塞上的燃油分配孔依次与各缸分配油道接通一次,即向柴油机各缸喷油器供油一次。

(3)停油过程(图7-28c))。分配柱塞在平面凸轮盘的推动下继续右移,当柱塞上的泄油孔11移出油量调节套筒15并与喷油泵体内腔相通时,高压柴油从柱塞腔经中心油孔和泄油孔流进喷油泵体内腔,柴油压力立即下降,供油停止。

从柱塞上的燃油分配孔18与柱塞套上的出油孔8相通的时刻起,至泄油孔11移出油量调节套筒15的时刻止,这期间分配柱塞所移动的距离为柱塞有效供油行程。显然,有效供油行程越大,供油量越多。移动油量调节套筒即可改变有效供油行程,向左移动油量调节套筒,停油时刻提早,有效供油行程缩短,供油量减少;反之,向右移动油量调节套筒,供油量增加。

油量调节套筒的移动由调速器操纵。

(4)压力平衡过程(图7-28d))。分配柱塞上设有压力平衡槽16,在分配柱塞旋转和移动过程中,压力平衡槽始终与喷油泵体内腔相通。在某一汽缸供油停止之后,且当压力平衡槽转至与相应汽缸的分配油道连通时,分配油道与喷油泵体内腔相通,于是两处的油压趋于平衡。在柱塞旋转的过程中,压力平衡槽与各缸分配油道逐个相通,致使各分配油道内的压力均衡一致,从而可以保证各缸供油的均匀性。

3. 电磁式断油阀

VE型转子分配泵装有电磁式断油阀,其电路和工作原理如图7-29所示。

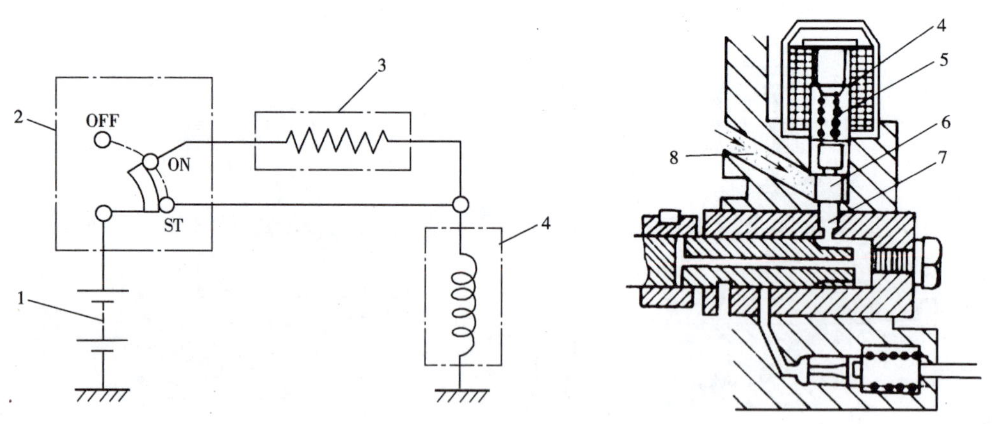

图7-29 电磁式断油阀电路及其工作原理

1-蓄电池;2-起动开关;3-电阻;4-电磁线圈;5-复位弹簧;6-阀门;7-进油孔;8-进油道

起动时,将起动开关2旋至ST位置,这时来自蓄电池1的电流直接流过电磁线圈4,产生的电磁力压缩复位弹簧5,将阀门6吸起,进油孔7开启。

柴油机起动之后,将起动开关旋至ON位置,这时电流经电阻3流过电磁线圈,电流减小,

但由于有油压的作用，阀门仍然保持开启。

当柴油机停机时，将起动开关旋至 OFF 位置，这时电路断开，阀门在复位弹簧的作用下关闭，从而切断油路，停止供油。

4. 液压式喷油提前器

在 VE 型分配式喷油泵体的下部安装有液压式喷油提前器，其结构如图 7-30 所示。

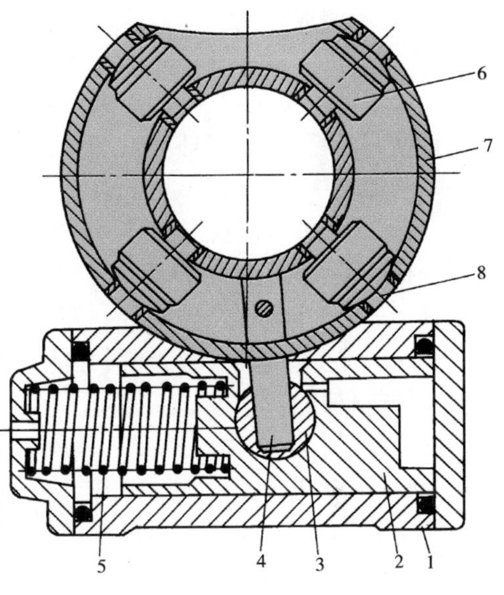

图 7-30　液压式喷油提前器

1-壳体；2-活塞；3-连接销；4-传力销；5-弹簧；6-滚轮；7-滚轮架；8-滚轮轴

在喷油提前器壳体 1 内装有活塞 2，活塞左端与二级滑片式输油泵的入口相通，并有弹簧 5 压在活塞上。活塞右端与喷油泵体内腔相通，其压力等于二级滑片式输油泵的出口压力。当柴油机在某一转速下稳定运转时，作用在活塞左、右端的力相等，活塞处于某一平衡位置。若柴油机转速升高，二级滑片式输油泵的出口压力增大，作用于活塞右端的力随之增加，推动活塞向左移动，并通过连接销 3 和传力销 4 带动滚轮架 7 绕其轴线转动一定的角度，直至活塞两端的力重新达到平衡为止。滚轮架的转动方向与平面凸轮盘的旋转方向正好相反，使平面凸轮提前一定角度与滚轮接触，供油相应提前，即供油提前角增大。反之，若柴油机转速降低，则二级滑片式输油泵的出口压力也随之降低，作用于活塞右端的力减小，活塞向右移动，并带动滚轮架向着平面凸轮盘旋转的同一方向转过一定的角度，使供油提前角减小。

第七节　调　速　器

1. 柱塞式喷油泵的速度特性

1）喷油泵的速度特性

喷油泵的速度特性是指供油拉杆位置不变时，喷油泵每一循环供油量（Δg）随转速变化的规律。

理论上供油拉杆位置一定时，不论喷油泵转速怎样变化，每一循环的供油量应该不变。实际上每一循环的供油量（Δg）是随转速的升高而增加（图 7-31）。这是因为柴油机转速变化时，喷油泵柱塞的运动速度也发生了变化，从而引起柱塞套筒上进回油孔的节流作用和柱塞偶件的泄漏程度发生变化所致。

（1）柱塞运动速度增加时，产生早喷晚停。柱塞在上行的预备行程中，泵室内的燃油将从回油孔压出一部分回到低压进油室。此时，孔对油流产生阻力，使油不能及时流出，这就是孔的节流作用。于是，就出现柱塞还未完全关闭时，泵室内的油压就开始上升，提前推开出油阀供油，供油提前角也随着增大，这就是所谓压油时的“早喷”。当柱塞上升到上斜槽线让开回油孔的下沿时，同样因回油孔和直槽（或中心孔）的节流作用，泵室内的油不能从这些部位及时流出,使油压不能立即下降,出油阀晚关,导致停供时刻延迟,这就是所谓回油时的“晚停”。

上述节流作用随着转速的升高而增加,“早喷”和“晚停”的程度也随着增大,就相当于柱塞的有效升程随着加大,因此,即使供油拉杆位置不变,随着转速的升高,每一循环的供油量 Δg 也在逐渐增加。

(2)柱塞运动速度增加时,泄漏量相对减少。尽管柱塞偶件的间隙很小,但在高压下不可避免地要泄漏少量柴油。当柱塞运动速度加快,即转速升高后,泄漏时间缩短,泄漏量减少。从而也使每一循环供油量随转速的升高而逐渐增加。

2)恶果

如图7-31所示,随着柴油机转速的升高,充气系数 η_v 有所下降,而喷油泵的速度特性又使每一循环的供油量 Δg 却不断增加,两者的变化规律和理想的相反。若设定点 a 的 α 值为1.3~1.5时,所对应的 α_a(成分)和 n_a(转速)符合要求。当负荷变化时:

转速升高:Δg 增加,η_v 下降,造成油多气少而冒黑烟,形成恶性循环而“超速”(飞车),严重时旋转机件损坏。

转速降低:Δg 减少,η_v 上升,造成油少气多而“游车”(不稳定),甚至熄火。

可见,柴油机工作稳定性很差,这是由于空气量不能调节(无节流作用),使各转速下的 α 远大于1和 Δg 变化不理想所决定的,也就是它对负荷变化的“适应能力差”。因此,必须加装调速器及时地、自动地调节供油量的多少,以保证柴油机在各工况下稳定的工作。

2. 调速器的作用

柴油机调速器的作用,是当负荷改变时,自动地改变供油量的多少,维持稳定运转。对在良好的道路上行驶的汽车来说,由于工况比较稳定,多用来限制柴油机的最高转速 n_{max}。和保持稳定的最低转速 n_{min}(怠速)。

(1)限制最高转速。当柴油机在全负荷工况时,由于负荷的减小,转速将迅速升高。如图7-32所示,当转速超过 n_a 时,调速器开始自动减油,使转矩迅速减小,直到 n_T 时即停止供油。n_a 为额定转速(n_{max}),n_T 为停供转速,其差值一般不大于200r/min。该值越小,表示调速器的灵敏度越高,其转矩曲线下降得越陡,表明调速器的调速特性越好(即 ΔM 大,Δn 小)。

这样,柴油机在最高转速工作时,调速器就防止了飞车事故的发生。

应该说明,一般调速器起作用的转速略高于额定转速 n_a,其差值不大于额定转速的8%。

(2)保持平稳怠速。怠速时喷油量少,α 值达4~6。又因残余废气量相对增加,汽化条件和燃烧条件差,燃烧速度明显变小。由于各种必然原因和偶然原因(冷却液温度、油温、机温、内部阻力、气门和喷嘴因积炭影响关闭不严或短暂停喷等),会引起动力的变化,使怠速升高或降低。如图7-32所示,怠速转速在 n_D 位置时,随转速的降低调速器自动加油,转矩增加;又随转速的升高调速器自动减油,转矩减小,使怠速保持稳定。

3. 调速器的种类

按其调节作用范围的不同,可分为两速式调速器和全速式调速器。

(1)两速式调速器。车用柴油机多用两速式调速器。它能保持柴油机平稳的怠速,防止游车或熄火;又能限制柴油机不超过某一最大转速,从而防止了超速(飞车)。至于中间转速,则利用人工调节供油量。

(2)全速式调速器。它不但能保持柴油机最低稳定转速和限制最大转速,并能根据负荷的大

小保持和调节任一选定的转速。多用在工况多变和突变的柴油机上，如矿用车、越野车、自卸车等。

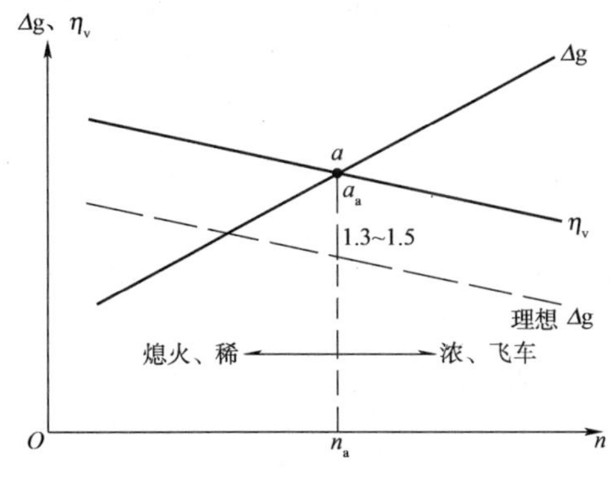

图 7-31　喷油泵的速度特性对 α 值的影响

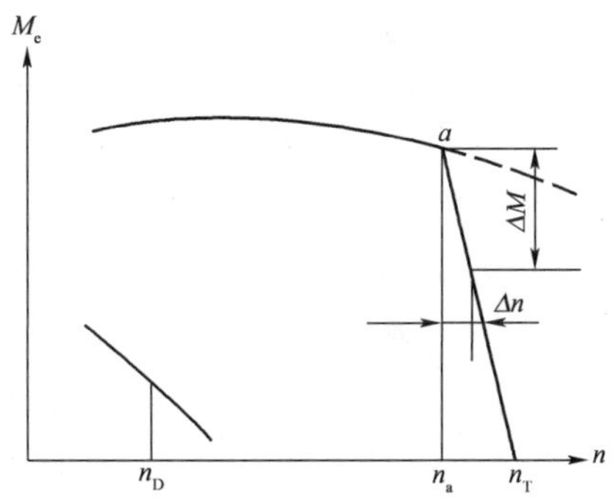

图 7-32　调速器在两极的调速特性

ΔM-转矩差；Δn-转速差

4. 机械离心式调速器的调速原理

如图 7-33 所示，简单离心式调速器由飞锤 3、滑套 4、调速弹簧 5 和调速杠杆 6 等组成。

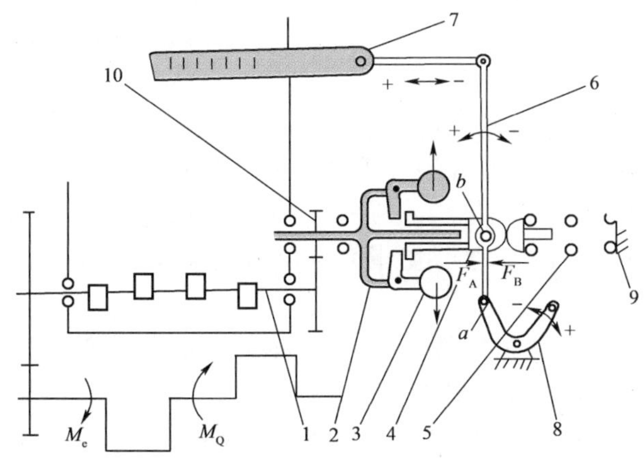

图 7-33　离心式调速器原理

1-喷油泵凸轮轴；2-支撑架；3-飞锤；4-滑套；5-调速弹簧；6-调速杠杆；7-供油拉杆；8-操纵臂；9-调速弹簧支座；10-增速齿轮组；a 点-自动调节的支撑点；b 点-人工调节的支撑点；F_A-离心推力；F_B-调速弹簧推力；M_e-柴油机的转矩；M_Q-负荷的阻力矩

1）基本工作原理

柴油机不工作时 操纵臂 8 固定在熄火位置，供油拉杆 7 被拉出，调速弹簧 5 的预紧力使滑套 4 左移，飞锤 3 收拢，$F_A=0$，调速器不工作。

柴油机工作时 操纵臂 8 处在某一工作位置，供油拉杆也处在某一对应位置。通过曲轴使装在喷油泵凸轮轴后端的飞锤旋转，飞锤 3 在离心力的作用下向外张开，离心力的大小与转速的平方成正比。离心力产生的轴向推力 F_A 和调速弹簧 5 的推力 F_B 在某一转速下相平衡，使调速器和喷油泵保持在相应位置处工作。当柴油机的负荷（M_Q）变化时，便引起一系列的变化：柴油机转速变化→调速器转速变化→飞锤离心力及其推力 F_A 变化→F_A 和 F_B 失去平衡→滑套位移，调速杠杆摆动→供油拉杆移动→供油量变化→柴油机的转矩上升或下降→与变化

了的负荷 M_Q 重新平衡→稳定到接近原来的转速的位置上。

由此可见,离心式调速器通过调节供油量的多少,来改变柴油机转矩的过程,实际上是离心力的推力 F_A 和调速弹簧推力 F_B 争斗和平衡过程。F_A 和 F_B 共同控制着供油拉杆而工作。即:

$M_e = M_Q$ 时——柴油机的平衡状态,稳定的运转;$F_A = F_B$,滑套不动,是调速器的平衡状态,维持供油量。

$M_e < M_Q$ 时——柴油机失去平衡,转速降低;$F_A < F_B$,滑套左移,调速器失去平衡,自动加油,又获得新的平衡。

$M_e > M_Q$ 时——转速升高,$F_A > F_B$,滑套右移,自动减油,又获得新的平衡。

这样,柴油机、喷油泵、调速器、喷油器就组成了一封闭的自动调节系统,如图 7-34 所示。

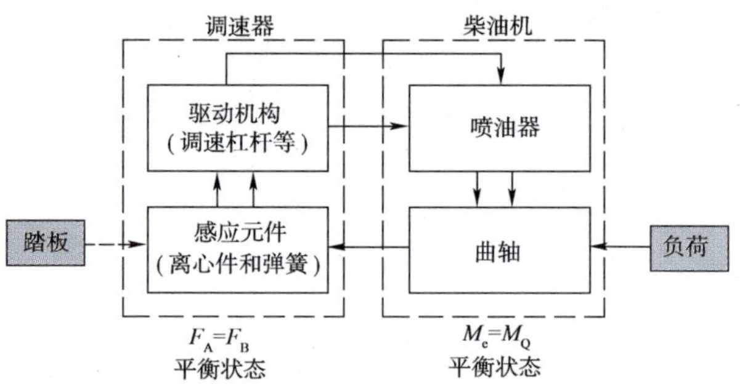

图 7-34　柴油机封闭回路反馈拓扑图

由拓扑图可见,当负荷和转速改变时,柴油机的平衡状态遭到破坏,信息传给感应元件,通过驱动机构使执行机构(喷油器)改变喷油量,获得新的平衡。同样,踏板上的指令输入调速器中(如果是全速式调速器即可改变调速弹簧的预紧力),即破坏了调速器的平衡状态,也能使喷油量发生变化,使柴油机按选定的转速运转。可见,两个平衡状态的任何一方遭到破坏,信息传给感应元件,都能使喷油量发生变化。也就是滑套的位移,造成供油拉杆的位移,反过来又要消除滑套的位移,这种现象叫"反馈控制"。

2)工作原理的分析

(1)一定的调速弹簧的刚度和预紧力,对应一定的柴油机转速。只要改变调速弹簧的刚度和预紧力,就能改变调速器起作用的转速。如果调速弹簧只有一个刚度和预紧力,就只能控制一个转速,这就是单速式调速器;如果有两个刚度和预紧力,就能控制两个转速,这就是双速式调速器;如果调速弹簧的预紧力可以由驾驶员任意选定(图 7-33,改变调速弹簧支座 9 的位置),则能控制任意转速,这就是全速式调速器。双速式和全速式调速器的最大区别除工作点不同外,关键在于是否直接操纵供油拉杆或利用调速弹簧间接操纵供油拉杆。

(2)柴油机稳定运转,必须达到两个平衡。一是柴油机的平衡状态 $M_e = M_Q$;二是调速器的平衡状态 $F_A = FB$。自动操纵是当人工操纵的位置一定时,在阻力矩 M_Q(负荷)变化时,自动改变供油拉杆的位置。新的平衡不是复位,而是在靠近的位置上。这是由于调速弹簧较前略有变软或变硬,所以新的稳定转速比原有的转速略有降低或升高。显然,这个转速变动的幅度越小越好,它说明调速器恢复稳定能力的好坏。

(3)人工调节和自动调节是互不干涉运动的代数和关系。如图 7-33 所示,人工调节的支点是 b 点;自动调节的支点是 a 点,是互为支点、互不影响的关系,供油拉杆的位移量,是驾驶员和调速器二者分别操纵或同时操纵所产生的位移代数和。因此,任何调速器都有此结构措施。

(4)调速器的稳定性。由上可知,调速过程不是复位,而是在一定的转速范围内获得新的平衡点。在一个平衡位置(选定的转速),由于负荷的变化,移动到另一个平衡位置以接近其

原来的转速，此过程称为“过渡过程”。在过渡中转速波动的幅度和持续的时间越小越好。

如图7-35所示，柴油机以某一选定的转速 n_1 运转，虽有微小波动，但可认为是平稳运转。当在 a 点突然卸去负荷或增加负荷，转速增高或降低，增高到 n_2 或降低到 n_3 又获得新的平衡，不是瞬时实现的，其间经 n 次的转速的波动才稳定下来。这是因为具有一定质量的离心件在运动中不断地加速或减速，产生一定的惯性阻力，必须有一定的时间使增减的离心力克服惯性阻力后才能使滑套产生轴向位移而起调速作用。

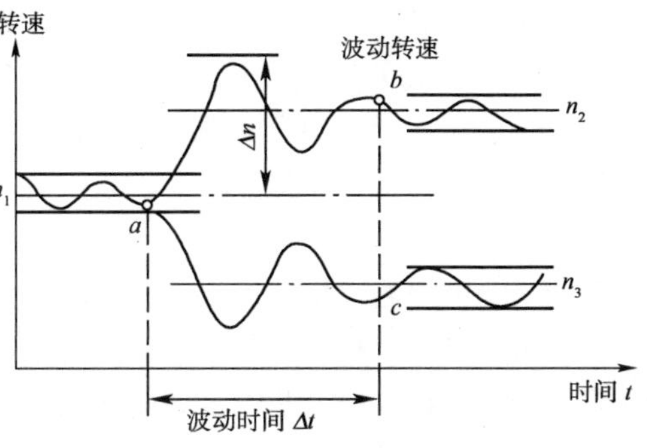

图7-35　调速器的过渡过程

可见，负荷多变和突变的柴油机，在工作中其供油拉杆是在“振荡”中不断过渡，在一定范围内维持新的平衡。平衡是短暂的，不平衡是经常的。

调速器在工作中转速波动幅度过大，即忽高忽低运转，即谓“游车”。其实质是转速稳定时间 Δt 过长，空燃比失调，转速波动幅度 Δn 过大造成的。这是调速器性能不好的特征，主要是运动零部件磨损松动，调速弹簧疲劳失调所致。

5．两速式调速器的构造和工作情况

所谓两速调速器是指调速器工作时能控制两个转速值，一般是稳定最低转速和防止超速。

1）构造

图7-36所示为解放汽车CA6110柴油机使用的机械离心式RFD两速调速器，它除了能稳定怠速和防止超速外，还附带有起动加浓、转矩校正、减振和熄火装置。

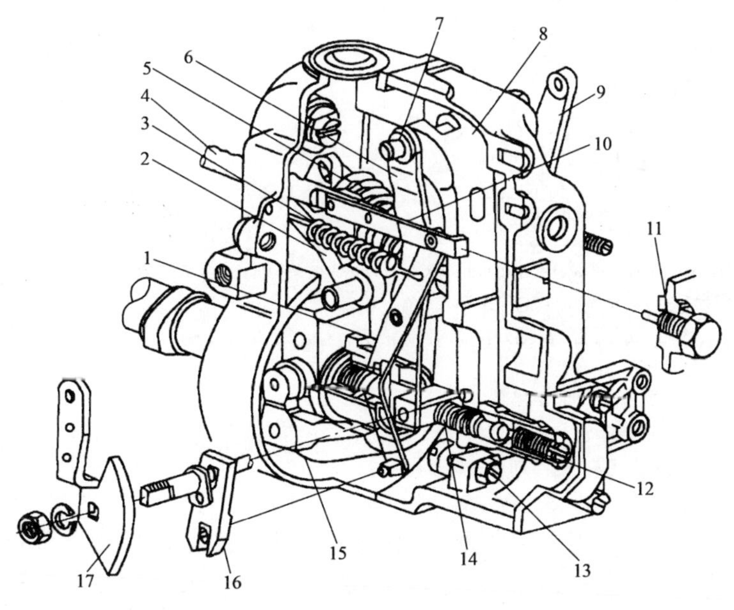

图7-36　RFD两速调速器结构

1-浮动杆；2-调速杠杆；3-起动弹簧；4-供油拉杆（控制齿条）；5-调速弹簧；6-导杆；7-拉杆轴；8-拉杆；9-调速杆；10-连接杆；11-减振弹簧；12-转矩校正弹簧；13-行程调节螺栓；14-怠速弹簧；15-飞块；16-支撑杆；17-负荷控制杆

2）工作过程

（1）起动和怠速的控制。起动和怠速的工作状态如图 7-37 所示。当柴油机处于停机状态时，飞块受调速弹簧、起动弹簧和怠速弹簧的弹力作用而闭合。此时供油拉杆（或齿杆）被拉到加油方向，当柴油机起动时，能获得最大供油量。为防止起动供油量过大导致燃烧不良，在喷油泵前端装有防冒烟限制器。柴油机起动后，供油拉杆（或齿杆）回到怠速位置，飞块产生的离心力较小，与怠速弹簧和起动弹簧的弹力相平衡，使供油拉杆（与控制齿条联动）保持一定位置，因此柴油机能平稳地在怠速下运转。若柴油机转速升高，则飞块离心力增加，使拨叉位置变化，带动导杆和浮动杆拉着供油拉杆向减油方向移动，使之又回到原来的怠速位置。改变怠速弹簧的预紧力，即可调整怠速转速。

（2）正常工作的调整。正常工作状态如图 7-38 所示。当柴油机转速超过怠速转速时，怠速弹簧被压缩，怠速顶杆与转矩校正杆接触，其支点处于 B 位置。此时，飞块产生的离心力不能克服转矩校正弹簧的预紧力，故支点 B 保持不动。当转速继续提高，飞块离心力开始克服转矩校正弹簧的预紧力，拨叉向拉杆靠近，支点 B 开始移动。当怠速弹簧和转矩校正弹簧被压缩到拨叉直接同拉杆接触时，其支点移到 B' 点，并带动导杆、浮动杆及供油拉杆向减油方向微动。当柴油机转速小于 2 900 r/min 时，飞块产生的离心力不足以克服调速弹簧的预紧力，故拉杆是不动的，支点 B 也不动。

为此，除怠速转速和标定转速外，均可用加速踏板直接控制以支点 B 或 B' 为中心转动的浮动杆，使供油拉杆向加油或减油方向移动。

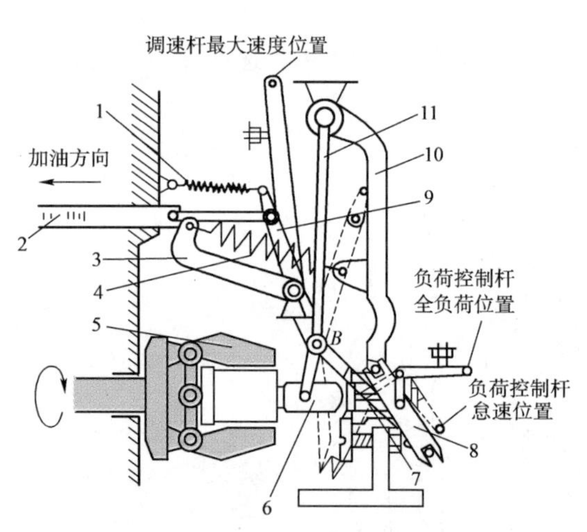

图 7-37　起动和怠速的工作状态

1-起动弹簧；2-供油拉杆；3-调速杠杆；4-调速弹簧；5-飞块；6-拨叉；7-怠速弹簧；8-支撑杆；9-浮动杆；10-拉杆；11-导杆

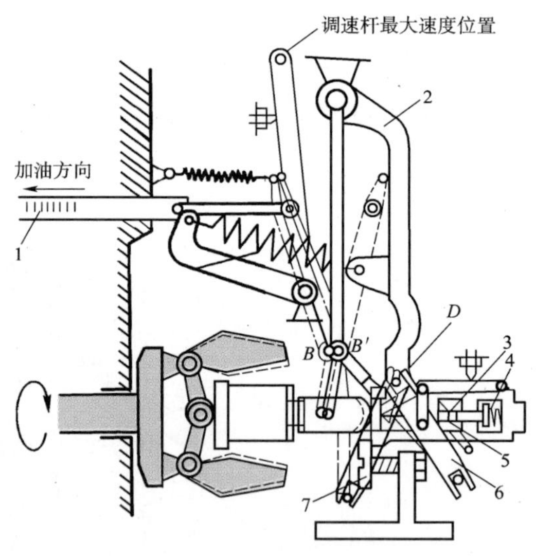

图 7-38　正常工作状态

1-供油拉杆；2-拉杆；3-怠速顶杆；4-转矩校正杆；5-偏心轴；6-支撑杆；7-行程调节螺栓

（3）标定转速的控制。如图 7-39 所示，不管柴油机负荷大小，只要外界负荷变化引起柴油机转速超过柴油机规定的最大转速（标定转速）时，飞块开始向外张开，产生的离心力克服了调速弹簧的预紧力，推动拨叉和拉杆向右移动，即从 B、D、C 点分别移到 B'、D'、C'点，使浮动杆带动供油拉杆向减油方向移动，供油量减少，则转速降低。直到飞块离心力与调速弹簧预紧

力平衡时，各支点又重新回到 B、D、C 点，柴油机转速又回到原标定转速。

(4)柴油机熄火。柴油机靠喷油压燃，只要断油柴油机即可停机。因此，柴油车仪表板上的"钥匙"关闭时是通过一条拉线，用来转动"停油拨叉"(图中未画出)，拨叉强行把喷油泵供油拉杆拉向停止供油位置，完成熄火动作。

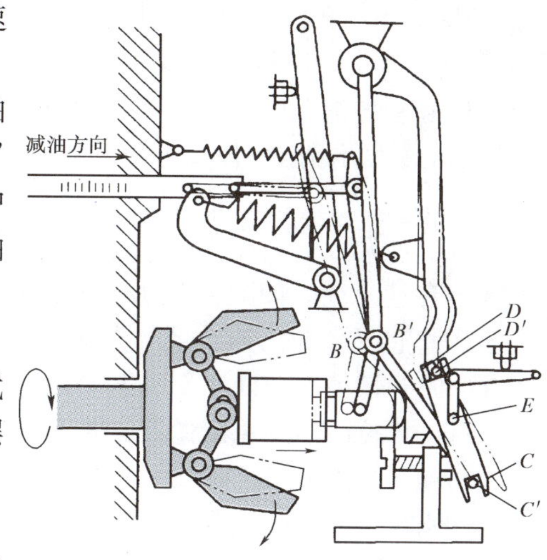

图 7-39　标定转速的控制

6. A 型泵全速式调速器的构造和工作情况

A 型泵全速式调速器是属于 RSV 型调速器，代号的含意是：R——离心式；S——调速弹簧为拉簧摆动式；V——全速式调速器。

1)A 型泵全速式调速器结构特点

图 7-40 为其立体图。其离心飞块内臂联动，保证了两飞块能同步运动，改善了灵敏度和低速稳定性。调速拉簧在工作中可以改变倾角使弹力变化，倒挂支撑的调速杠杆通过支撑杆和浮动杠杆连接调速拉簧、供油拉杆和离心元件。

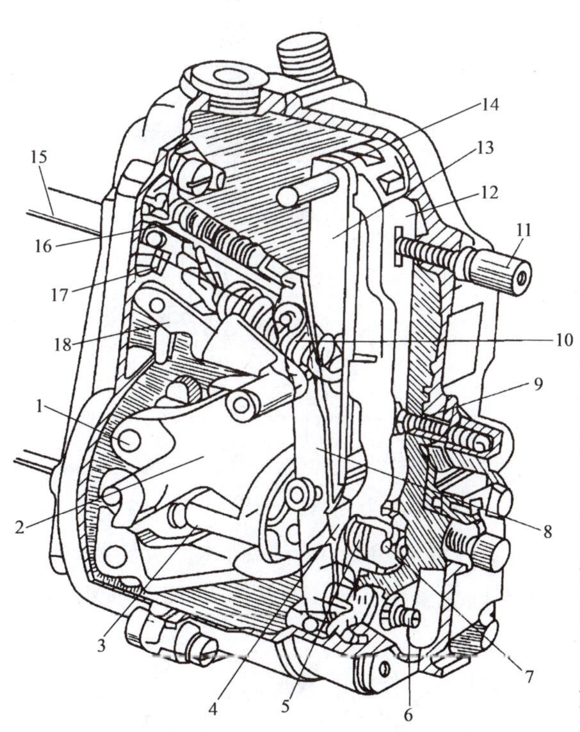

图 7-40　RSV 型全速调速器

1-飞块销；2-飞块支架；3-飞块；4-调速套筒；5-校正弹簧；6-调速杠杆全负荷限位螺钉；7-校正顶杆；8-浮动杆；9-怠速弹簧；10-调速弹簧；11-熄火挡钉或怠速调整螺钉；12-调速杠杆；13-支撑杆；14-轴销；15-供油拉杆；16-起动弹簧；17-弹簧挂耳；18-弹簧摇臂

为了使其性能更加完善，又增设了下述结构：

(1)增设有一定预紧力的起动弹簧 16，它能自动把浮动杠杆 8 和供油拉杆向起动加浓位置拉动。

(2)由于调速弹簧的弹力可变，没有专门的怠速弹簧。但在调速杠杆的中部后方增设有怠速稳定弹簧 9，使怠速运转平稳。

(3)在调速杠杆的下端后方设有转矩校正加浓装置 5 和 7，以便在超负荷时使用。

(4)调速拉簧的摇臂 18 上有调整螺钉，它可以调整调速拉簧安装时预紧度的大小。以便保证调速拉簧长期使用过程中高速作用点的准确性。

(5)在调速杠杆的下端，增设有可调的全负荷供油量限位螺钉 6，以限制全调速杠杆的全负荷位置。在调速杠杆的上方后面壳体上拧有可调的长螺钉 11，它的作用是限制弹簧摇臂 18 向低速摆动的位置，并可用来调整怠速的高低。

2)A 型泵全速式调速器的工作情况

它的调速过程是：转速的选定和负荷的改

变是利用调速拉簧拉力的变化来获得和离心件的不断平衡,保证柴油机在选定转速范围内稳定的运转。其工作过程如下。

(1)起动加浓工况。如图7-41所示,将操纵臂扳到与高速限位螺钉相碰的位置,调速拉簧10的拉力最大,调速杠杆12的下端与全负荷限位螺钉6相接触。起动拉簧16把浮动杠杆8的上端拉向前方,推动供油拉杆15越过全负荷位置达到起动供油位置。此时飞块被压收拢在最里位置,着火后飞块张开,供油拉杆又移到全负荷位置。

(2)怠速工况。如图7-42所示,柴油机起动后,应将操纵臂扳到怠速位置,此时调速拉簧10近于垂直位置,拉力的水平分力最小。飞块的离心推力 F_a 通过调速套筒4使支撑杆13向后方摆动,并带动浮动杠杆8以下端为支点顺时针摆动,克服了较软的起动弹簧16的拉力,使供油拉杆15拉出到怠速位置。与此同时,调速套筒4也通过校正弹簧5使调速杠杆12向后摆动,其背部与怠速稳定弹簧9相接触。怠速的稳定平衡作用,由调速拉簧10、怠速稳定弹簧9和起动弹簧16三者共同保持。

如果转速升高,怠速稳定弹簧9受到更大的压缩,使浮动杠杆8向减小供油量方向摆动,以限制转速的上升。反之,如转速降低,怠速稳定弹簧9推动调速杠杆12向前摆动,使供油量增加。

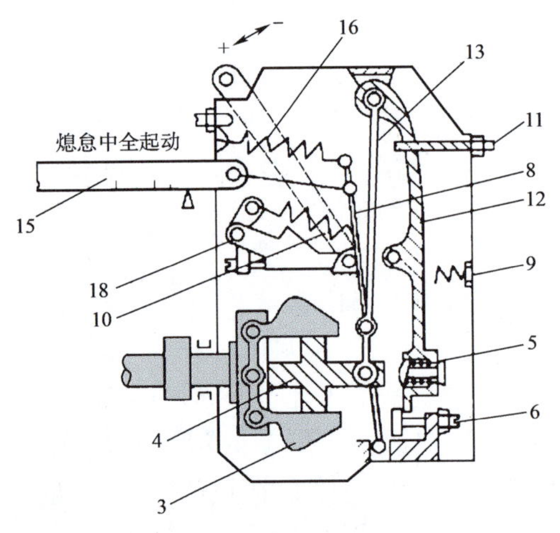

图7-41　起动工况(图注同图7-40)

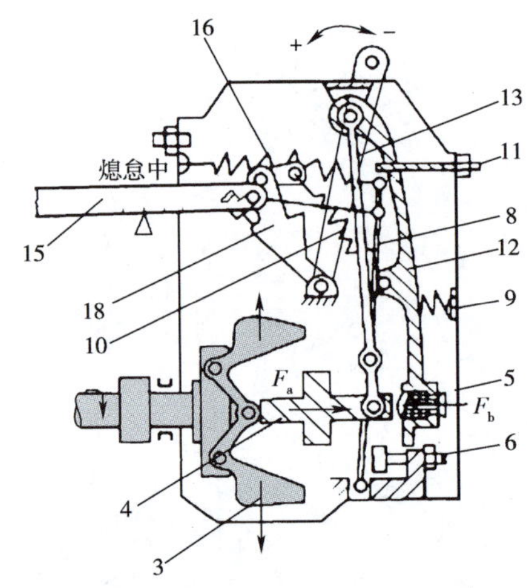

图7-42　怠速工况(图注同图7-40)

(3)中等负荷和全负荷工况。如图7-43所示,当操纵臂由怠速位置向高速位置转动时,对应每一个位置,就有一个调速器控制的转速范围,随着操纵臂的转动,弹簧摇臂18作逆时针摆动,调速拉簧10的拉力加大,控制的转速也增高。

当操纵臂碰到高速限位螺钉时,柴油机到达全负荷位置,对应的转速是额定转速。此时飞块的离心推力 F_a 也很大,并和拉簧10的作用力 F_b 相平衡。由于调速杠杆12下端被拉紧向前移动,平衡在与全负荷限位螺钉6刚刚接触的位置上,浮动杠杆8使供油拉杆15移到全负荷供油位置。此时的校正弹簧5处于被压紧状态。

当负荷减小时,转速升高,离心推力 F_a 增大,推动调速杠杆12向后摆动,同时通过浮动杠杆8的顺时针摆动,将供油量减小,直至减小到最小供油量。

(4)超负荷工况和转矩校正。柴油机在额定工况下工作时,如果负荷再增大(超负荷),转

速便开始下降,飞块的离心推力 F_a 也将减小。当转速下降到一定值时(较额定转速最多低30r/min),校正弹簧5开始伸长,并通过调速套筒4的前移,使浮动杠杆8和供油拉杆15向增大供油量的方向移动,使柴油机克服暂时的超负荷。转速下降越多,校正顶杆伸出越长,供油量增加越多。当校正顶杆尾部与壳体接触时,校正弹簧就不再伸长,校正顶杆前移的距离就是校正行程,它的大小可根据需要进行调整。校正弹簧开始起作用时的转速取决于校正弹簧的预紧力,它的大小可用垫片来调整。

应该说明,调速器额定工况位置,用两个指标来保证:一为调速拉簧预紧力的大小;二为供油拉杆要处在规定的位置。为此,对三个调整螺钉要进行正确的调整:

①弹簧摆臂18上的调整螺钉,用来调节调速拉簧的预紧力的大小。

②操纵臂高速限位螺钉,用以确定高速作用点的转速。

③全负荷限位螺钉6,用来确定额定工况下供油拉杆的位置。

(5)熄火位置。A型泵调速器熄火方法有两种形式:

一种是直接用操纵臂熄火,在调速器上不设专门的熄火装置(如图7-44)。当操纵臂向后转到熄火位置时,拉簧摇臂18上的挂耳17即推压支撑杆13向后摆动,浮动杠杆8随之作顺时针转动,将供油拉杆15拉到熄火位置,并利用螺钉11限位。

另一种熄火方法是在调速器上装有专门的熄火手柄,使浮动杠杆顺时针转动,将供油拉杆拉到熄火位置。这时,操纵臂应处于怠速位置,调速螺钉11即可用来调整怠速的高低。

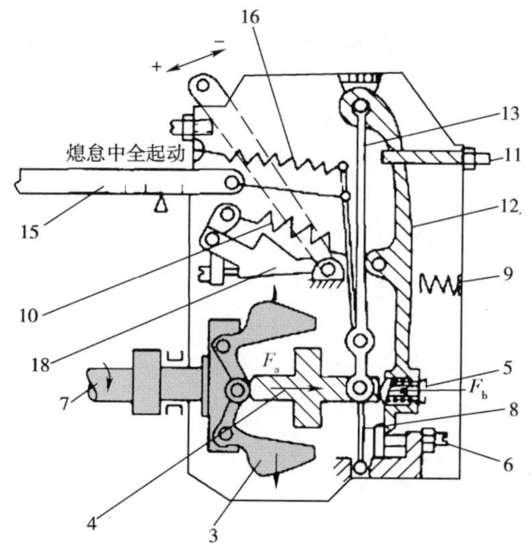

图7-43　中等负荷和全负荷工况(图注同图7-40)

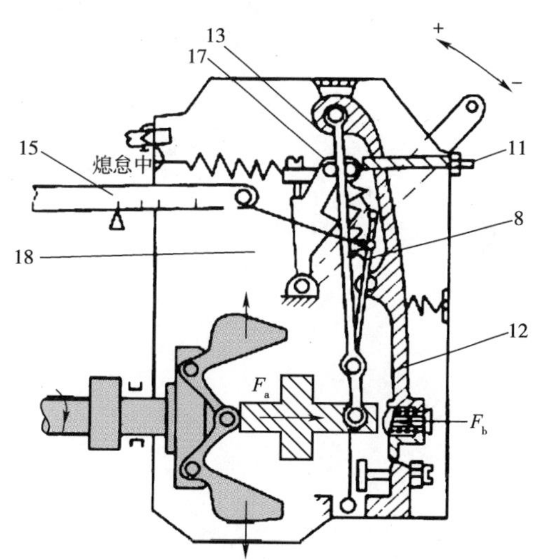

图7-44　熄火位置(图注同图7-40)

第八节　P—T燃油喷射系统

P—T是英文压力(pressure)—时间(time)的缩写,该系统的喷油器由柴油机驱动(通过凸轮轴等装置),并具有计量和喷油功能,燃油的计量靠压力—时间原理来调节,喷油量由喷油器中计量孔保持开启的时间决定,计量孔开启时刻和开启持续时间由柴油机转速决定并控制;同时,它取消了喷油泵,系统压力的建立由两部分完成,P—T燃油泵产生的低压燃油经油管输送到喷油器,由喷油器加压后在适当的时刻以高压(130 MPa以上)将燃油喷入燃烧室。这种系统过去称之为“泵喷嘴”,即喷油泵和喷油器一体式,又由于它的供油量是依靠机械传动控制的,因此也有人将其称为机械式P—T燃油系统。图7-45是机械式P—T燃油喷射系统简图。

1. P—T燃油喷射系统的组成

P—T燃油喷射系统一般由燃油箱、燃油滤清器、P—T燃油泵、输油管、喷油器和回油管等组成。

(1)燃油箱用于储存燃油。

(2)燃油滤清器装在燃油箱与燃油泵之间,用于过滤燃油中的杂质,防止燃油泵和喷油器发生故障。目前多采用纸质滤芯。

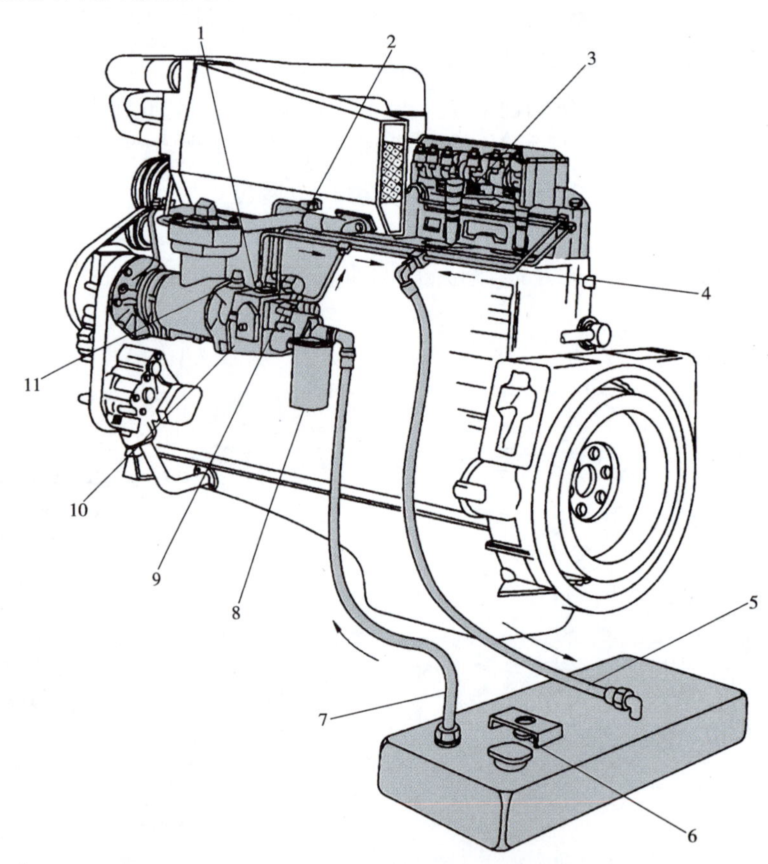

图7-45 机械式P—T燃油喷射系统

1-空燃比控制装置(AFC)泄漏孔;2-输油管;3-喷油器;4-喷油器回油管;5-燃油箱回油管;6-燃油箱呼吸器;7-供油管;8-燃油滤清器;9-齿轮泵冷却液排出孔;10-P—T燃油泵;11-转速表驱动头

(3)P—T燃油泵为一低压输油泵,起输油和调整压力的双重作用,它能将从燃油箱吸来的燃油压往喷油器,同时在柴油机负荷和转速变化时相应改变出口燃油压力,使喷油器的喷油量也随之而变化。有些P—T燃油泵中装有控制空燃比的控制装置(AFC),用来控制加速时排放烟度大小,该装置是为了使柴油机在加速、轻载及加载减速过程中将喷油量限制在与柴油机进气管内的真空度成比例而设计的。

(4)输油管和回油管将燃油自 P—T 燃油泵送往喷油器和将喷油器多余的燃油送回燃油箱,有些油管已不采用明管,而是在汽缸盖和汽缸体上直接钻出油道。

(5)喷油器根据 P—T 燃油泵的出口燃油压力对喷射的燃油进行计量,再依靠一套驱动机构在规定的时刻将燃油加压喷入燃烧室。

(6)喷油器柱塞驱动机构包括凸轮、推杆、摇臂、调整螺钉等。

2. P—T 燃油泵

图 7-46 所示为一种典型的压力—时间调速器型燃油泵(带空燃比控制),它主要由以下部分组成:

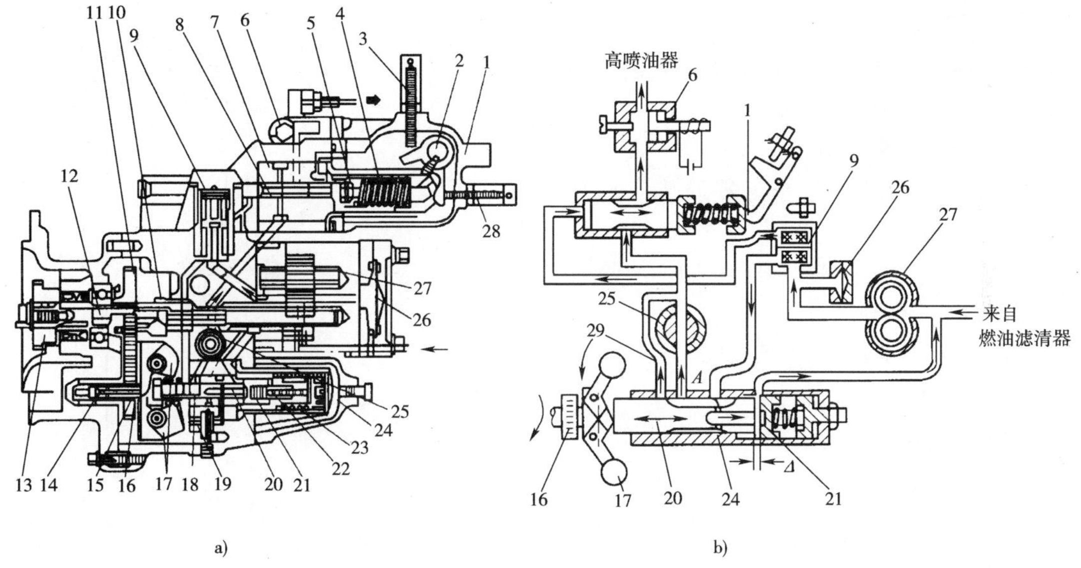

图 7-46 P—T 燃油泵

a)燃油泵示意图;b)油路示意图

1-MVS 调速器;2-操纵摇臂;3-高速限止螺钉;4、23-调速弹簧;5-怠速弹簧;6-断油阀;7-柱塞套筒;8-柱塞;9-燃油滤清器;10、11、13、16-齿轮;12-主轴;14-低速校正弹簧;15-飞块柱塞;17-飞块;18-调速柱塞套筒;19-高速校正弹簧;20-调速柱塞; 21-怠速柱塞;22-怠速弹簧;24-PTC 调速器;25-旋转式节流阀;26-稳压器; 27-齿轮泵;28-怠速螺钉;29-怠速油道

1)齿轮泵和稳压器

柴油机的动力经齿轮 13 传到主轴 12,再分别驱动齿轮泵 27 和 PTG 调速器 24。齿轮泵吸入燃油并压送到燃油滤清器 9 中进一步过滤。稳压器的作用是用来消除输出燃油的压力波动,借稳压器空气室中的空气弹性,对脉动油压起缓冲作用,使油压平稳。图中稳压器 26 为膜片式,安装在齿轮泵出口端。

2)燃油滤清器

燃油滤清器将齿轮泵输出的燃油中的杂质过滤掉,一般使用 500 h 后应该拆下清洗。从燃油滤清器 9 出来的燃油分为两路:一路往下进入 PTG 调速器 24,另一路经上部进入 MVS 调速器 1。

3)MVS 调速器

MVS 调速器可使柴油机在不同转速下稳定运转,直接受加速踏板操纵,多用于工程机械柴油机。汽车的 P—T 燃油泵上一般不装 MVS 调速器,驾驶员可通过直接操纵旋转式节流阀 25 来控制供油量(在装有 MVS 调速器的 P—T 燃油泵中,节流阀则是不可调节的)。

PTG 调速器实际上是机械离心式两速调速器,主要由飞块 17、调速柱塞套筒 18、飞块柱塞 15、调速柱塞 20、调速弹簧等组成。此调速器控制稳定怠速和限制最高转速,并能随柴油机转速的变化自动地调整供油量,在中间转速时由节流阀直接控制供油量。

4)节流阀

用于调节流往喷油器的油压,以改变喷油量和柴油机转矩。在不装全速调速器的 P—T 燃油泵中,节流阀通过拉杆与加速踏板相连,踩动加速踏板可直接控制供给喷油器的油压。在加装全速调速器的 P—T 燃油泵中,此节流阀在试验台经调整后即不动,而靠改变全速调速器的操纵手柄来控制供给喷油器的油压。

5)断油阀

断油阀又称为停车阀,用于切断燃油供给,使柴油机熄火。通常为电磁式,也可用手操纵。

3. P—T 燃油喷射系统喷油器

P—T 燃油喷射系统喷油器的结构如图 7-47 所示。

1)对喷油器的要求

降低柴油机的排放污染以适应越来越严格的排放法规,要求喷油器:

(1)短的喷油持续期。

(2)高的喷油压力。

(3)喷油初期缓慢,结束喷油迅速。

(4)设有二次喷射。

2)喷油器的工作

喷油器的工作过程如图 7-48 所示。

当柴油机进气行程开始时,喷油器柱塞在弹簧的作用下上升(图 7-48a)),此时燃油流入上进油道 1,通过柱塞环槽 2 和下进油道 3 流至环形槽 4。此时,计量量孔还处于关闭状态。

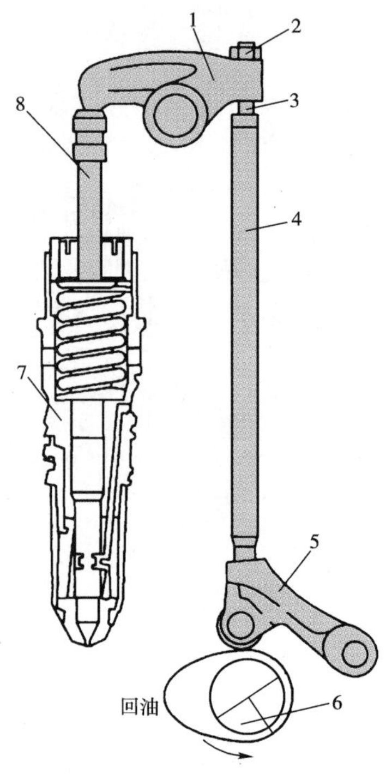

图 7-47 P-T 燃油系统喷油器

1-摇臂;2-锁紧螺母;3-调整螺钉;4-推杆;5-凸轮随动机构;6-凸轮;7-喷油器;8-推杆

燃油只能经回油量孔 6,沿回油道 7 流回燃油箱。当曲轴转至进气行程上止点稍后位置时,柱塞上升到计量量孔 5 打开,使一部分燃油经此孔进入柱塞下面的锥形空间(图 7-48b)),而大部分燃油回流到燃油箱。

当曲轴转至进气行程下止点前附近时,柱塞停止上升而停留在最上面的位置,直到压缩行程上止点前附近时,滚轮开始沿凸轮轮廓线上升,柱塞开始下降,至压缩上止点前附近时,计量量孔关闭。随后柱塞继续下行,到达压缩上止点前附近时,开始喷油(图 7-48c))。柱塞下行至压缩上止点后附近位置时,喷油结束。柱塞保持在这一位置,直到作功和排气行程结束。此时,因柱塞环槽未接通上、下进油道,柴油停止流动,(图 7-48d))。

以上工作过程说明计量量孔的大小、开启时间以及 P—T 燃油泵供油压力的大小,均决定了喷油器的每循环喷油量。

4. P—T 燃油喷射系统的工作原理

P—T 燃油喷射系统工作时,在 P—T 燃油泵的作用下,燃油箱内的燃油经过燃油滤清器过

滤后进入燃油泵，P—T燃油泵中的燃油经齿轮泵送到两速调速器再流至节流阀。怠速时，燃油自调速器柱塞的怠速油道流出，除此以外的工况，燃油则通过调速器柱塞套的主油道流出。从P—T燃油泵流出的燃油以一定的压力和流量流向共用的燃油管（油轨）及各个喷油器供应燃油，当需要某缸工作时，该缸的喷油器即在某一时刻开始喷油，并用喷油时间的多少来保证该缸的喷油量。行车时，驾驶员通过操纵加速踏板来改变供给喷油器的油轨压力，为了保证柴油机在各种工况下都能给车辆提供合适的动力，显然加速踏板的位置越低（油门开度越大），油轨内的压力应该越大。

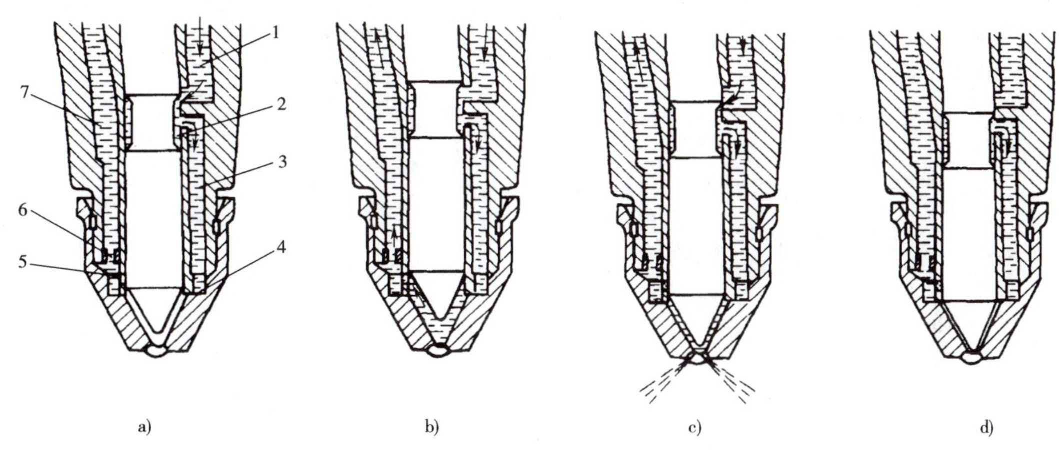

图7-48　喷油器的工作过程

a）进油；b）回油；c）喷油；d）终了

1-上进油道；2-柱塞环槽；3-下进油道；4-环形槽；5-计量量孔；6-回油量孔；7-回油道

第九节　柴油机燃料系的辅助装置

1. 输油泵

输油泵的作用是使柴油产生一定压力，用以克服滤清器及管路阻力，保证连续不断地向喷油泵输送足够的柴油。

输油泵多采用活塞式，输油压力为0.15～0.3 MPa，输出量为柴油机全负荷油耗量的3～4倍。

如图7-49所示，活塞式输油泵由泵体23、活塞19、进油阀3、出油阀15及手油泵等组成。它用螺钉固装在喷油泵体上，由喷油泵凸轮轴上的偏心轮驱动。

输油泵的工作过程如图7-50简图所示。

（1）准备压油行程。随着喷油泵凸轮轴27的旋转，偏心轮推动滚轮、推杆和活塞向外运动，泵腔Ⅰ因容积减小而油压升高，关闭进油阀3，压开出油阀15，柴油便由泵腔Ⅰ通过出油阀流向泵腔Ⅱ。

（2）吸油和压油行程。当偏心轮凸起部分转离滚轮时，活塞在弹簧的作用下上行，泵室Ⅱ的油压增大，出油阀被关闭，柴油经油道流向滤油器。此时，泵腔Ⅰ容积变大，压力下降，进油阀3被吸开，柴油便经进油口和进油阀流入泵腔Ⅰ。

（3）输油量的自动调节。输油量的多少取决于活塞行程；输油压力的大小取决于活塞弹簧的张力。当活塞的行程等于偏心轮的偏心距时，输油量最大。当喷油泵需要的油量减少时，泵腔Ⅱ的油压将随之增高，推杆与活塞之间产生了空行程，即活塞的有效行程被减小，输出的油量即减少。当耗油量增大时，有效行程即增大，输出的油量即增加。这样，实现了输油量和输油压力的自动调节。

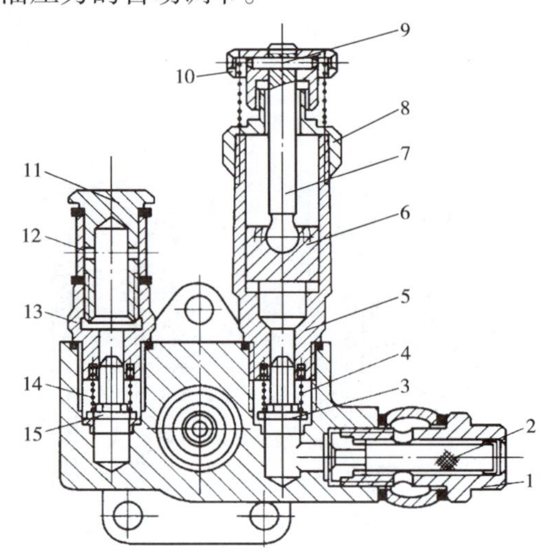

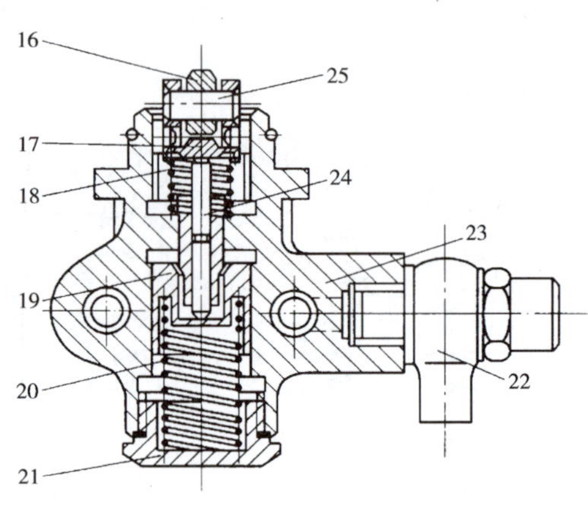

图 7-49　活塞式输油泵

1-进油管接头；2-滤网；3-进油阀；4-弹簧；5-手泵体；6-手泵活塞；7-手泵杆；8-手泵盖；9-手泵销；10-手泵柄；11-出油管接头；12-套；13-油管接头；14-弹簧；15-出油阀；16-滚轮；17-滚轮架；18-滚轮弹簧；19-活塞；20-活塞弹簧；21-螺塞；22-进油管接头；23-泵体，24-推杆；25-滚轮销

（4）手油泵工作。输油泵上装有手油泵。当柴油机长时间停止工作后，或低压油路中有空气时，可利用手油泵输油或放气。

用手油泵泵油时，利用活塞 6 在泵体内抽动，形成一定的真空度，进油阀被吸开，柴油被吸入泵体，然后再压入泵室Ⅰ，并推开出油阀而输出。停止使用手油泵后，应将手柄拧紧在手泵体上，以防空气渗入油路，影响输油泵的工作。

推杆 24 与泵体导孔的润滑是靠泵腔Ⅱ油压升高时经配合间隙漏泄的少量燃油来实现的，为了防止柴油流入凸轮轴室冲释润滑油，在泵体上制有连通推杆导孔和进油口的回油道 26，起润滑作用的柴油可以从回油道流回进油口。

2．柴油滤清器

柴油滤清器的作用是：滤去柴油中的杂质、水分和石蜡，以减小各精密偶件的磨损，保证喷雾质量。

滤清器多用过滤式，滤芯的材料有绸布、毛毡、金属丝及纸质等等。由于纸质滤芯是用树脂浸泡制成，具有滤清效果好、成本低等特点，因而得到广泛的应用。

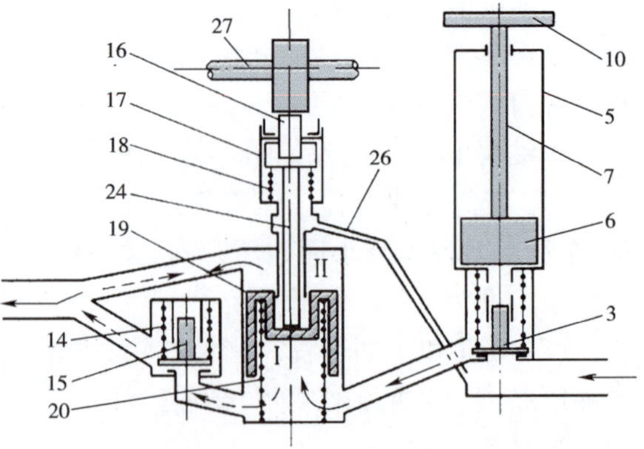

图 7-50　活塞式输油泵工作原理

1～25 图注同图 7-49；26-回油道；27-喷油泵凸轮轴

滤清器多串联在输油泵和喷油泵之间，安

装位置多在喷油泵附近,而且偏高一点,有利于存油、预热和防止结蜡。

滤清器的过滤原理同汽油滤清器,但它有以下特点(图 7-51):

(1)滤清器盖上有放气螺钉。拧开螺钉,抽动手动输油泵,可以排除滤清器和低压油路内的空气。

(2)有的滤清器盖上装有限压阀,当低压油路的油压达到 0.15MPa 时即开启,使柴油流回油箱,以保持滤芯的过滤能力和喷油泵正常工作。

(3)滤清器外壳底部多设有放污螺塞,以便定期排除杂质和水分。

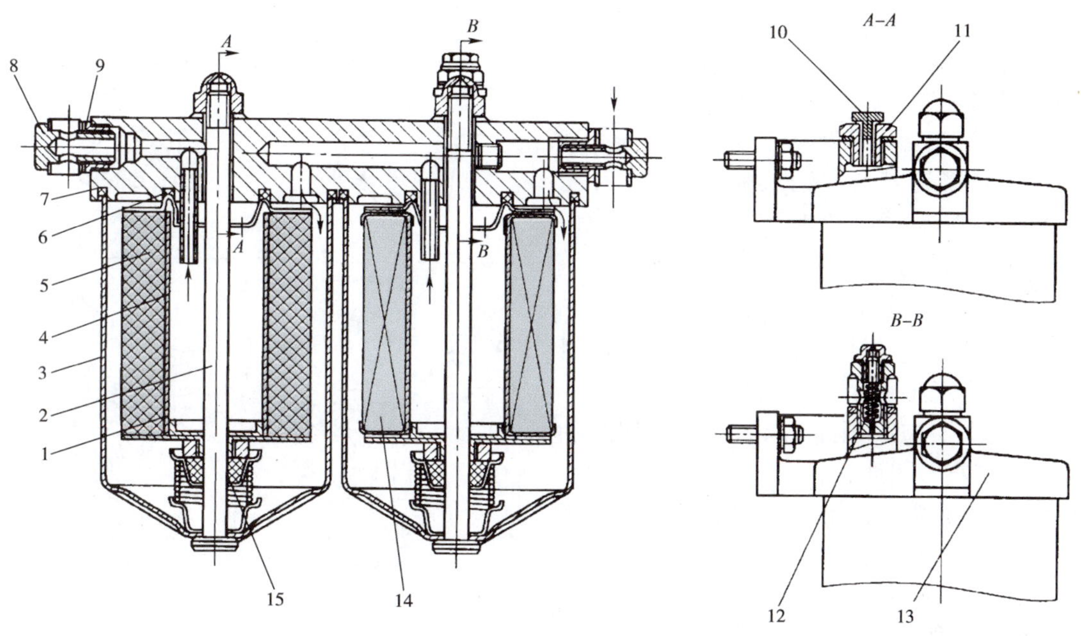

图 7-51　两级式柴油滤清器

1-滤布;2-紧固螺杆;3-外壳;4-滤筒;5-毛毡;6-密封圈;7-橡胶密封圈;8-油管接头;9-垫;10-放气螺钉;11-螺塞;12-限压阀;13-盖;14-纸滤芯;15-滤芯垫

3. 柴油机的起动辅助装置

柴油机因压缩比较大,起动阻力矩大;另一方面柴油机是压缩自燃,低温时着火困难。为了改善柴油机的起动性能,多装有便于起动的辅助装置。

改善柴油机低温起动性能的方法:一是改善着火条件,使燃料易于燃烧;二是降低柴油机的起动阻力矩。

1)改善燃料着火条件的措施

(1)利用电加热塞加热燃烧室。在分开式燃烧室中,可装电加热塞来保证冷机起动。

如图 7-52 所示,电阻丝 2 是用镍铬合金制成线圈状,外包有耐热、耐蚀的保护套 1;电阻丝周围填满导热性好的氧化镁粉,中心电极 9 通过开关与电源相接,另一电极通过外壳搭铁。起动前接通电热塞电路,加热 20 ~ 30s 后,温度可升高到 1 300K,起动后即断开电路。

(2)利用火焰加热器加热进气管。直接喷射燃烧室是在进气管上装火焰加热器,利用电热丝将喷管喷出的柴油引燃,吸入汽缸点燃混合气。

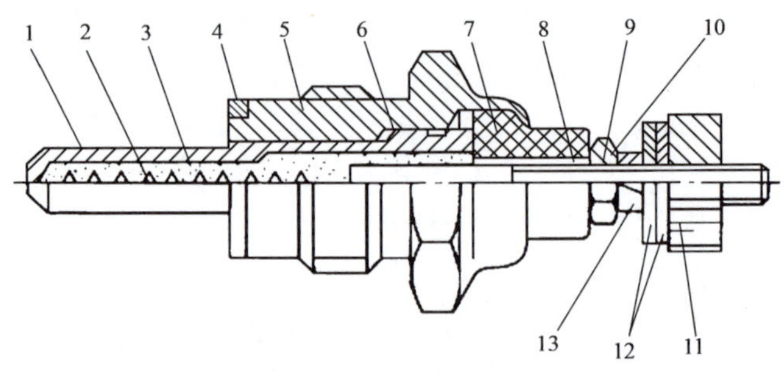

图 7-52 电热塞的构造

1-发热体钢套;2-电阻丝;3-填充剂;4-密封垫圈;5-外壳;6-垫圈;7-绝缘体;8-胶合剂;9-中心电极;10-固定螺母;11-压线螺母;12-压线垫圈;13-弹簧垫圈

(3)在进气管上装起动液喷射器。用手动泵或电动泵将易燃的起动液喷入进气管(乙醚、丙烷、丁烷等),使它和空气一起进入汽缸,在较低的压缩终了温度下发火引燃柴油。

2)降低起动阻力矩的措施

在柴油机配气机构的摇臂上,加装减压机构,起动时人工将每个汽缸的进气门压下 1 ~ 1.5mm,减小了初次压缩的空气阻力,使起动转速得到提高。当曲轴转速较高时,突然放松减压机构,旋转件的动能使压缩终了的温度提高而着火燃烧(图 7-53)。

减压机构可驱动气阀摇臂,也可驱动气阀挺柱,都能实现减压,都是压下进气阀,使汽缸通过空气滤清器与大气相通。如果用排气阀减压,排气管中的炭粒将吸入汽缸,加速汽缸的磨损。

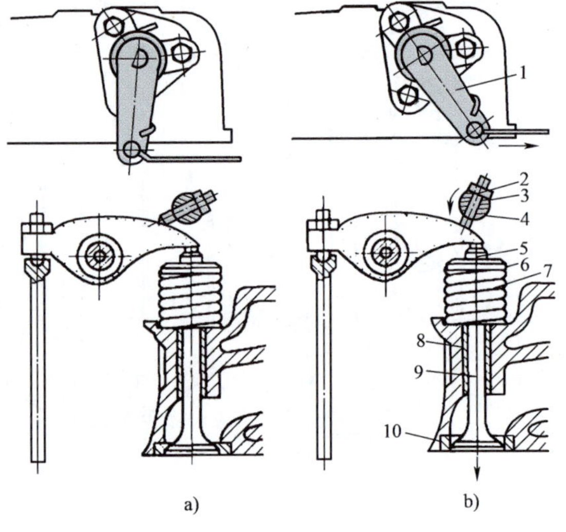

图 7-53 减压机构

a)非减压位置;b)减压位置

1-手柄;2-锁紧螺母;3-调整螺钉;4-减压轴;5 ~ 10-气门机构

第十节 电控柴油喷射系统

柴油机电控燃油喷射系统的研究开发始于 20 世纪 70 年代,80 年代进入应用阶段,90 年代得到迅速发展。它对提高柴油机的动力性能、经济性能、运转性能和排放性能都产生了极大的影响。

1. 电控柴油喷射的优点

传统的柴油喷射系统是采用机械方式进行喷油量和喷油时间调节和控制的。由于机械运动的滞后性,调节时间长,精度差,喷油速率、喷油压力和喷油时间难于准确控制,导致柴油机动力经济性能不能充分发挥,排放超标。研究表明,一般机械式喷油系统对喷油定时的控制精度为 2°CA(曲轴转角)左右。而喷油始点每改变 1°CA,燃油消耗率会增加 2%,HC 排放量增加 16%,NO_x 排放量增加 6%。

与传统的机械方式比较，电控柴油喷射系统具有如下优点：

(1)对喷油定时的控制精度高(高于0.5°CA)，反应速度快。

(2)对喷油量的控制精确、灵活、快速，喷油量可随意调节，可实现预喷射和后喷射，改变喷油规律。

(3)喷油压力高(高压共轨电控喷油系统高达200MPa)，不受发动机转速影响，优化了燃烧过程。

(4)无零部件磨损，长期工作稳定性好。

(5)结构简单，可靠性好，适用性强，可以在新老发动机上应用。

2. 电控柴油喷射系统的类型

柴油机电控喷射系统可分为两大类，即位置控制系统和时间控制系统。

第一代柴油机电控喷射系统是采用位置控制系统。它不改变传统的喷油系统的工作原理和基本结构，只是采用电控组件，代替调速器和供油提前器，对分配式喷油泵的油量调节套筒或柱塞式喷油泵的供油齿杆的位置，以及油泵主动轴和从动轴的相对位置进行调节，以控制喷油量和喷油定时。其优点是，无须对柴油机的结构进行较大改动，生产继承性好，便于对现有机型进行技术改造。缺点是，控制系统执行频率响应仍然较慢、控制频率低、控制精度不够稳定。喷油率和喷油压力难于控制，而且不能改变传统喷油系统固有的喷射特性，因此很难较大幅度地提高喷射压力。

第二代柴油机电控喷射系统是采用时间控制方式，其特点是在高压油路中，利用电磁阀直接控制喷油开始时间和结束时间，以改变喷油量和喷油定时。它具有直接控制、响应快等特点。

时间控制系统又有电控泵喷油器系统和共轨式电控燃油喷射系统两类。电控泵喷油器系统除了能自由控制喷油量和喷油定时外，喷射压力还十分高(峰值压力可达240MPa)，但其无法实现喷油压力的灵活调节，且较难实现预喷射或分段喷射。共轨式电控燃油喷射系统是比较理想的燃油喷射系统。它不再采用喷油系统柱塞泵分缸脉动供油原理，而是用一个设置在喷油泵和喷油器之间的、具有较大容积的共轨管，把高压油泵输出的燃油蓄积起来并稳定压力，再通过高压油管输送到每个喷油器上，由喷油器上的电磁阀控制喷射的开始和终止。电磁阀起作用的时刻决定喷油定时，起作用的持续时间和共轨压力决定喷油量，由于该系统采用压力时间式燃油计量原理，因此又可称为压力时间控制式电控喷射系统。按其共轨压力的高低又分为高压共轨、中压共轨和低压共轨3种。

3. 电控柴油喷射的基本原理

电控柴油喷射系统由传感器、控制单元(ECU)和执行机构三部分组成(图7-54)。传感器采集转速、温度、压力、流量和加速踏板位置等信号，并将实时检测的参数输入计算机；ECU是电控系统的“指挥中心”，对来自传感器的信息同储存的参数值进行比较、运算，确定最佳运行参数；执行机构按照最佳参数对喷油压力、喷油量、喷油时间、喷油规律等进行控制，驱动喷油系统，使柴油机工作状态达到最佳。

4. 位置控制式电控柴油喷射系统

电控柴油喷射系统的组成如图7-55所示(以日本丰田汽车公司的ECD为例)。其与传统分配泵不同的是没有机械式调速器，而有供油量控制电磁阀等控制元件，供油时间也从油压控制改为电子控制。

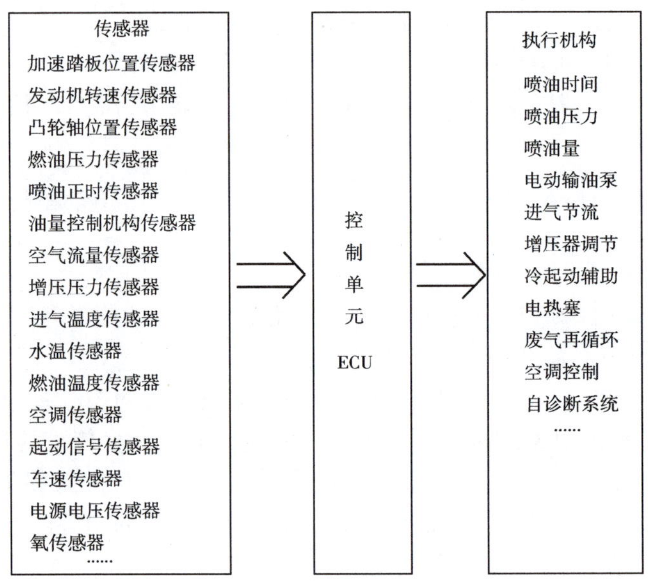

图 7-54　电控柴油喷射基本原理

1)供油量控制

ECU(电控单元)根据加速踏板 5 的位置和柴油机转速传感器 19 的输入信号,计算出基本供油量;然后根据冷却液温度传感器 10、进气温度传感器 4、进气压力传感器 12 及起动传感器等提供的信号,对基本油量进行修正;再按油量调节套筒位置传感器 2 的信号进行反馈修正,确定最佳油量。之后,ECU 将此作为控制信号,传到供油量控制电磁阀 1。

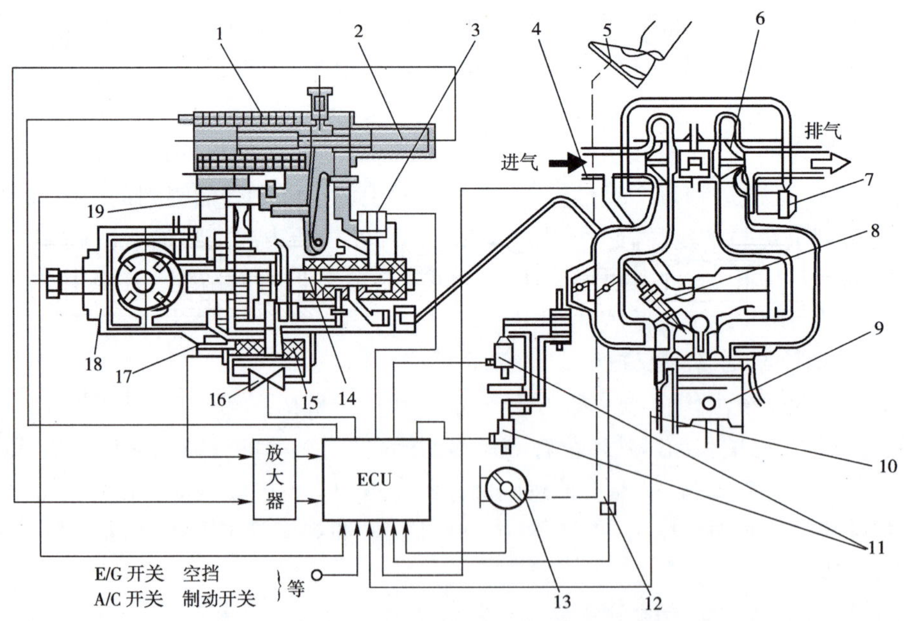

图 7-55　位置控制式电控柴油喷射系统

1-供油量控制电磁阀;2-油量调节套筒位置传感器;3-断油电磁阀;4-进气温度传感器;5-加速踏板;6-增压器;7-废气闸阀;8-喷油器;9-活塞;10-冷却液温度传感器;11-真空阀;12-进气压力传感器;13-加速踏板位置传感器;14-油量调节套筒;15-提前器活塞;16-定时器控制阀;17-定时器位置传感器;18-分配式喷油泵;19-转速传感器

供油量控制电磁阀的结构原理如图 7-56 所示。由 ECU 传来的信号使电磁线圈 1 产生电磁力,吸动铁心 2,带动油量调节套筒 8 移动,以改变供油量。控制信号电流越大,产生的电磁力越大,油量调节套筒移动越多,供油量变化也越大。

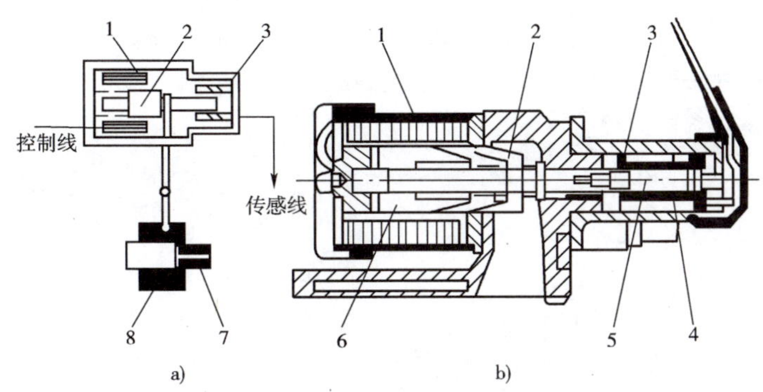

图 7-56 供油量控制

a)供油量控制系统;b)供油量控制电磁阀与油量调节套筒位置传感器

1、4-电磁线圈;2-可动铁心;3-油量调节套筒位置传感器;5-铁心;6-定子;7-柱塞;8-油量调节套筒

2)供油时间控制

ECU 根据柴油机转速传感器 19(图 7-55)的输入信号,计算出基本供油提前角;然后根据冷却液温度、进气温度、起动等的传感器提供的信号,对基本供油提前角进行修正;再按定时器位置传感器 17 的信号进行反馈修正,确定最佳供油提前角。之后 ECU 将此作为控制信号,传到定时器控制阀 16。

定时器控制阀也是个电磁阀(图 7-57)。由 ECU 传来的信号使电磁线圈 8 产生电磁力,吸动铁心 10,带动阀门 11 移动,以改变提前器活塞右侧(高压腔)与左侧(低压腔)的压力差,使提前器活塞移动,带动分配泵滚轮座 2 转动,以改变供油时间。

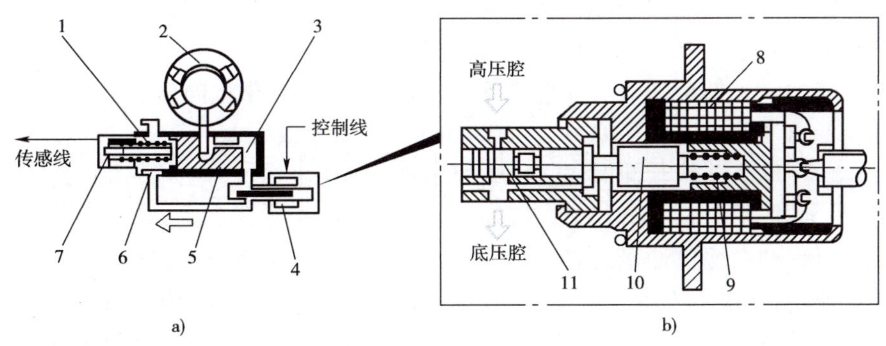

图 7-57 供油时间控制

a)供油时间控制系统;b)定时器控制阀结构

1-提前器活塞弹簧;2-分配泵滚轮座;3-高压腔;4-定时器控制阀;5-提前器活塞;6-低压腔;7-提前器活塞位置传感器;8-电磁线圈;9-弹簧;10-可动铁心;11-阀门

5. 电控高压共轨柴油喷射系统

这种喷射系统由于其喷油压力、时间、油量及喷油规律柔性可调,性能优越,广泛应用于现代电控柴油汽车。

电控高压共轨柴油喷射系统基本组成如图 7-58 所示,主要由低压油路、高压油路、传感与控制等几部分组成。

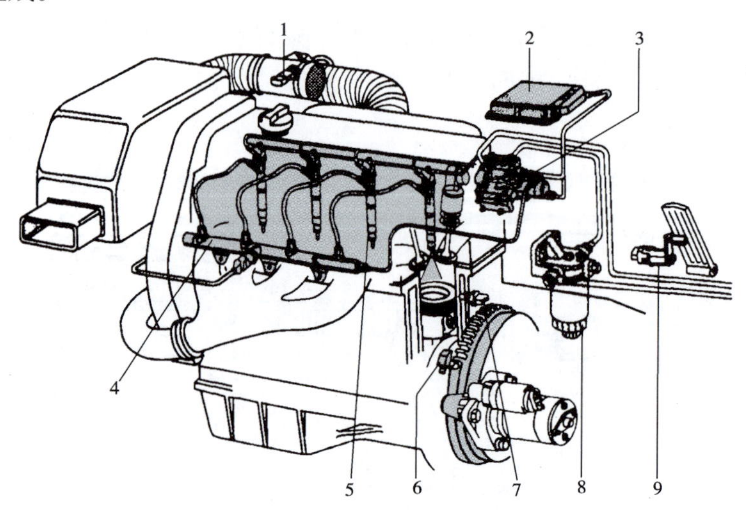

图 7-58 电控高压共轨柴油喷射系统

1-空气流量计;2-电控单元 ECU;3-高压泵;4-共轨管;5-喷油器;6-转速传感器;7-冷却液温度传感器;8-柴油滤清器;9-加速踏板位置传感器

1)低压油路

由油箱、柴油滤清器、电动输油泵等组成。其作用是产生低压柴油,输往高压泵,结构原理与传统的柴油供给系统低压油路相似。

2)高压油路

由高压泵、调压阀、高压油管、共轨管、流量限制器、限压阀和电控喷油器等组成。其基本作用是产生和输送高压(160MPa 左右)柴油。

(1)高压泵(图 7-59)。其作用是产生高压油。它采用 3 个径向布置的柱塞泵油元件 9,相互错开 120°,由偏心凸轮 8 驱动,出油量大,受载均匀。

工作时,从输油泵来的柴油流过安全阀 5,一部分经节流小孔流向偏心凸轮室供润滑冷却用,另一部分经低压油路 6 进入柱塞室。当偏心凸轮转动导致柱塞下行时,进油阀 11 打开,柴油被吸入柱塞室;当偏心凸轮顶起时,进油阀关闭,柴油被压缩,压力剧增,达到共轨压力时,顶开出油阀 1,高压油被送去共轨管。

在怠速或小负荷时,输出油量有剩余,可以经调压阀 3 流回油箱。还可以通过控制电路使柱塞单向阀 12 通电,使电枢上的销子下移,切断某缸柱塞供油,以减少供油量和功率损耗。

(2)调压阀。它被安装在高压泵旁边或共轨管上(图 7-60)。其作用是根据发动机负荷状况调整和保持共轨管中的压力。

当调压阀不工作时,电磁线圈 4 不带电,高压泵出口压力大于弹簧 2 的弹力,阀门 6 被顶开。根据输油量的不同,调节打开的程度。

当需要提高共轨管中的压力时,电磁线圈带电,给电枢 3 一个附加作用力,压紧阀门 6,使共轨管中的压力升高到与其平衡为止;然后调节阀门停留在一定开启位置,保持压力不变。

(3)共轨管。其作用是存储高压油,保持压力稳定。结构如图 7-61 所示,共轨管上安装有压力传感器 2、限压阀 3 和流量限制器 4。

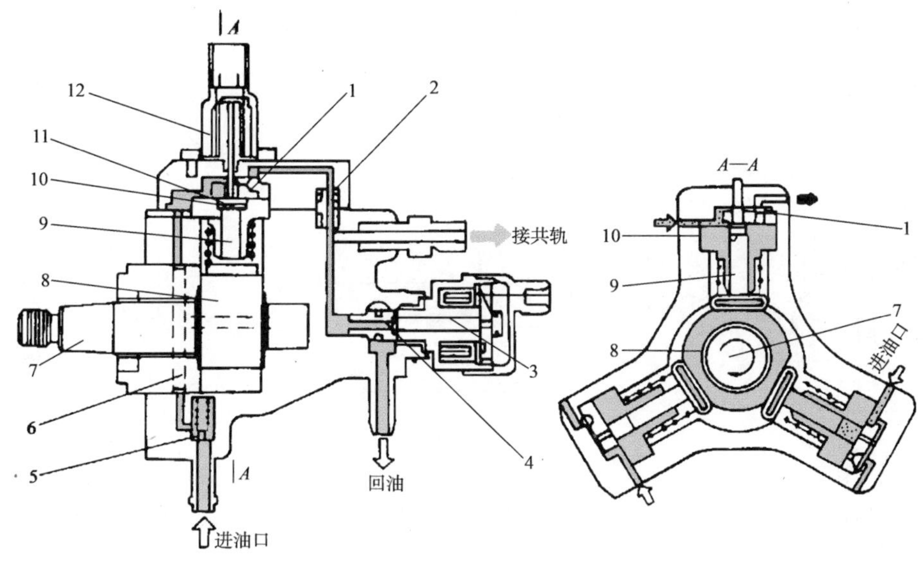

图 7-59　高压泵

1-出油阀;2-密封件;3-调压阀;4-球阀;5-安全阀;6-低压油路;7-驱动轴;8-偏心凸轮;9-柱塞泵油元件;10-柱塞室;11-进油阀;12-柱塞单向阀

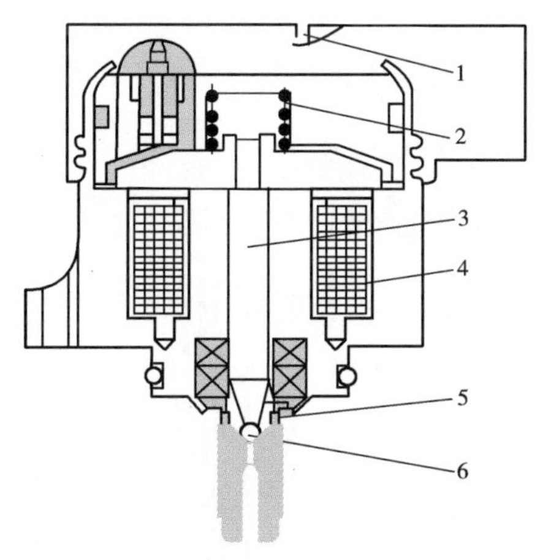

图 7-60　调压阀

1-电气插头;2-弹簧;3-电枢;4-电磁线圈;

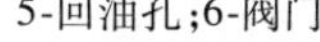

5-回油孔;6-阀门

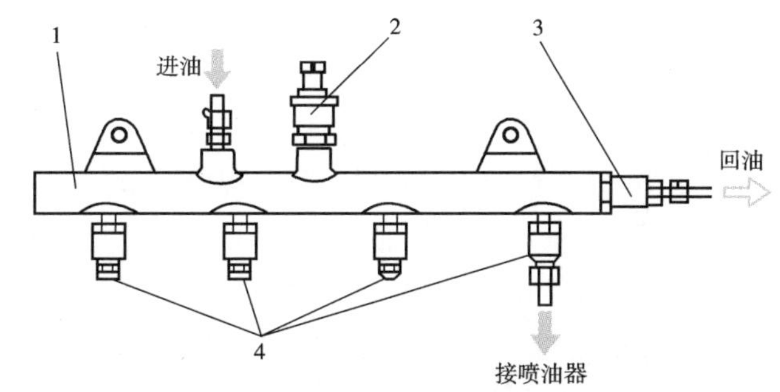

图 7-61　高压存储器(共轨)

1-共轨管;2-共轨压力传感器;3-限压阀;4-流量限制器

共轨压力传感器(图 7-62)用螺纹 6 紧固在共轨管上,其内部的压力传感膜片 4 感受共轨压力,通过分析电路,把压力信号转换成电信号传至 ECU 进行控制。

限压阀(图 7-63)的作用是限制共轨管中的压力。当压力超过弹簧 5 的弹力时,阀门 2 打开卸压,高压油经通流孔 3 和回油孔 8 流回油箱。

流量限制器(图 7-64)的作用是防止喷油器出现持续喷油。活塞 2 在静止时,由于受弹簧 4 的作用力,总是靠在堵头一端。在一次喷油后,喷油器端压力下降,活塞在共轨压力作用下向喷油器端移动,但并不关闭密封座面 6。只有在喷油器出现持续喷油,导致活塞下移量大,才封闭通往喷油器的通道,切断供油。

(4)电控喷油器。它是共轨柴油喷射系统的核心部件,其作用是准确控制向汽缸喷油的时间、喷油量和喷油规律。

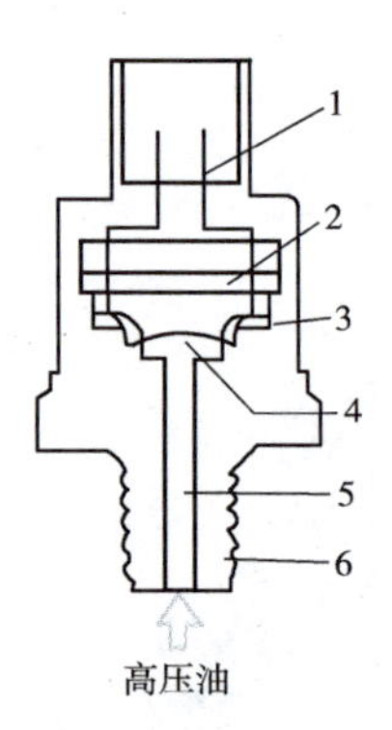

图 7-62 共轨压力传感器

1-电气插头;2-分析电路;3-外壳;4-压力传感膜片;5-油道;6-固定螺纹

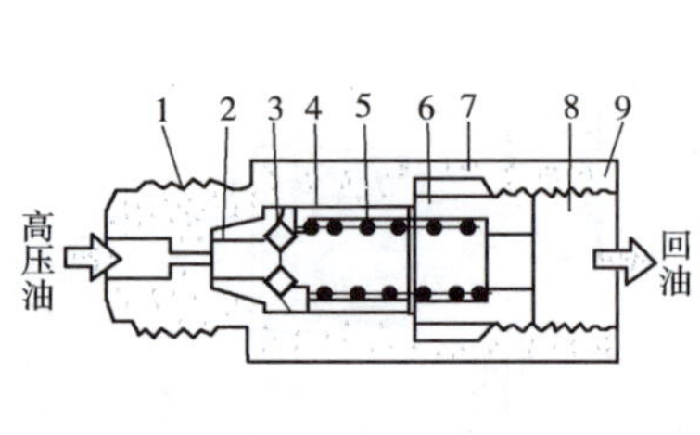

图 7-63 限压阀

1-固定螺纹;2-阀门;3-通流孔;4-活塞;5-弹簧;6-限位件;7-阀座;8-回油孔;9-外壳

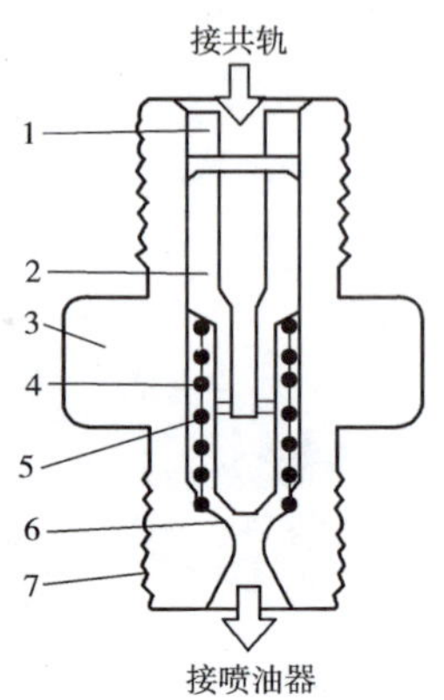

图 7-64 流量限制器

1-堵头;2-活塞;3-外壳;4-弹簧;5-节流孔;6-密封座面;7-螺纹

与直喷式柴油机中的机械式喷油器体相似,喷油器可用压板等安装在汽缸盖内。

如图 7-65 所示,高压油从进油管进入,通过油道通到喷油嘴 A 腔。此时,高压油也通过节流孔进入喷油器的 B 腔。由于 B 腔和 A 腔压力相同,故喷油嘴关闭。

当电磁阀通电后,活塞被电磁力吸起,单向阀在油压作用下打开,B 腔泄压后油压下降。A、B 腔的压力差将针阀抬起,喷油嘴喷油。

喷油量的大小取决于喷油嘴开启的持续时间(决定于 ECU 输出脉宽)、喷油压力及针阀升程等。由于高压喷射压力非常高,喷油嘴喷孔非常小(如 BOSCH 公司的 6 孔、直径 0.169mm 的喷孔),使用中应特别注意柴油的高度清洁。

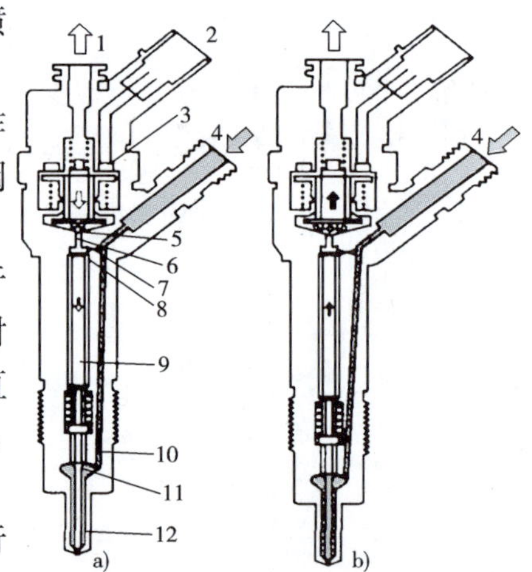

图 7-65 喷油器结构

1-回油管;2-控制接线柱;3-电磁线圈;4-进油口;5-单向阀;6、7-节流孔;8-B 腔;9-接杆;10-油道;11-A 腔;12-针阀

3)传感与控制部分

传感与控制部分包括传感器、控制单元(ECU)和执行机构。

高压共轨喷油器的喷油量、喷油时间和喷油规律除了取决于柴油机的转速、负荷外,还跟众多因素有关,如进气流量、进气温度、冷却液温度、燃油温度、增压压力、电源电压、凸轮轴位置、废气排放等。所以,必须采用相应传感器,采集相关数据,其采集的数据量达 15 000 个/s。

有关传感器的结构和原理与汽油机的电控汽油喷射系统的传感器基本相同,请参考本书有关内容。

由各种传感器采集的数据,都被送入电控单元 ECU,并与存储在里面的大量经过实验得到的最佳喷油量、喷油时间和喷油规律的数据进行比较、分析,计算出当前状态的最佳参数,其

运算速度达 2 000 万次/s。

通过 ECU 计算出的最佳参数，再去通过执行机构（电磁阀等）控制电动输油泵、高压油泵、废气再循环等机构工作，使喷油器按最佳的喷油量、喷油时间和喷油规律进行喷油，控制输出的速度达 2 000 次/s 以上。其控制原理也与汽油机电控燃油喷射相似，不再赘述。

6. 电子控制泵—喷油器燃油喷射系统

此系统又称为电控单体式喷油器（EUI）系统。

1）喷油器的驱动

如图 7-66 所示，驱动机构（摇臂机构）的作用是通过驱动喷油器柱塞的运动产生燃油喷射所需要的足够高的喷油压力（高达 200 MPa），而驱动机构的动力来自于柴油机的凸轮轴。

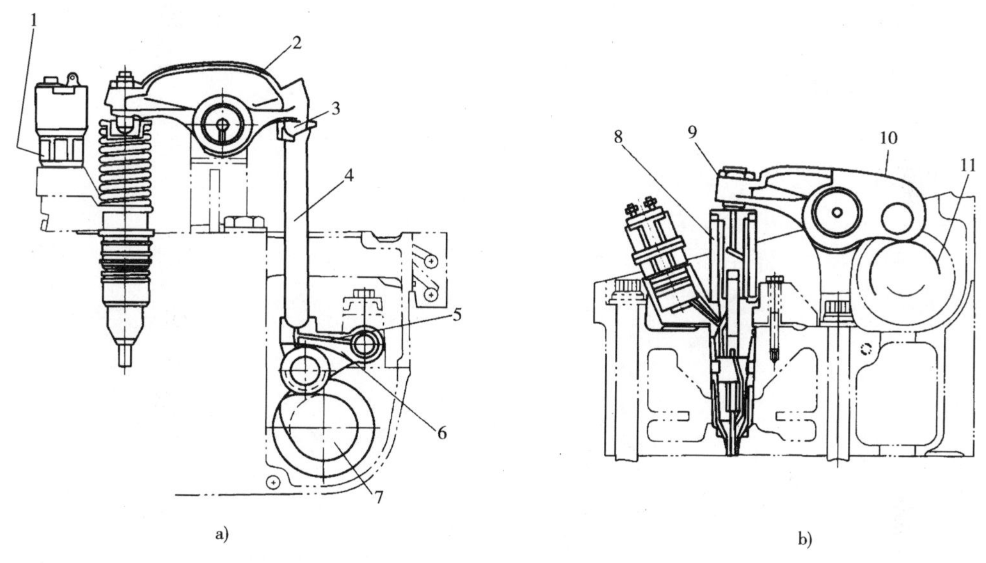

图 7-66　电控单体式喷油器的驱动

a）下置凸轮轴驱动的单体式喷油器；b）顶置凸轮轴驱动的单体式喷油器

1、8-电控单体式喷油器；2、10-摇臂机构；3-推杆保持座；4-推杆；5-机油油道；6-摇臂滚轮机构；7、11-凸轮；9-调整螺母

2）工作过程

电控单元接受各种传感器输入的信号，如加速踏板位置、进气温度、燃油温度、机油压力、机油温度、冷却液温度、涡轮增压压力、柴油机转速和汽车车速等。电控单元根据这些传感器的输入信号，通过安装在喷油器上的电磁阀来控制喷油器的喷油量和喷油定时，因此这种系统没有机械式供油量调节装置。

在一定的转速下，电控单元将电压信号或脉宽调制（PWM）信号发送到喷油器，并持续一定的曲轴转角，从而完成了供油正时和喷油量的控制。图 7-67 所示为大众 TDI 柴油机的泵喷射系统。

（1）如图 7-67a）所示，驱动机构不压迫喷油器的泵活塞，在弹簧的作用下，泵活塞处于最高位置，高压腔内容积扩大，喷嘴电磁阀不动作，供油管到高压腔的通道打开，供油管内的油压使燃油流入高压腔。由于输油泵的供油压力很低，不足以克服喷嘴弹簧的弹力，喷嘴针阀关闭。

(2)如图7-67b)所示，随着驱动机构的工作（凸轮的转动），泵活塞向下移动，电控单元发出信号，喷嘴电磁阀处于关闭状态，燃油压力增大，当增大到18 MPa时，喷嘴针阀上升，开始预喷射循环。

所谓预喷射循环，是在主喷射循环开始之前少量燃油在低压下被喷入燃烧室的过程，少量燃油的燃烧使燃烧室内的压力和温度上升，将保证主喷射循环；开始后燃烧过程尽可能平稳。

(3)如图7-67c)所示，当燃油压力增大到30 MPa时，主喷射开始，压力上升到205 MPa，进入高压腔的燃油多于经喷孔喷出的燃油，此时喷油量最大，柴油机功率也最大，喷油压力最高。

(4)如图7-67d)所示，当电控单元发出停止喷油信号后，喷嘴电磁阀立刻开启，燃油被排出到供油管，压力下降，喷嘴针阀关闭，喷油结束。

喷嘴的回油管具有如下功能：

(1)冷却喷嘴，来自供油管的燃油冲刷通向回油管的喷嘴油道。

(2)排出泵活塞处泄出的燃油。

(3)通过回油管内节流孔分离来自供油管内的气泡。

这种系统的开始和停止喷油的时刻由于是由喷嘴电磁阀的开启和关闭控制，同时还有喷嘴针阀和喷嘴弹簧参与工作，因此不会产生喷前和喷后的滴油现象。

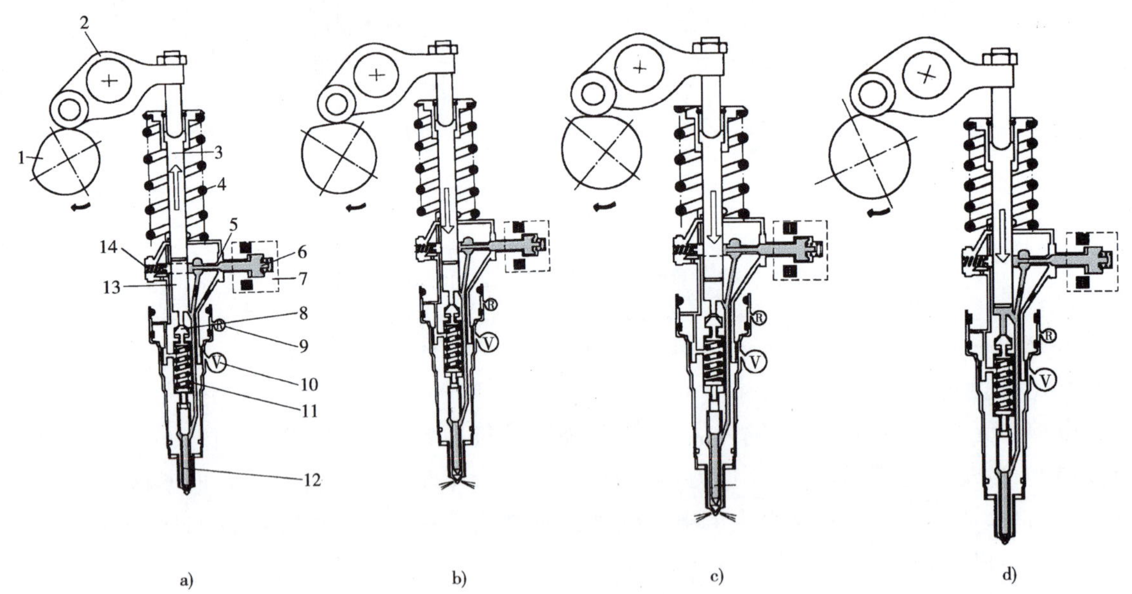

图7-67　大众TDI柴油机的泵喷射系统

a)喷嘴针阀关闭；b)预喷射；c)喷油量最大；d)喷油结束

1-喷射凸轮；2-滚柱式摇臂；3-泵活塞；4-活塞弹簧；5-电磁阀座；6-电磁阀针阀；7-喷嘴电磁阀；8-收缩活塞；9-回油管；10-供油管；11-喷嘴弹簧；12-喷嘴针阀；13-高压腔；14-喷嘴电磁阀弹簧

第八章　发动机的进排气系统

发动机在工作过程中，汽缸一方面要吸入可燃混合气或空气，另一方面必须把燃烧作功结束后的废气排出汽缸外。因此，发动机除了需要一套配气机构来控制进、排气门的开启和关闭外，还需要一套进、排气系统，以满足空气的滤清、充气效率的提高、改善各缸混合气或空气进气分配的均匀性、适当组织进气涡流、废气流道的畅通、进排气噪声的消减、增压发动机废气能量的利用等要求。

第一节　进 气 系 统

汽车发动机的进气系统由空气滤清器和进气支管两个基本部分组成。对于汽油机来说，进气系统中还包括了燃料供给系统中的一部分装置，如电控汽油喷射发动机中的空气流量计、节气门体等。这些装置已在第六章作过介绍。

1. 空气滤清器

在发动机运转中，燃烧每升汽油就需要近 $10m^3$ 的空气。空气中含有的各种粒状异物被吸入汽缸，会加快活塞环、汽缸壁以及气门和气门座的早期磨损；若混入发动机的润滑油中，则会造成各轴承摩擦部位的磨损，影响发动机的寿命，所以空气滤清器的作用就是滤去空气中的粒状杂质。此外，空气滤清器还起着降低吸气噪声的作用。当然，空气滤清器也会增加进气阻力，导致功率的损失。

空气滤清器一般由滤芯和壳体组成，现代汽车上还包括谐振室和进气导流管。常用的空气滤清器主要有以下几种形式。

1）油浴式空气滤清器

油浴式空气滤清器用于在多尘条件下工作的发动机上，如越野车发动机。如图 8-1a）所示为油浴式空气滤清器的结构图，它包括空气滤清器外壳 1、滤芯 2、密封圈 3 和滤清器盖 4 等。外壳的底部是储油池，其中盛有一定数量的机油。当发动机工作时，环境空气经外壳与滤清器盖之间的狭缝进入滤清器，并沿着滤芯和外壳之间的环形通道向下流到滤芯的底部，再折向上通过滤芯后进入进气管。当气流转弯时，空气中粗大的杂质被甩入机油中被机油黏附，细小杂质被滤芯滤除。黏附在滤芯上的杂质被气流溅起的机油所冲洗，并随机油一起流回储油池。滤芯多用金属丝制成。空气中的杂质可被滤除 95% ~97%。油浴式空气滤清器的优点是滤芯清洗后可以重复使用。油浴式空气滤清器的实际结构如图 8-1b）所示。

2）干式纸质空气滤清器

干式纸质空气滤清器被广泛应用于各类汽车发动机上，如图 8-2 所示。空气从空气滤清器进气短管 1 经滤网 3 进入滤清器底部，再经纸滤芯 5 和空气滤清器出气短管 7 流出滤清器，进入进气支管。空气中粗大的杂质被滤网阻留，而细微杂质则被滤芯滤除。

干式纸质空气滤清器有质量轻、成本低和滤清效果好等优点。纸质滤芯由经过树脂处理的微孔滤纸制成。可反复使用。

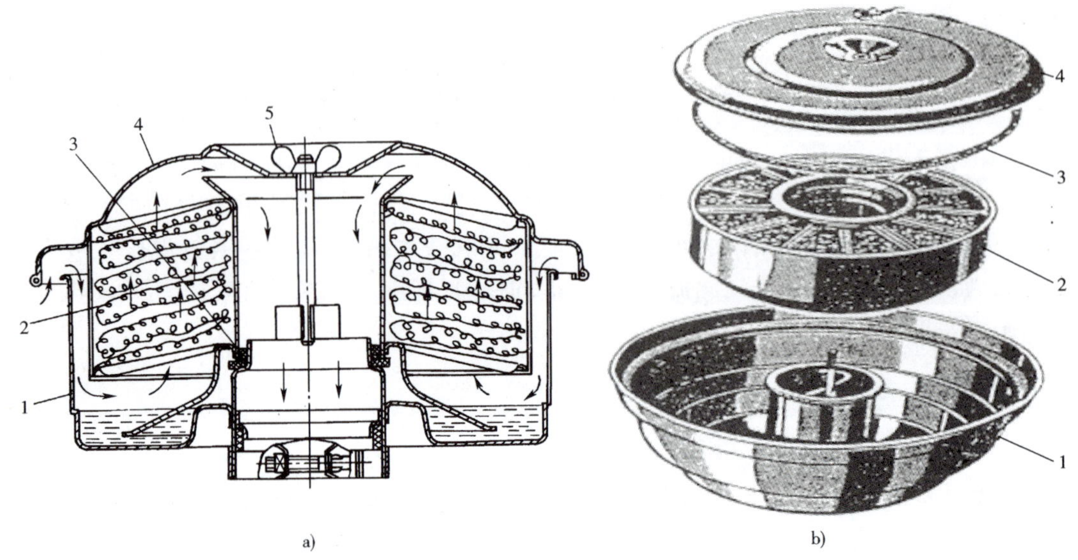

图 8-1　油浴式空气滤清器
a）结构原理；b）实物
1-空气滤清器外壳；2-滤芯；3-密封圈；4-滤清器盖

3）湿式纸质空气滤清器

这是一种较新型高效空气滤清器，其纸质滤芯被放在特殊的油中浸渍处理，使其具有很强的吸附空气杂质的能力，能将空气中颗粒直径6.6～8.6μm 的尘埃滤掉98% 以上，滤纸上加工出许多细小的弯折，使其展开面积相当大，又可降低空气通过阻力。

4）双级复合式空气滤清器

双级复合式空气滤清器多用于大型载货汽车上，如自卸车或矿山用汽车，如图 8-3 所示。双级复合式空气滤清器的上体 7 是纸滤芯空气滤清器。下体 12 是离心式空气滤清器。空气从滤清器下体的进气口 10 首先进入旋流管 11，并在旋流管内螺旋导向面 16 的引导下产生高速旋转运动。在离心力的作用下空气中的大部分灰尘被甩向旋流管壁并落入集灰盘 14 中，空气则从旋流管顶部进入纸质滤芯空气滤清器。空气中残存的细微杂质被纸质滤芯 2 滤除。

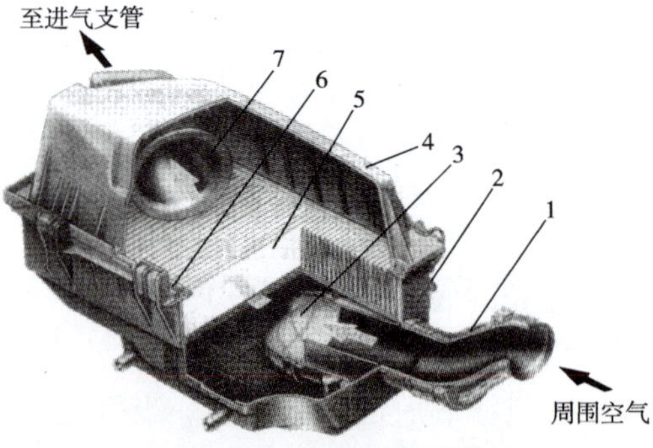

至进气支管
周围空气

图 8-2　干式纸质空气滤清器
1-空气滤清器进气短管；2-下壳体；3-滤网；4-上壳体；5-纸质滤芯；6-密封圈；7-空气滤清器出气短管

2. 谐振室和导流管

现代轿车发动机由于各种附件的增多，安装到轿车上后，发动机周围空间十分紧张，轿车发动机室罩盖下的温度也高，所以，轿车发动机倾向于从车外吸气。因为车外环境温度一般要比机罩下温度低 30℃，从车外吸入空气可使进气量增加 10% 左右，燃油消耗率降低 3%。由于采用车外进气，空气滤清器一般被安装在车内可利用的空间，然后用橡胶波纹管与空气进气导流管连接。为了增加一些谐振进气的效果加快空气的流速，这种进气导流管往往设计得很

长。为了降低进气噪声，有的进气导流管上还布置了谐振室。如图 8-4 示出了空气滤清器前导流管和谐振室的布置情况。

3. 进气支管

进气支管位于电控汽油喷射发动机的节气门体与汽缸盖进气道之间。

为了提高充气效率、降低流动损失，进气支管壁面力求光滑。对于单点喷射的汽油机来说，进气支管要以尽量小的阻力把单点喷射形成的混合气分别引入各个汽缸，力求使各汽缸分配到的混合气在数量上和质量上比较均匀。而采用多点喷射的汽油机，由于不存在单点喷射喷油器在节气门体内安装造成的流道阻力，所以进气管阻力小、充气效率高；并可充分利用进气管内的空气动力效应，进一步提高不同工况下的进气量，改善发动机的转矩输出特性。为此，不少多点喷射汽油机采用长进气支管，将进气支管设计成具有较大的弧度，以充分利用进气管内高速气流的惯性，增加充气量。

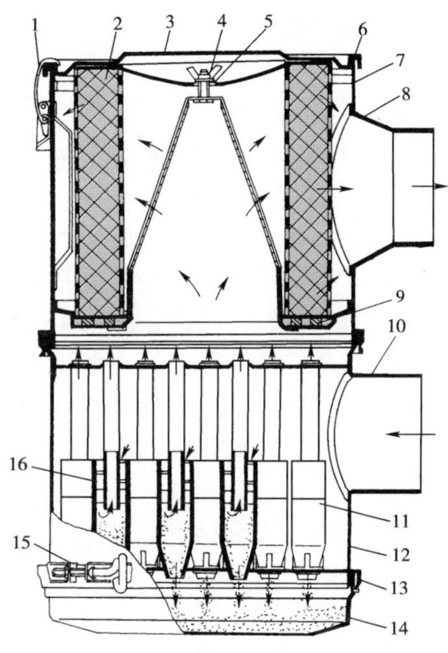

图 8-3　双级复合式空气滤清器

1-卡簧；2-纸质滤芯；3-滤清器上盖；4-蝶形螺母；5-密封垫；6、9、13-密封圈；7-上体；8-出气口；10-进气口；11-旋流管；12-下体；14-集灰盘；15-卡簧；16-旋流管蝶形导向面

除了利用气流惯性效应外，为了利用气流的波动效应，现代轿车发动机常采用谐振进气支管（如图 8-4 所示），即通过选择适当的支管长度来对进气的压力波动进行“调谐”，使其在不过分损失能量的情况下，使支管内产生所希望的谐振波。当进气门打开时，压力波正好到达进气门口处，这就有助于燃烧室的扫气和过后充气。通常，谐振进气支管是调校到当发动机工作接近最高转速或在最高转速时发生谐振，这可对由于高转速引起的充气效率下降进行补偿。

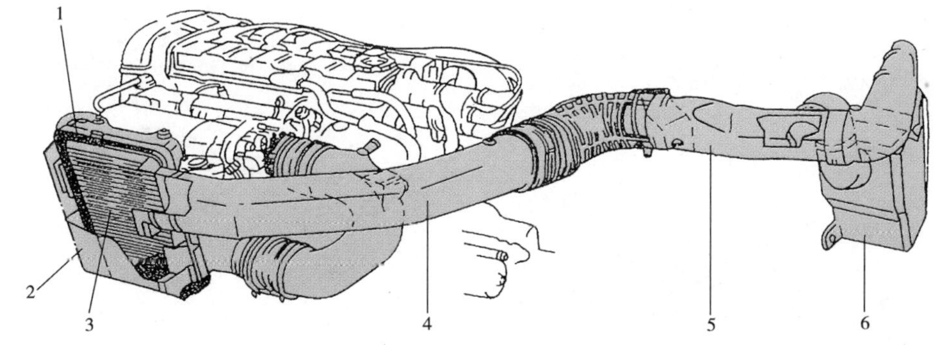

图 8-4　空气滤清器进气导流管

1-空气滤清器外壳；2-空气滤清器盖；3-滤芯；4-后进气导流管；5-前进气导流管；6-谐振室

现代汽车发动机进气支管一般都是铝合金压铸件，这是因为铝合金导热性好、质量轻、内壁可制造的很光滑。除铝合金外，也有不少进气支管是用合成树脂压制成的，质量更轻，内壁更光滑。

4．进气预热装置

对单点喷射汽油机来说,汽油在进气支管内汽化的过程中,要吸收汽化潜热,造成进气支管内温度下降,不利于汽化过程的顺利进行;部分汽油依附于进气管表面,形成油膜,蒸发面积远小于雾状汽油的蒸发面积,因而汽化速度十分缓慢,这种油膜沿进气管壁面缓缓流向各个汽缸。由于不同的汽缸油膜流过的路径不同,会造成各缸混合气浓度不均匀;且油膜进入汽缸会造成燃烧不良,有害废气排放量增加,并造成机油稀释,汽缸润滑条件恶化。特别是在冷起动和暖机工况时,汽油汽化条件更差。为加速油膜的蒸发,改善发动机性能,特别是冷起动和暖机工况时的性能,一般都需要采用进气预热措施。例如,利用进、排气管在发动机同一侧的布置,将进气管布置在排气管之上并相互靠近,甚至将进排气管铸成一体,当发动机工作时,温度较高的排气管便对进气管起加热作用。有时,还在排气管上设置进气预热罩,让空气进入空气滤清器前先通过预热罩,利用排气管的热量使进气升温,当进气温度低于20℃时,打开这个预热罩气门,使进气先经过这里得到预热。在进排气管分别布置在发动机两侧时,通常将进气管底部制成夹层,发动机工作时,冷却液通过小循环流过其中(详见第十一章),利用冷却液散发出的热量来加热进气支管。这种加热方法的特点是加热温度(即冷却液温度)是恒定的,不会随季节气温的变化而变化,工作可靠。

在多点汽油喷射的发动机上由于喷油器布置在进气支管出口处,直接向进气门附近喷射汽油,同时喷射出的汽油油雾颗粒细小,所以,排除极端寒冷的气候外,进气支管不需采用预热措施。这样,由于进气温度较低,空气密度大,进气量相应增加,所以,不预热更为有利。

第二节 排气系统

现代发动机排气系统由排气支管、排气总管和消声器等组成,如图8-5所示。在采用三元催化反应器进行排气净化的轿车上,排气系统中还包括三元催化反应器和氧传感器等装置。关于氧传感器和三元催化反应器将在第九章中介绍。

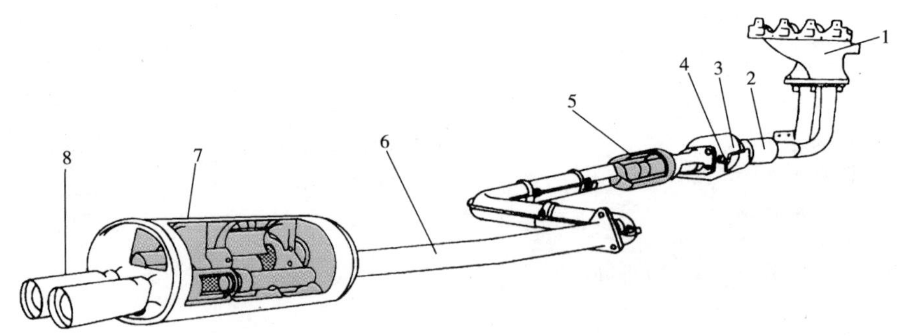

图8-5 单排气系统的组成

1-排气支管;2-前排气管;3-催化反应器;4-排气温度传感器;5-副消声器;6-后排气管;7-主消声器;8-排气尾管

1．排气支管和排气总管

排气支管的作用是将各缸排气道与排气总管连接起来,让各缸废气通过排气总管排入大气。为了使各缸排气不发生干涉和不发生废气回流现象,并尽可能地利用排气惯性,提高排气效率,减少排气阻力。和进气支管一样,排气支管的结构、形状也是经过精心设计的。为了使

各缸排气支管尽可能不受其他各缸排气的干涉，各缸排气支管都做得尽量长，且长度尽量相等（如螃蟹脚状）。由于形状复杂，排气支管一般都采用铸铁或铸铝，内壁要求尽可能的光整（如图8-6）。国外一些新型的轿车发动机上已有采用不锈钢制成的排气支管，以求减轻质量、耐久性好、内壁光滑、且阻力小（图8-7）。

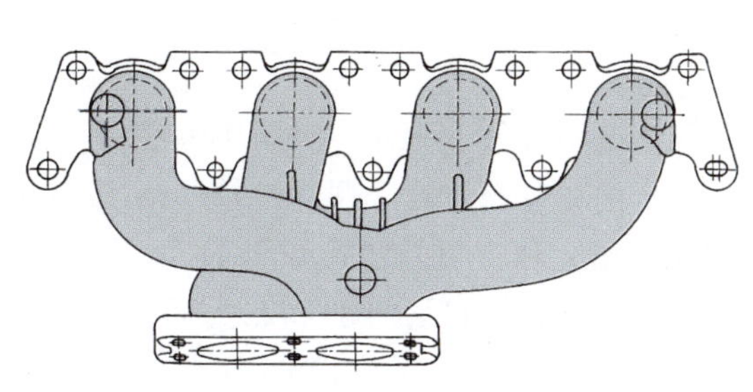

图8-6　铸铁排气支管的结构

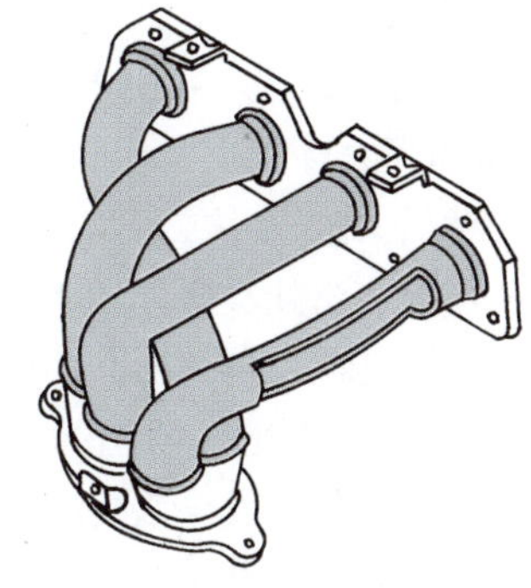

图8-7　不锈钢排气支管的结构

排气总管是排气支管和消声器之间的连接管，有用不锈钢制成，也有用铸铁铸造而成的。

2. 消声器

消声器装在排气总管的出口处，用来降低和消除发动机的排气噪声。随着噪声被列入公害，消声器在排气系统中的地位也日显重要了。

发动机的排气噪声大致可分为"脉动噪声"和"气流噪声"两大类。前者是汽缸内高压燃气在每个排气行程中通过排气门时继续发出的声音，它是与发动机转速和汽缸数有关的周期性噪声，属于较低频的范围；而后者是排气系统内排气流动而发出的紊流噪声、喷流声等流体噪声的总称，属于宽频带的高频噪声。发动机转速较低时，脉动噪声是主要的，随转速增加，气流噪声逐渐变为主要噪声。

消声器大体分为利用声波干扰和共振作用的"抗式消声器"和利用吸声材料与阻力的"阻式消声器"，以及由上述两种综合在一起的"组合式消声器"等3种形式。

如图8-5所示为一种轿车用的组合式双节消声器，前后共两级。主消声器为筒形，用隔板分成3个不同尺寸的扩张室和共振腔，对不同频率的废气声波多次扩张、反射，分为两段的多孔隔板则多次改变废气气流方向，扩散节流，吸收废气能量。副消声器亦称前消声器，结构与主消声器相似，但内部蜂窝孔洞较大，使高压废气先行膨胀，降低压力，故亦称为"膨胀器"。

桑塔纳1.8L轿车上就装有三节消声器，前消声器为膨胀共振型，中消声器为吸收型，后消声器（主消声器）为膨胀型。

在一些新型轿车发动机上，采用所谓"双模式消声器"，在发动机以较低转速工作时（3500r/min以下），由于排气量相对较少，排气阻力不是主要问题，为了尽可能降低噪声，使废气通过两个消声器，这时称为"消声模式"；而在发动机高速运转时，根据转速和节气门位置的信息，由电控单元发出指令，通过一套执行机构使装在"双模式消声器"上的切换阀切换，让大部分排气经由主消声器，从而降低了排气的压力损失，这时称为"正常模式"。

第三节　可变配气机构与可变进气管

由于发动机进气的循环进行,导致进气管内的气体波动,以致汽缸进气量的忽高忽低,进而出现发动机工作的不稳定、动力性下降,而且随着转速的提高越加严重。为此,现代许多发动机设有可变配气机构、可变进气管等装置。

1. 可变配气机构

许多发动机的配气相位通常是兼顾发动机各种工况下性能而采用一种折中办法,其结果是发动机性能没有得到充分发挥。随着轿车汽油机的高速化和废气排放法规的日趋严格,配气相位固定不变的缺点显得越来越突出。因此,可变配气机构的研究和应用引起了人们的高度重视。

由于高速汽油机配气相位的设置通常偏重于高转速,进气门关闭角较大,而发动机在低速运行时,汽缸内的混合气会反窜至进气管中,致使汽缸内燃烧不稳定,功率下降,怠速不稳定。采用可变配气相位机构后,发动机的进气门关闭角在低速时自动减小,可消除上述现象,改善低速和怠速性能。

可变配气相位机构是发动机设计的新技术,近十几年来发展迅速。可变配气相位机构主要有电磁式、液压式和机械式三大类。国外研制的此机构有数 10 种,每种形式都有能改变发动机配气相位的功能,但均有各自优缺点。

1)可变气门配气相位和气门升程电子控制系统

图 8-8 所示为日本本田公司 90 年代初开发的一种可变气门配气相位和气门升程电子控制系统,称为"VTEC"机构。它是既可以改变配气定时,又能改变气门运动规律的可变配气定时一升程的控制机构。其配气凸轮轴上布置了高速和低速两种凸轮轴,采用了设计特殊的摇臂,根据发动机转速的高低,自动切换凸轮,使摇臂分别被高速凸轮或低速凸轮驱动。由于凸轮的更换,

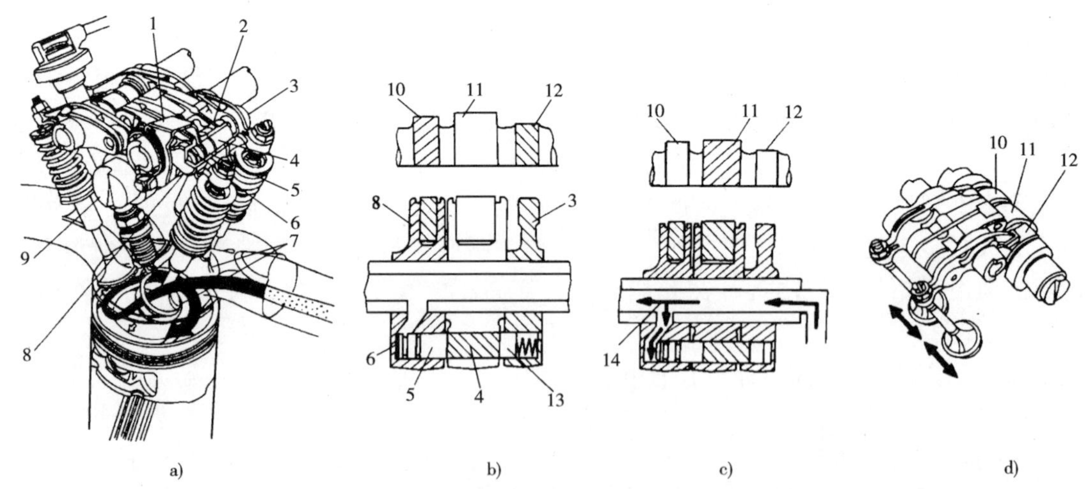

图 8-8　日本本田公司 VTEC 机构工作原理

a) VTEC 工作原理;b) 低转速时;c) 高转速时;d) VTEC 机构轴侧图

1-定时板;2-中摇臂;3-次摇臂;4、5-同步柱塞;6-定时柱塞;7-进气门;8-主摇臂;9-凸轮轴;10、12-低速凸轮;11-高速凸轮;13-阻挡柱塞;14-机油流

从而实现了配气定时和气门运动规律均可变化的目的。其工作原理为：凸轮轴9上的高速凸轮11处在中摇臂2的位置，左右各自有一个低速凸轮10和12，分别处在主摇臂8和次摇臂3的位置，在三个摇臂内装有同步柱塞4和5、定时柱塞6以及阻挡柱塞13。在转速低于6 000r/min时(图8-8b))，同步柱塞不移动，主次摇臂驱动两个气门。当转速高于6 000r/min时(图8-8c))，在压力机油的作用下，定时柱塞6移动，并推动同步柱塞4和5移动，将中摇臂2与主次摇臂锁在一起，3个摇臂一道在高速凸轮的驱动下驱动气门，而高速凸轮两边的低速凸轮随凸轮轴空转。这种机构在本田D18C型1.8L四缸直列式轿车汽油机上得到了应用。

通过改变配气相位，可改变发动机的低速转矩，即可适用较低的发动机转速。相应的摩擦损失降低，发动机的经济性得到进一步提高。此外，如果进气门关闭角能在足够大的范围内变化，则可调节进气门关闭角，取代常规的节流调节负荷，在一定程度上消除了与进气节流相关的泵损失，从而降低发动机的燃油消耗率，减少 NO_x 和HC的排放。

2)大众车系链条式可变气门正时机构

链条式可变气门正时机构在大众车系广泛使用，如宝来、奥迪-A6和Passat B5等。以Passat B5轿车选用2.8升V6发动机为例进行说明。

发动机可变气门正时机构传动方式及进排气凸轮轴分布如图8-9所示，排气凸轮轴安装在外侧，进气凸轮轴安装在内侧。曲轴通过齿形皮带首先驱动排气凸轮轴，顺时针转动，不可能逆转；排气凸轮轴通过链条驱动进气凸轮轴也顺时针旋转，驱动气门开闭。

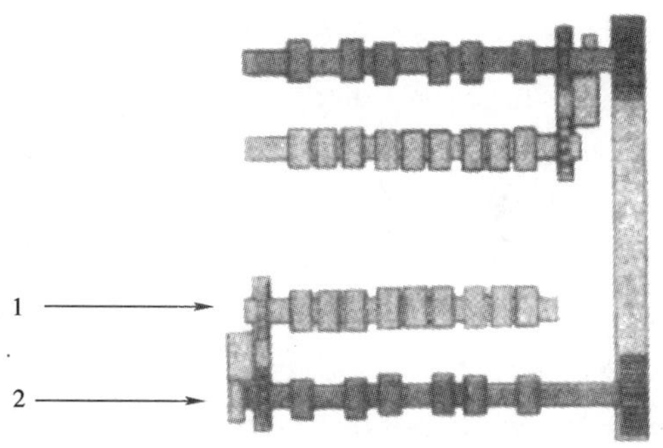

图8-9　Passat B5轿车V6发动机VTEC机构传动方式及进排气凸轮轴分布
1-进气凸轮轴;2-排气凸轮轴

(1)可变气门正时调节器。如图8-10所示，a)图为发动机在高速状态下，为了充分利用气体进入汽缸的流动惯性，提高最大功率，进气门迟后角增大后的位置(轿车发动机通常工作在高速状态下，所以这一位置为一般工作位置)。b)图为发动机在低速状态下，为了提高最大转矩，进气门迟后角减少的位置。进气凸轮轴由排气凸轮轴通过链条驱动，两轴之间设置一个可变气门正时调节器，在内部液压缸的作用下，

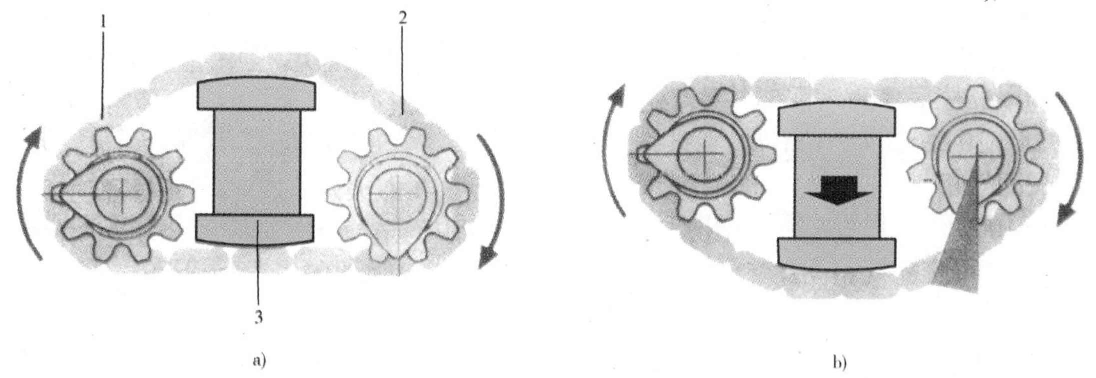

图8-10　可变气门正时调节器
a)发动机在高速状态;b)发动机在低速状态
1-排气凸轮轴;2-进气凸轮轴;3-可变气门正时调节器

调节器可以上升和下降。

当发动机转速下降时,可变气门正时调节器下降,上部链条被放松,下部链条作用着排气凸轮旋转拉力和调节器向下的推力。由于排气凸轮轴在曲轴正时针转动的皮带的作用下不可能逆时针旋转,所以进气凸轮轴受到两个力的共同作用:一是在排气凸轮轴正常旋转带动下链条的拉力;二是调节器推动链条传递给排气凸轮的拉力。进气凸轮轴顺时针额外转过 θ 角,加快了进气门的关闭,即进气门迟后角减少 θ 度,满足了低速进气门关闭较早可提高最大转矩的要求。

当转速提高时,调节器上升,下部链条被放松。排气凸轮轴顺时针旋转,首先要拉紧下部链条成为紧边,进气凸轮轴才能被排气凸轮轴带动旋转。就在下部链条由松变紧的过程中,排气凸轮轴已转过 θ 角,进气凸轮才开始动作,进气门关闭变慢了,即进气门迟后角增大 θ 度,满足了高速进气门关闭较迟可提高最大功率的要求。

(2)链条式可变气门正时机构的控制。可变气门正时机构的控制是由发动机控制单元进行控制的。发动机控制单元根据转速传感器、车速传感器、冷却液温度传感器、节气门位置传感器等信号,控制左右列汽缸上的正时阀中阀体动作,使之处于不同的位置,从而改变通往调节器内的液压缸油路,使得调节器上升或下降,以至于进气门获得不同的迟后角,如图 8-11 所示。一般可调整 20°~30°曲轴转角。由于这种机构的凸轮轴、凸轮形线及进气持续角均不变,虽然高速时可以加大进气迟后角,但是气门叠开角却减小,这是它的缺点。

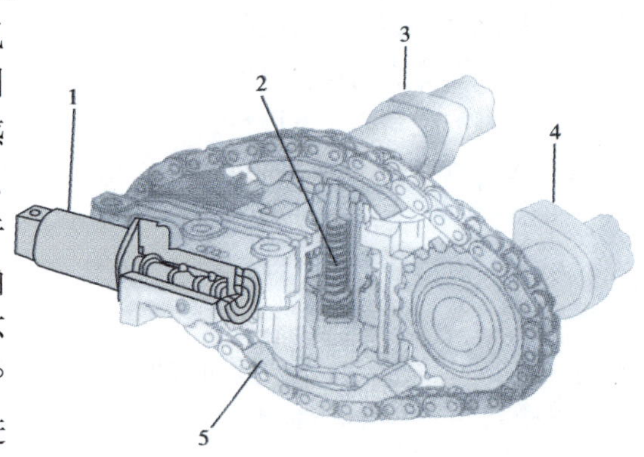

图 8-11 正时阀与调节器的关系

1-可变气门正时阀;2-液压缸;3-排气凸轮轴;4-进气凸轮轴;5-带链条张紧器的可变气门正时调节器

3)丰田车系智能可变气门正时系统(VVT—i 系统)

VVT—i(Variable Valve Timing intelligent)系统用来控制进气凸轮轴在 40°曲轴转角范围内,保持最佳的气门正时,以适应发动机工作状况,从而实现在所有速度范围提高转矩和燃油经济性,减少废气排放量。这种结构只是改变进气门开、关时间的早晚,配气相位角值不变(时间平移—即早开、早关;晚开、晚关),不改变进气门升程的大小。该机构的相位角调节范围宽,工作可靠,功率可提高 10%~20%,油耗可降低 3%~5%。其 VVT—i 系统结构原理,见图 8-12 和图 8-13 所示。

(1)部件结构。配气相位调节机构 VVT—i 由外壳、四齿转子、锁销、控制油道、电磁控制阀组成。

①其外壳与正时齿轮固定连接,四齿转子与进气凸轮轴固接。四齿式转子与外壳的隔墙,形成 8 个控制油腔,4 个油腔充油,4 个油腔泄油,在进气凸轮轴上的提前或滞后油路传送机油压力,使 VVT—i 四齿转子沿圆周方向旋转,连续改变进气门正时。VVT—i 的结构图,见图 8-14。

②当发动机停机时。进气凸轮轴多处在滞后状态,以确保起动性能。液压没有传递至 VVT—i 调节机构,锁销会锁止 VVT—i 调节机构,以防止产生回火。

③电磁控制阀—凸轮轴正时机油电磁控制阀,根据发动机 ECU 负荷的变化,改变控制滑阀的位置,从而分配液压控制至提前和滞后侧。当发动机停机时,凸轮轴正时机油电磁控制

阀,即处在滞后位置。电磁控制阀结构图,见图 8-15 所示。

(2)控制原理。根据来自发动机 ECU 的提前、滞后或保持信号,凸轮轴正时机油电磁控制阀,选择控制通路。即 ECU 是用不同的电流值,调节滑阀的位置,随发动机工况的变化,有“保持”、“提前”、“迟后”等状态,故称“智能化”配气正时机构。

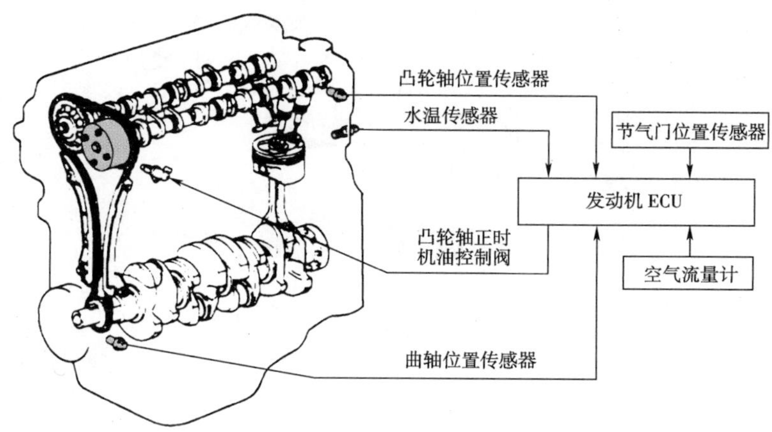

图 8-12　智能可变气门正时系统结构

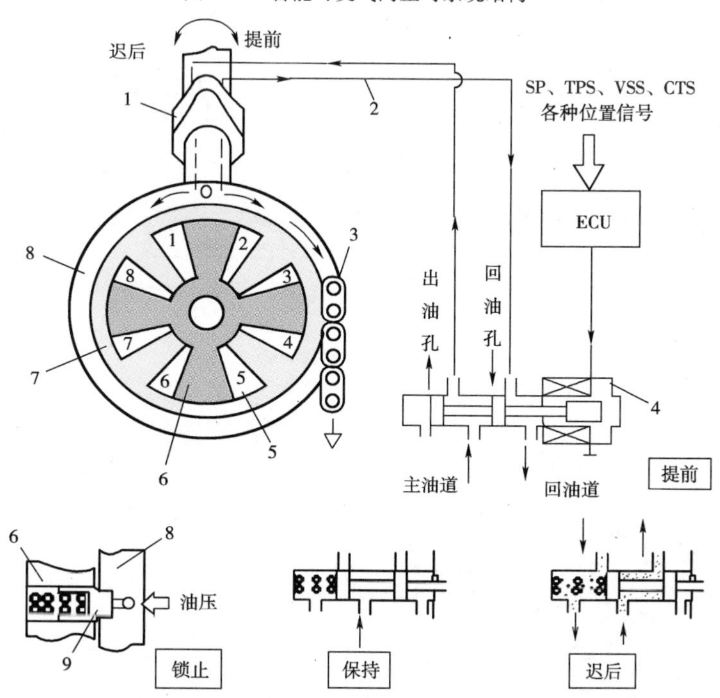

图 8-13　丰田车系可变配气相位调节机构工作原理

1-进气凸轮;2-油道;3-链条;4-电磁控制阀;5-油腔;6-转子;7-外壳;8-链轮;9-锁销

①提前—在中等负荷工况,根据来自发动机 ECU 的提前信号,凸轮轴正时机油电磁控制阀的电流值最大,使滑阀处在图 8-16 所示位置,总油压作用到正时提前转子油腔,使凸轮轴向正时提前方向转动,改善缸内废气排出性能,提高功率。

②滞后—在怠速和大负荷工况,根据来自发动机 ECU 的滞后信号,电磁控制阀断电,使滑

阀处在图 8-17 所示位置,总油压作用到正时滞后转子油腔,使凸轮轴向正时滞后方向转动,防止回火,提高充气效率和转矩。

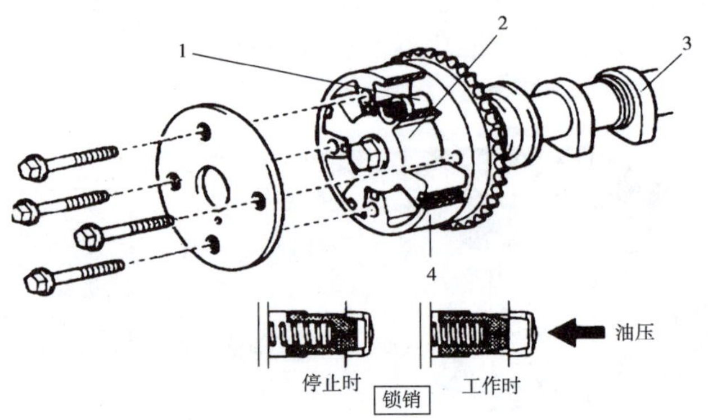

图 8-14 VVT—i 调节机构

1-锁销;2-四齿轮子(固定在进气凸轮轴上);3-进气凸轮轴;4-壳体

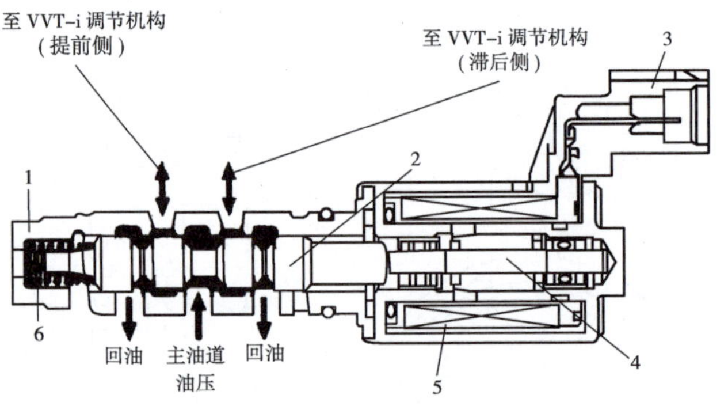

图 8-15 电磁控制阀结构

1-外壳;2-滑阀;3-连接器;4-柱塞;5-线圈;6-弹簧

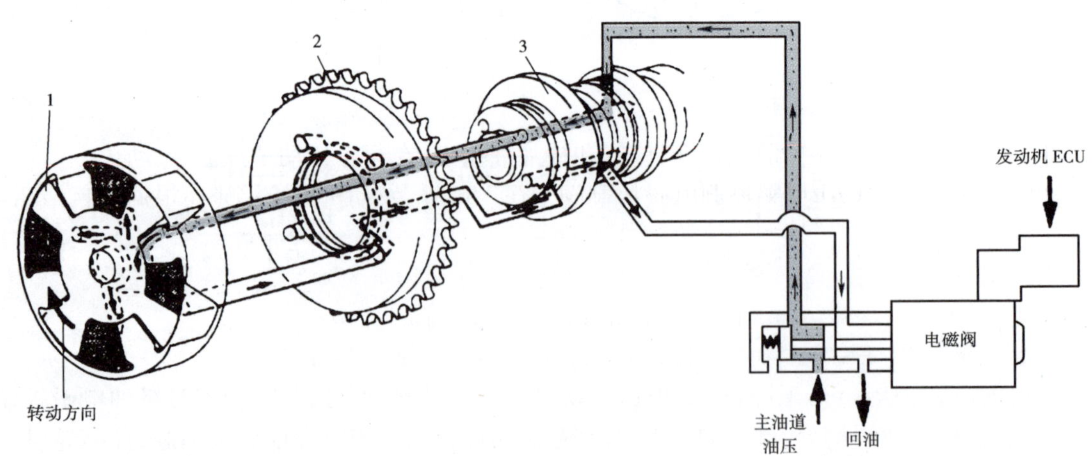

图 8-16 VVT—i 调节机构位置(提前状态)

1-四齿轮子;2-链轮;3-进气凸轮轴

③保持—发动机 ECU 根据移动状况计算出预定的正时角,预定正时被设置后,电磁控制阀控制电流值即变得较小,使滑阀处在空挡位置,保持气门正时直到移动状况改变。

凸轮轴正时机油控制阀位置(保持状态)见图 8-18。

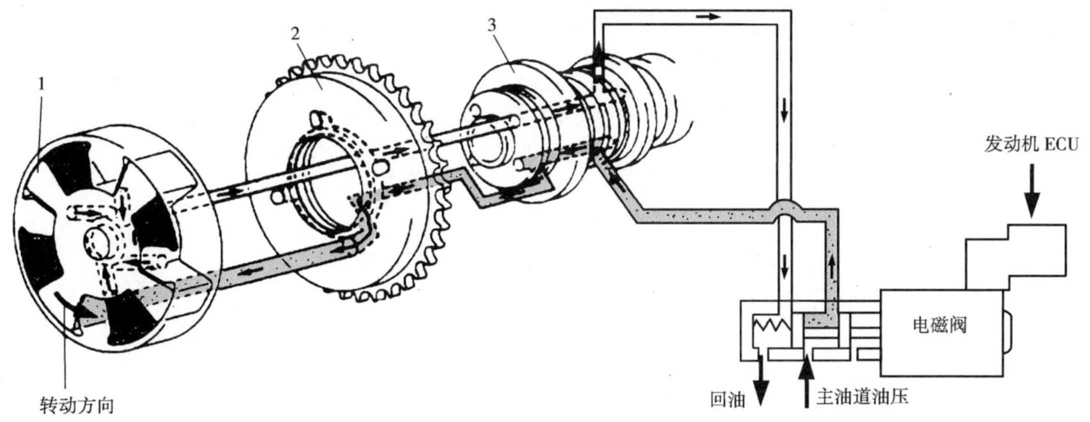

图 8-17　VVT—i 调节机构位置(滞后状态)

1-四齿轮子;2-链轮;3-进气凸轮轴

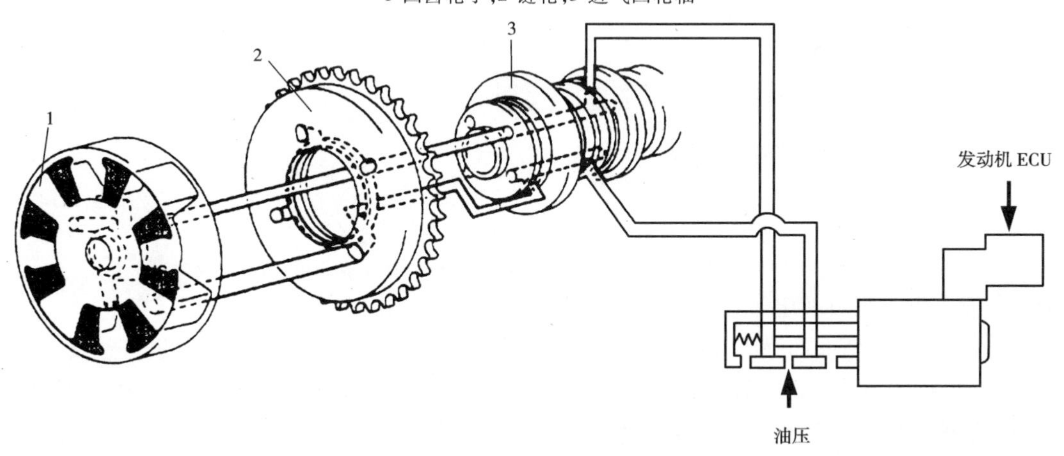

图 8-18　VVT—i 调节机构位置(保持状态)

1-四齿轮子;2-链轮;3-进气凸轮轴

根据发动机转速、进气量、节气门位置和冷却液温度,在每个传动条件下,发动机电控单元计算出一个最优气门正时,来控制电磁控制阀工作。此外,发动机电控单元还根据来自凸轮轴位置传感器和曲轴位置传感器的信号检测实际的气门正时,进行反馈控制,以获得预定的最佳气门正时。进排气的配气正时和转矩特性,如图 8-19 所示。

2. 可变进气管

为了充分利用进气波动效应和尽量缩小发动机在高、低速运转时打开节气门后进气速度的差别,通过相对稳定的气流动能达到改善发动机经济性及动力性,特别是改善中、低速和中、小负荷的经济性和动力性的目的,要求发动机在高转速、大负荷时装备粗而短的进气气管;而在中、低转速和中小负荷时配用细而长的进气支管。可变进气支管就是为适应这种要求而设计的。

一种能根据发动机转速和负荷的变化而自动改变有效长度的进气管如图 8-20 所示。当

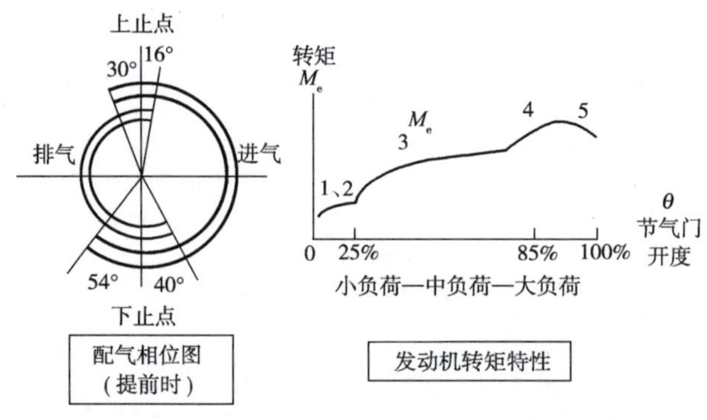

图 8-19 丰田车系的配气相位和发动机转矩特性

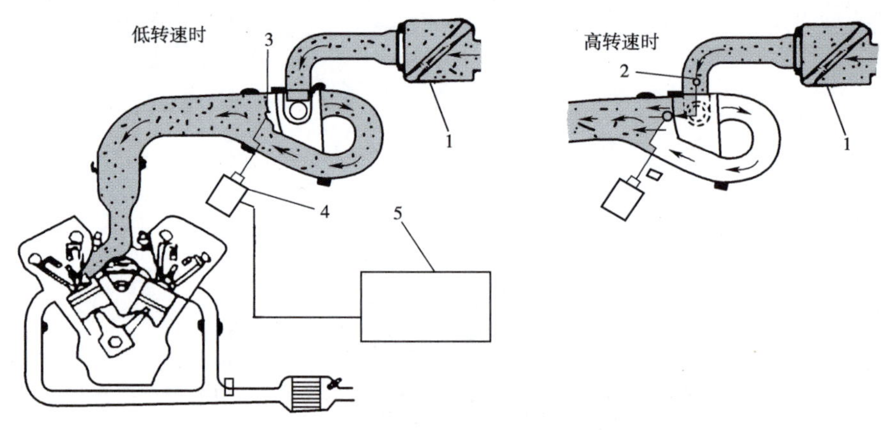

图 8-20 可变长度进气管

1-空气滤清器;2-节气门;3-转换阀;4-转换阀控制机构;5-发动机电子控制装置

发动机低速运转时,发动机电子控制装置 5 指令转换阀控制机构 4 关闭转换阀 3,这时空气经滤清器 1 和节气门 2 沿着弯曲而又细长的进气支管流进汽缸。细长的进气支管提高了进气速度,增强了气流的动能,使进气量增多。当发动机高速运转时,转换阀开启,空气经空气滤清器和节气门直接进入粗短的进气支管。粗短的进气支管进气阻力小,也使进气量增多。可变长度进气支管不仅可以提高发动机的动力性,还由于它提高了发动机在中、低速运转时的进气速度而增强了汽缸内的气流强度,从而改善了燃烧过程,使发动机中、低速的燃油经济性也有所提高。

另一种可变进气支管如图 8-21 所示。其每个支管都有两个进气通道,一长一短。根据发动机转速的高低,由旋转阀控制空气经哪一个通道流进汽缸。当发动机在中、低速运转时,旋转阀将短进气通道封闭,空气沿长进气通道经进气道、进气门进入汽缸。当发动机高速运转时,旋转阀使长进气通道一部分短路,将长进气通道也变为短进气通道。这时空气同时经两个短进气通道进入汽缸。

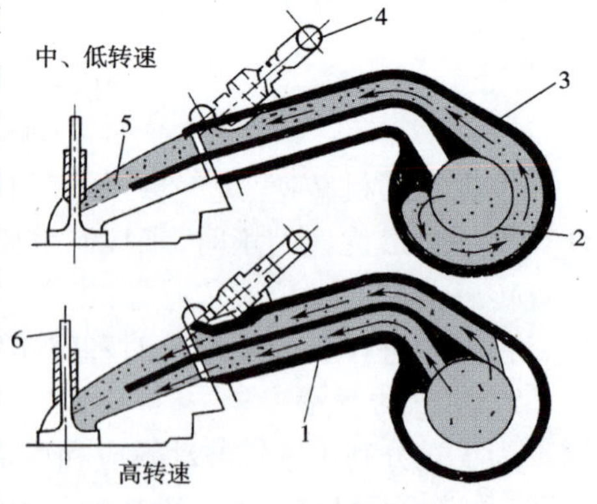

图 8-21 双通道可变进气支管

1-短进气通道;2-旋转阀;3-长进气通道;4-喷油器;5-进气道;6-进气门

第九章　汽车排放控制

随着汽车工业的发展和汽车保有量的增加,汽车排放对大气环境的污染日趋严重,汽车能源、排放、噪声也越来越被人们所重视。世界各国已相应地制定了汽车排放控制的法规标准,而且随着节能和环保意识的增强,对汽车排放控制的法规标准日趋严格,为了适应这些变化,研制出许多汽车排放控制新技术和新装置,已成为现代汽车不可缺少的部分。

排放控制与汽车的其他各个系统相互依赖,主要有机内控制法和机外控制法。机内控制法是根据有害排放物的生成机理,对发动机及控制系统的原理、结构、材料、工艺、技术进行改造创新,提高燃烧效率,减少有害气体的排放;机外控制法是将汽车有害排放物进行过滤、重新进入汽缸燃烧或在排放过程中被氧化、还原,变成无害物质排出,减少排放污染物。

第一节　汽车的有害排放物

汽车有害排放物是指尾气排放物、燃油系统蒸发物等。发动机有害排放物主要有 CO、HC、NO_x 和 SO_2,以及微粒和烟度。这些排放物的生成直接与发动机的燃烧过程有关。

1. 一氧化碳(CO)

CO 是燃料不完全燃烧的中间产物。它是一种无色无刺激的气体,是汽车排放中有害浓度最大的成分。CO 一般不超过内燃机总排放量的 1%,其溶点为 -205.0℃,发火点为 651.0℃。它与血液中血红素的亲和力是氧气的 300 倍,因此当人吸入 CO 后,血液吸收和运送氧的能力降低,导致头晕、头痛等中毒症状。当吸入 CO 气体的体积分数达到 0.3% 时,可致人死亡。

CO 生成主要原因是混合气过浓或局部混合气过浓,燃烧温度过低,燃烧室容积过小而使燃烧滞留时间不充分、空气与燃料混合不充分等导致 HC 燃料的不完全燃烧。当燃烧温度达到 2000K 以上的高温状态时,会导致局部高温热分解,燃烧生成物中的稳定分子 CO_2 和 H_2O 的一部分,也会分解为 CO、NO 以及 H、O、OH 等活性分子,并在其共存状态下达到平衡。而且燃烧温度越高,热分解(吸热反应)度越大,形成 CO 的可能性也就越大。因此,促进混合气的形成质量,控制燃烧温度,可有效地降低 CO 的生成。

2. 氮氧化物(NO_x)

NO_x 是 NO_2 在燃烧高温下的产物,是 NO 和 NO_2 等的总 NO_x 一般不超过内燃机总排放量的 0.5%,其中绝大部分是 NO(约占 95%),NO_2 次之,其余的含量很少。在燃烧后期或排气过程中,部分 NO 氧化成 NO_2。

NO_x 对人体健康、大气环境、植物生长有极大的危害。NO 在大气层中与 O_3 反应急速氧化成 NO_2,直接破坏大气层。此外,NO_2 是呈红褐色的有害气体,沸点 21.2℃,有特殊刺激性臭味,是内燃机排气中恶臭成分之一。NO_x 与血色素结合力相当强,是 CO 的 1 000 倍。它对人的肺和心肌等都有很强的损害作用,同时,还与 HC 生成光化学烟雾。

NO_x 的生成主要取决于燃烧温度，降低混合气中氧的浓度，降低燃烧温度，缩短在高温燃烧带内的滞留时间，以及改善混合气的形成等可控制 NO_x 产生。

3. 碳氢化合物（HC）

发动机的 HC 排放物中有完全未燃烧的燃料，更多的是不完全燃烧产物，还有小部分由润滑油不完全燃烧产物。HC 排放物一般也不超过内燃机总排放量的 0.5%，大体上可分为不含氧的 HC 和醛类等含氧的 HC 化合物两大类。

HC 化合物在阳光照射下引起化学反应，产生臭氧（O_3）、PAH（多环芳香族 HC 化合物）等具有强氧化特性的物质，形成光化学烟雾。它不仅降低大气能见度，使橡胶开裂，植物受害，刺激人的眼睛和咽喉，而且在 HC 化合物中的 PAH 是致癌物质，是导致面炭烟的副产物。

HC 化合物产生的主要是燃烧室内的氧气量不足，燃烧室壁面温度过低，以及混合气形成不充分或燃烧室内局部混合气过浓等原因引起的，可采用 C 含量少的代用燃料，或改善燃烧、保证混合气的浓度和燃烧温度最佳等方法来控制。

4. 微粒（PM）

微粒（又称炭烟）是指存在于接近大气条件的，除掉未化合的水以外的任何分散物质。这些分散物质可能是固态的，也可能是液态的，包括原始的和二次的微粒。原始微粒直接来自内燃机燃烧的产物；二次微粒是在大气条件下，因气态、液态和固态的化学成分之间发生的化学或物理变化所产生的微粒，如经催化反应、光化学反应的微粒。

汽油机和柴油机所排放的微粒是不同的。汽油机主要是铅化物、硫酸、硫酸盐和低分子物质；柴油机的微粒数量比汽油机多得多，一般要高 30～60 倍，其成分也复杂的多，是一种类似石墨形式的含碳物质（炭烟），并凝聚和吸附了相当数量的高分子可溶性有机物和硅酸盐等，这些有机物包括未燃的燃油、润滑油以及不同程度的氧化和裂解产物。柴油机排气中的微粒尺寸比较小，主要由 0.1～10μm 的多孔性碳粒构成，可长期悬浮在大气中，不仅降低了大气的可见度，且易于被人吸入肺部，同时微粒中的可溶性有机成分（SOF）具有致癌物。

微粒是 HC 燃料的不完全燃烧产物，它的产生与 HC 燃料的燃烧状态直接有关。对预混合火焰，在燃料过多的浓混合气下，混合气接近火焰带时受到火焰面的高温热辐射而热分解成炭烟。炭烟产生的另一个条件就是温度。对预混合火焰，当温度在 2 100～2 400K 时，炭烟生成量最大，当火焰温度进一步升高时，炭烟生成量反而减少。在扩散火焰区内，产生炭烟的主要原因是缺氧。

柴油机的燃烧过程一般包括预混合燃烧和扩散燃烧。由于在柴油机燃烧室内混合气极不均匀，尽管总体上是富氧燃烧，但局部缺氧，特别是燃烧后半期随活塞的下移，缸内温度和压力降低，使燃烧过程不稳定，不能保证炭烟的充分氧化时间，最终导致炭烟的生成。

控制炭烟的基本途径主要有两条：其一就是提高火焰温度，但这种方法与控制 NOx 排放量互相矛盾；其二就是控制火焰领域内的混合气浓度，避免过浓。为此，对预混合火焰需要供给充分的氧气；而对扩散火焰，需要促进混合气的形成。具体措施是提高喷射压力或喷射速率，促进喷雾的微粒化，这有利于控制燃烧初期的局部混合气浓度和燃烧中后期的紊流扩散火焰，是改善混合气的有效方法；改进燃烧室结构，有效组织燃烧室内的气流运动，特别是保证燃烧室内具有一定的涡流强度，是促进扩散燃烧和碳烟氧化的很有效的措施。

第二节 汽油机排放控制

汽油机尾气排放的控制主要有燃烧控制和三元催化转化两种方法。燃烧控制主要是通过排气再循环来降低 NO_x 的排放，同时通过氧化催化装置或在排气中进行二次空气喷射以降低排气中的 CO 和 HC；而三元催化转化因氧传感器和催化转化装置耐久性的提高，以及空燃比电控技术的发展，使其得到了广泛应用，现已成为汽油机排放控制的主要方式。

1. 催化转化装置

催化转化装置是利用催化剂的作用，将排气中的 CO、HC 及 NO_x 转换为对人体无害的气体的一种排气净化装置，也称作催化净化转化装置。催化转化装置是在催化剂的作用下通过氧化反应、还原反应、水性气体反应和水蒸气改质反应，将排气中的 CO、HC 及 NO_x 三种有害气体转换成无害气体 CO_2、N_2、H_2 和 H_2O。

根据催化转化装置的净化形式可分为氧化催化转化装置、还原催化转化装置以及三元催化转化装置。氧化催化转化装置是利用排气中残留的或另外供给的二次空气中的氧，使 CO 和 HC 氧化为 CO_2 和 H_2O；还原催化转化装置是利用排气中的 CO、HC 和 H_2 等作为还原剂，使 NO 还原为 N_2、CO_2 和 H_2O；三元催化转化装置对排气中的 CO、HC 及 NO_x 同时有效，可降低 90% 以上。

1）氧化催化转化装置

氧化催化转化装置只是将排气中的 CO 和 HC 氧化为 CO_2 和 H_2O。主要用 Pt（钯）和 Pd（铂）等贵金属作为氧化催化剂。为了氧化 HC 和 CO，将 Pt、Pd 独立或组合为催化剂。贵金属 Pd 易受 Pb（铅）的侵蚀，而贵金属 Pt 容易受热劣化。

影响催化反应的基本因素是反应物质的浓度、温度以及空间速度（单位时间内的气体流量）。为了提高反应效率，催化剂的工作温度一般为 300℃ 以上，此时 CO 的净化率可达95% ~ 99%，HC 的净化率也可达 95% 以上；空间速度为每小时数万升以下；而反应物的浓度，很重要的因素就是氧的浓度和被氧化物质（CO、HC、H_2）浓度之间的平衡关系。因此，为了在排气过程中氧化 HC 和 CO 排放物，或者作为排气净化装置，采用催化装置或热废气反应器时，需要空气泵向排气门后面喷射新鲜空气，并称之为二次空气。

二次空气喷射是由空气泵将新鲜空气喷到排气门后面，这些空气与高温废气混合，使未燃的 HC、CO 进一步氧化反应（或燃烧）成 CO_2 和 H_2O，从而降低 HC 和 CO 的排放。按二次空气的供给方式分为空气喷射式和排气管内压力脉动式两种，其中：排气管内压力脉动式是采用逆向单向阀通过排气管内的负压直接吸入空气；空气喷射式是利用空气泵按一定压力将一定量的空气喷入排气门附近，如图 9-1 所示。由于空气泵 2 是发动机曲轴驱动的，因此，供给的空气量与发动机转速成正比，而与发动机负荷无关。为了适应发动机不同工况的要求，控制最适合的二次空气量，设置二次空气控制阀 A（11）、B（12），溢流阀 10、单向阀 4 等空气流量控制阀。二次空气经空气泵的滤清器 1、空气泵 2、单向阀 4、空气回流管 7 喷入排气管 3，或经二次空气控制阀 B（12）喷入催化转化装置 13。当所供给的空气过多时，经二次空气控制阀 A（11）、溢流阀 10 流入空气滤清器 9 并随进气进入汽缸。这种二次空气供给方式主要适用于要求二次空气量较多的六缸机以上的大排量发动机。

2）三元催化转化装置

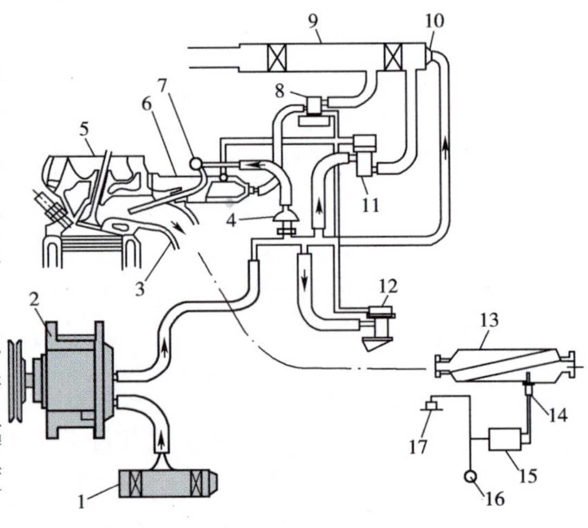

图 9-1　空气喷射式

1-空气泵滤清器；2-空气泵；3-排气管；4-单向阀；5-汽缸盖；6-进气总管；7-空气回流管；8-AB 阀；9-空气滤清器；10-溢流阀；11-二次空气控制阀 A；12-二次空气控制阀 B；13-催化转化装置；14-排气温度传感器；15-开关单元；16-警报装置；17-温度传感器

二次空气喷射系统只能用再氧化的方法使 HC、CO 的排放降低，对 NO_x 无效，而三元催化转化装置是能同时净化汽车尾气排放中的 CO、HC 和 NO_x 的后处理技术。但它的净化率受空燃比的影响很大，在理论空燃比附近很窄的空燃比范围内才有较高的净化率（见图 9-2 的阴影范围），空燃比高于阴影范围 NOx 的净化率陡降；空燃比低于阴影范围 CO 及 HC 的净化率陡降，所以要精确控制空燃比。这个高的净化率的空燃比范围越宽，催化剂的实用性能越好，对电控系统控制精度的要求越低。由于催化剂技术和氧传感器以及电控燃料喷射技术的发展，汽油机空燃比可精确地控制在理论空燃比上，所以目前汽油机广泛应用三元催化转化装置。如图 9-3 所示为闭环电控系统与三元催化转化装置。

图 9-4 所示为三元催化转化装置的结构，主要由催化剂、载体、垫层、隔热层、内壳、外壳等组成。其催化剂是由活性成分（也称主催化剂）、催化助剂组成。将 20μm 厚的贵金属催化剂固化在载体表面上构成催化反应床。

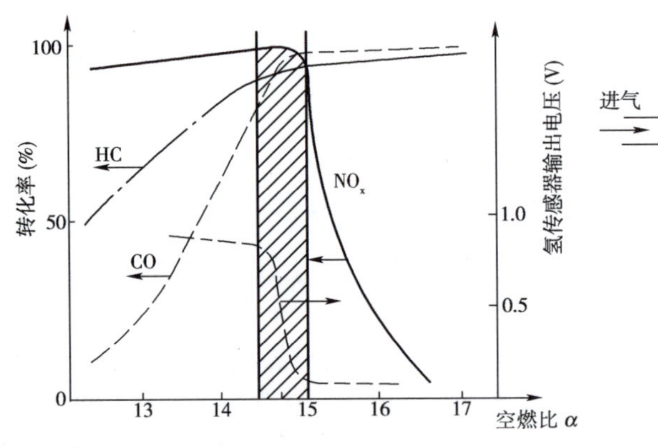

图 9-2　三元催化剂空燃比特性

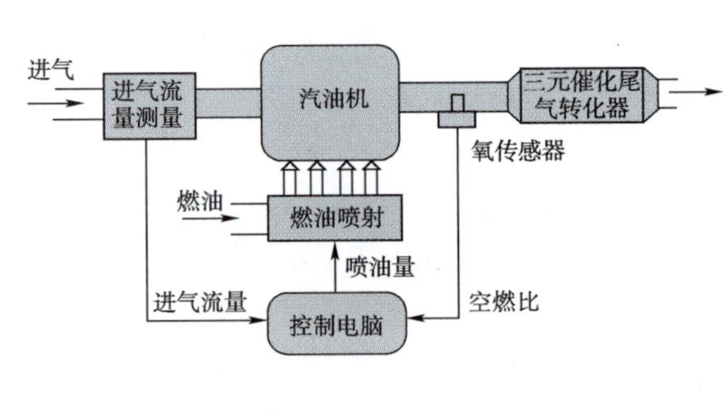

图 9-3　闭环电控系统与三元催化转化装置

图 9-4a）为陶瓷颗粒式催化转化装置，早期用 Al_2O_3 制成 $\Phi 2 \sim 3$mm 的陶瓷颗粒载体 1，由于颗粒载体的气流阻力大，载体易磨损，现在应用很少；图 9-4b）为陶瓷蜂窝载体的整体式催化转化装置，其陶瓷蜂窝载体 5 的蜂窝（多为格子状，也有六边形）孔径 1mm，蜂窝孔之间由约 0.15 ~ 0.33mm 厚的多孔性壁面隔开，它的热膨胀系数低，升温快，气流阻力小，载体振动磨损小，应用广泛；图 9-4c）为金属蜂窝载体的整体式催化转化装置，其金属蜂窝载体 6 由金属薄板（约 0.05mm）卷制而成，与陶瓷蜂窝载体相比结构紧凑、体积小，强度高，预热快（可迅速达到工作温度），气流阻力更小，但其成本高，热容量低，导热好使催化转化装置在汽车频繁起动

不能较好的发挥作用,因此常作为启动催化器,应用较小。

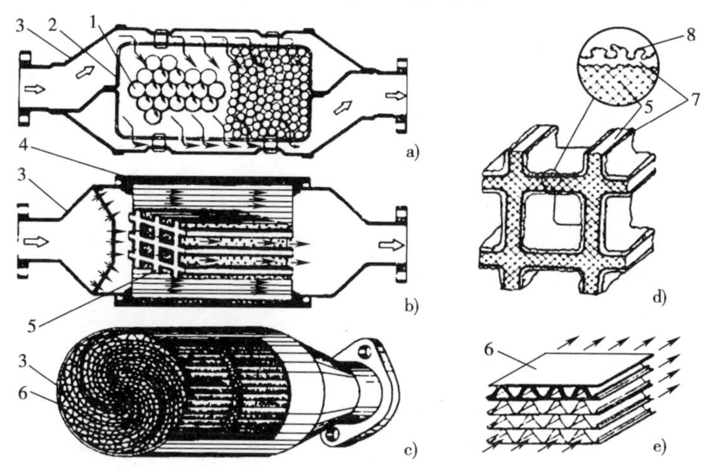

图9-4　三元催化转化装置的结构

a)颗粒式催化转化装置;b)、c)整体式催化转化装置;d)催化微观结构;e)金属蜂窝载体

1-陶瓷颗粒载体;2-内壳;3-外壳;4-隔热层;5-陶瓷蜂窝载体;6-金属蜂窝载体;7-氧化铝涂层;8-催化活性物质

催化转化装置常用铂(Pt)、钯(Pd)、铑(Rh)等贵金属为主催化剂,其价格昂贵,是催化剂中起催化作用的主要成分;但Pd易受Pb(铅)的侵蚀,而Rh易受热劣化,所以实用以Pt/Pd的组合形式。对车用催化剂,催化反应是在催化剂表面上发生,为了提高主催化剂的有效利用率,采用Ni、Cu、V、Cr等软金属作为添加剂。在催化转化装置中采用催化助剂的目的是为了改善催化剂的催化性能,提高主催化剂的选择性和耐久性。具有代表性的催化助剂是二氧化铈,它具有在氧化(稀)侧吸藏氧气、在还原(浓)侧放出氧气的特性,还具有扩大高效率净化HC、CO、NO_x三成分的空燃比范围的效果。

2. 降低低温HC排放装置

装有三元催化转化装置的汽车,向大气排出的HC主要是在排气温度达到催化剂开始反应温度之前的冷态下排出的。因此,降低HC的关键在于如何控制发动机刚起动后的冷态下HC的排放量。其控制方法有以下几种。

1)直接催化

直接催化是将催化转化装置直接安装在排气管之后,加快催化剂的升温速度。因此,HC净化在早期对降低冷态下的HC很有效。但存在的问题是催化转化装置安装在离发动机排气管尽可能接近的位置,受高温的影响,促进催化剂的热劣化,即在高温下引起贵金属、氧化铝母体以及催化助剂二氧化铈等性能的劣化。这就需要提高催化装置的耐热性,其技术包括贵金属、氧化铝母体、氧吸藏物质的劣化抑制技术。

2)电加热催化转化装置

这种装置是一个通过外部电力提前加热催化,以降低冷态下HC排放量的系统。供电方式有蓄电池和交流发电机两种。交流发电机供电方式的特点是可以施加高电压,减小电流。电加热催化转化装置的主要缺点是耗电量大,耐久可靠性较差。

3)二次燃烧装置

这是一种将燃料的一部分或过浓混合气送到催化转化装置之前,由燃烧器点火燃烧促进催化的装置。这种系统多数是将燃烧器放在催化转化装置之前,并专门设置燃料和空气的供给系统。采用这种系统后,可在发动机起动后的6s内将催化转化装置入口温度升高到300℃左右,使HC排放量降低90%左右。但当燃烧器点火失败时,HC排放量反而增加。这种系统的主要缺点是结构复杂。

4)HC捕捉器

HC捕捉器的特点是不需要外部能量,也能将低温排出的HC吸附。它主要采用沸石或活性炭作为吸附剂。HC捕捉器在低温时吸附的HC,在吸附剂温度上升时被释放出来,所以常与三元催化转化装置同时使用,如图9-5所示。一般将HC捕捉器设置在三元催化转化装置之后。吸附剂上游的催化剂达到活性温度之前所排放出的HC被HC捕捉器5的吸附剂捕捉,随吸附剂温度的上升,由HC捕捉器释放的HC,通过控制阀6的适当控制,经HC回流管4送到发动机3再次燃烧后,随排气通过三元催化转化装置1、8进行净化。

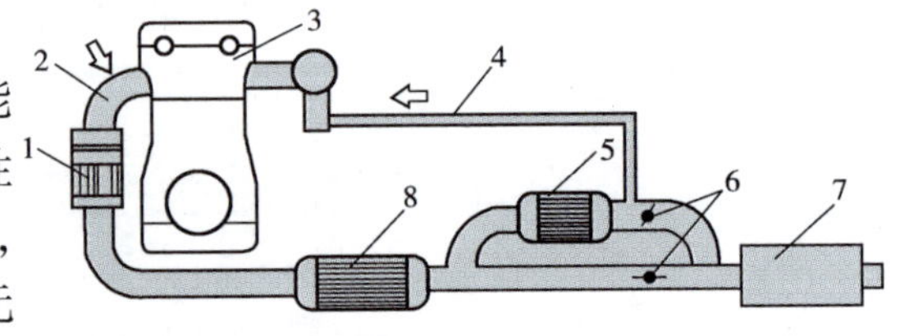

图9-5 HC捕捉器的安装位置

1、8-三元催化转化装置;2-排气管;3-发动机;4-HC回流管;5-HC捕捉器;6-控制阀;7-消声器

3. 稀薄NO_x催化转化装置

随着节能与排放要求的不断提高,已开发研究和应用稀薄燃烧技术。由于这种燃烧方式的空燃比大于理论空燃比,所以三元催化转化装置不再适用。因此,专门开发出了稀薄混合气燃烧时的NO_x催化转化装置。这种催化转化装置主要有NO_x直接分解型和NO_x吸附还原型两种。

直接分解型催化转化装置是一种在稀薄混合气下以HC为还原剂直接净化NO_x的方式。这种方式通过Cu—沸石以及Pt(铂)系列贵金属催化剂,将NO_x吸附在催化剂表面上,然后由HC还原消除贵金属表面上所吸附的氧,使NO_x直接分解为N_2和O_2。

NO_x吸附还原型催化转化装置是一种在稀薄燃烧时吸附NO_x,在浓或者理论空燃比时将吸附的NO_x进行还原净化的系统。在稀混合气时所排出的NO_x,在Pt表面上氧化成NO_2,并作为硝酸盐吸附在吸附剂表面上,然后在理论空燃比或浓混合气时,由排气中的HC、CO、H_2等气体将吸附的NO_x还原净化。

4. 废气再循环系统

1)工作原理及控制方式

废气再循环(EGR)是指把发动机排出的部分废气回送到进气管,并与新鲜混合气一起再次进入汽缸。废气再循环可通过适当的配气正时(气门重叠角)或控制EGR阀的内、外排气再循环来实现。

控制EGR阀的废气再循环工作原理如图9-6所示。由于排气中含氧量很低,主要含有大量的N_2和CO_2,一部分排气(再循环排气)经EGR阀回流到进气系统,与新鲜混合气混合,稀释了混合气中的氧,使燃烧速度降低;且再循环排气中的CO_2不能燃烧却吸收大量的热,使汽缸中混合气的燃烧温度降低,从而抑制NO_x的生成量。废气再循环是净化排气中NO_x的主要措施,因而得到广泛应用。

废气混入的量常用 *EGR* 率来表示：$EGR率 = \frac{再循环排气量}{吸入空气量 + 再循环排气量} \times 100\%$

该定义是通过 *EGR* 减小的空气量来计算 *EGR* 率。如图 9-7 所示，随着 *EGR* 率的增加，NO_x 大幅度降低。但由于这是降低燃烧速度和燃烧温度结果，因而导致全负荷时最大功率下降；中负荷时燃油消耗率增大，HC 排放上升；小负荷特别是怠速时燃烧不稳甚至熄火。因此，一般在汽油机大负荷、起动、小负荷和怠速不用 EGR，其他工况的 *EGR* 率一般不超过 20%，可降低 NO_x 排放 50% ~70%。采用电子控制 EGR 阀和中冷 EGR 效果更好。

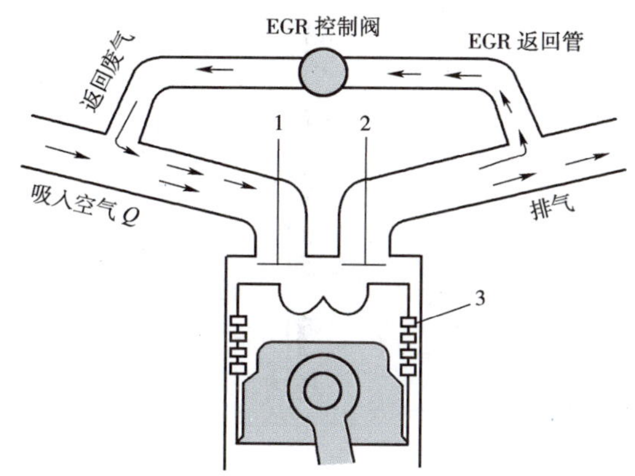

图 9-6　废气再循环系统工作原理

1-进气门；2-排气门；3-活塞

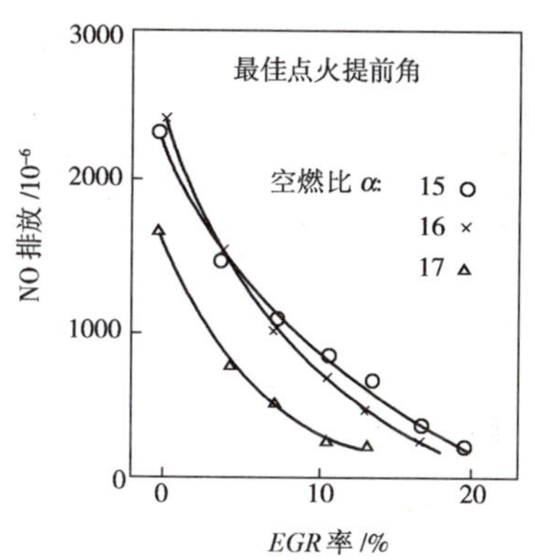

图 9-7　*EGR* 降低 NO_x 效果

据 EGR 阀的控制方式有真空式和电磁式废气再循环系统，再循环的废气量由 EGR 阀自动控制。

2）真空式

真空式废气再循环系统的 EGR 阀是由真空度直接控制的（如图 9-8 所示）。它是将节气门不同开度所产生的真空度，经真空锁定阀 4 及节流阀 3 到 EGR 阀 2 的真空室，控制 EGR 阀的开度。当发动机怠速和小负荷时，真空度较小，不足以克服 EGR 阀弹簧的弹力，EGR 阀关闭；随着发动机负荷的增大，真空度增大到足以克服 EGR 阀弹簧的弹力，EGR 阀打开，再循环的废气由排气喷嘴 1 喷入进气管，随着负荷的逐渐增大，使 *EGR* 率增大；当发动机大负荷和全负荷时，节气门全开，真空度又变小，EGR 阀开度变小直至关闭，废气再循环终止。

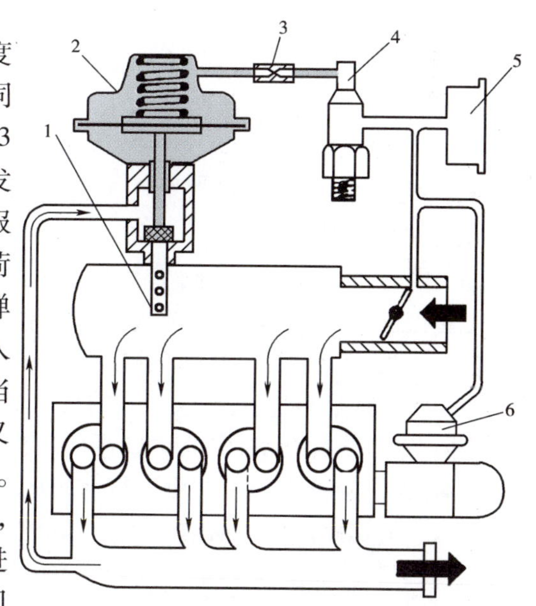

图 9-8　真空式废气再循环系统图

1-排气喷嘴；2-EGR 控制阀；3-节流阀；4-真空锁定阀；5-负压室；6-负压控制器

EGR 阀安装在废气再循环通道上（图 9-9），废气再循环通道的一端连接排气门，另一端通进气支管。当 EGR 阀开启时，部分废气将从排气门经排气再循环通道进入进气管。

传统式 EGR 阀的结构及工作原理如图 9-10

所示。进气管真空度经真空传送管1传入膜片室2。当真空度较小或没有真空度时，在膜片弹簧3的作用下，锥阀6将废气再循环通道关闭（图9-10a））；当真空度较大时，膜片4、膜片推杆5和锥阀6一起向上提起，将废气再循环通道打开（图9-10b））。废气再循环通道开启的程度取决于进气管真空度的大小，因此当节气门开度和发动机转速变化时，再循环的废气量将会自动地得到调节。

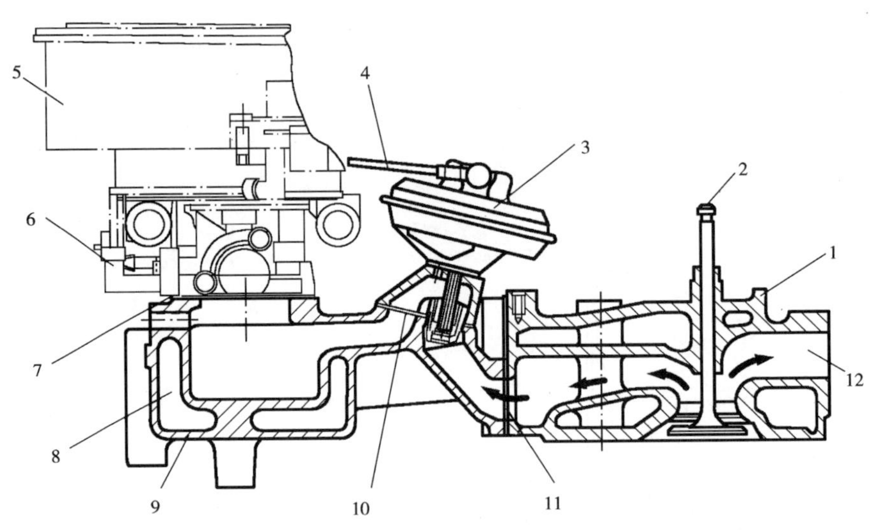

图9-9　EGR阀的安装位置（GM2.5L）

1-汽缸盖；2-排气门；3-EGR阀；4-真空软管；5-空气滤清器；6-节气门体；7、10、11-衬垫；8-循环水套；9-进气支管；12-排气道

有的EGR阀利用排气背压传送阀（BPV）来调节作用在EGR阀膜片上的真空度，其中正背压EGB阀便属于这类装置。

正背压EGR阀的结构及工作原理如图9-11所示。在膜片7的上方设有通气阀3（排气背压传送阀），在膜片上加工有通气孔8，当通气阀开启时，膜片室2与大气连通。在通气阀下面装有通气阀弹簧6，使通气阀保持常开。发动机工作时，废气再循环通道内的排气压力经锥阀9的中心孔作用在膜片上。当发动机转速较低或节气门开度很小时，排气压力不大，不足以使通气阀关闭。这时，由于膜片室与大气连通，致使传到膜片室的真空度被减弱或消除，锥阀9保持关闭（图9-11a））。当排气压力增大时，膜片被推动向上并将通气阀关闭，使膜片室与大气的通路隔断。这时进气管真空度传到膜片室，吸引膜片和锥阀一起向上提起，使废气再循环通道开启（图9-11b））。

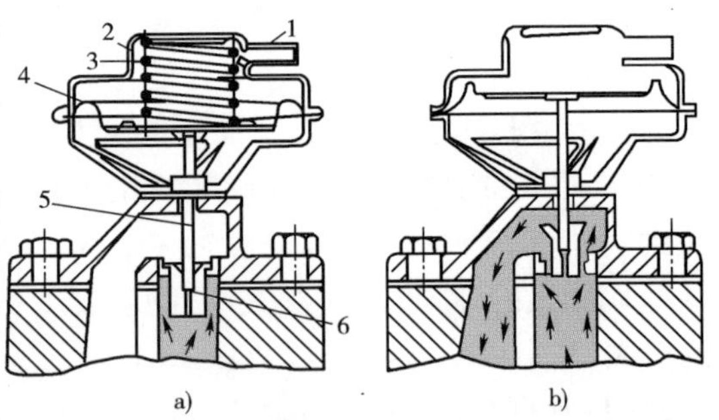

图9-10　传统式EGR阀（奥兹莫比）的结构及工作原理

a）通道关闭；b）通道打开

1-真空传送管；2-膜片室；3-弹簧；4-膜片；5-膜片推杆；6-锥阀

3）电磁式

电磁式废气再循环系统的EGR阀是由电磁直接控制的。EGR传感器可将节气门不同开度所产生的真空度、混合气的含氧量传给ECU，EGR电磁阀根据来自ECU的信号控制废气再

循环量。闭式 EGR 系统(图 9-12)是利用 EGR 传感器检测稳压箱中混合气的含氧量,由 ECU 通过 EGR 电磁控制阀来精确地控制废气再循环量,以获得更理想的 *EGR* 率。

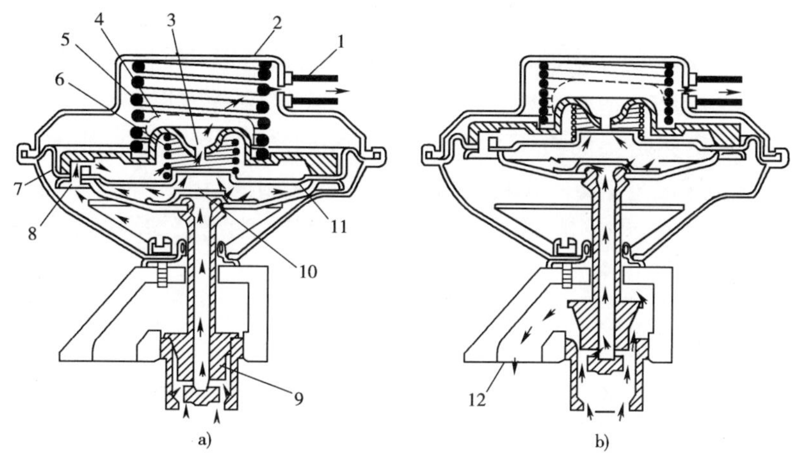

图 9-11　正背压 EGR 阀(雪佛兰)的结构及工作原理

a)锥阀关闭;b)锥阀开启

1-真空传送管;2-膜片室;3-通气阀;4-滤网;5-复位弹簧;6-通气阀弹簧;7-膜片;8-通气孔;9-锥阀;10-导流板;11-废气感应隔膜;12-循环废气入进气支管

图 9-13 所示为 EGR 电磁阀的结构。EGR 电磁阀的位置传感器 2 准确地测得其阀门开度,并将该位置信号传给 ECU,由来自 ECU 的信号通过线圈 3、电枢 1 控制 EGR 阀门 6 的开度,精确的控制废气再循环量,形成对阀门行程的闭环控制。现在不少电磁式废气再循环系统带有自校正功能,即利用阀门全闭状态时的行程作为基准点,每次打开点火开关时由 ECU 自动调整。

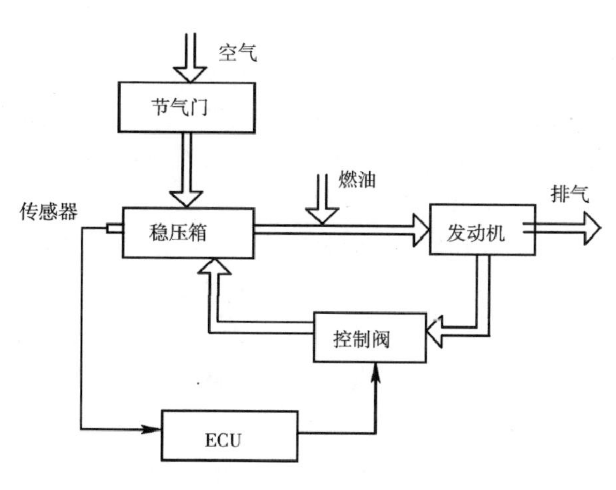

图 9-12　闭式 EGR 系统

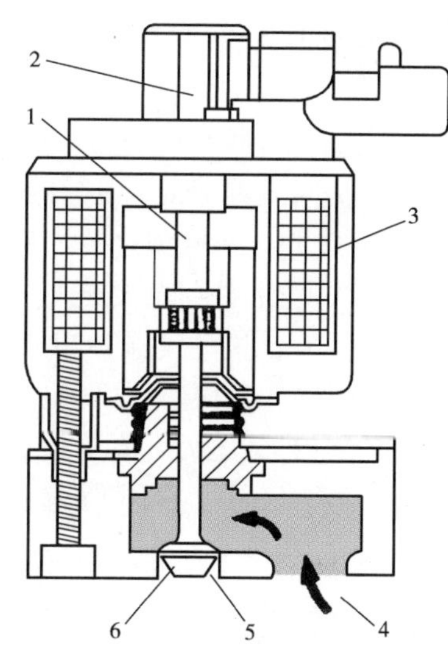

图 9-13　EGR 电磁阀

1-电枢;2-位置传感器;3-线圈;4-进气口;5-排气口;6-EGR 阀门

第三节　柴油机排放控制

柴油机的燃烧过程主要在空燃比较大的领域内进行,所以CO和HC排放量相对较少。因此对柴油机而言,其主要有害排放物是NO_x和微粒,而这两者的控制技术互相矛盾。如何有效控制NO_x和微粒,仍然是柴油机所面临的尚未解决好的课题。柴油机NO_x控制技术,除燃烧系统改善等机内措施之外,很有效的方法之一就是采用废气再循环(EGR)技术;而微粒的控制主要采用后处理装置,即捕集器。随着排放法规的日趋严格,EGR系统和微粒捕集器已在车用柴油机上得到广泛应用。

1. EGR系统

1)*EGR*率

废气再循环系统已成为降低柴油机NO_x排放量的有效技术措施,并已日渐成熟。但是,EGR除在一部分轿车和轻型车已实用化外,在耐久性和可靠性要求较高的商用车的中、大型柴油机上的应用,尚受到耐久性和可靠性的影响,而且实施较大的*EGR*率后,燃油消耗率和黑烟恶化等问题有待进一步解决。

由于柴油机排气中的氧含量比汽油机高得多,CO_2浓度低得多,因此必须增大*EGR*率才能有效地降低NO_x。汽油机*EGR*率一般不超过20%,而直喷式和非直喷式柴油机*EGR*率可超过40%和25%。增加*EGR*率,NO_x大幅度降低,但功率和燃油经济性恶化。

2)EGR对发动机性能及排放特性的影响

EGR是降低汽油机NO_x排放有效的实用措施,而在柴油机上通过EGR降低NO_x的机理与汽油机有所不同。在汽油机上直接用节气门开度控制负荷,所以在部分负荷时可通过减小节气门开度对进气进行节流。因此,此时如果采用EGR,则相当于进入汽缸的EGR流量的进气节流量减小,此时空燃比不变。但在柴油机上没有进气节流现象,所以实施EGR后减少了本应进入汽缸的空气量,使空燃比减小。

在汽油机高负荷时,进入汽缸的EGR使燃气的热容量增加,相应地平均燃气温度降低;而在柴油机高负荷时,EGR引起的热容量变化比较小。空燃比的减小使氧浓度降低是柴油机抑制NO_x生成的主要原因之一。柴油机实施EGR后抑制了预混合燃烧速度,随着*EGR*率的增加,O_2的浓度相对降低,燃烧气体温度降低,峰值减小。

在增压发动机上实施EGR时,排气管压力和进气管压力之差是很重要的。当EGR的回入口位置设置在压气机的出口端时,在轻负荷、低速区,由于进气压力较低易实现EGR;但随负荷及转速的增加,进气压力升高至大于排气压力时,就不可能再实现EGR。为此,一些厂家在排气管中设置节流装置,以提高排气背压。当EGR的回入口设置在压气机入口端时,虽在高速、大负荷区,也很容易实现EGR。但由于柴油中一般含有0.2%左右的硫磺成分,所以在燃烧后的排气中含有SO_2。此SO_2进一步氧化成SO_3,后生成硫酸(H_2SO_4),在低温时硫酸被析出,腐蚀EGR管路及压气机等零部件,同时废气对压气机的污染使得压气机的效率和可靠性下降。

图9-14所示为柴油机EGR控制系统。由于柴油机的进气和排气压力差比较小,所以为了保证所需的EGR气体流量,柴油机的EGR回流管直径要比汽油机大,EGR阀也随之变大。中、重型柴油机的EGR阀常采用气门式。这种气门式EGR阀是通过气门弹簧和真空度来控制EGR

阀的开度。发动机工作时,控制单元适应发动机工况的要求控制三向电磁阀,由此控制来自真空泵的高压空气,以控制 EGR 阀的开度。这种控制方法可提高 EGR 的控制精度和响应特性。

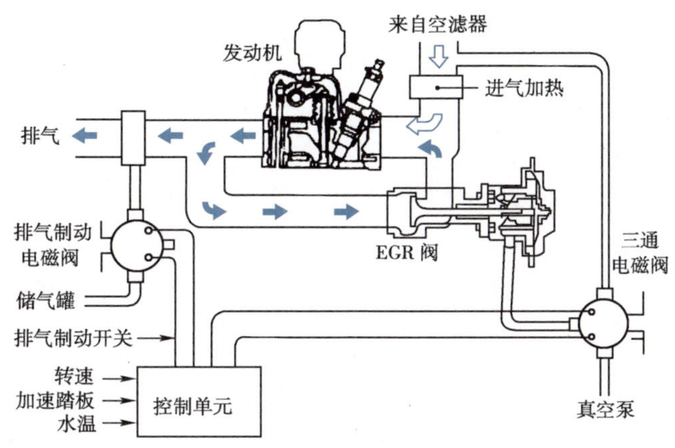

图 9-14 EGR 控制系统

3)柴油机 EGR 类型

根据废气再循环的回流方式,车用增压柴油机的废气再循环系统分为外部 EGR 式和内部 EGR 式两种。

外部 EGR 式按进、排气管的连接方式不同分为低压回路式和高压回路式,如图 9-15 所示。低压回路 EGR 式是直接连接压气机 7 入口端和废气涡轮 5 出口端来实现 EGR 的方法(图 9-15a))。由于压气机 7 的入口处为负压,而废气涡轮 5 出口压力为正,所以通过连接适当

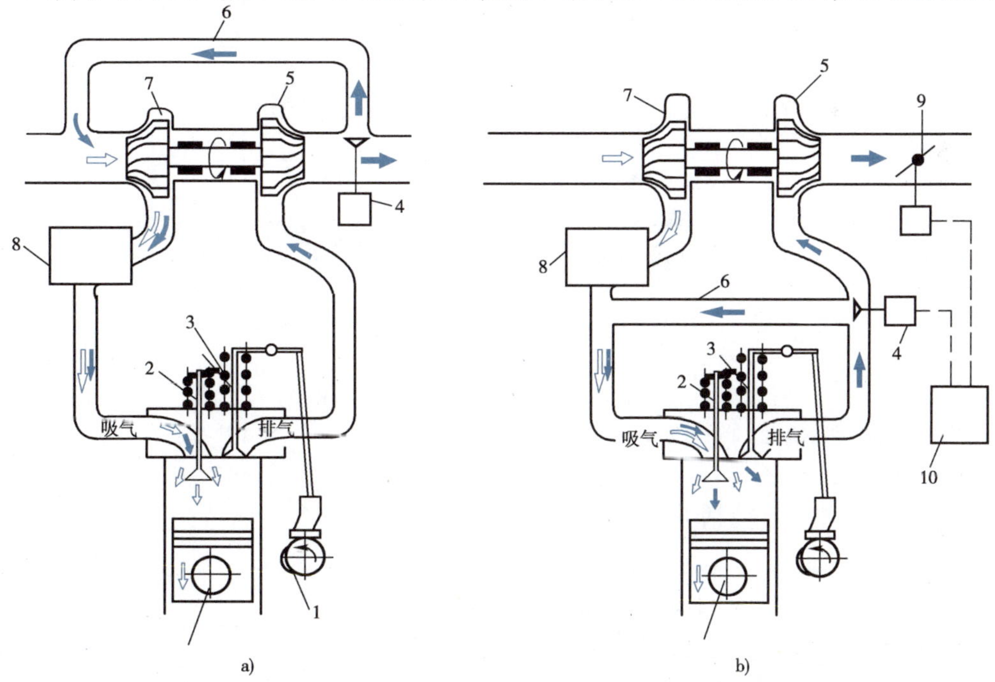

图 9-15 外部 EGR

a)低压回路 EGR 方式;b)高压回路 EGR 方式

1-排气凸轮;2-进气门;3-排气门;4-EGR 阀;5-废气涡轮;6-EGR 回流管;7-压气机;8-中冷器;9-排气节流阀;10-控制单元

的 EGR 回流管 6,就可以很容易地实现 EGR。但由于这种方式的废气直接流过压气机 7 和中冷器 8,所以易造成压气机的腐蚀和中冷器的污染等。考虑到实施 EGR 后对发动机可靠性和耐久性的影响,常用高压回路 EGR 方式(图 9-15b)),即直接连接压气机后的中冷器 8 出口端和废气涡轮 5 入口端来实现 EGR。由于这种 EGR 方式的废气不流过压气机和中冷器,所以不存在对压气机和中冷器的腐蚀和污染问题;但可实现的 *EGR* 率取决于排气压力和进气压力之差。特别是在中、大负荷时,由于增压进气压力提高,所以很难实现 EGR。为此,通过节流排气的方法提高排气压力,以拓宽可实施 EGR 的领域;但这种措施由于泵气损失增加而使经济性恶化。

内部 EGR 式是利用进、排气管中的气体脉动进行 EGR 的方式。对发动机各工作循环,在进气管和排气管中气流的压力脉动都很大。在排气行程中,汽缸内的压力比较接近排气管压力;而进气行程中,汽缸压力与进气管压力相近。而且在进气行程中,排气管内由于其他汽缸的排气压力的作用,也存在较大的压力脉动。在这种压力脉动的作用下,使某一缸在进气过程中,其排气门处出现正压波。此时,如果能再次开启排气门,就可实现 EGR。这种 EGR 叫做内部 EGR 式。为了实现内部 EGR (图 9-16),在排气凸轮中除控制排气所需凸轮 1(主凸轮)以外,又增设内部 EGR 专用凸轮 2(EGR 用凸轮)。通过这种机构,在进气的适当时刻开启排气门 3,使排出废气的一部分回流进入汽缸实现废气再循环。由于内部 EGR 系统不需要排气节流,不影响泵气损失,因而不影响经济性,同时也不需要 EGR 阀以及 EGR 管路等,所以结构比较简单。

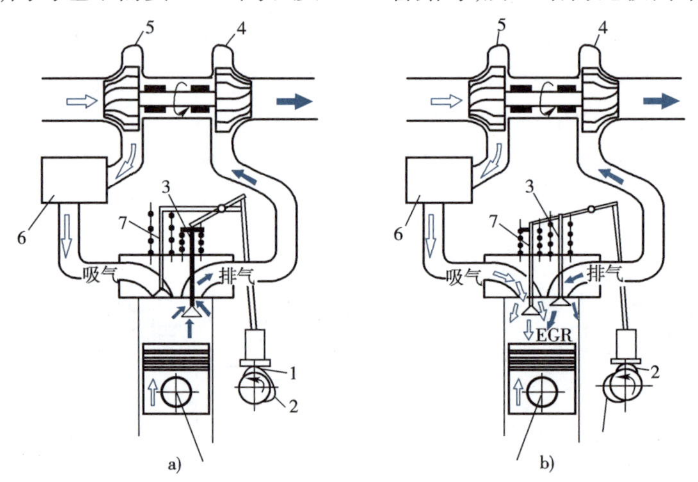

图 9-16 内部 EGR

a) 正常排气;b) EGR 凸轮顶开排气门(内部 EGR)

1-排气用主凸轮;2-EGR 用凸轮;3-排气门;4-废气涡轮;5-压气机;6-中冷器;7-进气门

2. 后处理装置

柴油机的后处理装置包括 NO_x 还原装置、CO 及 HC 氧化装置以及微粒捕集装置等。其中,作为 NO_x 的还原催化技术,采用的还原剂主要有添加轻柴油、提高排气中 HC、添加酒精、添加 NH(氨)化合物等。其中比较典型的还原催化技术,是酒精还原法和氨气还原法。

(1)酒精选择还原法。当氧化铝系催化剂采用酒精还原法时,即使在氧和水蒸气共存的排气中,也表现出显著降低 NO_x 的效果。这是因为酒精具有亲水性,与水蒸气的性质相似,而且酒精和氧化铝具有良好的促进 NO_x 还原反应的性质。

(2)氨气选择还原法(NH_3-SCR 法)。氨气还原法是在排气中导入氨气,并使之在200 ~

400℃下与以金属氧化物为主要成分的固体催化剂相接触，由此还原 NO_x。其还原反应需要与氧气共存，反应式为

$$4NO + 4NH_3 + O_2 \rightarrow 4N_2 + 6H_2O$$

$$NO + NO_2 + 2NH_3 \rightarrow 2N_2 + 3H_2O$$

氧化催化转化装置常采用如前所述的铂（Pt）/铑（Rh）系列氧化剂。对柴油机而言，氧化催化转化装置的成本比 NO_x 的还原装置低，所以对国内尚未达到欧洲 1996 年开始推行的第二套排放法规标准（欧Ⅱ）的柴油机，多采用氧化型催化转化装置。

柴油机的微粒主要采用过滤法来处理。图 9-17 所示为微粒过滤器及其工作原理，滤芯 4 一般由多孔陶瓷制造，排气通过多孔陶瓷滤芯进入排气支管 1，而微粒则滞留在滤芯上。过滤器每工作一段时间就须及时清除存积在滤芯上的微粒，以恢复过滤器的功用和减小排气阻力。为此，在过滤器入口处设置燃烧器 5，通过喷油器 6 向燃烧器内喷入少量燃油，并供入二次空气，利用电热塞 3 或火花塞将其点燃，将滞留在滤芯上的微粒烧掉。

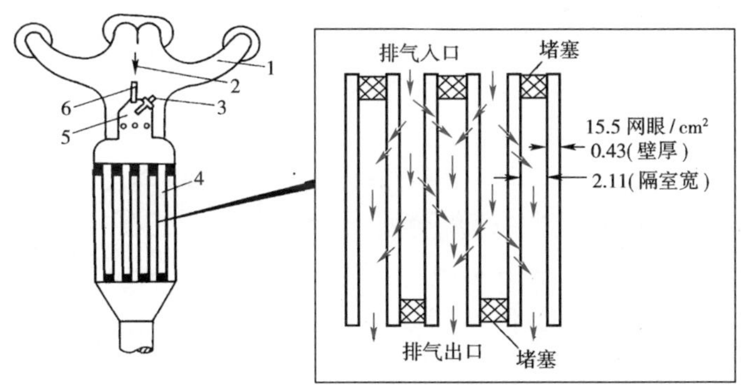

图 9-17　微粒过滤器及其工作原理

1-排气支管；2-燃油；3-电热塞；4-滤芯；5-燃烧器；6-喷油器

微粒过滤器按其滤芯材料的不同分为陶瓷纤维板、陶瓷泡沫、金属网以及蜂窝状等几种。图 9-18 所示为微粒过滤器的陶瓷滤芯结构，它主要由多孔薄壁 2 和陶瓷孔塞 4 组合成蜂窝状，它具有微粒捕集效率高，排气阻力小、耐久可靠、易于生产、应用广泛的特点。

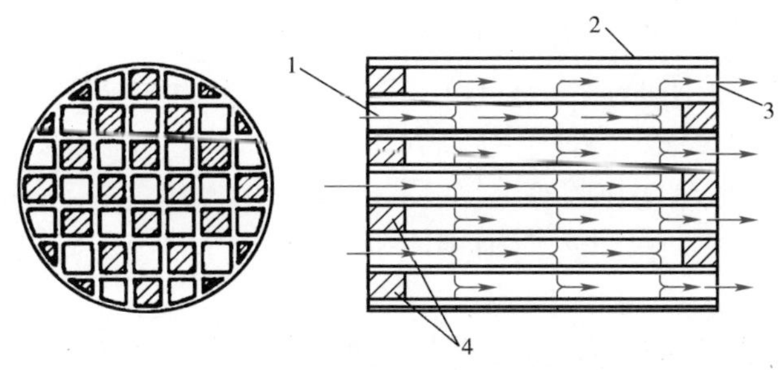

图 9-18　微粒过滤器的陶瓷滤芯结构

1-入口；2-多孔薄壁；3-出口；4-陶瓷孔塞

微粒过滤器的关键是及时将滤芯捕集的微粒进行处理，如果处理不及时不彻底，滤芯上微粒堆积过多，使排气背压升高，导致发动机经济性变坏甚至停止工作。

大部分微粒可通过燃烧进行再生处理。由于微粒的着火温度约为600℃,在发动机正常运转状态下,不能自行燃烧进行再生处理,需要强制着火燃烧。目前所开发研究的再生技术有燃烧器法、电热塞、进排气节流、对燃料添加催化剂以及向滤芯喷射催化剂等几种。

第四节　曲轴箱通风与汽油蒸发控制

汽车发动机尤其是汽油机的有害排放物除尾气排放以外,燃料供给系统蒸发的HC化合物和曲轴箱内形成的含有HC的化合物也是污染物排放的主要来源。在汽车排放到大气中HC化合物总量中,来自燃料供给系统蒸发和曲轴箱窜气各占20%~25%。采用曲轴箱强制通风系统和汽油蒸发控制系统予以控制,是非常简单有效的措施,且不影响发动机的性能。

1. *曲轴箱强制通风系统*

强制式曲轴箱通风系统又称PCV系统。在发动机压缩和燃烧过程中,经活塞环与汽缸间窜入曲轴箱的气体和曲轴箱内润滑油的蒸气会直接由通风口排出,这些含有可燃混合气和燃烧产物等气体排入大气中的HC约占汽车HC化合物总排放量的25%左右;当发动机低温运行时,还会有液态化燃油漏入曲轴箱,这些物质如不及时清除,将加速润滑油变质,腐蚀零部件。现代汽车所采用的曲轴箱强制通风系统,就是防止曲轴箱内含有HC及其他污染物的气体排放到大气中的净化装置。该系统的组成如图9-19所示。当发动机工作时,进气总管1中的部分气流经通风管2流入汽缸罩6内产生一定的压力,使汽缸罩内的油气以及曲轴箱内的油气经PCV阀5和回流管4进入进气支管8,最后经进气门进入燃烧室烧掉。

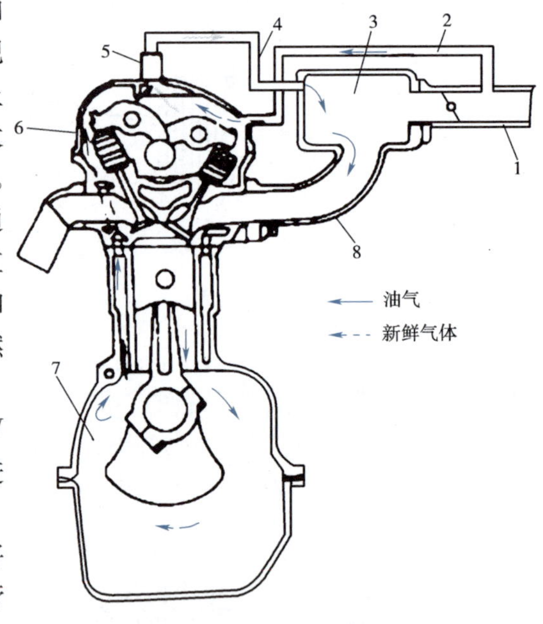

图9-19　曲轴箱通风系统的组成
1-进气总管;2-通风管;3-稳压箱;4-回流管;5-PCV阀;6-汽缸盖罩;7-曲轴箱;8-进气支管

在PCV系统中,最重要的控制元件是PCV阀,其功用是根据发动机工况的变化自动调节进入汽缸的曲轴箱气体的数量。如图9-20所示。

(1)当发动机不工作时,PCV阀中的弹簧将滑阀或锥阀压在阀座上,关闭曲轴箱与进气支管的通路(图9-20a)、d))。当进气管发生回火时,进气管压力增高,滑阀或锥阀落在阀座上,如同发动机不工作时一样,以防止回火进入曲轴箱而引起发动机爆炸。

(2)当发动机怠速或低转速时,进气管真空度很大,真空度克服弹簧力把锥形阀吸向上端,使滑阀与阀体之间只有很小的缝隙(图9-20b)),只允许少量的气体通过;而使锥阀抵住阀体口,少量的气体由锥阀侧孔经中心孔流出(图9-20e)),中心孔有自洁针阀,以防中心孔被油污堵塞。由于发动机在怠速或减速工作时,窜入曲轴箱的气体很少,所以PCV阀开度虽小,也足以使曲轴箱内的气体流出曲轴箱。

(3)当发动机节气门部分开度时,由于进气管真空度比急速时还小,所以在弹簧的作用下滑阀或锥阀与阀体间的缝隙增大(图9-20c)、f))。在节气门部分开度下的发动机负荷比怠速时大,窜入曲轴箱的气体较多,所以较大的PCV阀开度可以使所有的曲轴箱气体被吸入进气管。发动机在大负荷时节气门开度增大,进气管真空度减小,弹簧将滑阀或锥形阀进一步向下推移,使PCV阀的开度更大。发动机大负荷时汽缸压力增大,产生更多的曲轴箱气体,因此只有增大PCV阀的开度,才能使曲轴箱内的气体全部流进进气管。

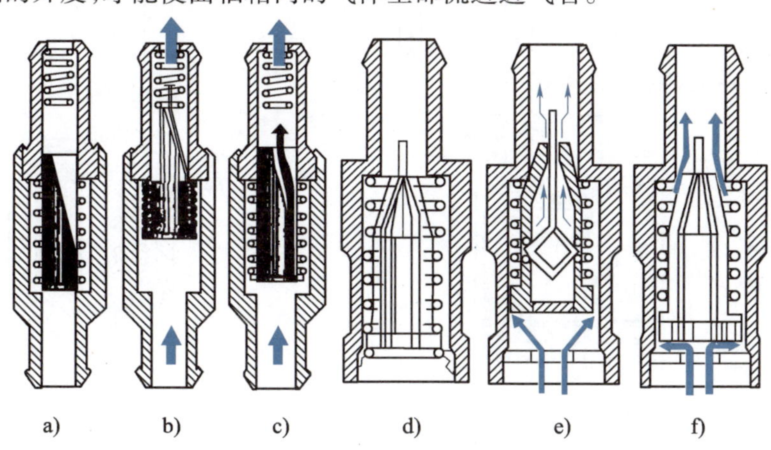

图9-20 曲轴箱通风阀开度

a)、b)、c)滑阀型曲轴箱通风阀;d)、e)、f)锥阀型曲轴箱通风阀

a)、d)PCV阀关闭;b)、e) PCV阀开度较小;c)、f)PCV阀开度较大

当活塞或汽缸严重磨损时,将有过多的汽缸内气体窜入曲轴箱,这时即使PCV阀开度最大也不足以使这些气体都流入进气管。在这种情况下,曲轴箱压力将会升高,部分曲轴箱气体经空气软管进入空气滤清器,再随同新鲜空气一起流入汽缸(图9-19)。

2. 汽油蒸发控制系统

汽油箱等燃料供给系中的燃料随时都在蒸发汽化,若不加以回收或控制,则当发动机停机时,汽油蒸发物(HC)将逸入大气,造成对环境的污染和燃料的浪费。汽油蒸发控制系统的作用就是将这些汽油蒸发物收集和储存在炭罐内,当发动机工作时再将其送入汽缸烧掉。

典型的汽油蒸发控制系统如图9-21所示。炭罐外壳一般由塑料制造,内部填充活性炭颗粒。炭罐顶部设有清洗控制阀,用来控制进入进气支管的汽油蒸气及空气的数量。炭罐5内填满活性炭4,当发动机停机后,汽油箱1中的汽油蒸气经单向阀11和汽油蒸气滤网2进入炭罐5,汽油蒸气进入炭罐后被其中的活性炭4吸附。当发动机起动之后,进气管真空度经真空软管9传送到蒸气控制阀10,在进气管真空度的作用下,清洗控制阀膜片上移而开启。与此同时,新鲜空气自炭罐底部经滤清器3及滤网2向上流过炭罐,并携带吸附在活性炭表面的汽油蒸气,经蒸气控制阀和汽油蒸气软管6进入进气管7。

有些发动机为了防止液态汽油流入炭罐,在汽油箱顶部设置气液分离器,以分离液态汽油和汽油蒸气,使汽油蒸气经汽油蒸气管进入炭罐,分离出来的液态汽油则返回汽油箱。汽油蒸发控制系统有各种各样的结构形式,但其作用是一致的,即降低HC从汽油箱和燃料供给系统向大气的排放。

图9-22所示为电磁式燃油蒸气控制阀。它是由单向阀2、衔铁3、密封件4和线圈6组成,

ECU 控制电磁阀线圈 6，使衔铁 3 带动密封件 4 上下移动压紧或打开密封座 5 的排气孔，实现蒸气控制阀的开、关两个状态。由于燃油蒸气伴随着部分空气的加入，导致空燃比的变化，ECU 须采取措施及时校准空燃比。

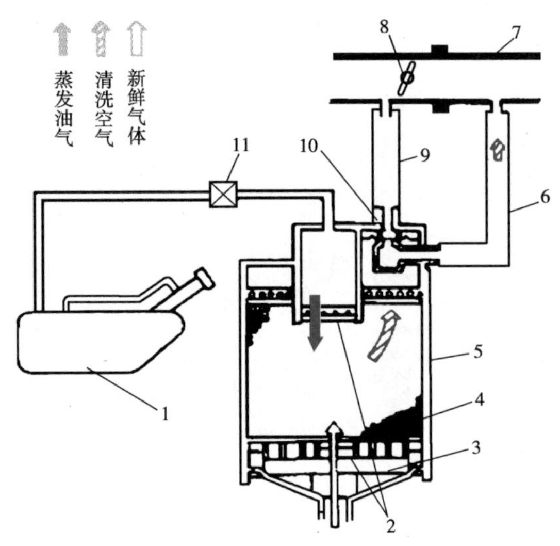

图 9-21　典型的汽油蒸发控制系统

1-汽油箱；2-滤网；3-滤清器；4-活性炭；5-炭罐；6-蒸气软管；7-进气管；8-节气门；9-真空软管；10-蒸气控制阀；11-单向阀

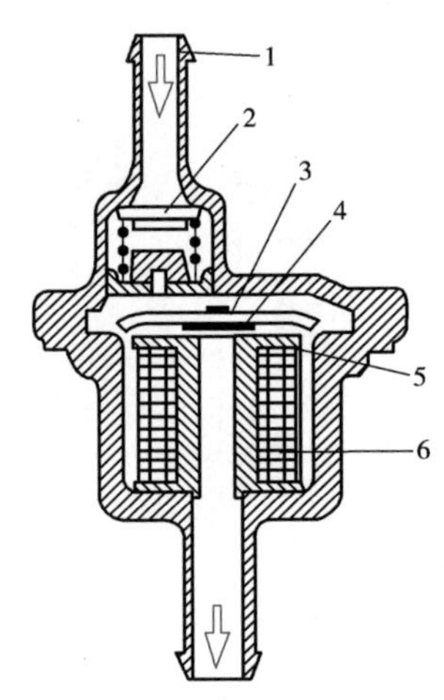

图 9-22　电磁式燃油蒸气控制阀

1-软管接头；2-单向阀；3-衔铁；4-密封圈；5-密封座；6-线圈

第五节　稀薄燃烧与节能减排

1. 节能减排的主要途径

节能、环保、安全是当前人们当前最关心的、汽车业最急需解决的三大主题，而汽车节省燃料自身就可有效的降低排放，降低对环境的污染。整车采取系统化、轻量化、重型化、小型化、柴油化、智能化等措施；变速器将向多挡位手动、自动、手自动一体、CVT 方向发展；发动机采用燃料直喷、稀薄燃烧、增压中冷、可变气门、多气门、混合动力驱动、替代能源等技术，以减少能源消耗、降低有害物质的排放。

发动机是汽车节能与排放的关键技术，其核心是提高发动机的燃烧效率，减少能量消耗，降低排放污染。发动机降低油耗的措施与效果如图 9-23 所示。

2. 典型的排放控制系统

采用三元催化转化装置加氧传感器的闭环控制是非常重要的发展，可将发动机的空燃比控制在一个狭小的范围内，使 CO、HC、NO_x 均为最低，通常在排气管出口与催化器进口之间安装，以判断发动机排出的气体是否在这个狭小的范围内，由 ECU 调整喷油量，控制混合气的最佳浓度，实现低排放。早期的汽油喷射系统为单点喷射，很难精确控制进入各缸的燃料量，现已被进气管内或汽缸内的多点喷射系统所取代。至今电子燃油喷射系统加上氧传感器的闭式控制系统仍是可大幅度降低汽油机排放污染的最好技术。

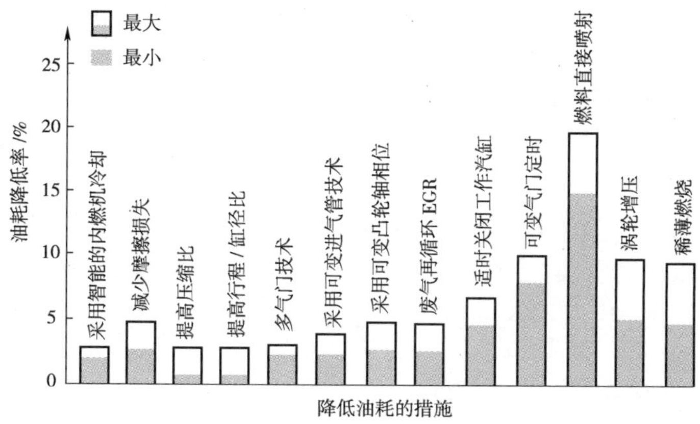

图 9-23　发动机降低油耗的措施与效果

稀薄燃烧系统大都基于多进气门，尤其是以四气门发动机为代表。从供油系统来分，大致可以分为两类，即进气道喷射稀薄燃烧系统和缸内直接喷射稀薄燃烧系统。随着缸内直接喷射技术的发展，缸内直喷式二冲程稀燃汽油机也在兴起。

1）多点喷射式发动机系统

图 9-24 为 OBD—Ⅱ（On Board Diagnostic）Ⅱ）发动机系统。它可通过对排放有关的系统

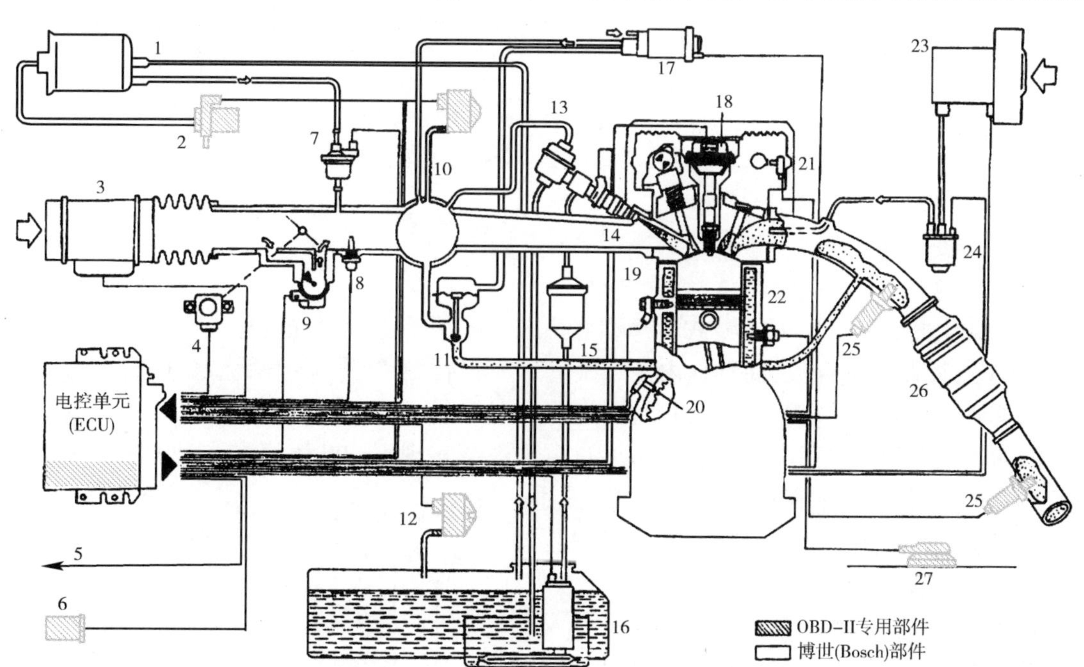

图 9-24　OBD—Ⅱ发动机系统

1-炭罐；2-截止阀；3-空气流量计；4-节气门开度控制器；5-诊断接口；6-故障指示灯；7-净化器；8-气温传感器；9-怠速控制器；10-进气支管传感器；11- EGR 阀；12-压差传感器；13-燃油压力调节器；14-喷油器；15-燃油滤清器；16-油泵；17-压力控制器；18-点火线圈；19-爆燃传感器；20-转速传感器；21-相位传感器；22-水温传感器；23-二次空气泵；24-二次空气阀；25-氧传感器；26-催化转化器；27-车身底盘故障传感器

和部件实时检测。为监控催化转化装置的效率,在催化器后面装有第二个氧传感器;为确保炭罐的功能,系统内设有一个炭罐开关和一个附加的燃油箱压力传感器,检查燃油箱的密封状况;它还对二次空气喷射装置、废气再循环装置、点火系统等实时监控,保证其在整个使用寿命期内不超过排放限值。

2)缸内直喷式发动机系统

汽油机的缸内直喷燃烧方式 GDI(Gasoline Direct Injection),随着汽车技术特别是汽油机电控技术和稀燃催化器的发展,才在现代汽车上得以应用。图 9-25 所示为丰田公司 1996 年开发并商品化的汽油机缸内直喷式稀薄燃烧系统。该系统通过设在进气道上的电子涡流控制阀(E-SCV),控制进气涡流,促进缸内混合气的形成;通过半球屋顶形燃烧室、极富特征的唇形深皿凹坑活塞顶,与进气涡流旋向以及高精度的喷油时间和喷油方向的控制,在火花塞周围形成较浓的易点燃混合气(图 9-29 所示);通过电喷系统实现不同的燃烧方式(图 9-26 所示),低速及部分负荷时,在压缩行程后期喷油,形成明显的分层燃烧;在高速及大负荷时,进气行程就开始喷油,以形成均质燃烧。

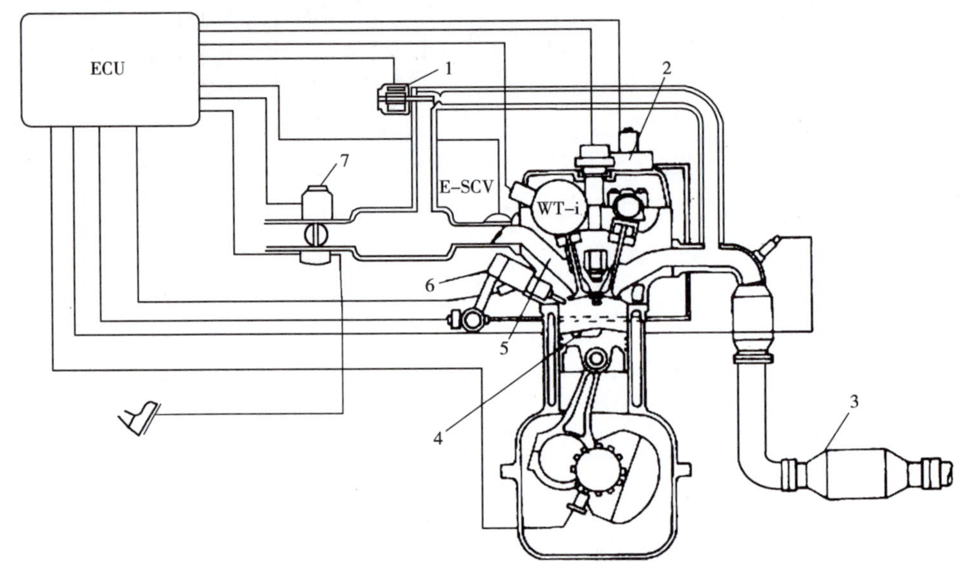

图 9-25　丰田 D-4 发动机系统

1-电控 EGR 阀;2-高压油泵;3-NO_x 吸附还原型催化转化器;4-唇状燃烧室;5-螺旋进气道;6-高压旋流喷油器;7-电控节流阀

3. 稀薄燃烧

发动机稀薄燃烧是指能燃用空燃比 $A/F \geqslant 18$ 稀薄混合气的汽油机,又称稀燃汽油机。汽油机采用稀混合气燃烧技术,一直是提高燃油经济性和降低 NO_x 排放的最有效措施,甚至燃用空燃比高达 50 ~ 100 的混合气,远远大于着火极限。另外,稀燃发动机一般不受敲缸界限的限制,可以采

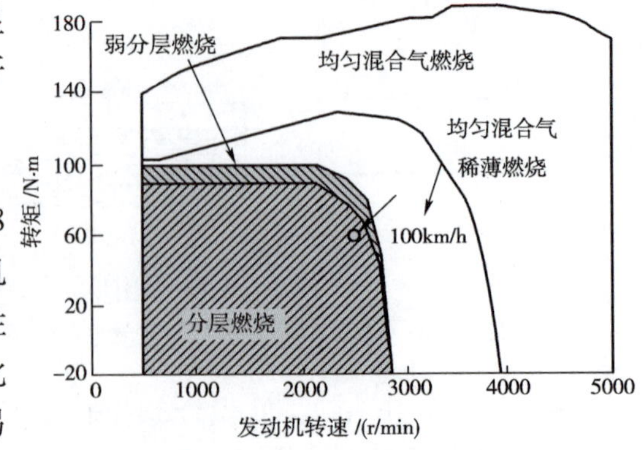

图 9-26　丰田 D-4 发动机的稀燃控制

用高压缩比。功率变动时，特别有利于改进部分负荷特性。稀薄燃烧按供给方式可分为均质和非均质两种。燃用均质稀混合气的缺陷是混合气过稀时发动机常常处于失火范围内，这时即使用高能点火系统进行点火，因为在单位体积内的燃料量太少，产生的热量很微小，往往不足以支持火焰的正常传播。燃用分层混合气目的是在点火瞬时，发动机燃烧室内的混合气浓度呈层状变化，在火花塞附近较浓的混合气经火花点燃后，火焰沿层状混合气由浓向稀的方向传播，这样可确保正常点火及燃烧，同时可扩展稀燃失火极限，完成整个燃烧过程。采用分层燃烧，不仅可以燃用很稀的混合气，并且可以实现发动机负荷的调节，是改善汽车发动机排气污染、提高经济性最有前途的方案之一。近几年来，随着多气门技术及电控技术的发展，人们利用缸内气体的滚流（图 9-27 所示）和涡流（图 9-28 所示）开发了多种分层稀燃系统。分层燃烧发动机作为稀薄燃烧中的非均质燃烧是实现稀薄燃烧的主要方式。分层燃烧发动机又称为分层充气发动机。

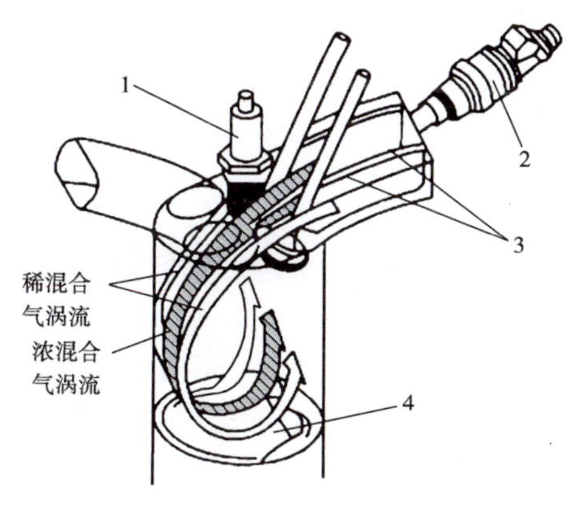

图 9-27　滚流

1-火花塞；2-喷油器；3-隔板；4-汽缸

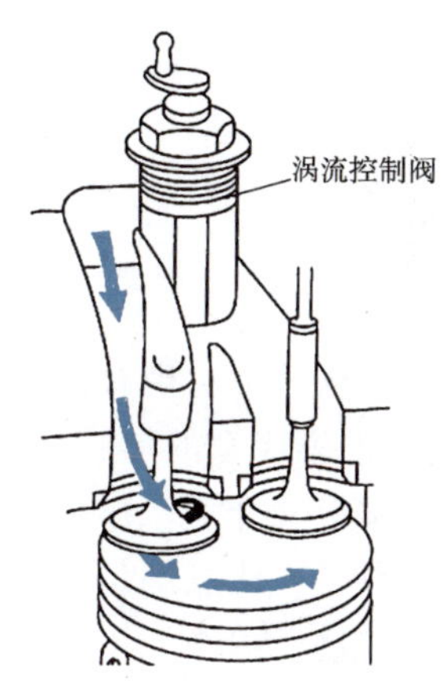

图 9-28　涡流

1）涡流分层燃烧

通过特殊的结构使发动机缸内形成较强的涡流运动，当燃油在进气行程后半期喷入汽缸时，混合气就在汽缸中沿轴线方向分层，在汽缸上部区域形成浓混合气（图 9-29 所示）。本田公司采用 VTEC—E（图 8-7 VTEC 机构）可变气门系统低速部分负荷时关闭一个进气门，使缸内形成涡流运动，在进气后期喷油，形成了混合气轴线方向的分层；当高速大负荷时，两个进气门按正常升程曲线运行；在稀燃时，空燃比控制在 $A/F=22$，与当量混合气运行时相比，发动机的比油耗下降了 12%。

2）滚流分层燃烧

三菱汽车公司 1991 年首次开发成功了运用滚流运动分层的 MVV（Mitsbushi Vertical Vortex）稀燃系统（图 9-27）。该系统在进气道中设置与汽缸轴线平行的薄隔板 3，使进气在汽缸内形成相对独立的三股滚流，中间一股浓混合气，两侧是以空气为主的稀混合气区，这三股滚流在压缩过程中使浓混合气和稀混合气有较好的分层，以保证火花塞周围形成易燃的可燃混合气，在较强的滚流运动作用下，实现滚流分层的稀薄燃烧。该发动机在怠速、低速和部分负荷时，采用空燃比 $A/F=23\sim25$ 的稀混合气；汽车以 40km/h 等速行驶时，比普通汽油机节油

13% ~15% ,NO_x 排放也降低；在高速大负荷时，采用当量混合气或更浓一些的混合气，提高输出功率。

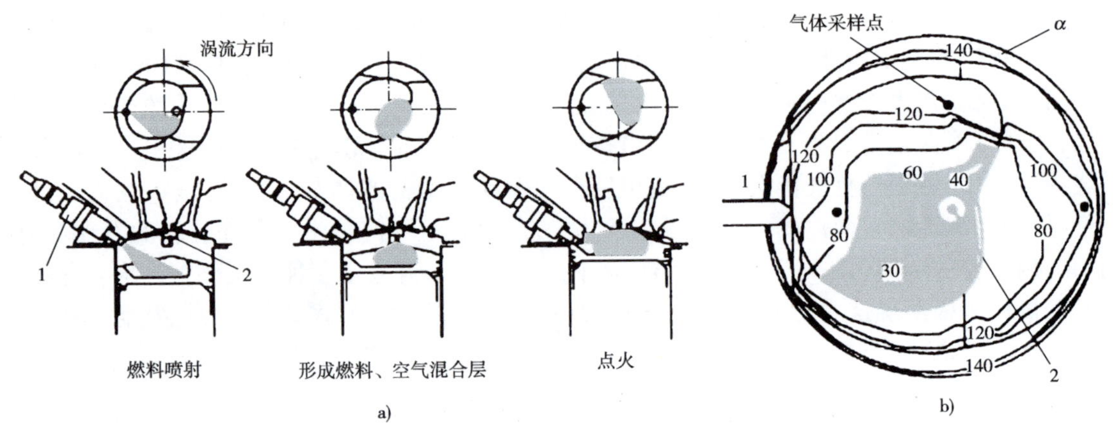

图 9-29　丰田 D-4 燃烧室

a）燃气混合过程；b）缸内混合气浓度分布

1-喷油器；2-火花塞

3）均质稀燃

均质稀燃技术是对现有发动机不作较大变动，也不采用分层充气，而通过改善混合气的形成与分配，改进燃烧室的形状、结构，以实现燃烧稀混合气的一种技术。其目的也是为了提高燃料经济性和减少排污。作为这种技术改造的实例，有丰田扰流罐、三菱的喷流控制系统以及火球形燃烧室等。特点都是在实现稀混合气稳定燃烧的同时，致力于增大燃烧速度，实现快速燃烧以提高热效率和降低排污。

4）多气门分别进气

为了形成较强的进气涡流，适应不同工况，有利于稀薄燃烧，常采用多气门分别进气的结构。一种是控制进气门的开或关；一种是通过设置在进气道中阀门来控制进气道的开或关。图 9-30 所示为进气道控制多气门分别进气工作示意图。其主气道是常开的，副气道是不同工况需要由阀门来控制进气道的开或关的。当发动机在怠速和小负荷工作时，副气道关闭，只有主气道进气，形成强烈的涡流；当发动机在大负荷工作时，副气道开启，主、副气道同时进气，以

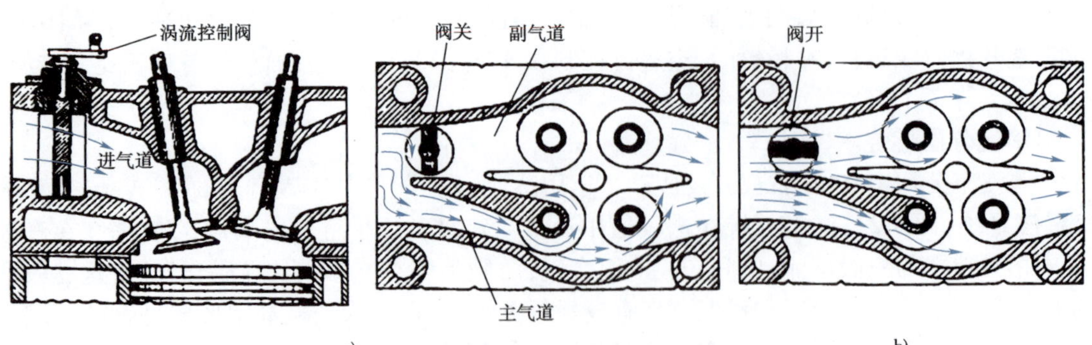

图 9-30　多气门分别进气

a）小负荷；b）大负荷

提高充气量和输出功率。

5）二次喷油

二次喷油又称二次燃烧，是指发动机在怠速和小负荷工作时，在燃烧膨胀行程的后期再补充喷油的燃烧技术。它主要用在发动机启动后冷机小负荷工作期间，提前激活催化剂，降低 HC 排放量。在压缩行程先喷入燃油，使之在膨胀行程前期实现分层稀薄燃烧；在膨胀行程后期再补充喷油，使之与先喷入的燃油第一次燃烧产生的高温气体（含有大量的空气）混合燃烧，并提高排气温度。通常发动机启动后的排气温度 200℃ 左右，通过二次燃烧后的排气温度 800℃ 左右，从而加速催化剂开始工作的时间。

总的说来，稀薄燃烧是近年来发展较快的一项新技术，它是节能减排最有效的措施之一。增大燃烧室内的气流运动强度，加速燃烧是实现均质稀燃技术的关键。进气旋流、压缩挤气和燃烧扰流，均可使混合气形成更为均匀，就可以使火焰传播界限向稀区延伸，如再适当地推迟点火正时，就能提高燃烧速度，从而使稀混合气燃烧成为可能，进一步改善发动机的燃料经济性和排放性能，实现节能与减排的效果。

第十章 发动机增压中冷

发动机增压中冷就是将空气预先压缩、再经冷却、然后供入汽缸,以提高进气密度、增加充气量的一项技术。将气体预先压缩,增大密度后再送入发动机汽缸的过程叫增压,实现进气增压的装置称为增压器;而将压缩的气体进行冷却,进一步增大密度后再送入发动机汽缸的过程叫中冷,实现在发动机进气管与增压器压气机之间降低进气温度装置称为中冷器。

对给定排量的发动机进行增压或增压中冷,以增加充气量和充气密度,相应地增加循环供油量,从而大幅度地增加发动机的升功率,改善燃油经济性,有效地控制排放(NO_X 等)。实践证明,采用增压中冷后,当汽车以正常的经济车速行驶时,可以提高汽车的动力性和燃油经济性,有效地降低有害排放物的单位功率小时的排放量。

发动机增压器有两大类。一类是机械驱动式增压器,如叶片式、螺旋式、罗茨式和离心式等;另一类是动能式增压器,如气波式、谐波式和废气涡轮式等。机械式增压器多用于二冲程柴油机作扫气装置。气波增压器是利用气波来传递能量的一种新型的能量交换系统,它是利用废气直接压缩新气的,是一种有待进一步研究和发展的增压器,目前还没有广泛使用。有些发动机采用机械式和废气涡轮式联合增压,称为复合增压系统。

第一节 机 械 增 压

1. 机械增压原理

机械增压是一种通过发动机直接驱动压气机,以提高发动机进气压力的增压方式,如图 10-1 所示。机械增压器 4 由发动机曲轴 1 经齿轮增速器 5 驱动(图 10-1a)),或经同步齿形带 9 及电磁离合器 6 驱动(图 10-1b))。机械增压的特点是能有效地提高发动机功率,与涡轮增压相比,其低速增压效果更好。另外,机械增压器与发动机容易匹配,结构也比较紧凑。但是,由于驱动增压器需消耗发动机的功率。

2. 机械增压系统

机械增压器根据压气机的工作原理分为机械离心式增压器、罗茨式增压器、滑片式增压器、螺旋式增压器和转子活塞式增压器等。图 10-2 所示为电控汽油喷射式发动机上采用罗茨式压气机的罗茨增压系统的示意图,由发动机曲轴带轮 12 经传动带和电磁离合器带轮 11 驱动罗茨增压器 6 工作。当发动机在小负荷下运转时不需要增压,这时电控单元(ECU)根据节气门位置传感器 3 的信号使电磁离合器断电,增压器停止工作。与此同时,电控单元 17 向进气旁通阀 5 通电使其开启,即在不增压的情况下,空气经进气旁通阀 5 及旁通管路进入汽缸。在进入汽缸之前,空气先经中冷器 7 降温。爆燃传感器 9 安装在发动机机体上,它将发动机发生爆燃的信号传输给电控单元 17,电控单元则发出相应的指令减小点火提前角,以消除爆燃。

3. 罗茨增压器

罗茨增压器实质是一种转子式增压器,其结构如图 10-3 所示。它由转子 3、转子轴 4、传

动齿轮7、壳体10、后盖5和齿轮盖8等构成。在压气机前端装有电磁离合器2及电磁离合器带轮1。在罗茨式压气机中有两个转子。发动机曲轴带轮经传动带、电磁离合器带轮1和电磁离合器2驱动其中的一个转子，而另一个转子则由传动齿轮7带动与第一个转子同步旋转。转子的前后端支撑在滚子轴承11上，滚子轴承和传动齿轮用合成高速齿轮油润滑。在转子轴的前后端装置油封，以防止润滑油漏入压气机壳体内。

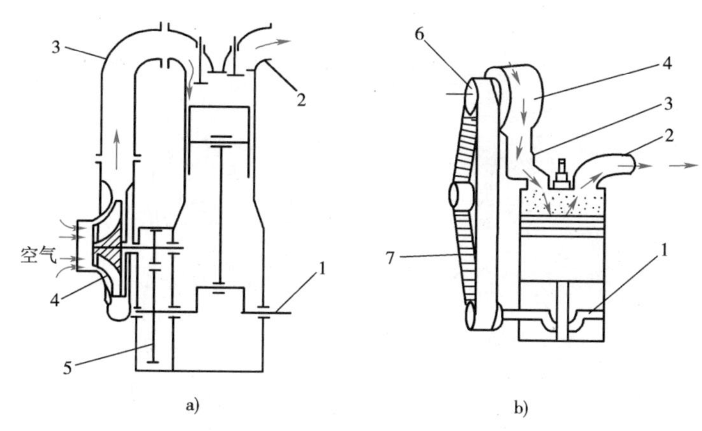

图10-1　机械增压

a)齿轮增速器驱动；b)同步齿形带驱动

1-曲轴；2-排气管；3-进气管；4-机械增压器；5-齿轮增速器；6-电磁离合器；7-同步齿形带

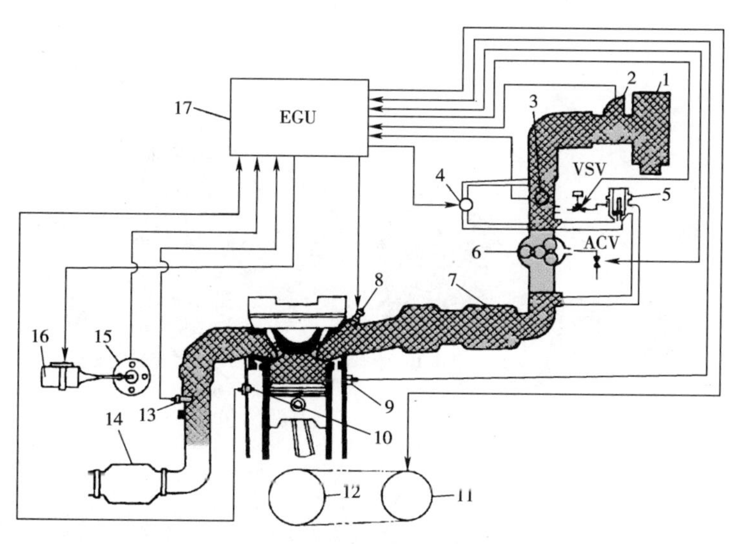

图10-2　罗茨增压系统

1-空气滤清器；2-空气流量计；3-节气门及节气门位置传感器；4-怠速空气控制阀；5-进气旁通阀；6-罗茨增压器；7-中冷器；8-喷油器；9-爆燃传感器；10-冷却液温度传感器；11-电磁离合器带轮；12-曲轴带轮；13-氧传感器；14-三效催化转化器；15-分电器；16-点火线圈；17-电控单元

罗茨增压器的转子有两叶(齿数)和三叶之分，如图10-4所示。三叶转子增压器有较低的工作噪声和较好的增压器特性，较两叶式的运转平稳，供气均匀。增压器相互啮合的转子与转子之间，以及转子与壳体之间都有很小的间隙(一般为0.025～0.050mm)，工作时不得接触,且有较好的气密性。转子一般用铝合金制造,其表面还涂敷树脂。

罗茨增压器的工作原理如图10-4b)所示。当转子按箭头方向旋转时,空气从压气机进气口吸入,在转子叶片的挤压下空气被压缩,然后从增压器出气口压出。出气口与进气口的压比可达1.8。罗茨式增压器结构简单、工作可靠、寿命长、运转范围宽,同一增压器的供气量与其转速成正比。

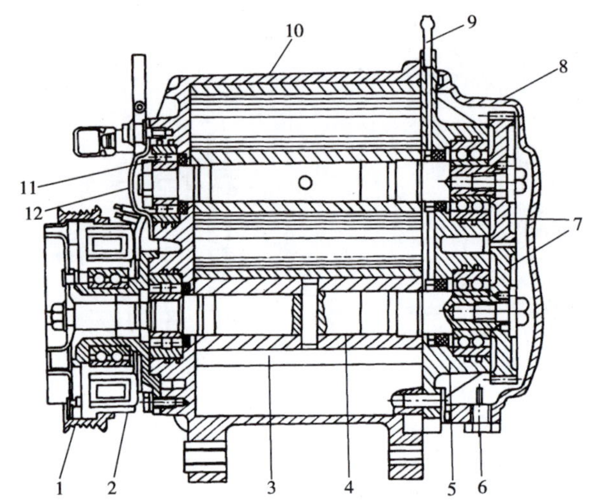

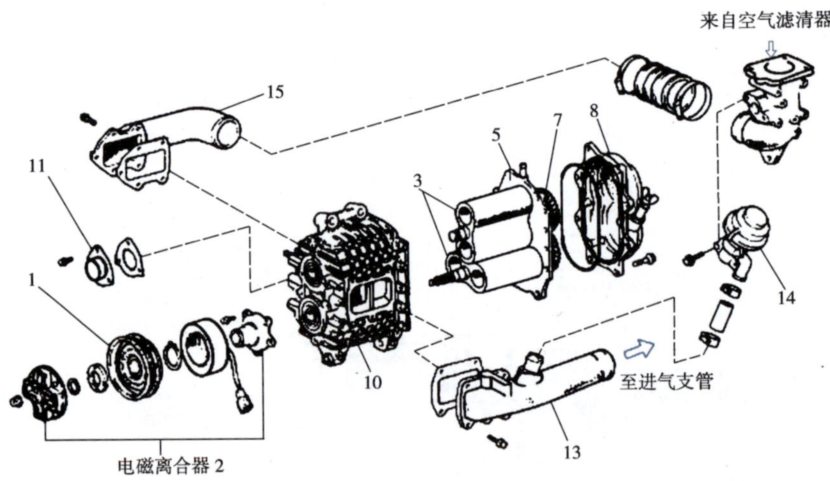

图10-3 罗茨增压器结构

1-电磁离合器带轮;2-电磁离合器;3-转子;4-转子轴;5-后盖;6-放油塞;7-传动齿轮;8-齿轮盖;9-通风管;10-壳体;11-滚子轴承;12-前盖;13-出气管;14-旁通阀;15-进气管

4. 螺杆增压器

螺杆增压器的工作原理与罗茨增压器相似,只是转子结构不同,进、出气口位置不同。螺杆增压器的结构如图10-5所示。两转子的轮齿制成螺杆状,轮齿的升角可达240°,轮齿数有3+3、4+4、4+6等几种。增压器的进、出气口对角布置,空气沿螺杆流动。

螺杆增压器工作时,转子的轮齿的啮合是渐变的,空气压缩更平稳,这是它与罗茨增压器相比最大的优点。

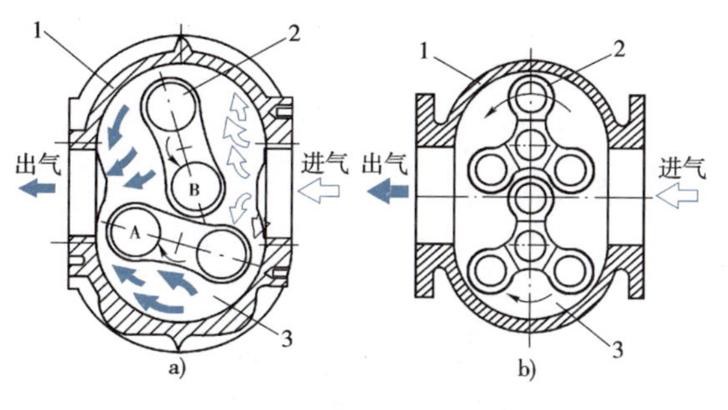

图 10-4　罗茨增压器工作原理

a)两叶式;b)三叶式

1-壳体;2-转子;3-腔室

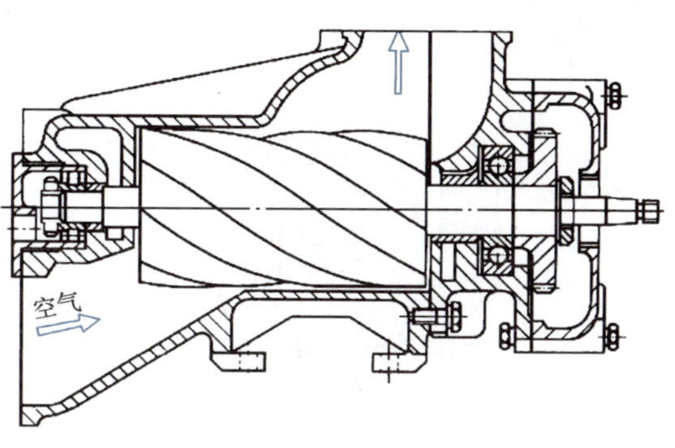

图 10-5　螺杆增压器

5. 电磁离合器

机械增压器一般由发动机曲轴来驱动。车用发动机的工作转速范围为几千 r/min,而增压器的工作转速范围为几万～十几万 r/min。某增压发动机的进气压力,即增压程度与增压器的转速有关,当增压器转速高时,进气压力也高;反之进气压力也低。这种特性不利于增压发动机的低速转矩特性。因此,为了改善发动机的低速性能,通过曲轴经增速装置驱动增压器(图 10-1),以获得最适合的增压器工作转速,保证发动机的低速特性;当发动机高速工作时,降低增压器的转速,以免发动机过增压。为此,常采用电磁离合器来控制。

图 10-6 为装在传动带轮 1 中的一种电磁离合器。控制单元根据发动机工况的需要,接通或切断电磁离合器电源,以控制增压器的工作。当电磁线圈 3 通电时,主动板 2 吸引从动摩擦片 6,使离合器处于接合状态,增压器工作。当电磁线圈断电时,主动板与从动摩擦片分开,增压器停止转动。

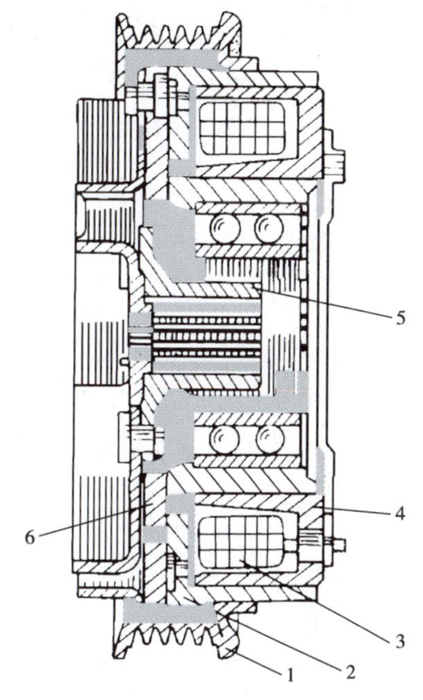

图 10-6　电磁离合器

1-传动带轮;2-主动板;3-电磁线圈;4-衔铁;5-花键套;6-从动摩擦片

第二节　气波增压

1. 气波增压原理

气波增压器是一种利用空气动力学原理制成的增压装置,压力波使排气和进气直接进行能量传递,以提高进气压力。当压缩波在管道内传播时,在管道的开口端反射为膨胀波,而在管道的封闭端则反射为压缩波;反之,当膨胀波在管道内传播时,在管道的开口端反射为压缩波,而在封闭端则反射为膨胀波。如图 10-7a)所示,气波增压器内设有一个特殊形状的转子 5,发动机排出的废气在转子 5 中直接与进气接触,利用排气压力波使进气受压缩,提高进气密度。气波增压器结构简单,加工方便,工作温度低,不需要耐热材料,也无需冷却。与涡轮增压相比,其低速转矩特性好;但是体积大,噪声高,安装位置受到一定的限制。

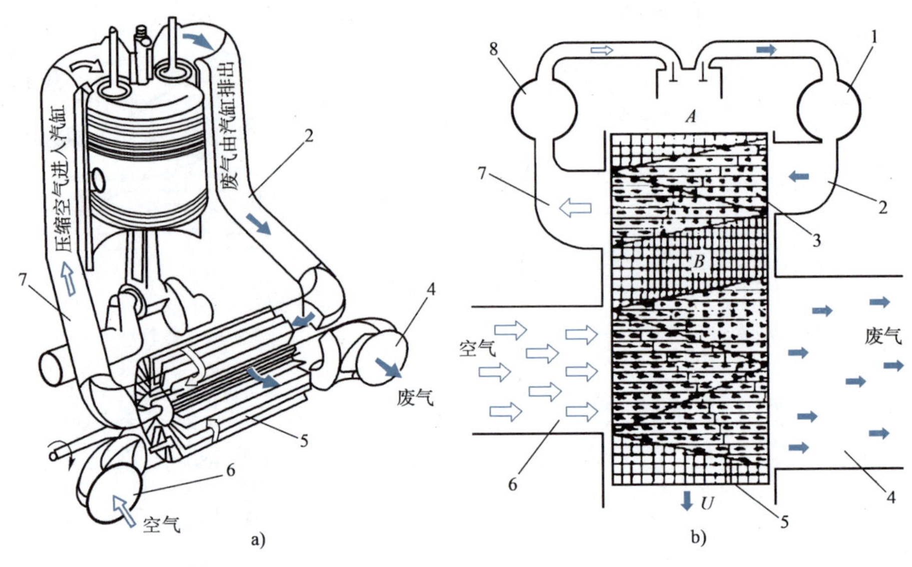

图 10-7　气波增压器及气波增压原理

a)气波增压器;b)气波增压原理

1-排气箱;2-高压排气管;3-转子气体通道;4-低压排气管;5-转子;6-低压空气管;7-高压空气管;8-空气箱

在气波增压器中,空气增压所需要的能量来自柴油机的排气。空气的压缩过程和排气的膨胀过程均在转子中的气体通道内进行,其工作过程及原理可用图 10-7b)所示的转子周向展开图来说明。

转子按图 10-7b)中底部箭头方向 *U* 转动,首先从顶部 *A* 点开始,转子的通道中已充满来自大气的低压空气,图中的竖直线表示气体处于静止状态。发动机的排气先流入排气箱 1 中,然后从排气箱以定压流入高压排气管 2。当转子旋转到充满低压空气的转子气体通道 3 与高压排气管相通时,排气的压缩波立即以声速传入通道,并压缩其中的空气,使其向高压空气管 7 加速流动,排气则随压缩波之后流入通道。由于转子沿着方向 *U* 不停地转动,因此每个通道中压缩波波峰的连线相对转子的转动方向是一条斜线。在通道中被压缩的空气经高压空气管 7 流入空气箱 8,然后进入发动机汽缸。当通道的左端转过高压排气管时,排气不再流入转子,但通道中原有的压缩波继续在传播。当压缩波抵达转子的右端时,转子通道已转过高压空气管,这时排气约充满通道长度的 2/3,前面是排气与空气的混合区,再前面是残留的高压空气。原压缩波的反射波仍为压缩波,在压缩波传播和反射过程中有所衰减,致使封闭通道内的静压力略低于高压排气管内的静压力,但其总压力仍略高于高压空气管内的总压。在转子继续转动过程中,通道中的排气在 *B* 区(竖线区)内处于静止状态。当转子通道的左端与低压排气管 4 相通时,压缩波反射为膨胀波传入通道,并向通道的右端推进,致使通道内的压力下降。当通道右端与低压空气管相通时,大气中的低压空气从右端流入通道,通道内的排气则加速倒流进低压排气管。当排气及排气与空气的混合气完全从通道中清除出去后,整个工作循环又从 *A* 点开始。

气波增压器的工作原理很简单,但在实际运用中的最大难题便是如何在较宽的转速范围

内均获得高的增压压力。由于转子和发动机之间的速比是固定的，当发动机转速降低时，转子的转速也随之降低。而压力波在转子通道中的传播速度只取决于排气或空气的温度，排气温度取决于发动机负荷，与转速关系不大。因此，只能按发动机某一转速来确定最佳转子尺寸和转子转速。当转子转速偏离设计转速时，增压效果将明显变差。经过长期研究改进之后，气波增压器更适用于转速和转矩在较宽范围内变化的汽车用柴油机。

2. 气波增压器构造

气波增压器有一个转子，沿其轴向开有许多梯形截面的气体通道(图 10-7b))。转子 5 悬臂地支撑在两个轴承 4 上(图 10-8)，与增压器壳 6 以及前后端盖都不接触。一个端盖接低压空气管和高压空气管，称空气端盖 1；另一个端盖接高压排气管和低压排气管，称排气端盖 8。支撑转子 5 的两个轴承 4 布置在空气端盖 1 中，以保证轴承得到良好的冷却。

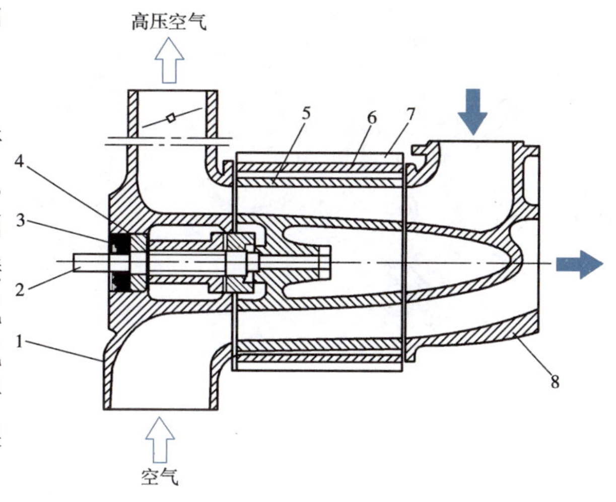

图 10-8 气波增压器结构

1-空气端盖；2-传动轴；3-油封；4-轴承；5-转子；6-增压器壳；7-绝热层；8-排气端盖

空气端盖用铝合金铸造，排气端盖用铸铁铸造，增压器壳和转子则用低膨胀钢制造。在增压器外面包敷绝热材料，以减少热量的散失。

第三节 谐波增压

1. 谐波增压原理

谐波增压装置也是一种利用空气动力学原理形成的，它是一种利用气流惯性产生的压力波来提高充气效率，以提高发动机功率和转矩的。一些中高级汽车的进气常采用谐波增压系统，简称 ACIS。

在设有谐波增压装置的汽车进气谐波增压系统中，当气体高速流向进气门时，进气门突然关闭，进气门附近的气体流动突然停止，但后面的气体在惯性的作用下继续推进，使进气门附近的气体被压缩而压力升高；当气体的惯性效应消减后被压缩的气体开始膨胀，导致气体反向流动而压力降低。膨胀气体的膨胀波传到进气管口而反射回来就形成了压力波。这种由间断进气所引起的进气压力波动对发动机进气量影响很大，其进气管的长度、进气管内的音速、发动机的转速等参数都会改变进气压力波的频率，更好地利用进气管内的压力波提高进气效率，以提高发动机的充气效率。

2. 谐波增压装置的分类

谐波增压是利用气流惯性产生的压力波来实现增压的。谐波增压装置根据进气系统的改变方法的不同分为可变进气管式和可变进气管容积式两种。如图 10-9 为可变进气管长度式谐波增压装置，图 10-10 所示为可变进气管容积式谐波增压系统。

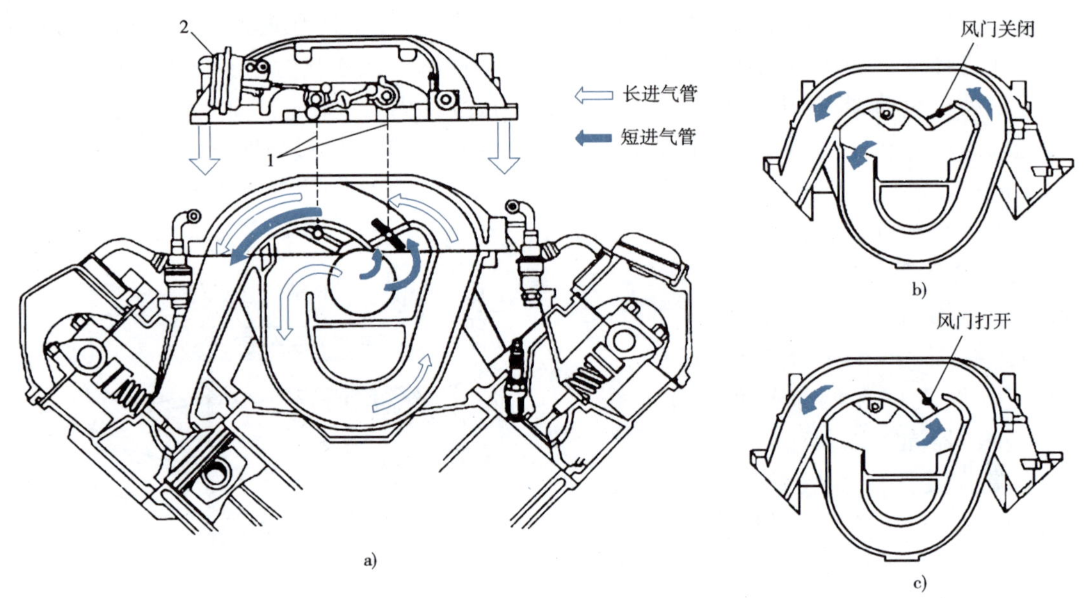

图 10-9 可变进气管长度式谐波增压装置(奥迪 V6 发动机)

a)两节进气组合;b)风门关闭;c)风门打开

1-风门;2-谐波增压电磁阀

谐波增压的压力波动固有频率是由进气管的长度、进气管内的音速所决定的,而进气频率不仅与进气管的长度、进气管内的音速有关,也与发动机转速有关。对结构一定的发动机来说,其进气频率取决于发动机的转速和进气管内的音速的配合。谐波增压的压力波正好与气门开闭重合,充气效率则提高;反之则降低。发动机 ECU 通过进气控制阀来改变进气管内气体的压力,从而改变进气管内的音速,若与发动机转速配合得当即可使进气管内的压力波产生谐振,以利用气流惯性的波动效应提高充气效率。因此有称声控进气系统。

发动机的不同转速都对应最佳的进气管长度和进气管容积,其压力波是随着进气管长度的增加而变长的。进气管长,发动机在中低转速时转矩增加较大;进气管短,发动机在高转速时功率增加较大。最好是随着发动机工况的变化而连续改变进气管长度和进气管容积,以更好地利用谐振效应,进而提高充气效率,提高发动机功率和转矩。

3. 可变进气管长度式谐波增压装置

可变进气管长度式谐波增压装置是由谐波增压电磁阀、风门、进气支管等组成的,如图 10-9a)所示。发动机进气支管由不同长度和不同管径的两节进气组合而成,风门的开闭使之成为不同长度和不同管径的两种进气管道,改变进气路径。发动机在中低转速工作时(奥迪 V6 发动机 4 100r/min 以下,图 10-9b)),风门由谐波增压电磁阀控制而关闭,进气通过形成的细长管道,有助于提高进气涡流,增大发动机输出转矩;发动机在高转速工作时(奥迪 V6 发动机 4100r/min 以上,图 10-9c)),风门由谐波增压电磁阀控制而开启,进气通过形成的短粗管道,有助于提高充气效率,以增大发动机输出功率。

4. 可变进气管容积式谐波增压装置

可变进气管容积式谐波增压装置是由进气控制阀(ACIS)、真空执行器、真空电磁阀

（VSV）、真空罐等组成的。图 10-10 所示为可变进气管容积式谐波增压系统。进气控制阀设在进气管中部将 6 个进气支管分隔为两组，根据发动机的工况，由真空电磁阀通过真空执行器来控制进气控制阀的开启或关闭，以适应容积式谐波增压的需要，提高充气效率。

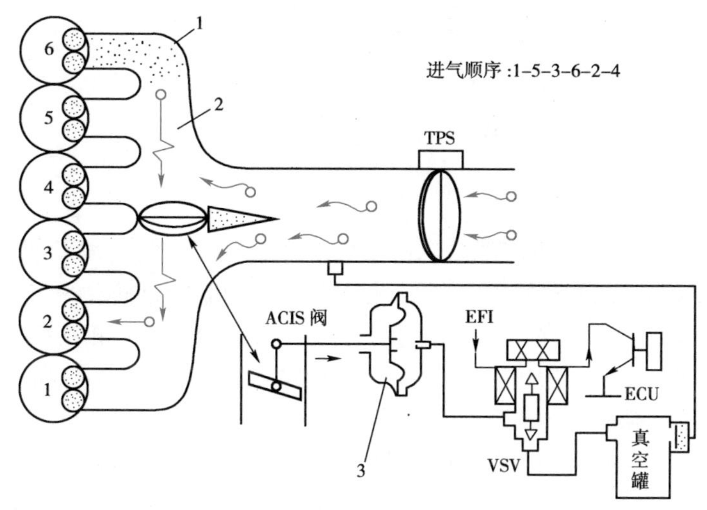

图 10-10 可变进气管容积式谐波增压系统

1-进气压缩；2-反射压力波；3-真空执行器

可变进气管容积式谐波增压装置的进气管长度是不变的，但是设在进气管中部的进气控制阀可改变进气管的容积，来改变进气管内的压力波产生谐振。发动机在中低转速工作时，进气控制阀关闭（图 10-11a）所示英国沃克斯豪尔汽车发动机 <4 000r/min 时），进气管路内的

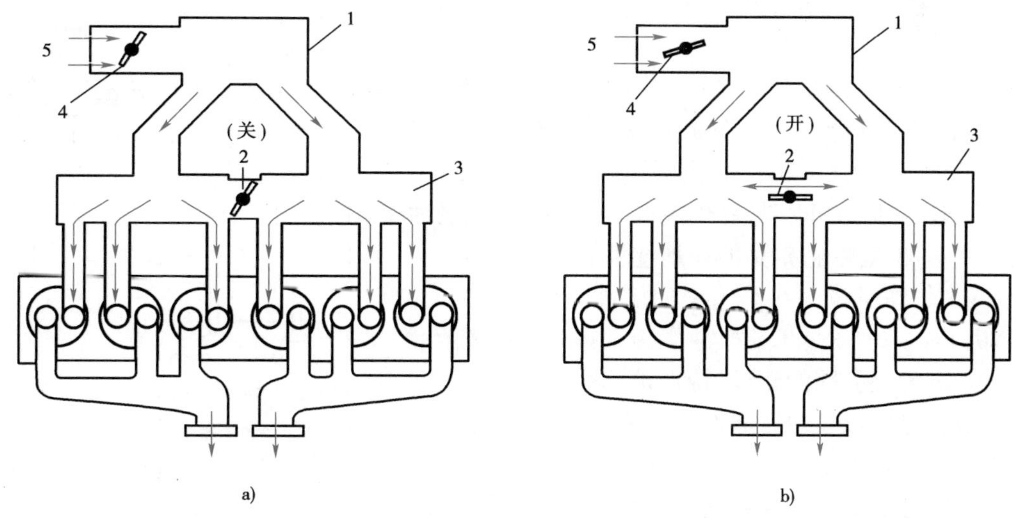

图 10-11 可变进气管容积式谐波增压装置工作原理

a）进气控制阀关闭；b）进气控制阀开启

1-空气稳压室；2-进气控制阀；3-谐波室；4-进气门；5-进气

容积变小,压力波的传递距离较长(空气滤清器到各缸进气门的距离),进气气流速度较高,可形成较强的惯性增压效果,有助于增大发动机输出转矩;发动机在高转速工作时,进气控制阀开启(图 10-11b)所示英国沃克斯豪尔汽车发动机 >4 000r/min 时),进气管路内的容积变大,压力波的传递距离较短(进气控制阀到各缸进气门的距离),也可行成较强的惯性增压效果,增大发动机输出功率。进气控制阀关闭,其效果相当于可变进气管长度式谐波增压装置延长进气管;进气控制阀开启,相当于缩短进气管。

第四节 涡轮增压

1. 废气涡轮增压原理

废气涡轮增压是车用发动机广泛采用的主要增压方式。它是将发动机排出废气的部分能量转化为机械能,从而带动同轴的压气机叶轮旋转,压气机将压缩后的空气充入汽缸实现增压。如图 10-12 所示。增压气涡轮壳 4 的进气口与发动机排气管 1 相连接,增压器压气机壳 9 的出气口与柴油机进气管 10 相连接。发动机排出的具有 500 ~ 750℃ 高温和一定压力的废气,经涡轮壳 4 进入喷嘴环 2。由于喷嘴环 2 的通道面积由大到小,使废气的压力和温度下降,而流速却迅速提高。利用这个高速的废气气流,按一定的方向冲击涡轮 3,使涡轮高速旋转。废气的压力和温度越高,涡轮转得越快。而与涡轮 3 同轴的压气机叶轮 8 以相同的速度旋转,将经过空气滤清器过滤的空气,吸入压气机。高速旋转的压气机叶轮 8 把空气甩向叶轮的边缘,速度增加后进入扩压器 7。扩压器 7 的形状是进口小出口大,因此,经扩压器的气流速度下降而压力升高,再通过截面由小到大的环形压气机壳 9,使气流压力进一步提高后,经进气管 10 进入汽缸,从而起到了增压的作用。

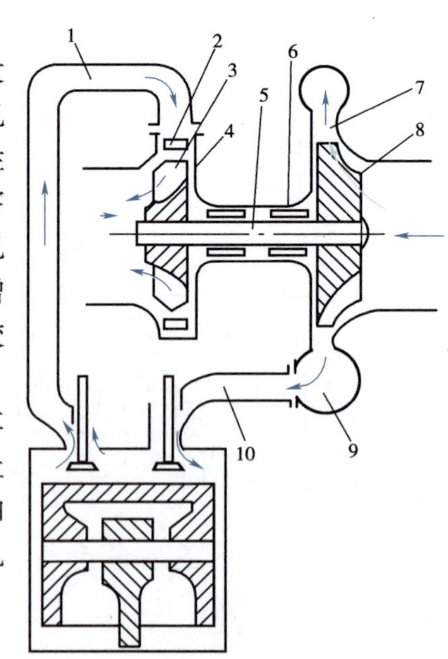

图 10-12 废气涡轮增压器工作原理

1-排气管;2-喷嘴环;3-涡轮;4-涡轮壳;5-转子轴;6-轴承;7-扩压器;8-压气机叶轮;9-压气机壳;10-进气管

废气涡轮就是一个小型的燃气轮机,涡轮增压器与发动机之间只有气管相连实现气体动能的传递,而无任何机械连接。这种增压方式能有效地利用排气的能量,经济性比机械增压和非增压发动机都好,并可大幅度地降低有害气体的排放和噪声水平。但缺点是由于涡轮机是流体机械,而发动机是动力机械,因此增压发动机低速时的转矩增加不多,而且在发动机工况发生变化时,瞬态响应特性较差,致使汽车加速性,特别是低速加速性较差。

废气涡轮增压技术在车用柴油机上应用广泛,但在车用汽油机上应用增压技术比柴油机困难得多。随着经济社会的发展、高等级公路的建设,特别是汽油喷射式发动机和电控技术的发展,以及增压器性能的改善,都促进了汽油机增压技术的发展。

2. 废气涡轮增压器的分类

废气涡轮增压是通过发动机排出的废气能量推动涡轮增压器实现增压。废气涡轮增压器和废气涡轮增压系统可按多种方法分类。

1)按气流方向分

增压器按废气进入涡轮的气流方向可分为轴流式和径流式两种。其主要参数见表10-1。

废气涡轮增压器主要参数 表10-1

类别	叶轮直径 D_K (mm)	转速 N_{tk} (r/min)	流量 G_K (kg/s)	压比 π_k	涡轮进口温度 t_T (℃)	压气机效率 η_{adk}	适用范围(增压前柴油机)功率 N (kW)
径流式	60~220	2 500~130 000	0.1~2	1.4~3.5	550~750	0.67~0.80	29.4~367.7
轴流式	220~1 000	5 000~35 000	1.5~35	3~3.5	500~700	0.75~0.85	221~735

径流式涡轮增压器工作时,柴油机排出的废气进入增压器涡轮壳后,沿着垂直于增压器转子轴线方向流动;轴流式涡轮增压器工作时,其废气进入增压器涡轮壳后沿着平行于增压器转子轴线方向流动。

径向式涡轮增压器的特点是流量小、效率高、加速性能好、体积小、结构简单。车用柴油机大都采用该种增压器。

轴流式涡轮增压器的特点是流量大、效率高、压力升高比大,适用于中、大型柴油机。

2)按压力升高比分

增压器压气机的出口压力与进口压力之比称为压力升高比。简称压比。用 π_K 表示。

增压器按压力升高比可分为低压、中压和高压3种。压比 $\pi_K<1.4$ 为低增压涡轮增压器,压比 $\pi_K=1.4\sim2.0$ 为中增压涡轮增压器,压比 $\pi_K>2$ 为高增压涡轮增压器。高增压涡轮增压器是发展趋势,但目前车用柴油机大都采用低增压和中增压的废气涡轮增压器。

3)按废气压力利用的方式分

按对发动机排出废气压力利用的方式可分为恒压式和脉冲式两种增压系统。

恒压式涡轮增压,是将柴油机汽缸排出的废气经过稳定箱再送到涡轮。对多缸柴油机来说,是将所有汽缸的排气支管接到一个容积足够大的排气总管上,再与增压器涡轮壳进口相连。由于排气总管容积较大,能起到稳压箱的作用,使进入涡轮前的废气压力接近不变,如图10-13a)所示。恒压式涡轮增压器常用于大型高增压的柴油机。脉冲式涡轮增压,也称变压式,如图10-13b)所示。是把排气管容积做得适当小,并把多缸柴油机的排气支管分成几个分支,再分别与增压器涡轮壳的进气口相连接,避免各缸排气的互相干扰,以充分利用废气压力的脉冲能量,获得较好的增压效果。而且压力高峰后的瞬时真空,有助于汽缸的扫气。目前,车用柴油机多采用这一种增压器。若柴油机(六缸)的工作顺序为1—5—3—6—2—4,一般将1、2、3缸接到一个排气管上,沿着涡轮壳的一条进气道通向半圈喷嘴环;将4、5、6缸接到另一个排气管上,沿着涡轮壳上的另一条进气道通向另半圈喷嘴环,使排气互不干扰,以充分利用废气的脉冲能量驱动涡轮(图3-34 斯太尔WD615型柴油机废气增压中冷系统)。

4)按废气能量利用的方式分

废气涡轮增压系统按废气能量的回收方式又可分为单级涡轮增压、双级涡轮增压和复合增压,复合增压可分为串联复合增压、并联复合增压等几种方式。如图 10-14 所示。

废气涡轮增压器根据增压器的数量又可分为单级增压和双级复合增压。如图 10-14a)、b)所示。在汽车上应用最广泛的是单级增压系统,即采用一个废气涡轮增压器;而双级增压系统采用两个废气涡轮增压器,主要用于大排量车用柴油机。

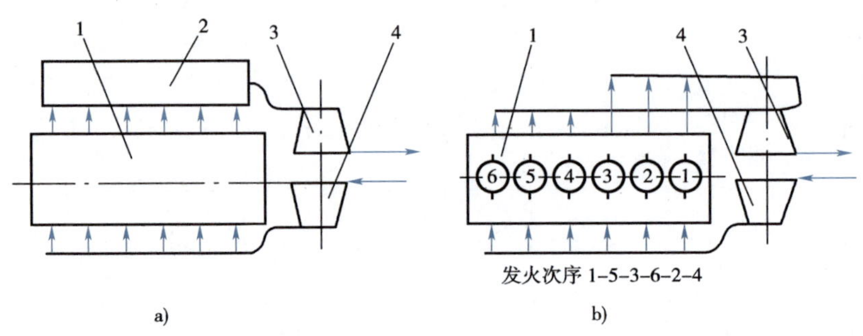

图 10-13　废气涡轮增压系统

a)恒压式涡轮增压;b)脉冲式涡轮增压

1-发动机;2-排气总管;3-废气涡轮;4-压气机

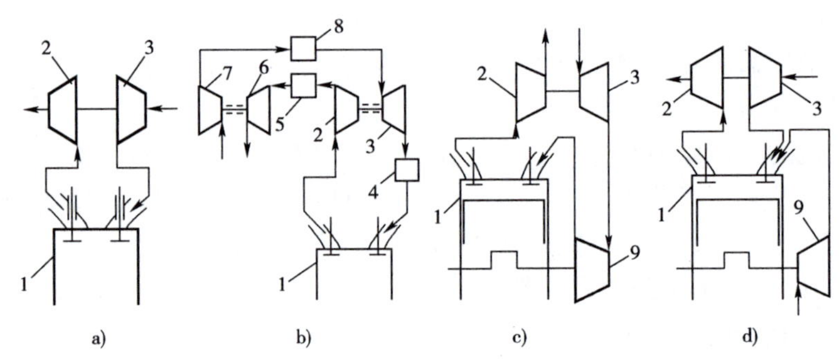

图 10-14　涡轮增压方式

a)单级涡轮增压;b)双级涡轮增压;c)串联复合增压;d)并联复合增压

1-发动机;2-涡轮;3-压气机;4-中冷器;5-排气稳压箱;6-低压级涡轮;7-低压级压气机;8-低压级中冷器;9-第二压气机

复合增压是指增压系统中既设有废气涡轮增压,又设有机械增压的方式。其共同点是在输出轴上都设置了一个能量回收的涡轮,只是涡轮设置的位置不同。但一般涡轮的转速为 50 000 ~ 180 000r/min,而发动机的转速为 1 800 ~ 4 000r/min,因此均需要增速器和离合器。增速器的增速比约为 1/30。在串联复合增压系统中,空气先由废气涡轮增压,再经机械增压,然后进入柴油机,如图 10-14c)所示。由于第二压气机是机械增压,可以保证发动机低速、小负荷时仍有必要的增压扫气压力;在并联复合增压系统中,空气分别经废气涡轮增压和机械增压后,同时进入柴油机,如图 10-14d)所示。并联复合增压系统中的机械增压主要是用来补充废气涡轮增压低速工况的供气不足。

双级涡轮增压器根据两个增压器的连接方式不同,又可分为直列双级增压和并列双级增压两种系统。如图 10-15a)所示,直列双级增压系统一般由一个小型增压器 4 和一个大型增压器 5 直列布置构成,并根据发动机转速分别使用。低速时关闭进气切换阀 3 和排气切换阀 6,

使小型增压器4工作，以提高低速进气量，改善低速转矩特性；中、高速时，打开排气切换阀6和进气切换阀3，使排气流向大型增压器5，以便增压发动机在高效率区进行匹配，提高发动机的经济性。此时，小型增压器4涡轮的进、出口压力相等，所以自动停止工作。如图10-15b）所示，六缸机常采用并列双级增压系统，1、2、3缸和4、5、6缸分别采用相同的增压器。与6个缸采用一个增压器相比，采用并列双级增压器时流过废气涡轮的排气流量减少一半，所以采用小型增压器，由此达到兼顾低速转矩特性和中、高速在高效率区的良好匹配，提高整机性能的目的；多缸发动机采用并列双级增压系统的另一个目的是为了避免产生各缸排气干涉现象。

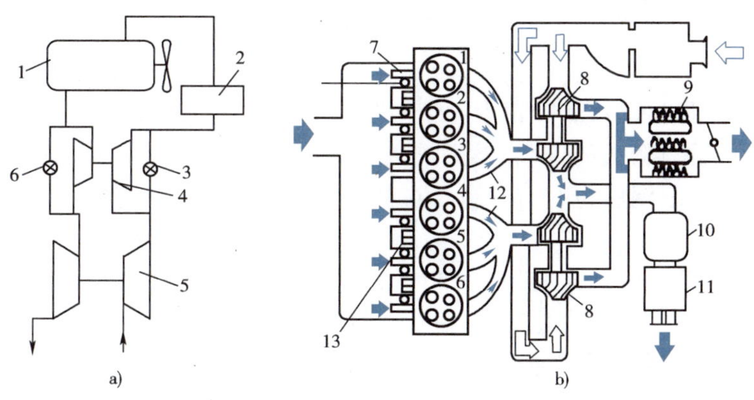

图10-15　双级涡轮增压系统

a）直列双级增压；b）并列双级增压

1-发动机；2、9-中冷器；3-进气切换阀；4-小型增压器；5-大型增压器；6-排气切换阀；7-喷油器；8-增压器；10-催化转化装置；11-消声器；12-排气管；13-爆燃传感器

由于废气涡轮增压器是流体机械，而发动机是动力机械，二者属于两种不同类型的机械，所以废气涡轮增压发动机有待进一步解决的课题是：①如何提高发动机的低速转矩；②低速时应避免增压器工作线接近喘振线；③防止高速时进气压力过高或增压器超速；④降低高速时的泵气损失；⑤防止缸内产生最高压力及热负荷增加。

3. 涡轮增压器构造

目前，汽车用柴油机大都装用径流脉冲式中、高增压废气涡轮增压器。它主要由一个单级废气涡轮机和一个单级离心式压气机组成。其结构如图10-16所示。涡轮机部分由涡轮机叶轮10、涡轮机壳13等零件组成。压气机部分由压气机叶轮3、扩压器2、压气机壳1等零件组成。涡轮机壳13的入口与柴油机排气管相连，出口与排气消音器相连；压气机壳1的进口通过软管与空气滤清器相连，出口通往柴油机汽缸。压气机叶轮3装在增压器轴5上，并用防松螺母紧固，构成涡轮增压器的转动部分，称为转子。涡轮机由柴油机排出的废气驱动，涡轮机叶轮则驱动同轴上的压气机叶轮，压气机将压缩了的空气送到柴油机汽

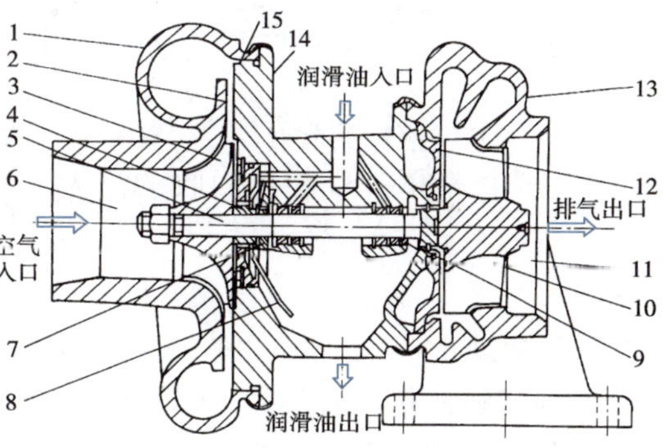

图10-16　涡轮增压器结构

1-压气机蜗壳；2-无叶式扩压管；3-压气机叶轮；4-密封套；5-增压器轴；6-进气道；7-推力轴承；8-挡油板；9-浮动轴承；10-涡轮机叶轮；11-出气道；12-隔热板；13-涡轮机蜗壳；14-中间体；15-V形夹环

缸中。

1）离心式压气机

离心式压气机由进气道6、压气机叶轮3、无叶式扩压管2及压气机蜗壳1等组成（图10-16）。叶轮包括叶片和轮毂，并由增压器轴5带动旋转。

当压气机旋转时，空气经进气道进入压气机叶轮，并在离心力的作用下沿相邻压气机叶片1之间形成的流道（图10-17），从叶轮中心流向叶轮的周边。空气从旋转的叶轮获得能量，使其流速、压力和温度均有较大的增高，然后进入叶片式扩压管3。扩压管为渐扩形流道，空气流过扩压管时减速增压，温度也有所升高，即在扩压管中，空气所具有的大部分动能转变为压力能。

扩压管分叶片式和无叶片式两种。无叶片式扩压管实际上是由蜗壳和中间体侧壁所形成的环形空间，其构造简单，工况变化对压气机效率的影响很小，适于车用增压器。叶片式扩压管是由相邻叶片构成的通道，其扩压比大，效率高，但结构复杂，工况变化对压气机效率有较大的影响。

压气机壳的作用是收集从扩压管流出的空气，并将其引向压气机出口。空气在蜗壳中继续减速增压，完成其由动能向压力能转变的过程。

压气机叶轮由铝合金精密铸造，压气机壳也用铝合金铸造。

2）径流式涡轮机

涡轮机是将发动机排气的能量转变为机械功的装置。径流式涡轮机由压气机壳、喷管、叶轮和出气道等组成（图10-18），压气机壳4的进口与发动机排气管相连，发动机的排气经蜗壳引导进入叶片式喷管3。喷管是由相邻叶片构成的渐缩形流道。排气流过喷管时降压、降温、增速、膨胀，使排气的压力能转变为动能。由喷管流出的高速气流冲击叶轮1，并在叶片2所形成的流道中继续膨胀作功，推动叶轮旋转。

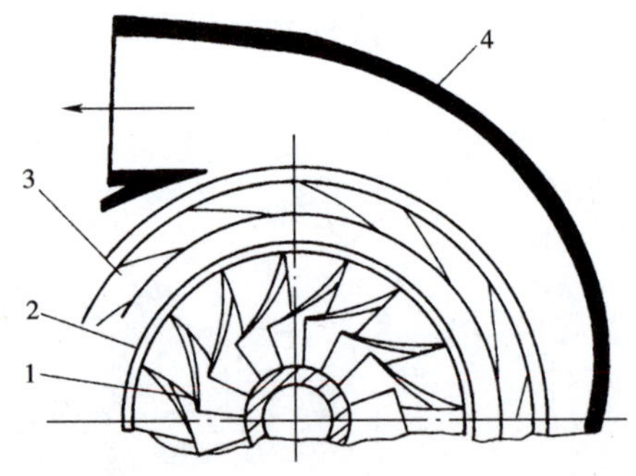

图10-17　离心式压气机

1-压气机叶片；2-叶轮；3-叶片式扩压管；4-压气机壳

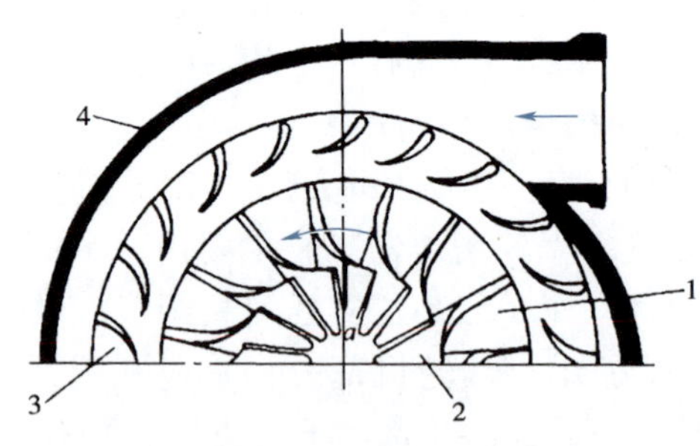

图10-18　径流式涡轮机

1-叶轮；2-叶片；3-叶片式喷管；4-蜗壳

与压气机的扩压管类似，涡轮机的喷管也有叶片式和无叶式之分。现代车用径流式涡轮机多采用无叶式喷管（图10-16）。涡轮机的壳除具有引导发动机排气以一定的角度进入涡轮机叶轮的功能外，还有将排气的压力能和热能部分地转变为动能的作用。

涡轮机叶轮经常在900℃左右高温的排气冲击下工作，并承受巨大的离心力作用，所以采用躁基耐热合金钢或陶瓷材料制造。用质量轻并且耐热的陶瓷材料可使涡轮机叶轮的质量大约减轻2/3，涡轮增压加速滞后的问题也在很大程度上得到了改善。

喷管叶片用耐热和抗腐蚀的合金钢铸造或经机械加工成形。蜗壳用耐热合金铸铁铸造，内表面应该光洁，以减少气体流动损失。

3）转子

涡轮机叶轮、压气机叶轮和密封套等零件安装在增压器转子轴上，构成涡轮增压器转子。转子以50 000～200 000r/min的高转速旋转，因此，转子的平衡是非常重要的。

涡轮机叶轮大都由耐热钢制成。为了提高其性能，有的采用淡化硅陶瓷涡轮机叶轮。淡化硅陶瓷涡轮机叶轮用钎焊或热装法与增压器转子轴固定在一起。由于淡化硅陶瓷质量轻，与全钢制增压器转子相比，整个回转体的惯性矩可降低1/3，增压器的响应性可提高36%。

增压器转子轴在工作中承受弯曲和扭转交变应力，一般用韧性好、强度高的合金钢40Cr或18CrNiWA制造。

4. 涡轮增压器轴承及其润滑

增压器轴承的结构是车用涡轮增压器可靠性的关键之一。现代车用涡轮增压器都采用浮动轴承和推力轴承（图10-19）。

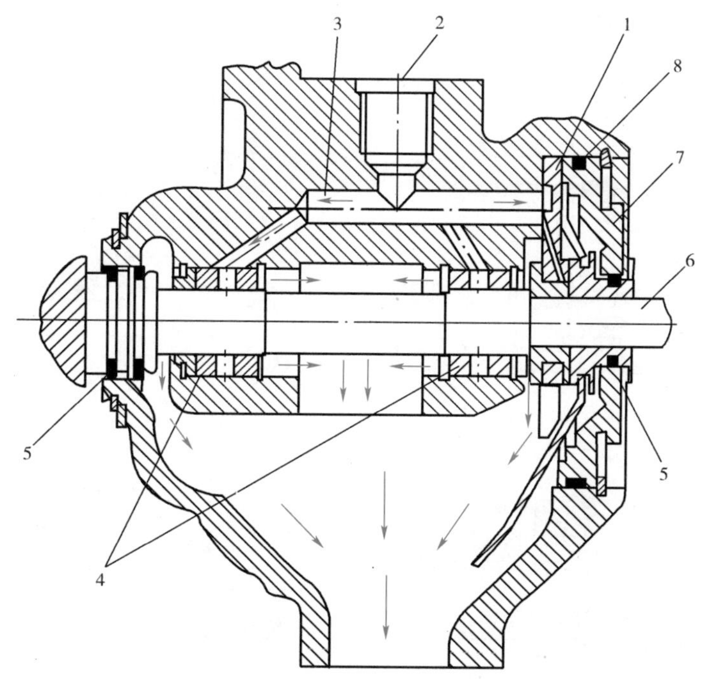

图10-19　涡轮增压器轴承及其润滑

1-推力轴承；2-润滑油入口；3-润滑油道；4-浮动轴承；5-开口金属密封环；6-转子轴；7-油腔堵盖；8-O形橡胶密封圈

1）浮动轴承

涡轮增压器的转子以每分钟高达十几万转（SJ50涡轮增压器最高工作转速每分钟高达十八万转）的转速旋转。在这种情况下，若采用一般机械中的常用轴承，不能满足转子在高速下运转的要求。现代涡轮增压器普遍采用全浮动轴承（图10-20），这种轴承与转子轴之间，轴承与壳体之间均有间隙。当转子高速旋转时，具有一定压力的润滑油充满这两个间隙，使浮动轴承4在内外两层油膜中随着转子轴同向旋转，虽然浮动轴承的转速比转子低得多，但由于浮动轴承的转动而减小了转子轴与浮动轴承之间的滑动速度。浮动轴承工作时有双层油膜,可以双层冷却并产生双层阻尼。它具有高速轻载下,工作可靠、抗震性好、使用寿命长、拆装方便等特点。浮动轴承的润滑也是由发动机润滑系统提供的压力润滑,过滤的压力润滑油经浮动轴承后,通过回油管流到发动机油底壳。

浮动轴承实际上与转子轴、与轴承座之间都有间隙,形成双层油膜。圆环状浮动轴承浮在转子轴与轴承座之间,当增压器工作时,浮动轴承在转子轴与轴承座孔中间转动。一般内层间隙为0.05mm左右,外层间隙大约为0.1mm。浮动轴承用锡铅青铜合金制造而成,轴承壁厚约3~4.5mm,轴承表面镀一层厚度约为0.005~0.008mm的铅锡合金或金属铟,以改善润滑,降低摩擦因数。浮动轴承内孔及端面都开有油槽,为存油与布油用,保证起动时有一定的润滑。轴承内、外表面的同心度要求高,油槽油孔位置需对称,以保证良好的动平衡。

浮动轴承分为整体式和分开式两种。整体式浮动轴承(图10-20a))是在增压器的转子间只用一个浮动轴承,其结构简单、零件少、止推轴承大为简化,但工艺要求高,旋转惯性大;分开式浮动轴承(图10-20b)、c))是在增压器的转子内侧的两边各有一个浮动轴承,其尺寸小、旋转惯性小、加工简单,在小型增压器上应用较多。

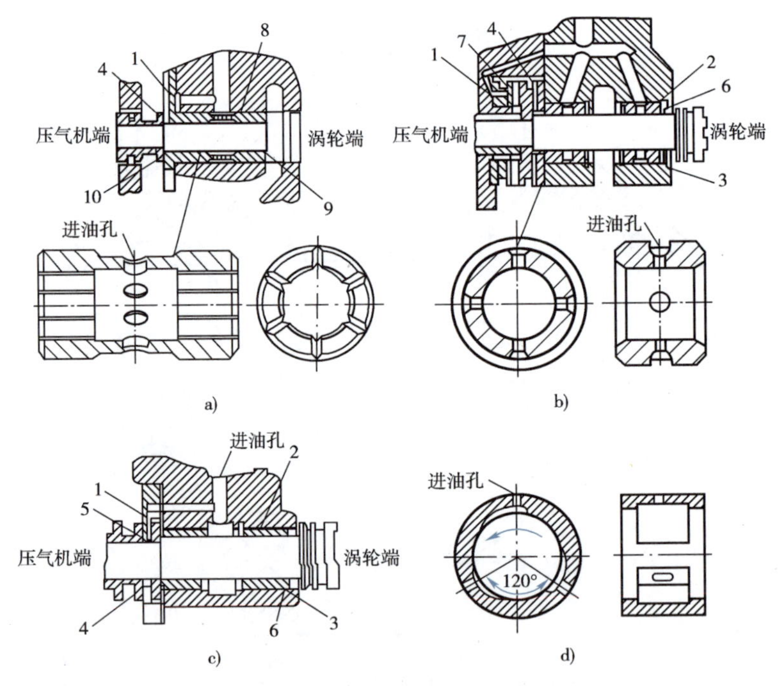

图10-20 浮动轴承结构

a)整体式浮动轴承;b)分开式径向进油浮动轴承;c)分开式轴向进油浮动轴承;d)多油楔浮动轴承

1-推力轴承;2-浮动轴承;3-卡环;4-止推片;5-隔套;6-垫片;7-止推套;8-整体式浮动轴承;9-后止推面;10-前止推面

多油楔浮动轴承是浮动轴承的一种,在其内表面均布3~4个楔形油槽,如图10-20d)所示。当轴旋转时,轴颈在油楔压力的作用下较容易被抬起,随着转速的提高而实现液体润滑,同时还有利于润滑油分布和供油量的增大,有利于轴承的冷却,有利于克服油膜振动。在高速轻载的情况下,多油楔浮动轴承是抗振性能较好的轴承。

浮动轴承可以径向或轴向进油。径向进油(图10-20 a)、b)、d))的浮动轴承的刚度和承

载能力较轴向进油的(图 10-20c))好,采用的较多。浮动轴承工作时,轴颈1与浮动轴承2、浮动轴承2与轴承座孔3都有一定的间隙且充满油膜,轴承上有进油孔使内外油膜相通。如图10-21所示。由于润滑油的黏性而引起摩擦力,使浮动轴承转动,其转速约为增压器转子转速的25%～40%。

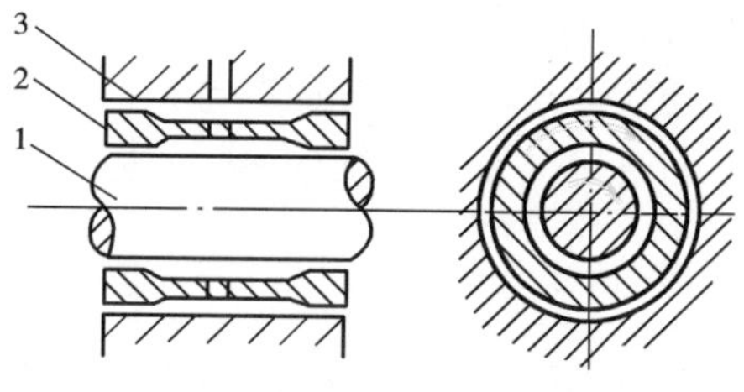

图 10-21　浮动轴承工作

1-转轴;2-浮动轴承;3-轴承座孔

2)推力轴承

增压器工作时产生轴向推力,由设置在压气机一侧的推力轴承1承受。为了减少摩擦,在整体式推力轴承两端的止推面上各加工有4个(或6个)布油槽,形成4个(或6个)扇形油楔承力面。推力轴承每个扇形油楔承力面的周向加工出0.5°～1°的斜面,在轴承上还加工有进油孔5,以保证止推面的润滑和冷却(图 10-22)。

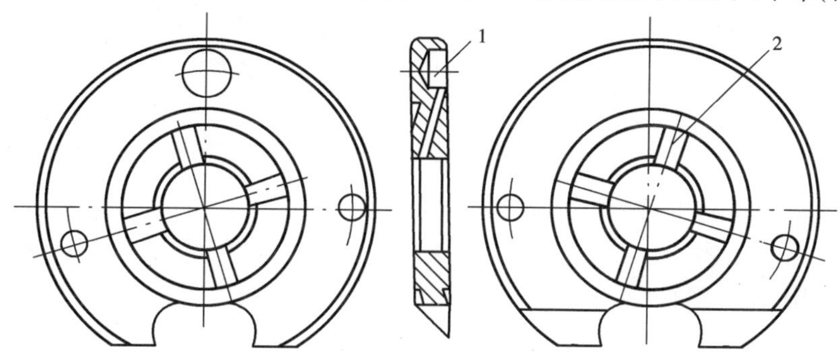

图 10-22　推力轴承结构

1-进油孔;2-布油槽

5. 增压压力的调节

发动机的转速范围宽,涡轮增压器须有调节机构,以获得更稳定的增压压力。为了克服废气涡轮增压的不足,通过采用前倾后弯叶轮、混流涡轮、陶瓷转子、废气旁通阀和可变截面涡轮增压器(VGT)等措施加以改进。

1)旁通阀

在涡轮增压系统中都设有进气旁通阀和排气旁通阀,用以控制增压压力。

(1)为使增压发动机在设定的工况下获得最佳的转矩曲线,提高增压器低速时的压比,而高速时压比也不致于过高,一般是在增压器涡轮壳上设置排气旁通阀,如图 10-23 所示。当柴油机高速、大负荷,排气量过大时,压比升高,排气旁通阀5打开,放掉发动机的部分排气,从而稳定增压器的转速和压比。该阀是靠增压器压气机壳出口处的空气压力或发动机转速控制的。有的直接对驱动排气旁通阀传动装置的控制压力进行电子控制,以更有效地改善发动机的性能。

排气旁通阀是由压力来控制的,如图 10-24 所示。控制气室1中的膜片将气室分为左室和右室,右室经连通管11与压气机出口相通,左室设有膜片弹簧作用在膜片上。膜片还通过连动杆2与排气旁通阀3连接。当压气机出口压力,也就是增压压力低于限定值时,膜片在膜片弹簧的作用下移向右室,并带动连动杆使排气旁通阀保持关闭状态。当增压压力超过限定值时,增压压力克服膜片弹簧力,推动膜片移向左室,并带动连动杆将排气旁通阀打开,使部分排气不经过涡轮机而直接排放到大气中,从而达到控制涡轮机转速及增压压力的目的。

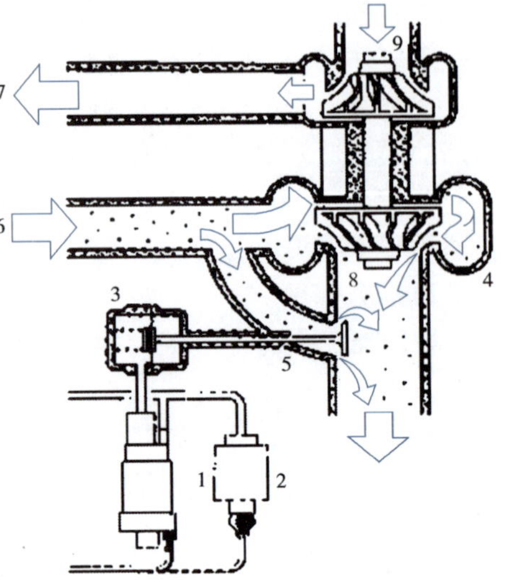

图 10-23　排气旁通阀

1-增压压力执行器;2-真空泵;3-压力执行器;4-涡轮增压器;5-排气旁通阀

(2)进气旁通阀的工作原理与排气旁通阀相似。在有些发动机上,排气旁通阀的开闭由电控单元操纵的电磁线圈控制。电控单元根据压气机出口增压压力的高低,对电磁线圈进行通电或断电控制,以开闭排气旁通阀。有的电控单元还能按照预编程序,在发动机突然加速时,允许增压压力短时间超出限定值,以提高发动机的加速性。

2)可调节涡轮增压

可调节涡轮增压技术以其良好的特性而成为高速柴油机重要技术之一。在发动机的运行工况下,为使涡轮增压器更好的适应其工况的变化,提高性能,涡轮中采用可调节涡轮叶片角度和喷嘴流通截面积,连续的改变涡轮转速,获得最佳的增压压力。可调节涡轮增压器有可调喷嘴涡轮增压器、可调阀门涡轮增压器、双涡壳增压器等多种形式。

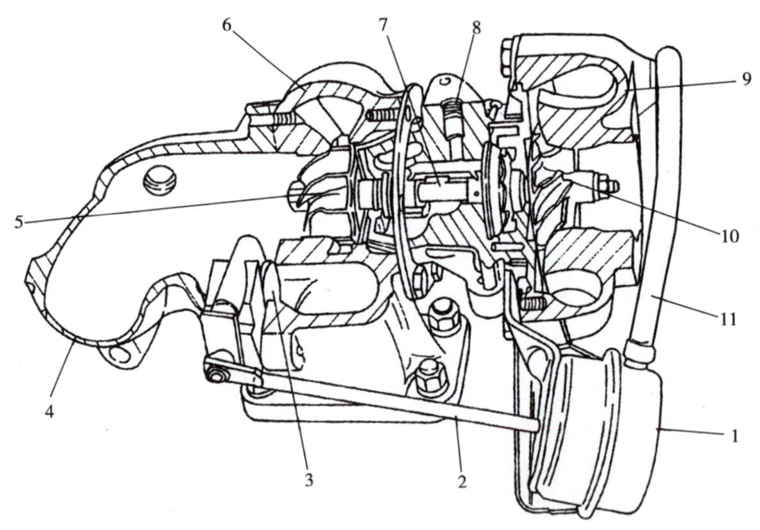

图 10-24　排气旁通阀及其控制装置在增压器上的安装位置

1-控制气室;2-连动杆;3-排气旁通阀;4-排气管;5-涡轮机叶轮;6-涡轮机壳;7-压板;8-中间体;9-压气机壳;10-压气机叶轮;11-连通管

可调节涡轮增压器通过改变可调节涡轮叶片角度来满足发动机各种工况的要求,提高柴油机的瞬态响应性,较好地利用了废气能量,改善了燃油消耗,降低了瞬态排放,提高了低速转矩。但其结构复杂,材料要求高,成本较高;而旁通阀是在增压器高转速时将部分废气旁通排出,浪费了能量。

（1）可调喷嘴涡轮增压器，如图10-25所示。图10-26所示为VNT可调节涡轮结构示意图。VNT是可调截面涡轮增压器的一种主要形式，它在涡轮流速比、增压器工作效率等方面明显优于其他形式的可调截面涡轮增压器，它是由执行机构2通过喷嘴控制环4来改变喷嘴环叶片5的角度，进而改变涡轮喷嘴环流通截面积的大小和方向来改变排气的流通特性。

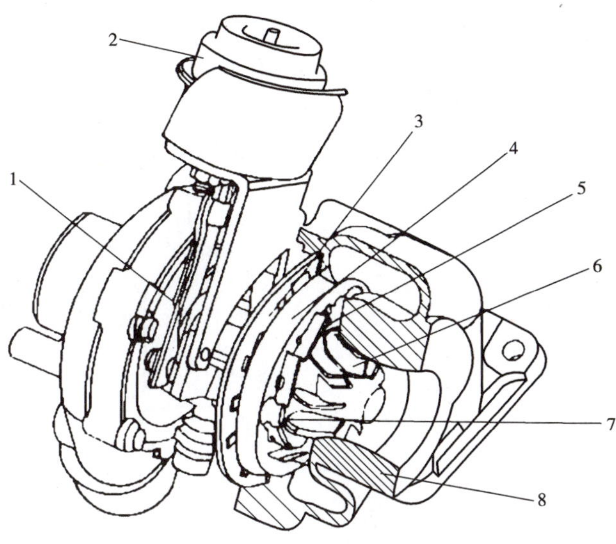

图10-25　VNT可调节涡轮增压器

1-曲柄机构；2-执行机构；3-连接环；4-喷嘴控制环；5-喷嘴环叶片；6-涡轮叶轮；7-腔；8-涡轮壳

喷嘴环由许多绕着各自枢轴转动的喷嘴环叶片组成，喷嘴环叶片之间的通道决定着排气流通截面积的大小和方向。喷嘴环叶片均匀地排成环状并与齿轮相连，齿轮受到喷嘴控制环的控制，当执行机构的拉杆来回移动时，喷嘴控制环往复转动，通过啮合的齿轮，使得各喷嘴环叶片改变角度，从而实现改变喷嘴环出口截面积的。

（2）可调阀门涡轮增压器，图10-27所示为设有可调阀门涡轮增压器的增压中冷系统示意图。涡壳通道由可调阀门9来控制流通截面。电控单元根据工况的需要，通过可调阀门电磁控制阀4控制可调阀门执行器7膜片工作腔与来自压气机增压气体的通断，进而控制可调阀门9在涡壳通道内摆动来改变流通截面。可调阀门电磁控制阀4关闭增压气体通道，并放掉可调阀门执行器7膜片工作腔增压气体，可调阀门9位于流通截面最小处；可调阀门电磁控制

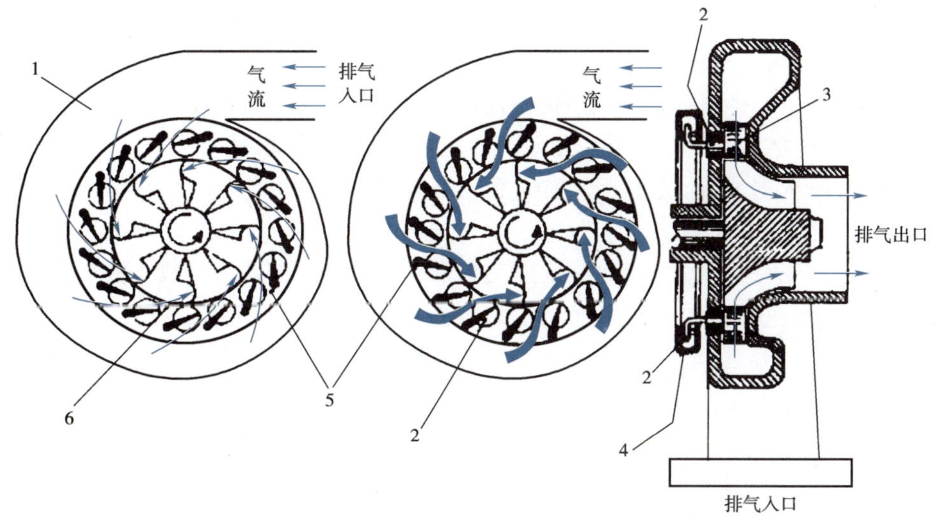

图10-26　VNT结构

1-涡壳；2-喷嘴轴；3-喷嘴叶片；4-喷嘴控制环；5-可转动的叶片；6-涡轮

阀4接通增压气体通道，在增压气体的作用下，可调阀门执行器7无级调节可调阀门9位置和流通截面的大小。当流通截面减小时，排气流速增大，涡轮叶片冲量增大，导致增压器转速升高，增压压力也升高；反之当流通截面增大，增压器转速降低，增压压力也相应降低。

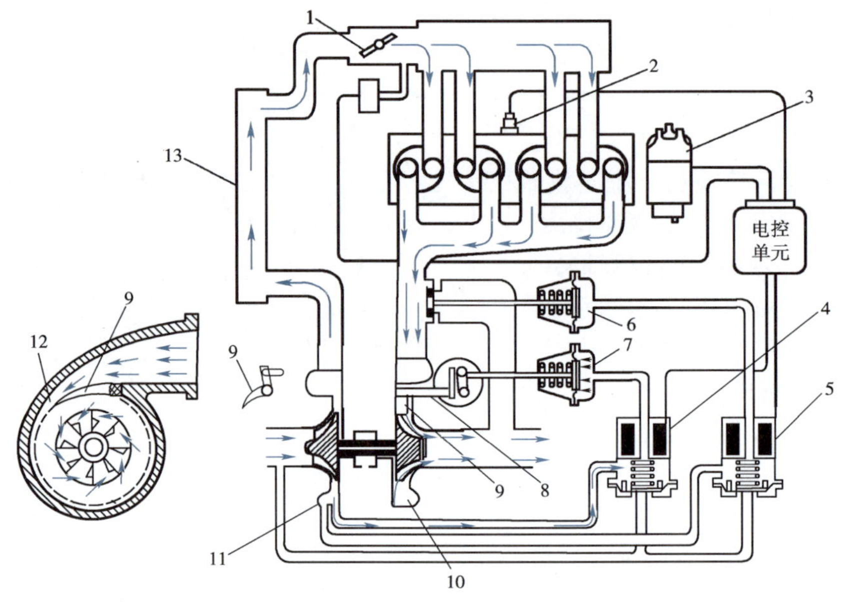

图10-27　设有可调阀门涡轮增压器的增压中冷系统

1-节气门；2-爆燃传感器；3-分配器；4-可调阀门电磁控制阀；5-旁通阀电磁控制阀；6-旁通阀执行器；7-可调阀门执行器；8-可调阀门传动机构；9-可调阀门；10-涡轮壳；11-压气机壳；12-喷嘴通道；13-中冷器

（3）可调双涡壳涡轮增压器，图10-28所示为设有可调双涡壳涡轮增压器的增压中冷系统示意图。涡轮涡壳入口通道由两个逐渐汇总到涡轮叶轮边缘处，入口副通道17由电控单元根据工况的需要，通过可调阀门电磁控制阀4控制可调阀门执行器7膜片工作腔与来自压气机增压气体的通断，进而控制可调双涡壳通道阀门14关闭或开启。当可调双涡壳通道阀门14关闭入口副通道17时，排气仅从主通道喷向涡轮叶片，使流通截面减小，排气流速增大，涡轮叶片冲量增大，导致增压器转速升高，增压压力也升高；当可调双涡壳通道阀门14打开入口副通道17时，排气则从主、副通道16、17喷向涡轮叶片，流通截面增大，增压器转速降低，增压压力也相应降低。

主通道单独通气时，可提高发动机低速工作涡轮增压器的响应性，减小滞后现象；主、副通道共同通气时，可实现涡轮增压器及增压压力自我调节，并可减小排气阻力，改善发动机的充气及热效率。

可调双涡壳涡轮增压器可与主通道单独通气或主、副通道共同通气，有级调节流通截面的大小，而可调阀门涡轮增压器可在一定范围内无级调节流通截面的大小。

6. 涡轮增压器的润滑、冷却及密封

（1）润滑。来自发动机润滑系统主油道的润滑油，经增压器中间体上的润滑油进口1进入增压器，润滑和冷却增压器轴和轴承。然后，润滑油经中间体上的润滑油出口6返回发动机油底壳（图10-29）。

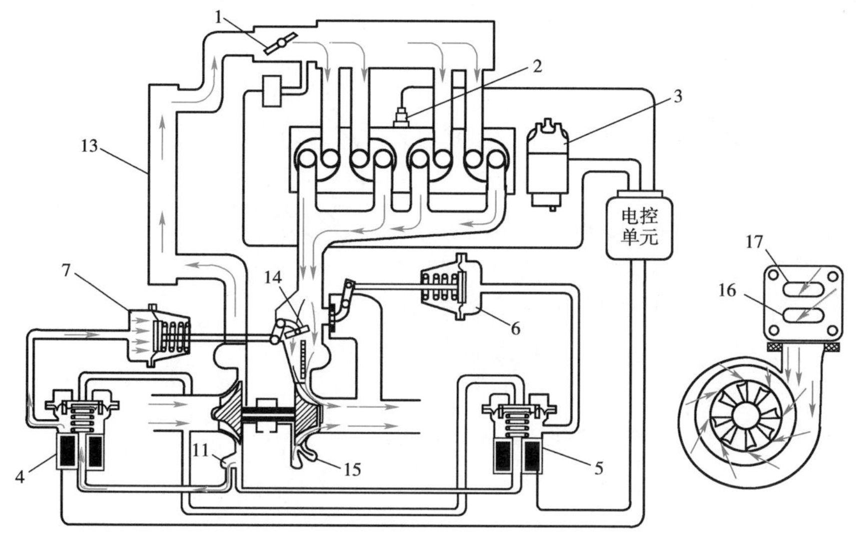

图 10-28　设有可调双涡壳涡轮增压器的增压中冷系统

1-节气门;2-爆燃传感器;3-分配器;4-可调阀门电磁控制阀;5-旁通阀电磁控制阀;6-旁通阀执行器;7-可调阀门执行器;11-压气机壳;13-中冷器;14-可调双涡壳通道阀门;15-双涡壳;16-主通道;17-副通道

(2)冷却。由于汽油机增压器的热负荷大,因此在增压器中间体的涡轮机侧设置冷却水套,并用软管与发动机的冷却系统连通。冷却液自中间体上的冷却液进口 6 流入中间体内的冷却水套 3,从冷却液出口 2 流回发动机冷却系统。冷却液在中间体的冷却水套中不断循环,使增压器轴和轴承得到冷却。

有些涡轮增压器在中间体内不设置冷却水套,只靠润滑油及空气对其进行冷却。当发动机在大负荷或高转速工作之后,如果立即停机,那么润滑油可能由于轴承温度太高而在轴承内燃烧或结胶。因此,这类涡轮增压发动机应该在停机之前,至少在怠速下运转 1min。有些发动机熄火后由专门的电动机油泵继续向增压器供油,使其冷却一段时间。

图 10-29　增压器的润滑、冷却与密封

1-润滑油进口;2-冷却液出口;3-冷却水套;4-压板;5-开口金属密封环;6-冷却液进口;7-润滑油出口

(3)密封。涡轮增压器的密封包括油封和气封两种作用,其密封方式分为接触式和非接触式。接触式主要是用密封环密封,非接触式有迷宫式、甩油盘式和挡油盘式等几种密封方式。大型轴流式涡轮增压器多采用迷宫式密封;小型轴流式涡轮增压器由于结构限制常采用密封环密封(图 10-24),辅以甩油盘和挡油盘密封;现代涡轮增压采用密封环密封。

密封环密封是将数个开口金属密封环 5 分别装在涡轮端和压气端的密封环槽内,开口金属密封环 5 靠弹力涨紧在机壳 2 上(图 10-30 和图 10-19)。密封环 5 与环槽之间留有间隙,密封环 5 涨紧在机壳上不能转动,环槽随着涡轮转子轴 4 转动,形成更为有效的“迷宫”密封。

密封环用钢或铸铁制造,对密封环的弹力要求非常严格,即不能过大也不能过小。过大不能及时地避让转子轴的轴向窜动,导致环与环槽侧面的摩擦;过小又不能抵御燃气和空气压力造成的轴向力。

如果密封损坏将导致漏油或漏气。漏油——润滑油窜入压气机或涡轮机蜗壳内,将导致润滑油消耗量增加和排气冒蓝烟;漏气——高温燃气窜入轴承之间,将引起工作温度升高而使润滑油结胶或烧毁轴承。采用双开口金属密封环密封时,其开口的安装位置应错开 180° 以提高密封性。

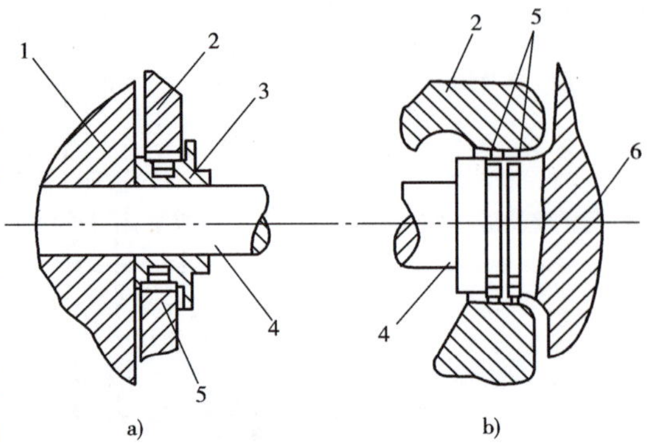

图 10-30 密封环式密封
a)压气端密封结构;b)涡轮端密封结构
1-压气机叶轮;2-机壳;3-密封套;4-转子轴;5-开口金属密封环;6-涡轮机叶轮

第五节 复合增压

有些发动机采用机械式和废气涡轮式增压装置联合增压,称为复合增压系统。这种系统进一步满足了发动机各工况的需求,提高了发动机性能。按其设置配合的不同主要有串联式、并联式和混合式等。

1. *串联复合增压系统*

串联复合增压系统就是串联增压,又称二级增压。其工作原理如图 10-31 所示,新鲜空气先经废气涡轮增压器增压,再经机械增压器进一步增压后充入汽缸(或先经机械增压器增压,再经废气涡轮增压器进一步增压后充入汽缸),以提高发动机的进气压力。由于机械增压器的具有效率较高、结构尺寸较小的特点,常设为第二级增压。

2. *并联复合增压系统*

并联复合增压系统就是并联增压。其工作原理如图 10-32 所示,新鲜空气分别经废气涡轮增压器和机械增压器增压后充入汽缸。由于两个增压器同时工作,须有较好的配合特性,其结构尺寸较串联式小。

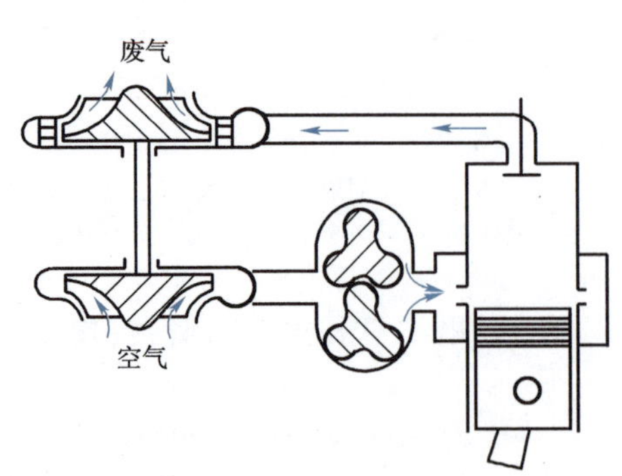

图 10-31 串联复合增压系统

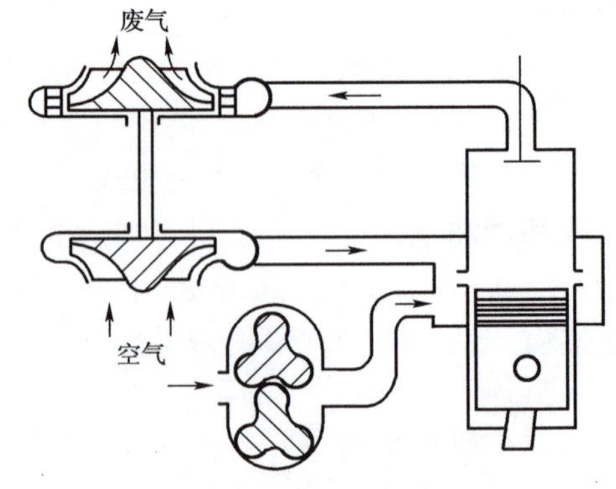

图 10-32 并联复合增压系统

3. 混联复合增压系统

混联复合增压系统就是串、并联配合增压。在发动机起动和小负荷工作时由串联增压系统增压;在发动机大负荷或高转速工作时由并联增压系统增压启动和小负荷工作时由串联增压系统增压。

4. TSI 发动机增压系统

TSI(Twin charged Stratified Injection)发动机增压系统是德国大众将其2001 年推出的燃油分层直喷燃烧技术 FSI(Fuel Stratified Injection)与混合式复合增压技术融合在一起,实现了高效、节能、减排的目的,如图 10-33 所示。TSI 汽油机的增压系统为可变串联式复合增压系统,第一级采用罗茨机械增压器,第二级采用废气涡轮增压器,进气转换阀与第一级罗茨机械增压器并联。发动机曲轴经电磁离合器、楔形传动带驱动罗茨机械增压器。大众一汽发动机(大连)公司也采用该技术开始生产涡轮增压直喷汽油机。

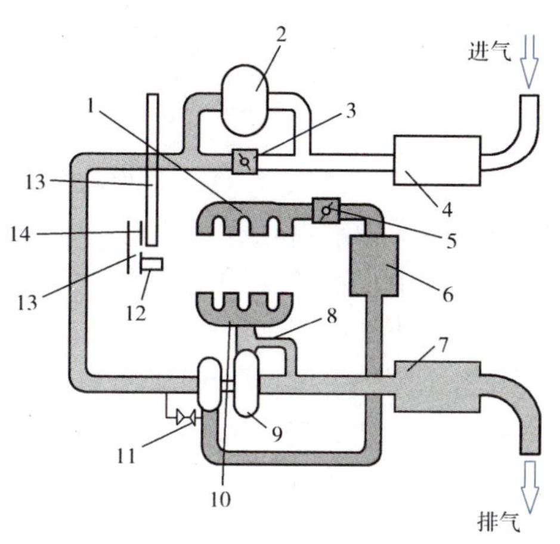

图 10-33 TSI 发动机增压系统(1.4L)

1-进气支管;2-罗茨式机械增压器;3-进气转换阀;4-空气滤清器;5-节气门;6-中冷器;7-催化转化器;8-旁通阀;9-涡轮;10-排气支管;11-超速低环空气阀;12-曲轴;13-传动带;14-电磁离合器

发动机低速小负荷工作时,进气转换阀关闭,电磁离合器接合,楔形传动带驱动罗茨机械增压器增压的空气经废气涡轮增压器压气机压入汽缸。此时尽管涡轮转速较低,但由于罗茨机械增压器的增压作用,避免了普通单一废气涡轮增压器低速时的“迟滞”现象,提高了发动机低速时的进气压力和转矩特性;发动机中速中负荷工作时,废气涡轮增压器的增压作用增强,为了避免负荷过大,需调低罗茨机械增压器的增压比,通过 ECU 控制进气转换阀部分开启,使机械增压的高压空气部分回流到罗茨机械增压器的入口端,从而降低了通往废气涡轮增压器的输入压力,更好地适应发动机工况;随着发动机转速和负荷的增大,废气涡轮增压器的增压比增大到不需要机械增压器参与增压时,进气转换阀开启,电磁离合器分离,罗茨机械增压器停止工作,由废气涡轮增压器单独增压。

为避免发动机高速运转突然关闭节气门而导致压气机背压过高,电控超速循环空气阀打开,把增压空气引回压气机进气端,从而使涡轮增压器转速逐渐降低。

第六节 中 冷 器

提高进气压力,增加进气密度,以提高发动机功率,这是采用增压器的主要目的。但是,废气涡轮增压器的压气密度是有限度的,要进一步增加压气密度,则必须继续提高压比或降低增压空气的温度。如果继续提高压比,空气密度的增值会随着进气压力的升高而逐渐减小,而且还会增大发动机零件的机械负荷和热负荷,也增大了排气污染。因此,采用降低进气温度来提高充气密度的做法是可取的。基于这个道理,便产生了空气中间冷却器,即在发动机进气管与增压器压气机之间装置一个降低进气温度、提高进气密度的冷却器,简称中冷器。

中冷技术可使发动机在热负荷不增加甚至降低，以及机械负荷略有增加的前提下，较大地提高其功率，降低油耗与排放。试验证明，进入汽缸的空气温度每下降10℃，油耗可下降0.5%，功率可提高2.5%～4%，增压压力越高，中冷器的效果越显著。

1. 中冷器的分类

按中冷器的冷却介质的不同可分为：水冷式中冷器和空冷式中冷器。

水冷式中冷器中的冷却水可以是发动机的冷却水，也可以是外源水。前者，结构简单，但由于冷却水的温度约为80～90℃，所以对空气的冷却程度有限；后者，结构复杂，但冷却效果好。

空冷式中冷器具有冷却效果好、热比高、工作可靠、体积小、质量小等优点，被汽车发动机普遍采用。

2. 空冷式中冷器的工作原理

空冷式中冷器是利用环境空气来冷却增压的空气，如图10-34所示为斯太尔WD615型柴油机增压中冷系统。增压器压气机10增压的空气不是直接进入发动机进气管4，而是用连接管3将增压的空气引至安装在发动机冷却水散热器6前面的空冷式中冷器5中，经中冷器冷却的增压空气温度可降低80℃左右，使进气密度进一步提高，从而提高发动机的功率，但这种系统有一个缺点，就是中冷器始终以最高效率工作，当发动机在低负荷下运转时，就会导致汽缸中的充气过冷，燃料得不到完全燃烧而冒白烟等一系列问题。

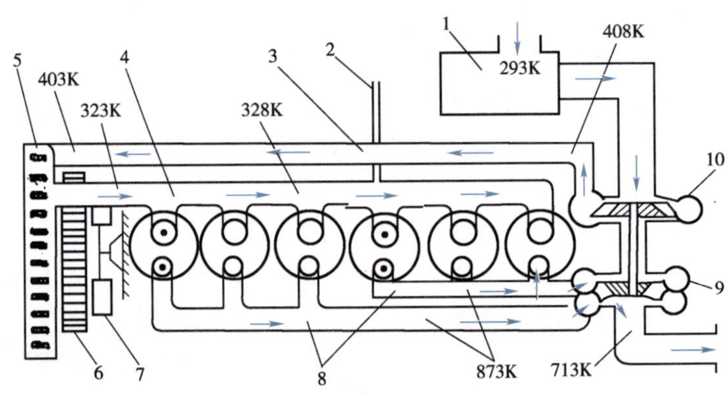

图10-34 斯太尔WD615型柴油机增压中冷系统

1-空气滤清器；2-冒烟限制器气压控制管；3-连接管；4-进气管；5-空冷式中冷器；6-冷却水散热器；7-风扇；8-排气管；9-废气涡轮；10-压气机

有一种轮缘涡轮风扇增压中冷系统，如图10-35所示。它也是采用空冷式中冷器。这种系统可以克服上述空冷式冷却系统存在的缺点，其冷却强度是随着发动机负荷的变化而变化。该系统由废气涡轮增压器、中冷器和空气涡轮风扇等组成。空气涡轮风扇的涡轮部分和风扇部分是一体的。从涡轮增压器压气机的出口处引出一小部分空气以推动冷却风扇外缘的涡轮旋转，风扇随之旋转把周围的空气吹向中冷器，对增压的空气进行冷却。吹动空气涡轮的能量与涡轮增压器压气机出口处的空气压力有关，也就是与发动机的负荷有关。当发动机大负荷工作时，压气机出口处的压力较高，就有足够的空气能量推动空气涡轮风扇高速运转，从而以较多的冷却空气吹向中冷器，加强对增压空气的冷却，降低充气温度；当发动机负荷较低时，压气机出口处的压力较低，推动涡轮风扇的空气能量下降，冷却效果就相应地降低，甚至起不到

冷却的作用。

3. 中冷器的结构

中冷器的结构因换热介质的不同而异。图 10-36 所示为空冷式中冷器，其结构与发动机冷却水散热器的结构相似。它的安装位置如上所述，大部分装在发动机冷却水散热器的前面，利用柴油机风扇对中冷器进行冷却；有的是单独设置一个冷却风扇装在发动机上半部，对中冷器冷却。中冷器外形随发动机的机型而异。其结构大都是由外面带有散热板翅的通道、箱体和集气室组成。增压的空气由集气室流经扁管进行冷却。

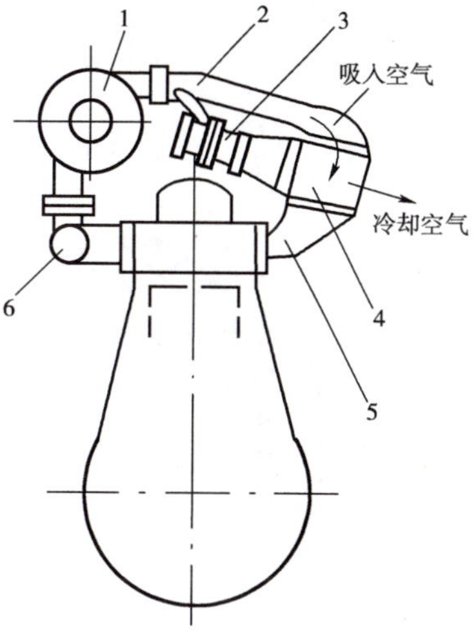

图 10-35　空气涡轮风扇增压中冷系统
1-涡轮增压器；2-进气管道；3-空气涡轮风扇；4-中冷器；5-进气支管；6-排气支管

1）空冷式中冷器

空冷式中冷器的换热介质是空气，其结构简单，工作可靠，中冷器冷却单元有板翅式、管翅式、扁管式等多种。

（1）板翅式。板翅式中冷器冷却单元的结构如图 10-37 所示。在由厚 0.1 ~ 0.3mm 的薄金属板制成的翅片两侧钎焊有厚 0.5 ~ 0.8mm 的薄金属板，两端一侧限制封焊。因各层翅片方向互错 90°，两个不同方向的翅片分别形成了两种交错流动换热介质的通道。板翅式中冷器大多用铜和铝合金制造，其结构紧凑、传热面积大、效率高。

光直翅片的传热系数和阻力较小，仅用在阻力要求严格的场合。为了增强气流的扰动，破坏边界层，强化传热，常采用锯齿翅片或多孔翅片等形式。而锯齿翅片加剧了流体的湍动，对破坏热阻边界非常有效，其传热系数比光直翅片的高 30% 以上。

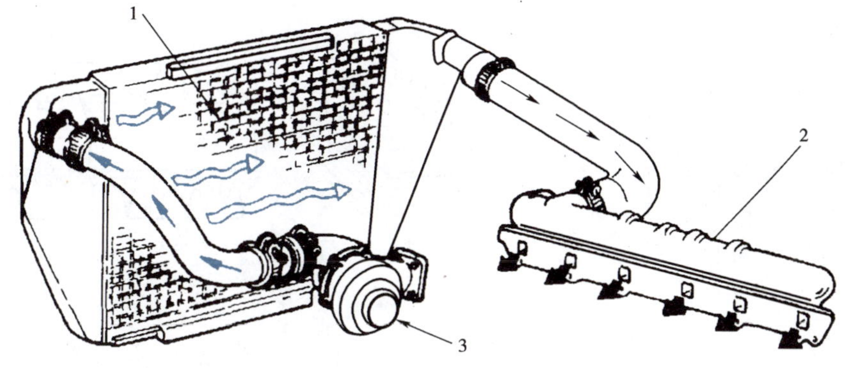

图 10-36　空冷式中冷器布置
1-中冷器；2-进气管；3-增压器

（2）管翅式。管翅式中冷器冷却单元是在板翅式的基础上发展起来的，其结构与板翅式相似，见图 10-38。它的主要优势是热气侧的通道为多孔成形管材。由于采用了多孔成形管材，简化了工艺，避免了翅片和隔板之间的虚焊及工作振动的脱焊而造成的接触热阻，提高了传热效率和工作可靠性。其缺点是热气侧只能是光直的通道，难以采用扰流措施。目前管翅式中冷器已得到越来越多的应用。

(3)扁管式。扁管式中冷器冷却单元在扁管外围设有散热片,增压空气在管内流动,冷却空气在管外流动。由于这种结构的热气侧换热面积太小,使中冷器传热效率低,应用很少。

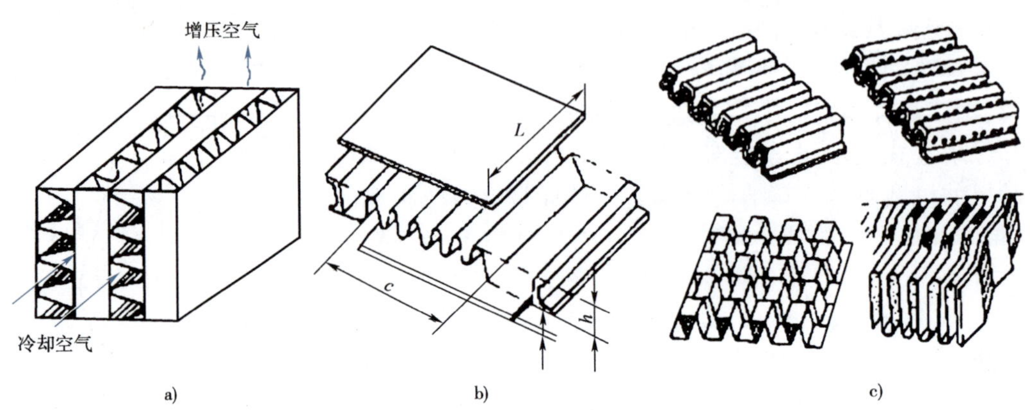

图 10-37 板翅式冷却单元结构

a)冷却单元;b)结构形式;c)翅片形状

2)水冷式中冷器

水冷式中冷器的换热介质是水,其中冷器冷却单元的结构有管片式和冷扎翅片管式,如图 10-39 所示。冷却单元的结构对其性能影响很大。通常水的对流换热系数是空气的对流换热系数的 10 倍以上,因此通气侧散热面积应远大于通水侧散热面积,在同样条件下,流通散热面积越大,流速越低,对流换热系数越小,流动阻力越小。

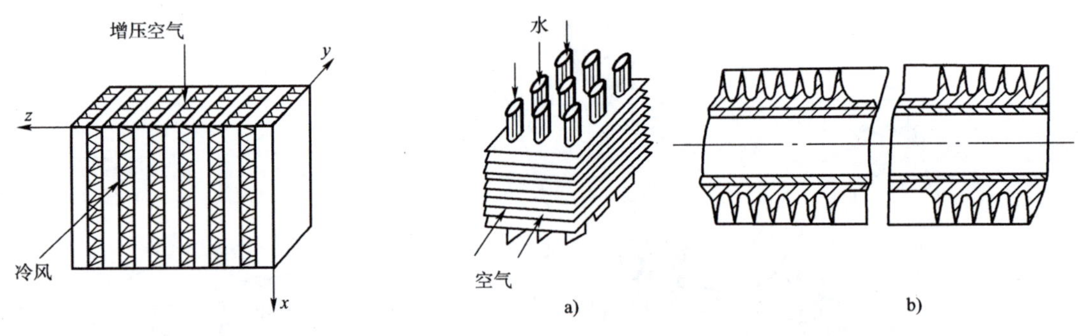

图 10-38 管翅式冷却单元结构

图 10-39 水冷式中冷器冷却单元

a)管片式;b)冷扎翅片管式

(1)管片式。管片式中冷器冷却单元是在许多水管上套上一层层散热片,经压合或钎焊在一起。冷却水管和散热片用紫铜或黄铜制造,冷却水管的截面形状有圆形、椭圆形、扁管形、楔形和流线形等形式,如图 10-40 所示。圆形的工艺性好、可靠性高,但空气的流通阻力大;而楔形和流线形的空气的流通阻力小,工艺性和可靠性差,很少采用。综合考虑,还是椭圆形管应用广泛。

(2)冷扎翅片管式。冷扎翅片管式冷却单元是由单金属管或内硬外软的双金属管在专用扎机上扎制而成。通常单金属管用紫铜或铝;双金属管的内管用黄铜,外管用铝。在扎制过程

中使两种金属牢固地贴合在一起，翅片管采用涨管法固定在端板上，不用焊接，接触热阻小，工作可靠。

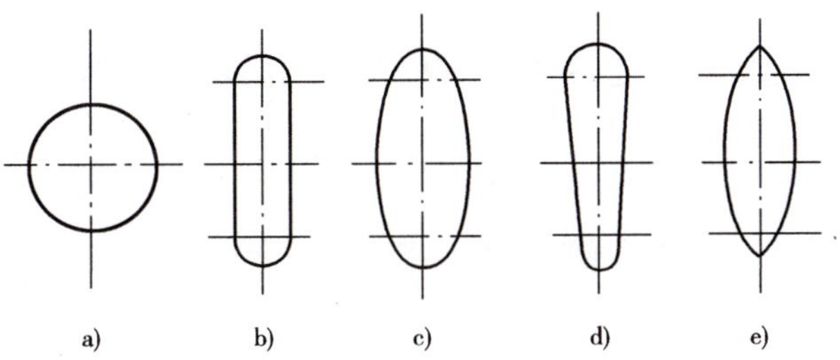

图 10-40　管片式冷却水管截面形状

a)圆形；b)扁管形；c)椭圆形；d)楔形；e)流线形

第十一章 发动机冷却系

第一节 概　　述

1. 冷却系的功用

冷却系的功用就是保持发动机在最适宜的温度范围内工作。发动机工作时,由于燃料的燃烧,汽缸内最高燃烧温度高达2500℃,燃烧室的平均温度也在1000℃以上,发动机零部件温度升高,特别是直接与高温气体接触的零件,若不及时冷却,发动机将会过热,运动件的正常间隙被破坏,运动过程恶化,零件强度降低,润滑油变质,阻滞,零件磨损加剧,最终导致发动机动力性、经济性、可靠性及耐久性全面下降。但冷却过度造成发动机过冷,导致散热损失及摩擦损失增加,零件磨损加剧,排放恶化,发动机功率下降及燃料消耗率增加。

可见,发动机正常的工作温度是保证发动机良好的工作性能及其使用寿命的一个重要条件。冷却系既要防止发动机过热,也要防止冬季发动机过冷。冷态起动后冷却系应能使发动机迅速热起,使发动机达到正常的工作温度(冷却液的温度应在95~105℃之间)。

2. 冷却系的分类

根据所用冷却介质不同,汽车发动机的冷却系可分为风冷式、水冷式。

水冷式——以冷却液为冷却介质,热量先由机件传给冷却液,靠冷却液的流动把热量带走而后散入大气中。散热后的冷却液再重新流回到受热机件处。适当调节水路和冷却强度,就能保持发动机的正常工作温度。同时,还可用热水预热发动机,便于冬季起动。

风冷式——是利用高速流动的空气直接吹过汽缸盖和汽缸体外表面,把热量散到大气中去。

图11-1是风冷发动机示意图。风冷发动机为了增大散热面积,各个汽缸通常分开铸造,然后装到整体的曲轴箱上。汽缸体和汽缸盖的表面布满散热片。为加强冷却,风冷发动机大都采用导热较好的铝合金铸造。

由于风冷发动机表面空气阻力较水冷式的大,故风冷发动机都采用功率、流量均较大的轴流式风扇,以加强发动机冷却。为了更有效地利用空气流和保证各缸冷却均匀,一般风冷发动机上装有导流罩2和分流板5。考虑到各缸背风面冷却的需要,

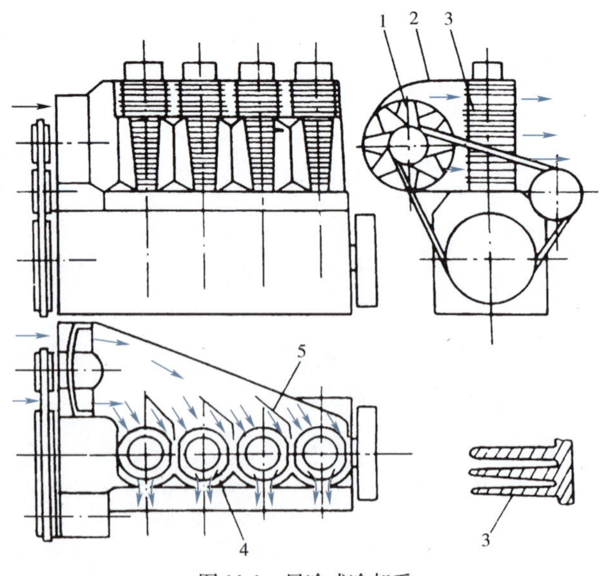

图11-1　风冷式冷却系

1-风扇;2-导流罩;3-散热片;4-汽缸导流罩;5-分流板

有些发动机上还装有汽缸导流罩4。

风冷式冷却系与水冷式冷却系比较，结构简单，重量轻，使用维修方便，起动升温快。但由于材料质量要求高，冷却强度难以调节，工作噪声大等缺点，目前在汽车上的应用不如水冷却系普遍。

汽车发动机，尤其是轿车发动机大都采用水冷，只有少数汽车发动机采用风冷。

3. 水冷式冷却系的组成

汽车发动机的水冷式冷却系大都采用强制循环，即利用水泵提高冷却液的压力，冷却液在发动机中强制循环流动。强制循环水冷却系由冷却风扇、散热器、水泵、发动机机体和汽缸盖中的水套、温度调节装置（节温器、百叶窗、风扇离合器）、水管、水温表和传感器等组成（图11-2）。

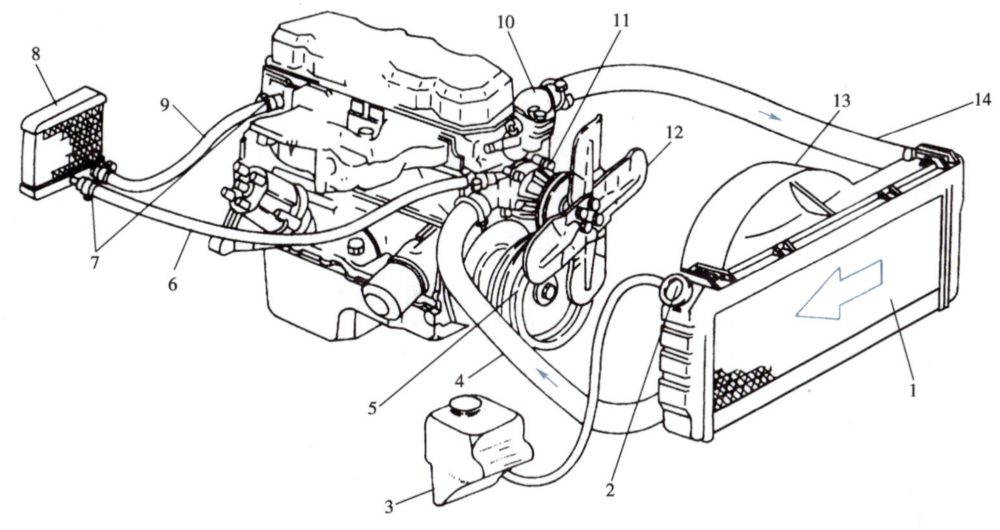

图11-2 汽车发动机水冷式冷却系组成

1-散热器；2-散热器盖；3-补偿水箱；4-散热器出水软管；5-风扇传动带；6-暖风机出水软管；7-管箍；8-暖风机芯；9-暖风机进水软管；10-节温器；11-水泵；12-冷却风扇；13-护风圈；14-散热器进水软管

如图11-3所示，强制循环水冷却系是用水泵5把该系统的冷却液加压，使之在水套中流动，冷却液从汽缸壁吸收热量，温度升高，向上流入汽缸盖水套7，继而从缸盖流出并进入散热器2。由于风扇4的强力抽吸，空气从前向后高速流过散热器2，不断地将流经散热器的冷却液的热量带走。冷却了的冷却液由水泵从散热器底部重新泵入水套。冷却液在冷却系中不断循环。

在装有暖风机的水冷系中（图11-2），热的冷却液从水套经暖风机进水管9流入暖风机芯8，然后经暖风机出水管6流回水泵。被暖风机芯加热的空气，一部分送到挡风玻璃除霜器，一部分送入驾驶室或车厢。

4. 冷却液

冷却液是水与防冻剂的混合物。水的冰点为0℃，如果发动机冷却系中的水结冰，发动机机体、汽缸盖和散热器将会胀裂，为了防止冷却液冻结，在水中加入防冻剂制成冷却液。最常用的防冻剂是乙二醇。冷却液中水与乙二醇的比例不同，其冰点也不同（表11-1）。在水中加入防冻剂还同时提高了冷却液的沸点。例如,含50%乙二醇的冷却液在大气压力下的沸点是103℃。

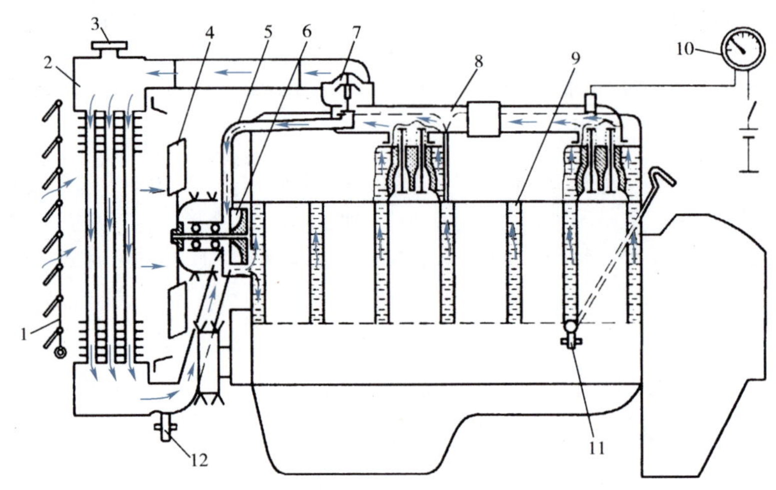

图11-3 冷却液在强制循环水冷系中的流动

1-百叶窗;2-散热器;3-散热器盖;4-风扇;5-小循环水管;6-水泵;7-节温器;8-汽缸盖水套;9-机体水套;10-水温表;11-水套放水阀;12-散热器放水阀

冷却液的冰点与乙二醇质量的关系　　表11-1

冷却液冰点(℃)	乙二醇的质量(%)	水的质量(%)	密度/(kg·m^{-3})
-10	26.4	73.6	1.034 0
-20	36.4	63.8	1.050 6
-30	45.4	54.4	1.062 7
-40	52.6	47.7	1.071 3
-50	58.0	42.0	1.078 0
-60	63.1	36.9	1.083 3

防冻剂中通常含有防锈剂和泡沫抑制剂。防锈剂可延缓或阻止发动机水套壁及散热器的锈蚀或腐蚀。泡沫抑制剂能有效地抑制泡沫的产生。在防冻剂中,一般还要加入着色剂,使冷却液呈蓝绿色或黄色,以便识别。

第二节　水冷系的主要机件

1. 散热器

1)结构

散热器的作用是将水套出来的热水自上而下或横向的分成许多小股并将其热量散给周围的空气。为了集中风向,提高冷却效果,散热器后面还装有导风圈。

散热器由进水室、出水室及散热器芯等三部分构成(图11-4)。冷却液在散热器芯内流动,空气在散热器芯外通过。

按照散热器中冷却液流动的方向,散热器可分为纵流式和横流式两种(图11-5)。纵流式

散热器芯竖直布置，上接进水室，下连出水室（图 11-5a））。横流式散热器芯横向布置，左右两端分别为进、出水室（图 11-5b））。大多数新型轿车均采用横流式散热器。

芯管的结构形式有管片式、管带式和板式，如图 11-6 所示，常用的为管片式，其芯管有扁管和圆管（图 11-6a）、b）），扁管与圆管相比，在容积相同的情况下有较大的散热表面。铝散热器芯多为圆管。在散热管的外表面焊有散热片以增加散热面积，管片式散热器的优点是散热面积大、气流阻力小。管带式散热器芯（图 11-6c））与管片式散热器芯相比，管带式的散热能力强，制造简单，质量轻，成本低，但结构刚度差。板式散热器芯（图 11-6d））的冷却液通道由成对的金属薄板焊合而成。这种散热器芯散热效果好，制造简单，但焊缝多不坚固，容易沉积水垢且不易维修。

散热器材料多采用耐腐蚀，导热性好的铜或铝片制成。为了使散热器重量减轻，有些散热器的进、出水室由复合塑料制造。

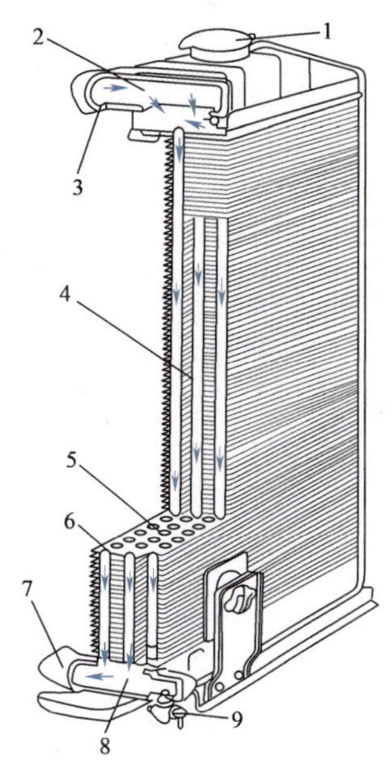

图 11-4　散热器结构

1-散热器盖；2-进水室；3-散热器进水管；4-散热器芯；5-冷却管；6-散热片；7-散热器出水管；8-出水室；9-放水阀

2）散热器盖

散热器盖的作用是密封水冷并调节系统的工作压力。散热器盖安装在加水口上。对于闭式冷却系来说，系统与外界大气不直接相通，所以散热器盖上带有蒸气—空气阀，如图 11-7 所示。使冷却系的压力高于大气压力，冷却水的沸点有所提高。

当发动机工作时，冷却液因温度升高而容积膨胀，一般在散热器内压力达到 126 ~ 137kPa 时，蒸气阀开启，一部分冷却液经溢流管流入补偿水箱，以防止冷却液胀裂散热器。

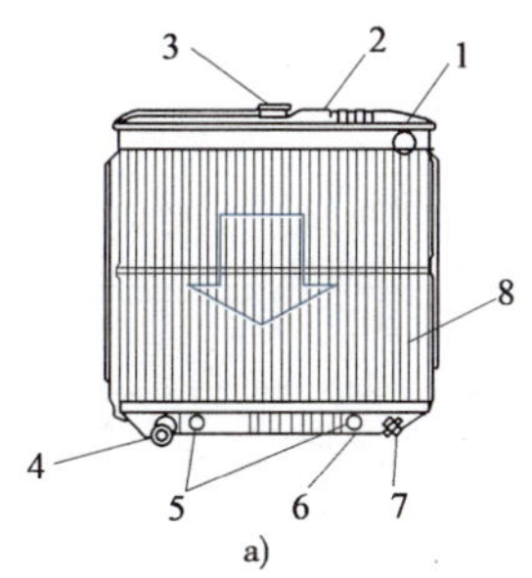

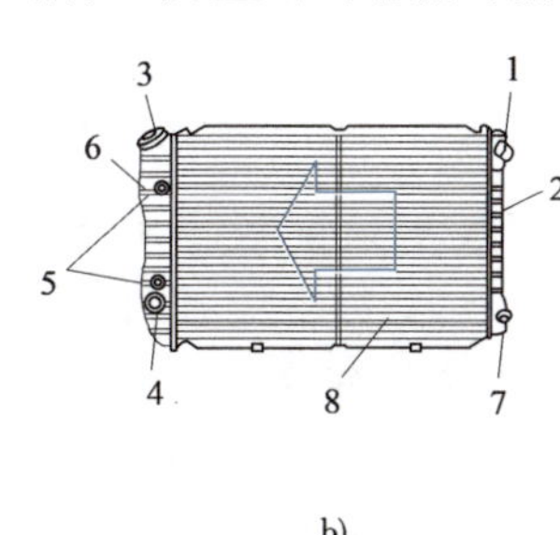

图 11-5　散热器形式

a）纵流式散热器；b）横流式散热器

1-进水口；2-进水室；3-散热器盖；4-出水口；5-变速器油冷却器进、出口；6-出水室；7-放水阀；8-散热器芯

发动机停机后，冷却液因温度下降而压力降低。当压力降到 99 ~ 87kPa 时，空气阀在散热器内气压降到 99 ~ 87kPa 时，空气阀开启，补偿水箱内的冷却液部分地流回散热器，可以避免散热器被大气压力压坏。

轿车的散热器盖的蒸气阀开启压力可达 0.1MPa，而冷却液的沸点可升高至 120℃。

3）补偿水箱

补偿水箱如图 11-8 所示，其上部用一个较细的软管与水箱的加水管相连，底部通过水管与水泵的进水侧相连接，通常位置略高于散热器。补偿水箱多用半透明材料（如塑料）制成。

透过箱体可直接方便地观察到液面高度,无需打开散热器盖。

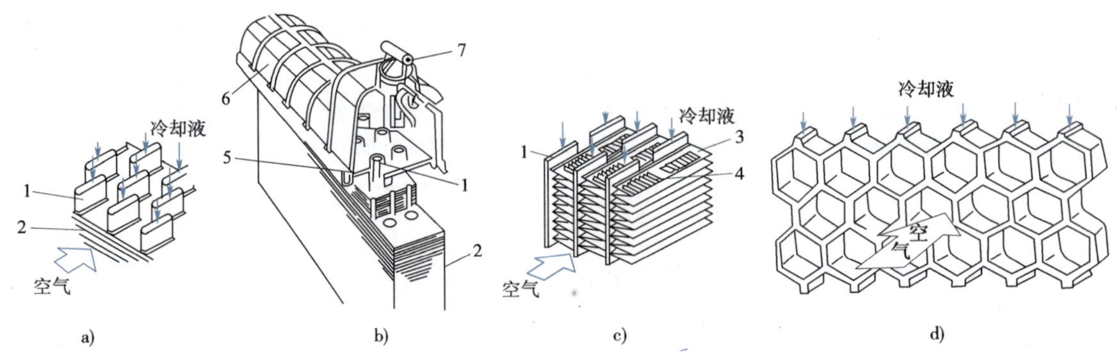

图 11-6 散热器芯结构

a)管片式(扁管);b)管片式(圆管);c)管带式;d)板式

1-散热管;2-散热片;3-散热带;4-鳍片;5-环氧树脂密封;6-进水室(塑料制);7-放气阀

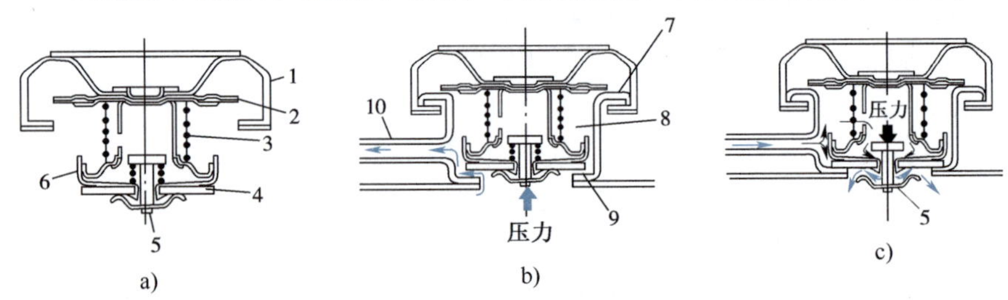

图 11-7 散热器盖结构及工作原理

a)散热器盖结构;b)蒸气阀开启;c)空气阀开启

1-散热器盖;2-上密封衬垫;3-蒸气阀弹簧;4-下密封衬垫;5-空气阀;6-蒸气阀;7-加冷却液口上密封面;8-加冷却液口;9-加冷却液口下密封面;10-溢流管

补偿水箱的作用是:

①把冷却系统变成永久性封闭系统,减少了冷却液的损失。当冷却液受热膨胀时,部分冷却液流入补偿水箱;而当冷却液降温时,部分冷却液又被吸回散热器,所以冷却液不会溢失。即补偿水箱内的液面有时升高,有时降低,而散热器却总是被冷却液所充满。

②使系统内的压力提高 98~196kPa,冷却液的沸点相应地提高到 120℃左右,从而扩大了散热器与周围空气的温差,提高了散热器的换热效率。由于散热器散热能力的增强,可以相应地减小散热器尺寸。

③避免空气不断进入,给系统内部造成氧化、穴蚀,使冷却系中水、气分离,保持系统内压力稳定,提高了水泵的泵水量,并且提高了水泵和水套的使用寿命。

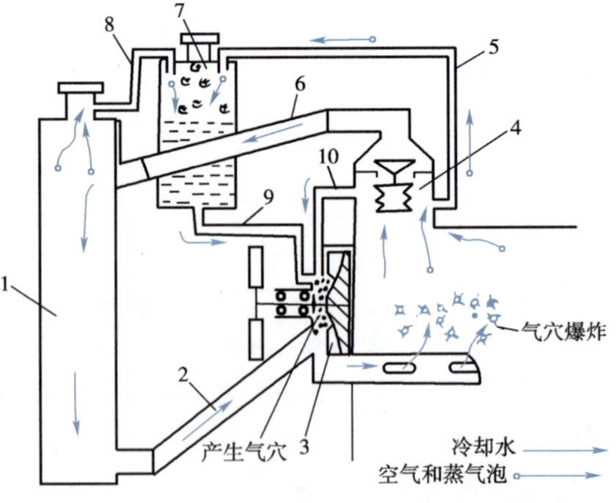

图 11-8 补偿水箱

1-散热器;2-水泵进水管;3-水泵;4-节温器;5-水套出气管;6-水套出水管;7-补偿水箱;8-散热器出气管;9-补充水管;10-旁通管

一般冷却系冷却液的流动是靠水泵的压力来实现的。水泵吸水的一侧压力低,易产生蒸气泡,使水泵的出水量显著下降,并引起水泵叶轮和水套的穴蚀,在其表面产生麻点或凹坑,缩短了叶轮和水套的使用寿命。如图 11-8 所示,加装补偿水箱后,由于补偿水箱和水泵进水口之间存在补充水管 9,使水泵进水口处产生较高的水压,减少了气泡的产生。散热器中的蒸气泡和水套中的蒸气泡通过导管 5 和 8 进入补偿水箱,从而使汽水彻底分离。由于补偿水箱温度较低,进入的气体得到冷凝,一部分变成液体,重新进入水泵。而积存在补偿水箱液面上的气体起缓冲作用,使冷却系内压力保持稳定状态。

有的冷却系的补偿水箱采用一根管子把散热器和补偿水箱的底部或上部(管口插入液面以下)连通,如图 11-9 所示。但这种装置只能解决气水分离及冷却液消耗问题,而对穴蚀没有明显的改善。当冷却液温度升高时,散热器中液体膨胀、汽化,使散热器盖蒸气阀开启,散热器中的蒸气或液体沿导管流入补偿水箱。当冷却液温度降低时,散热器内压力下降,液体沿原路径流向散热器。

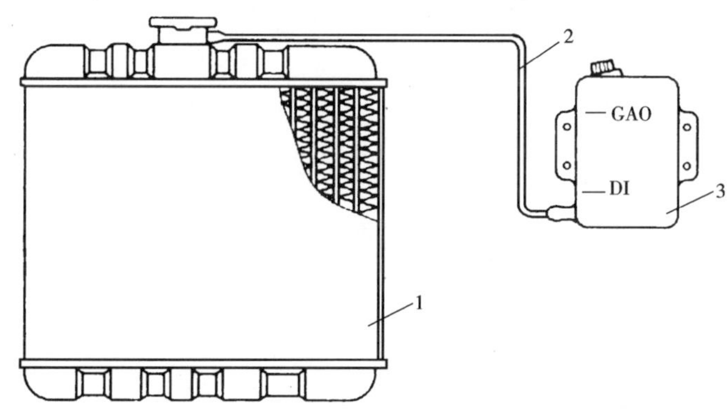

图 11-9　单管补偿水箱装置

1-散热器;2-橡胶软管;3-补偿水箱

在补偿水箱的外表面上刻有两条标记线:“低(LOW)”线和“高(FULL)”线、或者“低(DI)”线和“高(GAO)” 线(图 11-9),补偿水箱内的液面应位于两条标记线之间。水温在 50℃以下,液面应不应低于“低”线,若液面低于“低”线时,应向补偿水箱内补充冷却液。在向补偿水箱内添加冷却液时,液面不应超过“高”线。

有的发动机的散热器盖安装在补偿水箱上,它带有自动阀门,如图 11-10 所示,平时严密盖紧,冷却系与大气隔断。当系统温度上升时,冷却系中冷却液的压力高于大气压,这样可提高冷却液的沸点,加大冷却液温度与外界大气温度的差值,提高散热能力,蒸气阀开启压力为 0.12MPa,此时冷却液的沸点可达 135℃。

2. 水泵

1)水泵的功用

水泵的功用是对冷却液加压,使之在冷却系中循环流动。

由于离心式水泵具有尺寸小,出水量大,结构简单,损坏后不妨碍水在冷却系中自然循环的特点,故为强制循环式冷却系普遍采用。常见的水泵在机体外安装,与风扇同轴驱动,也有装在机体内(内藏式)单独驱动的。

2)水泵的工作原理

离心式水泵由水泵壳体、水泵轴、叶轮及进、出水管等组成。离心式水泵的工作原理如图11-11所示。当叶轮旋转时,水泵中的水被叶轮带动一起旋转,由于离心力的作用,水被甩向叶轮边缘,在蜗形壳体内将动能转变为压能,经外壳上与叶轮成切线方向的出水管被压送到发动机水套内。与此同时,叶轮中心处压力降低,散热器中的水便经进水管3被吸进叶轮中心部分。

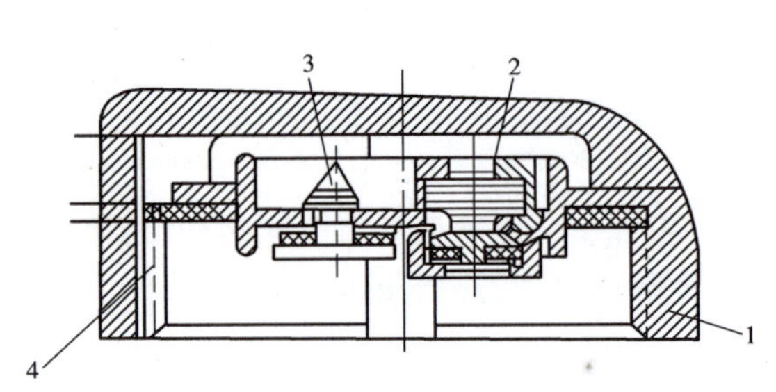

图11-10　散热器盖结构
1-盖;2-蒸气阀;3-空气阀;4-蒸气导出口

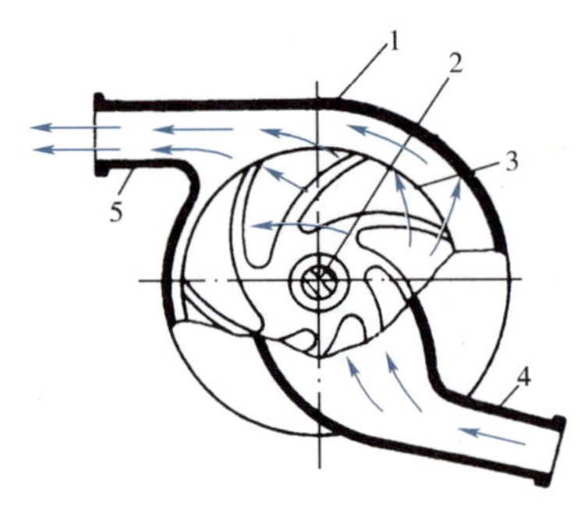

图11-11　离心式水泵的工作原理
1-水泵壳体;2-水泵轴;3-叶轮;4-进水管;5-出水管

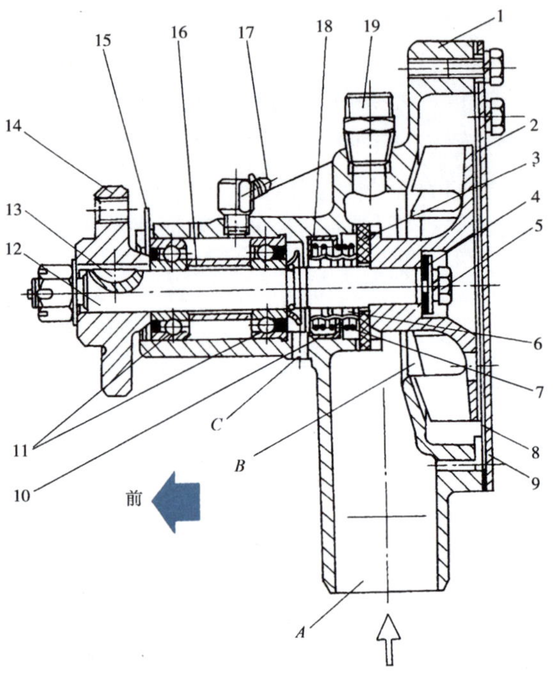

图11-12　离心式水泵典型结构(EQ6100-1型发动机)
1-水泵壳体;2-叶轮;3-夹布胶木密封垫圈;4、8-衬垫;5-螺栓;6-水封皮碗;7-弹簧;9-水泵盖;10-水封座圈;11-球轴承;12-水泵轴;13-半圆键;14-凸缘盘;15-轴承卡环;16-隔离套;17-润滑脂嘴;18-水封环;19-管接头
A-进水口;*B*-水泵内腔;*C*-泄水孔

3)水泵的典型结构

图11-12所示为EQ6100-1型发动机所采用的离心式水泵结构图。泵壳多用铸铁或铝合金制成蜗壳形状。泵盖9及密封垫圈8用螺钉装在泵壳后面,泵盖上有出水孔,泵壳上有进水孔A,用橡胶管与散热器出水管相连。泵壳上面有旁通孔与汽缸盖上的出水管连接。水泵轴12的一端用两个球轴承11支撑在水泵壳体1内,其伸出壳体以外的部分用半圆键13与安装风扇带轮的凸缘盘14连接。水泵轴的另一端安装水泵叶轮2,并用螺栓紧固。在叶轮2与球轴承11之间装有水封,用来防止水泵内的冷却液沿水泵轴渗漏。水封由密封垫圈3、水封皮碗6和弹簧7等组成。水泵轴上装有抛水圈,以防水封渗漏时浸湿轴承,渗出的水被抛水圈从壳体上的泄水孔C甩出,可避免破坏轴承润滑。

叶轮由铸铁或塑料制造,叶轮上通常有6~8个径向直叶片或后弯叶片。

4)水泵的传动

水泵一般由曲轴通过V带或齿形皮带传动,传动带环绕在曲轴带轮与水泵带轮之间,因

此，水泵转速与发动机转速成正比例。

3. 冷却风扇

1）风扇的功用及结构

风扇的作用是提高流经散热器的空气流速和流量，以增强散热器的散热能力并冷却发动机附件。

冷却风扇置于散热器后面（图 11-13）。汽车发动机水冷多采用低压头、大风量、高效率的轴流式风扇，即风扇旋转时，空气沿着风扇旋转轴的轴线方向流动。在风扇外围装设导风罩 3，使风扇 4 吸进的空气全部通过散热器 1，以提高风扇效率。

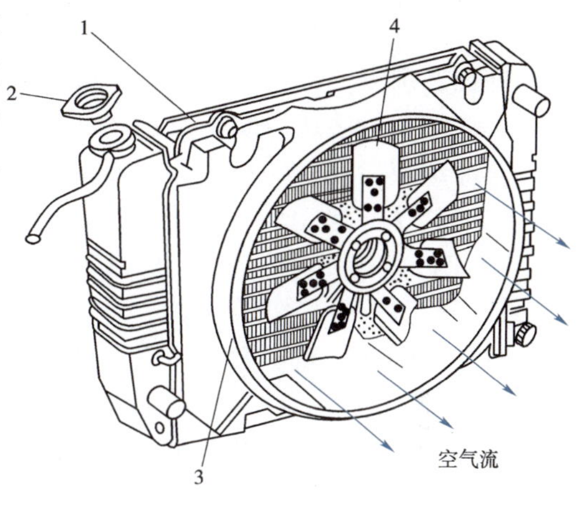

图 11-13　冷却风扇与导风罩

1-散热器；2-散热器盖；3-导风罩；4-风扇

风扇的扇风量主要与风扇的直径、转速、叶片形状、叶片安装角及叶片数目有关。

风扇的结构形式很多，目前汽车水冷发动机上常用螺旋桨式风扇。叶片形状有叶尖前弯的叶片风扇、尖窄根宽的叶片风扇和尼龙压铸整体风扇 3 种（图 11-14），风扇叶片有钢板冲压和铸造两种。钢板冲压叶片横断面多为弧形，用塑料或铝合金铸成的多为翼形断面。翼形风扇效率高、消耗功率少，在轿车和轻型汽车上得到了广泛的应用。一般叶片与风扇旋转平面成 30°～45°角（叶片安装角）。叶片数为 4、5、6 或 7 片。叶片之间的间隔角或相等，或不相等。间隔角不等的叶片可以减小叶片旋转时的振动和噪声。

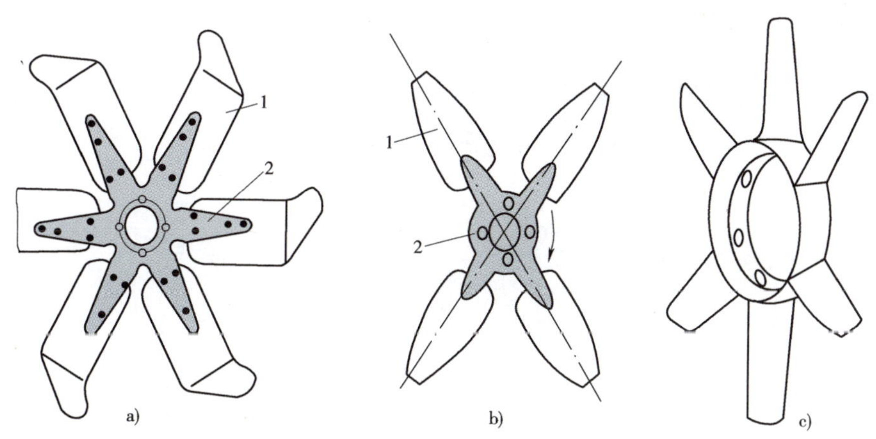

图 11-14　风扇形式

a）叶尖前弯的风扇；b）尖窄根宽的风扇；c）尼龙压铸整体风扇

1-叶片；2-连接板

当发动机在车架上纵向布置时，风扇一般安装在水泵轴上，并由驱动水泵和发电机的同一根 V 带传动（图 11-15）。常将发电机支架做成可移动式的，以便调节皮带的张紧度，一般用大拇指以 30～50 N 的力，按下 V 带产生 10～15 mm 的挠度为宜。

2)电动风扇

大多数轿车和发动机横置或后置的汽车均采用电动风扇。电动风扇由风扇电动机驱动并由蓄电池供电,风扇转速与发动机转速无关,如图 11-16 所示。

风扇的控制原理如图 11-17 所示,风扇电动机的开关由散热器的水温开关控制,并且有高低速两个挡位,低速挡在沸点内使用,高速挡在沸点外使用。当冷却液流出散热器的温度为 92 ~ 97℃时,热敏开关接通风扇电动机的 1 挡,风扇转速为 2 300r/min。当冷却液温度升高到 99 ~ 105℃时,温控开关接通风扇电动机的 2 挡,这时风扇转速为 2 800r/min。若冷却液温度降到 92 ~ 98℃时,风扇电动机恢复 1 挡转速。当冷却液温度降到 84 ~ 91℃时,温控开关切断电源,风扇停转。

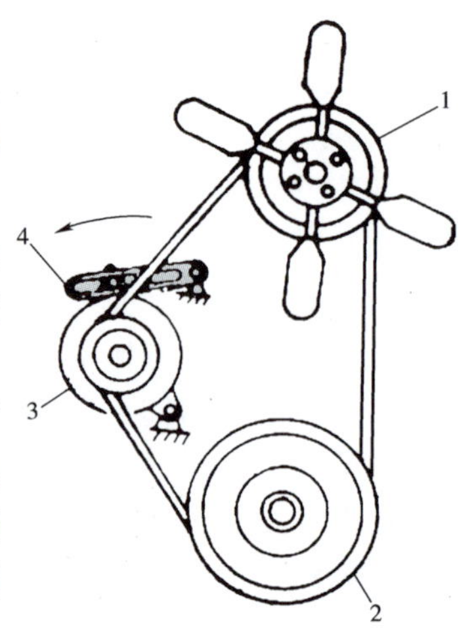

图 11-15　风扇的驱动和皮带张紧力的调整

1-风扇及皮带轮;2-曲轴皮带轮;3-发电机;4-移动支架

桑塔纳 2000 型轿车发动机有两套风扇(图 11-18),且不与水泵同轴。其一是由电动机驱动,其二是由电动风扇带动的从动风扇(由第一只风扇带动),并由受冷却液温度作用的温度开关控制。两只风扇都有独立的直流电动机驱动。设置两只风扇,满足了散热器长宽比大及散热器面积大的需要,排风量大,散热效果好。风扇 1 挡、2 挡的控制温度如下:

风扇 1 挡:工作温度 92 ~ 97℃,关闭温度 84 ~ 91℃,工作转速 2 300 r/min;风扇 2 挡:工作温度 99 ~ 105℃,关闭温度 93 ~ 98℃,工作转速 2 800 r/min。

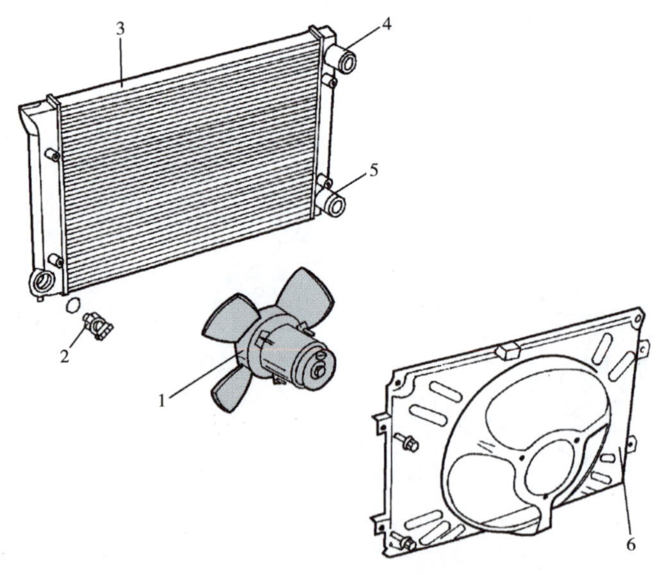

图 11-16　电动风扇、散热器及导风罩(捷达轿车)

1-电动风扇心;2-温控热敏电阻开关;3-散热器;4-散热器进水口;5-散热器出水口;6-导风罩

电动风扇与温控开关配合使用,能做好自动控制,并且不受发动机转速的影响。温控开关一般位于发动机缸体出水管口。根据发动机的温度,自动控制风扇两挡转速,来改变散热器的

空气的流量。图 11-19 所示为上海桑塔纳轿车的双温蜡质热敏温控开关。它由蜡质感温驱动元件及两挡触点动作机构组成，利用石蜡 9 受热由固态变为液态时体积突然变大来移动推杆 7，控制触点 4、5 的开闭。该开关装在散热器的水箱上。

电动风扇的优点是结构简单，布置方便，并且不需要检查、调整或更换风扇皮带，维修保养工作量减少。

在有些电控系统中，电动风扇由电控单元控制。冷却液温度传感器向电控单元传输与冷却液温度相关的信号。当冷却液温度达到规定值时，电控单元使风扇继电器接通，继电器触点闭合并向风扇电动机供电，风扇进入工作。

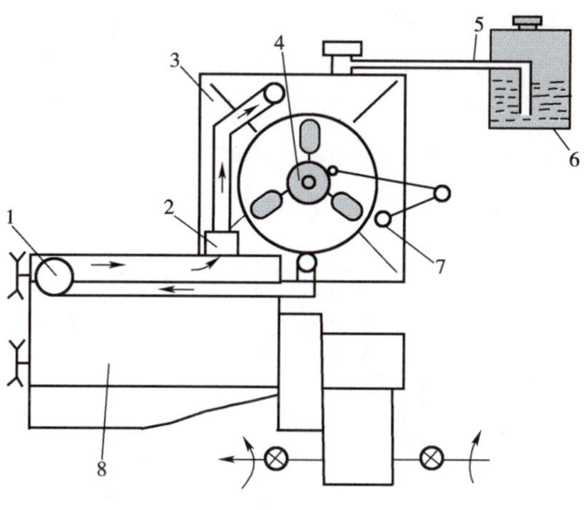

图 11-17　电动风扇的控制原理

1-水泵；2-节温器，3-散热器；4-电动机和风扇；5-蒸气排出和回吸管；6-补偿水箱，7-温控开关；8-发动机

4. 冷却强度调节装置

汽车在行驶过程中，由于环境条件和运行工况的变化，发动机的热状况也在改变。因此，必须随时调节发动机的冷却强度。强制式水冷却系统的冷却强度，一般受汽车的行驶速度，曲轴、水泵和风扇的转速及外界气温的影响。当使用条件变化时，如外界气温高，发动机在低速大负荷情况下工作，要求冷却强度要强，否则发动机易于过热。而当外界气温低，发动机负荷又不大时，其冷却强度应弱些，不然就会使发动机过冷。因此，要保证发动机在最佳的温度下工作，不出现过热过冷现象，就必须能根据使用条件的变化自动调节发动机冷却强度。冷却强度的调整方法有两

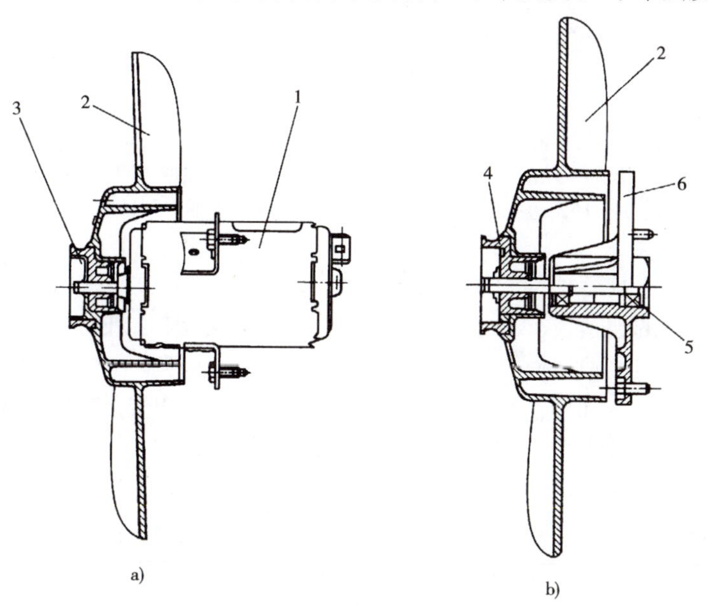

图 11-18　双风扇结构

a）电动风扇结构；b）从动风扇结构

l-风扇电动机；2-叶片；3-主动带轮；4-从动轮；5-轴承；6-轴承座

种:一是改变流经散热器的空气流量和流速;二是改变冷却液的流量和循环路线。冷却系中改变流经散热器的空气流量和流速的装置有百叶窗和风扇离合器,改变冷却液的流量和循环路线的装置是节温器。

1)节温器

节温器的功用是随发动机负荷和水温的大小而自动改变冷却液的流量和循环路线,保证发动机在适宜的温度下工作,减少燃料消耗和机件的磨损。

汽车多采用蜡式节温器,蜡式节温器有单阀型与双阀型之分。

单阀蜡式节温器的结构如图 11-20 所示。推杆 1 的一端紧固在带状上支架 2 上,而另一端则插入感温体 5 内的胶管 6 中。感温体支撑在带状下支架 3 及节温器阀 8 之间。在感温体外壳与胶管中间充满精制石蜡。

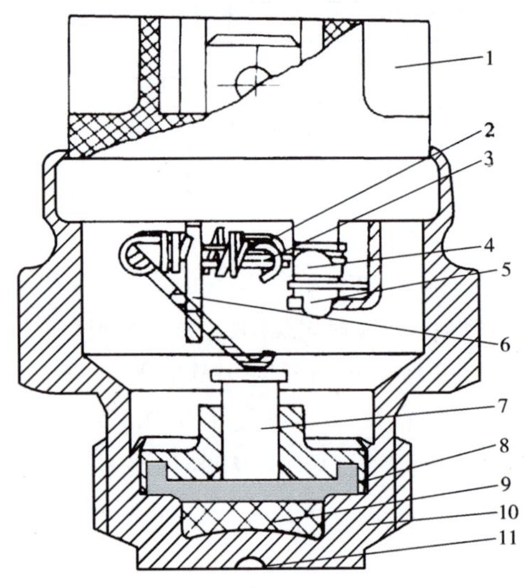

图 11-19 双温蜡质热敏温控开关

1-接线杆座;2-触点 1 拉簧;3-触点 2 拉簧;4-触点 1;5-触点 2;6-拉簧架;7-推杆;8-橡胶密封膜;9-石蜡;10-外壳;11-调整坑

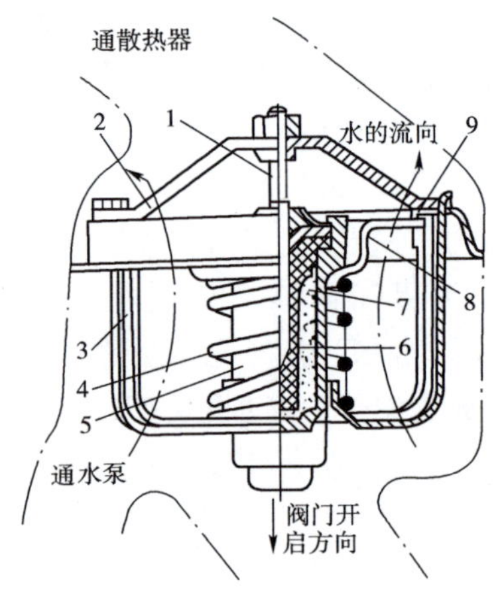

图 11-20 单阀蜡式节温器

1-推杆;2-上支架;3-下支架;4-弹簧;5-感温体;6-胶管;7-石蜡;8-节温器阀;9-阀座

当冷却液温度低于规定值时,节温器感温体内的石蜡呈固态,节温器阀在弹簧的作用下关闭冷却液流向散热器的通道,冷却液经旁通孔、水泵返回发动机,进行小循环。当冷却液温度达到规定值后,石蜡熔化成液体,体积增大使胶管收缩,对推杆产生向上的推力。由于推杆上端固定,因此,推杆对胶管和感温体产生向下的反推力使阀门开启,这时冷却液经节温器阀进入散热器,并由散热器经水泵流回发动机,进行大循环(图 11-21)。

双阀蜡式节温器的结构如图 11-22 所示。节温器的上支架 3 和下支架 7 与阀座铆成一体。中心杆 11 上端固定在上支架的中心,其下部插入橡胶管 4 的中心孔内,中心杆下端呈锥形。橡胶管与感应体外壳之间的空腔里装有石蜡 8。为了提高导热性,石蜡中常掺有铜粉和铝粉。为防止石蜡外溢,外壳上端向内卷边,并通过上盖和密封垫 2 将橡胶管压紧在感应体壳的台肩上。外壳上下部有联动的大循环阀门和小循环阀。大循环阀 1 上有通气孔 6,它的作用是在加水时使水套内的空气经小孔排出,保证能加满水。为了防止通气孔阻塞,有的加装一

个摆锤。

常温下石蜡呈固态，水温低于349K(76℃)时，大循环阀完全关闭，小循环阀完全开启，由汽缸盖出来的水经旁通管直接进入水泵，故称小循环。由于水只是在水泵和水套之间流动，不经过散热器，且流量小，所以冷却强度弱。当发动机水温达349K(76℃)左右时，石蜡逐渐变成液态，体积随之增大，迫使橡胶管收缩，从而对中心杆下部锥面产生向上的推力。由于杆的上端固定，故中心杆对橡胶管及感应体产生向下的反推力，克服弹簧张力使大循环阀逐渐打开，小循环阀开度逐渐减小。

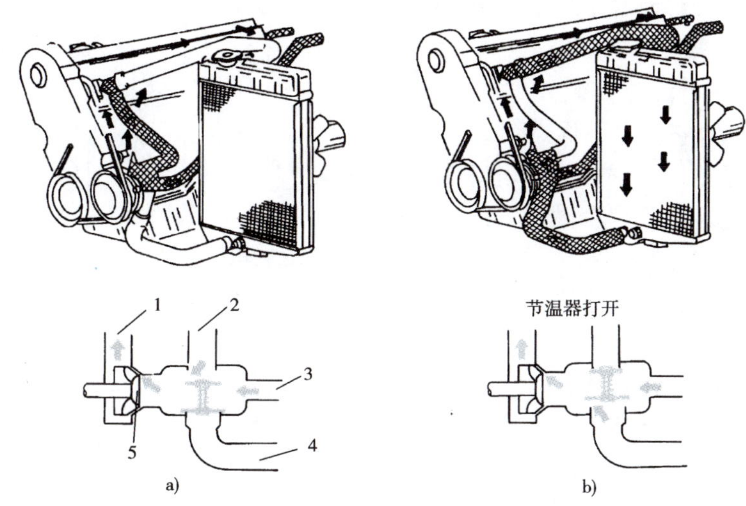

图11-21　冷却液大、小循环工作状态(桑塔纳轿车)

a)小循环工作状态；b)大循环工作状态

1-通向发动机；2-来自发动机；3-来自暖风机；4-通向散热器；5-水泵

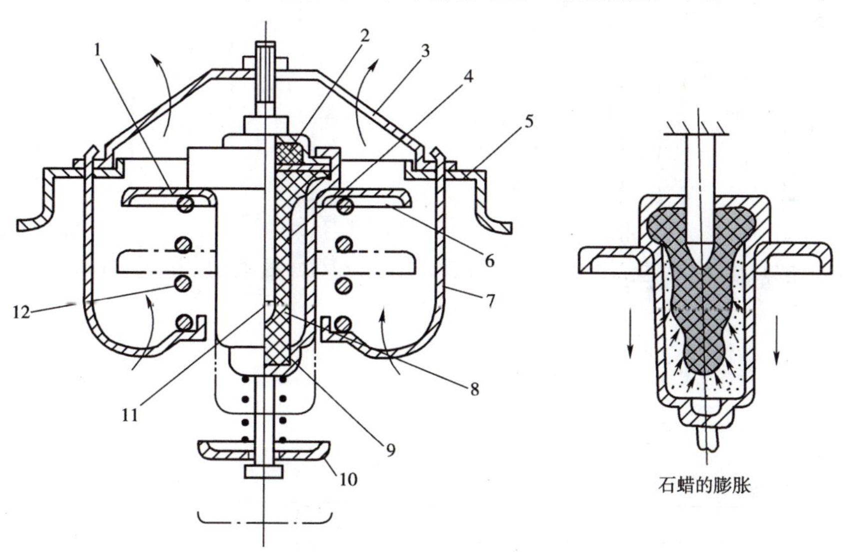

图11-22　双阀蜡式节温器

1-大循环阀；2-盖和密封垫；3-上支架；4-胶管；5-阀座；6-通气孔；7-下支架；8-石蜡；9-感应体；10-小循环阀；11-中心杆；12-弹簧

当发动机内水温升高到359K(86℃),大循环阀完全开启,小循环阀完全关闭,冷却液全部流经散热器,称为大循环。由于此时冷却液流动路线长,流量大,冷却强度强。

当冷却液温度在349~359K(76~86℃)之间时,大小循环同时进行(图11-23所示)。

节温器的布置方式有两种:出口温度控制方式(传统式)和进口温度控制方式(新款式),如图11-24所示:

(1)出口水温控制方式。一般水冷系的冷却液都是由机体流进,从汽缸盖流出。大多数节温器布置在汽缸盖出水管路中,即出口水温控制方式。

这种布置方式把节温器安装在位置较高、水温较高的出水管口中,它有以下优点:

①热源集中、感温灵敏,添加冷却液和循环流动时,所产生的气泡容易排出释放,减小了"气穴腐蚀"现象(它是一种物理现象,是离心水泵工作时在低压腔产生气泡,在高压腔被挤压破裂,穴蚀水泵和水套内壁)。

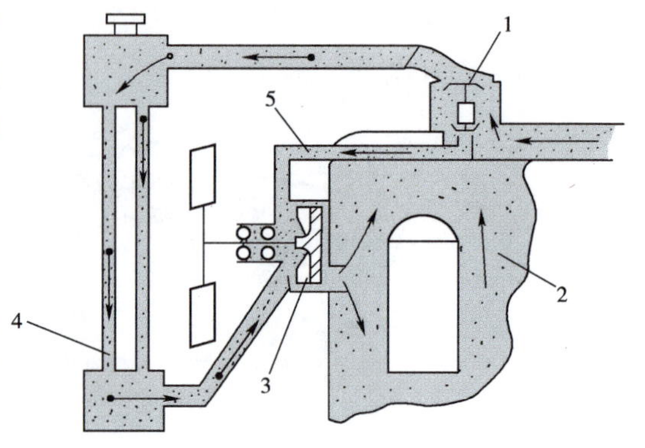

图11-23 冷却液的大小循环
1-双阀节温器;2-水套;3-水泵;4-散热器;5-旁通管

②一旦节温器因石蜡漏泄而损坏,双阀节温器的大循环阀即关闭,大循环就截止,只能进行小循环,发动机即过热。应急办法是拆除节温器,只进行大循环,防止过热。但在冬季冷起动后,热起时间会延长,加大了油耗和发动机的磨损。为此,必须及时更换节温器,这是多年来的传统做法。

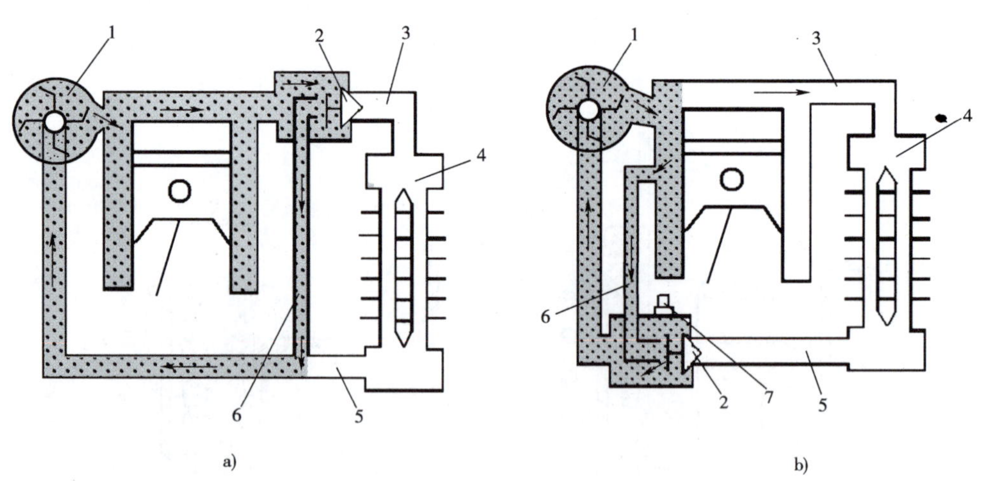

图11-24 节温器的布置方式
a)出口温度控制方式;b)进口温度控制方式
1-水泵;2-节温器;3-上水管;4-散热器;5-下水管;6-旁通道;7-排气孔

这种布置方式的缺点是节温器在工作时会产生振荡现象。例如,在冬季起动冷发动机时,由于冷却液温度低,节温器阀关闭。冷却液在进行小循环时,温度很快升高,节温器开启。与此同时,散热器内的低温冷却液流入机体,使冷却液又冷了下来,节温器阀重新关闭。等到冷

却液温度再度升高，节温器阀又再次打开，会产生较长时间的“开启振荡”，直至全开，节温器阀才进入渐变稳定状态不再反复开闭。节温器振荡会增加汽车的燃油消耗量和加速节温器的损坏。

（2）进口水温控制方式。将节温器安装在水泵进水管口中，其优点是：

①该处的液体温度比出水口低10℃，其温度和压力较稳定，大小阀的开启是顺流方向而动，“开闭振荡”小，延长了节温器的使用寿命。

②小循环路线短，缩短了热起时间，降低了热起油耗，减少了发动机磨损。试验证明：热起时间缩短了一倍，冷起动后2min内，冷却液的温度即达60℃，满足了起步行车的要求。

③因节温器在缸盖的下方，在添加冷却液时和流动循环中，气泡不容易排出释放，多在节温器处设有放气螺钉，应及时拧开放气。

节温器损坏，应立即换新，如果拆除不用，旁通管路就近小循环，将大循环管道短路分流，降低了大循环的流量，也会产生过热故障。

2）百叶窗

百叶窗的作用是在冷却水温度较低时改变吹过散热器的空气流量，从而控制冷却强度。

在严寒的冬季，水温过低时，由于节温器的作用使水只进行小循环，散热器中的水有冻结的危险。此时关闭百叶窗可使冷却水温度回升。

百叶窗安装在散热器前面，它是由许多片活动挡板组成的。挡板垂直或水平安装，由驾驶员通过装在驾驶室内的手柄来操纵其开闭，也可用感温器自动控制。图11-25所示为货车上使用的散热器百叶窗的自动控制系统。用来感受来自发动机的冷却液温度的感温器安装在散热器进水管上。在发动机冷起动及暖车期间，百叶窗关闭。当发动机达到正常工作温度后，感温器打开空气阀，压缩空气进入空气缸，推动空气缸内的活塞连同调整杆一起下移，带动杠杆使百叶窗开启。

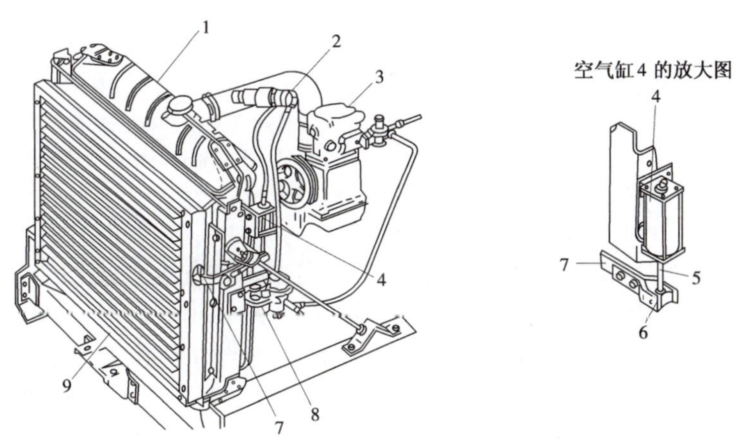

图11-25　百叶窗自动控制系统

1-散热器；2-感温器；3-制动空气压缩机；4-空气缸；5-调整杆；6-调整螺母；7-杠杆；8-空气滤清器；9-百叶窗

3）风扇离合器

风扇是发动机功率的消耗者，最大时约为发动机功率的10%。试验证明，水冷系只有25%的时间需要风扇工作。为了降低风扇功率消耗，减少噪声和磨损，防止发动机过冷，降低

污染，节约燃料，多采用风扇离合器。

风扇离合器有硅油风扇离合器、机械式风扇离合器和电磁风扇离合器等几种。

（1）硅油风扇离合器。

①硅油风扇离合器的结构。如图 11-26 所示，主动轴 11 固定在风扇带轮上由曲轴驱动。主动板 7 紧固在主动轴的左端随主动轴一起旋转。从动板 8、前盖 2 和壳体 9 用螺钉连成一体。风扇 15 固定在壳体上，壳体则通过轴承 10 支撑在主动轴上。在前盖上装有螺旋形双金属感温器 4。感温器的一端固定在前盖上，另一端嵌在阀片传动销 5 中。前盖与从动板之间的空腔为储油腔，其中储有高黏度硅油。壳体与从动板之间的空腔为工作腔。从动板上有进油孔 A、回油孔 B 及泄油孔 C。为了加强硅油的冷却，前盖板上铸有散热片。

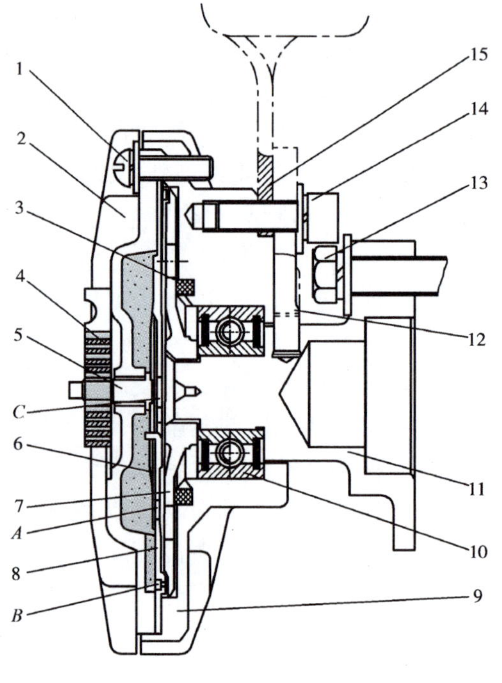

图 11-26　硅油风扇离合器

1-螺钉；2-前盖；3-毛毡密封圈；4-双金属感温器；5-阀片传动销；6-阀片；7-主动板；8-从动板；9-壳体；10-轴承；11-主动轴；12-锁止板；13-螺栓；14-内六角螺钉；15-风扇

A-进油孔；*B*-回油孔；*C*-泄油孔

②硅油风扇离合器的工作原理。当发动机冷起动或小负荷下工作时，冷却液及通过散热器的气流温度不高，进油孔被阀片关闭，工作腔内无硅油，离合器处于分离状态。主动轴转动时，仅仅由于密封毛毡圈和轴承的摩擦，使风扇随同壳体在主动轴上空转打滑，转速极低。

当发动机负荷增加时，冷却液和通过散热器的气流温度随之升高，感温器受热变形而带动阀片轴及阀片转动。当流经感温器的气流温度超过 338K（65℃）时，进油孔被完全打开，于是硅油从储油腔进入工作腔。硅油十分黏稠，主动板即可利用硅油的黏性带动壳体和风扇转动。此时风扇离合器处于接合状态，风扇转速迅速提高。为不使工作腔中的硅油温度过高，黏度下降，使硅油在壳体内不断循环。由于主动板转速高于从动板，因此受离心力作用从主动板甩向工作腔外缘的油液压力比储油腔外缘的油压力高，油液从工作腔经回油孔 B 流向储油腔，而储油腔又经进油孔 A 及时向工作腔补充油液。为使硅油从工作腔流回储油腔的速度加快，缩短风扇脱开时间，在从动板 8 的回油孔 B 旁，有一个刮油突起部伸入工作腔缝隙内，使回油孔一侧压力增高，回油加快。

当发动机负荷减小，流经感温器的气体温度低于 308K（35℃）时，感温器恢复原状，阀片将进油孔关闭，工作腔中油液继续从回油孔流回储油腔，直至甩空为止。风扇离合器又回到分离状态。

当离合器因故障（如漏油等）失灵时，可采取如下应急措施：松开内六角螺钉 14，把锁止板的销插入主动轴孔中，再拧紧螺钉 14，使壳体与主动轴连成一体，但此时只靠销传动，不能长期使用。

（2）机械式风扇离合器。以形状记忆合金作为温控和驱动元件的机械式自动风扇离合

器,如图11-27所示。

主动件5与主动轴1之间通过花键相连接。从动件3安装在滚动轴承2的外圈上,滚动轴承的内圈安装在主动轴上。风扇安装在从动件上(图中未画出)。

螺旋弹簧7是用形状记忆合金材料制造的,安装在主动件上。形状记忆合金材料具有形状记忆效应和超弹性特性,它在临界温度点具有大幅度改变形状的特点,是温控元件的理想材料。该结构中的螺旋弹簧7兼有温控和压紧两个作用。

机械式风扇离合器的工作过程:

①汽车发动机在小负荷工作时,散热器后面的气流温度在50℃ ±3℃以下时,形状记忆合金螺旋弹簧保持原来形状,使风扇离合器处于分离状态。

②当汽车发动机的负荷逐渐增加,使流经风扇离合器的气流温度上升到50℃ ±3℃以上时,形状记忆合金螺旋弹簧开始伸长,使风扇离合器逐渐接合,使风扇转速与主动轴转速相等。

③当散热器后面的空气温度下降到54℃时,离合器开始分离,风扇转速逐渐降低,散热器后面的空气温度下降到40℃时,离合器完全分离,风扇只在轴承摩擦力矩驱动下低速运转。

记忆合金控制的机械式风扇离合器的优点:温控灵敏度较高,结构简单,工作可靠,易于维修。

(3)电磁风扇离合器。电磁风扇离合器的结构如图11-28所示。电磁风扇离合器用螺母8固定在水泵轴9上,电磁风扇离合器由主动和从动两部分组成。主动部分的组成包括:具有V带槽的电磁壳体3、线圈2、滑环和摩擦片4。从动部分的组成由用球轴承装在电磁壳体上的

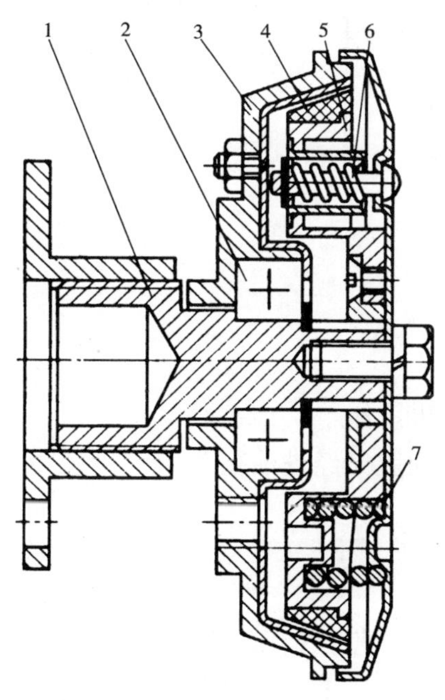

图11-27　机械式风扇离合器结构

1-主动轴;2-滚动轴承;3-从动件;4-摩擦片;5-主动件;6-复位弹簧;7-形状记忆合金螺旋弹簧

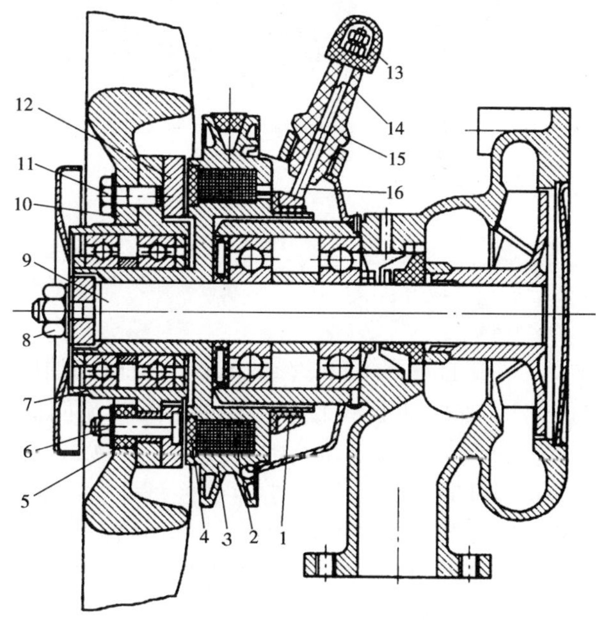

图11-28　汽车电磁风扇离合器结构

1-滑环;2-线圈;3-电磁壳体;4-摩擦片;5-弹簧;6-导销;7-风扇毂;8-螺母;9-水泵轴;10-风扇;11-螺钉;12-衔铁环;13-接线柱;14-弹簧;15-引线壳体;16-电刷

风扇毂7,以及可随导销6作轴向移动的衔铁环12等组成。线圈2用环氧树脂固定在电磁壳体内。引线壳体15装在防护罩上,其中心孔内的电刷16靠弹簧14压于滑环上,接线柱13通过导线与水温感应开关相连接。

电磁风扇离合器的工作过程:当冷却水温度低于92℃时,水温感应开关的电路不通,线圈2不通电,离合器处于分离状态;当水温超过92℃时,水温感应开关的电路自动接通,线圈2通电,电磁壳体吸引衔铁环将摩擦片压紧,离合器处于接合状态。

5. 变速器油冷却器

有些装有自动变速器的汽车和重型汽车必须装备变速器油冷却器。变速器油过热会降低变速器性能,甚至造成变速器损坏。

变速器油冷却器通常就是一根冷却管,置于散热器的出水室内(图11-29),由冷却液对流过冷却管的变速器机油进行冷却。在变速器和冷却器之间用金属管或橡胶软管连接。

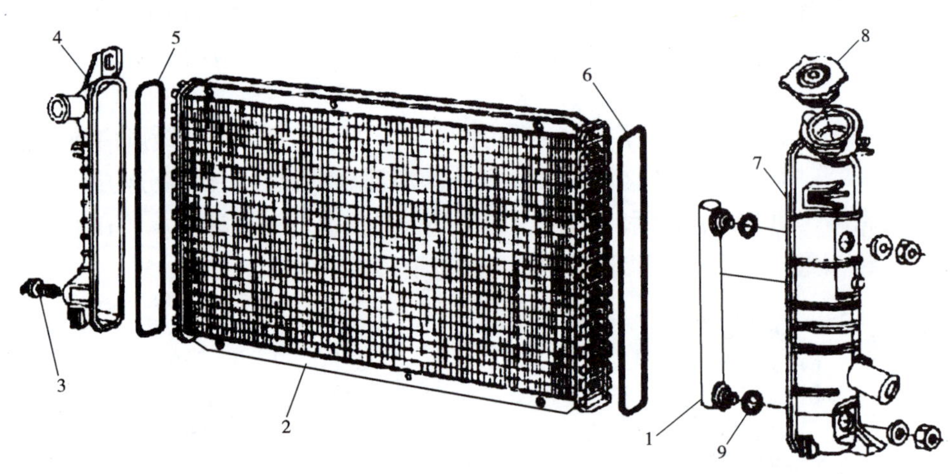

图11-29 自动变速器机油冷却器

1-变速器机油冷却器;2-冷却器进、出油管;3-散热器

第三节 电子控制发动机冷却系统

1. 电子控制发动机冷却系统的控制功能

发动机的工作温度对动力性、经济性、净化性有很大的影响,而机械驱动的离心式水泵和石蜡式节温器,已经满足不了电控汽油喷射发动机转速范围宽、工况多变的需求。因水泵的流量与转速成正比,依靠石蜡式节温器来调节流量,和依靠一个恒速电风扇来调节空气量,已经无法保证最佳温度状态。为了保持发动机最佳工作温度,可采取以下具体措施:

(1)在传统的石蜡式节温器中,加装ECU控制的电加热器,提高了流量控制能力。

(2)采用两个电风扇(主、副),用ECU双速控制(L挡、H挡),提高了冷却能力。

(3)融入ECU控制网络,能随转速、车速、负荷、气温、冷却液温度的变化,而随机智能化调节,有效地防止过热或过冷故障的发生。

2. 电子控制发动机冷却系统的组成与工作原理

电子控制发动机冷却系统的组成如图 11-30 所示。

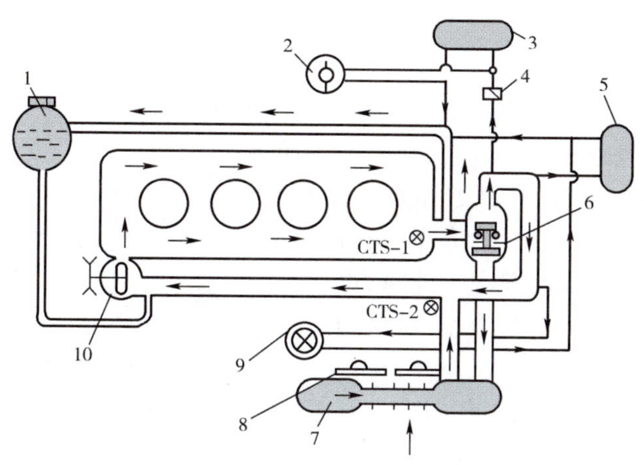

图 11-30　电子控制发动机冷却系统布局

1-补偿水箱;2-节气门体加热器;3-暖风箱;4-阀;5-ATF 冷却器;6-节油器;7-散热器;8-电风扇;9-润滑油冷却器;10-水泵

在电子控制发动机冷却系统中,发动机 ECU 接收各个传感器的信号(图 11-31),将各种传感器的综合信号分析处理,计算机出最佳风扇转速和送风时间的长短,即高速(H)或低速(L)和单风扇工作或双风扇工作,并计算出节温器加热时刻和加热强度,控制节温器加热继电器和电风扇控制器,使节温器和电风扇按工况需要,智能化的投入工作。

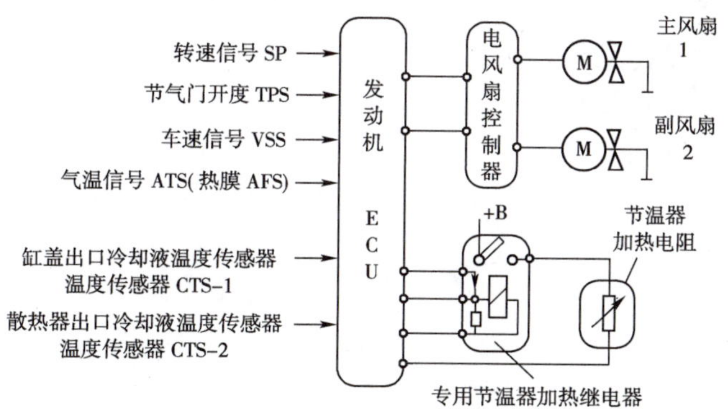

图 11-31　电子控制发动机冷却系统控制电路原理简图

其工作特点如下:

(1)在石蜡式节温器中加装加热电阻,如图 11-32 所示,加热电阻根据 ECU 的脉冲电压信号,以占空比的方式进行加热,使膨胀元件快速热起,阀门产生位移,调节冷却液流量,实现渐进开闭的量化控制。

(2)加热信号是根据缸盖出口温度传感器 CTS-1 和散热器出口温度传感器 CTS-2 的温度差异的量值而定。

(3)冷却液的最佳温度差值应为 8 ~ 10℃,高于或低于该量值会造成过热或过冷, ECU 据此决定节温器是否加热,并调节电风扇的挡位及投入数量的多少。

冷却液最佳温度的调节原则是:

(1)冷起动热起工况时——电风扇不运转,节温器不加热,只进行小循环控制,以便快速热起。

(2)小负荷、中等负荷、大负荷工况时——对节温器不加热,只依靠电风扇调节空气流量,为大阀微开的大小循环混合控制,使冷却液温度保持在95~110℃范围内。此时,发动机温度较高,使汽化条件和燃烧条件得到改善,动力性、经济性、净化性好。

(3)全负荷工况时——对节温器加热,使石蜡完全溶化,大阀全开,小阀全关,为大循环控制,冷却液温度保持在85~95℃范围内。此时,进气加热程度变小,充气效率较高,以保证较高的动力性。

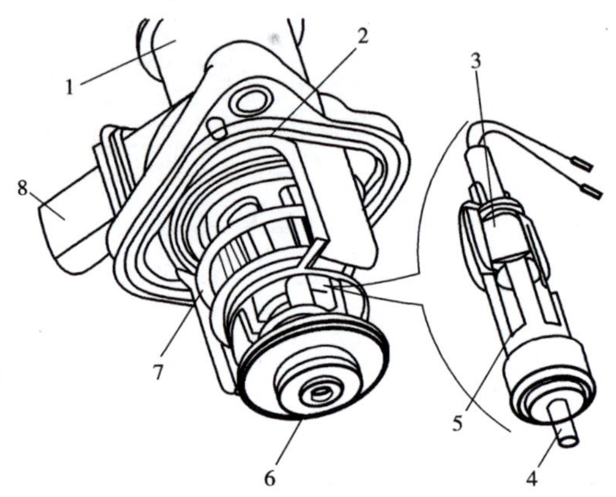

图11-32 加热式节温器结构

1-壳体;2-大循环阀;3-加热电阻;4-升程销;5-膨胀元件;6-小循环阀;7-弹簧;8-电接头

(4)空调系统(冷或热)投入工作时——该系统的冷热控制可人工调节,两个电风扇都运转。当车速大于100km/h,电风扇即停止工作,利用迎面风冷却。

(5)如果主电风扇损坏时——则副风扇即被其控制器自动激活投入运转,保持冷却强度。

(6)如果两个电风扇都损坏时——则节温器加热继电器即对节温器进行加热,大阀全开,进行大循环,保持冷却强度。

(7)如果冷却液温度传感器CTS-1或CTS-2损坏时——电风扇控制器使电风扇用低速挡(L挡)常转,保持冷却液温度为95℃。

(8)如果两个冷却液温度传感器CTS-1和CTS-2都损坏时——ECU即使节温器加热电阻加载最大脉宽,大阀全开。并使电风扇以高速挡(H挡)常转,保持冷却液温度为95~110℃。

第十二章　发动机润滑系

第一节　概　　述

1．润滑系的功用

发动机工作时，传力零件相对运动表面之间不能直接接触。因为，任何零件的工作表面，即使经过极为精密的加工，也难免存在一定程度的表面粗糙度（图12-1）。在它们接触且相对运动时，必然产生摩擦和磨损。而摩擦产生的阻力，既要消耗动力，阻碍零件的运动，又使零件发热，甚至导致工作表面烧损。因此，必须进行润滑。即在两零件的工作表面之间加入一层润滑油使其形成油膜，将零件完全隔开，处于完全的液体摩擦状态。这样，功率消耗和磨损就会大为减少。

发动机的润滑是由润滑系来实现的。润滑系除了起润滑作用外，还起到了清洁、冷却和密封作用。润滑油膜形成的基本条件是两零件之间存在油楔及相对运动，并且有足够的润滑油供给。润滑油膜形成原理见图12-2所示。静止时，在自重的作用下，轴3处于最低位置与轴承以P点相接触（图12-2a）），这时润滑油从轴和轴承中被挤出来。当轴转动时，黏附在轴表面的油便随轴一起转动。由于轴与轴承的间隙成楔形，使润滑油产生一定的压力。在此压力作用下，轴被推向一侧（图12-2b））。轴的转速越高，单位时间被带动的油也越多，油压力就越大。当轴的转速达到一定高度时，轴便被油压抬起（图12-2c））。这样，油膜将轴与轴承完全隔开，使之变为液体摩擦，从而减轻了运动阻力，减少了运动件的磨损。同理，作直线运动的零件，其前端制有倒角时，润滑油也可楔入运动表面而形成油膜（图12-3）。润滑系的功用如下：

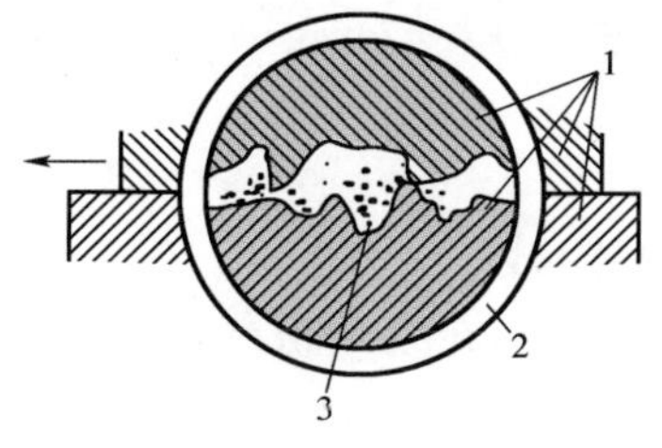

图12-1　运动零件表面放大图
1-零件；2-放大镜；3-金属末

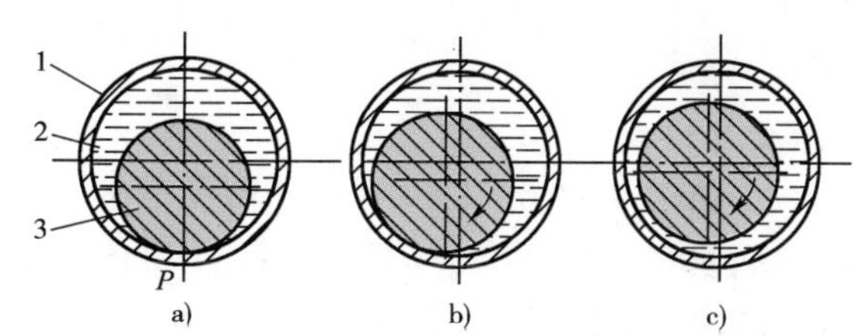

图12-2　旋转零件润滑油膜
1-轴承；2-润滑油；3-轴

1）润滑

发动机润滑系的基本任务就是将润滑油不断地供给各零件的摩擦表面，形成润滑油膜，减少零件的摩擦、磨损和功率消耗。

2）清洁

发动机工作时，不可避免地要产生金属磨屑、空气所带入的尘埃及燃烧所产生的固体杂质等。这些颗粒若进入零件的工作表面，就会形成磨料，大大加剧零件的磨损。而润滑系通过润滑油的流动将这些磨料从零件表面冲洗下来,带回到曲轴箱。在这里,大的颗粒沉到油底壳底部,小的颗粒被机油滤清器滤出,从而起到清洁的作用。

3)冷却

由于运动零件的摩擦和混合气的燃烧,使某些零件产生较高的温度。而润滑油流经零件表面时可吸收其热量并将部分热量带回到油底壳散入大气中,起到冷却作用。

4)密封

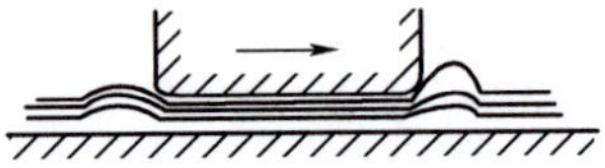

发动机汽缸壁与活塞、活塞环及活塞环与环槽之间,都留有一定的间隙,并且这些零件本身也存在几何偏差。而这些零件表面上的油膜可以补偿上述原因造成的表面配合的微观不均匀性。由于油膜充满在可能漏气的间隙中,减少了气体的泄漏,可保证汽缸的应有压力,因而起到了密封作用。

图 12-3　滑动零件润滑油膜

5)防锈

由于润滑油黏附在零件表面上,避免了零件与水、空气、燃气等的直接接触,起到了防止或减轻零件锈蚀和化学腐蚀的作用。

2. 发动机的润滑方式

发动机工作时,由于各运动零件的工作条件不同,因而所要求的润滑强度和方式也不同。零件表面的润滑,按其供油方式可分为压力润滑和飞溅润滑。现代汽车发动机都采用复合式润滑方式。

(1)压力润滑。对负荷大,相对运动速度高(如主轴承、连杆轴承、凸轮轴轴承等)的零件,以一定压力将润滑油输送到摩擦面间隙中进行润滑的方式。

(2)飞溅润滑。是对外露、负荷较轻、相对运动速度较小(如活塞销、汽缸壁、凸轮表面和挺杆等)的工作表面,依靠运动零件飞溅起来的油滴或油雾进行润滑的方式。某些零件(如活塞与汽缸壁)虽然工作条件较差,但为了防止过量润滑油进入燃烧室而造成发动机工作恶化,也采用飞溅润滑。

(3)润滑脂润滑。对发动机辅助机构的一些零件(如水泵及发电机轴承)则采用定期加注润滑脂的方法。近年来有采用含有耐磨润滑材料(如尼龙、二硫化钼等)的轴承代替加注润滑脂的轴承。

3. 润滑系组成

为了实现润滑系的功用,汽车发动机润滑系由下列零部件组成。

(1)润滑油泵。其功用是保证润滑油在润滑系内循环流动,并在发动机任何转速下都能以足够高的压力向润滑部位输送足够数量的润滑油。

(2)润滑油滤清器。它用来滤除润滑油中的金属磨屑、机械杂质和润滑油氧化物。若这些杂质随同润滑油进入润滑系,将加剧发动机零件的磨损,还可能堵塞油管或油道。

(3)润滑油冷却器。在热负荷较高的发动机上装备有润滑油冷却器,用来降低润滑油的温度。润滑油在循环过程中,由于吸热而温度升高。若润滑油温度过高,则其黏度下降,不利于在摩擦表面形成油膜。此外,还会加速润滑油老化变质,缩短润滑油使用期。

(4)油底壳。它是存储润滑油的容器。

(5)集滤器。它是用金属丝编织的滤网,是润滑系的进口,用来滤除润滑油中粗大的杂质,防止其进入润滑油泵。

除此之外,润滑系还包括润滑油压力表、温度表和润滑油管道等。

4. 润滑系油路

汽车发动机润滑系油路方案大致相同,下面介绍几种典型的润滑油路。

1)中型汽油机润滑油路

如图12-4所示为EQ6100型汽油发动机润滑油路示意图。润滑系由加油管、油底壳、集滤器1、润滑油泵3、粗细滤器21和9、润滑油冷却器7、主油道19、分油道、限压阀4、旁通阀20等组成。

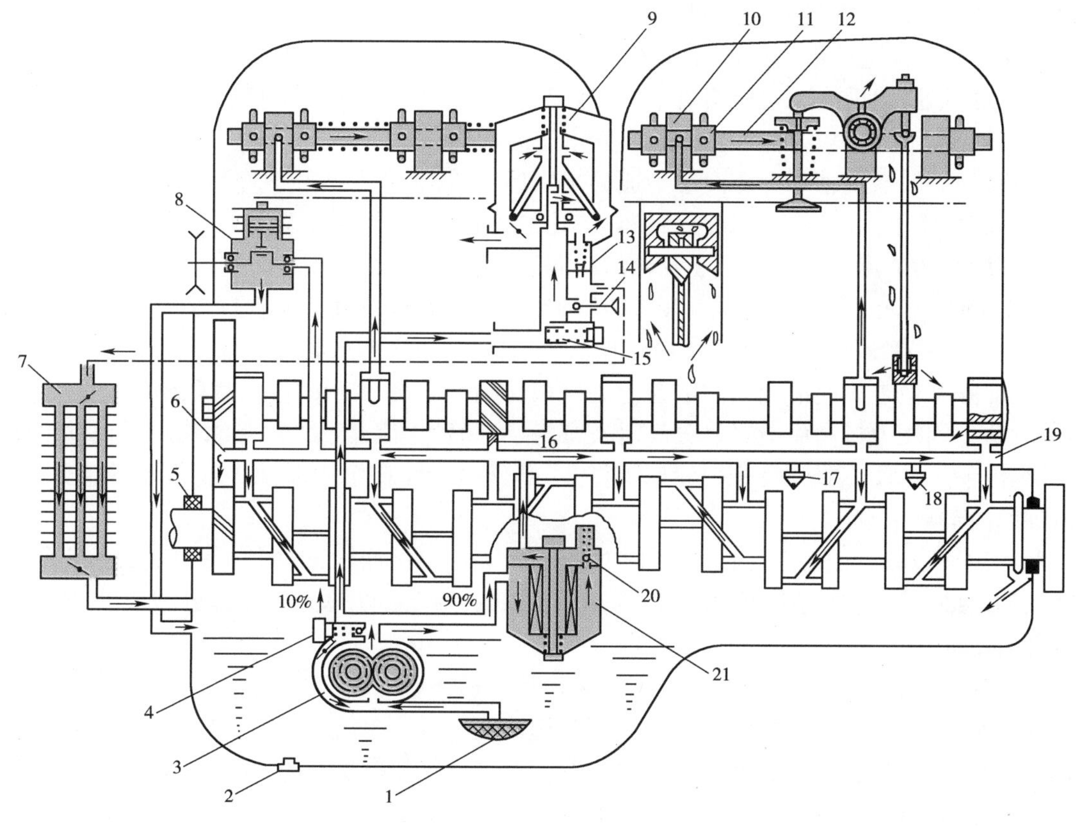

图12-4 汽油发动机润滑油路

1-集滤器;2-磁性放油螺塞;3-润滑油泵;4-限压阀,5-曲轴前油封;6-喷嘴;7-润滑油冷却器;8-空气压缩机;9-细滤器;10-摇臂轴支座;11-摇臂;12-摇臂轴;13-润滑油冷却器安全阀;14-润滑油冷却器开关;15-润滑油限压阀;16-润滑油泵和分电器驱动轴;17-油压过低传感器;18-油压传感器;19-主油道;20-旁通阀;21-粗滤器

发动机曲轴的主轴承、连杆轴承、凸轮轴轴承、摇臂孔、空气压缩机、正时齿轮和润滑油泵驱动轴等采用压力润滑;活塞、活塞环、活塞销、汽缸壁、气门、挺杆和凸轮等采用飞溅润滑。

发动机工作时,润滑油经固定式集滤器1初步过滤后进入润滑油泵3,防止大的机械杂质进入泵体内。润滑油泵使润滑油产生一定的压力而输出。由润滑油泵输出的油分为两路:大部分(90%)的润滑油经粗滤器21滤去较大的机械杂质后进入纵向主油道19,并由此流向各运动零件的工作表面。若粗滤器的滤芯被杂质堵塞而失效时,润滑油便顶开旁通阀20直接进入主油道,以保证发动机各部分有足够的润滑油。另一小部分润滑油经进油限压阀15流入细

滤器9,滤去细小杂质后流回油底壳。当润滑油路中的油压低于100kPa时,进油限压阀不开启,润滑油细滤器停止工作,保证主油道内的油压足够。细滤器并联在油路中,既不影响润滑油畅通,又可使润滑油得到良好的滤清。一般汽车每行驶50km左右,全部润滑油即可经细滤器滤清一遍。

进入主油道的润滑油由曲轴上的七条并联的横向油道流到曲轴主轴承中,然后经曲轴上的油道流入连杆轴颈处。其中第一、二、四、六、七条横向油道里的部分润滑油流向凸轮轴轴承。流入第五道凸轮轴轴承中的润滑油,从轴颈上的泄油孔流出,以防将后油堵盖压出。第三条横向油道里的部分润滑油流向润滑油泵和分电器驱动轴16。

用油管从主油道前端引出部分润滑油到空气压缩机曲轴中心油道,润滑空气压缩机的曲轴和连杆轴承处,然后经空气压缩机下方的回油管流回到发动机的油底壳中。在曲轴箱前端拧入一喷油嘴通过油道与主油道连通,以润滑正时齿轮。

凸轮轴的第二、四轴颈上有两个不通的半圆形节流槽,润滑油经该槽间歇地通过摇臂轴的第一和第四支座上的油道输送到两根中空带孔的摇臂轴内,润滑摇臂轴。凸轮轴轴颈上的节流槽对润滑油的节流作用能防止摇臂轴过量润滑,避免多余的油顺气门流入汽缸。

在主油道上安装了润滑油压力表传感器18和润滑油压力过低警告灯传感器17。正常的油压应为150~600kPa。当主油道内的油压低于100kPa时,传感器17的触点接通使警告灯发亮,应立即停车检查。润滑油泵的端盖上装有限压阀14。限压阀的作用是限制润滑系内的最高油压,防止因压力过高而造成过分润滑及密封垫、圈发生泄漏现象。当油压超过正常工作范围时,润滑油压力便克服弹簧张力使球阀打开,部分润滑油在泵内泄回进油端而不输出,保持润滑油路内油压正常。

润滑油细滤器上还设有可接润滑油冷却器的开关14。润滑油冷却器一般安装在冷却液散热器的前面。当气温高于293K(20℃),由驾驶员控制打开开关14,使部分润滑油流经润滑油冷却器冷却,以保持润滑油的润滑性能。当油压高于400kPa时,润滑油冷却器安全阀13开启,使润滑油经此阀泄入油底壳,防止润滑油冷却器损坏。

应当指出,润滑油的冷却除靠迎面气流吹拂油底壳外,主要依靠润滑油冷却器散热。由于细滤器进油限压阀的存在,当油温较高时,润滑油稀化,油压降低,会影响润滑油冷却器工作可靠性。为此,要求润滑油泵的出油量和出油压力较大,以便改善润滑油的冷却条件。

2)柴油机润滑油路

由于柴油机与汽油机的结构和工作条件不一样,其润滑系的组成和油路也各有不同。柴油机的机械负荷和热负荷较大,其活塞一般专设油道进行冷却;所配用的喷油泵、调速器、增压器等也需要润滑,因此,要求柴油机的润滑强度较高。为了保证润滑系工作可靠,通常设有润滑油冷却器。同时,由于柴油机无需驱动分电器,所以润滑油泵可安装在曲轴箱内第一道或第二道主轴承盖处,由曲轴正时齿轮直接或间接驱动。这样,可使润滑油泵的转速等于或高于发动机转速,以满足柴油机高强度润滑的需要。

图12-5所示为斯太尔WD615系列柴油机润滑油路示意图。油底壳中的润滑油经集滤器2、润滑油泵3(附设限压阀1,开启压力为1 550±150kPa)、润滑油滤清器16(附旁通阀17)、润滑油冷却器4进入主油道。润滑油冷却器上装有限压阀,当油压过高时,限压阀开启,润滑油直接由此阀进入主油道,避免润滑油冷却器损坏。主油道中的润滑油通过各支油道分别流向

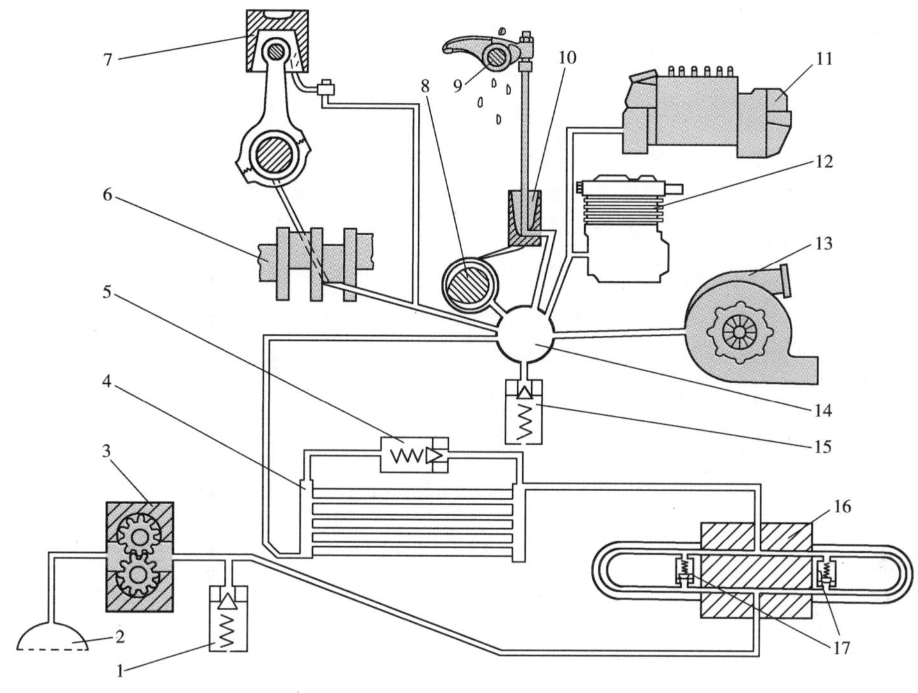

图 12-5　柴油机润滑油路

1-润滑油限压阀;2-集滤器;3-润滑油泵;4-润滑油冷却器;5-润滑油冷却器限压阀;6-曲轴;7-连杆小头;8-凸轮轴;9-摇臂轴;10-挺柱;11-喷油泵;12-压气机;13-增压器;14-主油道;15-限压阀;16-润滑油滤清器;17-滤清器旁通阀

增压器 13(若柴油机为自然吸气式则无增压器)、压气机 12、喷油泵 11、经推杆到摇臂轴 9、凸轮轴轴颈 15、曲轴主轴颈和连杆轴颈等处进行压力润滑。为了保证活塞的冷却,对应各缸处有润滑油喷嘴,来自于主油道的润滑油直接喷到活塞内腔。

此外,润滑系主油道中装有润滑油压力过低传感器,能自动报警;油底壳底部有磁性放油螺塞;窜入曲轴箱及汽缸体内腔的油气可通过油气分离器,使凝结下来的润滑油回到油底壳。分离出来的气体则通过增压器压气机进入柴油机进气管。

3)轿车汽油机的润滑油路

由于轿车发动机转速高、功率大,凸轮轴多为顶置,润滑油泵一般由中间轴驱动;配气机构多采用液力挺柱;在主油道与润滑油泵之间多用单级全流式滤清器,以简化滤清系统。集滤器为固定淹没式,避免润滑油泵吸入表面泡沫,保证润滑系工作可靠。

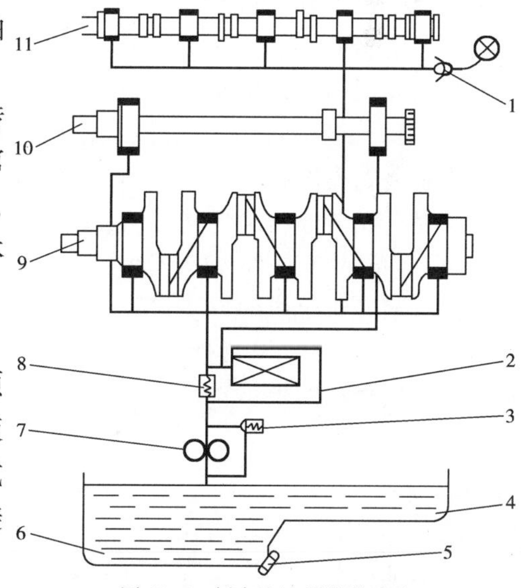

图 12-6　轿车汽油机润滑油路

1-油压开关;2-润滑油滤清器;3-限压阀;4-油底壳;5-放油螺塞;6-集滤器;7-润滑油泵;8-油压开关;9-曲轴;10-中间轴;11-凸轮轴

如图 12-6 所示为桑塔纳轿车 JV 型 1.8L 发动机润滑油路。当发动机工作时,润滑油经集滤器 6 初步过滤后进入润滑油泵 7,润滑油泵输出的润滑油全部流经润滑油滤清器2,然后进入纵向主油道。主油道中的润滑油分别由各分油道进入曲轴主轴承和连杆轴承,再通过连杆杆身的油道润滑活塞销,并对活塞进行喷油冷却。

中间轴10的润滑由发动机前边第一条横向斜油道和从润滑油滤清器出来的油道供给。汽缸盖上的纵向油道与主油道相通,并通过横向油道润滑凸轮轴轴颈及向液力挺柱供油。在缸盖和缸体的一侧布置了回油孔,使缸盖上的润滑油流回曲轴箱。

发动机上有两个油压开关,开关1的开启压力为30kPa,位于汽缸盖后端;开关8的开启压力为180 kPa,位于润滑油滤清器支架上。打开点火开关,仪表板中的润滑油压力警告灯即闪烁。起动发动机,当润滑油压力大于30kPa时,开关1触点开启,该警告灯自动熄灭。当发动机低速运转时,若润滑油压力低于30kPa时,则油压开关1触点闭合,润滑油压力警告灯闪烁。当发动机转速超过2 150r/min时,如果润滑油压力达不到180kPa,油压开关8触点断开,润滑油警告灯闪烁,且警报蜂鸣器也同时报警。

第二节 润 滑 剂

发动机上使用的润滑剂有润滑油和润滑脂。

润滑油习惯上称为润滑油,品种很多。汽油机和柴油机使用的润滑油不同,汽油机润滑系使用的润滑油俗称汽油机润滑油,柴油机润滑系使用的润滑油俗称柴油机润滑油。

1. 润滑油的使用性能

汽车发动机用润滑油应具有下列使用性能:

(1)适当的黏度。黏度过小,在高温、高压下不能形成足够厚度的油膜;黏度过大,润滑油不能被泵送到摩擦表面,冷起动困难。

(2)优异的氧化安定性。氧化安定性是指润滑油抵抗氧化作用不使其性质发生永久变化的能力。当润滑油与空气中的氧气接触而发生氧化作用时,颜色变暗,黏度增加,酸性增大,并产生胶状沉积物。氧化变质的润滑油将腐蚀发动机零件,甚至破坏发动机的工作。

(3)良好的防腐性。润滑油在使用过程中不可避免地被氧化而生成各种有机酸。这类酸性物质对金属零件有腐蚀作用,可能使铜铅和镉镍一类的轴承表面出现斑点、麻坑或使合金层剥落。提高润滑油防腐性的方法,是在润滑油中加入防腐添加剂。

(4)较低的起泡性。润滑油在工作中会产生泡沫。如果泡沫太多,将造成摩擦表面供油不足。控制泡沫生成的方法,是在润滑油中添加泡沫抑制剂。

(5)强烈的清净分散性。润滑油的清净分散性是指润滑油分散、疏松和移走附着在零件表面上的积炭和污垢的能力。提高润滑油清净分散性,方法是在润滑油中加入清净分散添加剂。

(6)高度的极压性。在摩擦表面之间的油膜厚度小于0.3~0.4μm的润滑状态,称边界润滑。高温、高压下的边界润滑,称为极压润滑。润滑油在极压条件下的抗摩性称极压性。汽车发动机的轴承及配气机构等零件的润滑,即为极压润滑。为了提高润滑油的极压性,避免在极压润滑的条件下润滑油被挤出摩擦表面,必须在润滑油中加入极压添加剂。

2. 润滑油的分类和选用

国际上广泛采用美国SAE黏度分类法和API使用分类法,而且它们已被国际标准化组织

(ISO)确认。

1)黏度分类法

目前,我国润滑油的黏度分类,已采用国际上广泛使用的美国汽车工程师学会的SAE黏度分类法。SAE黏度分类法把润滑油分成10个黏度级别,见表12-1。

SAE 黏 度 分 类　　表12-1

SAE黏度等级	100℃运动黏度 mm²/s		SAE黏度等级	100℃运动黏度 mm²/s	
	最小	最大		最小	最大
0W	3.8	—	25W	9.3	—
5W	3.8	—	20	5.6	低于9.3
10W	4.1	—	30	9.3	低于12.5
15W	5.6	—	40	12.5	低于16.3
20W	5.6	—	50	—	低于21.0

注:带W级号为冬季用油,其他为夏季用油。

2)质量等级分类法

国际上,润滑油质量分级多数国家都采用美国的API质量分级方法,该方法是美国汽车工程学会(SAE)、石油学会(API)和材料试验学会(ASIM)共同研究制定的,见表12-2。

API 质量分级法　　表12-2

API分类		质　量　水　平
汽油机	SA	供非常缓和条件下运转的发动机用,为直馏矿物油,不加添加剂
	SB	供在中等程度条件下运转的发动机使用,加有少量添加剂,具有抗擦伤、抗氧化及防止轴瓦腐蚀的性能
	SC	没有PCV装置的轿车、卡车汽油发动机用,具有防止高、低温油泥及防锈抗腐性能
	SD	有PCV装置的轿车、卡车汽油发动机用,具有防止高、低温油泥及防腐抗磨等性能
	SE	轿车、卡车汽油发动机用,具有防止高、低温油泥及防锈抗磨等性能,高于SC、SD级油
柴油机	CA	使用低硫燃料的在轻、中负荷下运转的柴油机用,具有防止高温沉积物的产生及防止轴瓦腐蚀的性能
	CB	使用高硫燃料的轻、中负荷下运转的柴油机用,具有防止高温油泥的产生及防止轴瓦腐蚀的性能。缓和条件下的汽油机也可用
	CC	有增压器的高负荷柴油机用,在苛刻条件下运转的汽油机也可使用,具有防止高温沉积、防锈、防腐蚀及防止汽油机低温油泥产生的性能
	CD	有增压器的高速大功率在苛刻条件下运转的柴油机使用,要求具有在上述条件下防止高温沉积、防锈、防腐蚀性能,而且性能高于CB、CC级油

我国的润滑油分类法参照采用ISO分类方法。GB/T 7631. 3-1995规定,按润滑油的性能和使用场合分为:

(1)汽油机润滑油。SC、SD、SE、SF、SG、SH等6个级别。

(2)柴油机润滑油。CC、CD、CD-II、CE、CF-4等5个级别。

(3)二冲程汽油机润滑油。ERA、ERB、ERC和ERD等4个级别。

3. 润滑油的选用

(1)根据汽车发动机的强化程度选用合适的润滑油使用级。汽油机的强化程度往往与生产年份有关。后生产的汽车比早年生产的汽车强化程度高,应选用使用级较高的润滑油。

柴油机的强化程度用强化系数 K 表示。强化系数按下式计算

$$K = p_{\mathrm{mE}} c_{\mathrm{m}} \tau$$

式中,p_{mE} 为平均有效压力(MPa);c_{m} 为活塞平均速度(m/s);τ 为冲程系数(四冲程 $\tau=0.5$,二冲程 $\tau=1$)。

$K \leqslant 50$ 时,选用 CC 级润滑油;$K>50$ 时,应选用 CD 级润滑油。

(2)根据地区的季节气温选用适当黏度等级的润滑油。按当地的环境温度选用润滑油时,可参考图 12-7。

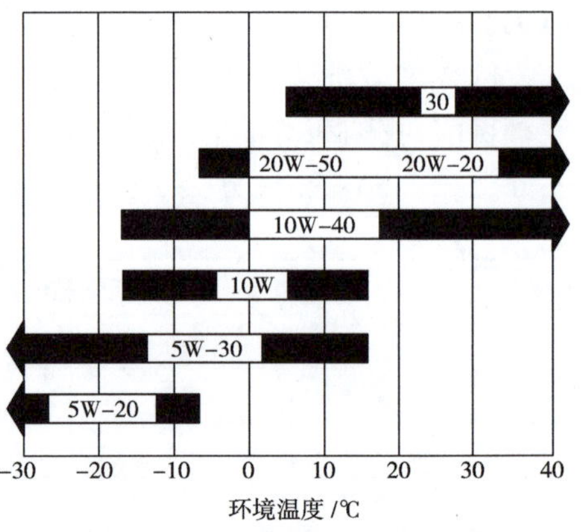

图 12-7 按当地环境温度选择润滑油

第三节 润滑油泵

润滑油泵的作用是将一定压力和数量的润滑油供到润滑表面。

汽车发动机常用的润滑油泵结构形式可分为齿轮式和转子式两类。齿轮式润滑油泵又分内啮合齿轮式和外啮合齿轮式润滑油泵,一般把后者称为齿轮式润滑油泵。

1. 齿轮式润滑油泵

1)齿轮式润滑油泵的工作原理

齿轮式润滑油泵工作原理如图 12-8 所示。在润滑油泵体 6 内装有一对外啮合齿轮 2 和 5,齿轮的端面由润滑油泵盖封闭。当发动机工作时,齿轮按图示箭头方向旋转,进油腔 1 的容积由于轮齿逐渐脱离啮合而增大,腔内产生一定的真空,润滑油从油底壳经进油口被吸入进油腔,轮齿将润滑油从进油腔 1 带到出油腔 2,出油腔 3 的容积由于轮齿逐渐进入啮合而减小,使润滑油压力升高,润滑油便经出油口被压送到发动润滑油道中。润滑油泵不断工作,保证润滑油在润滑油路中不断循环。

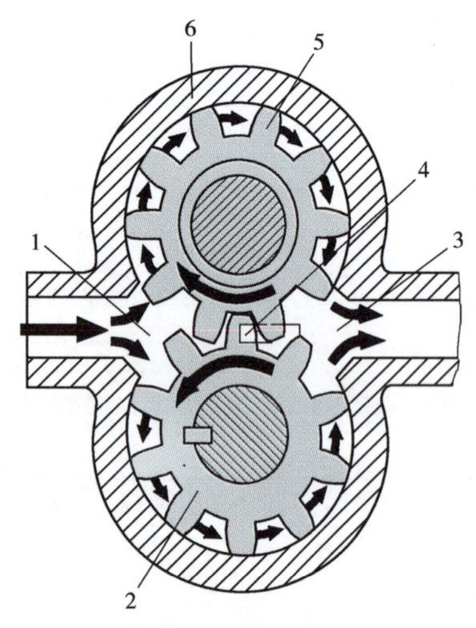

图 12-8 齿轮式润滑油泵工作原理
1-进油腔;2-润滑油泵主动齿轮;3-出油腔;4-卸压槽;5-润滑油泵从动齿轮;6-润滑油泵体

当齿轮进入啮合时,啮合齿间的润滑油体积变小,在齿间产生很高的压力,给齿轮的运动带来阻力并通过齿轮作用在主、从动轴上,加剧了轴与齿轮孔间的磨损。因此,通常在泵盖上铣卸压槽 3,使啮合齿隙与出油腔连通,以降低其油压。

2)齿轮式润滑油泵的典型结构

齿轮式润滑油泵由曲轴或凸轮轴经中间传动机构驱动。如图 12-9 所示为齿轮式润滑油泵结构图。固定式润滑油集滤器与润滑油泵进油口 A 相连,出油口 B 与上曲轴箱的油道及粗滤器相通,油泵下部的管接头 10 用油管与润滑油细滤器连接,整个油泵(连同集滤器)用两个螺钉安装在曲轴箱内主轴承一侧。润滑油泵壳体 4 内装有主动轴和从动轴。主动轴 1 下端用半圆键固装着主动齿轮 5,上端制有长槽与分电器传动

轴连接。分电器轴上固装着传动齿轮由凸轮轴上的斜齿轮驱动。从动轴15压入壳体内，其上松套着从动齿轮16。

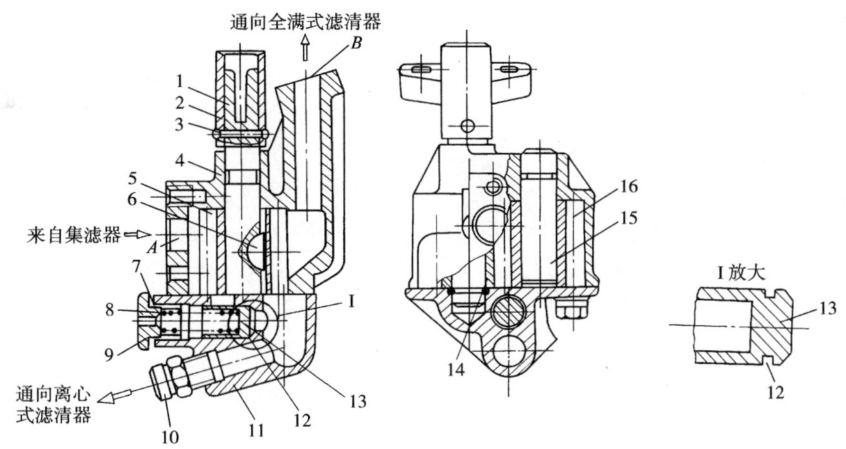

图12-9　齿轮式润滑油泵

1-主动齿轮轴；2-连轴套；3-铆钉；4-润滑油泵体；5-主动齿轮；6-半圆键；7-垫片；8-限压阀弹簧；9-螺塞；10-管接头；11-润滑油泵盖；12-集垢槽；13-柱塞式限压阀；14-挡圈；15-从动齿轮轴；16-从动齿轮

A-进油口；*B*-出油口

在泵体与泵盖之间有衬垫，既可以防止漏油，又可以用来调整齿轮的端面间隙。齿轮与泵体的径向间隙一般不超过0.20mm，齿轮端面间隙不超过0.05～0.20mm。间隙过大，润滑油压力降低，泵油量减少。

泵盖上装有限压阀组件8和13。限压阀的作用是在油压过高时泄压，维持主油道内的正常压力(150～600kPa)。当油压超出上述范围时，可增减垫片7的厚度，以调整弹簧8的预紧力，从而使油压保持在正常范围。限压阀出厂前在试验台上已调好，使用中不能因润滑油压力过低而随意调整，应根据油压变化原因查找故障。

齿轮式润滑油泵的优点是效率高，功率损失小，工作可靠；缺点是需要中间传动机构，制造成本相应较高。国产桑塔纳、捷达和奥迪等轿车都采用齿轮泵。

2. 内啮合齿轮式润滑油泵

内啮合齿轮式润滑油泵的工作原理与外啮合齿轮式润滑油泵或齿轮式润滑油泵相同。内啮合齿轮泵的结构如图12-10所示。主动齿轮是外齿轮，通过花键套在曲轴前端，由曲轴直接驱动。内齿轮是从动齿轮，装在润滑油泵休内，泵体固定在机体前端。

内啮合齿轮泵由曲轴直接驱动，无中间传动机构，零件数量少，制造成本低，占用空间小，使用范围广。

3. 转子式润滑油泵

转子式润滑油泵工作原理如图12-11所示，主动的内转子3有4个或4个以上的凸齿，从动的外转子4的凹齿数比内转子的凸齿数多一个，外转子在泵壳内可自由转动，内外转子间有一定的偏心距。当内转子旋转时、带动外转子一起旋转，无论转子转到任何角度，内外转子每个齿的齿形轮廓线上总有接触点，于是内外转子间便形成了4个工作腔。由于内外转子的速比大于1($i=1.25$)，所以外转子总是慢于内转子，且由于偏心距的存在，使工作腔的容积产

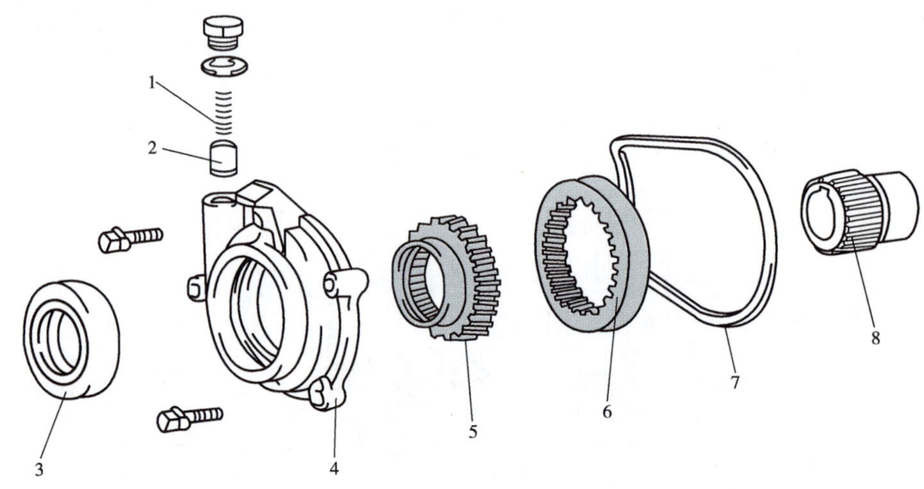

图 12-10　内啮齿轮式润滑油泵（丰田汽车）

1-安全阀弹簧；2-安全阀柱塞；3-曲轴前油封；4-润滑油泵泵体；5-主动外齿轮；6-从动内齿轮；7-O 形密封圈；8-花键套

生较大变化。当某一工作腔转过进油口时，容积增大，产生真空，润滑油经进油口被吸入工作腔内。当该工作腔转过出油口时，容积减小，油压升高，润滑油经出油口被压出。当某一工作腔从进油腔 5 转过时，容积增大，产生真空，润滑油便经进油孔被吸入。当该工作腔与出油腔 6 相通时，腔内容积减小，油压升高，润滑油经出油孔压出去。

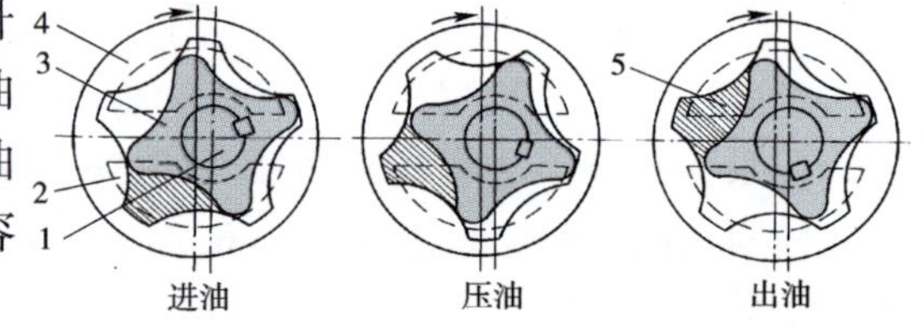

图 12-11　转子式润滑油泵工作原理

1-润滑油泵传动轴；2-进油口；3-内转子；4-外转子；5-出油口

转子式润滑油泵的构造如图 12-12 所示。内转子固定在润滑油泵轴的一端上，轴的另一端装有传动带轮。泵盖与壳体之间有密封圈。

转子式润滑油泵结构紧凑，吸油真空度高，泵油量大，对安装位置无特殊要求，可布置在曲轴箱外或吸油位置较高的地方。

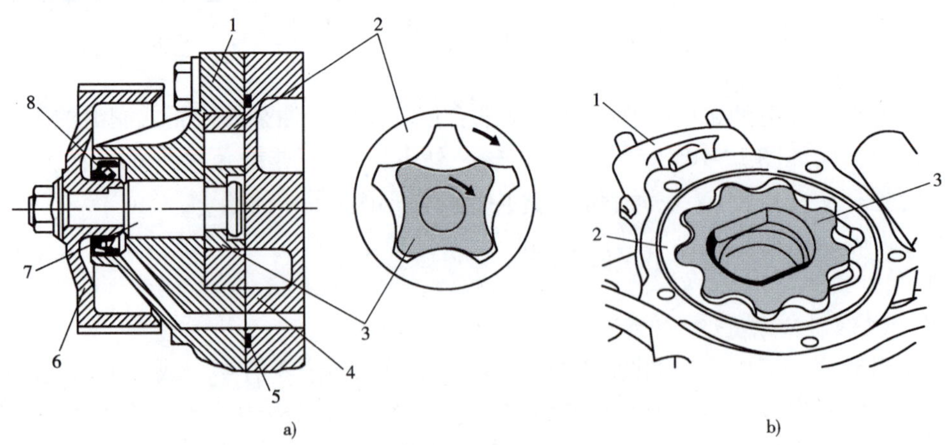

图 12-12　转子式润滑油泵

a）克莱斯勒汽车；b）本田汽车

1-润滑油泵泵体；2-外转子；3-内转子；4-润滑油泵盖；5-密封圈；6-传动带轮；7-润滑油泵轴；8-油封

第四节　润滑油滤清器

发动机工作过程中，金属磨屑、尘土、高温下被氧化的积炭和胶状沉淀物、水等不断混入润滑油。润滑油滤清器的作用就是滤掉这些机械杂质和胶质，保持润滑油的清洁，延长其使用期限。润滑油滤清器应具有滤清能力强，流通阻力小，使用寿命长等性能。一般润滑系中装用几个不同滤清能力的滤清器——集滤器、粗滤器和细滤器，分别并联或串联在主油道中。与主油道串联的滤清器称为全流式滤清器，与之并联的则称为分流式滤清器。这样既能使润滑油较好地滤清，又不致因滤芯的阻碍作用使润滑系的流动阻力太大。

目前，分流式滤清器在轿车上已很少见到，在货车特别是重型货车上普遍采用双滤清器，其中之一为分流式滤清器作细滤器用，另一个为粗滤器。经过粗滤器的润滑油进入主油道，经过细滤器的润滑油直接返回油底壳。

1. 集滤器

集滤器一般是滤网式的，装在润滑油泵之前，滤除较大的机械杂质。集滤器可分为浮筒式和固定式两种。

1）浮筒式集滤器

浮筒式集滤器（图12-13）由浮筒3、滤网2、浮筒罩1及吸油管4等构成。空心的浮筒不论油底壳内的油面如何波动，始终浮在润滑油表面上，以保证润滑油泵从含杂质较少的上层油面吸入润滑油。但油面上泡沫易被吸入，使润滑油压力降低，润滑欠可靠。固定式滤网有弹性，中央有环口，在一般情况下借助滤网的弹性，环口压紧在浮筒罩上。浮筒罩的边缘有缺口，当浮筒罩与浮筒装合后形成进油狭缝。

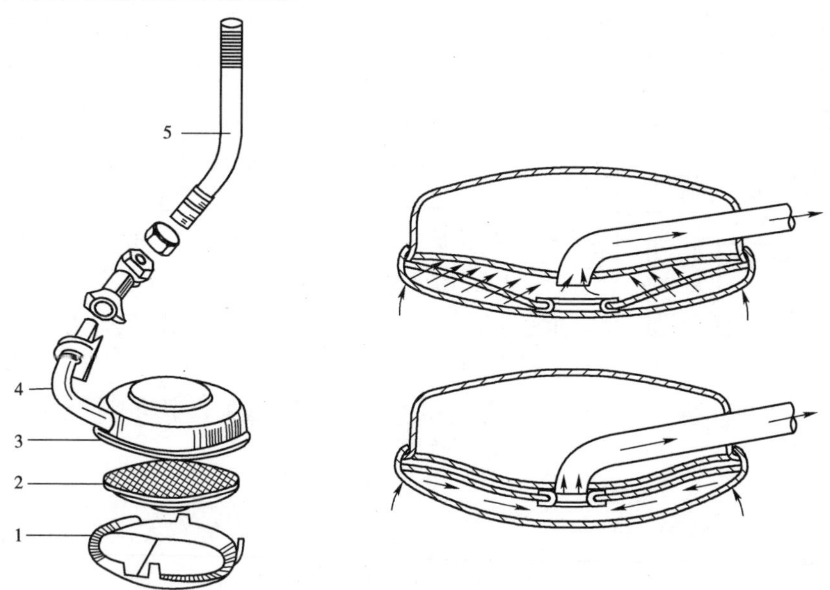

图12-13　浮筒式集滤器结构及工作情况

1-浮筒罩；2-滤网；3-浮筒；4-吸油管；5-固定油管

当润滑油泵工作时，润滑油从油底壳经进油狭缝、滤网、吸油管进入润滑油泵（图12-

13a)）。润滑油流过滤网时，其中粗大的杂质被滤除。当滤网被杂质堵塞之后，滤网上方的真空度增大，于是克服滤网的弹力，使滤网上升，环口离开浮筒罩，这时润滑油经进油狭缝和环口进入吸油管和润滑油泵（图 12-13b)），以保证润滑油的供给不致中断。

2）固定式集滤器

图 12-14 为固定式集滤器的构造。吸油管总成 3 的上端有与润滑油泵进油孔连接的凸缘，下端与滤网支座中心固定连接。罩 1 的翻边包在支座外缘凸台上，滤网夹装于支座与罩之间。滤网靠自身的弹力紧压在罩上。罩的边缘有 4 个缺口，形成进油通道。当润滑油泵工作时，润滑油从罩的缺口处经滤网被吸入，粗大的杂质被滤网滤去，然后经吸油管进入润滑油泵。

在国产桑塔纳、捷达、奥迪 100 型等轿车及依维柯轻型车上，均采用深入油面以下的固定式集滤器。与浮筒式集滤器相比，固定式集滤器虽然吸入润滑油的清洁度稍差，但结构简单，并可防止油面上的泡沫被吸入润滑系，所以应用广泛。

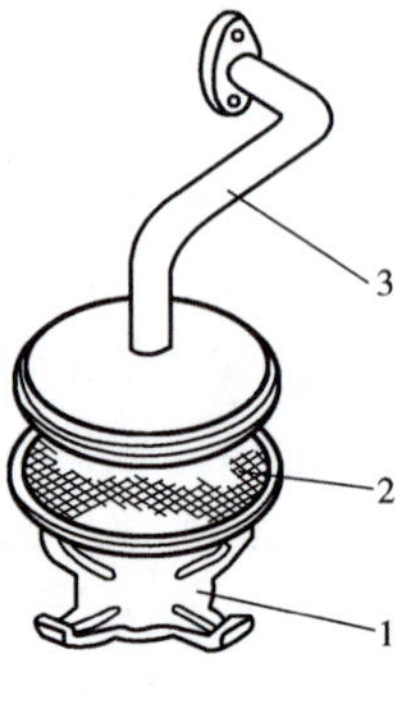

图 12-14　固定式润滑油集滤器

1-罩；2-滤网；3-吸油管总成

2. 全流式滤清器

轿车发动机的滤清器和货车的粗滤器都采用全流式滤清器。全流式滤清器的构造如图 12-15 所示，滤芯由经过树脂处理的多孔滤纸制成，滤纸折成扇形或波纹形。滤芯内装有金属丝网或带有网眼的薄铁皮作为滤芯的骨架。

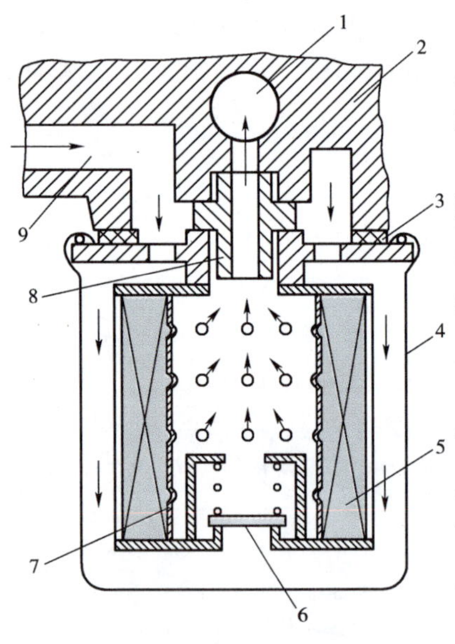

图 12-15　全流式滤清器

1-主油道；2-机体；3-密封圈；4-外壳；5-纸滤芯；6-旁通阀；7-金属骨筒；8-连接座；9-进油道

滤芯的下部装有旁通阀。一旦滤芯堵塞，进出油口的压差达 150～180kPa 时，润滑油便从旁通阀直接流入主油道，以防供油中断。

有些发动机的润滑油滤清器除设置旁通阀之外，还加装止回阀。当发动机停机后，止回阀将滤清器的进油口关闭，防止润滑油从滤清器流回油底壳。在这种情况下，当重新起动发动机时，润滑系能迅速建立起油压，从而可以减轻由于起动时供油不足而引起的零件磨损。

润滑油滤清器的滤芯有褶纸滤芯和纤维滤清材料滤芯等。褶纸滤芯由微孔滤纸制造。微孔滤纸经酚醛树脂处理后，具有较高的强度、抗腐蚀性和抗水湿性。褶纸滤芯有质量轻、体积小、结构简单、滤清效果好、阻力小和成本低等优点，因此得到了广泛的应用。

全流式滤清器，通常汽车行驶 5 000～15 000km 左右，要定期更换滤清器。

3. 分流式滤清器

分流式滤清器一般用作货车发动机的细滤器，并且采用离心式，如图 12-16 所示。滤清器外壳 1 上固定着带中心孔的转子轴 3。转子体 14 与转子体端套 6 连成一体，其中心孔内压装着 3 个衬套 13，套在转子轴上可自由转动。压紧螺母 11 将转子盖 8 与转子体紧固在一起，经动平衡检验。转子下面装有止推轴承 4，上面装有支撑座 9，并用弹簧 10 压紧以限制转子轴向窜动。转子下端有两

个水平安装、互成反向的喷嘴 5。滤清器盖 7 用压紧螺母 11 装在滤清器壳体上使转子密封。滤清器盖与壳体具有高度的对中性,保证转子正常运转。

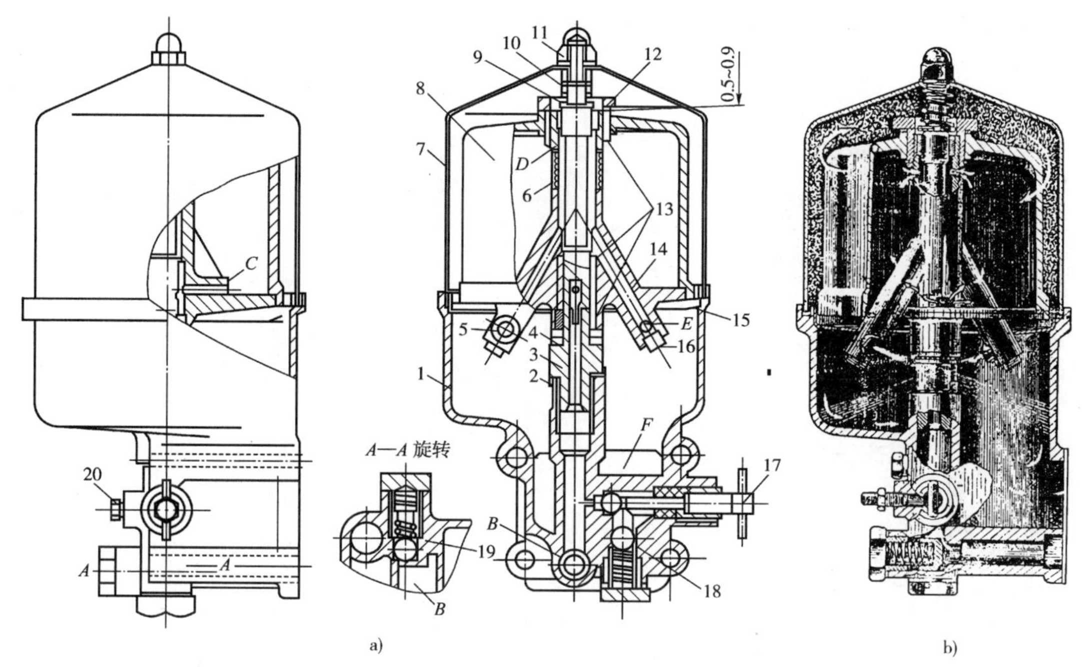

图 12-16　离心式细滤器

a)原理;b)结构

1-壳体;2-锁片;3-转子轴;4-止推轴承;5-喷嘴;6-转子体端套;7-滤清器盖;8-转子盖;9-支撑座;10-弹簧;11-压紧螺母;12-压紧套;13-衬套;14-转子体;15-挡板;16-螺塞;17-润滑油冷却器开关;18-润滑油冷却器安全阀;19-进油限压阀;20-管接头

B-滤清器进油孔;*C*-出油孔;*D*-进油孔;*E*-通喷嘴油道;*F*-滤清器出油孔

发动机工作时,从润滑油泵来的润滑油进入细滤器进油孔 B。当油压低于 100kPa 时,进油限压阀 19 不开,润滑油不经细滤器而全部流向主油道,保证发动机可靠润滑。当油压超过 100kPa 时,进油限压阀被顶开,润滑油沿外壳和转子轴的中心孔经出油孔 C 进入转子内腔,然后经进油孔 D、油道 E 从两喷嘴喷出。在油的喷射反力作用下,转子及其内腔的润滑油高速旋转,转速可高达 10 000r/min 左右。在离心力的作用下润滑油中的杂质被甩向转子盖内壁并沉积下来,清洁的润滑油从出油口 F 流回油底壳。

管接头 20 与润滑油冷却器相连。当油温过高时,旋松润滑油冷却器开关 17 使部分润滑油流向散热器。当油压高于 400kPa 时,润滑油冷却器安全阀 18 被打开。部分润滑油经此流回油底壳,保护润滑油冷却器不因油压过高而受损坏。

转子上的喷嘴又是油的限量孔,保证通过细滤器的油量为油泵出油量的 10% ~15% 左右。

离心式滤清器滤清能力强,通过性好,不需更换滤芯,只要定期清洗即可。但对胶质的滤清效果差,制造和装配精度要求较高。此滤清器出油无压力,一般只作分流式连接。

4. 复合式滤清器

复合式滤清器是将细滤芯和粗滤芯串联,装在同一壳体内,其结构和工作原理如图 12-17

所示。

在正常情况下,从润滑油泵泵出的润滑油经进油口进入复合式润滑油滤清器,由于橡胶元件的密封作用,润滑油先经过粗滤芯过滤,再经过细滤芯过滤进入中心腔,然后沿中心腔上流,经过出油口,流向主油道,见图 12-17a)。

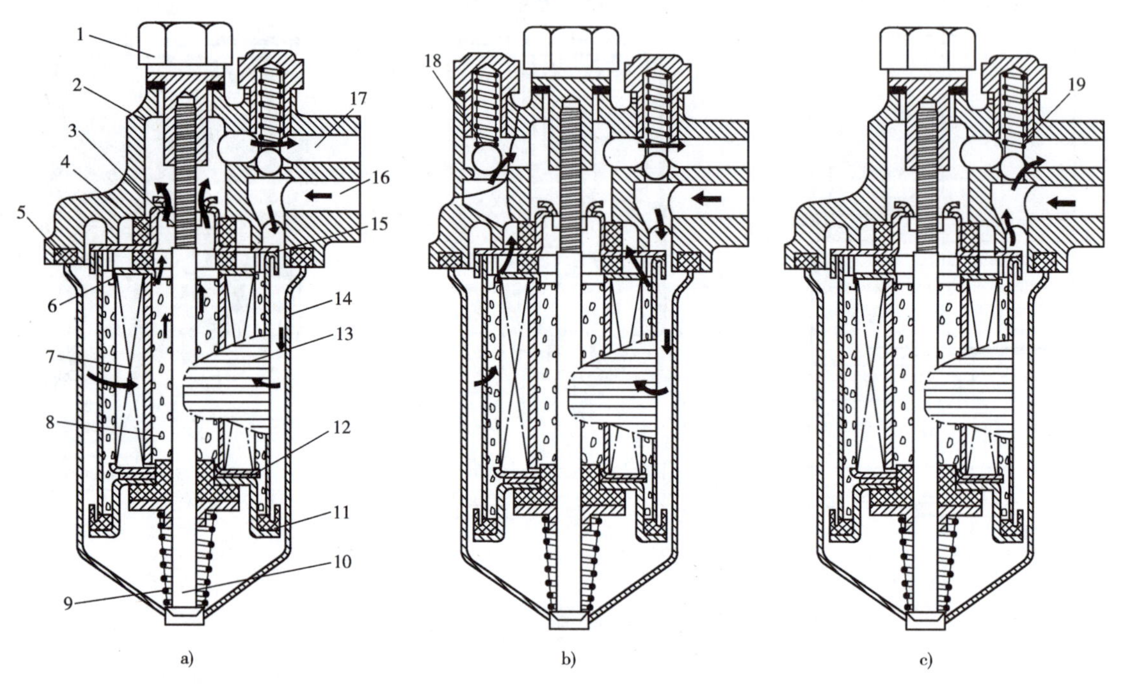

图 12-17 复合式滤清器

a)工作时;b)细滤芯堵塞时;c)粗滤芯堵塞时

1-拉杆螺母;2-滤清器盖;3-锁紧螺母;4-密封罩;5-橡胶垫圈;6-橡胶上油封;7-细滤芯;8-中心腔;9-滤芯底座弹簧;10-外壳带拉杆螺栓;11-橡胶密封圈;12-橡胶下油封;13-粗滤芯;14-壳体;15-滤芯盖;16-进油口;17-出油口;18-旁通阀;19-安全阀

若细滤芯堵塞,当滤芯前后压力差超过 0.09 ~0.1MPa 时,旁通阀开启,经过粗滤的润滑油通过滤芯盖腔孔进入主油道,见图 12-17b);若粗滤芯堵塞,进油口和出油口压力差超过 0.196 ~0.245MPa 时,安全阀开启,润滑油则不经滤芯直接进入主油道,见图 12-17c)。

这种复合式滤清器结构紧凑、工作可靠,纸质滤芯可定期更换、成本低,因此被应用在一些轿车上。

第五节 润滑油冷却器

在高性能、大功率的强化发动机上,由于热负荷大,必须装设润滑油冷却器。润滑油冷却器布置在润滑油路中,其工作原理与散热器相同。

发动机润滑油冷却器分为风冷式和水冷式两类。风冷式润滑油冷却器很像一个小型散热器(图 12-18),利用汽车行驶时的迎面风对润滑油进行冷却,多与主油道并联。这种润滑油冷却器散热能力大,多用于赛车及热负荷大的增压汽车上。但是风冷式润滑油冷却器在发动机

起动后需要很长的暖机时间才能使润滑油达到正常的工作温度，所以普通轿车上很少采用。

水冷式润滑油冷却器（见图 12-19），将润滑油冷却器置于冷却液路中，串联在主油道之前。冷却液在管外流动，润滑油在管内流动（或反之）。当油温较高时靠冷却液降温，而在起动暖车油温较低时，则从冷却液吸热迅速提高润滑油温度。水冷却的润滑油冷却器油温能得到较好控制。

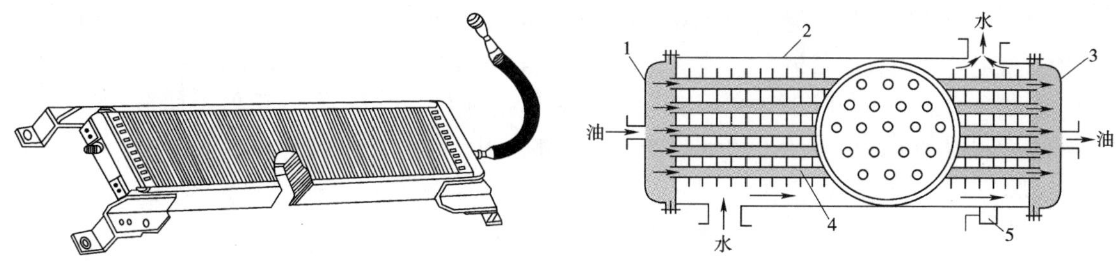

图 12-18　空气冷却的润滑油冷却器

图 12-19　水冷却的润滑油冷却器

1-前盖；2-壳体；3-后盖；4-铜芯管及散热片；5-放水开关

水冷式润滑油冷却器外形尺寸小，布置方便，且不会使润滑油冷却过度，润滑油温度稳定，因而在轿车上应用较广。图 12-20 所示为布置在润滑油滤清器上的水冷式润滑油冷却器的实例。润滑油经滤清器滤清之后直接进入冷却器，在冷却器芯内流动，从散热器出水管引来的冷却液在冷却器芯外流过。两种流体在冷却器内进行热交换，使高温润滑油得以冷却降温。

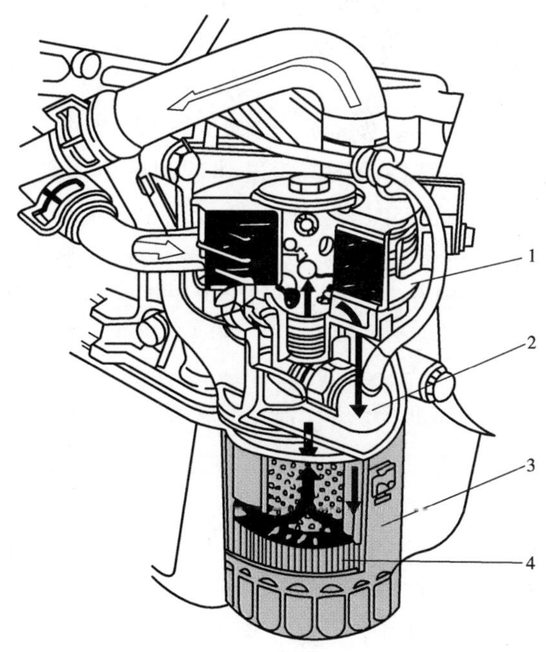

图 12-20　水冷式润滑油冷却器

1-润滑油冷却器；2-润滑油压力开关；3-润滑油滤清器；4-润滑油滤清器滤芯

第十三章　车用其他动力源

现代汽车主要是以内燃机（汽油机、柴油机）为动力源，但随着世界范围内石油能源的减少和能源结构的改变，加之汽车性能的不断提高，车用其他动力源也得到了高度重视。如燃气汽车、电动汽车、燃料电池汽车、太阳能汽车以及混合动力汽车等，有的正处于研究阶段，有的已达到商品化生产阶段，有的已得到越来越广泛的应用。

第一节　转子发动机

三角旋转活塞式发动机即转子发动机，问世已半个多世纪。从车用发动机的发展史看，尽管往复活塞式发动机已有百余年历史，结构和性能也不断完善，但是在基本结构方面却还存在根本性的缺陷，即存在往复运动质量，如活塞组件及气门机构等。当进一步提高发动机转速时，它所产生的惯性力急剧增加，使周期载荷显著增加，振动加剧，且可能破坏气门机构的正常工作。这便成为提高发动机单位工作容积功率和降低单位功率质量、使发动机向高速发展的严重障碍。转子发动机与往复活塞式发动机相比，不用连杆、活塞、曲轴、直接将可燃气体的燃烧膨胀力转化为驱动转矩，因而同样功率的转子发动机具有尺寸小、结构简单、零件数量少、回转平稳、噪声小、单位工作容积及单位质量功率大等优点。但转子发动机目前还存在着起动性需进一步改善；汽缸的密封、润滑较差；发动机低速时的动力性和经济性比较差等缺点。

图 13-1 为转子发动机的基本结构简图。汽缸体的内壁表面是由两个次摆线构成的特殊表面，其内、外表面都形似蚕茧。汽缸内装有弧形转子。工作时转子沿着缸体作偏向回转，回转时产生的间隙与转子的弧面形成工作腔。气体的进入与排除靠壁面上的孔和转子转动来进行。转子转动的同时，工作腔容积发生变化，其变化规律正好与四冲程发动机对汽缸容积的变化要求相同。

1. 转子发动机工作原理

转子发动机 4 个行程工作原理如图 13-2 所示。图中以三角转子的一个弧面 *AB* 与汽缸内表面形成的工作腔（*AB* 工作腔）为例，来说明其工作原理。当三角转子的角顶 *B* 转到进气孔（进、排气孔如箭头所示）边缘时，*AB* 工作腔开始进气。在位置 1，进、排气孔连通，即进排气重叠。这时 *AB* 工作腔的容积最小，相当于往复活塞式发动机的上止点位置。转子继续转动，*AB* 工作腔容积逐渐增大，可燃混合气便被不断吸入汽缸。当转子自转 90°（主轴转 270°）达到位置 4 时，*AB* 工作腔容积达到最大，相当于往复活塞式发动机的下止点位置，进气行程结束。三角转子继续转动，*AB* 工作腔的容积逐渐减小，到位置 5 时，转子角的角顶 *A* 越过了进气孔右边缘，此时 *AB* 工作腔被完全封闭开始压缩行程。如此分析下去，便可知工作腔的变化规律。随着转子连续旋转，达到位置 7 时，压缩行程结束；到达位置 10 时作功行程结束；11、12 为排气行程。即转子自转一周时，*AB* 工作腔完成一个工作循环。同时 *BC* 及 *CA* 两个工作腔也分别完成一个工作循环，主轴则转了三周。

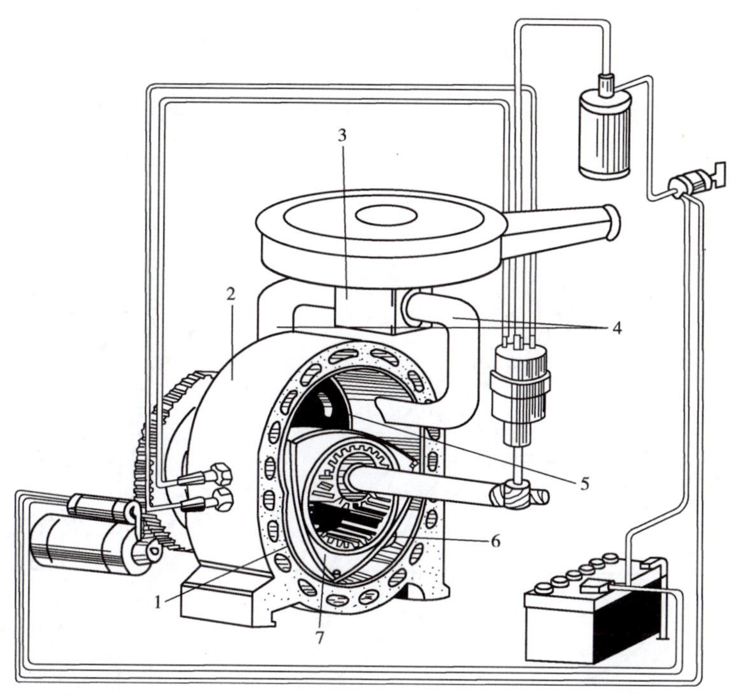

图 13-1　水冷式转子发动机结构简图

1-燃烧室;2-发动机壳体;3-化油器;4-进气管;5-进气孔;6-排气孔;7-三角转子

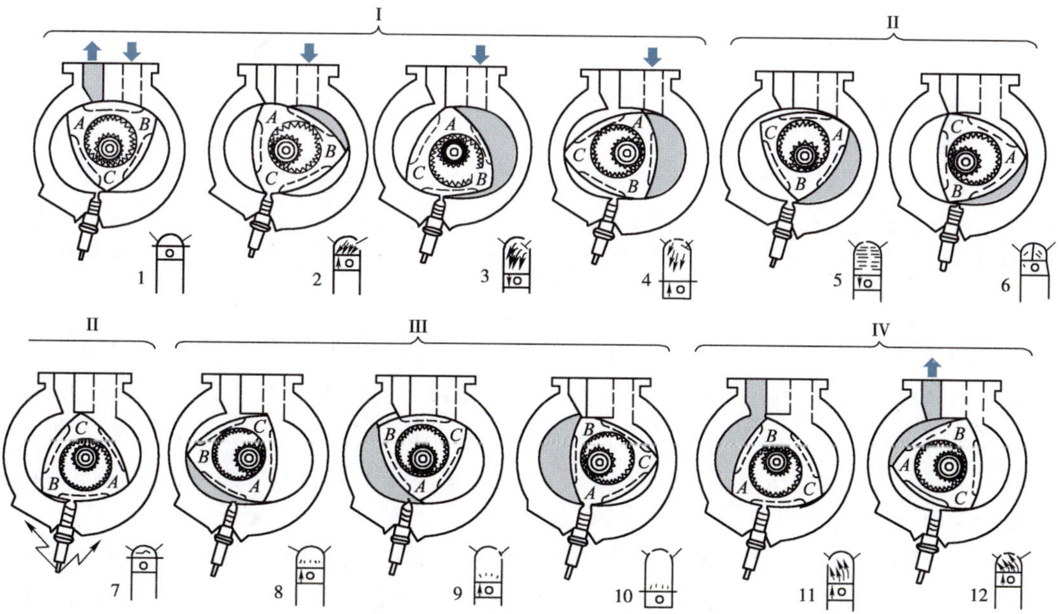

图 13-2　转子发动机 4 个行程工作原理

I-进气行程;II-压缩行程;III-作功行程;IV-排气行程

因此,转子发动机工作过程的基本原理与四冲程往复活塞式发动机相同,只是每一个行程对应的主轴转角不是 90°而是 270°。

2. 三角转子、汽缸体与端盖的结构

1)三角转子

三角转子也称三角旋转活塞,是转子发动机的主要运动部件之一、其构造如图 13-3 所示。转子上装有气体密封件、润滑油密封件及转子轴承。此外,转子上还嵌有内齿圈,以保证转子在汽缸内作行星运动。

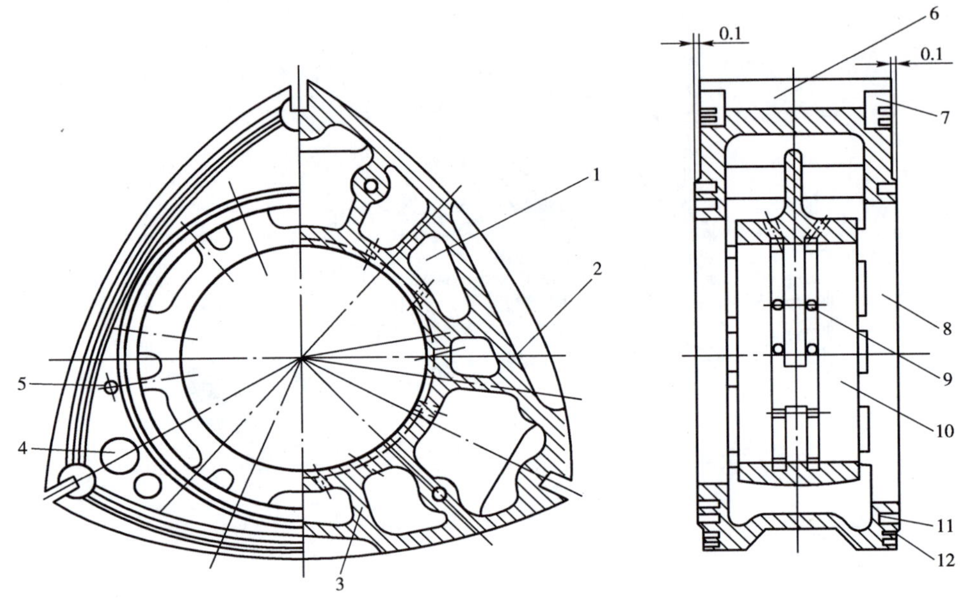

图 13-3 三角转子

1-冷却腔;2-燃烧室凹坑;3-筋;4-质量平衡孔;5-气压平衡孔;6-径向密封片槽;7-密封销孔;8-内齿圈座;9-喷油孔;10-转子轴承座;11-油环槽;12-端面密封条槽

在转子发动机中,三角转子起到往复活塞式发动机的活塞与连杆的作用。在转子发动机工作时,三角转子受到高温、高压气体的直接作用,而且转速很高,要求转子必须具有足够的强度、刚度及较小的质量。制造转子的材料现多为高强度的合金铸铁(如铜铬钼合金铸铁)、球墨铸铁和可锻铸铁等。

转子内腔设置许多筋 3,这种设计既减小了转子的质量又可以保证转子具有足够的强度和刚度。这些筋把内腔分隔成几个冷却腔 1,以冷却转子的壁面。转子温度过高会引起不正常的燃烧及气体密封件的失效。因此,水冷式转子发动机大都用润滑系统的润滑油来冷却三角转子。来自主轴上油道的润滑油经转子作行星运动使所产生的惯性力使润滑油冲刷转子受热面积的内壁,将热量带走。

三角转子的端面上加工出油环槽 11、用来安装油环,以防止润滑油通过端面间隙漏入工作腔。转子端面上还设有两道密封条槽 12,在角顶设置密封销孔 7 及径向密封片槽 6,用来安装气体密封件。

三角转子的外缘直接与高温燃气接触,温度较高,为避免转子卡死在汽缸内,转子端面与端盖之间及转子端面与中间隔板之间须留有较大的间隙。转子中心部分温度较低应留有较小的轴向间隙,保证转子在汽缸内运转时有良好的导向作用。因此,三角转子的端面通常制成梯

形。油环槽 11 以内部位要高出 0.1mm 左右。

转子端面虽装有气体密封件,但仍难避免会漏气。当两个端面的漏气程度不同时,三角转子两侧的压力不等,在此压力差的作用下,将把转子由一侧推向另一侧,致使转子端面被端盖或中间隔板擦伤。为使转子两侧的压力始终保持平衡,横贯转子的两个端面钻有气压平衡孔 5。

2)汽缸与端盖

汽缸体及端盖是转子发动机的主要固定件之一,其构造如图 13-4 与图 13-5 所示。由转子发动机的工作原理知,三角转子 3 个弧形表面与汽缸体内壁构成 3 个相互独立的工作腔,每个工作腔所进行的 4 个工作过程中,其同名工作过程均发生在汽缸内的同一部位,因此,汽缸体及各个端面的部位的受力、受热情况差别很大。

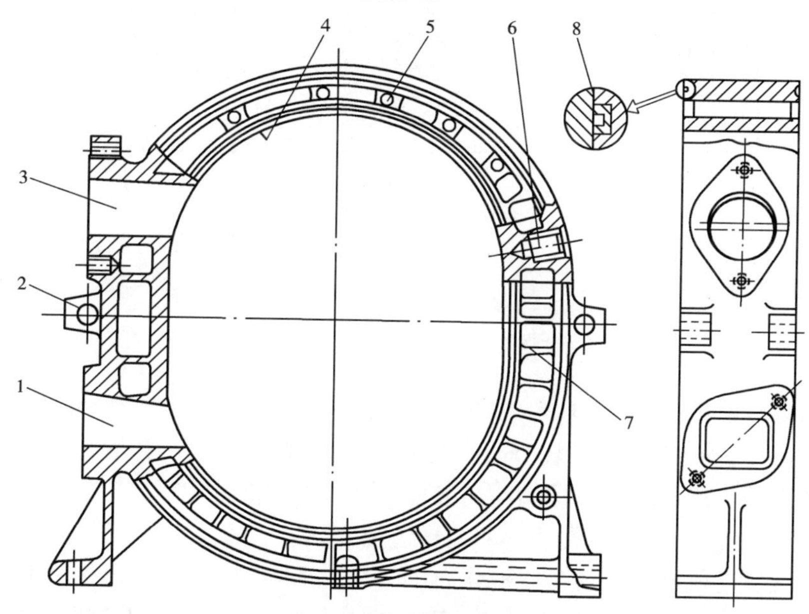

图 13-4 转子发动机汽缸体

1-排气孔;2-定位销孔;3-进气孔;4-汽缸形面;5-紧固螺栓孔;6-火花塞孔;7-筋;8-密封槽及密封铅条

为使汽缸体及端盖在发动机工作时,不产生机械变形与热变形,汽缸体与断面应具有足够的结构强度及刚度,并且温度分布应尽可能均匀。为此汽缸体及端盖材料一般是导热性好的铝合金或高硅铝合金(摩擦表面进行镀铬或喷钢处理),也可采用合金铸铁或球墨铸铁。在汽缸体及端面的结构设计时,除具有足够的厚度外,还在汽缸体及端面内设置许多长短不一、疏密不一的筋。这样即可增强汽缸的强度和刚度,又能引起冷却水流动,以降低汽缸体及端盖工作表面的温度和减小它们表面不同部位的温差。

汽缸体及端盖之间需要严格密封,通常在汽缸体的端面加工出密封的密封槽,在槽内埋入铅条或耐热的橡胶条。

转子发动机在技术上有独特的困难,如工作时受燃烧气体冲刷使润滑油的消耗量增大。此外还有其他一些技术问题尚待解决。目前国外有些公司大体解决了这些问题,并批量生产了转子发动机,但总的来说转子发动机还远远没有被普遍使用。

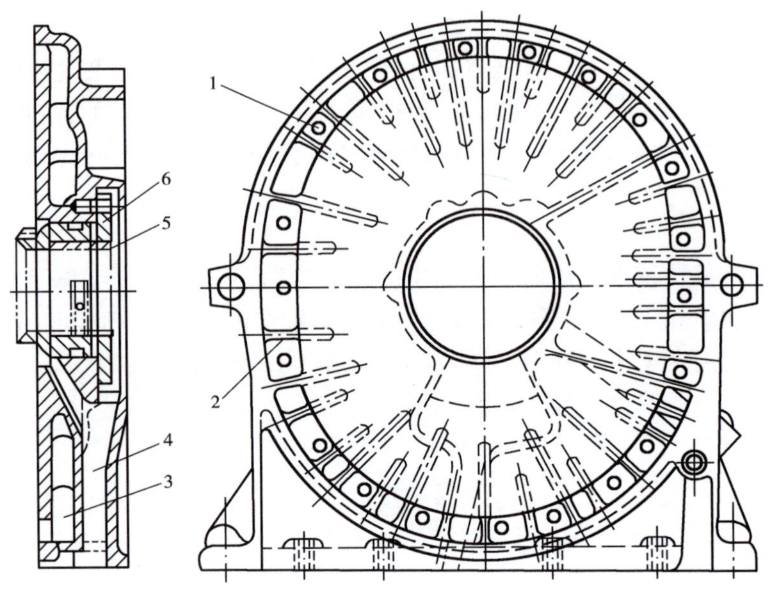

图 13-5　转子发动机端盖

1-紧固螺栓孔；2-筋；3-冷却水套；4-润滑油回油通道；5-主轴销；6-主轴承座

第二节　燃气发动机

燃气发动机主要指以氢气、天然气和液化石油气等气体为燃料的发动机，随着传统石油燃料（汽油和柴油）的减少，气体燃料的应用日益增多，特别是天然气和液化石油气发动机在汽车上的应用越来越广泛。由于气体燃料与液体燃料物理性质的不同，决定混合气的形成方式有所差别，本节仅就液化石油气发动机的结构进行介绍。

液化石油气发动机的汽车就是以液化石油气为主要燃料的汽车，简称为 LPG 汽车。按燃料供给系统 LPG 汽车可分为三类：纯 LPG 汽车、两用燃料（LPG 和汽油）汽车以及双燃料（LPG 和柴油）汽车。纯 LPG 汽车发动机的燃料供给系统是专为燃用 LPG 燃料而设计的，其结构保证气体燃料能有效利用。两用燃料（LPG 和汽油）汽车可在两种燃料中进行转换使用，设有两套燃料供给系统，无论是使用 LPG 还是汽油，发动机都能正常工作，利用选择开关实现发动机从一种燃料到另一种燃料的转换，两种燃料不允许同时混合使用。双燃料（LPG 和柴油）汽车是指当汽车发动机工作于双燃料状态时，用压燃的少量柴油引燃 LPG 与空气的混合气而实现燃烧，对外作功。该种发动机也可用纯柴油工作。因此，该系统有同时供给汽车两种燃料的装备，配备两个供给系统及两个独立的燃料储存系统。依据发动机的运行工况、燃料品质和发动机的参数，按一定比例同时向发动机供给 LPG 和柴油。低负荷及怠速时自动转换到纯柴油工作方式。

LPG 与汽油、柴油常规汽车燃料相比，具有燃烧完全、积碳少、排放污染物少等优点。被人们普遍称为“清洁燃料”。

液化石油气汽车在替代能源汽车中发展最快，据统计，全世界液化石油气汽车保有量已达 500 多万辆。大部分分布在意大利、荷兰、独联体、美国、澳大利亚等地。我国近年来液化石油

气汽车的改装工作也取得了很大的进展。液化石油气汽车以其低的排放性能受到各国的重视。

LPG—汽油两用燃料汽车与传统汽油车的区别是增加一套LPG燃料供给系统。LPG燃料供给系统包括:储存液化石油气的钢瓶、蒸发调节器、混合器、电磁阀和控制系统等。图13-6是LPG—汽油两用燃料供给系统工作原理图。

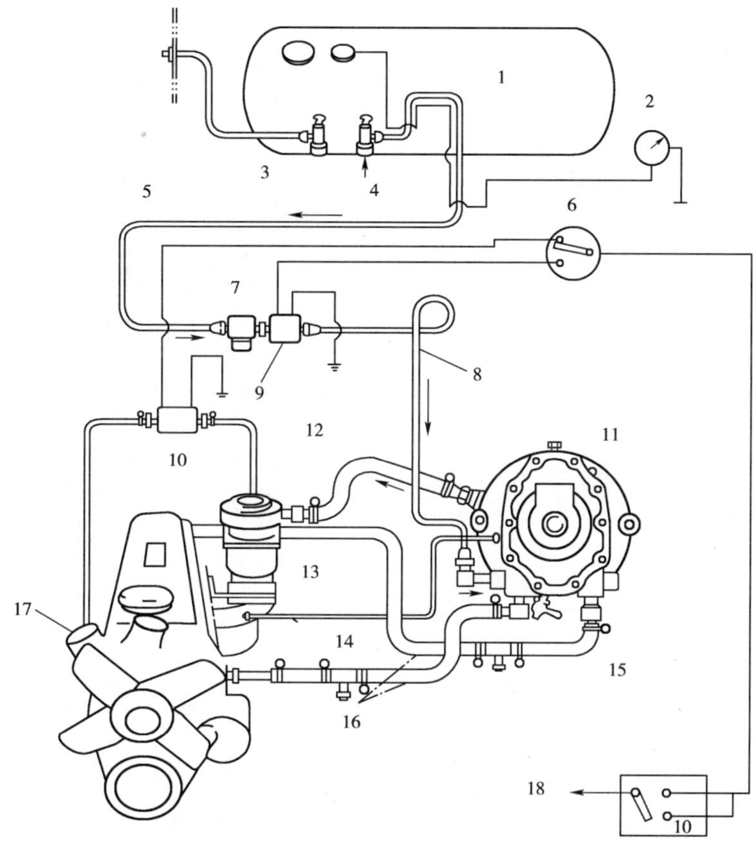

图13-6　LPG—汽油两用燃料供给系统工作原理

1-LPG钢瓶;2-液位显示表;3-充气阀;4-放气阀;5-高压管路;6-LPG开关;7-滤清器;8-高压管路;9-LPG电磁阀;10-汽油电磁阀;11-蒸发调节器;12-混合器;13-汽化器;14-负压通路;15-排气阀;16-冷却水管路;17-油泵;18-点火系统

当使用液化石油气作燃料时,驾驶员将选择开关扳到"气"的位置,此时,LPG电磁阀9打开,汽油电磁阀10关闭。液态的LPG靠自身的蒸气压力被压出气瓶。通过高压管路5,流经滤清器7时将杂质过滤掉,然后经电磁阀9流入蒸气调节器11,在蒸气调节器内被降压、激化、调压、变成气态,最后在混合器12内与空气混合进入发动机。

1. 液化石油气的气瓶及组合阀门

LPG气瓶组件由钢瓶、组合阀门、充液气阀防护盒、支架等组成。组合阀门一般设有液位限制、超流量自动截止、安全泄放、充液阀、截止阀、排污阀、安全阀和液位检测指示功能。

液化石油气主要成分是丙烷、丁烷等,一般工作压力为1.6MPa时,即可液化装瓶。因为对储气瓶的压力要求不及压缩天然气储气瓶的高,因此,液化气瓶(或称液化气罐)可以采用普通钢板材料经焊接成形，也可以用薄壁钢制成，相对于 CNG 气瓶，LPG 气瓶的直径可以大一些，长度可以短些。但 LPG 气瓶制造必须符合国家规定标准，包括设计、机械强度、材质、工艺等技术要求，经过各种规格的试验、检验，完全达到合格标准。使用过程中，对不同规格的气瓶，要按规定的标准，定期进行检测，确保安全可靠。按日本的标准，焊制钢瓶的选材，其抗压强度不小于 40kg/cm^2，破坏强度大于 80 kg/cm^2，50～120L 的钢瓶每 4 年复查一次，小于 50L 的钢瓶，每 5 年复查一次。

2. 蒸发调压器

多数 LPG 蒸发调压器是集预热、蒸发、减压、调压功能于一体。液化石油气被发动机冷却水加热后蒸发汽化，再经减压（接近大气压）供发动机使用。

1）结构原理

图 13-7 是蒸发调节器结构原理图。从 LPG 气瓶中流出的液态石油气在蒸发调压器中气化，并经两极减压供给混合器。液态石油气汽化的热量来自发动机冷却液。进入混合器的燃料压力一般维持在 0.1MPa 左右。为了使发动机能够稳定工作，在一次压膜片上方有一个直通二次减压室的压力平衡通道。当发动机转速或负荷突然变化时，二次减压室的压力发生扰动，若二次减压室的压力升高使二次压力阀门开度减小时，将导致从一次减压室来的燃料减少。此时二次减压室中升高的压力通过压力平衡通道被引入一次压膜片上方，此空腔中的压力也随之升高。升高的压力作用在一次压膜片上，使一次压阀门开度加大，导致一次减压室中压力升高，最终使二次压力阀开度加大，防止二次减压室中的燃料减少过多。此调压作用保证了蒸发调压器向混合器供给压力稳定的 LPG，保障发动机工作的平稳性。怠速调整螺钉可以调整二次减压室中的压力，保证发动机怠速的稳定。

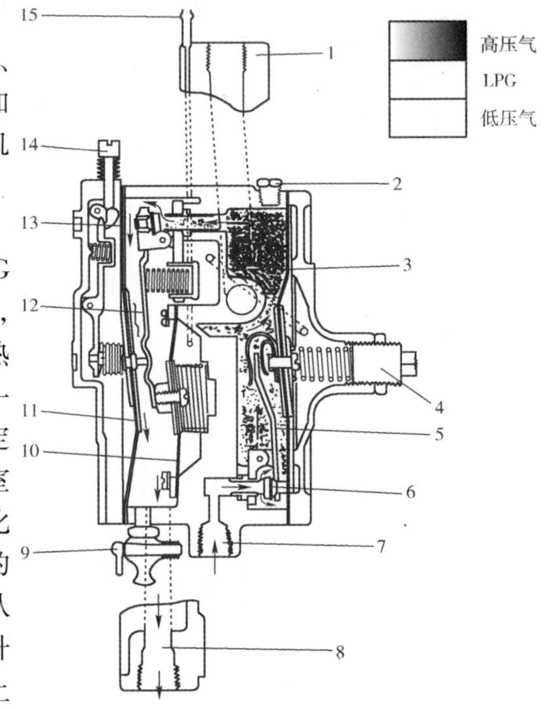

图 13-7 蒸发调节器结构

1-冷却水管路；2-压力试验管塞；3-一次压膜片；4-压力调节螺钉；5-一次压阀杆；6-一次压阀；7-LPG 入口；8-LPG出口；9-排气阀；10-真空锁止膜片；11-二次压阀杆；13-二次压阀；14-怠速调整螺钉；15-进气支管真空

2）汽化器的结构原理

液化石油气燃料的汽化器是蒸发调节系统中较关键的功能性配件，液化石油气汽车运行技术条件要求高，其中最重要的要求是：即使在可能出现较低的环境温度条件下，也要保证液化石油气能汽化。新研制的国产小型汽化器已能完全满足这项要求。

图 13-8 所示的汽化器是可拆装的配件，结构较为简单。它由壳体 12 及两个盖 9、10 组装而成。该壳体上设有液化气入口的螺纹接头 1 及出口的螺纹接头 6。相应地还设有热载体的入口及出口（螺纹接头 3、4）。壳体的底部设有热载体的放空接头 7，并配有放水旋塞。

汽化器的汽化元件设计成竖向筋条形 13 及两组互不连通的迷宫形通道 8、11。液化气燃

料进入图中通道8左侧2后，因热载体是从通道8流过，并环绕竖向筋条13流动。液化气流经通道8的过程中，沿程吸收了热载体的热量而汽化，从右部5出来的已经是气态的燃料了。

该汽化器是竖向倒立于汽车发动机的空间内。材料是铝合金，铝合金材料质量轻，导热性好。其迷宫结构设计合理。即使当液化气体燃料与热水各自在其虽互不连通，却又在薄壁之隔的毗邻位置的通道内流过时，也能保证两者介质通道有最大尺寸的接触面积和最佳的传热效率。

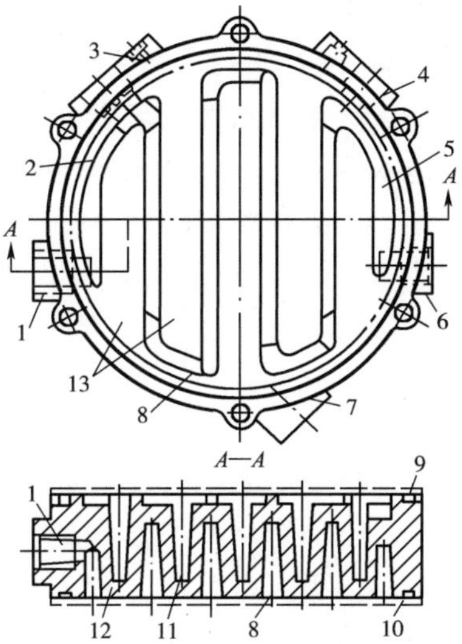

图13-8 汽化器结构

1、3、4、6-螺纹接头；2-左端；5-右端；7-放空接头；8、11-迷宫形通道；9、10-端盖；12-壳体；13-竖向筋条

3）混合器

目前市面上的混合器产品大致有3种结构，即盘式混合器、管式混合器、化油器—混合器。按照车型的不同选用不同的混合器。化油器—混合器设计采用带阀隔板的结构，它的阀拥有怠速系统，在怠速时截断主定量配气系统的供给。该产品适用于专业配套的气体燃料汽车。

空气—液化石油气混合器组件有混合器、功率阀、调节阀组成。利用文丘里管结构原理设计的混合器，结构简单，成本低，应用较普遍。工作原理是液化石油气由功率阀、调节阀控制进入环行的供气内腔，在经环形分布的小孔进入混合器混合室，根据发动机工况自动控制空气—液化石油气混合比。一种简单的文丘里管式混合器的结构原理如图13-9所示。

根据发动机功率、气体燃料的热值，计算混合气喉管及喷孔的尺寸，而后通过试验加以确定。利用液化石油气管道中的蝶阀调整混合气的浓度。而进入汽缸混合气的数量，则有进气管道中的蝶阀进行控制。减压调节器与文丘里管混合器配合使用时，其静态输出压力调节为负压状态，发动机熄火时，减压器能起到自动切断气源的作用。发动机起动时，混合器喉管处产生真空度，利用吸力打开最后一级减压器输出阀。

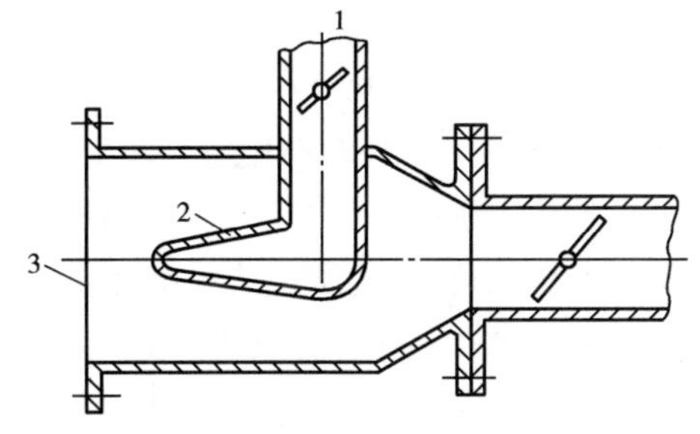

图13-9 文丘里管式混合器的结构原理

1-可燃气通道；2-喷口；3-空气入口

4）控制系统

控制系统由LPG液位显示及燃料选择开关、汽化器上安全廾关的入口控制电磁阀、起动电磁阀、汽油控制电磁阀、点火提前自动校正装置及各部位连接的电缆组成。

组合式燃料选择开关的功能为控制汽油和LPG燃料选择及LPG液位显示。该开关应在发动机停转2～4s后，能自动切断LPG电磁阀的供电。

使用液化石油气汽车的驾驶员要经过专门技术培训。定期进行车辆的检查和维护，及时发现和排除故障。液化石油气汽车的电磁阀、截止阀、管线和滤清器要进行正常工作压力下的密封试验，如果要试验它们的破坏强度，试验压力应为工作压力的1.6～3倍。低压胶管密封试验压力为0.2MPa，破坏试验压力为0.5MPa。高压管线密封试验压力为1.6MPa，破坏试验压力为4.8MPa。上述部件的选择应按汽车运行条件进行,各项试验方法必须能对技术状况进行检验,以保证在计划预检修期内汽车安全运行。

在液化石油气汽车使用期间应经常注意车身和驾驶室的隔板和其他部件,防止液化石油气进入驾驶室或公共汽车车厢内,为此,每年要检查一次驾驶室、客车车厢和行李厢的密封性。汽车驾驶员在冬季要特别注意液化石油气汽车运行安全问题,在寒冷状态起动发动机时只能用热水、蒸气或热空气给液化石油气装置加温,杜绝使用明火。

第三节　电动汽车

以电为动力作回转运动的发动机称为电动发动机,以电动发动机为动力的汽车称为电动汽车。电动汽车无需用内燃机,因此电动汽车电动机相当于原来的燃料发动机,蓄电池相当于原来的油箱。不过由于燃料发动机与电动发动机的特性不同,也使得电动汽车的传动系统比燃料汽车的传动系统结构简单。

电动汽车在很大程度上优越于燃料汽车。没有吸气、排气、散热风扇和发电机等装置,因此其噪声、振动很小,乘坐舒适、干净、不污染环境,所以电动汽车被称为“绿色汽车”。

电动汽车通过“电能—电动机—车轮”的能量转换和利用效率比通过“燃油—内燃机—车轮”的能量转换和利用率高,因而电动汽车的使用经济性高于燃油汽车。

电动汽车所需电能可由多种能源转化,如煤、火力、风力、水利、太阳能、生物能、核能、石油、地热能等。能源取之不尽,用之不竭,能解决人类对石油的依赖。另外,蓄电池充电可安排在晚上、夜间以避免用电高峰,从而提高发电设备的利用率。

目前,制约电动汽车发展的主要因素为蓄电池和电动机。

1. 蓄电池

作为电动汽车的动力源,电池性能的高低决定着电动汽车的先进性。目前国内开发的各种电动汽车所使用的电池,主要还是以铅酸电池为主。由于铅酸电池的比能量小充电时间长、寿命短、行驶里程短、体积和质量大,远远不能满足电动汽车行驶性能的要求。因此电池的改进是发展电动汽车的关键。当今世界各国竞相投入巨大人力、物力和财力,开发和研制各种高性能的新型电池,先后开发出了锌电池、镍氢电池、镍铬电池、锂电池、银系电池、钠系电池、空气电池、燃料电池等。长期目标是研究开发的电池在性能及价格上最终使电动汽车可以与内燃机汽车竞争。

1)铅酸电池

铅酸电池技术比较成熟,比功率较大(200W/kg),寿命在800~1 000次,成本较低。它采用海绵状铅作为负极板,二氧化铅为正极板,用硫酸作为电解液。在充满电时,硫酸的浓度最高,水的含量最低。电池的正负极两端开始放电时,一个电极上的离子通过电解液到达另一极,从而改变了金属电极和电解液的化学成分,铅与二氧化铅转化为硫酸铅。当电池完全放电时,因为电极板上均覆以了硫酸铅,而电解液中主要是水而非是硫酸,已不能再产生电流了。当电池充电时,化学反应过程相反,电解液中的硫酸不断地得到补充,以恢复产生电能的能力。

铅酸电池已经成功地实现了商品化近一个世纪了,全球销量占到了全部蓄电池销量的50%~60%。铅酸电池如此成功的原因是因为它的制造技术成熟、价格低廉、电池的电压高、

高低温性能好、高效率、长复充寿命以及无记忆效应等。然而，铅酸电池的缺点是其比能量相当的低，典型的为35W·h/kg；自放电率高，通常在25℃时达到每天1%～2%；循环寿命低。

为了适合电动车的应用，特别设计的铅酸电池采用了一系列的改进措施，以提高电池的比能量和比功率，使电池真正地做到了免维护和全封闭，即构成所谓阀控铅酸电池。这使铅酸电池的使用性能大大提高：比能量和比功率大大的提高；寿命延长；快速充电能力提高；价格较低；可靠性提高；免维护以及不对环境造成污染等。这些性能使得铅酸电池特别适合于电动车的应用，是一种有前途的电动车能源。在未来几年中仍然是电动汽车的主流电池。

2）锌电池

美国加州劳伦斯—利费莫尔国家实验室开发的锌电池，是将直径1mm的锌粒置于电池上方一个料斗里借助本身的质量通过狭长的通道落入电池中，锌与电解液作用产生电能。该电池提供的电能大约是铅蓄电池的5倍，且充电方便，只要在车库中停留10min补充锌粒和锌电解液即可。50 kg的锌粒与180L的电解液，汽车可行驶10h。以色列EEL公司制作的锌电池以锌板与氧接触释出电能一次充电行驶里程为380km，最高车速为100km/h，从起步加速到50km/h只需10s，该电池自身装备质量轻其功率质量仅为2.31kg/kW，比同功率的内燃机轻得多、且更换锌板只需3min。

3）镍镉电池

由于镍镉电池成熟的技术及优良的性能，使它成为当前最具有吸引力的蓄电池之一。大多数电池制造商认为，镍镉电池与铅酸电池是当前第一代商业化电动车的首选电池。

典型的镍镉电池的标称电压1.2V，比能量56W·h/kg，比功率225W/kg。镍镉电池的主要优点是比功率高、循环及复充寿命长、使用温度范围宽、快速充电能力强；比能较铅酸电池高50%以上，寿命比铅酸电池长1～2倍。但是镍镉电池昂贵的初期投资、比较低的标称电压、记忆效应和镉污染都是电动车应用中的不利因素。

4）镍氢电池

镍氢电池的活性材料是一种氢化金属形态的氢，以此作为负电极，正电极是羟基氢氧化镍。电池放电时，负极上的氢化金属被氧化成合金，正极上的羟基氢氧化镍被减少为氢氧化镍，而充电过程相反。镍氢电池的标称电压为1.2V；比功率200W/kg，低于镍镉电池；比能量高于镍镉电池，达到65W·h/kg，这在目前的蓄电池中是较高的。

镍氢电池的优点是具有良好的性能，使用时其放电量能使电动汽车在最大功率附近进行工作；氢气没有毒性，不需要补充水分，性能可靠，使用寿命长。缺点是需用钢瓶储存，安全性较差。

镍氢电池是近期电动车发展的重要选择之一，它的发展受到了很多国内外著名电池商的极大的重视，投入了巨大的人力和物力开发、改进镍氢电池的性能，以期在镍氢电池方面取得重大的突破。目前镍氢电池技术还在进一步的发展之中。

5）钠硫电池

钠硫电池以金属作为阴极活性物质，熔融的硫作为阳极活性物质，Al_2O_3和少量的Na_2O形成陶瓷型电解质。钠硫电池要保持一定的温度，使硫处于熔融状态，如果硫温度下降凝固时，反应立即停止，因此，在首次充电时需要较长时间加热硫到熔融状态，停车时要用电加热装置保持高温。一般电加热器与充电系统连接，由外电源供电。行车时由于电池内部的阻抗作用,产生高温保持所需温度,大约300~500℃。硫的温度也不能高到硫的沸点445℃,达到这个温度会使压力陡然升高,有发生爆炸的危险。一般钠硫电池还有一套温度控制系统,保持温度不超过400℃。

为防止钠硫电池发生燃烧等危险,钠硫电池的结构是多个小型电池盒,每个电池盒仅有15g金属钠含在硫中。金属盒的外面有隔热夹层,确保钠硫电池工作安全可靠。

6)锂电池

锂电池采用锂碳夹杂材料作为负电极,一个锂过渡金属化合物作为正电极,液体质子惰性有机溶液。在放电时,锂离子通过电解液游离于正负极之间,放电时,锂离子被负电极释放,通过电解液游离至正电极,充电过程正相反。

锂离子的优点是电压高,达到4V;比能量高,达到了120W·h/kg;较长的使用寿命;充电时间短;原材料蕴藏丰富并且安全。

锂电池是美、欧、日本研究的重点,并有希望将来与内燃机汽车进行竞争。锂电池主要有高温锂熔盐电池、锂聚合物电池、锂聚合物固体电解质电池和锂离子电池四类。

由于蓄电池的性能在短时间内还难以取得突破性的发展,采用蓄电池作为电动车的唯一能源,往往使电动车的某些性能特别是在行驶里程和充电时间方面,受到了限制。为了弥补电动车的特别性要求,开发其他补充能源系统,可以弥补现有蓄电池的不足。

7)燃料电池

燃料电池比上述电池性能更好。它源于航天器工业的尖端技术。由燃料重整纯化装置、电池组直交流逆变器和控制部分组成。燃料重整纯化装置是将燃料进行预处理的装置,电池组由多个单电池组成。每个单电池都有电极和电解质,其工作原理为:在阳极一侧输入易被氧化的燃料(如氢气),在阴极一侧输入氧化剂(如氧气、空气),他们在池内通过电解质进行电化学反应。按电解质不同,燃料电池被分为酸性、熔融碳酸盐、固体氧化物、碱性及固体高分子等。使用的燃料十分广泛,如氢气、甲醇、液氨、天然气、烃类等。其中氢燃料电池由于产生的反应物为水蒸气绝对不污染环境、尤为人们所关注,其工作原理和普通电池一样也是通过电极上的"氧化—还原"反应使化学能转化为电能。在催化剂的作用下,燃料慢慢地与空气或氧气之类氧化剂相结合,可以不断地产生电流。尽管燃料电池在燃烧时有热损失,但在室温下它的转化率仍能达到84%。电池能量转化率高,接近于内燃机的2.5倍。具有装备质量轻、功率高、寿命长、不污染环境等一系列的优点,十分适于汽车使用。

目前,电动汽车应用最多的燃料电池是质子交换膜和磷酸燃料型。质子交换膜燃料电池的电化学反应温度要求低,有利于在环境温度下起动,不会产生NO_2,用甲醇或石油类作为燃料的质子交换膜燃料电池,产生的HC和CO非常低,可以控制到零,因此具有排放优势;磷酸燃料电池的两极是用贵金属铂(催化剂)制作的,将其插入装有磷酸电解质的碳化硅容器中,供给的燃料一般是甲醇或甲醇的混合物。为了起动磷酸燃料电池,需要用辅助燃烧器加热,使其温度超过130℃。130℃以下时磷酸燃料电池不发生反应。

燃料电池具有很多优点,各国也在积极进行研究,但也存在成本高、燃料在车上储存(如氢气的安全性)、重整纯化以及转换效率不理想等诸多问题。在解决了成本和使用方便性后才能广泛用于电动汽车上。另外,还存在氢的制取和储存困难等问题,这都使之进入使用还有一定距离。

2. 电动机

电动汽车的另一个关键部件是电动机。众所周知,电动汽车都是以蓄电池作为能源,当选定的驱动电池组电池数量确定后,驱动电池组提供的电压和电流等基本就确定了。但电动机的选择范围十分广泛,有直流电动机、交流感应电动机、永磁无刷电动机(交流同步电动机)以及开关磁组电动机。不同的电动机有不同的特性和控制方法,工作电压也可以在几十伏至几百伏之间选择。但是电动机选择的原则应是具有良好的调速性能,能够实现直流电向交流电的转换以及电池与电极之间电压的变换。另外,还要求电动汽车制动时能够实现制动再生发电、回收部分能量及对电池组进行管理等。以上这些要求均要靠电动机的控制系统完成。

1)直流电动机

直流电动机采用晶体管斩波器宽脉冲调制法来控制电机的电枢和磁场,实现对直流电机的转速调节。双极性斩波器能保持电流有一定的连续性,可以使电机在四象限中运行,制动时能量回收率较高,调速范围较大,最高转速可达4 000 ~ 6 000r/min,低速平稳性也不差。直流电机可以用大容量元器件,控制元件相对较少,有利于实现小型化和轻量化。单就电机而言,直流电机价格较高,但加上控制系统的总价格要比其他电机便宜。

直流电机的主要缺点是结构复杂,有转子和转向器,电机高速旋转时会出现"环坏",限制了电机的转速提高。另外,当汽车在恶劣条件下使用时,电机部件易磨损,维修技术复杂,维修量也加大,电机寿命短 。

2)交流感应电机

电动汽车采用交流感应电机驱动时,要采用宽调制型逆变器构成三相交流感应电机的变压变频的调速控制系统。交流感应电机起动电流小,能够实现四象限中运行,制动时能量能够回收,调速控制系统的调速范围宽,最高转速可达15 000r/min,大大扩大了交流电机的适用范围。逆变器有频率控制、矢量控制和伺服控制等方式。用矢量控制技术可以获得较理想的动态特性,但技术难度较大,软、硬件成本都较高。

尽管交流电机自身的成本较低,但其控制系统成本高,所以总体价格比直流电机高,增加了电动汽车的造价。

3)永磁无刷电机

永磁无刷电机也是采用逆变器控制调速,同时还要用转子位置检测器进行极性检测,用电子开关进行换向。若用双向导通开关进行换向 ,可以提高永磁无刷电机的转速转矩特性,控制电机实现四象限运行。永磁无刷电机的最高转速可达10 000r/min,体积小、质量轻 ,控制性能很好,在轮毂电机驱动系统中多采用永磁无刷电机,这样有利于制造机电一体化的驱动系统,便于实现电子控制。

永磁无刷电机的缺点是所需稀土永磁材料的制造工艺复杂,因此成本较高。另外,永磁电机在大的过载电流下会导致磁性材料的磁性衰退或者退磁,因此使用时应严格控制过载电流。与上述两种电机相比,永磁无刷电机的价格更贵 。

4)开关磁组电机

开关磁组电机是一种新型电机,它的控制系统是一个具有很强信息处理能力的微机,它综合位置检测器、电流检测器反馈的电机转子位置、转速和电流的信息,并接受外部输入的控制指令,经微机的分析和处理,按指令要求向功率转换器发出执行命令,以此来控制开关磁组电机的运行状态。开关磁组电机的位置检测器是电机转子位置和转速等信号的检测器件,能够反应瞬间转子极间实际相对位置和转速信号,并以较高的开关频率来降低电机的振动和噪声。

3. 电动车的充电系统

对一辆电动车来讲,蓄电池充电器是不可缺少的子系统之一,它的功能是将电网的电能,转化为电动车车载蓄电池的电能。电动车实现商品化所面临的挑战之一,是如何使它的用户在蓄电池电能用完之后,能够快速和方便地再充电。为此,人们提出了一系列的充电方案,例如:家庭充电、停车充电、行驶充电、在专用充电站快速充电、替换蓄电池充电、能量再生回馈充电以及太阳能充电等。

与传统燃油汽车的加油站一样,充电站是电动车基础设施的首要部分。为了确保电动车能够广泛地使用,它的充电设施必须像传统汽车的加油站那样广泛地分布,以确保用户能够随时为电动车充电。

目前,普及电动车的主要障碍依然是行驶里程不足。解决这个问题的途径之一是改善电动车的能源系统,增加车载能量;另一个途径是广建充电站,以减少用户对电动车行驶里程的忧虑。

蓄电池的充电可以采用车载或非车载充电器进行。早期的电动车主要采用非车载充电器充电,这是因为充电器体积过大,根本不可能放在车上。今天,由于电器元件的发展,使采用车载充电器变为可能。车载充电器通常用于家庭或者普通停车场等较小功率的充电场所,它的充电时间长,充电方式简单,只要将充电插头插入交流电插座内即可以进行充电。由于车载重量和体积的限制,这类车载充电器尽可能做得体积小、重量轻。非车载充电器通常固定在专用的充电站,具有较大的功率,主要用于电动车的短时间或快速充电。

尽管现代电动车以其相当高的技术性能而媲美于的燃油汽车,从世界各国的电动车发展状况来看,我们还不能说电动车已具备了全面普及的条件。普及电动车的关键在于改善电动车性能和降低成本;提高一次充电后的行驶里程;延长蓄电池的使用寿命;并发展包括充电设施在内的基础设施等。电动汽车使用清洁的电能作为能源,只要配套的充电设施商业化,价格降低,也将会得到普及,其中燃料电池只要成本降低,解决氢气的来源及充装问题,燃料电池汽车的市场占有率会大幅度提高。电动汽车和燃料电池汽车将是未来主要的交通工具。

第四节　混合动力汽车

目前还没有一种能源能够使电动汽车的性能完全与燃油汽车相匹敌,其主要困难在于这些能源系统不能同时提供足够高的比能量和比功率。为了克服上述问题,近年来又有采用复合动力源电动汽车问世。这种汽车既能使在城市中行驶减少污染,又能满足郊外高速行驶、长途行驶的需要。它采用电动机和内燃机两种动力(图 13-10),以克服电动汽车一次充电行驶里程短的致命弱点。

该类汽车或是以蓄电池向电动机供电,中途行驶,在郊外人口稀少地区,起动内燃机驱动发电机向蓄电池充电,使汽车高速行驶;或是以涡轮机、发电机或蓄电池、电动机构成的混合动力系统,当四者串接时发动机作为发电机的动力,为蓄电池充电;并联时,汽车同时接受发动机、发电机的动力,产生强劲驱动力,满足汽车高速行驶的需要。该类汽车有的采用自动转换

驱动方式，当汽车起动及正常行驶时，均由发电机驱动，不排放有害气体。只有当电池电荷量低于某测定值（如标称电荷量的1/2）时，便会自动转换为混合式。此时发动机自动起动，并带动发电机向电池充电；一旦充足又自动关机回到纯电动驱动方式。当遇到红灯或交通阻塞时，自动关闭发动机；当减速和制动时，电机又能转换为发电机状态，将动能转化为电能，储存在电池内，提高了能量利用效率。

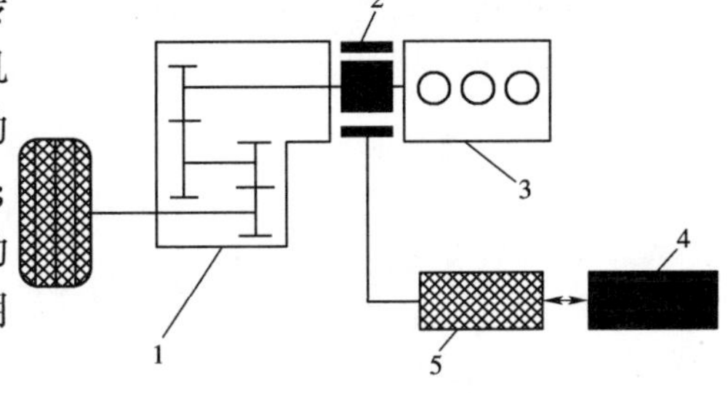

图13-10　柴油机—电动机混合动力系统

1-变速器；2-电动机；3-柴油机；4-电池；5-动力控制单元

还有一种电脑自动控制驱动模式的混合动力源汽车。它采用一台小排量、小功率的内燃机作为前驱动力，两台适度功率的电动机分别作为两个车轮的驱动源。电脑根据不同变化着的交通状况，随时做出反应，自动选出最理想的驱动模式，而不需要驾车人的预先指令。起步时电脑首先选择了电机驱动模式，达到40km/h车速便自动选择内燃机驱动模式。此时内燃机还同时驱动发电机向蓄电池充电；紧急加速时，电控单元又起动电动机协助内燃机进行联合驱动。这种在两个车桥间内燃机或是交替或是同时驱动的方式，使得汽车始终保持着动力潜能的最大限度发挥，大大减少了燃料消耗和大气污染。

在复合动力技术车型中，根据发动机和电动机的组合方式，大致可分为3种类型。

1．并联混合型

并联混合型电动车采用发动机与电动机两套独立驱动系统驱动车轮的方式，如图13-11所示。并联动力的并联混合型电动车可以采用燃油发动机单独驱动、电力单独驱动，或者发动机和电动机混合驱动3种工况驱动行驶。在繁华市区，通常采用电力驱动，以减少市区空气污染。而在郊区或长途行驶时，可以采用发动机或者混合驱动以增加电动车的行驶里程。当燃油发动机提供的功率大于驱动汽车所需的功率时，电动机工作在发电状态，将多余的能量充入蓄电池。

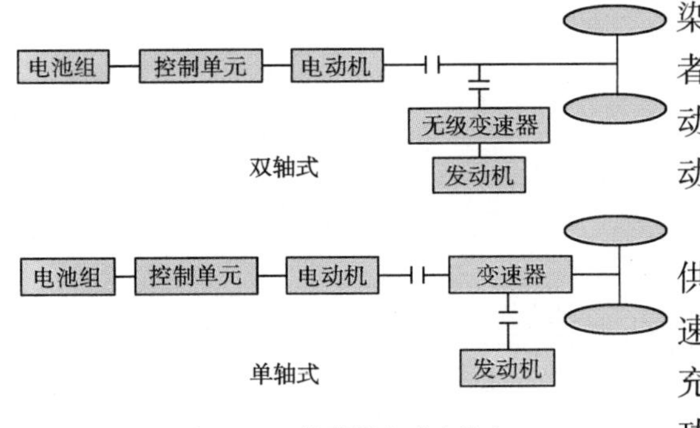

图13-11　并联混合动力汽车

在并联结构中，由于发电机与电动机同时提供动力，因此，最大的技术问题是如何根据车辆的速度、驾驶员发出的功率要求指令以及蓄电池的充放电状态，协调和优化使用发动机和电动机的功率。在技术上，并联结构显得比较复杂，但它的优点是体积较小、重量轻，成本也比较低。

2．串联混合型

在串联混合型电动车中，燃油发动机驱动一台发电机由发电机向蓄电池充电，提供驱动车辆所需的电能，而驱动车轮的转矩全部来自于电动机，其结构如图13-12所示。串联结构的控制并不复杂，它的发电机/发动机系统作为扩展行驶里程的辅助单元，仅在蓄电池的能量低于一定值，比如20%的充电状态，才投入工作。而高于某一定值，如30%充电状态，则又关闭。因此，在设计串联结构时，主要考虑的是使电动机的最大转矩和最大功率、发电机的最大功率以及车辆的行驶里程相匹配，达到最佳的系统效率。

3. 串并联混合型电动车

串并联混合型电动车既通过机械动力传输线路传递发动机的机械能,又通过电能传输蓄电池的电能,两者有机结合,以实现车辆的高效率行驶,其结构如图 13-13 所示。

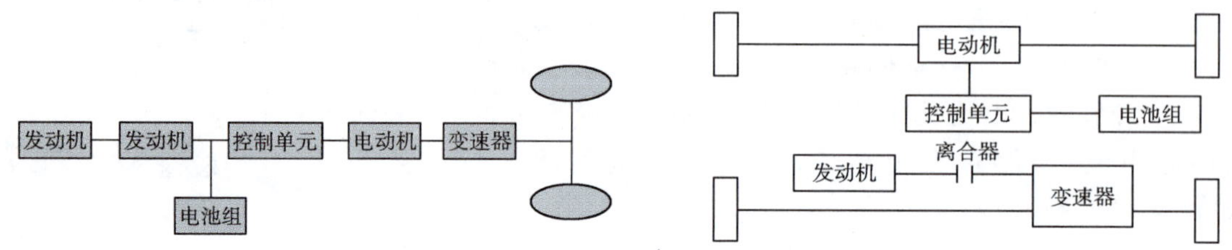

图 13-12 串联混合动力汽车

图 13-13 串并联混合动力汽车

在上述 3 种混合型车结构中,串联结构是最常规的,其技术成熟,结构也相对简单可靠,废气排放较少,但其体积较大,较重,成本也较高,适用于重型车。并联结构的系统效率高、质量轻、体积小,但结构较复杂、成本高、比较适合于车体空间受到限制的场合。由于并串联系统结构复杂、成本昂贵、控制困难,通常只在性能要求特别高的车辆上采用这种结构。

总而言之,混合型车辆克服了常规电动车行驶里程的限制,又可以实现低油耗、低排放,在目前的技术水平以及某些场合应用,是十分理想的低污染、低排放的交通工具。

参 考 文 献

[1] 汽车工程手册编委会.汽车工程手册.北京:人民交通出版社,2001
[2] 周允.汽车百科全书.北京:机械工业出版社,1992
[3] 邬惠乐,梁思忠. 汽车技术词典.北京:人民交通出版社,1989
[4] 吴际璋,李仁光.汽车构造. 北京:人民交通出版社,1987
[5] 陈礼璠,杜爱民,陈明.汽车节能技术.北京:人民交通出版社,2005
[6] 冯晋祥,王慧君.专用汽车构造与维修.济南:山东科学技术出版社,1996
[7] 冯晋祥. 专用汽车设计. 北京:人民交通出版社,2007
[8] 崔靖.专用汽车设计.西安:陕西科学技术出版社,1989
[9] 徐达,蒋崇贤.专用汽车结构与设计.北京:北京理工大学出版社,1998
[10] 刘惟信.汽车设计.北京:清华大学出版社,2001
[11] 刘惟信.汽车车桥设计.北京:清华大学出版社,2004
[12] 王望予.汽车设计.北京:机械工业出版社,2004
[13] 徐达,陆锦荣.专用汽车结构与设计.北京:北京理工大学出版社,1998
[14] 魏春源,张卫正,葛蕴珊.高等内燃机.北京:北京理工大学出版社,2001
[15] 秦文新,程熙,叶蔼云.汽车排气净化与噪声控制 .北京:人民交通出版社,2000
[16] 崔心存. 现代汽车新技术.北京:人民交通出版社,2001
[17] 简晓春,杜仕武. 现代汽车技术及应用.北京:人民交通出版社,2004
[18] 王建昕,傅立新,黎维彬.汽车排气污染及催化转化器.北京:化学工业出版社,2000
[19] 陆家祥.柴油机涡轮增压技术.北京:机械工业出版社,1999
[20] 陈家瑞. 汽车构造. 北京:机械工业出版社,2001
[21] 陈家瑞,马天飞副主编. 汽车构造. 北京:人民交通出版社,2006
[22] 李天虎.汽车环境保护技术.北京:北京航空航天大学出版社,2004
[23] 蔡兴旺. 汽车构造与原理. 北京:机械工业出版社.2005
[24] 张铁柱,张洪信.汽车安全、节能与环保.北京:国防工业出版社,2004
[25] 屠卫星. 汽车底盘构造与维修. 北京:人民交通出版社,2003
[26] 关文达. 汽车构造. 北京:机械工业出版社,2004
[27] 郭新华. 汽车构造. 北京:高等教育出版社,2004
[28] 张桂荣. 最新丰田轿车使用与检修. 青岛:青岛出版社,2003
[29] 范迪彬. 汽车构造. 安徽:安徽科学技术出版社,2001
[30] 清华大学汽车工程系编写组. 汽车构造. 北京:人民邮电出版社,2000